法学家讲义

破产法二十讲

Twenty Lectures on Bankruptcy Law

李曙光 著

法律出版社
LAW PRESS · CHINA
北京

图书在版编目(CIP)数据

破产法二十讲 / 李曙光著. -- 北京:法律出版社,2024 (2024.9 重印)
(法学家讲义)
ISBN 978-7-5197-7552-0

Ⅰ.①破… Ⅱ.①李… Ⅲ.①破产法-基本知识-中国 Ⅳ.①D922.291.924

中国国家版本馆 CIP 数据核字(2023)第 026223 号

法学家讲义	破产法二十讲 POCHANFA ERSHI JIANG	李曙光 著	策划编辑 薛 晗 责任编辑 田 浩 魏艳丽 装帧设计 汪奇峰

出版发行 法律出版社
编辑统筹 法商出版分社
责任校对 王晓萍
责任印制 胡晓雅
经　　销 新华书店

开本 710 毫米×1000 毫米 1/16
印张 52　字数 720 千
版本 2024 年 4 月第 1 版
印次 2024 年 9 月第 2 次印刷
印刷 三河市兴达印务有限公司

地址:北京市丰台区莲花池西里 7 号(100073)
网址:www.lawpress.com.cn
投稿邮箱:info@lawpress.com.cn
举报盗版邮箱:jbwq@lawpress.com.cn
销售电话:010-83938349
客服电话:010-83938350
咨询电话:010-63939796

书号:ISBN 978-7-5197-7552-0
定价:198.00 元
凡购买本社图书,如有印装错误,我社负责退换。电话:010-83938349

作者简介

李曙光，1963年生。中国政法大学钱端升讲座教授，民商经济法学院、中欧法学院、法与经济学研究院教授，博士生导师。中国政法大学破产法与企业重组研究中心主任，享受国务院政府特殊津贴专家。

李曙光教授兼任中国法学会理事，中国经济法研究会学术委员会副主任，中国经济改革研究基金会学术委员，北京仲裁委员会委员。国际破产协会中国委员会联席主席，美国破产学会（ACB）第十九届终身外籍会员。全国人大2006年《企业破产法》、《企业国有资产法》、《证券投资基金法》等立法起草组主要成员。现任全国人大预算工作委员会《国有资产法》立法专家咨询小组成员，全国人大财经委员会《企业破产法》修订工作组成员，最高人民法院《企业破产法》司法解释起草小组顾问。曾任中国政法大学研究生院院长，法与经济学研究院院长，国务院学位委员会第七届法学学科评议组成员，最高人民法院中国应用法学研究所副所长，中国证监会第13届至15届主板发行审核委员会委员。

李曙光教授主要学术研究领域为经济法学、破产法学、金融法学、法经济学等。现主持国家社科基金重大项目“防范系统性风险与健全金融稳定长效法律机制研究”。著有《转型法律学》《破产法的转型》《法思想录》《经济法前沿问题研究》《破产法评论》等著述与上百篇学术论文。

序

市场经济的底层逻辑

人类的一切商业交易史，本质上是一部市场经济力量的展示史，是一部声誉与信用检视史，也是一部破产现象伴随史。

市场经济是什么？自由，竞争，讲常识，看效率。她用自己独特的禀性，摧毁一切建构在传统与习俗基础上的碎片文化体，寻找新的文明模式。

25 年前，我在公元 9 世纪建成的牛津大学所在地牛津城看到的是一个有自己鲜明特色的古式小镇。过了 10 年，牛津小镇古街已然满是星巴克、LV 包店等，与世界各地见到的充斥着商业同质性的街道一样。即便在作为市场经济发源地的英国，仍可以清晰看到市场经济之手永不停歇的力量。1995 年年底，我第一次到俄罗斯访问，那天正逢莫斯科第一家肯德基店开业，特维尔大街上排队的队伍长达数百米。中国使馆的陪同人员特地告诉我，莫斯科人喜欢西方人的产品。我的家乡景德镇，是 20 世纪 80 年代初中国第一批历史文化名城，以其稀有的瓷艺与茶饮文化独步天下，但城市性格保守而缓开化，长期无人关注。谁曾想，近几年这座千年古镇却突然成了网红城市，无数“景漂”沉湎于此，御窑址与陶溪川景点游客络绎不绝，人流日夜挤爆这座中型城市，原来本地人颇感自豪享受的质优价廉产品价格暴涨，酒店房间一室难求。这座历史名城成为市场经济扩展影响的又一缩影。

市场经济摧枯拉朽，即便古老的传统与千年的习俗都敌不过，其外观就是一种简单、可识别，但似乎又难以言表、源源不断的力量。这是一种来源何在的力量呢？纵观历史与现实，思想圣哲们早已给出答案，市场力量的源泉来自其自发秩序：人类自由的天性、私有财产权、声誉与信用及其支撑——法治，它们构成四位一体的市场自发秩序。市场自发秩序为什么又能够运行有效呢？这是因为市场经济存在内在的三大铁律，即价高者得、公平竞争与优胜劣汰。这三大铁律构成市场“无形的手”，它与人类自由的天性以及同情悲悯博爱的情操结合，即与人的声誉和信用机制结合，使每个人的自利行为产生利他的后果，从而使市场经济自发秩序得到不断的扩展。

市场经济就是声誉与信用经济。声誉是人们的口碑与心中的杆秤，而信用则是信任信赖的刻度与人格企格尊严的价值。一个自然人，一个企业，一个商业与行政组织，如果失去声誉与信用，则失去了商业与契约交易的根基，这就是以界定私有财产权为前提的声誉与信用机制。声誉与信用机制是市场经济运行的基石，市场经济离开声誉与信用机制就会难以为继。一个自由的市场，一般会将有限的资源按照声誉信用机制与效益最大化原则进行配置，自发激励那些声誉优良、信用牢靠、为市场提供公允价值商品的商事主体，而淘汰声誉差、不讲信用、生产成本高、资源利用率低的债务人，并将投资人与债权人损失控制在合理的商业风险之内。

市场经济三大铁律尤以优胜劣汰为代表性标志，对于优胜劣汰人们一听即懂，一触即通。价高者得与公平竞争这两大铁律都要通过第三铁律优胜劣汰来兜底实现，因此，市场经济的底层逻辑实际上就是受到声誉信用机制约束的优胜劣汰机制。按此逻辑再往深处延伸，优胜劣汰就是有优良声誉信用的竞争者留在市场，声誉差与无信用的竞争者遭市场淘汰，换句话说，优胜劣汰的底层逻辑就是破产。

破产是一种现象，也是一种事实；破产是一种理念，也是一种观念；破产是一种制度，也是一种文化；破产是一套程序，也是一套机制；破产还是一个工具、思维及方法。人类只要存在商业活动，只要存在市场经济，就会存在破产现象，而且破产现象是常态化的。破产本质上是个声誉与信用问题。市场退出即市场商事主体的退出，就是市场主体声誉与信用的破产。

破产法实质上是规制声誉与信用经济的法律，是界定与规范个人声誉信用、商业声誉信用和社会声誉信用的基础性制度。它为市场经济的投资者、债权人、债务人、市场交易方与所有参与者减少不确定性与提供可重复的预期。破产法是权利界定与保护之法，是市场经济铁律实现之法。破产法是一个复杂的制度系统，它不是简单地处理市场上债权人和债务人以及相关利益人的声誉与信用问题。破产法警示与淘汰个人声誉信用和商业声誉信用丧失的债务人，正向激励与保护债权人和相关利益方的合法权益，强调债务人拯救、市场退出与资源市场出清的信用性，在制度层面宣示营商环境的重要性，界定人的人格尊严与声誉价值，提升社会的共识和认同，维护市场商事主体与社会整体的声誉信用品质。

声誉与信用是破产制度维系的核心价值。破产法致力于保护债权人合法权益，挽救“诚实而不幸”的债务人，并维护良善债务人适当的人格尊严与声誉。破产重整制度使濒临丧失资产信用的债务人得以恢复声誉与信用。对债务人来说，一旦进入破产程序，其声誉与信用机制通过两个原则得以实现，一方面是应当免责的债务人可以得到免责，即诚实守信的债务人如实报告自己的财产状况并竭力还债，应当得到免责；另一方面是不应免责的债务人不被免责，即债务人存在不诚信的情形，如隐匿、转移财产、存在偏颇清偿等欺诈情形时，不应也不能得到免责，以防止“假破产、真逃债”的情形出现，同时避免对其他诚信债务人和债权人造成不公平不公正情形。不仅仅是针对债务人，破产法也要求破产程序中的其他主体如债权人、管理人、政府及其他所有参与方都要恪守声誉与信用的基本价值观及原则。

现代破产法仍然建构在市场经济与声誉信用机制的道德基础之上，更依赖于整体法治系统的制度支撑。现代破产法对传统破产法有四重突破：

第一，在破产模式与方法上，突破了破产清算的狭隘概念，扩张为清算与重整程序并重的制度，并延伸到重视庭外重组程序。

第二，在破产法适用对象与地域范围上，强调适用对象的无死角全覆盖，地域范围则超越了政治经济司法主权概念，进展为跨境破产的制度。

第三，在破产法目标定位上，突破了传统破产法重在规范程序，保护债权人债务人合法权益与维护市场秩序的宗旨，把防范化解重大金融风险放在突出位置上。

第四，在破产法前瞻性上，在数智革命影响下，市场、市场主体、财产权、股东、债权人和债务人以及管理人这些概念正在被重新定义，或处在大转型风口。声誉与信用机制将接受算力算法与大模型的挑战，破产现象将会易容变脸出现。破产法正在探索一场巨大的制度革命。

无论人类文明未来走向何方，声誉与信用机制以及破产现象，永远是商业交易的伴随者，也是市场经济最重要的特征，换句话说，这也是市场经济运行的底层逻辑。

是为序。

2024 年 2 月 28 日

简目

目录

CONTENTS

第一讲　破产法的基本内涵

一、破产法：市场经济的宪法

（一）宪法的“破产观”[①]

宪法成为万法之法，是人类制度文明进展的一个巨大成果，但宪法本身不是万法之成因。事实是，在世界法制史进程中，许多单项法先于宪法而存在。宪法出现后，人们发现，这部法有初始界定权力与权利边界的功能，并能再次或多次界定权力与权利的边界，宪法因而获得母法的尊荣。

破产法先于宪法而存在，早于1215年英国的《自由大宪章》，公元前5世纪的《十二铜表法》第三表“执行”中就有“债权人得拘禁债务人六十日。在此期内，债务人仍可谋求和解”等早期的债务人破产制度。[②] 徐国栋的研究表明，早在公元前46～前45年，恺撒提议颁布的《关于财产让与的优流斯法》，允许债务人通过让与自己的全部财产满足债权人，从而避免了对债务人人身性强制执行措施，自此，罗马法进入自愿破产程序时代。[③] 英国早期历史，很长一段时

---

① 本部分内容节选自《中国法律评论》2020年第6期卷首语。

② 参见张生译：《十二铜表法》，法律出版社2000年版，第9页。

③ 参见徐国栋：《罗马破产法研究》，载《现代法学》2014年第1期。

间沿用罗马人的破产传统，中古世纪出现了《自由大宪章》，这在破产法史上是一个重要的历史性事件，直至 1542 年亨利八世颁布专门的《破产条例》。

有意思的是，美国在 1787 年颁布宪法前，包括马萨诸塞州在内的许多州就已有自己州的破产法，这些州的破产法源于英国的破产制度，又各有特点。陈夏红的研究表明，由于放任每个州制定州内破产法，使每个州的破产法只对本州居民有约束力，居住在该州之外的债权人和在该州之外缔结的债权债务关系，都不受本州破产法的保护。① 这导致很多州的破产法都体现出对其他州债权人的歧视，进而对州外债权人利益的受损无动于衷，极大地降低了跨州贸易的可预期性。

破产法与宪法究竟有什么关系？许多人说，破产法与宪法风马牛不相及；在笔者看来，还真不是这样。从宪法的角度看，一些重要国家的宪法中含有破产法内容，有很强的破产法观；而从破产法角度看，破产法实际上是“宪法性”法律。更进一步地说，破产法的宪法性表现在市场交易与资源配置的整个过程之中，没有破产对“剩余产权”归属界定的“威慑”机制，没有破产游戏规则对债权人、债务人市场交易的约束与预期规则，就不会产生有效率的市场经济。所以，破产法是市场经济的“宪法”。20 年前，笔者在哈佛法学院课堂上受宪法学教授却伯（Laurence H. Tribe）的启发，在笔者的《转型法律学：市场经济的法律解释》一书中提出过这一观点，这次受《中国法律评论》编辑部之邀作此卷首语，借此机会从宪法中的“破产观”与破产法的“宪法性”角度，对关于破产法与宪法关系做一简要的探讨。

为什么说宪法具有“破产观”呢？这得从宪法性质的争议及其起源说起。

宪法学者多认为：“宪法是国家的根本大法，这是宪法在法律方面的特有属性，也是它和普通法律的不同之处”，“在整个法律体系中，宪法具有最大的权威性与最高的法律效力，宪法是普通法律的

---

①　参见陈夏红：《美国宪法“破产条款”入宪考》，载《中国政法大学学报》2019 年第 5 期。

‘母法’，普通法律是宪法的‘子法’。”但一些学者并不认同宪法是“母法”之说，他们认为“宪法是万法之父，民法是万法之母”，之所以说“宪法是万法之父”，是因为宪法是一个国家主权的表述或规定，并作出一国公民与政府关系的基本规定；“民法是万法之母”，这是因为宪法乃至整个公法的理念、制度设计大都根源于民法。①

这些说法有一定道理，但“根本大法”“公法”“母法”的争议更多把宪法归类为“公法之父”的范畴，却忽视了宪法起源与文本的研究。从英国最早的宪法性文件之一、1215 年的《自由大宪章》签署背景来看，“失地王”约翰之所以与英格兰贵族达成宪法性协议，主要在于约翰为征战法国对英格兰贵族过度征税盘剥，而对法作战失败丢失了在诺曼底的大部分土地；加之英格兰贵族在基督教信仰方式上长期形成的自由意识，这是催生《自由大宪章》的重要起因。从《自由大宪章》文本来看，它重点解决的是“失地王”约翰过度筹资征税、债权人债务人利益保护、国王与贵族平权这三大问题。可以说，对贵族拥有产权的界定保护与债务清理是英格兰这部宪法性文件的重要内容；延伸一步说，宪法不仅仅是界定王权的“公法”，其界定产权的经济观与破产观也是英格兰早期宪法的题中应有之义。

《自由大宪章》全文共 63 条，有许多内容是界定保护英国贵族拥有财产的初始产权及债权债务关系的。除第 1 条规定教会享有自由选举教职的权利外，第 2 条至第 7 条皆规定的是财产继承权的取得与保护；而其第 9 条则规定了债务清理即破产的基本制度：“凡债务人之动产足以抵偿其债务时，无论余等或余等之执行吏，均不得强取收入以抵偿债务。如负债人之财产足以抵偿其债务，即不得使该项债务之担保人受扣押动产之处分。但如债务人不能偿还债务，或无力偿还债务时，担保人应即负责清偿。担保人如愿意时，可扣押债务人之土地与收入，直至后者偿还其前所代偿之债务时为止。”第 10 条、第 11 条、第 26 条，进一步规定了债务人破产财产制度。从这部重要的宪法性文件的产生过程及内容可以看出，《自由大宪章》有相当一部分

① 参见郝铁川：《宪法是万法之父，民法是万法之母》，载《法制日报》2018 年 11 月 7 日。

内容是解决债权人与债务人关系的，现代破产法被许多国家法律或学者称为《债权人与债务人法》是有道理的。某种程度上，解决债权人与债务人之间的债务关系问题是早期宪法的主要目的，也是宪法的经济基础。可以说，英格兰解决债权人与债务人关系的法则即破产法，既产生于宪法之前，又催生了《自由大宪章》这样的宪法文件，并成为英国宪法的重要组成部分。因此，从这点来看，《自由大宪章》是宪法与破产法紧密互动的标本。

宪法中的“破产观”，更突出更直接地表现在世界历史上最早的成文宪法——美国联邦宪法之中。1787 年美国在制定宪法时，把破产法的制定直接规定在宪法中，《美国联邦宪法》第 1 条第 8 款规定国会有 18 项权力，其中第 4 项权力为“建立联邦内统一的入籍归化法和统一的破产法”。

为什么美国联邦宪法要写破产法内容？为什么美国联邦宪法要规定破产法立法权是联邦事权而不及于各州？美国学者查尔斯·A. 比尔德（Charles Austin Beard）在《美国宪法的经济观》（An Economic Interpretation of the Constitution of the United States）一书中对此做了深入研究，他认为，美国联邦宪法实际上是债权人利益集团制定的，制宪的一个重要目的是要保护债权人利益。比尔德在书中逐一列出了 55 个制宪人士的经济状况，并论证了他们如何从维护各自的利益出发而影响了宪法的成文，并进一步指出美国联邦宪法是由参与制宪会议的货币、公债、制造业、贸易和航运 5 个利益集团发起和推动的，是 55 个有产者利益博弈的结果。根据比尔德的统计，55 名代表中持有公债的不少于 40 人（其中 24 人数额在 5000 美元左右或更多）；债权人集团不少于 24 人；奴隶主集团至少有 15 人；土地投机者不少于 14 人；工商航运至少有 11 人。而且代表们多为律师，并来自动产集中的沿海城市。“大多数代表，最少有 5/6，对于他们在费城的努力结果都有直接的个人利益的关系，而且都曾由于宪法的通过或多或少地获得经济利益。”① 因为担心各州破产法把这些债权人集团的债权赖掉，

---

① ［美］查尔斯·A. 比尔德：《美国宪法的经济观》，何希齐译，商务印书馆 2010 年版，第 113 ~ 115 页。

所以规定破产法必须由联邦国会制定。虽然写上了这款重磅条文，各州的破产法因而失效，制宪代表们心里还不踏实，又在第 6 条中再次强调，“本宪法采用前订立的一切债务和承担的一切义务，对于实行本宪法的合众国同邦联时代一样有效”，重申对债权人利益的保护。因此，从美国联邦宪法起草过程与文本来看，美国立宪者的宪法经济观与破产法“宪法性”的思想展露无遗。

由于美国联邦宪法的巨大影响力，许多国家复制了美国联邦宪法的破产观与破产法的联邦化，为防止各地方政府（各州）之间的利益冲突，维护统一的贸易市场和交易秩序，保护债权人利益，许多国家都把破产的立法权和管辖权归于中央或联邦。瑞士破产法开篇即申明其破产法是瑞士联邦议会根据《瑞士宪法》第 164 条予以制定，而《瑞士宪法》第 164 条规定重大法律的立法权属于联邦议会。在澳大利亚，为协调各州法的矛盾，各州达成协议，有关公司破产立法事项由联邦一级负责，包括立法权和管辖权。英美法系与大陆法系国家大多把破产法的立法权和司法管辖权统一归于中央或联邦。

中国的宪法虽然没有直接写明“破产法”词汇，但由于我国是单一制国家，法的统一性原则要求破产法的制定是中央事权，破产法由全国人民代表大会统一制定。在 2006 年我国制定出全国性的企业破产法之后，近年来，一些地方依据地方立法权推出个人破产条例，破产法的统一性问题是引发争议的争点所在。虽然中国宪法没有明确破产法的宪制性，但是自 1954 年新中国首部宪法颁布以来，中国宪法的经济观正逐渐形成并转型，也反映了现实中各阶层经济利益保护的需求。2013 年党的十八届三中全会提出：使市场在资源配置中起决定性作用。

2018 年《宪法》序言写道：不断完善社会主义的各项制度，发展社会主义市场经济。《宪法》第 15 条规定，国家实行社会主义市场经济。国家加强经济立法，完善宏观调控。国家依法禁止任何组织或者个人扰乱社会经济秩序。中国在宪法中确立了市场经济体制，而市场经济体制的三大铁律就是价高者得、公平竞争与优胜劣汰，破产是市场机制的题中应有之义。没有破产法与破产机制，就没有市场体制，更不可能让市场在资源配置中起决定性的作用。因此，中国宪法也有了自己的“市场经济观”与“破产观”。

（二）破产法的宪法性表征[①]

市场经济又称为自由市场经济或自由企业经济，是一种经济体系。市场经济理论的奠基者是亚当·斯密，但市场经济在人类历史上早已存在。在这种体系下，产品和服务的生产及销售完全由自由市场的自由价格机制所引导，而不是像计划经济一般由国家所引导。市场经济起源于英国 14、15 世纪的“圈地运动”，成形于 18 世纪英国的工业革命。它一经产生，便成为最具效率和活力的经济运行载体。迄今为止，全世界绝大多数国家都纷纷走上了市场经济的道路。

破产法的宪法性甚少为人关注，因为在法学界一般认为破产法是民商法学的边缘法学科，早期学界认为破产法只是程序法，甚至只讨论 1991 年《民事诉讼法》第十九章。现在法学界讨论破产法时将其定位成一个部门法或特别法。但是本书认为以上对破产法的理解是有问题和有缺陷的。破产法是市场经济不能或缺的内容，它不仅涉及程序问题，也涉及实体法问题。那为什么市场经济需要破产法？很重要的一点是因为破产法具有宪法性质。市场经济需要一个统一的市场。这也是市场经济从古典发展到现代的一个走向。中国改革开放之初，强调让一部分人先富起来，当时用“政策”代替“市场”这个词，所谓给“政策”就是给“市场自由度”，就是一个制度松绑的过程。然后，这种制度松绑慢慢放大到像安徽、四川等改革比较领先的省份。例如，安徽出现的“傻子瓜子”事件，年广久原来在国有企业是做瓜子的，后来他倒卖“傻子”瓜子。彼时《刑法》中有一条“投机倒把罪”，最高可判死刑，但实际上当时的“投机倒把”在现在被称为“物流”。当时年广久一案被定性为“投机倒把罪”，轰动一时，后来邓小平同志出来说话，认为年广久卖瓜子不能被认定为投机倒把，才把他释放。之后，学界开始反思《刑法》的正当性，把“投机倒把罪”取消掉。现在这么多的物流公司，如果按照当时的

① 本部分内容节选自《北京大学学报（哲学社会科学版）》2019 年第 1 期《破产法的宪法性及市场经济价值》。

说法，都是在搞投机倒把。“年广久事件”说明市场经济的试验在不断扩大。

如果市场经济是区域化的、分割的，不同的市场参与者的地位、权利和责任就不一样，债权人利益就得不到平等保护，所以市场经济需要一个统一的市场。市场经济的内在动力要求不断扩展市场的边界，并逐步演化为市场的全球化。但是，由于各个国家制度的差异，每个国家对于统一市场的能力和制度安排也是不一样的。对市场经济来说，它最需要的制度是一个统一市场，并能给予市场参与者一个稳定预期及平等保护，市场参与的各方都能接受的一个公平的制度，那就是破产法。所以说，破产法具有基础性与母法性，一定程度上即具有“宪法性”。

宪法是约束制衡权力的基本法，也是保障公民权利的基本法。破产法是市场经济的“宪法”，表现于破产法涉及宪法实体内容层面的权利与权力问题。

世界上破产法最发达的国家是美国。美国最早的立宪者，包括杰斐逊、汉密尔顿很早就考虑到破产法的宪法性问题。《美国联邦宪法》第1条第8款规定了美国国会有18项权利，其中第4项权利强调，美国的两部法律必须由联邦来制定，不允许州一级制定，一部是美国的国籍法，另一部就是破产法。① 在美国联邦宪法中，规定这样的条文非常不易。美国最早组建联邦的时候是13个州，美国立国者很早就认识到，这13个州必须非常独立，联邦要给予各州最大的自由权，包括政治权力、军事权力、外交权力。在美国联邦宪法之外，各个州可以制定自己的宪法，有自己的一套公法和私法体系。直到今天，美国没有一部统一的公司法，有的是特拉华州公司法、纽约州公司法、加利福尼亚州公司法等。统一版本的公司法，也只是美国商会，一个非政府组织所做的指引，并无法律约束力，有效力的是各州的公司法。美国刑法的情况也如同公司法，各个州都有自己的刑法。在这样一批特别强调各州独立性的立法者的带领下，能够把破产法写入美国

① U. S. CONST. art. 1, § 8.

联邦宪法，破产法只能由联邦来制定，这是非常了不起的成就。

美国立宪者为什么要这样做呢？当然研究美国的破产法史是很有意思的问题，《美国破产法》是学习英国而来，但是一个国家第一次把破产法放到宪法层面来，是非常值得讨论的问题。1786 年美国制定宪法的一个重要原因是要处理破产问题，要处理债务问题。在查尔斯·A. 比尔德的《美国宪法的经济观》[①] 一书中也可以看到这一点。独立战争时各州政府打仗很需要钱，于是就征税，各个州征税太多，导致民怨四起，大量的债务人存在破产危机，爆发了以谢司起义为标志的债务人革命。[②] 债务人不想还钱，所以当时发动起义，但 1786 年谢司起义失败了。在镇压谢司起义后的 100 天，美国人开始制宪，所以当时 13 个州的领导人聚集在一起，重要的议题就是讨论美国的宪法应该如何制定，怎么立破产法让债务人还债？如何保护债权人利益？而当时的债权人中有很多自己就是立宪者。这就是早期美国联邦宪法要写上破产法的一个重要原因。

美国有 50 个州，其他法律都可以由各州制定，但破产法不允许各州议会制定。其重要原因，就是要保护跨州，甚至是跨国的贸易，建立一个统一规则的市场，并希望这个市场能够做大。如果一个市场是割裂的，不是统一标准的，那么这个市场的参与者是得不到公平保护的。所以应该有一部法律能够保护所有的市场参与者，特别是保护市场信贷的主要供血者即债权人的利益。对于一个自由的市场企业来说，最需要的是能够给其提供信贷的人，这样的债权人是需要法律保护的。

现在美国的破产法已跨出国界，很多国家的破产法都以《美国破产法》为蓝本，其基调就是保护一种跨境的、跨界的、跨国的贸易与

---

① 参见［美］查尔斯·A. 比尔德：《美国宪法的经济观》，何希齐译，商务印书馆 2009 年版。

② 谢司起义是指美国独立战争后的 1786 ~ 1787 年，美国农民军和资产阶级军队在马萨诸塞州爆发的战斗。独立战争中一些大资产阶级利用战争困难大发横财。美国独立战争结束后，积极参加战争的农民不仅没有改善生活，反而更处于困境，各种税收纷纷而来，马萨诸塞州的税收竟多达农民收入的 1/3。欠债欠税的农民被迫起义，起义最后以失败而告终。谢司起义对美国历史的影响重大，美国建国后一直是松散的各州自治，谢司起义促使华盛顿复出，担任美国首任总统，并修改宪法，建立强有力的联邦政府。

市场交易。破产法一体化的趋势越来越强，《德国破产法》借鉴《美国破产法》，1999 年改革之后，废除了“和解法”。日本从 20 世纪 90 年代末期开始倒产五法的改革①，其破产法已经实施 100 年，日本破产法把和解制度废除，也是学习了《美国破产法》。此外，一些其他国家的破产法也具有宪法性价值，包括瑞士、澳大利亚等英联邦国家都继承了这样的传统。瑞士破产法开篇即申明该破产法是瑞士联邦议会根据《瑞士宪法》第 164 条予以制定，而《瑞士宪法》第 164 条规定重大法律的立法权属于联邦议会。在澳大利亚，为协调各州法的矛盾，各州达成协议，有关公司破产立法事项由联邦一级负责，包括立法权和管辖权。许多国家为防止各地方政府（各州）之间的利益冲突，维护统一的贸易市场和交易秩序，以使债权人得到平等保护，一般都把破产的立法权和管辖权归于中央或联邦。

现在看来，虽然在早期美国立宪的时候，破产法还没有今天如此重要的作用，但是美国立宪者出于当时现实的政治经济利益的需要，把破产法作为必须由联邦国会制定的一部法律，美国立宪者的做法是非常有远见的。破产法的宪法性价值确实是因为其扮演着市场经济基本铁律的角色，扮演着市场出清的角色。而美国的立宪者看到了破产法对于统一市场的重要性，对于跨州跨界甚至于跨国交易的重要性，看到了把债权人利益保护作为破产法“元问题”的重要性，这是美国立宪者对市场经济最深刻的理解。也可以说，是对于之后美国及其经济实力领先全球的一个最好的制度预见。这一点对我国今天认识破产法的价值，具有重大的启示意义。

（三）破产法宪法性的构成

为什么说破产法是宪法性法律？上文已述及破产法具有“宪法性”，是市场经济的“宪法”，首先体现于宪法的文本之中，破产法涉及宪法实体内容层面的权利与权力问题。破产法的宪法性，除了其宪法文本的价值之外，还有以下几层含义：

---

① 过去，日本破产处理体制主要有基于《倒产法》的破产程序、基于《和议法》的和议序、基于《公司更生法》的更生程序、基于《商法》的公司整理特别清算程序，也称“倒产五法”。在此次改革中废止了《和议法》。

1. 破产法是统一市场的法律

破产法具有统一市场、界定权利与权力、降低交易费用的功能。破产法之所以成为“市场经济的宪法”，这是因为：其一，破产法的基础是市场经济，市场经济需要市场的统一和一个统一的市场，在这个市场界定产权关系，明晰债权人债务人财产边界，给所有市场参与者平等保护。如果市场经济是区域化的，不同的市场参与者的地位、权利和责任就是不一样的，债权人利益就得不到平等保护。从市场经济与市场交易来说，市场参与的各方都能接受的一个底线制度，就是破产法，它带有基础性与母法性，所以破产法具有宪法性。其二，破产法基本理念之一是衡平原则，即在债权人和债务人之间、债权人与债权人之间、债权人、债务人与其他利益方之间寻求一种公平和有效率的商业安排，同时破产法还要确保公平和效率之间的平衡关系。破产法具有私权性，它要求植根于市民社会的市场主体得到平等保护；它要求公平保护债权人的一般利益，并最大化债权人利益；它要求坚持债权人自治；它要求提供一个公平、公正清偿债务的司法程序。破产法不仅是程序法，也界定和保护市场主体特别是债权人与债务人的实体权利。同时破产法又体现了效率的理念，从破产程序的启动、管辖、管理、分配、终止，到撤销权、优先权制度、取回权制度、管理人制度、清算和重组制度，无不体现效率的原则，从这个意义上说破产法为高效、准确处理债权人与债务人的关系提供了一套减少交易费用和降低交易成本的选择机制。在现代复杂的商业环境下，破产法不能单纯追求绝对的公平，也不能单纯追求效率，而必须随着个案的不同和市场的变化，在两者之间找到一个平衡点。其三，破产法为激烈商业竞争中的债权人债务人提供一种稳定的预期。它实际上告诉债权人、债务人什么是市场竞争的底线，帮助债权人和债务人预测其行为结果，对其市场行为的成本和收益作合理的预期，把市场的不确定性和风险减少到最低限度。破产法提供了这么一种框架。债权人对其收回债权的可能，债务人对其偿还债务的能力，相关利益方（如雇员）对其利益减损的可能都有一个稳定的预期。没有破产法的保障，所有破产当事人都不可能进行正常、可靠、反复的商业交易和行为。其四，破产法是市场中债权人债务人之间的一种游戏规则。它明晰了在产权移转、关联交易和日常经营活动中，哪些是禁止性行为，哪些是限制性行为，哪些是合理、规范的行为。在市场经济中，债权人和债务人往往是自私自利的，他们总是期望自身利益的最大化，因此在借贷和还贷、到期和延迟、担保和非担保等商业行为中，他们经常玩“猫捉老鼠”或“老鼠戏猫”的游戏。即便发生不能清偿到期债务的结果，他们也总是希望抢先一步，先于对手得到最优于自己的利益。而破产法则对债权人、债务人追求自身利益最大化的冲动提供了一种预防、禁止和限制性的规定，同时也提供了一种程序化拯救和公平清偿的制度化安排。

2. 破产法是经济改革的基本法

在一些经济转型国家，破产法也成为经济改革、避免经济危机及社会动荡的基本法。一些计划经济向市场经济转轨的国家，如俄罗斯、波兰、捷克、罗马尼亚、越南等，这些国家的经济改革都是以修改和制定破产法为开端的。破产法在其经济改革的过程中扮演了主角，成为转型经济国家改革的“宪法”。这些国家破产法制度的完善与否，也已成为衡量其市场经济成熟程度的重要标志。

20 世纪末，随着东欧、苏联的解体以及市场经济的冲击，许多计划经济体制国家纷纷向市场经济体制转轨。在这种转轨过程中，破产法一开始就扮演了主角，成为改革的先声。如俄罗斯、波兰、捷克、越南等国家，在其向市场经济转轨过程中，破产法成为其改革的宪法，而这些国家的改革，也是以首先修改和制定新破产法为标志，一个重要的原因是破产法是市场经济法治的前提。市场经济中，有许多企业在一夜之间兴起，也有许多企业在一夜之间消亡、退出市场。企业破产是市场经济中最常见和普遍的现象，正如美国宪法之父詹姆斯·麦迪逊（James Madison）所言：放债者与借债者之间的利益冲突，将是文明社会的常态之一。如果没有破产法，债权人和债务人的利益得不到及时调整，市场就会失去秩序，金融风险就不能控制，因此，破产法越完善，市场经济就越成熟。经济改革过程中，修改和制定破产法实际上可以为改革的成功奠定基石。另外，近十年来，随着网络信息技术的发展，许多市场经济国家从工业或后工业社会快速迈向网络智能社会，由“旧经济”过渡到“新经济”，经济竞争日益国际化。从这个意义上说，市场经济国家也在经历一次“经济转型”。在其新经济兴起和市场化过程中，破产法也成为其经济改革的一大利器和避免经济危机及社会动荡的基本法。在经济转型时期和转轨国家，最容易发生债权人、债务人利益得不到充分保护、市场秩序失范、保护标准不一以及市场交易过程中人们没有稳定、可靠预期的现象，而一部统一的破产法则是根治转型期社会种种痼疾的一剂良药。

近20年来，德国、日本、韩国、泰国、阿根廷等大陆法系国家，纷纷借鉴融合英美法系，修改其破产法。① 即便连破产法最为成熟有效的美国也在适应其国内和国际新形势，不断改进破产法。②

中国近年开始的供给侧结构性改革，其核心内容也是破产法的有效实施。供给侧结构性改革最早的政策是“三去一降一补”，即去产能、去库存、去杠杆、降成本、补短板，其关键内容是处理“僵尸企业”，而“三去”与处理“僵尸企业”的中心工作就是让破产法发挥功效。所以，破产法的实施及案例的增长是这几年中国供给侧结构性改革与经济新发展格局的一个亮点。从这个意义上也可以说，破产法是中国供给侧结构性改革的基本法。

3. 破产法是全球市场交易的宪法

破产法的宪法性还表现在对跨地域跨境投资人与商业贸易的保护。由于全球的资本流动在加快，金融系统性增强，市场效率和风险

---

① 德国在1994年通过了新的《德国破产法》，并于1999年1月1日起生效，并在2020年修订了其破产法以响应欧盟指令。日本破产法于2005年经较大修改颁行，涉及包括破产程序、个人破产和破产实体法在内的诸多内容。韩国在1998年对现行破产法进行了修订，并于2016年通过了《关于设立破产专门法院的法律》，根据该法2017年3月1日设立了破产专门法院。泰国在1999年对破产法进行了重大修改，引入了公司重整制度。阿根廷的破产法在1995年进行了修改，主要集中在对企业破产程序的简化和国际化的对接上。

② 近年来，美国的破产法主要聚焦于一些关键改革，《破产滥用防治和消费者保护法》（BAPCPA，2005年）旨在减少破产滥用行为，特别是消费者破产。《小企业重组法案》（SBRA，2020年）：为了帮助小企业更加高效地进行重组。《美国再生法案》（American Rescue Plan Act，2021年）在疫情后继续提供财务支持，包括为个人和小企业提供直接的资金援助。

都在增长。经济全球化和国际化的现实也在促进多国破产法的融合与统一标准的发展趋势，国与国之间越来越需要一个共同的破产规则机制来处理跨国界的破产问题，联合国制定的《联合国国际贸易法委员会跨国界破产示范法》和适应欧洲政治经济一体化进程的加快所制定的《欧盟破产条例》都反映了这种努力。世界银行营商环境评估报告认为，良好的破产制度应当具备以下特征：（1）帮助债权人实现资产价值最大化；（2）允许有救助可能的企业进行重组，并有效关闭失败的企业；（3）提高市场的确定性，促进经济的稳定与增长；（4）鼓励贷款人提供高风险贷款；（5）保障更多员工从事原有工作；（6）有助于保护供应商及客户网。

随着世界经济一体化、经济竞争日益国际化，在全球各地开展业务的跨国公司越来越多，使得在全球适用一部统一破产法的需求越来越强烈。一个假设的案例说明了全球适用统一的破产法作为市场宪法的重要性。总部设在美国的一家跨国公司一旦破产，其管理人将可能会手持美国法院的判决来到欧盟的法国、亚洲的中国和大洋洲的澳大利亚接管其在当地的资产和权益，此时，这些国家的破产法会不会承认美国破产法院判决的效力呢？这个例子说明在全球经济一体化的今天，全球有一部共同的破产法、遵循相同的破产法准则、采纳一致的破产标准有多重要。各国破产法不同的破产理念制度像礁石一样在阻碍着国际资本的自由流动与全球经济一体化进程。从这个意义上说，破产法应该是世界市场的交易规则，它不仅是经济转型期或转轨社会的市场宪法，也应该是一部全球和世界的市场宪法。

4. 破产法的立法与实施是国家事权

破产法也是市场经济中许多法典法规宗旨实现的前提，如破产法与商法中的公司法、证券法、担保法等的紧密关系，与金融法的互动关系，破产法相交于民法典、民事诉讼法、刑法、刑事诉讼法与反垄断法等；如我国民法典的市场主体理论根植于破产法的实践，并反过来影响破产法的完善。破产法的宪法性也要求我国的民事诉讼法在破产案件的管辖受理方面有特殊的审级程序安排；破产犯罪需要刑法准确的罪名与有力的打击；垄断带来竞争的破产，而反垄断则会刺激竞争，让破产法成为竞争的基本法则。

破产法的宪法性还体现在破产法的立法、修法与实施不能是单兵突进的，破产法的立修改与许多相关法律的修改有联动效应，同时与政治结构和政府功能改革也有联动关系。破产法的实施更要“府院协调”，破产法需要有地方政府、金融体系的支持，破产审判基础设施的支撑，以及许多配套政策的跟进。正是因为破产法的“宪法性”，所以对审理破产案件的法院有权威性、独立性、中立性与专业性要求：破产法的实施必须由国家中央层级的专门的破产法院来承担；破产案件的管辖与审理必须突破地方利益的樊篱；破产裁判的效力要及于全国并覆盖其他专门法的领域，防止地方利益保护主义和其他利益集团的干预，并辅之以专门的国家破产行政管理机构的支持。

总之，破产法及破产机制的意义，在于实现宪法的价值观与经济观，因此，破产法的宪法性无处不在。基于此，破产法推进现实经济体制与经济结构的变革，所以我国现行的供给侧结构性改革以处置“僵尸企业”为先。破产法的清算与重整制度是市场经济体制的“破坏”与再创新。破产法中的许多细节制度，如管理人挑拣履行制度界定了市场交易的边界，也固化了交易方式；终止净额结算制度的改革则使广泛的金融衍生品交易成为可能。

宪法中的“破产观”与破产法的“宪法性”，反映了宪法与破产法的紧密互动关系，希望宪法学界与破产法学界能携手合作、深度对话，共同深入探讨这一有趣的领域。

二、破产法：市场退出的重要制度

（一）市场退出制度的理论基础

现代市场经济有五大特征：第一个特征是私有产权的确立和自由企业的存在。市场经济的前提是产权的确立和保护以及企业的自由。市场经济有三个铁律，即最基本的规律或者规则，构成了市场经济第二、第三、第四个特征。第二个特征是价高者得。资源配置的有效性就在于它是市场化的，是自由的价格决定的，是一种价高者得的经济。第三个特征是市场经济是公平竞争的经济，或者说是权利义务责任界定分明的经济，强调市场秩序与竞争环境。第四个特征是优胜劣汰，其强调市场竞争是有效竞争，是有淘汰的竞争。市场经济这三个铁律实际上都与破产法相关，自由市场经济的假设是靠市场经济铁律实现的。第五个特征是现代的市场经济是全球化的。随着互联网时代的到来以及人类地球村的活跃，现在市场经济成为一种传播性非常强而且互通互联非常强的经济。市场经济的五个特征构成了我国市场经济的基本理论和框架。

市场经济的优胜劣汰规则要求市场经济法治为市场主体退出做好制度安排。市场退出制度中两个极具价值的理论是替代法则和市场出清理论。

1. 替代法则在市场退出制度中的表现

替代法则是经济学概念，[①] 是指在整个市场的发展过程中，存在一个隐藏的圆，这个圆里的各个要素都在变动，但变动具有替代性。换言之，当产品在市场上出售时，若生产资料、原材料、市场价格等要素没有变化，产品的价格很难发生变化；又因为价格变化决定利润变化，总会有企业致力于以新要素替代旧要素，以改变产品的价格与利润。例如，对生产者而言，一个产品的价格要素上升，会带来生产成本的改变，或者利润的下跌，它当然会促使企业寻找到更低廉的、更便宜的生产要素去替代它。也就是说，如果一种要素价格下降而其他要素价格不变时，那么用这一相对便宜的要素替代价格上升的要素，会使企业从中获利。在市场经济中，替代法则始终发挥着作用，高成本被低成本替代，没有竞争力的企业或者低竞争力的企业被有竞争力的企业替代；世界经济贸易的发展也遵循替代法则，美国的投资从最早的"亚洲四小龙"，转移到中国，从中国的沿海推向中部，又推至西部，待西部无法赢利后，又开始转移到越南、缅甸等拥有廉价劳动力的国家。这是市场经济规律，也就是所谓经济学上的替代法则。

制度经济学的创始人科斯最早提出了"交易费用"的思想，[②] 阿

---

① 参见［美］约瑟夫·E. 斯蒂格利茨、卡尔·E. 沃尔什：《经济学》，黄险峰、张帆译，中国人民大学出版社 2005 年版，第 132 ~ 133 页。

② See R. H. Coase, *The Nature of the Firm*, Economica, 1937, Vol. 4, p. 386, 388.

罗具体论证了这一概念,[①] 威廉姆森又把这个概念发展成“交易费用理论”[②]。科斯认为企业出现的重要原因是替代价格机制的存在，这一机制替代价格信号，使企业能够把外部交易费用内部化，降低交易成本。从法律的角度看，企业是一个法人，是一个有场地、有注册资本、有生产产品的实体。从制度经济学或者法经济学角度看，企业是由一系列合约、一系列制度安排组成的有机结合体。

随后出现“企业生命周期理论”，具体指企业的生命有多长。按照美国经济学家的理论，美国的企业平均寿命大概在 30 年。企业的生命周期在中国如何呢？2013 年国家工商行政管理总局（已不再保留，现权力承继单位为国家市场监督管理总局）统计数据显示，现在中国的企业存活率比较低，近五成企业的年龄在 5 年以下，近 5 年退出市场的企业平均寿命为 6. 09 年。[③] 在“大众创业、万众创新”政策下，2018 年前三个季度，市场主体延续较快增长势头，新创立的市场主体成为主力军。2018 年 1 月至 9 月，全国新设市场主体 1561. 6 万户，同比增长 10. 4% ，平均每天新设 5. 72 万户。其中，新设企业 501. 2 万户，增长 11. 1% ，平均每天新设 1. 84 万户。截至 2023 年 1 月，我国市场主体达 1. 7 亿户，全国登记在册的企业达 5282. 6 万户，增加速度非常快。企业每天在出生，由于制度安排、企业竞争力以及企业创新能力不同的问题，企业每天也在不断死亡。2021 年，约 901 万企业申请登记，约 349 万户企业注销；破产案件受理数量也明显上升，经统计，2007 ~2020 年，全国法院共受理破产案件 95910 件，审结破产案件 77619 件。[④] 这就是经济学所讲的替代法则的原理，用制度经济学解释，就是由于交易费用成本变化，导致企业之间也会出现

---

① See K. J. Arow, *The Organization of Economic Activity: Isues Pertinent to the Choice of Market versus Non-market Alocation*, in Joint Economic Commite, The Analysis and Evaluation of Public Expenditure: The PPB System: Vol. 1, Washington: Government Printing Office, 59, 70 (1969).

② O. E. Williamson, *The Economic Institutions of Capitalism*, 20, The Free Press, 1985.

③ 数据来源于《总局发布全国内资企业生存时间分析报告》，载 http: //www. gov. cn/gzdt/2013 -07/30/content_2458145. htm，最后访问日期：2022 年 11 月 12 日。

④ 数据来源于《中华人民共和国最高人民法院公报》。

生和死的替代，竞争力强的企业会替代竞争力差的企业。

2. 市场出清理论

在市场经济中的体现市场出清理论指的是商品价格具有充分的灵活性，使需求和供给迅速达到均衡，在市场之手的作用下，市场会自然而然地淘汰那些不需要的、闲置的资源，市场表现为没有定量配给，没有资源闲置，也没有超额供给和没有超额需求。①

出清的市场是最好的、最干净的市场，是一个没有臃肿赘肉的非常健康的肌体。在出清的市场情况下，便会出现“挤出效应”，这个挤出是挤出市场泡沫，市场没有闲置的资源，没有信用垃圾。市场出清理论也是经济学中的一个重要理论，类似帕累托最优理论。但某种程度上，市场出清又是一个注重效率的理论，没有效率的资源也会被挤出市场。破产法在市场经济中的作用就是提供一套市场出清机制，实现市场主体的优胜劣汰。对于市场中那些无偿付能力主体就应当有壮士断腕的决心，应该清算的就坚决清算，应该重组重整的就全力推进，要坚定打破“国家兜底”的惯性思维，不要在泡沫积累蔓延后被动破裂。

经济学的这两个理论告诉我们，替代法则要发挥作用，市场要实现出清，就需要实现市场主体退出的破产制度。现在中国有这么多不成功的市场主体仍在市场上从事经营活动。实际上有一些企业就是“骗子公司”。“骗子公司”越多说明这个市场越混浊，说明这个市场信用垃圾越多，也说明市场的替代法则与出清理论没有发挥作用，也就是破产制度没有发挥作用。所以市场出清理论、替代法则理论需要破产制度做制度支撑。

（二）市场退出的制度安排

1. 清算制度的概念内涵

市场经济出清与替代理论的制度安排就是清算制度。早期破产法的重要理念之一是市场主体在竞争中失败时，要迅速被更有竞争力的

① 参见胡代光、高鸿业：《现代西方经济学辞典》，中国社会科学出版社 1996 年版，第 182 页。

企业所替代。替代法则和市场出清理论，要求在市场竞争中失败的主体应该迅速退出市场。如果晚一天退出市场，就会给市场多带来一天较高的交易费用，所以，体现市场效率的最好制度就是清算制度。

清算制度有三个概念，第一种是普通清算。普通清算规定在《公司法》中，当事人即债权人、债务人或是股东之间自愿的意思表示，没有太多争议地终止公司经营，对债权债务关系进行了结，一般把这种情况称为普通清算。选择普通清算，公司不一定是亏损，但是公司不想再继续营业，最后将债务清偿完毕即可。

第二种是强制清算，也是《公司法》规制的。强制清算是在债权人与债务人自愿清算遇到障碍和麻烦的时候，需要公权力的介入的一种清算。强制清算又分为两种，若由司法介入，则是司法强制清算，即由法院指定清算组进行的清算；若是行政机关介入，则是行政强制清算，这是中国特有的一种制度。这两种都称为“法庭外”的清算。

普通清算与强制清算，实际上都不是市场退出的主流制度，市场退出的最主流的制度第三种清算，即破产清算，也就是纳入破产法框架下的清算制度。破产清算的特征与前两种清算有较大不同，它是一种集体清算程序，一般涉及众多债权人；而早期的清算都是单一特性的，是单个债权人和单个债务人之间一对一的关系。但是随着现代经济的发展和经济交易的复杂，当一个债务人破产，如果每个债权人都追求单独清算效率的话，那么一定会损害其他债权人的利益。破产法的出现就是为了让众多债权人在一个司法框架下，对债权债务关系进行统一的公平解决，集体的有序清偿。破产制度实际上就是要给债权人一个集体的、有序的、排队的偿债安排。立法者认为这样一种安排是最有效率的，也是最快捷、最有效、最公平保护债权人的制度安排。

2. 破产清算的效率价值

破产法早期一个很重要的价值就是效率的价值。清算程序是市场经济当中最讲究效率的机制，是一个真正的优胜劣汰的机制，也是一个“狼驱羊”的机制，即所有的羊拼命地在前面跑，因为后面有狼追逐，掉队的羊是要被狼吃掉的，这就是一个优胜劣汰的市场“丛林法则”，价高者得与公平竞争两大定律发挥作用，都是因为有优胜劣汰的机制在后面压阵，其具有巨大的原动力。破产清算的主要目的在于：第一，建立债权人的排队意识；第二，建立公平清偿债务的机制；第三，使债务人合法地豁免债务，给债务人一个重新开始的机会。

这种制度从个案看，会使债权人在清偿时得到公平清偿；如果从一个更宏观的角度来讲，会让资源流向更好的更有效率的领域。从债务人的角度来讲，也有一个重新选择、重新开始的机会，会使其从欠债的泥潭当中合法地拔脚出来，去从事新的创业创新。如果债务人是一个诚信债务人的话，会通过新的选择去重新开始，给整个社会资源的优化配置做出贡献。

如果市场出清的速度不讲效率，则会使市场的偿付能力和整个市场债权人债务人关系处于浑浊、冲突的状态，债务人就没有机会做新的创业和创新尝试。破产法的出现就是要解决这样的制度成本问题。

一个市场主体要退出市场，如果没有破产法与破产清算机制，其成本会非常高昂。一些不想继续经营的企业无法正常退出市场，一些信用差的债务人也淘汰不了。中国企业的注销就是典型例子，在简易注销制度改革推行前，企业注销程序过于僵化，所有类别的企业统一适用《公司登记管理条例》和国家工商行政管理总局的规定。公司企业法人在注销登记时，需要提交的材料多达10种，分属税务清税、社保清保、海关节税等多个部门管辖，企业注销时手续异常繁复，耗时长、成本高，企业苦不堪言，于是大多数企业选择一走了之而不履行注销程序。对于很多没有债权债务关系的，甚至是没有营业过的企业，还有一些每年不向工商登记部门交企业法人年报材料的企业，列入经营异常名录的企业，这些企业都可以称为“休眠企业”，其中有部分是“僵尸企业”，简易注销制度可以加速对这些企业的市场清算清理。[①] 但对这些休眠企业，仅有一般的公司注销制度是不够的，还得有破产清算制度及程序，甚至还得有破产清算的配套制度。

中国的“休眠企业”非常多，但这些企业是否都是真正休眠应当

---

① 参见李曙光：《论我国市场退出法律制度的市场化改革——写于〈企业破产法〉实施十周年之际》，载《中国政法大学学报》2017年第3期。

存疑。截至 2022 年 11 月底，全国经营异常名录实有市场主体 904. 92 万户（其中企业 847. 57 万户），全国实有严重违法失信名单市场主体 1180 户，严重违法失信企业实有 49. 7 户，联合限制失信被执行人担任企业高管 30. 8 万人次。[①] 许多企业应该进行年度申报而没有年度申报，还有部分是没有正常市场退出的违法经营企业，这会给社会增加很高的交易成本。如信用的成本，一些没有信用、应退出市场的企业仍然留在市场上进行经营，会给市场交易提供虚假信息，会扰乱相互信任的交易关系。我国现在有企业征信制度，有信用污点制度，有企业经营异常名录，这些经营异常的企业，工商登记监管部门会对其进行信息披露，但仅是信息披露是不够的。按发达国家的制度，这些有污点记录的企业，其股东、董事、企业高管是不能开办新企业，不能办养老保险，不能再担任公司董事高管，甚至不能出国出境，这都是靠破产清算的司法强制制度才能做到。但是我国没有这些企业破产清算配套的细节制度，或者虽然法律上和规章上有一些禁止性限制性规定，但实践中都没有落地，这就积累了许多市场信用垃圾。这就是中国存在这么多不诚信的、坑蒙拐骗的市场主体的原因。企业在失败或不经营之后，应对企业实体迅速进行清算注销或进入司法破产清算程序后再注销，快速清理市场主体垃圾，所以市场出清要有好的制度安排，完善的破产清算制度及其实施很重要。如果没有好的破产法及其实施，失败企业（含正常经营失败企业或者缺乏信用公司）退出市场非常困难，成本非常高。

对于制度成本问题，根据制度经济学原理和科斯定理，当交易费用为零的时候，不论初始产权如何安排与界定，都不会改变资源配置的结果；当交易费用大于零的时候，那么不同的产权界定，不同的产权制度安排，会决定资源配置的结果与效率，这是两个最基本的科斯定理。[②] 换言之，交易有成本，在不同的产权制度下，交易成本可能不同，从而资源配置的效率也不同。因此，优化资源配置需要对产权

---

① 数据来源于《中国市场监管报》2023 年 1 月 17 日。

② See R. H. Coase, *The Problem of Social Cost*, Journal of Law and Economics, Vol. 3, Oct. , 1960, at 1.

进行最优界定。笔者认为还有科斯定理三，即优良的制度有利于降低交易费用，并非所有有关产权界定的法律都是良法，法律制度有良法与恶法之分，只有良法才能够极大地降低交易费用。优良的法律制度不是写在纸上的。美国学者道格拉斯·C. 诺斯在理论上完善了对制度的解读，其提出制度是经济发展的决定力量，认为制度包括正式制度、非正式制度以及制度的实施，三者共同构成完整的制度概念，并不仅仅限于法律。[①] 正式制度之外，还有很多非正式制度，包括习俗、潜规则、习惯等。有些中国学者的认识误区在于仅将法律视为制度，忽视非正式制度及制度实施的制度价值。制度的实施是制度的一部分，所以好的法律制度就是良法，它是能够大大降低交易费用的。新时代依法治国，需要有好的破产法和好的破产法实施，使破产清算这样一个非常有效率的制度较好地发挥作用。所以说，市场在资源配置中起决定性作用，首先要让破产清算在资源配置中起决定性作用。没有破产清算制度发挥作用，市场不可能在资源配置中发挥作用。

（三）市场退出的制度演进

1. “重整”理论的由来

“重整”（reorganization）是市场经济另外一个重要的退出制度安排，也是近 40 年来破产法最重要的进展。重整理论首先源于英美法的哲学，特别是美国的哲学理念，就是要允许失败者有再来一次的机会，这是一个很重要的社会宽容文化。

20 世纪六七十年代，在美国出现了一个很重要的理论并迅速风靡国际，即“转机理论”（turnaround）[②]。“转机理论”是指企业从出生到死亡，罗马的倒塌不是一天发生的，有一个由生病到死亡的过程。“转机理论”是拯救处于困境与危机中企业的方法与程序。任何处于困境中的企业病人都是可以拯救的，问题是选择什么样的药方与医治手段去治疗。转机管理类似一剂药方，帮助企业预防并医治企业的病

---

① 参见［美］道格拉斯·C. 诺斯：《制度、制度变迁与经济绩效》，刘守英译，三联书店 1994 年版，第 92 ~ 93 页。

② See Edmond P. Freiermuth, *Turnaround: Avoid Bamkruptcy and Revitalize Your Company*, Blue Ridge Summit, PA: Liberty House, 1989.

患，提升企业绩效，实现可持续增长。当公司惨淡经营、摇摇欲坠之时，转机管理成为起死回生的灵丹妙药。

公司企业有其自身的制度设计与理想追求，企业形成各种合约及其履行也是有过程的，比如企业要生产什么样的产品，哪些技术人员来开发这样的产品，生产产品需要哪些原材料，企业要找哪些熟练的工人，还要有生产过程，然后企业要把产品怎么卖到市场，还要找销售人员，这是由一系列合约组成的。从企业家萌发想法，到逐步找到这些合约，到合约在市场逐步实现，这是一个漫长的过程。这一过程中企业也会出问题，就像人一样，大多数人刚生出来都是健康的，然后他要历经各种各样的社会磨难，在每个年龄阶段都可能会出现生病现象，甚至是重病，但生病不意味着立即死亡。因此就出现了这一再生理论，即所有人从生病到死亡过程中，是有被挽救机会的，这个挽救就叫“转机”（turnaround），它是一种生命的拯救再生，也是一种生命哲学，人是可以再来一次，甚至可以再来几次的，当然这种再生它是有前提条件的。

2. 重整理论

在“转机理论”的指导下，1978 年《美国破产法》进行重大改革，增加了第 11 章，即“重整”（reorganization）这一章。重整这个思想最早是谁提出来的已不可考，美国在 19 世纪二三十年代就对铁路公司做过重整，但是那时并没有形成法律。“重整”成为法律是 1978 年美国立法者的智慧——《美国破产法》第 11 章，现在全世界都熟知与流行。2017 年 3 月在澳大利亚悉尼召开国际破产协会（INSOL）全球大会，全世界有上千名破产专家参加，会场上专家们往往用“Chapter 11”代替“重整”表述，因为大家都知道，“Chapter 11”指的是《美国破产法》的重整一章，美国破产立法者把这一章写到破产法当中，就叫“reorganization”，我们把它翻译成“重整”。

重整指的是在司法框架下，在法院法官的组织下，债权人、债务人的一个谈判程序，这个谈判程序就是要债务人或者债权人提供一整套让这个企业再生、重生、更生、重组的计划，这套计划有可能是债务重组，有可能是股权重组，有可能是债权人和债务人的重组。重整计划提出来，经过一定的司法程序得到批准后，就成为这个企业再生的法治安排。

这套制度在 1978 年写入《美国破产法》之后，在实践中得到了迅速反馈。早期这一制度运用于诸如美国联航公司、克莱斯勒公司破产的案件。后来的大型公司破产案件适用这一制度非常多，如安然公司破产、雷曼兄弟破产、通用公司破产等。2001 年安然公司的破产是当时最大的破产案，雷曼兄弟是近些年影响最大的一个破产案。除此之外，许多大小商业银行的破产，也都使用了《美国破产法》第 11 章。所以破产重整制度是使用率非常高的破产程序。

3. 重整理论的世界扩展

并不是只有美国一个国家在运用重整制度。重整制度问世后，在美国的资本市场、公司股权市场乃至美国的整个企业界掀起了重整的浪潮，这个浪潮就传播到全世界，现在各国的破产法都学习这个制度。中国是 2003 年才开始意识到重整制度的重要性，开始把重整制度借鉴到中国破产法当中。

1995 年，大陆法系的领军国家——德国在破产法修改中，① 主要学习的就是美国的 Chapter 11，所以 1999 年德国破产法生效的重整制度与美国类似。日本的倒产五法中的“民事更生”和“株式会社更生”制度，也是借鉴 Chapter 11。这就形成了一个世界性的破产法改革浪潮。

破产制度原来仅仅是清算的概念，而现代破产法不仅具有清算价值，还具有重整价值，它是给市场主体一次再生的机会。市场主体重塑不仅仅适用企业，后来《美国破产法》第 13 章修订，个人债务也可以重整。由此可见，重整制度非常有效，这是破产法发展的一个大趋势。

4. 重整价值的判断

为什么现在大型企业的破产用重整制度与程序比较多？第一，因

---

① 1995 年 10 月，笔者在德国考察时，在科隆会见刚从美国考察归来的德国国会破产法修改小组的三位议员并就德国破产法修改的内容进行交流。

为大型企业有很多无形资产和难以估值的资产。比如说大型企业的品牌，树立品牌是需要很多年的，企业简单死亡对品牌确实是毁灭性的。比如美联航破产，航空企业有很多营运价值，例如它的飞行安全性、飞机起降的速率、它的全球客户网络、营销团队、经营管理团队、商业秘密以及对税收和就业岗位的提供，这都是很难估值的，所以不能单纯从企业资产价格本身或者它的负债本身来判定这个企业是不是应该破产清算。

第二，如果可以把企业其中一些经营要素、生产要素、服务要素进行低价格要素替代，它有可能产生新的价值。所以，判断一个企业，判断一个市场主体能不能重整，是要去发现它有没有营运价值。这种发现就是原有经营者、原有市场条件下有可能没有注意到的因素，这时候一般要有重整专家进入，才能发现破产企业的营运价值，美国有 CRO 制度，就是“首席重整官”，他可以迅速发现这个企业有没有重整价值，主要看有没有营运价值，然后改变它的管理结构，改变企业的经营方式，降低企业经营成本，现在世界上比较流行“精益管理”，实际上就是降低企业各种成本。通过这样一套方法能够让企业具有重整价值。

第三，因为企业具有较大的社会公益性。如果企业的死亡会带来市场信心问题，会带来一大批工人失业，就会对社会公众利益造成一定的减损。那么，某种程度上，自由市场的理论当中，也有干预理论，但这个干预者不一定是政府，在美国，市场干预不一定是政府在干预，还可能是法院法官干预。因此，对破产重整案件受理法院法官的要求是非常高的。美国大多数大企业重整案件是在美国纽约南区破产法院审理的，因为这个法院的法官水平非常高，法官是站在全球市场角度来看企业重整个案的。这个企业值不值得拯救？怎么救？而且要救的话，旁边还有一个巨大的市场，华尔街市场能不能容忍它？所以这样的法官，某种程度上本身就是一个企业家，所以本书把这种法官称为“企业家法官”。一般意义上，司法不干预商业判断，但是在美国的大型企业重整中，司法往往干预商业判断，但这个干预是一个类市场化干预，是一个商业判断，是非常准确的一种商业判断，法官能够对商业判断有特别敏锐的嗅觉。

当然在美国破产重整案中，也可以看到一些水平不高的法官，也有个别法官想出名或基于其他利益考虑，会刻意制造一些社会关注案件，如对雷曼破产案件主审法官，美国社会就有一些不同评价。但要承认，这些法官应该是对市场经济的精髓了解得非常深入的，是有从微观和宏观把握的。当然，法官干预的重整案毕竟不多，大多数企业重整是市场自身选择、资源自然配置的结果。

市场经济退出的主要制度安排不仅包括清算制度，还有重整制度，这也是从早期破产法到现代破产法的重大发展。

市场经济要求有统一的市场，统一的市场要求至少在非健康主体退出市场时适用统一的制度安排。如此的法律制度便将影响区域市场中其他相关制度的制定，进而在整个市场经济中具有基础性作用。这一法律制度便是破产制度，因而，破产法是市场经济的“宪法”。

在替代理论和市场出清理论的主导下，市场退出制度为市场主体提供清算的制度安排，破产清算是在债权人利益已经无法完全得到保障下做出最大限度保护的制度安排，最为体现市场经济的基本理念和价值。

随着社会经济的不断发展变化，破产制度实践的发展，破产法不再只考虑保护债权人利益，也给诚信债务人重生的希望，即破产法演化出重整制度。重整制度自身通过实践在不断完善，并为越来越多国家的破产法所吸收。

清算和重整两大现代最为重要的市场退出制度，也是破产法律制度的主要组成部分，共同揭示了市场经济公平竞争、价高者得、优胜劣汰的基本价值和理念。

（四）“僵尸企业”市场退出的困境与出路[①]

破产法在实施当中遇到很多障碍，包括社会稳定问题，职工安置

---

① 本部分内容节选自李曙光教授于2017年5月18日在上海交通大学“张元济法学讲座”上的演讲内容。

问题。处置“僵尸企业”与处理社会稳定问题和职工安置问题是密切相关的。

对于法院来说，它们有绩效考核的实际情况。经济纠纷案件一年就能办理结束，但是破产案件历经数年都很难办理结束，所以说司法体系没有跟上市场经济的发展和进程。破产案件也有大有小，至少近年来最高人民法院开始要求全国法院必须处理破产案件，所以破产案件今后会增多。

此外，还有降低企业杠杆率的问题。杠杆率就是资产负债的比例，国有企业杠杆率是比较高的，现在官方数据是 117%，如果按照中国社会科学院的数据实体部门杠杆率到了 227%，这是非常高的。因此，现在债转股就成为重要的解决手段，中央经济工作会议和政府工作报告，都强调把降低企业杠杆率作为工作的重中之重，怎么降杠杆率呢？

现在各个部门，如国家发展和改革委员会、国有资产监督管理委员会、银行保险监督管理委员会（已不再保留，现权力承继单位为国家金融监督管理总局）都在制定相应的政策，银行保险监督管理委员会在 2016 年出了降杠杆率的附件，2017 年又出了一个关于债转股的具体方案。作为债权人的商业银行能否去当股东，这个法律没有规定。但是国家工商行政管理总局规定，债权可以出资。此处转股债权的条件是指到期的债权，没有到期的债权当然是不能够。很重要的一点是，这些转股的债，一定是要找到一个好的企业。

银行保险监督管理委员会要求，转股的企业必须是能盈利的企业，同时要在安全、环保、产品质量等方面均没有问题的企业。[①] 关于债转股的表决机制，一些学者认为，必须一致同意，笔者认为一致同意在中国无法实行，如少数不转股的债权人利益如何去保护？还有个问题就是债转股的处置机构，第一，允许地方政府成立资产管理公司，以前地方政府只能成立一家，现在已经发展到第三个。第二，允许商业银行成立自己的资产管理公司来作为债转股的实施机构，要先

① 参见 2018 年 1 月 5 日公布的《商业银行股权管理暂行办法》。

把债权划拨给机构，由资产管理公司进行债转股。当然，最重要的就是关于优先股的问题，债转股最好的方式是优先股，就是对企业的经营决策没有表决权，只是收取固定的收益，但是目前还没有法律的明确规定。第三，退出机制，债转股一定要有退出机制。退出机制是指，债转股一定要提供比较好的条件能够转售，能够让债权人成为股东之后在一定期限或满足其他条件之后可以处置股权。在股权的转让中证券市场非常重要，债转股之后可以发新债，并且要允许其上市，经过一定的期限之后，这些优先股的股东可以退出。因此，债转股能够有效发挥作用需要很多政策和法律的支撑。

（五）我国市场退出法律制度的市场化改革[①]

1. 市场退出制度的市场化改革方向

市场经济是在价值规律的引导下通过价格机制和竞争机制实现资源配置的经济体制，其本质是通过市场机制进行资源配置，以市场反映的价格信号调节社会生产，鼓励优胜劣汰的竞争，推动社会的发展，包括市场准入、市场交易和市场退出三个部分。[②] 开放的市场进入通道对于鼓励竞争意义重大，而畅通的市场退出通道同样必不可少。在一个充满竞争与优胜劣汰的市场经济中，人们信奉适者生存的竞争哲学，只有实力雄厚的企业才能生存，弱小、低效、浪费资源和不成功的企业只会被竞争淘汰掉，从而退出市场。[③] 在“狼驱羊”死亡机制的倒逼下，市场主体能够最大限度地提高生产效率，积极创新，提高竞争力，以保证自己在市场生态系统中生存并实现利益最大化。

市场退出制度的改革必须遵循市场化导向。换言之，必须发挥市场机制在资源配置中的决定性作用，采取经济手段和法治方法协同推

---

① 本部分内容发表于《中国政法大学学报》2017 年第 3 期，原文标题为《论我国市场退出法律制度的市场化改革：写于〈企业破产法〉实施十周年之际》。

② 参见尤春媛：《市场经济·契约文明·法治政府》，中国政法大学出版社 2012 年版，第 101 页。

③ 参见李曙光：《转型法律学——市场经济的法律解释》，中国政法大学出版社 2003 年版，第 96 ~ 97 页。

进市场主体的有序退出。健全的市场经济法律制度不仅要降低准入门槛鼓励参与，也要完善市场退出制度，及时清理劣质主体。

（1）市场退出制度的二分体系

市场退出制度是指运用市场系统组成要素之间的相互作用，推动主体退出市场生态系统的过程和方式。市场退出包括“法庭内”退出与“法庭外”退出两种方式。市场主体在法院的主导下终结现存的法律关系、处理剩余财产，最终归于消灭的过程，被称为“法庭内”退出；市场主体因章程、决议、司法判决、行政决定等原因解散，应当自行组织清算，这构成“法庭外”的市场退出途径。

“法庭内”的退出方式是在法院的主导下进行的清算活动，更强调司法审查对清算活动的监督作用。在“法庭外”退出过程中，法律充分尊重市场主体的控制权及其自治行为，非因法定事由并经法定程序，法院不能介入清算活动。只有当“法庭外”的清算活动出现法定障碍，或自行清算主体出现破产事由时，法院才能依当事人申请启动清算程序，实现“法庭外”退出与“法庭内”退出程序的对接，以“法庭内”的司法审查弥补“法庭外”的主体利益失衡。

当下中国学界越发重视市场退出问题的研究，主要聚集于其中的“法庭内”退出制度，特别是破产重整、清算和和解这三种列于《企业破产法》的制度，而对于“法庭外”退出制度的关注寥寥。本讲立足于市场退出制度的市场化改革，重点关注“法庭外”的退出规则以及“法庭外”与“法庭内”退出制度的衔接问题，希冀在这块“理论荒地”上搭建研究架构，为我国市场退出制度体系的改进提供政策建议。

（2）市场退出制度改革的必要性

市场退出制度是商业活动持续流转与市场经济保持活力的前提。企业的优胜劣汰引发了“创造性破坏”，[①] 人类文明始得不断高速演进。当今中国，解决产能过剩问题要求市场出清制度的辅助，市场退

---

① See Joseph A. Schumpeter, *Capitalism*, *Socialism and Democracy*, New York: Harper Perennial Modern Thought, 2008, p. 82 – 83.

出制度大有作为。现有的市场退出制度对社会信用文化的重视程度不足，对行政机关与司法机关的职权划分及联动规则关注较少，亟须通过改革加以完善。

第一，市场化改革的政策导向。

党的十八届三中全会决议提出“紧紧围绕使市场在资源配置中起决定性作用，深化经济体制改革”的理念，为结构性改革提供了政策指引。调整经济结构，矫正市场要素配置扭曲，一个关键的举措在于去产能，这在2016年中央经济工作会议中被强调为供给侧结构性改革的关键任务。在2016年政府工作报告及“十三五”规划纲要中，“淘汰落后产能”亦成为频繁出现的一项措辞。党的二十大报告中也再次强调“充分发挥市场在资源配置中的决定性作用”。市场化改革的政策导向，要求市场退出制度的完善应当尊重经济规律，利用市场机制、经济方法、法律手段实现落后产能的清理，深化结构性改革。中央陆续出台市场化改革政策的大环境为市场退出制度的完善提供了契机，在顶层设计的导向下，改革者应当着力于促进社会主义市场经济与社会主义法治进程的良性互动，实现市场主体退出制度的市场化与法治化的统一。

第二，产能过剩的化解之道。

2008年金融危机之后，国内经济发展增速放缓，长期将呈“L”形走势发展。处于转型期的中国，政府身兼社会管理者、市场管理者和生产者三重角色，为了保护其他方面的利益，往往借助行政专权介入市场运作。[①] 泛滥的政策指导和难以克服的政府失灵导致大量资源流向低效率生产部门。目前，在我国27个大行业中，有21个产能严重过剩，2015年产能过剩行业企业8243户，比前一年增长67%，形成严重的“僵尸企业”现象。[②] 钢铁、水泥等特定传统行业过剩产能

① 参见张维迎：《产权、信誉与政府》，三联书店2001年版，第100～102页。

② 数据来源于《〈关于利用综合标准依法依规推动落后产能退出的指导意见〉解读材料》，载 http：//www. miit. gov. cn/n1146295/n1146562/n1146655/c5528124/content. html，最后访问日期：2023年11月2日；参见《企业简易注销试点将继续扩围》，载 http：//www. saic. gov. cn/wzj/gzzt/201602/t20160229_166872. html，最后访问日期：2023年11月2日。

反复出现，风电、光伏等新兴产业也开始出现过剩问题，这两个重要现象是“中国式产能过剩”的主要特征。[①] 产能过剩是市场资源配置错位的结果，最终将导致企业出现严重亏损，市场竞争动力不足，影响经济的可持续发展和结构的优化升级。淘汰落后产能是当前中国经济改革与产业转型的重要目标，完善的市场退出制度必然能够为市场出清任务提供强有力的支持。

第三，规则适用的实践障碍。

在当前实践中，市场退出制度的适用情况不容乐观。一方面，大部分资不抵债企业在退出市场时并未启动破产程序，破产制度未能发挥其应有的社会调整作用。2016 年全国企业注销数量为 974663 户，[②] 而全国法院一共受理的破产案件为 5655 件，尽管在供给侧结构性改革的推进下，法院受理破产案件的数量比 2015 年上升 53.8%，[③] 但适用破产程序退出市场的企业占所有退出市场企业的比例仍然只有 0.5% 左右。从数据上看，99.95% 的企业在退出市场时资产大于债务，但是过高的数据明显不能正确反映多数企业的真实资产负债状况，其中当然存在大量资不抵债企业未经破产程序即退出市场。

另一方面，即便行政注销登记的退出成本低于破产程序，实践中有大量企业虽然已经停止营业活动或被剥夺营业资格，但仍然出于不同原因没有实现市场退出。例如，2016 年我国工商行政管理部门吊销的企业数量为 411387 户，但是吊销后本期注销的企业数量为 22790 户，注销企业数量占吊销企业数量的比例仅为 5.53%。[④] 这说明，众多企业在受到吊销处罚之后并未按照法律规定进行清算并申请注销登记，而是成为长期无任何生产经营活动但又未进行清算的“休眠企业”。

---

① 参见杨振：《激励扭曲视角下的产能过剩形成机制及其治理研究》，载《经济学家》2013 年第 10 期。

② 数据由原国家工商行政管理总局综合司统计处提供，未公开。

③ 数据来源于《最高人民法院通报破产审判工作情况》，载 http://www.court.gov.cn/zixun-xiangqing-36762.html，最后访问日期：2023 年 11 月 2 日。

④ 数据由原国家工商行政管理总局综合司统计处提供，未公开。

“法庭外”退出障碍的形成原因，大致可以概括为主观与客观两个方面。

在主观方面，市场主体对注销制度缺乏正确认识是制度实施的重要障碍。企业通过注销程序消灭主体资格，完成退出市场的最终程序，这是注销制度的意义所在。但是，大量的企业负责人、投资人并未对注销制度给予足够的关注，难以正确区分只有一字之差的“吊销”制度与“注销”制度的大有人在。两项制度均发生在企业市场退出的环节，但两者的性质、启动原因及后果大相径庭。

吊销营业执照是工商行政管理机关根据有关法律法规的规定，对有严重违法违规行为的企业依法做出的最严厉的一种行政处罚。吊销营业执照意味着企业的商事能力被强行剥夺，经营资格随之消亡，企业不得继续从事市场经营活动。吊销营业执照后的企业并未完全退出市场，需要其自行成立清算组进行清算，根据《公司登记管理条例》第 42 条规定，在清算完毕后，清算组负有向工商行政管理部门申请注销登记的义务。注销登记指行政许可的被许可人因法定原因终止营业之后，行政机关依法收回许可证件并登记公示的行为。行政机关通过吊销处罚剥夺企业经营资格的行为，即属于行政解散的一种。应当注意的是，无论基于何种原因解散，企业退出市场前必须经过注销登记，这与企业系自动解散抑或被动解散无关。注销不具有处罚性，是立法者基于维护公共秩序和市场秩序的目的而制定的市场退出的前置程序，启动注销程序需要依当事人申请，而吊销具有处罚性，是行政机关依职权对企业破坏行政管理秩序的行为作出的处罚。就吊销与注销的时间关系与逻辑关系而言，吊销在先，注销在后；吊销是因，注销是果。

大量企业主混淆吊销与注销制度的意义及性质，甚至认为两者只要选择其一即可万事大吉，“企业一旦被吊销就退出市场”的错误想法，这也是每年吊销企业数量与注销企业数量之间差距较大的其中一个重要原因。树立对注销制度的正确认识，是清扫市场退出障碍的必备前提。

在客观方面，耗时长、成本高的注销程序，会削弱市场主体的退出动力。对市场主体而言，不愿意进行注销登记的另一个重要原因在于注销登记的高昂成本。根据现行《公司登记管理条例》和国家市场监督管理总局的规定，公司企业法人在注销登记时，需要提交的材料最多可达到10种，手续涉及税务清税、社保清保、海关结税等多个部门，繁多的材料、复杂的手续和相似的程序，使市场主体长期处在疲于奔命的状态，无疑削弱了市场主体退出的动力，导致注销制度不能得到充分的适用。

市场退出制度适用的尴尬现状，导致清算程序和破产制度的功能难以发挥，大量债权人因企业的无序退出而遭受不利后果，频繁“失信于债权人”不仅是对具体个人的侵权，长期来看也将影响社会的投资热情，破坏社会的信用基础，是对市场经济活力和社会稳定秩序的双重危害。应当通过市场退出制度的改革与完善恢复正常的经济秩序。

（3）市场退出制度的改革思路

企业退出过程中乱象频出，原因复杂。比如，截至2016年6月30日，全国应当公示2015年度报告的企业20566966户，已公示18165639户，年报公示率为88.32%，大概有240万家企业未参加年报。[①] 这些企业是应当退出市场的企业，即“僵尸企业”。具体来看，“僵尸企业”分为两类，一类是具有欺诈性质的失败企业，另一类是健康正常但无意继续经营的企业。其中对于前一类企业，加快破产法的修改与完善，促使其发挥应有的功能，能够推动这些企业实现市场出清，实现债权人的公平受偿。但是，“法庭内”的破产规则只适用于资不抵债的企业，对于健康正常但无意经营的企业而言，破产规则没有“用武之地”，还需健全“法庭外”退出制度为这类企业提供退出的通畅渠道。

第一，健全市场退出制度体系。

除了加强破产法的实施，市场退出制度还要注重对司法机关的强制清算与行政机关的注销程序等进行完善，实现“法庭外”与“法庭

---

① 数据来源于《全国2015年度企业年报分析报告》，载 http://www.saic.gov.cn/wzj/gzzt/201611/t20161109_172163.html，最后访问日期：2023年11月2日。

内”退出机制的衔接与互动，形成系统的市场退出制度体系。

针对“僵尸企业”，应分情况分别应对。对于出现清算事由但不主动进行清算或者违法清算的企业，法律应当赋予债权人及股东向法院申请强制清算的权利。对于不需要进行清算的无债务或未开业企业，则可通过简化后的注销程序，快速、低成本地退出市场。此外，在年度检验报告制度取消后，企业的经营状况应当通过信息公示平台及时公示，对于未履行经营信息公示义务的企业，企业经营异常名录与“黑名单”制度能够对其施以信用惩戒。

“如果一个市场社会希望成为一个文明社会，那么法律原则是不可或缺的。”① 上述规则的完善应当始终体现市场化的原则。上述规则的完善当体现市场化的改革方向。一方面，应在司法机关与行政机关之间形成合理的职权划分。简政放权的改革需要司法机关监督审查权的配合。行政机关应当及时转变监管理念，利用市场机制、经济方法、法治手段引导企业诚信经营、依法退出，尽量避免以行政手段直接干预市场运行；司法机关应当保持一贯的中立性，在市场退出程序中发挥监督作用，均衡各方利益。另一方面，要充分发挥市场自发调节的功能，运用信用机制约束市场主体的背信行为。对于市场主体而言，可期待的收益及可预期的成本将对他们的行为产生导向作用，商誉对于市场主体的持续经营具有重要的作用，通过信息公示制度和信用惩戒措施，可以激励市场主体诚信经营。行政机关不应对市场主体进行“父爱式”的监管，而应引导市场主体做出合理的选择。

第二，构筑市场退出制度法治底线。

“监管和法律并不是同义词。”② 市场经济是法治经济，法治环境是市场经济发展的依托和保障。完善市场退出制度，既需要坚持市场化，发挥市场在资源配置中的决定性作用，同时也要坚持法治的底线。法治是一套刚性的游戏规则，为市场经济的游戏提供必须遵守的

---

① ［美］杰瑞·穆勒：《市场与大师——西方思想如何看待资本主义》，佘晓成、芦画泽译，社会科学文献出版社 2016 年版，第 481 页。

② ［美］亚龙·布鲁克、唐·沃特金斯：《自由市场革命：终结大政府之路》，启蒙编译所译，上海译文出版社 2014 年版，第 225 页。

强制性规范。[①]

“政府存在的目的不是把人类生活变成天堂，而是防止其沦为地狱。”[②] 法治通过约束市场监管者的约束为市场经济提供制度保障，如果政府行为不受法律约束，自由交易就没有根本的保障，现代市场经济的基础就不存在了。[③] 法治对市场监管者的制约体现为依法行政原则。积极的行政容易导致权力扩张，侵蚀市场主体的私人利益，因此法治的一个重要任务在于约束行政机关的行为，防止其滥用职权。在简易注销程序中，行政机关应当依法放宽事先审查，实施事后监督，信用惩戒方式的运用应当符合《行政处罚法》的规定。市场参与者也应当遵守法律法规和契约规范，诚信经营。对于经营过程中产生的信息，市场参与者应当依法通过信息公示平台主动披露。当出现法定解散事由时，市场参与者也应当依法进行清算，完成相应的注销程序，有序退出市场。

2. 市场退出制度中的强制清算程序

清算是企业注销的前置程序，投资者和管理者通过清算程序了结企业的债权债务关系，实现股东与债权人的利益。

企业的清算以普通清算为原则。根据《公司法》的规定，在基于不同原因解散后，公司需自行成立清算组。只有在普通清算出现法定障碍时，才由债权人或股东启动强制清算程序，由法院指定清算组进行清算。普通清算强调企业的自治，而强制清算则以公权力干预为特征，是对普通清算程序存在漏洞的填补。合理运用强制清算制度，既有利于实现市场退出机制的高效价值，也有助于在法院的监督与介入下，更好地保护投资者，尤其是债权人的利益。

（1）行政强制清算的废除

1993 年《公司法》规定了两种类型的强制清算，一种是法院依

---

① 参见李曙光：《转型法律学——市场经济的法律解释》，中国政法大学出版社 2003 年版，第 53 页。

② ［美］维托·坦茨：《政府与市场：变革中的政府职能》，王宇等译，商务印书馆 2014 年版，第 1 页。

③ 参见钱颖一：《市场与法治》，载《经济社会体制比较》2003 年第 3 期。

申请启动的清算，即现行《公司法》规定的司法强制清算；另一种针对“公司违反法律、行政法规被依法责令关闭”的情形，由“有关主管机关”组织清算，这一类强制清算可称为“行政强制清算”。由于“有关主管机关”的范围界定不清晰，容易导致具有权力扩张倾向的行政机关过多干预公司自治，侵害公司自行组织清算的权利。2005年《公司法》取消了“行政强制清算”，法院成为唯一有权介入公司清算的公权力机关，“法院的实际组织和程序提供了比行政机关的组织和程序更强的合法性保证。这无疑是为什么人们认为有必要将那些与行政职能联系的司法职能交付法院的理由”，[①] 司法机关的中立性与被动性能为所有利害相关人提供最符合公平正义的利益分配。司法的社会公信力使社会公众相信司法过程及最后结论的公正性，并最终接受这种裁判。[②]

2005年《公司法》规定的强制清算规则并不完善，只提供了原则性的指引，实践中缺乏实操性。为了统一执法尺度，细化司法操作规则，此后最高人民法院相继出台了最高人民法院《关于适用〈中华人民共和国公司法〉若干问题的规定（二）》和《关于审理公司强制清算案件工作座谈会纪要》，在较大程度上弥补了强制清算立法的漏洞，为各地司法实践提供了统一规则。

（2）强制清算中司法机关的职能

有效发挥市场在资源配置中的决定性作用，要求充分维护市场主体的自主决策权，在经济规律的引导下自主活动、自行调节。竞争与私人秩序有时无法成功解决某些市场失灵问题，此时便由公正的法院来制止侵权行为。[③] 在法的实施过程中，存在多个环节，而司法是非常重要的一个，被称为维护法治权威的“最后一道闸门”。[④]

---

① ［奥］凯尔森：《法与国家的一般理论》，沈宗灵译，中国大百科全书出版社1996年版，第308页。

② 参见陈光中、肖沛权：《关于司法权威问题之探讨》，载《政法论坛》2011年第1期。

③ See Coase, R. H., *The Problem of Social Cost*, Journal of Law and Economics, Vol. 56, Issue. 4 (November 2013), p. 837－878.

④ 参见刘作翔：《法理学视野中的司法问题》，上海人民出版社2003年版，第1页。

在清算过程中，由于公司的管理者和决策者可能怠于组织清算，或者在组织清算的过程中损害利益攸关者的权益，此时应当赋予债权人、股东在上述情形出现时申请强制清算的权利，以便通过法院的强制力扫除拖延或者违法的清算障碍，恢复及时且合法的清算程序。法院对清算过程的监督是程序性的干预，通过行使司法审查权，实现对公司自行清算缺陷的弥补，避免公司利用信息上的优势地位损害其他相关主体的利益，这是市场退出制度安全价值的要求，也是实现有序退出的应有之义。

强制清算程序主要适用于程序上的障碍和较为严重的实体违法情形。在法院依申请启动强制清算时，还应兼顾利益攸关者的权益。司法权的中立性恰好契合了强制清算程序中多方利益均衡的理念。

（3）强制清算中司法救济的缺位

最高人民法院《关于适用〈中华人民共和国公司法〉若干问题的规定（二）》与《关于审理公司强制清算案件工作座谈会纪要》的出台对司法实务界影响较大，但强制清算的规定仍存在一些漏洞，导致当事人在寻求司法救济出现求助无门或行权过滥这两种极端情形，损害了清算效率与清算公平。

首先，关于公司僵局中的股东强制清算申请权。当公司陷入僵局时，股东难以通过决议对公司的事务作出决策，公司停业歇业或者无序运行的情况屡见不鲜。股东投资公司本是为了获取利润回报，而陷入僵局的公司不仅难以盈利或难以分配利润，股东的原始投资也无法取回。基于上述原因，立法赋予司法机关强制解散公司及强制清算公司的权利，通过司法权的介入维护债权人及股东的利益，实现公司的有效退出。但是，关于股东提起申请的时间、对申请人股权比例的要求，强制清算与司法解散的规则却存在不协调之处，增加了股东利益实现的难度。

最高人民法院《关于适用〈中华人民共和国公司法〉若干问题的规定（二）》第7条不仅对清算障碍作出更为细致的规定，而且在第3款赋予了公司股东申请强制清算的权利。股东权益受到侵害的情形主要有两种：公司僵局导致清算程序受阻；股份有限公司的小股东因持股比例小而难以自行启动清算程序。股东在上述清算障碍出现时享有申请法院强制清算的权利，这与《公司法》第231条公司出现僵局时，持有表决权10%以上的股东有权请求法院解散公司的“司法解散”规定十分相似。因为解散原因与清算程序之间存在时间先后与因果逻辑的关系，应将上述两项制度，特别是它们的互动与衔接一并考察。

根据最高人民法院《关于适用〈中华人民共和国公司法〉若干问题的规定（二）》第2条，股东提起公司解散诉讼，同时又申请法院强制清算的，法院对清算申请不予受理。公司在法院判决解散后，可以自行组织清算或者另行申请法院强制清算。司法解释的规定体现了公权对私权的尊重，在关乎公司“生老病死”的任何一个事件中，都应当坚持公司自治的理念，充分尊重决策机构的意思自治。解散与清算分属于两个独立的事件，股东对此也享有两项独立的决策权。如果允许股东在提起司法解散诉讼时一并提起强制清算申请，意味着未参与诉讼的其他股东在公司清算事宜上的管理权与决策权被剥夺，实现高效的市场退出不应当以牺牲股东的决策权和公司自治理念为代价。

法律对强制清算申请主体的顺位作出规定，即只有当债权人未提起清算申请时，公司股东才可以申请。这一规定存在两个弊端：其一，司法解释对“债权人未提起清算申请”的情形持续多长期限，股东才能够提起申请的问题没有明确说明，可能导致股东持续处于“等待”状态，不能及时提起强制清算申请。此外，是否有必要对债权人与股东的申请顺位作出规定也有待商榷。由于债权人可以通过个别求偿的诉讼或仲裁程序实现债权利益，未必具有申请法院强制清算的动力，但是对于公司僵局中的股东或股份公司中不具有话语权的小股东而言，在清算障碍发生时及时启动强制清算程序，却能够保证股东及时取回公司的剩余利润，防止公司的控制人利用清算活动损害部分股东的利益。其二，司法解散诉讼要求原告股东持有10%以上的表决权，但在强制清算制度中却未作相应的表决权比例规定，可能致使股东选择性诉讼，滥用强制清算规则。

在现行法的基础上，完善司法解散与强制清算的制度衔接，既要尊重股东的申请权，通过法院对公司清算活动的及时性、合法性审查，维护股东的剩余索取权和剩余控制权，同时也要防止股东利用法律漏洞进行诉讼选择，破坏公司正常的清算秩序，导致公司退出市场的效率不升反降。

其次，关于强制清算书面审查中的被申请人异议权。根据《关于审理公司强制清算案件工作座谈会纪要》的规定，法院在审查强制清算申请时，可以召开听证会或者进行书面审查。听证会作为首选的审查方式，其召开有利于法院全方位了解案件事实，保障多方主体的意志参与其中，是实现程序公正的重要举措，“程序公正给当事人一种公平待遇之感，它能够促进解决，并增进双方之间的信任，没有信任，这种制度将无以复存”。① 但是，听证会的召开耗时较长，程序较为烦琐，申请人由于清算拖延或者清算违法行为而遭受的利益损失难以得到及时弥补，这与强制清算制度旨在实现市场主体高效退出的宗旨相悖。为弥补听证会在效率上的劣势，《关于审理公司强制清算案件工作座谈会纪要》规定书面审查作为补充方式。对于事实清楚，法律关系明确，证据确实、充分的案件，法院可采用书面方式进行审查。但是与听证会相比，书面审查不利于被申请人行使陈述权，亦无法实现被申请人与申请人的“当庭对质”。

《关于审理公司强制清算案件工作座谈会纪要》没有对法院是否应当审查被申请人的异议作出规定。换言之，只要被申请人提出异议，法院便应当决定召开听证会。异议权的设置本是对被申请人陈述权的保障，但是由于书面审查效率较高而听证程序耗时长，对于执意拖延清算程序、企图利用清算程序损害债权人及股东利益的被申请人而言，恣意行使异议权以启动听证会将成为一个低成本的拖延方案。

最后，关于强制清算转入破产清算的司法审查权。《关于审理公司强制清算案件工作座谈会纪要》对于强制清算与破产清算的衔接问题作了专门的规定，提高了程序转化规则的可操作性，但是衔接规则不甚明确，在司法实践中难以形成统一处理做法。

---

① ［美］戈尔丁：《法律哲学》，齐海滨译，三联书店 1987 年版，第 241 页。

《关于审理公司强制清算案件工作座谈会纪要》关于强制清算和破产清算的衔接规定仅针对已经开始的强制清算程序，不包括强制清算申请的审查阶段。法院在对申请进行实质性审查时，可能会发现被申请人存在破产事由，此时法院是否应将裁定转入破产程序，抑或依据被申请人的要求继续启动强制清算程序，将会产生不同的法律后果。如果法院继续启动强制清算程序，可能导致事后清算组仍需要向法院申请宣告破产，这造成了司法资源与效率的浪费。如果法院作出裁定将强制清算程序转入破产程序，将会导致破产程序的启动由“依申请”转为“依职权”，这种过于激进的做法恐难被广泛接受。如果法院不予受理强制清算申请，将被申请人存在破产事由的情形告知申请人，由申请人决定是否提出破产申请。此时，享有决定权的申请人仅限于债权人，股东不享有申请进入破产程序的权利，公司控制者利用清算活动损害股东利益的行为得不到有效制止。至于选择何种做法为妥，现行法并无释明，在实践中可能会遇到不同法院做法不一的情形。无论如何，强制清算审查中法院对破产事由的处理应有明确的规则。

（4）强制清算中司法职权的强化

市场退出制度是市场经济与法治互动的产物。在完善具体规则时，应当发挥法律在资源配置中保障公平正义的功能，尤其应当发挥法院在对市场进行事后监督及对各方利益进行平衡方面的作用，调整经济利益的不公平分配。“中国市场已经从以人格化交换为主的‘熟人市场’发展为以非人格化交换为主的‘生人市场’，双边或多边声誉与惩罚机制难以发挥作用，需要建立一个以正式法庭为主的第三方执法体系来保证合同的实施。”① 有效发挥强制清算的制度功能，关键在于改进司法救济的若干规则，为当事人主张司法救济、法院居中裁判提供更为细致协调的操作规则，强化司法权的审查监督作用。

当公司处于清算障碍时，应当赋予股东与债权人同等位序的强制

① 吴敬琏、马国川：《重启改革议程——中国经济改革二十讲》，生活·读书·新知三联书店2013年版，第303页。

执行申请权。由于债权人可以通过个别求偿的诉讼或仲裁程序实现债权利益，所以未必具有申请法院强制清算的动力，但是对于公司僵局中的股东或股份公司中不具有话语权的小股东而言，在清算障碍发生时及时启动强制清算程序，却可以最大限度地维护自身利益，行使对公司财产的剩余索取权。同时，股东申请强制清算必须有一定的表决权比例限制，以免股东无限制地提起强制清算程序，破坏公司正常的清算秩序。对于表决权比例的要求，可以参照《公司法》第 182 条股东请求法院解散公司的条款，规定持有公司全部表决权 10% 以上的股东有权申请法院强制清算。

在法院审查强制清算申请时，现行法赋予了被申请人对书面审查的异议权，但对法院能否对异议权进行审查并未作明确规定。应当赋予法院对异议进行实质审查的权力，发挥司法权对市场主体的监督作用。良好的市场退出制度既要使诚信的被申请人有机会通过听证会与申请人平等“对峙”，也要防止被申请人利用异议制度进一步拖延清算。因此，对于缺乏实质理由，仅为拖延程序提出的异议，法院应当驳回，而对于确有实质理由的异议，法院应当停止书面审理，召开听证会，对争议作出公正裁决。

市场退出制度中存在的许多问题，盖因既往制度设计没有充分贯彻市场在资源配置中起决定性作用的顶层设计。市场退出制度的改革理念是市场化与去行政化，遵循市场化的改革方向完善“法庭外”退出制度，应当对相关主体的权利义务与权力职责作出相应的配置，在司法程序、信用机制与效率方面下足功夫，通过对司法机关与行政机关职权的划分、市场主体信息公示制度和信用惩戒规则的完善，建构起较为系统的市场退出制度体系。首先，应当重视法院在市场退出中的主要作用，通过法院的中立审查与事后监督，及时纠正市场主体在“法庭外”的违法清算行为，实现“法庭内”退出制度与“法庭外”退出制度的良好衔接，利用司法机关的权威性与中立性保障市场退出过程中多方利益的平衡。其次，应当发挥信用制度对市场主体的约束作用，通过信用惩戒引导市场主体诚信经营，有序退出。毕竟，市场经济是信用经济，信用是市场主体重要的无形资产，信用瑕疵将导致交易成本的提高和交易机会的减少，对市场主体造成致命打击。最后，应当落实行政机关简政放权的监管改革，减少行政机关对市场的直接介入与事先干预，发挥政府的服务职能，提供高效便民的市场退出通道。同时，应当完善配套的事后追责制度，通过民事责任、行政责任甚至刑事责任的追究，对背信的市场主体形成强有力的威慑作用，在追求效率的同时兼顾安全价值。坚持市场化与法治化的有机结合，才能构建出协调统一的市场退出制度体系。

三、破产法的几个基本概念

（一）破产[1]

债权—债务关系是人类社会最久远、最基础、最活跃的一对经济关系。人们熙来攘往，大千世界，色彩纷呈，这种基础性的债权—债务关系，再叠加债权人与债务人之间的关系，会使得“借债—还贷”模式复杂化。债务人可以向多个债权人借贷，但是，借贷的时间有早晚，债务人对多个债权人有不同的亲疏远近的关系，对债务人来说，债权人有可能是亲朋好友，也可能是市场经济中的一面之交，因此，债权人对债务人到期还债的态度是不一样的。当债务人向多个债权人借贷时，有的债权人希望还贷有保证，有的债权人对于还贷有时间要求，有的债权人对于还贷没有任何条件限制，有的债权人被借的款项数额巨大，有的债权人只有小额的债权……因此债权人的地位、心态、对还贷的影响力等等是不一样的。但是一般来说，债权人希望债务人守诺。换句话说，债权人希望债务人在还贷期限内清偿债务。市场经济的一个基石，即契约与信用，由此而生。

“借债—还贷”模式，无论是在“私力救济”还是在公权（法庭）干预下，形式都是丰富多样的。当多个债权人对一个债务人有借贷时，债权人之间时时会对还贷的数额、方式、时间发生分歧。有的债权人会对债务人还贷的前景抱有希望，有的债权人对于债务人不能

---

① 本部分内容来源于《法制日报》“李曙光谈破产”专栏 2007 年 1 月 14 日，原标题为“破产的概念”。

还债的原因有不同的解释，因此，债权人对债务人不能清偿到期债务时应采取何种清算手段会有不同意见；当公权（法庭）介入时也会考虑债务人不能到期还债带来的公共利益、公共资源损失，因此对债务人进行拯救或者重组的方式就成为与清算相对应的选择方式之一。上述这种“借债—还贷”模式逐渐演变成今天称为“破产法”的有关规则。在英文中，bankrupt 和 insolvency 都有“破产”之意。从词源上讲，bankrupt 一词源于意大利语“bancarotta”（也有学者认为英语中的“bankrupt”一词源于拉丁语的 *Falletux*，语意为失败。banca 意为“板凳”，rotta 意为“砸烂”）。在中世纪后期意大利的城市中，银铺老板都在门外有自己的板凳，如果某一商人不能偿还到期债务，按照商业习惯，他的板凳就会被债权人砸烂，从而表明银铺老板不愿再给其放贷。在英国历史上，bankrupt 与 insolvency 的使用是有区别的。1571～1861 年，英国实行商人破产主义，对不能清偿债务的商人，使用 bankrupt，含有惩罚和蔑视之意；而对其他诸如医生、神职人员、地主、律师等士绅，则使用 insolvency，该词没有贬义的味道。《牛津法律指南》对 bankrupt 的解释是指具有完整还债程序或制度下的破产，对 insolvency 的解释是指无力偿还全部债务的状态，无力偿还债务本身并无法律后果。[①] 英国 1975 年以前的破产立法称为“Bankrupt Act”,[②] 1986 年改称为“Insolvency Law”[③]（该法在我国香港被译作无力偿债法），立法用语的变化，反映了破产法救助债务人特别是拯救陷入困境的企业的新任务。德国 1994 年以前的破产法用的也是“Konkurs（bank－rupt）”一词，而 1994 年的破产法则改用“Insolvenz（Insol－vency）”。[④] 另外，由于社会文化和法律历史发展

---

① 参见戴维·M. 沃克编：《牛津法律指南》（The Oxford Companion to Law，又名《牛津法律大辞典》）。

② 参见 Insolvency Act 1976，来源：https：//www. legislation. gov. uk/ukpga/1976/60/enacted。

③ 参见 Insolvency Act 1986，来源：https：//www. legislation. gov. uk/ukpga/1986/45/contents。

④ 参见 Insolvency Code（Insolvenzordnung－InsO），来源（德国司法部）：https：//www. gesetze－im－internet. de/inso/BJNR286600994. html。

的不同，在不同国家 bankrupt 和 insolvency 也会有不同的用法，例如在澳大利亚，自然人破产程序与公司破产程序有着各自不同的发展历程，前者被称为“bankrupt”，后者被称为“insolvency”。“破产”用语的这些差别，在我国是不存在的。有的学者认为“破产”指的就是债务人法人实体的死亡，有的认为指的就是债务人的清算。这种看法是不准确的。实际上，“破产”仅仅指的是债务人不能清偿到期债务这样一种事实状态，而在现实社会当中，对于这种事实状态有不同的处理方式。大体上说，债务人破产的处理方式可以分为法庭外和法庭内两个方式。法庭外的方式是债权人与债务人通过当事人的意思自治的原则的妥协、谈判、让步达成偿债、清算、延迟或豁免债务等协议，而法庭内的方式则往往对债务人破产这种事实采取清算或重整的程序（少数国家还保留和解程序）。

可以看到，经过长期的历史演化，无论是债务人还是债权人，对债权债务关系处理方式的选择越来越理性化和文明化，一旦涉及利益冲突和债权人之间对利益分配产生纠纷，他们更多选择的是法律机制来定分止争。同时我们还看到随着市场经济的文明进展，随着现代商业社会资本流动性的加速，在债务人不能清偿到期债务时，债权人与债务人越来越倾向于选择破产法这样的集体清偿机制来文明而不失强制地“摆平”各方利益，同时，为最大限度地保护破产中各方存在的商业利益，对破产法的效率要求也越来越高。基于上述理由，可以这样给现代破产法下一个定义，即破产法指的是当债务人不能或者有可能不能清偿到期债务时、在司法程序的框架下、在债权人之间公平清偿债务或者是重组债务的一个文明的、有秩序的、追求效率的商业安排。

（二）偿付能力①

偿付能力理论，可以说是人类商业交易史上最基本的概念。所有的市场交易者，不管是消费者也好还是投资者也好，总会遇到债权债务的关系，因此偿付能力是指一种状况。当一个债务人不能偿付的时

---

① 本处节选自李曙光教授于2017年5月18日在上海交通大学“张元济法学讲座”上的演讲内容。

候，这个状态就是一个破产的状态，破产在中国是一个贬义词，不吉利的概念，但是在破产法的发展当中破产这个词越来越成为中性词，描述的是债务人不能偿付的状态。如何看待一个债务人，一个市场的参与者处于这样不能偿付的状态，就需要偿付能力理论。具体有四种方法来判别，法院在处理破产过程当中，主要是根据《企业破产法》第2条来识别破产原因。

第一种方法是资产负债表法，就是看债务人的资产负债情况，无论是企业，还是个人，他的情况很容易从资产负债表中获取。特别是上市公司的，每年都可以看到公布的资产负债表。资产负债表就是表明一个企业它的资产和负债是什么关系？资产如果是1亿元，负债是5000万元的话，它的资产负债率是50%，这个时候可以说企业资产杠杆率是50%，这是没有问题的，是健康的，国际上认可的资产杠杆率是60%。早期的时候看一个企业有没有偿付能力就是看资产负债，很多国家的破产法就叫资不抵债法。

仅仅看资产负债在现在社会是不够的，很多企业资产小于负债，但是仍然不能说这个企业没有偿付能力。相反地，有的企业的负债率很高，特别是一些新兴企业，但是它有很好的现金流，这个企业的偿付能力是没有问题的。

第二种方法是现金流法，这种方法越来越成为现代市场经济判断债务人是否有偿付能力的重要方法。企业的资产可能有1亿元，可是负债只有5000万元，但是这个负债是现金。如果是一个到期的现金负债要清偿的话，可能要把有效的生产资料、生产设备、厂房卖掉，这个企业也是处于破产的境地。所以看现金流越来越成为判断一个债务人有没有偿付能力最重要的标准，也是现代社会中被使用的越来越多的标准。根据《企业破产法》第2条的规定，债务人破产原因是不能清偿到期债务，资产不足以清偿债务，以及明显缺乏清偿能力。三个破产原因都能根据这个方法判断。现在很多国家都不需要有破产原因，去申请破产的时候，我国专门规定了破产原因，这是与以事实为依据，以法律为准绳的原则相关的。

第三种方法是资本充足率法，主要是针对金融机构，特别是商业银行。判断商业银行的偿付能力不仅是看资产负债表和现金流，更重要的是看资本充足率。《巴塞尔协议Ⅰ》[①] 和《巴塞尔协议Ⅲ》[②] 规定，所有的商业机构必须具备资本充足的底线为8%。当然由于2008年世界金融危机，很多金融机构对于资本充足率的要求都提高了，我国现在要求资本充足率要达到12%，但是不管怎么样，资本充足率是判断商业银行、金融机构的偿付能力的一个很重要的标准，现在通过了《存款保险条例》，相关的部门也在研究这个金融机构的破产问题。资本充足率就为金融机构的市场退出，以及它的偿付能力的测试，提供了一个很好的方法。

第四种方法是或有负债，就是看一个企业所担保的企业。企业的资产负债表是很好的，现金流也没有问题，但是这些企业偿付能力可能还是有问题。为什么会出现这种情况呢？因为这些企业和债务人，不当地为那些即将破产的企业进行担保，这样的话使他们自身信用受到污染和影响。所以这就成为判断企业有没有偿付能力的重要标准。

近几年商业银行的监管机构鼓励大型银行为中小企业贷款，这些银行发明了一些制度，如所谓联保制度，但目前这些制度都出现了一些问题。浙江为什么这么多企业出现问题？很重要的原因就是联保制度，银行贷款有十家企业联保，结果一家企业还不了贷款，其他企业就会相继出现问题。这个制度在法律上有很多问题。中国这样的情况跟英美等国有很大的区别，英美等国是一定要抵押，中国用的最多是保证制，是一种信用的保证，而这种保证在市场经济中的风险更高。

（三）重整[③]

企业重整是指不对无偿付能力债务人的财产立即进行清算，而是在法院主持下由债务人与债权人达成协议，制定重整计划，规定在一定期限内，债务人按一定方式全部或部分清偿债务，同时债务人可以

---

① 英文原名：International Convergence of Capital Measurement and Capital Standards，来源（巴塞尔委员会官网）：https：//www. bis. org/publ/bcbs04a. htm。

② 英文原名：Basel Ⅲ：A global regulatory framework for more resilient banks and banking systems，来源（巴塞尔委员会官网）：https：//www. bis. org/publ/bcbs189. htm。

③ 本部分内容来源于《法制日报》“李曙光谈破产”专栏2007年4月15日，原标题为“重整程序的启动”。

继续经营其业务。一般来说，只要破产保护的申请一经提出和被批准，债务人即可以免于债权人（包括有担保债权人）的一切诉讼和要求。就法律程序而言，重整方案的制定、通过和执行是关键所在。《美国破产法》规定了企业重整程序，[①] 该程序对世界各国的破产法产生了很大的影响，各主要国家的破产法都参考该章制定了重整程序。在重整程序中，占有中的债务人可以继续经营债务人的业务。

《美国破产法》的重整程序分自愿重整申请与强制重整申请两种。自愿重整申请可以由任何类型的债务人，个人债务人、合伙、公司以及任何非公司实体提出。强制重整申请由债权人提出，但银行和保险公司、股票经纪公司和商品经纪公司无权提出重整申请。农业工人和非营利性组织可以自愿申请重整，不能被申请强制重整。债务人自愿提出重整申请不需要任何条件，与债务人财务状况无关。债权人提出强制重整申请条件有三：（1）一般的停止清偿到期债务；（2）债权人必须持有总数达到或超过 5000 美元的无担保债权；（3）在债权人有 12 名或更多债权人时，申请必须有至少 3 名债权人提出。

英国破产法中的《管理令程序》是仿效《美国破产法》第 11 章制定的新制度。根据《英国破产法》第 8 条第 3 款的规定[②]：管理令程序允许一个陷入困境但有复苏希望的公司可以采取有别于清算的拯救程序。

德国破产法仿照《美国破产法》第 11 章，在第 6 编中规定了重整程序。《德国破产法》规定破产企业的重整要通过重整方案的制定、方案的接受及认可、方案的执行及监督来完成。《德国破产法》第 218 条规定[③]：重整方案由债务人或债权人会议委托破产管理人提出，并交给管辖法院。在法院裁定债务人自行管理时，债权人会议应委托

---

① 参见 U. S. Code：Title 11（rules 1001 to 9037），来源（美国法院官网）：https：//www. uscourts. gov/rules – policies/current – rules – practice – procedure/federal – rules – bankruptcy – procedure。

② 参见 Insolvency Act 1986，来源：https：//www. legislation. gov. uk/ukpga/1986/45/contents。

③ 参见 Insolvency Code（Insolvenzordnung – InsO），来源：https：//www. gesetze – im – internet. de/englisch_inso/index. html。

财产监督管理人或债务人提出重整方案。

根据《法国司法重整与清算法》第 1 编①，法国的司法重整制度分为两个阶段。第一阶段是观察程序。司法重整的判决一旦作出即进入观察期，在此阶段，司法管理人拟定资产经营状况报告及企业继续生存或转让的建议，法庭在其确定的观察期届满时确定重整方案或宣布进行司法清算。第二阶段是重整方案的实施阶段，包括两种方式：企业继续经营或转让。采取企业继续经营方式的应当对法人章程作出必要的修改，对债务的延期清偿和债权减免作出适当安排。重整方案一般由司法管理人负责提出与实施。

根据日本倒产五法，企业重整由两套并行的程序组成，也就是民事再生程序和会社更生程序，分别在《民事再生法》和《会社更生法》中加以规定。《民事再生法》自 2000 年 4 月开始实施。② 与会社更生程序相比，民事再生程序在处理上相对简易迅速，并且原则上是由原经营者进行继续经营，并不选任新的管理人或受托人，更注重债务人的自主决定权，实际上是对《美国破产法》中的占有中的债务人制度的引入，更适合中小型企业再建的需要。但是 2000 年 7 月的崇光百货集团破产案发生之后，引起了有关大企业能否申请该法的争议。日本《会社更生法》的修改中，仍在争议在重整中是否采纳《美国破产法》中的占有中的债务人制度。

企业拯救是现代破产法的重要理念之一，重整制度因其贯彻这种拯救理念，给予企业重生的机会，已经成为现代破产法的重要程序制度之一，也广为各国破产法所采纳。综观各国企业重整程序的启动，可以发现以下特点：第一，重整制度的目标是维持债务人企业的继续经营，同时使债权人获得较清算程序更大的利益；第二，重整程序的提出人一般为债务人，更多从债务人角度着手；第三，重整程序启动的权力分配重在防欺诈性重整，保护债权人利益；第四，法院在重整

---

① 参见 Code de commerce LIVRE VI：Des difficultés des entreprises.（Articles R600 – 1 à R695 – 4）（法国商法典　第六编　困境企业）。

② 参见《民事再生法》（平成十一年法律第二百二十五号），来源（日本法务省官网）：https：//www. gesetze – im – internet. de/englisch_inso/index. html。

程序启动中的权力与责任都很大；第五，重整程序的启动要维持债权人与债务人之间的利益平衡。

（四）和解①

和解（conciliation or composition），是指双方当事人通过协商达成相互谅解或者一方让步的协议，以解决双方争执的活动。“和解”与“清算”一词一样是个中性词，有法庭外的和解与法庭内的和解。

法庭外的和解亦即“私了”，是指当事人不通过国家法庭的强制力量，而是经过自行协商谈判达成一致意见以解决纠纷的一种方式。法庭内的和解是指在诉讼过程中，在法官的主持下，争议的双方当事人通过一定程序谈判达成协议的一种行为。

无论是法庭内的和解还是法庭外的和解都具有快速、简洁与节约交易成本的优点，是双方当事人在自愿平等协商的情况下进行的，它与诉讼相比，更显温和，对于及时解决纠纷，维持双方当事人的良好关系比较有效。传统社会中，中国人崇尚儒家的“和为贵”精神，不愿意争讼，因此，和解亦称“和息”，在中国社会具有肥沃的生存土壤。

破产和解就是法庭内的和解的一种。它是指具备破产原因的债务人，为了避免受破产宣告或者破产分配，经过与债权人磋商谈判，达成以某种形式的让步解决债务危机的协议，经法院认可后协议生效的法律程序。它最早出现于1883年的比利时，而后，德、法、奥、意、西、日等大陆法系国家纷纷跟进，以至于形成在破产法外建立独立的破产和解制度的和解分离主义。在传统的大陆法系，和解是不可或缺的破产程序之一，大陆法系各法域之所以规定破产和解制度，在于其具有减少债权人的损失、避免因破产宣告带来负面影响以及协调个体利益与社会利益冲突等价值。

和解制度是为了克服和避免破产清算制度的弊端而创设的一项程序制度。

---

① 本部分内容来源于《法制日报》“李曙光谈破产”专栏2007年4月1日，原标题为“破产程序的启动者与清算程序的启动”。

在民商法领域内，民商事主体自由处分实体权利和程序权利，通过谅解或者让步所形成的合意，均为和解。这种和解为民事和解。民事和解可以就买卖、借贷、租赁、承揽、运输、雇佣等各种民事关系而成立。[①] 和解被视为民法所规定的契约行为。早在古代罗马法中，就将和解作为终结债权债务关系的方式之一，将它与债权债务的变更、抵消、提存、消灭相并列。[②] 当今各国民法典均有民事和解的规定。[③]

但是，破产法中的和解，不同于民事和解。它是指债务人不能清偿债务时，为避免受破产宣告或者破产分配，经与债权人会议磋商谈判，达成相互间的谅解，"一揽子"解决债务危机问题以图复苏或者清理债务的制度。由债务人和债权人会议达成的和解协议，具有实体和程序上的双重效力。

以和解方式解决私权纠纷，既有助于维护当事人双方的和睦关系，也有利于解决结果的实现。一般而言，和解协议体现了当事人双方对实现自身利益必要性、可行性的理智思考，反映了当事人双方对可实现利益的最优化追求。和解有广义、狭义之分。前述和解属于狭义的和解。广义的和解，包括一切符合"当事人意思自治原则"的争端解决方法。诉讼和解、诉讼调解、非讼和解、非讼调解均属广义的和解。

破产和解可以归入广义和解的范畴。但破产和解既与民事契约有类似之处，又渗透了法院裁判的因素，还具有中止破产清算程序的特殊功能，并且在破产清算程序恢复进行后，它自始无效。

故破产和解，是指债务人在不能清偿债务时，以预防破产为目的，与债权人达成的清偿债务的契约，经法院许可而发生效力，然后按和解协议调整债务人的债务，减轻债务人的负担，使债务人恢复生

① 参见邹海林：《破产程序和破产法实体制度比较研究》，法律出版社 1995 年版，第 166 页。

② 参见周枏：《罗马法原论》（下），商务印书馆 2002 年版，第 921 页。

③ 例如《法国民法典》第 2044 条、《德国民法典》第 779 条、《日本民法典》第 695 条等。

机，并使债权人有可能得到比通过破产程序所能得到的更大满足的一种法律程序。

（五）破产清算[①]

“清算”是一个含义十分广泛的用语，目前我国法律尚未作出系统规定。从理论和实践的发展来看，从不同的角度可以对“清算”作出不同的分类。首先，从清算对象看，清算分为任意清算和法定清算。法定清算是指必须按照法律规定程序进行的清算；任意清算是指按照出资者意志或企业章程规定的方式进行的清算。任意清算程序的完结并不免除出资者对公司债务的无限责任，其适用于出资者承担无限连带责任的公司，如独资企业、无限公司等人合性质公司，法定清算适用的对象则是出资人承担有限责任的公司。对任意清算法律未作规定，现在所说的清算均为法定清算。其次，从清算程序是否由有关机关介入来看，清算分为普通清算和特别清算，普通清算是在正常情况下，公司在解散后自行组织进行的清算[②]；特别清算是指进行普通清算存在显著障碍，或公司财产超过公司债务有不实之嫌时，为保障债权人权利不受侵害，由有关部门组织进行的清算。普通清算和特别清算均属法定清算。最后，从清算原因来看，清算可以分为破产清算和非破产清算。破产清算是在债务人被宣告破产后进行的清算，各债权人公平受偿后法人终止。非破产清算理论上是在债务人资产大于负债情况下进行的清算，债务人以其资产偿还完所有债务后尚有剩余财产，各出资者按照出资比例分配剩余财产后，债务人是法人的，法人人格消灭。故非破产清算中所有债权人的债权均能得到实现，不存在是否公平受偿问题。破产清算由破产法调整，由法院主导，其直接目的是公平清偿债权人。非破产清算是指不依破产规则进行的公司清算。非破产清算虽然也导致法人人格消灭，但它不依破产法进行，而是按照公司法等其他法律的规则进行。非破产清算的直接目的是消灭法人实体，而不在于公平清偿债权人。本章讲的清算，就是依照破产

---

① 本部分内容来源于《法制日报》“李曙光谈破产”专栏 2007 年 4 月 1 日，原标题为“破产程序的启动者与清算程序的启动”。

② 赵旭东主编：《公司法学》，高等教育出版社 2003 年版，第 452 页。

法进行的破产清算制度。

事实上，破产清算与非破产清算并没有不可逾越的界限。《公司法》（现已修订）第 188 条规定清算组在清理公司财产、编制资产负债表和财产清单后，发现公司财产不足清偿债务的，应当立即向人民法院申请宣告破产。这就是非破产清算转为破产清算的情形。公司法之所以作这样的规定，是因为，当公司资不抵债时，就会出现债权人不能足额受偿的问题。依据法律规定的民事权利保护原则和民事权利处分原则，除了债权人同意和经过人民法院的破产清算程序，任何人无权全部或者部分剥夺债权人对债权的受偿权。也就是说，在债权人非自愿的情况下，清算组无权使债权人的债权不能足额受偿。只有人民法院的破产还债程序，才有权免除或部分免除公司对债权人的还债义务；并且也只有通过破产还债程序，才能保证债权人的债权得到公平受偿。如果在公司资不抵债时，清算组不履行申请公司破产还债的义务，又不能足额清偿债权人的债权，便构成对债权人财产权利的侵犯。所以，作为一种重要的债务清理方式，破产清算是一项最终的公平偿债程序。

（六）自动中止①

企业奄奄一息的消息一旦扩散，虎视眈眈的债权人恨不得将债务人所剩无几的财产紧拥入怀，力保自己的损失最小化。若任由债权人无序求偿的野蛮生长，将有不少未得喘息的债务人未待清算分配便已不堪重负，也将使更多的债权人得到不公平的对待，对破产机制丧失信心。破产机制建立的其中一个重要目标，就是确保债务清偿的公平有序，程序启动伊始的“自动中止”制度正是破产法理念的典型体现。

破产受理是破产资产池的起点，自动中止制度在这个时间节点上不仅划定了池塘的大小，还加了一层防护网，具体而言，自动中止制度包含以下两层价值和意义。

---

① 本部分内容整理自李曙光教授于 2017 年 5 月 18 日在上海交通大学“张元济法学讲座”上的演讲内容。

一是制止哄抢债务人的财产。只要破产发生，就一定会出现前面所讲的哄抢债务人财产的现象，自动中止就是冻结财产以防止哄抢。二是给债务人一个喘息的空间。让债务人暂时摆脱债权人无序逼债的混乱状况，且债务人在申请破产后，可以考虑多项程序选择，可以选择和解，可以选择重整，也可以选择清算，甚至在个人破产中可以选择个人人身权利的保护。

现行《企业破产法》第 16 条、第 19 条和第 20 条带有中止的含义，也被称为“三中止”条款，但严格意义上说，这还不是完整意义上的自动中止。与理论和实践均较为完备的美国的自动中止相比，主要有以下三个方面的障碍使得“自动中止”的价值未能充分发挥。

其一，自动中止的除外情形未予明确。《企业破产法》所涉及的中止偿付、担保解除及程序中止都只是一般规定，并没有除外情形。特别是对于涉及公共利益或是不可中止的事由，法律并未规定是当然的不适用自动中止制度还是应由有权机关决定不能自动中止。《美国破产法》在第 362 条（b）中规定自动中止适用范围的同时列举了除外情形，比如加强政府机关和相关组织的警察和其他管制力量的行为或诉讼程序；由商品经纪人、远期合约商、股票经纪人、金融机构或证券结算机构抵销其与破产申请人的共同债务等。《日本破产法》中也赋予法官将部分财产排除适用总括禁止命令的权利。①

其二，自动中止后相关诉讼的管辖权未予明晰。《企业破产法》第 20 条规定了在管理人接管债务人的财产后，已经开始而尚未终结的有关债务人的民事诉讼或者仲裁继续进行。这意味着可能出现管理人奔波于各处解决分散在不同法院或者仲裁机构尚未终结的法律程序。还有可能出现进行中的诉讼程序或者实体认定与破产案件的审理发生冲突。法律中并未有规定如何处理上述情形。1991 年颁发的最高人民法院《关于贯彻执行〈中华人民共和国企业破产法（试行）〉若干问题的意见》（已失效）第 13 条规定，以破产企业为债权人的其他

---

① 参见《日本破产法》第 25 条。

经济纠纷案件，受诉人民法院不能在3个月以内结案时，应当移送受理破产案件的人民法院。而在《企业破产法》及其配套措施中并没有这样的规定。在当前各地纷纷成立破产清算庭的情况下，破产案件审理的专业化和整体性要求不断提高，应当考虑破产案件受理后将相关诉讼集中审理，规定将相关诉讼统一移送至破产案件审理的法院，以有利于节约司法资源和破产费用。自动中止制度不仅能节约司法费用与司法资源，更重要的是，它也是破产法院独立性、公正性与权威性的体现。

其三，中止的解除情形未予明定。在保全措施解除或者执行程序中止的情形下，对于与破产案件无关或者不影响债权利益的中止如何解除以及由法院抑或管理人来行使具体权利，《企业破产法》并没有规定。这也是与破产取回权紧密相关的问题。《美国破产法》第362条（b）（2）中列举了自动中止的两个解除条件，包括“债务人对该财产不存在利益”或“该财产对有效的重整程序并非必要的”。[①]《德国破产法》中则通过“临时管理人”的方式解决财产变动问题，规定在破产申请裁定前由临时管理人决定债务人的处分行为是否有效。[②]

美国破产法学者伊丽莎白·沃伦指出，自动中止制度是“最后一道防火墙”。[③] 自动中止的价值和意义需要制度的整体移植借鉴才能发

---

① 11 U. S. Code § 362 – Automatic stay.

(b) The filing of a petition under section 301, 302, or 303 of this title, or of an application under section 5 (a) (3) of the Securities Investor Protection Act of 1970, does not operate as a stay—

(2) under subsection (a) —

(A) of the commencement or continuation of a civil action or proceeding—

(i) for the establishment of paternity;

(ii) for the establishment or modification of an order for domestic support obligations;

(iii) concerning child custody or visitation;

(iv) for the dissolution of a marriage, except to the extent that such proceeding seeks to determine the division of property that is property of the estate; or

(v) regarding domestic violence.

② 参见 Insolvency Code (Insolvenzordnung – InsO) Section 22 Legal status of provisional insolvency administrator, Section 22a Appointment of provisional creditors' committee。

③ See Warren, Elizabeth, *Bankruptcy Policy*, The University of Chicago Law Review 54.3 (1987): 775 – 814.

挥出应有的保障功能。当前的中止制度还有诸多亟待完善之处，应当对中止的除外情形、解除情形、相关诉讼管辖权统一规定，方能成为一套完整的自动中止制度。

（七）挑选履行①

挑选履行理论是管理人行使权力中的重要理论。管理人是整个破产程序的总指挥，是中心角色。管理人权力很大，在《美国破产法》当中，管理人就是财产信托的对象，或者是一个委托代理人，这个委托代理人跟一般的健康的公司的委托代理人不一样，管理人在笔者的理解当中，不仅具有委托代理的管理权限，某种程度上还行使所有权人的职能。

管理人最重要的一个权力就是挑选履行权，就是对于当事人、债务人和交易对手方的所有的合同，管理人有权决定是继续履行，还是给予放弃。这个合同有可能是一方已经履行完毕，另外一方没有履行，或者正在履行；有可能是债务人已经履行完毕，但是债务人的交易对手方没有完成；或者交易对手方完成，债务人没完成的。这相当于是一个篮子中好的苹果可以挑出来，坏的苹果可以倒掉。挑选履行人很重要的理论支撑就是资产池理论，如果有利于资产池做大就履行，不利于这个资产池就不履行。

因此《企业破产法》第 18 条给予管理人的是一个非常大的权利，这个规定已经和合同法有所冲突了，进入破产法的特别的状态。破产法为什么具有宪法性？因为它可以打破合同法的基本准则，由管理人来决定，这个合同是不是要履行还是不履行？所以说破产法一定具有宪法性，如果没有宪法性的话会和其他法律有冲突。

对于挑选履行理论的挑战是在金融衍生品领域，金融衍生品领域的交易是千百万的交易，因此看不到一个确定的交易对手方。所有的合同中都是确定的一对一的交易对手方，但是在金融衍生品当中是千百万的交易，所以一旦债务人破产，这个时候他不知道交易对手方是

---

① 本部分内容整理自李曙光教授于 2017 年 5 月 18 日在上海交通大学“张元济法学讲座”上的演讲内容。

谁，这就会涉及中止交易清算。也就是说，当交易对手方的债务人破产的时候，那么不知道其他的交易方是谁的时候，可以允许债务人和任何一方的交易对手方进行对冲，因此我们把这个称为交易终止净额结算。国际掉期与衍生工具协会（International Swaps and Derivatives Association，ISDA）创造性地推出了建立在单一协议基础之上的以交易终止净额计算和履约保障安排为核心的标准化交易合同文本（ISDA 协议）。如果将场外金融衍生品的每次交易都视为一种独立的交易合同关系，那么，一旦交易一方陷入破产，其破产管理人可能通过行使挑拣履行权要求非破产一方继续履行有利于破产交易方的协议而终止于其不利的协议，从而可能加倍放大非破产交易一方可能遭受的信用风险敞口。在双方场外金融衍生交易数额巨大且交易品种和次数繁多的情况下，这甚至可能将破产风险传递给非破产一方及其交易相对人，从而引发金融系统性风险。而如果将发生在交易双方之间的多个衍生产品的交易关系归入单一交易合同之下的话，那么，每一次衍生产品交易在法律上都只不过是该单一合同项下的部分履行而已。即便是交易对手陷入破产，其破产管理人也无法对同一合同关系项下的每次交易行为行使挑拣履行权，其结果是，该破产管理人只能要么整体要求该单一合同继续履行，要么要求整体终止该单一合同项下届时存续的所有金融衍生交易。如是，非破产交易一方的信用风险可能因之后的净额计算而变得很小，系统性金融风险发生的概率也因此可以降低。目前，ISDA 协议已经影响了很多国家，已被 30 多个国家接受，我国也借鉴了 ISDA 协议。

关于《企业破产法》第 18 条还没有将管理人的挑选履行权在金融衍生交易当中受到限制写进去。在巨大金融系统风险出现的时候，包括 2008 年国际金融危机的时候，如果按照《企业破产法》的管理人挑选履行权，清算成本非常高。

实际上，大量的法院在采用这样一个制度，就会出现问题。因为，法院是没有商业判断能力的，同时法院会照顾地方的利益，而很多破产企业是没有拯救价值的，因此强裁就成了一个被学界、实务界及债权人诟病的问题。即便在美国适用强裁也很少。强裁的一个前提就是债权人利益保护原则，这是在中国要特别注意的，也是破产法的重整制度当中非常重要的理论。“僵尸企业”处置是这一理论的焦点，这个焦点就是破产的焦点，政府提倡多兼并重组少破产清算，这个词不准确，应该说该清算的清算，该重组的重组。如果要形成一个健康的市场经济的话，建立一个好的制度，破产的企业该出清的就要出清，该清算的就要清算。

第二讲　中国破产法的历史

一、2006年《企业破产法》起草的背景

（一）1986年《企业破产法（试行）》的经验教训[①]

1.1986年《企业破产法（试行）》的制度框架

第一个框架是《企业破产法（试行）》，它有三个特点：一是这部破产法是试行的法律；二是该法第2条规定，本法只适用于全民所有制企业，所以它是国有企业破产法；三是该法的附则中规定，本法必须等《全民所有制工业企业法》实施满3个月才能试行。这部法是1986年12月2日颁布的，当时《全民所有制工业企业法》还未出台。《全民所有制工业企业法》是1988年8月1日实施的，所以这部《企业破产法（试行）》直到1988年11月1日才正式实施。这部《企业破产法（试行）》是在计划经济与市场经济接轨，也就是双轨制的情况下出台的，所以它的立法理念、法律结构、法律思维、法律文字等在现在看来都是有很多问题的。

---

① 本部分内容节选自李曙光教授2003年11月6日在中国政法大学《中青年学者论坛》第四讲"破产法的重要性与新破产法的起草"中的内容。

第二个框架是在1991年修改《民事诉讼法》时特增加的一章——第19章，为法人破产还债程序，共7条。它主要是把国有企业破产法的适用范围扩大到了非国有企业。这7条是非常简短的，在程序上和实体上都没有特别重大的意义，仅仅是扩大了适用范围。

第三个框架是1991年《最高人民法院关于贯彻执行〈中华人民共和国企业破产法（试行）〉若干问题的意见》（已失效），实际上破产程序当中的很多具体问题、操作程序都是靠该司法解释进行的。譬如，债务人申请破产需要交哪些材料就是由这个解释规定的。2002年最高人民法院又颁布了《关于审理企业破产案件若干问题的规定》，以此代替了前面的意见。彼时1991年的司法解释实施近11年后，实践中出现了很多新问题，像假破产、破产中清算组的作用、诉讼费用、上市公司破产等，最高人民法院在原有框架下解决不了，《企业破产法》又不会迅速出台，所以最高人民法院不得已先出了过渡性规定。

第四个框架是从1994年开始，国务院颁布了一系列破产文件、破产政策，这是截至2003年出现破产热的一个重要原因。1994年中国的国有企业改革的转折点，主要原因有二：一是1993年颁布了公司法，1994年7月开始实施；二是中央政府对国有企业改革的战略作出了重大调整。1993年有外贸体制改革及一些配套的外汇体制改革等，1994年又提出了优化资本结构、增强企业实力这样一个大的计划。① 这一计划主要在两个方面进行，一方面把国有企业进行股份制改造，建立现代企业制度；另一方面在多个城市进行破产、兼并、减员增效的试点。具体进度为1994年开始在18个城市实施，② 1996年在56个城市实施，③ 1997年在111个城市实施，④ 到2002年推向全

① 参见《国家经济贸易委员会印发〈关于在若干城市进行企业“优化资本结构”试点的方案〉的通知》（国经贸企［1994］431号）。

② 参见《国务院关于在若干城市试行国有企业破产有关问题的通知》（国发〔1994〕59号）。

③ 参见《国务院批转国家经贸委关于1996年国有企业改革工作实施意见的通知》（国发［1996］11号）。

④ 参见《国务院关于在若干城市试行国有企业兼并破产和职工再就业有关问题补充文件的通知》（国发［1997］10号）。

国 256 个城市，由此从点到面，全面推开。

这些破产政策主要解决三个问题：第一，国有企业能不能破产的问题。原来即使有《企业破产法（试行）》，但国有企业不能破产，1994 年文件规定能破产了。第二，国有企业的破产面临职工安置问题。第三，银行的呆坏账如何处理的问题。因为长期以来银行贷款都是政策性贷款，国有企业破产后，隐形的“窟窿”显形化问题如何处理？中央政策主要解决这些问题，从而推动了国有企业破产的进程，但在此过程中又出现了大量的和法律精神相背离的现象。

第五个框架是除了立法、司法解释、中央政策外，各个地方颁布了大量的地方法规及破产实施办法。譬如，广东省 1998 年颁布了《广东省公司破产条例》（已失效），同年深圳市颁布了《深圳经济特区企业破产条例》（已失效）。各地的试点城市也有许许多多的实施细则、实施办法。

所以，中国的破产法体系是由五个制度框架、五层结构构成的，这是其他任何国家都没有的。破产法要求统一、透明、平等和公平，而这五层结构就破坏了统一性、透明性、和公平和公正性，这就是我国这些年来由于结构造成的最大问题。

2.《企业破产法（试行）》1988～2002 年实施的特点

第一，破产数量在不断增长。1988 年开始实施《企业破产法（试行）》后，1989 年全国各级法院受理的破产案件为 98 件，1990 年是 32 件，1991 年是 117 件，1992 年是 428 件，1993 年是 710 件，1994 年是 1625 件，1995 年是 2583 件，1996 年是 5875 件，1997 年 5376 件，1998 年到 2002 年这 5 年共 38342 件，总的破产案件数增长幅度很大，这和我国的经济政策、破产政策有关，破产政策造成了很多假破产、真淘汰现象。

第二，破产案件类型各异。其中规模最大、数量最多的是国有企业的破产，如 1993 年重庆纺织总厂的破产案。除了国有企业外，还有非常多的“三资”企业的破产，以及一些民营企业的破产。另外也出现了一些涉外破产、跨境破产案件，如国际银行深圳分行的破产。特别是广东国际信托投资公司的破产，涉及全球几百个债权人，公司总资产 100 多亿元，总负债有 400 多亿元，欠外国债权人的负债为 200 多亿元。可以说破产类型特别多，不仅限于公司、企业的破产，已经涉及银行。如 1995 年海南发展银行关闭，实际上也属于破产。除了银行破产的问题，还有非金融机构如证券公司、保险公司等的破产问题，都是中国金融体制改革要加快进行的事情，也是摆在我们面前十分艰巨的问题。

第三，这么多年的破产改革都是由中央政府组织、推动的，可以说是“有组织、有计划、有领导、有步骤”，为什么要这样做？因为如果国有企业都严格按照破产法来破产，政府、社会、职工、银行都承担不了。例如，沈阳从 1986 年开始出现第一家破产企业，到 2001 年总共破产的国有企业、集体企业达 125 户，2001 年申请破产的有 165 家。

3.《企业破产法（试行）》在实施过程中的难点和问题

第一个难点是所有的破产案件，没有政府的审批，没有企业职工安置方案，法院就不得受理。同时，中央政府成立了“全国企业兼并破产领导小组办公室”，各省也成立了对应的机构，完全是有组织、有计划地实施破产案件，每年的破产额度也是一定的。

第二个难点是职工安置问题。20 世纪 90 年代中期沈阳就出现这样的情况，因为 11 个月没发工资，数千人找市长要工资。市长经过和各个部门的负责人商量，最终解决方案是通过向银行贷款发放工资。

现在全国很多城市都有这种贷款，这种贷款解决的是历史欠债问题，笔者把它叫作“历史劳动债权”。在破产法中有五个清偿顺位，按中国的破产法，前两个顺位是独立在外的，一是破产费用，二是抵押担保债权。这两块之外还有三个排序，第一个是职工工资和劳保福利，第二个是国家税款，第三个是普通无担保债权。但现实中，所有的顺位都靠后，把职工安置放在第一位。职工安置，笔者认为，是一个劳动债权的概念。这个劳动债权，可以把它分为两种，一种是“历史劳动债权”，另一种是“当期劳动债权”或者“即期劳动债权”。“历史劳动债权”实际上是我国长期实行低工资制度的产物，国家拿走的利润中本来含有职工的养老、住房、医疗和失业保险。但现在的一些企业破产后这笔钱没了，职工当然要捍卫自己的权利，这是计划经济积累下来的，是“历史劳动债权”。破产问题仅限于“当期劳动债权”。“历史劳动债权”如果纳入破产法，肯定会侵害债权人的利益。不仅会侵害无担保债权人的利益，也会侵害拖欠的国家税款，还会严重侵害抵押担保债权人的利益。实践中大量的破产操作，就是把国有划拨土地使用权转让费用来安置职工，不管它是否已经用来抵押。所以，这些国有企业的破产问题，严格说来，不是破产问题，而是关闭问题，是从哪里出钱的问题。

第三个难点是银行的呆坏账问题。国有的商业银行作为主要的债权人反对企业破产的很重要原因是，一旦企业破产，银行贷款中隐性的窟窿显形化了。另一个原因是一旦企业破产，会暴露银行自身经营评估体系、自身监控中的污点。

最主要的是在当时并没有银行呆坏账的观念。其实各国银行都有呆坏账准备金。在呆坏账准备金比例非常小，只有1‰，而且限于天灾人祸、国务院专案、政策性损失等。在1995年国家就把这笔钱拿出来解决破产问题，1995年是50亿元，1996年是200亿元，1997年是400亿元，1998年到2000年都是400亿元，2001年、2002年、2003年都是500亿元，这意味着中央政府出钱去让国有企业实施破产，银行之前不愿让企业破产，但现在给银行冲销了额度，应该愿意了吧。但在此过程中假破产也就出现了。

第四个难点是假破产问题。假破产，主要是恶意破产、欺诈性破产。地方政府、法院、企业给有支付能力的企业做假破产案并进行破产宣告，然后挂上另一块牌子，这就是“换牌经营”。另外还有企业分利，就是所谓“拣苹果理论”，也就是在一篮子苹果中，把好的拣出来，坏的倒掉。好苹果就是其中的优良资产，把优良资产转移出来，剩下的留给债权人，大量的企业都在采用这种企业分立的做法。然而，公司法中规定，企业分立应该把相应的债务一并带走，但地方不这样进行。现在“假破产、真逃债”现象非常严重，有地方政府的利益驱动，也有很多其他商业上的考虑，总之是由很多复杂因素造成的。

第五个难点就是抵押担保关系非常混乱。有很多企业存在“或有负债”的现象。如 A 银行向 B 公司提供贷款，由 C 公司担保，那么 C 公司对 A 银行的负债就叫“或有负债”。一旦 B 公司破产的话，C 公司就得还这笔贷款。现在非常多的国有企业包括一些上市公司之间相互“连带循环”担保。所以抵押担保或称“或有负债”对公司来说是一个非常大的隐患。

（二）出台 2006 年《企业破产法》的必要性①

从国内宏观经济面来看，国有企业三年脱困的任务已经完成，国有企业迈上了改革、改组、改制的最后一步台阶。随着国民经济发展，

建立社会保障体系的改革也已经全面启动。更重要的是中国已经加入世界贸易组织，中国的企业面临崭新的市场竞争环境，而相应的法律制度也必须删、废、改、立，特别是民商事方面的法律，面临着如何迅速市场化的问题。与国有企业面临的问题一样，原来许多具有中国特色的民商事法律制度也面临着开放、竞争和国际标准的挑战。

从国际宏观经济面来说，人类已进入数字化、信息化、经济竞争国际化和全球化的时代，全球资本流动加快，效率和风险都在增长，1997 年爆发的亚洲金融危机就说明此点。在这场危机中，第二次世界大战以来形成的布雷顿森林体系遇到严峻挑战。以布雷顿森林体系为标志的国际金融规则认为，在政府的干预和控制下，经济和金融是不会出问题的。但事实是，全球化和政府的监控并没有给资本的流动性穿上“安全衣”，相反，全球的经济和金融越繁荣、越发展、越有规则，破产企业和个人的数量也就越加增长，资本和金融危机的风险也越会增强。美国破产研究所 1999 年的一项研究表明，从美国近几年的情况来看，经济越好，债权人越愿意借钱，消费者也越容易破产。②

---

① 本部分节选自《政法论坛》2002 年第 3 期。原文标题为“关于新《企业破产法》起草中的几个重要问题”。

② 2000 年 2 月 29 日，笔者访问位于 Washington D. C. 的美国破产法研究所时，该所所长 Samuel J. Gerdano 先生向笔者演示了该所 1999 年的一项破产报告中的数据。根据笔者的谈话记录该报告讨论了从 1980 年到 1997 年消费者破产对美国经济的影响，报告的结论是消费者破产越多，经济越好；而经济越好，消费者破产也就越多。

经济发展和破产之间存在一个互动和相互影响的关系。

从彼时中国14年的破产实践来看，1994年中央政府开始推行破产试点的政策至今已经8年了，国有企业破产的数量在不断地增多，国有企业的破产案件截至目前已经达到了2万件以上，国有企业中该破产清算的已然进行清算。这些破产的国有企业中，有些是特别巨大的国有企业，如哈尔滨阿城糖厂、山西纺织印染厂[①]、沈阳冶炼厂等，该些企业的破产都是特大破产案件。现在的问题是，剩下的国有企业都是一些很难进行破产操作的企业。国有企业破产数量多，意味着已经达到破产条件但现在无法实施破产的所谓“待破产”企业数量更多，如沈阳市从1986年开始试点破产，到2002年已经15年了，共有125户国有和集体企业实施破产。但是“待破产”企业数量达到了162户。[②] 因此，不得不跳出原来狭隘的国企破产的观念来考虑《企业破产法》的问题。

自1993年通过《公司法》以来，实践中已经出现了大量公司还有三资企业的破产案件。在中国改革开放的窗口城市深圳，至今共有480户企业破产，绝大多数是公司破产和涉外破产。[③] 另外，在证券市场上，号称代表中国“最好的经济面”的许多上市公司竟然也面临着破产问题。许多ST企业实际上早已经具备了破产条件。像郑百文重组案、猴王集团破产案以及银广夏惊人骗局等都揭示了国内上市公司低劣的质量和空虚的内躯。某些上市公司的退市与破产清算只是时间和时机问题。

尤其值得关注的是，中国近年来出现了一批涉外破产案，有些影

---

① 太原市中级人民法院民事裁定书，(1996) 并法破字第6－1号。

② 参见2001年8月完成的世界银行赠款项目——《沈阳市企业破产诊断和指导项目终期报告》，第57～65页。该项目由沈阳市政府世界银行项目办公室和大岳咨询公司联合执行，项目主持和报告撰写人为笔者。另外，上海、天津和武汉三市的破产实证分析请参见亚洲开发银行中国顾问组专家报告——《中国企业破产与重组》，人民日报出版社1996年版。

③ 根据2001年8月笔者率沈阳市政府破产考察团赴深圳考察时与深圳市中级人民法院破产审判庭庭长幺玉娟、副庭长蔡晓玲的谈话记录。

响特别巨大，如1998年的广东国际信托投资公司破产案[①]和2000年的广东控股集团公司破产案，涉及了许多国际和海外的债权人，引来全世界对我国破产制度的瞩目。实际上，外国债权人与专家对我国现有的破产法和破产程序提出了许多疑问。

国际上相继发生一些大的破产案也给我们敲响了警钟，如2001年发生的美国历史上最大的破产案——安然公司破产案，就具有很好的警示作用：中国应该有一个好的《企业破产法》，以更好、更快地预防、发现和处理市场开放环境中的破产问题。另外，近年来国际破产法的发展越来越快，破产制度和程序的标准越来越趋同化。现在许多国家破产的专业信息都上了网，如国际破产协会和世界银行就设立了类似的专业网站。这使得不同国家、不同地区破产制度和破产程序优劣长短的比较有了可能，也使破产制度文化的交流加速。联合国也有一个专门委员会在负责“跨境破产法”的制定和完善工作。[②]

所以，从国内国际形势的基本面来说，中国新的市场机制的发展以及更为开放的国际形势在催生《企业破产法》。其制定与颁布有其必要性和紧迫性，需要加速出台这部已经酝酿8年的《企业破产法》草案。

（三）2006年《企业破产法》颁布后的实施路径[③]

1. 关于国有企业破产的特别规定。《企业破产法》对国有企业和非国有企业不应有区别对待。现在《企业破产法》草案的“总则”一章中对国有企业破产有两条内容，并将原草案中“国有企业破产的特别规定”的内容统合到“重整”一章中，以期通过该章来保证对不

---

① 广东国际信托投资公司破产案，载《最高人民法院公报》2003（03）。

② The UNCITRAL Model Law on Cross—Border Insolvency by Ron Harmer，International Insolvency Review，Summer 1997，Vol. 6，Issue 2. 另外，笔者参加了1997年3月在美国新奥尔良举行的第五次国际破产大会和2001年7月在英国伦敦举行的第六次国际破产大会，对国际破产法的融合趋势印象深刻。

③ 本部分节选自《政法论坛》2002年第3期。原文标题为“关于新《企业破产法》起草中的几个重要问题”。

能清偿到期债务的国有企业进行重整的可能。① 实际上，大多数达到破产条件的国有企业是无法“重整”的。因为，在一个资产负债率达到几百甚至几千倍的亏损企业中，根本就没有真正的债权人，谁来重整？因此，对这样的国有企业只能采取特殊的“破产”办法，而不应适用《企业破产法》。即国家可以对这些企业实行“立即死亡”的方式，以减少《企业破产法》颁布实施的障碍。这种“立即死亡”方式，即由中央政府和地方政府最后投入一笔呆账冲销和职工安置费用，以彻底解决大多数该死的国有企业不能“安乐死”的问题，这笔费用的来源可以通过减持国有股和适当出售部分国有土地所有权来筹集。

应尽快制定政府减持国有股和将城市土地所有权部分私有化的立法和政策。现有的国有存量和增量资产由政府代表国家持有股权，实际上政府没有必要持有和经营如此庞大的国有资产，按照西方发达国家的经验，政府持有的国有股一般在20%以下，而我国政府持有的国家股在50%以上，这大大超出了一个市场经济下的政府所能持有和经营国有资产的能力。因此，政府应制定减持相当一部分比例的国有股的计划，通过在A股、B股市场出售、转让国有法人股，协议转让部分未上市的国有股份公司的股权，关闭、破产一批没有经济效益的国有企业，将政府控制的国有股的比例降到30%以下。

另外，应加快制定将城市土地所有权部分私有化的法律和政策。现在社会保障基金来源严重不足，目前又面临着产业结构大调整的阶段，加之中国加入世界贸易组织以后，许多国有企业和集体企业面临着激烈竞争的冲击，失业率短期内将大幅攀升。政府减持国有股所得到的收入，不能立即填补因为改革和完善社会保障制度所带来的资金缺口。因此，应将城市国有企业的土地所有权部分予以私有化，即通过招标拍卖等公平公正公开的方式，将部分城市国有企业土地所有权

① 在2002年2月的《企业破产法》（草案）起草小组的讨论会上，笔者提出目前草案中“重整”一章的内容还需修改。笔者的主要意见是：必须在重整制度中建立占有中的债务人制度、法官听证制度和担保债权人利益有层次优先保护制度。目前的草案中没有这些内容。

永久地移转和让渡给私人。也就是说，要突破现有国家转让部分国有企业土地使用权，以获得破产企业职工安置费用的政策。具体做法是：（1）由中央政府成立专门机构（可由财政部和国土资源部负责筹划）来负责国有土地的出售计划和具体实施；（2）出售国有土地所有权的试点企业，可在当年向中央政府申报破产的国有企业项目中予以选择；（3）进行严格的土地评估并在土地使用权转让价格的基础上，制定国有土地所有权出售的底价；（4）公告和通告以及严格的招、投标和拍卖程序；（5）出售土地所有权所得，根据出售土地所有权的国有企业性质、状况的不同，在中央政府和地方政府之间进行比例分成，列为专项基金，用于中央政府和地方政府比例投入，作为国有企业失业和下岗员工的安置、生活和保障费用。

2. 关于金融机构等特定组织或公司的破产问题。近几年，大量的非银行金融机构破产问题提上了议事日程。许多金融机构经营不善，亏损严重，极大地侵害了广大储户的合法权益。如近年来发生在广东等地的信用社倒闭与关闭事件，即暴露了中国现有金融机构潜在的破产危机。从目前四大资产管理公司处理不良资产的情况来看，也非常不乐观，一个是债务数量大，一个是债权债务混乱，资产管理公司根本没有足够的能力和办法来处置好这些不良资产。① 而且一些商业银行和金融机构每年新增的不良资产还在大量发生，如果没有一个很好的破产机制，中央政府将会为这些所谓的商业银行背上沉重的财政包袱。金融机构的倒闭或破产，涉及千千万万普通民众的家庭与生活，涉及市场经济的金融秩序和社会的稳定。但是目前对金融机构的破产问题尚未有明确的规定。因此，《企业破产法》当中应有特别条款和程序，对许多特定的组织或公司破产程序问题特别加以规定，为对未来金融机构等特定组织和公司的破产进行特殊处理打下基础。

---

① 参见2001年11月1日四大资产管理公司在北京举办的“处理不良资产国际论坛”资料。在2001年11月下旬面向全球进行的招标拍卖中，华融资产管理公司只向境外投资者拍卖出了两个不良资产包（每个包约300家企业）。许多境外投资者认为，中国的不良资产不值拍卖底价，而且在再出售、税收、收购后与国有股东的关系等法律环境方面，也缺乏细致的对外商保护的规定。

3. 关于建立专门的破产法庭和建立国家独立的破产案件审理体系问题。建议在全国各级法院建立专门的破产案件审理庭。鉴于《企业破产法》颁布以后将使破产案件数量激增，而破产程序又是一个特别的程序，优先于其他经济民事案件的审理，其程序之复杂、案件审理人员在素质上的要求之高，都是独一无二的。为最大限度地保障债权人与债务人的利益，破产案件应由具有丰富经验的、精通业务的法官专职审理。在市场经济发展到一定阶段并具备条件的前提下，应建立国家独立的破产案件审理体系，即设立独立于地方法院的专门的破产法院。在国家最高法院的节制下，成为自成一体的国家破产法院体系，以审理涉及跨地区、散布于全国各地的债权人利益、具有全国意义的破产案件。在实践中，更为急迫的是要加快设立专门破产法庭的步伐。随着近年来破产案件的增多，各级法院对破产案件的审理都显得专业性不强，法官人手不够，法院也不重视破产案件的审理，因此，现在应根据市场经济发展的形势，在法院中设立专门的破产法庭，并建立一支高素质、懂专业、受过良好培训、经验丰富的破产法官队伍。

4. 关于在政府中建立专门的破产案件管理机构问题。鉴于目前中国的企业破产数量增长、破产企业类型各异、政府管理效率过低、透明度不高、行政干预性太强及专业人士参与不多等特点与弊端。建议设立专门的破产案件公共管理机构（如国家破产管理局），来负责相应的破产政策，管理全国的从企业宣布破产开始直到破产程序终结的各类破产案件，负责给全国的破产从业人员进行注册和颁发从业执照，并授权破产从业人员对复杂的破产案件进行案件管理，建立破产案件电脑查询系统等，使破产案件管理规范化、透明化、专业化、社会化。该机构中应有一专门部门来处理国有企业的破产问题。

二、2006 年《企业破产法》的意义、突破与影响[①]

早在 1986 年，全国人民代表大会常务委员会就制定了《企业破

① 本部分内容发表于《华东政法学院学报》2006 年第 6 期，原标题为“新企业破产法的意义、突破与影响”。

产法（试行）》，对国有企业的破产作了规定。1991 年全国人民代表大会修订《民事诉讼法》，在第十九章专章规定了“企业法人破产还债程序”。但是，随着社会主义市场经济体制的逐步确立和国有企业改革的深化，要求中国尽快出台一部统一适用于所有企业的《企业破产法》。

全国人民代表大会常务委员会从 1994 年开始组织起草破产法。但由于社会保障制度、国企改革等方面改革不配套，企业破产法草案始终没有进入立法程序。第十届全国人民代表大会常务委员会将《企业破产法》列入五年立法规划，2003 年 8 月组成新起草班子，再次启动起草工作。多次召开立法座谈会，认真听取各方意见，形成了较成熟的草案。2004 年 6 月 21 日，第十届全国人民代表大会常务委员会召开全体会议，首次审议了企业破产法草案。2006 年 8 月 27 日，第十届全国人民代表大会常务委员会第二十三次会议审议通过了《企业破产法》，《企业破产法》将于 2007 年 6 月 1 日起施行。

（一）《企业破产法》的立义与意义

《企业破产法》从起草之初，就确立了其立法目标。概括说来，《企业破产法》的基本立义主要有以下方面。

第一，立足中国国情和实践经验，适应中国建立社会主义市场经济体制和加入世贸组织的要求，注意解决现实问题。

第二，统一适用于各类企业法人。企业破产法既要适用于新的企业，也要适用于原有企业，包括国有企业和外商投资企业等各类企业法人组织。

第三，建立优胜劣汰和陷入困境企业的挽救制度。对无挽救希望的企业及时清理债权债务，避免造成更大损失；对陷入困境但有挽救希望的大中型企业通过重整、和解程序尽力救助，使其恢复生机。

第四，公平保护破产案件各方当事人的利益。防止债务人“恶意破产”、逃避债务，全面规范企业破产行为。

第五，注重平衡担保债权与职工债权之间的关系。运用中国式的立法智慧，解决经济转型期的此类特殊问题，并同时强调依法保障企业职工的合法权益。

第六，维护破产法律制度的统一。除《企业破产法》外，还有一些法律、行政法规，如民事诉讼法、公司法、证券法、合伙企业法、商业银行法、保险法等，都对相关企业的破产与清算作出了规定。《企业破产法》注重与这些现有的、成熟的市场经济法律法规的衔接。

《企业破产法》是完善市场经济制度的重要法律，其颁布实施具有重要意义。从完善整个市场经济规则的角度来说，它弥补了市场退出的法律空白。与市场经济运行最密切的有三方面的法律，市场主体法、市场交易法和市场退出法。前两种法律我国已经陆续出台多部，但有关市场退出的法律，却一直较弱。此次企业破产法的出台，为市场经济提供了非常好的法律保障。

从改善整个社会的信用状况的角度来说，《企业破产法》可以发挥驱逐"劣币"的效应，促进社会的信用、商业交易中的信用以及个人与个人之间的信用的建立。"优胜劣汰"是市场竞争的重要法则，如果"劣"不能淘汰的话，就会有"劣币驱逐良币"效应，社会信用也难以建立。《企业破产法》为破产问题处理提供一个公平和市场化的基础，使现有的和未来的债权人和债务人能够在一套透明的、清晰的法律框架下进行商业决策，从而最大限度地避免风险和降低交易成本。同时，允许无偿债能力、诚实而不幸的债务人重整复兴；在清算的情况下，使所有资产能够以透明和公正的方式有序、公平地分配给各债权人。

另外，从国际背景上说，近些年来，我国对外开放步伐加快，加入了世界贸易组织，但事实是中国虽然已经"入世"，但并没有真正"入市"。欧美等国不承认中国市场经济地位，原因之一就是中国没有一部真正市场经济的破产法。这次《企业破产法》的成功通过，能够在很大程度上改善我国在世界贸易组织中的国际形象，建立有信用、有效率、有保障、有预期的法律机制和市场环境，打消外资进入中国的顾虑。

（二）《企业破产法》的制度创新与突破

《企业破产法》在诸多制度方面都有突破，最主要的制度创新有以下几个方面。

1. 扩大了法律适用范围

原《企业破产法（试行）》只适用于全民所有制企业，而且冠以“试行”二字。这一“试行”，一直试了20年。20年间，中国诞生了数以百万计的个体、私营企业，它们都没有破产的规则可循，债权人利益无法得到有效保障。而《企业破产法》在第2条中规定：“企业法人不能清偿到期债务，并且资产不足以清偿全部债务或者明显缺乏清偿能力的，依照本法规定清理债务。企业法人有前款规定情形，或者有明显丧失清偿能力可能的，可以依照本法规定进行重整。”这就将破产法的适用范围扩大到所有的企业法人，包括国有企业与法人型私营企业、“三资”企业，上市公司与非上市公司，有限责任公司与股份有限公司，甚至金融机构。破产不再是国有企业的“专利”，国有企业的破产从行政破产走向市场化破产；政府由过去全面主导国企破产，到今后即使不是全部，至少也是绝大部分退出破产事务，只在有限时间、有限范围保留了它的作用（除了国企与金融机构破产事宜，基本上已没有政府的影子）。政府基本退出破产事务，意味着所有企业将受到同一“劣汰”原则的约束，国有企业的特殊地位不复存在。市场里的投资、交易将更为公平，优胜劣汰的竞争法则将有效发挥作用。市场中的利益格局和利益预期也将随之发生重大变化。

2. 引入管理人制度

原《企业破产法（试行）》主要是由政府组成的清算组来承担各种破产事宜，这种机制不市场化，也不专业化，还带有政府干预的色彩。2006年《企业破产法》引入了国际通行的破产管理人制度，规定管理人主要由律师事务所、会计师事务所、破产清算事务所等社会中介机构担任，按照市场化方式进行运作。《企业破产法》第24条规定，“管理人可以由有关部门、机构的人员组成的清算组或者依法设立的律师事务所、会计师事务所、破产清算事务所等社会中介机构担任。人民法院根据债务人的实际情况，可以在征询有关社会中介机构的意见后，指定该机构具备相关专业知识并取得执业资格的人员担任管理人”。这就将整个破产运作交由专业化人士来处理，使破产程序更符合我国市场经济的发展要求。

3. 重视债权人自治

当债务人不能清偿到期债务时，债权人可以向人民法院提出对债务人进行重整或者破产清算的申请。在债权人会议期间，债务人有义务列席债权人会议并如实回答债权人的询问，人民法院受理破产申请后，债务人对个别债权人的债务清偿无效。在选任和监督管理人方面，《企业破产法》第 22 条第 2 款规定："债权人会议认为管理人不能依法、公正执行职务或者有其他不能胜任职务情形的，可以申请人民法院予以更换。"

管理人依照规定执行职务，要接受债权人会议和债权人委员会的监督。另外，管理人还应当列席债权人会议，向债权人会议报告职务执行情况，并回答询问。关于债权人委员会，《企业破产法》第 68 条第 2 款规定："债权人委员会执行职务时，有权要求管理人、债务人的有关人员对其职权范围内的事务作出说明或者提供有关文件。"这就为保护债权人利益提供了重要保障。在重整程序中，债权人自治也发挥重要作用。债权人可以依法直接向人民法院申请对债务人进行重整，并且债权人会议对重整计划草案享有表决权，对重整程序的进行具有决定性作用。

4. 引入破产重整制度

重整是指不对无偿付能力债务人的财产立即进行清算，而是在法院的主持下由债务人与债权人达成协议，制订重整计划，规定在一定的期限内，债务人按一定的方式全部或部分地清偿债务，同时债务人可以继续经营其业务的制度。作为一种再建型的债务清偿程序，在"促进债务人复兴"的立法目的指导下构建的重整制度，是一个国际化的潮流，它使得破产法不仅仅是一个市场退出法、死亡法、淘汰法，还是一个企业更生法、恢复生机法、拯救法。在提出破产申请后，陷入困境的企业依然有可能通过有效的重整避免破产。

《企业破产法》第 73 条第 1 款规定："在重整期间，经债务人申请，人民法院批准，债务人可以在管理人的监督下自行管理财产和营业事务。"由于重整制度具有对象的特定化、原因的宽松化、程序启动的多元化、重整措施的多样化、重整程序的优先化、担保物权的非优先化和参与主体的广泛化等特点，这就给了债务人企业一个自我拯救、重新开始的机会，平衡了债权人与债务人之间的利益关系。

5. 首次写入跨境破产

随着全球资本流动加速，跨国投资大量发生，一个国家的破产裁决会对另外一个国家的债权人或者债务人产生重要影响。在中国很多跨境破产已经出现，像 1998 年的广东国际信托投资公司破产案和 2000 年的广东控股集团公司破产案，涉及了许多国际和海外的债权人，引来全世界对中国破产制度的瞩目。中国原来采取的是属地主义，对国外的一律不予承认。现在国际上正在进行破产法改革，特别是联合国贸易法委员会下面成立了破产法小组，推出全球破产示范法；① 国际破产协会和世界银行又共同推出了全球债权人应共同遵守的十八项准则。② 基于这种考虑，《企业破产法》第 5 条第 1 款规定，“依照本法开始的破产程序，对债务人在中华人民共和国领域外的财产发生效力”。同时，对于外国法院的破产裁决，在互惠、有司法协助或国际公约的条件下，中国法院也裁定承认和执行。这样的规定，采取的是一种有限的、有弹性、有张力的跨境破产原则，为下一步与世界上各国破产法接轨作了铺垫。

6. 强化破产责任

对于一般企业来说，它首先是市场中的债务人，应该强调企业，尤其是其董事、监事或者高级管理人员的破产责任，否则将导致企业信用丧失。以前破产法不完善的情况下，有的企业破产后，职工失业下岗、生活艰难，巨额债务无法清偿，而企业的负责人却无须承担任何法律责任。

针对这种情况，《企业破产法》第 125 条规定，企业董事、监事或者高级管理人员违反忠实义务、勤勉义务，致使所在企业破产的，

---

① 参见：《贸易法委员会跨国界破产示范法》（1997 年），来源：https：//uncitral. un. org/zh/texts/insolvency/modellaw/cross – border_insolvency。

② 参见：Principles for Effective Insolvency and Creditor/Debtor Regimes，来源：https：//www. worldbank. org/en/topic/financialsector/brief/the – world – bank – principles – for – effective – insolvency – and – creditor – rights。

依法承担民事责任。有前款规定情形的人员，自破产程序终结之日起3年内不得担任任何企业的董事、监事、高级管理人员。该条规定与公司法、证券法规定的董事、监事、高管人员应尽的注意义务、勤勉尽责义务，《刑法修正案（六）》规定的虚假破产罪，都实现了对应。企业的董事、监事等经营管理人员因为失职而致使企业破产的，将被追究刑事责任、民事责任、行政责任。《企业破产法》第6条明确规定，依法追究破产企业经营管理人员的法律责任。第125条也规定，企业董事、监事或者高级管理人员违反忠实义务、勤勉义务，致使所在企业破产的，依法承担民事责任。此外，有前款规定情形的人员，自破产程序终结之日起三年内不得担任任何企业的董事、监事、高级管理人员。

7. 担保债权优先职工债权

对于担保债权和职工债权的清偿顺序问题，采用“新老划断”原则，既强调担保债权的优先，又重视对职工利益的保护。《企业破产法》第132条规定，破产人在本法公布之日前所欠职工的工资和医疗、伤残补助、抚恤费用，所欠的应当划入职工个人账户的基本养老保险、基本医疗保险费用，以及法律、行政法规规定应当支付给职工的补偿金，依照本法第113条的规定清偿后不足以清偿的部分，以本法第109条规定的特定财产优先于对该特定财产享有担保权的权利人受偿。这条规定具有独创性，与中国国情密切相连。《企业破产法》关于劳动债权与担保债权清偿顺位的处理，主要是考虑三方面的因素：一是企业破产法与担保法的关系。根据担保法的规定，担保抵押资产并不纳入破产清偿顺位当中，而是独立于破产财产之外的资产。二是市场经济转型过程中，制度安排必须具有处理中国特色问题的智慧。对于复杂的劳动债权问题的处理，既要考虑中国的现实情况，又要把它纳入市场经济法律的整体框架来考虑，职工的社会保障问题在今后应更多地靠完善社会保障制度来解决。三是金融机构与债权人风险的考虑。如果担保债权不能依法实现的话，不仅会导致银行的“惜贷”，金融机构与债权人自身也有可能破产，那么涉及的人群会更广，后果更严重。[①]

8. 规定金融机构破产程序

原来的破产法对金融机构的破产问题没有规定，随着经济与资本市场的发展，近几年，银行与非银行金融机构的破产问题提上了议事日程。许多金融机构经营不善，亏损严重，极大地侵害了广大投资者与储户的合法权益。如近年来发生的大鹏证券、南方证券破产与德隆危机，即暴露了中国现有金融机构潜在的破产危机。而且一些商业银行和金融机构每年新增的不良资产还在大量发生，如果没有一个很好的破产机制的话，中央政府将会为这些所谓的金融机构背上沉重的财政包袱。金融机构的倒闭或破产涉及千千万万普通民众的家庭与生活，涉及市场经济的金融秩序和社会的稳定。

因此，《企业破产法》对商业银行、证券公司、保险公司等金融机构的破产问题做了规定。应该注意的是，上述三类金融机构还有其他金融机构的破产，必须有一个特别程序，即由国务院金融监管机构提出。《企业破产法》第 134 条第 1 款提到，金融机构有本法第 2 条规定情形的，国务院金融监管机构可以向人民法院提出对该金融机构进行重整或者破产清算的申请。从这条规定的字面意思看，金融机构破产可申请的主体就是国务院金融监管机构，但也没有彻底排除其他申请主体的可能性。[②]

三、《企业破产法》实施初期（2007～2010 年）的实证分析[③]

《企业破产法》自 2007 年 6 月 1 日实施以来，已走过 3 个年头。《企业破产法》从立法体例、结构到内容，都堪称一部充分反映世界破产法最新理念的为市场经济量身定做的先进《企业破产法》。一位

① 参见王欣新：《论职工债权在破产清偿中的优先顺序问题》，载《法学杂志》2005 年第 4 期。

② 参见李曙光《关于新〈破产法〉起草中的几个重要问题》，载《政法论坛》2002 年第 3 期。

③ 本部分为李曙光教授与王佐发副教授合著，发表于《中国政法大学学报》2011 年第 2 期。

资深的香港执业律师认为，从形式上看，该法的先进性超过市场经济法制更发达的香港的企业破产法立法。[①] 但是这样一部反映先进市场经济理念的《企业破产法》，适用于我国由计划经济向市场经济转型时期的转型经济背景会产生什么效果？立法预期与司法实践之间是否吻合？如何填补立法与现实之间的差距，使得市场经济导向的《企业破产法》真正成为我国经济转型的助推器？本讲将从实证层面分析《企业破产法》实施过程中表现出来的立法和现实之间的差距，并从理论和实践两个方面提出解决路径。

（一）《企业破产法》的实施概览

随着2006年《企业破产法》的通过，和最高人民法院随后出台一系列司法解释，中国形成了一套完整的破产法律体系。该体系主要由制定法和司法解释两部分组成。制定法由全国人民代表大会制定，司法解释由最高人民法院制定。当前的制定法《企业破产法》是由全国人民代表大会于2006年8月制定，并于2007年6月开始实施的。[②] 为了配合破产法的实施，最高人民法院陆续出台几部相关的司法解释，包括：《最高人民法院关于〈中华人民共和国企业破产法〉施行时尚未审结的企业破产案件适用法律若干问题的规定》；[③]《最高人民法院关于审理企业破产案件指定管理人的规定》；[④]《最高人民法院关于审理企业破产案件确定管理人报酬的规定》；[⑤]《最高人民法院关于债权人对人员下落不明或者财产状况不清的债务人申请破产清算的案件如何处理的批复》；[⑥]《最高人民法院关于审理民事案件适用诉讼时效制度若干问题的规定》[⑦] 等。

---

① See Rraham Ridler, *Restructuring in the PRC: The Outsider Looking in*, INSOL World, Fourth Quoter 2009, p. 31.

② 在2007年6月以前调整企业破产的制定法是1986年全国人民代表大会制定《企业破产法（试行）》。

③ 2007年4月23日，法释〔2007〕10号。

④ 2007年4月4日，法释〔2007〕8号。

⑤ 2007年4月4日，法释〔2007〕9号。

⑥ 2008年8月4日，法释〔2008〕10号。

⑦ 2008年8月11日，法释〔2008〕11号。

《企业破产法》的适用范围扩大到所有的企业法人。[①] 在借鉴吸收《美国破产法》第 11 章的基础上，规定重整制度和管理人制度，还在债权人会议和债权人委员会制度方面加强对债权人的保护。这些突破和创新，使得该法具备现代破产法律制度的基本元素。《企业破产法》引进了先进的市场导向的破产模式，但是却没有带来预期中的破产案件的增加。

《企业破产法》实施 3 年来，我国法院每年受理的破产案件数量没有上升反而下降了。另外一组数据，可以更直观地反映《企业破产法》在市场经济实践中的处境。从 2005 年到 2009 年，每年从市场上退出的企业数量基本徘徊在 80 万件左右。2006 年达到最低点，即 67. 2 万件。而 2008 年达到峰值，即 87. 14 万件。这与 2008 年受国际性金融危机的影响，中国正经历一场经济萧条，许多企业陷入经营困境的市场经济环境是吻合的。但每年这么多企业退出市场，真正申请破产的企业数量这样少，这形成鲜明的对比。

根据《公司法》《企业破产法》等法律和相关的行政机关条例的规定，企业可以根据章程规定主动选择终止，也可由工商局吊销营业执照而终止。终止的企业失去营业能力，但仍具有法律人格。终止的企业必须由清算组根据公司法进行清算之后，才能到工商局申请注销。如果经过清算程序后尚有剩余财产，则把剩余财产分配给股东，然后清算组到工商局申请注销；如果清算组发现企业财产不足以清偿全部债务，则公司法上的清算程序转化为破产清算程序，按照《企业破产法》的规定对债权人进行清偿。问题是，实践中相当一部分企业为了逃避债务，不经过清算程序就退出市场。2008 年我国市场上退出的企业达到最高峰，但破产案件数量却在原本极低的基数基础上又下降了。可以假定，有相当一部分企业本应该适用《企业破产法》退出市场，却选择了逃避：不经破产清算就直接注销，或者甚至被吊

① 参见《企业破产法（试行）》只适用于国有企业。另外，其他不属于企业法人的经济组织的破产清算也可以参照《企业破产法》。

销后不经注销就退出市场。这种假定可以通过许多案例得到证实。以我国市场经济最发达的浙江省为例，2008 年浙江省仅有 60 例破产案件，但是当年许多媒体报道，浙江由于受到金融危机影响，许多企业主或高管扔下资不抵债的企业弃之不管并神秘消失。① 2008 年广东省东莞等地企业主扔下企业和职工自行出逃的案例，也不时出现在媒体上。

尽管破产清算案例整体上不多，倒是出现了许多重整案例。尤其是一些大的上市公司，纷纷申请适用重整程序作为实现企业转机的工具。截至本文完成时，各级法院已经受理了 25 家上市公司申请重整案例。另外，还有许多上市公司在考虑适用重整程序解困。非上市公司重整案例也出现了一些，截至 2009 年 10 月 28 日，共有 80 多家非上市公司申请破产重整。②

《企业破产法》对陷入流动性困境的企业提供了三个制度选择：重整、和解以及破产清算。《企业破产法》的第 8 章规定重整制度，第 9 章规定和解制度，第 10 章规定破产清算。法律篇章结构反映出这是一部拯救型的《企业破产法》。立法鼓励陷入流动性困境的企业先选择拯救程序，只有确实没有拯救的能力或者价值的企业才选择破产清算作为最后的选项。另外，《企业破产法》对金融机构破产做了特别规定，即银行、证券公司、保险公司等金融机构破产，由金融监管机构向法院申请重整或破产清算。③

为什么《企业破产法》的制度供给并没有得到充分的需求回应？《企业破产法》的立法预期与实际操作存在哪些差距？如何在现实的约束条件下不断改善中国破产法律制度的适用环境，使《企业破产法》更好地推动我国市场经济转型？

---

① 参见吴晓峰：《新破产法实施以来破产案件不升反降》，载 http：//www. legaldaily. com. cn，最后访问日期：2010 年 2 月 11 日。

② 这个数字是在 2009 年 11 月举行的中国政法大学破产法与企业重整研究中心年会上由金杜律师事务所提供的。

③ 参见《企业破产法》第 134 条。

（二）重整制度的立法和司法实践

《企业破产法》第 8 章规定重整制度。第 8 章是在借鉴《美国破产法》第 11 章的基础上制定的。《美国破产法》第 11 章起源于 19 世纪末铁路扩张时期。为了支持扩张，铁路公司在北美和欧洲大量发行债券。许多铁路公司在营运过程中遭遇现金流困境而无法偿还到期债务，遂出现财务危机。铁路公司的资产结构特点决定了保留公司的营运价值比清算对包括债权人在内的各利益相关人更有利，所以当时代表债权人的投资银行发明股权接管（equity receivership）这种解困模式，这种模式使得困境公司在保留营运的条件下调整利益相关人的权益，重组财务结构，摆脱债务。股权接管成为当代重整制度的起源。①

但是，随着市场经济的发展，破产重整制度从理念和操作方法上都发生了巨大的变化。发轫于铁路重整案的传统重整理念在于保留企业的经济和法律实体。基于对法律实体和经济实体之间关系的更深入认识，现代重整的理念已经转向最大化破产财产（bankrupt estate）的价值。在此基础上，《美国破产法》第 11 章实际上已经成为一个实现破产财产价值最大化的操作平台。所以，预重整、重整出售、重整清算等操作方法更频繁地出现在当代重整案件的操作中。② 可是从形式上看，我国重整立法是以传统重整为导向设计的。

1. 我国重整的基本立法框架

《企业破产法》规定了宽松的重整申请条件。只要具备以下三个条件之一，申请重整就可以得到法院的受理：（1）债务人不能清偿到期债务，并且资产不足以清偿全部债务；（2）债务人明显缺乏清偿能力；（3）债务人有明显丧失清偿能力可能。③ 债务人和债权人可以直接向人民法院申请对债务人进行重整。债权人申请对债务人进行破产

---

① 关于股权接管制度参见 David A. Skeel, Jr., *An Evolutionary Theory of Corporate Law and Corporate Bankruptcy*, 51 Vand. L. Rev. 1325, 1355 - 1357（1998）。

② 关于美国破产法的当代发展参见 Douglas G. Baird, The New Face of Chapter 11, 12 Am. Bankr. Inst. L. Rev. 69（2004）。

③ 参见《企业破产法》第 2 条。

清算的，在人民法院受理破产申请后、宣告债务人破产前，债务人或者出资额占债务人注册资本1/10以上的出资人，可以向人民法院申请重整。[①] 重整期间重整中的公司既可以在管理人监督下由债务人管理，也可以由重整管理人管理。但重整计划的执行交给债务人，同时由重整管理人负责监督。[②]

为了配合立法对管理人的规定，最高人民法院先后针对管理人制定了两个司法解释。按照司法解释，符合条件的社会中介机构和个人均可向所辖区法院申请在该法院编制的管理人名册注册。管理人一般从受理破产案件法院所在地的管理人名册中通过摇号等方式产生。重大案件的管理人可以通过竞争投标的方式跨区产生。另外，有些案件可以由受理清算的清算组转化为管理人。司法解释还对管理人报酬做了相关规定。值得注意的是，由清算组转化为管理人是2006年《企业破产法》对1986年《企业破产法（试行）》的一种妥协。立法的本意是把这种妥协作为一种次要的辅助性制度安排，[③] 但是在实践中这种模式却似乎占据了主导地位。

2. 现实中的重整实践

（1）上市公司重整

《企业破产法》对中国证券市场产生很大的影响。此前，中国证券市场上有许多在困境中挣扎的ST上市公司。[④] 由于中国证券市场的上市成本很高，使得ST公司仍然具有“壳价值”。所以，许多ST公司成为外部投资者重组收购或者内部控制股东保留的目标。但是，由

① 参见《企业破产法》第70条。

② 参见《企业破产法》第73条、第74条、第89条、第90条。

③ 1986年《企业破产法（试行）》没有规定管理人制度。根据该法，主要由行政官员组成的清算组控制破产程序。新《企业破产法》规定有些案件可以由清算组转化为管理人，是为了实现1986年《企业破产法（试行）》向2006年《企业破产法》的顺利过渡。

④ ST是指“特别处理”。根据深圳和上海证券交易所规则，如果上市公司持续两个会计年度的净利润为负值其股票名称前就被冠以*ST的标志，以便警示投资者该公司存在退市风险。其他特别处理的公司股票前被冠以ST的标志。如果*ST公司第三年仍然亏损，就暂停上市。暂停上市的公司如果其法定期间的最后一期年度报告显示盈利则可申请恢复上市，否则退市。另外，如果ST公司尚未完成股改，则ST或者*ST前被冠以S标志。本文除非特别说明，均统称ST公司。

于法庭外重组收购的谈判成本太高并且具有不确定性，庭外重组 ST 公司成功率并不高。许多 ST 公司在漫漫重组路上跋涉多年，仍然没有结果。《企业破产法》引进重整制度，为证券市场上的 ST 公司提供了新的低成本保牌方法，也为投资者提供新的曲线上市路径。

重整 ST 公司的另一个激励来自地方政府。因为保留一个上市公司的牌照对地方政府来说意味着良好业绩、更高的就业率和更好的形象，地方政府有强烈的激励对法院、债务人和债权人施加影响，重整 ST 公司。所以，自《企业破产法》实施以来，在地方政府的操盘下，ST 公司重整相对比较活跃。截至本讲完成之日，已经有 25 家上市公司申请重整程序，[①] 其中 14 家经过重整程序后已经恢复上市交易。[②] 下文以 * ST 华源重整案为例，描述上市公司重整的概况。

ST 华源从 2005 年到 2007 年连续 3 年亏损，根据上海证券交易所规则暂停上市。2008 年 8 月，ST 华源的一位债权人上海泰升富企业发展有限公司向上海第二中级人民法院申请对 ST 华源破产重整。9 月，法院裁定受理。另外，上海泰升富企业发展有限公司本身就是 ST 华源的一个子公司，且二者隶属于同一个控制人——香港华润集团，所以实质上还是债务人自行申请重整保护。鉴于 ST 华源是上海市第一家申请破产重整的上市公司，加上债权关系复杂，法院决定由清算组担任管理人，负责重整程序中公司的治理。清算组的组成包括：上海银监局、上海证监局、上海金融办、上海国资委、华润医药集团相关人员、北京市金杜律师事务所。

2008 年 12 月 1 日，重整计划得到所有表决组的通过。其基本内容包括两个方面：①全体股东共让渡股票约 18650.41 万股，用于清偿债权及有条件出让给重组方；②以定向增发等方式注入不低于 10

---

① 它们是 ST 海纳、ST 金化、ST 兰宝、ST 朝华、ST 宝硕、ST 星美、ST 天颐（三安）、ST 天发、ST 华龙、ST 北亚、ST 长岭、ST 华源、ST 北生、ST 鑫安、ST 帝贤、ST 九发、ST 盛润、ST 秦岭、ST 深泰、ST 丹化、ST 偏转、ST 夏新、ST 新太、ST 光明、ST 中华。

② 这些公司是 ST 海纳、ST 金化、ST 兰宝、ST 宝硕、ST 星美、ST 天颐（三安）、ST 华龙、ST 长岭、ST 帝贤、ST 九发、ST 盛润、ST 深泰、ST 偏转、ST 新太。

亿元且有一定盈利能力的优质净资产，使 ST 华源恢复持续经营能力和持续盈利能力。由于华润先前指定的重组方是房地产公司，而房地产业务不被市场看好。所以，华润被迫重新选择重组方。根据万得网相关消息，[①] 2022 年 11 月 17 日 * ST 华源晚间公告，公司发行股份购买资产并募集配套资金暨关联交易事项获证监会并购重组委审核有条件通过，公司股票 * ST 华源、* ST 华电 B 将自 11 月 18 日开市起复牌。

（2）非上市公司重整

由于缺少上市资格这个“壳资源价值”，非上市公司重整与上市公司重整有些不同之处。以下通过苏州雅新破产案，展示中国非上市公司破产重整的基本图景。

“雅新电子”和“雅新线路板”是位于苏州市吴中区的两家企业（以下简称苏州雅新），经营状况很好。但是其母公司我国台湾地区雅新实业股份有限公司因故被台湾士林法院裁定破产重整。母公司的重整给苏州雅新带来致命打击，应收货款无法收回，资金链出现断裂，生产经营陷入困境。当时，共有 9 家内资银行和 6 家外资银行向苏州雅新贷款，总额高达 14. 6 亿元。这些债权人银行对苏州雅新的未来持不同的态度，有的债权银行要求对苏州雅新进行清算；有的债权银行则看重苏州雅新良好的市场表现，要求对其进行重整。

鉴于债务人已出逃，吴中区政府同 15 家债权银行谈判以便对债务人进行重整，政府的积极协调最终使各方就重整达成一致。2008 年 4 月 25 日，由 15 家债权银行组成的银行团向吴中区法院提交了重整申请，该案管理模式为管理人管理。苏州法院当时并没有破产管理人名册，所以由债权银行推荐安永华明会计师事务所作为管理人，法院审核通过。[②]

管理人在全球范围内寻找投资人投标。悦虎电路有限公司 Tiger

---

① 参见 https：//t. wind. com. cn/mobwftweb/M/news. html？ show = wft&shareCode = cb03db50513ce06bf952eb30d85c6c36&code = 137213C3666F&newsopenstyle = original&lan = cn&device = ios&fontsize = normal&related = true&version = 22. 8. 7 #/7D65E6F289C9285C20AAD6FE866AC526，最后访问日期：2022 年 12 月 5 日。

② 安永华明是安永在华合资的注册会计师公司，成立于 1992 年。

Builder Consultant Ltd.（以下简称 Tiger Builder）在竞争中胜出。Tiger Builder 投入 3500 万元人民币，获得苏州雅新 100% 股权和经营权，而苏州雅新原股东的股权被强制清零，苏州雅新的法律主体不发生变化。新股东计划 100% 偿还经法院确认的所有债务，但按偿债方案在 8 年内分期偿还。目前苏州雅新已经恢复生产。

3. 重整立法的预期与现实之间的差距

（1）立法预期与现实之间的差距

《企业破产法》规定重整制度的首要立法预期是拯救营运价值，这是重整制度的基本价值目标。但是，任何制度都是由具有不同利益偏好的具体的人来执行的，个人的私人利益可能和具体的制度目标不一致。在公司重整制度框架下，不同参与人的私人利益和困境公司的利益很难一致。[①] 其中最主要的对立者，是当前的管理层和担保债权人。出于对保留职位的偏好，管理层具有选择重整的激励。而担保债权人重整的激励不大，因为，如果担保物价值大于担保债权价值（overvalued），担保债权人不能分享重整成功带来的利益，却要分担重整失败的风险；即使担保物价值低于担保债权价值（undervalued），风险偏好中性的担保债权人也不愿意承担重整失败的风险。股东在清算条件下一般得不到任何清偿，但有可能分享重整成功的收益而不承担任何失败的风险，所以具有重整的激励。[②]

即使困境公司具有营运价值，由于营运价值是一个复杂的概念，表现为不同的形态，不同利益关系人对营运价值的态度也可能不一样。在美国破产法学界，对营运价值的理解存在两个学派。市场派的法经济学学者道格拉斯（Douglas）教授等认为营运价值一般包括三个方面的价值：①有形资产的价值，如机器、厂房、存货等；②无形资产的价值，如专有技术、经验、商业计划等；③团队成员之间的协

---

① See Lopucki M. Lynn & William C. Whitford, *Corporate Governance in the Bankruptcy Reorganization of Laege Publicly Held Companies*, 141 U. Pa. L. Rev. 669.

② 这是基于一般条件假设下的分析。具体案件中不同利益关系人的私人利益可能会更复杂。如上市公司重整中会涉及地方政府、债务人管理层、控制股东、债权人、外部投资人（重组方）等复杂的利益主体。

作关系。[①] 按照这种解释，只要三个方面的营运价值能够找到市场进行流转，就没有必要一定保留企业的法律实体。不过这些学者认为团队成员只包括管理层等经营人员。反对者劳帕齐（Lopucki）教授等从更广义的协作关系角度解释营运价值，认为组成企业的一切要素和要素提供者之间的"关系"（relationships）是企业的营运价值。而且这种营运价值的形成需要时间的磨合，所以形成营运价值需要时间成本。按照这种解释，即使公司资产可以出售或转让，也要损失"关系"磨合成本。[②] 如果把困境公司的命运绝对地交给任一方利益关系人而不附加任何制衡程序，可能由于某种营运价值对该利益关系人的个人利益并不重要，该利益关系人会选择放弃拯救该营运价值。

正因为挽救重整价值的目标很难和某个单一利益关系人的目标一致，所以规范公司重整的法律制度的目标是"阻止任何试图重整那些本应该清算的公司的努力；推动任何试图重整那些具有营运价值的公司的努力。"[③] 各国重整立法就是在遵循这个原则的基础上对重整制度进行设计的。以《美国破产法》第 11 章为例。第 11 章首先把申请重整的优先权赋予债务人，这是假定债务人最有条件掌握公司经营信息，最有激励及时申请重整挽救营运价值。但是，如果债务人在指定的时间内怠于申请重整，或者法院认定债务人没有资格作为重整控制人（debtor-in possession）掌握重整的经营管理权而指定重整受托人（trustee），那么任何利益关系人都有权申请重整。[④] 为了确保重整程序不被滥用，浪费清算财产的时间而损害破产财产的价值，第 11 章

---

① See Douglas G. Baird & Robert K. Rasmussen, *The End of Bankruptcy*, 55 Stann. L. Rev. 751, 777, 763 – 768, 773 – 775.

② See Lynn M. Lopucki, The Nature of the Bankruptcy Firm: A Reply to Baird and Rasmussen's The End of Bankruptcy, available at http://ssrn. com/abstract = 3977 80 p. 5 – 6. 对营运价值更细致的分析认为困境企业的营运价值包括私人营运价值和社会营运价值。相关分析可参见 Richard V. Butler & Scott M. Gilatric, *A Re-examination of The Purpose and Goals of Bankruptcy*, 2 Am. Bankr. Inst. L. Rev. 269。

③ Douglas G. Baird, The Hidden Values of Chapter 11: An Overview of The Law and Economics of Financially Distressed Firms, p. 2. Available at http://www. law. uchicago. cd u/Lawecon/wp 1 – 50. html.

④ 11U. S. C. 1121.

第 1123 条对重整计划的内容作了严格规定，以便法官以此为标准判断重整计划实施的可行性并对批准与否做出判断。[①] 该条分强制性规定（a 款）和选择性规定（b 款）两部分。其中 a 款第 5 项规定重整计划中必须包含充分的执行计划的手段，并示范性列举了 10 项手段，如财产转让、重整并购、重整出售或清算、债务减免或延期偿还、发行证券融资等等。另外，第 11 章第 1129 条进一步对法官批准重整计划的条件进行规定。[②] 其中 a 款第 11 项尤其值得关注，该款规定：重整中公司或者根据计划继承该公司的公司在批准计划之后，不可能被清算或者需要继续进行财务重整，除非这种清算或者财务重整是计划规定的重整方法。

公司法的一个基本原则是商业判断原则。此原则把法官绝缘于管理层的商业判断之外。但是重整是一项涉及复杂的商业判断的制度，受理重整案件的法官必须基于基本的商业判断确定是否批准重整计划。为了化解这个矛盾，第 1129 条 a 款第 11 项实际上把举证责任交给重整计划提出者，其必须向法院证明重整计划具有合理的实现重整目标的前景；如果不能充分举证，则法官有权认为计划不现实或者过于乐观而拒绝批准计划。[③] 而第 1123 条 a 款第 5 项则为法官的判断提供了基本的参考依据。该项实际上对重整计划的资金来源和重整的基本方法，列出一个开口式的清单。没有资金来源，没有重整操作方法的重整计划毫无意义。[④]

《企业破产法》立法者在起草法律时也注意到这个问题。《企业破产法》第 81 条以强制性规定的方式，为重整计划的内容列出一份开口式的清单。该清单包括 8 项，其中第一项就是债务人的经营方案。另外，《企业破产法》第 87 条规定法院批准重整计划必须遵循的标准，其中第 6 项规定“债务人的经营方案必须具有可行性。”可是这

---

① 11U. S. C. 1123.

② 11U. S. C. 1129. 这一条被破产法学者称为第 11 章的重心。

③ See Brian A. Blum; *Bankruptcy and Debtor/Creditor*, *Examples and Explanations*, Third edition, Aspen Publishers, p. 482, 486.

④ See Brian A. Blum, *Bankruptcy and Debtor/Creditor*, *Examples and Explanations*, Third edition, Aspen Publishers, p. 482, 486.

两项规定在实践中，尤其是上市公司重整实践中，基本不被遵守。通过对已经申请重整的25家上市公司进行重整计划的实证研究，上市公司重整包括两部分：权益重整和业务（资产）重整。但重整计划中一般只包括债权和股权的权益重整，而对经营方案，即业务（资产）重整，则或者仅提到拟注入资产的重组方，或者仅含糊地提出拟进行资产重组，或者根本不提任何关于业务（资产）重整的信息。待法院批准重整计划并终结重整的司法程序之后，在重整计划的执行阶段才开始进行业务（资产）重整。如果重整计划不包括经营方案，法官依据什么判断重整中公司具有重整价值？违背立法强制性规定的重整计划几乎毫无阻力地被法官一次次放行，使得立法在现实面前很受挫折。

那么上市公司重整是否实现了保护营运价值这个目标呢？通过对已经发生的25例重整案例的实证分析，答案基本是否定的。这可以从上市公司重整的背景和实际运作模式两个方面加以分析。一方面，所有这些申请重整的上市公司，都是至少连续3年亏损而面临退市风险的*ST公司。它们中的大多数在此之前已经经过一次或多次庭外重组，这个事实说明其具备营运价值是值得怀疑的。另一方面，通过观察这些ST公司的重整步骤，有助于揭示其是否具有营运价值。

ST公司的重整过程一般包括四个步骤：第一步，通过债转股或者收购重整中ST公司的股份，重组方变成重整中ST公司的股东。这一步一般在申请重整之前进行，也可以在申请重整之后进行。第二步，通过债务重组把重整中ST公司转变成一个没有债务负担的净壳。债务重组一般通过综合使用减免债务、债转股和出售资产偿债等方式完成。有时重组方提供部分资金代为偿债（这种情况不多），作为对价取得相应的股权。第三步，重整中ST公司原来的股东之间谈判缩减股份并调整股权利益。这一步为向重组方非公开发行股票进行业务（资产）重组腾出股权空间。第四步，重整中ST公司向重组方非公开发行股票使后者成为控股股东，取得（保住）对重整中ST公司的控制权。作为对价，重组方把优质营利性的资产注入没有债务负担的净壳，完成业务（资产）重组。当然，以上是一般步骤，具体案件可能有差异。例如，有的案件不经过第一步，而是债务人和债权人直接谈判，通过减免债务、用现有资产支付部分剩余的债务以及债转股的形式完成债务重组。通过重整计划的谈判和批准程序完成债务重组和股权调整。然后在重整程序的执行阶段重组方才出现，作为非公开发行的对象进行业务（资产）重组。但不论具体案件的差异，重整程序都是以重整计划的批准为界限把权益重组和业务（资产）重组划分成泾渭分明的两部分。即以上四个步骤的第四步是在重整计划批准之后的执行阶段进行的。

不妨通过 ST 天颐（三安）重整的案例，展示 ST 公司重整模式的基本过程。福建三安集团是一家以光电子元器件为主业的电子公司，公司原本尝试在中小板上市。位于湖北的 S*ST 天颐公司破产重整，改变了三安集团的上市战略。2007 年 10 月，S*ST 天颐申请破产重整。2007 年 10 月 20 日，三安集团通过股权拍卖的形式获得 S*ST 天颐大股东席位。2007 年 11 月 24 日，S*ST 天颐发布公告称法院裁定批准的重整计划执行完毕。2008 年 3 月 3 日，S*ST 天颐第二次临时股东大会通过大股东三安集团的注资方案。根据注资方案，S*ST 天颐向三安集团非公开发行股份，购买三安集团控制的子公司三安电子的 LED 外延芯片及其他芯片经营性资产，通过把购买的资产注入 S*ST 天颐完成资产重组。2008 年 4 月 16 日证券监管部门有条件审核通过三安电子对 S*ST 天颐的重整方案。2008 年 6 月三安集团完成对天颐的资产重组，S*ST 天颐更名为 S*ST 三安。2009 年 1 月 23 日，S*ST 三安摘掉 ST 的帽子，更名为三安电子。

在本重整案例中，作为重整债务人的 S*ST 天颐的重整计划，从谈判到批准仅仅是完成债权和股权的重组，根本不涉及（业务）资产的重组。重整计划执行完毕之后相隔半年多的时间，才完成业务（资产）重组。可见，这种重整谈判所针对的对象根本不存在营运价值，仅仅是一个上市公司的壳而已。通过对已经完成重整司法程序的公司的考察，除了 ST 金化重整前后主营业务未发生改变，ST 宝硕、ST 夏新重整前后主营业务类似之外，其余的 ST 公司重整前后主营业务都发生了脱胎换骨式的改变。

（2）重整管理人制度的立法预期与现实差距

《企业破产法（试行）》《企业破产法》规定管理人由清算组担任，清算组由行政人员组成。在计划经济背景下，这种破产管理人模式与行政色彩的《企业破产法》是契合的。《企业破产法》的立法目标是实现破产的市场化导向，摆脱行政主导模式，所以管理人模式理应由政府主导转向市场中介机构和职业人员主导。由于《企业破产法》把指定管理人以及确定其报酬的办法委托给最高人民法院，[①] 所以管理人的具体制度由最高人民法院的司法解释确定。根据最高人民法院《关于审理企业破产案件指定管理人的规定》，高级人民法院或者中级人民法院编制本地管理人名册，一般破产案件的管理人由本地管理人名册中通过摇号的方式确定。市场中介机构以及其中任职的合格的职业人员有资格申请编入管理人名册。在特殊条件下，如《企业破产法》施行前已经进行的国有企业破产，或者破产申请受理前根据有关规定已经成立清算组，清算组可以作为管理人。清算组为管理人的，人民法院可以从政府有关部门、编入管理人名册的社会中介机构、金融资产管理公司中指定清算组成员，人民银行及金融监督管理机构可以按照有关法律和行政法规的规定派人参加清算组。

总之，按照司法解释，原则上管理人由受理破产的法院辖区内的市场中介机构或者其中任职的职业人员担任；特殊条件下，管理人可以打破辖区限制通过竞争聘请辖区以外的中介机构或执业人员担任，也可以由清算组担任。在清算组担任管理人的情况下，清算组主要由政府行业主管和监管部门的官员担任。根据最高人民法院《关于审理企业破产案件确定管理人报酬的规定》，管理人的报酬根据债务人最终清偿的财产的价值总额，按照规定的百分比确定。报酬支付的时间可分期支付也可最后支付，由法院确定。

在市场经济条件下，重整制度的灵魂就是谈判。有效的重整制度应该有助于降低当事人的谈判基础。所以，立法的预期是重整管理人以市场中介机构和职业人员为主导，通过使用其专业知识降低重整谈

---

① 参见《企业破产法》第22条。

判中的交易成本。但现实非如此。在已经受理的25例ST公司重整案例中，仅有一个案例是中介机构担任管理人。其余的24例全部是政府主导的清算组做管理人。而且重整管理人排序基本遵循这样一个规律，即管理人名单上以副市长等重量级的政府官员为清算组组长，然后是不同的政府部门的行政人员，最后一位是参与重整的律师的名字。更有意思的是，在ST偏转重整案中清算组名单上居然没有执业人员——清算组名单上全部是来自政府部门的行政人员。

上市公司如此，一些非上市公司重整中也存在政府介入管理人的案例。例如，中国首例航空企业破产案——民营航空企业东星航空破产案的管理人就是武汉中院指定由市法制办、总工会等政府部门主导组成的清算组担任。

谈判以意思自治为基础，政府部门介入当事人谈判不存在合理性。

4. 立法预期与实践之间差距的解释

重整制度以挽救营运价值或者最大化破产财产的价值为目标。最大化破产财产的价值以最大限度地允许当事人自由谈判为基础。没有司法权力约束的庭外谈判，可能产生钳制问题，增加谈判的成本。所谓钳制问题，主要是指某一个行为对集体有利但需要全体一致同意才能生效并实施的条件下，某一位或某些（小部分）当事人为了个人的私利抵制谈判，从而牺牲团体中其他人的利益而使自己获得更多利益。在需要全体一致通过的条件下往往容易产生钳制问题。私人谈判需要当事人，尤其是债权人的全体同意才能达成并产生拘束力，所以容易产生钳制问题。因为当事人会预期，只要自己坚持到最后并要求获得比其他人更多的利益，谈判对手为了达成合意就会让步。问题是，如果每个人（或者很多人）都有这种预期，谈判就无法进行下去，造成时间的浪费，甚至永远没有尽头。

为了克服私人谈判的钳制成本，立法者创设了司法监督或控制下的谈判制度，即公司重整制度。重整制度的设计建立在四个假设之上：（1）有些陷入困境的公司的营运价值大于清算零售的价值；（2）为了保护这些公司的营运价值，就必须通过调整这些公司与其债权人、股东、贸易伙伴以及其他利益关系人之间的契约或者法律义务的方式解决财务困境；（3）在某些情况下，没有法院的监督就无法完成必要的契约或者法律义务调整，而且这种调整也不可能在发生债务关系时或者公司成立时就提前明确约定；（4）在少数例外的情况下，应该把启动正式重整程序的决定权交给债务人。[①] 也就是说，在理想状态下，破产重整不需要外部人介入，只要当事人之间在法院作为裁判的监督下谈判就可以了。这就是债务人控制重整模式的法理基础。但是，由于控制重整程序的债务人的利益可能和重整中的企业的整体利益不一致，会给重整中的公司带来许多治理困难。为了解决这些困难，就需要对债务人施加一定的制衡和监督。这个任务可以由债权人委员会完成。除此之外，《企业破产法》还引入独立的第三方，即重整托管人，在必要的时候代替控制债务人。托管人代表破产财产，而不是任何一类利益关系人，保护不同利益关系人的整体利益。[②]

ST 公司重整基本上背离了立法的预期目标，非上市公司重整有的实现了立法预期，有的存在争议（如内蒙古自治区氯碱重整案）。重整管理人制度在实践中也经常和立法的市场化目标存在差距。可见，在重整立法的预期和实践之间出现了一道鸿沟。对此现象的解释不能离开法律实施的政治经济背景。

在我国经济体制转型尚未完成之际，行政力量的偏好以及行政力量对政治经济生活的影响能力在很大程度上塑造了当前破产重整制度的实施模式。以上市公司重整为例，上市公司对于地方政府有着特殊的利益，上市公司重整涉及政府利益和偏好。由于上市公司数量往往作为地方政府业绩的一个衡量标尺，地方政府往往具有强烈的推动公司上市的偏好。例如，一些地方政府甚至设立政府资金预算奖励获得上市资格的公司。[③] 既然对上市如此热衷，保留 ST 公司的激励之强烈

---

① See Lynn M. Lopucki and George G. Triantis, *A Systems Approach to Comparing U. S. and Canadian Reorganization of Financially Distressed Companies*, 35 Harv. Int'l L. J. 274 – 275.

② See Barry L. Zaretsky, Trustees and Examiners in Chapter 11, 44 SCLR 909 – 910.

③ 参见张华：《圈子、面子和赌性——晋江富豪扎堆上市的文化基因》，载《南方周末》2009 年 11 月 26 日。

就不足为奇了。加之上市公司破产清算对地方政府的形象、就业和社会稳定可能产生的影响，地方政府对于困境中的上市公司具有强烈的重整激励。这就是为什么经常可以看到某些 ST 公司重整中，副市长亲自挂帅任清算组组长的景象。在行政权力独大、法院不独立的条件下，地方政府的意志超越立法，重整的决策代表地方政府的利益而不是立法的目标，所以出现了没有营运价值的 ST 公司争相申请重整的场面。

另外，在市场发育尚不成熟，行政力量影响社会经济生活方方面面的经济转型时期，重整中涉及的复杂的法律和其他社会关系往往难以由市场力量摆平，或者根本不存在市场，代表市场力量的中介机构或者专业执业者也就没有能力主导重整，所以难以胜任管理人角色，也无法催生出起着市场润滑剂作用的职业破产管理人。在这种政治经济条件下，市场化的管理人往往理性地放弃主导破产重整，主动选择把重整主导权让给政府官员。在 2009 年中国政法大学破产法与企业重组研究中心召开的年会上，很多律师反映，即使被指定担任清算组的组长，也没有能力胜任，而甘愿由政府主导破产重整案件。也就是说，在很多案件中，政府主导破产重整反而更有效率，成为当事人的理性选择。

除了政治经济学解释之外，法律职业人员的素质不高也是一个因素。《企业破产法》刚刚实施近 3 年，法律职业人员对于新制度的学习尚需要一个过程。由于对制度的理解不到位，导致许多违背法律规定的强制性规范的重整计划都可以被通过。正如前文所述，《企业破产法》第 81 条和第 87 条规定，重整计划中必须包含债务人的经营方案，法官审查经营方案可行才能批准计划，但是目前为止，已经通过的重整计划都没有具体的经营方案。①

（三）和解制度的立法和司法实践

1. 和解的基本立法框架

《企业破产法》第 9 章专章规定破产和解。只有债务人有资格向

① 当然，一个可能的原因是法官知道违法但迫于行政力量的压力而通过这些不合法的重整计划。

法院申请和解。债务人申请和解需提交和解协议。和解协议经出席无担保债权人会议的1/2以上债权人同意，且同意债权人所代表的债权额占无担保债权总额2/3以上，法院才能裁定批准和解协议。和解协议对担保债权人不产生效力。①

2. 立法预期与司法实践差距的解释

从降低风险的角度，担保债权人选择作为担保的财产必然是企业中的优质资产。为了维持营运，困境企业选择解困制度时，首先要保留的必然是担保财产。重整制度的有效性之一就是通过自动中止、强制执行等司法制度约束担保债权人参与公司拯救。可以说，没有对担保财产的约束，企业拯救很难成功。例如，在1992年以前，加拿大适用的是1985年破产法。该法仅向债务人提供针对普通债权人的保护，而对担保债权人则没有约束力。由于对担保债权人没有约束力，几乎没有困境中的企业适用1985年破产法进行重整。但是当时的另一部法律，公司债权人和解法案（Companies Creditors Arrangement Act，CCAC）却规定债务人起草重组计划后可以申请法院保护，免于债权人追债，而且其效力不仅及于无担保债权人，而且及于担保债权人。由于CCAC可以约束担保债权人，债务人的律师纷纷根据CCAC而不是破产法向法院申请重整。②

《企业破产法》规定和解制度旨在为重整制度提供替代性企业解困制度。也即，和解制度的目标是保留债务人的营运价值。在债务人财产（尤其是核心资产）一般成为抵押财产的现实条件下，如果和解协议对担保债权人不产生效力，保留营运价值是不可能的。可以设想，如果和解协议生效后，公司有价值的担保财产都变卖支付给担保债权人，和解协议只能约束没有价值的财产，那么和解的意义安在？所以，从保留营运价值的角度，当前《企业破产法》规定的和解制度很难成为重整的替代制度。在《企业破产法》起草过程中，笔者即质疑和解制度的可操作性问题，主张既然已有重整制度，就应废除和解

① 参见《企业破产法》第95条、第96条、第97条、第98条。

② 即ST深泰，atp. 277。

制度。现在这种制度成本重叠已成现实。

（四）破产清算制度的立法和司法实践

1. 基本立法框架

根据《企业破产法》，破产清算中财产的清偿顺序对担保债权人没有约束力，担保债权人可以直接就担保财产行使担保权；[①] 管理人应当及时拟订破产财产分配方案，提交债权人会议讨论。债权人会议通过破产财产分配方案后，由管理人将该方案提请人民法院裁定认可。破产财产分配方案经人民法院裁定认可后，由管理人执行。[②]

根据《企业破产法》第 113 条，破产财产在优先清偿破产费用和共益债务后，依照下列顺序清偿：

破产人所欠职工的工资和医疗、伤残补助、抚恤费用，所欠的应当划入职工个人账户的基本养老保险、基本医疗保险费用，以及法律、行政法规规定应当支付给职工的补偿金；

破产人欠缴的除前项规定以外的社会保险费用和破产人所欠税款；

普通破产债权。

破产财产不足以清偿同一顺序的清偿要求的，按照比例分配。

破产企业的董事、监事和高级管理人员的工资按照该企业职工的平均工资计算。

2. 清算立法的预期目标与现实挫折

从立法的结构上看，《企业破产法》把清算制度放在重整与和解制度之后。此外，根据《企业破产法》第 78 条的规定，在重整期间如果发现足以表明重整没有希望的情形，也可以把重整程序转化为清算程序。立法显然预期当事人先进行重整或和解谈判，只有无法达成拯救企业的一致或者拯救计划不具有可操作性的条件下，才适用清算程序。问题是，实践中出现的许多清算案例并没有像立法预期的那样干净利落地变卖并分配资产，而且最大的几个清算案例却在清算与重

① 参见《企业破产法》第 109 条、第 110 条。

② 参见《企业破产法》第 115 条、第 116 条。

整的选择之间充满争议，使得立法的预期目标再次在现实面前受挫。三鹿破产清算和东星航空破产清算案即为例证。

（1）三鹿破产案

三鹿集团是婴儿奶粉生产企业。由于在奶粉中添加三聚氰胺的丑闻被曝光，三鹿奶粉销售陷入困境。2008 年 12 月 18 日，一位债权人向石家庄中院申请三鹿破产，法院受理该破产清算申请。2009 年 2 月 12 日，法院宣布三鹿破产。至此，作为中国最大的乳制品企业之一，拥有数十亿元资产的三鹿集团成为河北省第一家破产的大企业。法院指定清算组作为破产管理人。三鹿主管部门和地方政府等行政机构在清算组中占主导地位。这种管理人模式为三鹿破产奠定浓厚的政府背景。法庭指定三鹿最大的债权人之一——石家庄发展投资有限责任公司法人代表为债权人委员会主席。2009 年 2 月 12 日，召开第一次债权人会议，通过了管理人提出的资产管理方案和财产变价方案。

破产清算方案主要包括三部分：①资产公开挂牌拍卖。②债权转让，三鹿最大的债权人之一，河北国信资产运营有限公司，以两折收购许多供应商的债权。此外，多家三鹿经销商也将自己的债权出售给三鹿的全资子公司三鹿商贸。③职工安置，三鹿破产采取职工安置和破产重组同步的策略。凡原与三鹿集团有劳动合同的职工，自愿参加重组的，由重组方承诺全员聘用。与三鹿集团没有劳动合同的职工，重组方与职工双向选择。离开三鹿集团的，办理终止劳动合同手续。参加第一次竞拍获得三鹿集团核心资产的北京三元股份已经承诺全员聘用三鹿职工。

三鹿破产案留下一个最关键的问题是：未来潜在的三聚氰胺受害儿童的医疗救助及其赔偿费用如何保证？三鹿曾经拿出一部分资金交给奶业协会代为清偿；此外，患者婴儿所在地的地方政府拿出部分钱买单。2009 年 11 月 20 日，石家庄法院作出裁定，终结三鹿集团的破产程序。裁定显示，三鹿对普通债权的清偿率为零。这意味着，三鹿已无力承担未来潜在的三聚氰胺受害儿童的任何赔偿。但是，2009 年 11 月 27 日，就在三鹿破产清算结案之后，三鹿案件爆发以来首例毒奶粉受害者状告三鹿集团的民事索赔案在北京市顺义区法院开庭。由于三鹿已经清算，这种民事赔偿只能无疾而终。[①] 也就是说，三鹿破产清算结案意味着排在后面的潜在的毒奶粉受害者彻底失去赔偿来源。

针对三鹿这种涉及大量潜在未来侵权债权人的破产案件，国际上的通行做法不是选择破产清算，而是走重整程序。在重整的框架下设立专门的基金用来对潜在的未来侵权债权人进行有序赔偿。即使企业没有能力继续营运，重整清算相对于破产清算，对潜在的未来侵权债权人最有利。[②] 何况三鹿只不过是由于毒奶粉事件产生信誉危机才出现经营危机，其优质资产尚在，选择破产清算的做法不仅难以服众，[③] 而且为后来可能发生的类似案件开创一个有疑问的先例。

（2）东星航空破产案

2009 年 8 月 26 日，武汉市中级人民法院（以下简称武汉中院）裁定东星航空破产清算。东星航空成为中国第一家破产的航空公司。

东星航空破产清算的整个过程，贯穿着管理人和支持重整的利益关系人之间的争斗。2009 年 3 月中旬，东星航空的债权人之一美国通用电器商业航空服务公司（GECAS）正式向武汉中院提出破产申请。3 月 30 日，武汉中院正式受理破产申请并公告正式启动破产清算。法院任命武汉市法制办、市总工会，市交通委员会等政府部门及其行政人员作为破产管理人。但是，清算程序启动后，带来却是坚持清算的管理人，和东星航空的原股东、部分主要债权人，以及意向投资方组成的支持重整的阵营之间的长期争斗和博弈。4 月 8 日，拥有 1.8 亿债权的中航油联合若干债权人向法院提出重整申请。法院于 6 月 12 日裁定不予受理这一申请。中航油于 6 月 23 日又向湖北省高级人民法院上诉，湖北省高级人民法院驳回上诉。其他申请重整的债权人也

---

① 参见黄秀丽：《三鹿破产“金蝉脱壳”舆论呼吁政府赔偿》，载《南方周末》2009 年 12 月 3 日。

② See Yair Listokin and Kenneth Ayotte, *Protecting Future Claimants in Mass Tort Bankruptcies*, 98 Nw. U. L. Rev. 1436 (2003 – 2004).

③ 一位参与三鹿案件的律师表示，当初强烈主张对三鹿进行重整。对三鹿破产清算的结局表示很遗憾。

得到大体相似的待遇，即湖北省中级人民法院不予受理，湖北省高级人民法院驳回上诉。在意向投资方中，北京信中利集团是坚持到最后的投资人。直到 8 月 25 日，信中利向武汉中院提交了修改后的重整计划，并提供 1 亿多元的重整资金证明。但是，以政府部门为主导的破产管理人坚持清算，并取得最终的胜利。

撇开东星航空破产案件背后扑朔迷离的利益纠纷，从法律与经济的角度分析，东星航空破产清算操作程序既违背《企业破产法》的文本规定，也违背《企业破产法》的立法预期。根据《企业破产法》第 70 条的规定，债务人或者债权人可以依照本法规定，直接向人民法院申请对债务人进行重整。债权人申请对债务人进行破产清算的，在人民法院受理破产申请后、宣告债务人破产前，债务人或者出资额占债务人注册资本 1/10 以上的出资人，可以向人民法院申请重整。武汉法院的做法显然违背立法的规定，剥夺了利益关系人申请重整的法律权利。

根据《企业破产法》第 24 条的规定，与破产案件有利害关系的机构或者个人不能担任管理人。该案中，作为清算组成员之一的武汉市交通委员会与东星航空大股东东星集团存在商业纠纷，法院驳回东星集团请求撤换管理人的申请，显然有悖法的精神。该案中，管理人直接主导谈判也是有问题的：如果是在破产清算程序，管理人只有代表破产财产清理债权债务并主持财产变卖的权力；如果是在重整程序，管理人应该监督债务人对重整中公司的经营管理或者取代债务人负责重整中的公司的经营管理。但该案中管理人直接主导破产程序，与支持重整的利益关系人对债务人企业的出路选择进行争论和博弈，既违反法条，又违背法理。从实质上看，一方面，该案剥夺了债务人、多数债权人和股东的重整权力；另一方面，破产管理人作为市场中介机构或者专业执业人士，只有在具体的重整或者清算程序中推动最大化破产财产价值的权利和义务；该案中，管理人实质上在重整程序启动之前阻止重整谈判并阻止重整，显然违背《企业破产法》立法预期。

3. 对《企业破产法》实施中发生的清算案件争议的解释

贯穿《企业破产法》的精髓就是谈判博弈。谈判既可以发生在申请破产之前，也可以发生在申请破产之后。谈判的目标是在不损害当事人当前福利水平的基础上寻求提升困境企业价值的帕累托改进。当然，如果当事人当前福利水平受到的损害可以通过困境企业价值提升后的增量价值得到补偿，谈判也是值得的，即卡多尔希克斯效率也符合破产谈判的目标。

申请破产之前的谈判一般称为庭外重组（nonbankruptcy workout），庭外重组谈判的当事人实际上是在庭内重整的阴影下进行谈判的。即当事人知道并预期如果庭外重组不能达成一致，就可能有一方当事人申请重整。所以，当事人会比照其在重整中可能的境遇并以此作为参照讨价还价。同样，庭内重整谈判的当事人知道并预见如果重整谈判失败就会走向破产清算。所以，当事人会比照其在破产清算中的境遇并以此作为参照作为重整谈判中讨价还价的底线。即重整谈判是在破产清算的阴影下进行的，破产清算是最后的游戏。①

可见，只有充分谈判，才能发现价值；只有能够提供有效率的充分谈判机会的破产法律制度，才是公平有效率的破产法律制度。《企业破产法》实施中产生的几个有争议的清算案件，至少在谈判机会上是很不充分的。造成谈判机会不充分的原因主要有两个因素：

（1）政治经济学因素

从政治经济学角度，政府通过清算组参与破产模式选择的博弈，把自己的政治经济利益掺和到破产谈判中。按照《企业破产法》的规定，有影响的破产案件可以指定清算组作为管理人，这几个案件都是政府主导的清算组作为管理人。政府作为管理人在转型时期有必要性也有弊端。必要性在于，在市场没有充分发育的领域政府可以利用其行政资源替代市场主体摆平破产重整中的一些复杂的关系；弊端在于，如果破产重整的案件涉及政府自身的利益，《企业破产法》赋予管理人代表破产财产最大化破产财产价值的权利和义务，就会和政府管理人的私利产生冲突，政府很可能为了私利而损害其他利益关系人

① 参见［美］伊丽莎白·沃伦、杰伊·劳伦斯·韦斯特布鲁克：《债务人与债权人法——案例与难点》（英文版），中信出版社 2003 年版，第 472 ~ 473 页。

和破产财产的利益。而有影响的案件中又往往牵涉到政府的利益，所以政府主导的管理人本来没有权利参与谈判，却要以管理人的名义代表政府的利益和破产案件中的其他利益关系人讨价还价，甚至成为诉讼的对立方，致使《企业破产法》和法院的威信被破坏。[①] 总之，政府以管理人的身份参与破产博弈，却依靠行政权力向缺乏独立性的法院施加影响，剥夺其他利益关系人重整谈判的权利，这是造成许多破产清算案件产生争议的基本原因。

（2）立法严格区分重整和清算之间的关系及其在司法实践中的僵化执行

正如前文所述，《企业破产法》的灵魂是谈判。谈判包括申请破产前的谈判[②]和申请后的谈判。谈判的目的是重整处于困境中的企业。破产清算是重整谈判中当事人谈判收益预期的底线。只有无法维持谈判底线而导致谈判失败，才走向破产清算。所以，现代企业破产法律理论和实践的重心是破产重整。

从理论上考察，清算、拍卖与收购是理解重整制度并指导重整实践的基石。一方面，重整与清算并没有严格的界限。至少重整的起点状态可以看作清算的一种形式。只不过企业作为一种法律实体出售给债权人，而不是第三人。[③] 从理论上说，重整程序的目标是拯救（而不是清算）债务人并重新调整利益关系人之间的权利。所以，重整程序是为了避免清算，除非找到更好的解困方法。但是清算有利于清偿顺序优先的债权人，所以这类债权人有清算的激励。从这个角度，重整又是保护劣后债权人。所以，为了实现公平和效率，必须保证重整程序符合三个条件：①披露重整程序或计划对任何当事人的影响；②允许每个当事人对重整方法（计划）投票；③保护异议当事人得到“公正和公平的”待遇。而把清算嵌入重整计划中并使之能够通

---

① 在另一起有影响的破产清算案件中，债务人内蒙古自治区氯碱的管理层针对选择破产清算还是重整程序而与地方政府产生冲突。

② 破产申请前的谈判可以是庭外重组，也可以是预重整。

③ See Thomas H. Jackson, Bankrutpcy, *Non-bankrutpcy Entitlements, and the Creditors' Bargain*, 91 Yale L. J. 857, 893.

过重整计划得到实现是保证重整程序符合三个条件的前提。[①] 另一方面，保留企业法律实体的重整面临估值的困难。保留法律实体的重整实质上是把困境企业出售给新的请求权人，这些请求权人有些是旧企业的请求权人，如债权人、雇员、股东。有些是新的请求权人，如外部投资方。但是这种出售没有实际发生，而是当事人模拟出售。于是产生对困境企业估值的难题。因为只有准确估值才能确定新的请求权人对重整中的企业的请求权的份额。估值带来的难题和围绕估值的谈判构成重整制度的重要成本之一。而拍卖和整体出售是解决估值困难的可行方法。另外，即使没有实际拍卖或出售，也可援引此理论解决由于估值而带来的讨价还价成本。哈佛大学的贝贝查克教授之前提出的一个可行方法，是把所有的请求权折成股权，然后按照绝对优先权原则，如果低级优先权人认为估值低而使得自己得不到分配或者分配少，可以收购高级优先权人手里的股权，使得高级优先权人拿到足额分配出局，对估值持异议的低级优先权人变成重整中公司的所有人。[②] 贝贝查克的思路，从另一个方面折射出重整与清算（包括出售）之间的关系，是通过模拟清算解决重整中价值评估难题的一种尝试。

贝贝查克的思考方法也可推演并应用于对同一级优先权人对重整或清算的异议的处理。不妨称之为异议者收购理论。根据异议者收购理论，如果对于企业重整或者清算存在异议，支持重整的请求权人对企业的估值高，支持清算的请求权人估值低。那么估值高者可以收购估值低者。对于东星航空，支持重整的利益关系人可以按照清算价值支付支持清算者，然后分配重整中的公司的请求权和控制权。由此观之，讨价还价者只能是利益关系人，而东星航空案中讨价还价的一方却是管理人，令人匪夷所思。

三鹿案件是典型的大规模的集体性侵权导致企业陷入经营困境

---

① See John C. Anderson & Peter G. Wright, *Liquidating Plans of Reorganization*, 56 Am. Bankr. L. J. 29, 50 – 51.

② See Lucian Bebchuck, *A New Approach to Corporate Reorganization*, 101 Harv. L. Rev. 775, 782 – 788.

的。三鹿案件中的毒奶粉婴儿属于侵权债权人，而且其中许多债权人的资格需要经过一定期间才能确定，这些债权人称为未来或潜在债权人。国际上这类案件的处理模式基本上是通过重整程序对困境企业进行重整清算、收购或者（极少情况下）保留其法律实体，然后在重整程序下成立赔偿基金，从重整中企业或收购方未来营运利润中拿出一定比例的资金注入基金作为基金未来赔偿的基础。同时，基金还可以通过自己运作产生的收益作为赔偿的部分基础。总之，只有适用重整程序，才能最大限度地最大化用于赔偿未来债权人的资产的价值，保护这一类风险承受能力最低，但承担风险最高的债权人群体。① 可惜，三鹿案件采用清算方式，堵住了未来可能出现的许多受害者的索赔之路。

《企业破产法》严格区分破产重整与清算程序，在缺乏判例法环境以及缺乏深谙破产理念的法官的现实条件下，容易导致由于对程序的僵化适用而损害《企业破产法》的公平和效率目标。三鹿和东星航空案件由于适用清算模式而产生争议，一方面是由于行政力量的不适当干预所致，另一方面也反映出《企业破产法》从立法形式上对重整制度和清算制度进行严格区分，而司法实践中又对这种严格区分进行了严格贯彻，从而导致把重整和清算作为对立的两极而进行非此即彼的争执。

（五）管理人的司法困境

管理人作为一种制度体系，实质上包括一系列具体的角色。首先是作为监督协调角色的管理人。这种管理人的职能是行政性的（administrative），主要是负责监督、协调和管理工作。《美国破产法》上的国家管理人（United States Trustee）就是这种角色。加拿大主要的调整公司重整的法律，公司债权人和解法（Companies Creditors Arrangement Act，CCAA）里规定的监督人（Monitor）也是这种角色。可见，作为监督协调角色的管理人是一种行政性角色。其次是清

---

① 有关未来侵权债权人保护的理论和实践参见 Yair Listokin and Kenneth Ayotte, *Protecting Future Claimants in Mass Tort Bankruptcies*, 98 Nw. U. L. Rev. 1436（2003－2004）。

算管理人，即负责在清算程序中收集、变卖并分配公司财产。再次是重整托管人（trustee），即控制债务人（debtor in possession，DIP）的替代者。只有当 DIP 不称职被撤换的时候才可能选择重整托管人。重整托管人一般由债权人选出。所以，作为 DIP 的替代角色，重整托管人是一个纯粹的市场角色。最后是监督人（examiner），监督人一般是在没有重整托管人的条件下，债权人指定的用来监督 DIP 的角色。总之这些角色共同组成一个完整的管理人制度体系，在具体的破产清算或重整条件下发挥作用。

尽管《企业破产法》立法期望建立市场化的管理人制度，立法的规定方式使得管理人的角色并不清晰。例如，《企业破产法》第 13 条规定人民法院裁定受理破产申请的，应当同时指定管理人。这一条作为强制性规定表明所描述的管理人是适用于任何破产案件的承担监督、管理和协调角色的行政性的管理人。这个角色定位类似于《美国破产法》制度下的国家管理人、英国破产法体制下的接管人或者加拿大破产法制度下的监督人。但是《企业破产法》第 17 条和第 18 条中的管理人显然是完全不同的角色。第 17 条规定，人民法院受理破产申请后，债务人的债务人或者财产持有人应当向管理人清偿债务或者交付财产。第 18 条规定，人民法院受理破产申请后，管理人对破产申请受理前成立而债务人和对方当事人均未履行完毕的合同有权决定解除或者继续履行。显然，这两条赋予管理人替代 DIP 管理破产财产的权力，其角色是纯粹的市场角色，相当于《美国破产法》上的托管人。

以上所提到的有关管理人的法条还只是停留在一般性的描述。紧接着，《企业破产法》第 3 章用 8 个条文（第 22～29 条）描述了包括指定管理人、管理人与法院和债权人委员会之间的关系、管理人的组成等。但是第 3 章仍然没有明确区分管理人的不同角色，有些条文规定管理人的经营管理职能，有些条文规定管理人的监督职能。第 5 章、第 6 章和第 7 章分别提到管理人，但角色依然是不清晰的。到第 8 章，即专门规范重整的这一章，管理人的角色更模糊了。例如，第 73 条规定，在重整期间，经债务人申请，人民法院批准，债务人可以在管理人的监督下自行管理财产和营业事务；有前款规定情形的，依照本法规定已接管债务人财产和营业事务的管理人应当向债务人移交财产和营业事务，本法规定的管理人的职权由债务人行使。这一条管理人的角色相当于《美国破产法》里的托管人和英国破产法里的重整管理人（administrator），显然是市场角色。这一章前两节里管理人的角色基本上都是替代 DIP 的角色。第 8 章第 3 节规范重整计划的执行，这一节里所描述的管理人的职权是监督重整计划的实施，即扮演着监督管理人的角色（examiner，monitor）。

也就是说，管理人不是一种单一的角色，而是由不同角色构成的一个制度体系。不同角色的称谓应该加以区分。但《企业破产法》里统一使用管理人这个单一的称谓，即用一个称谓（管理人）承载监督、协调和管理等不同性质的职能，造成在司法实践中管理人的行政功能被强化，市场中介功能被弱化。这种效果在清算组制度上表现得最突出。在市场经济转型时期，行政力量和监管意识依然强大，政府部门仍然有强烈的行使监管权力的冲动。当允许政府官员和市场中介组织共同组成管理人时，尽管立法的本意是让行政人员承担管理人中的行政性职能，即监督、协调职能；让市场中介组织承担市场职能，即经营管理。但是具有私人利益的政府部门却屡屡越位，把管理人的所有角色集于一身。在东星航空破产案中，以政府为主导的清算组甚至超越管理人的所有的正当角色，站在债权人的对立面。在这种情况下，厘清作为清算组的管理人的角色定位，几乎是不可能完成的任务。

当前的破产管理人制度，不利于培育活跃的破产市场和市场中介人及其组织。市场中介以及执业者的缺乏，反过来又会阻碍破产实践的市场化和效率。当代破产实践的趋势是让专业破产组织和执业者用市场化的方法帮助债权人及时控制并营救困境企业。而当前的破产管理人制度设计，没有为市场中介组织及时介入困境企业提供充分的空间和手段。这是导致《企业破产法》实施以来出现的一个困惑和尴尬——只有在企业经营陷入清算的困境时才申请破产；法院摇号选出的管理人发现待接手的企业往往没有剩下多少有价值的财产，以至于被有幸选中的管理人往往并不因为被选中而感到“幸运”。

（六）国际金融危机的挑战

国际金融危机对《企业破产法》提出的挑战主要表现在跨界破产上。《企业破产法》对跨界破产只有一条原则性的规定，即放在总则中的《企业破产法》第5条：

依照本法开始的破产程序，对债务人在中华人民共和国领域外的财产发生效力。

对外国法院作出的发生法律效力的破产案件的判决、裁定，涉及债务人在中华人民共和国领域内的财产，申请或者请求人民法院承认和执行的，人民法院依照中华人民共和国缔结或者参加的国际条约，或者按照互惠原则进行审查，认为不违反中华人民共和国法律的基本原则，不损害国家主权、安全和社会公共利益，不损害中华人民共和国领域内债权人的合法权益的，裁定承认和执行。

这种原则性的规定能否适应金融危机以来不断扩大的破产国际化趋势？不妨首先考察一下国际上主要国家因金融危机对本国破产法跨界破产规制的调整。

1. 主要国家破产法因回应国际金融危机而对跨界破产规则的调整

国际金融危机再一次展现了世界经济一体化对跨界破产法律制度的需求。贝尔斯登、雷曼、克莱斯勒、通用等跨国企业的清算或重整波及美洲、欧洲和亚洲等多个国家和地区，迪拜世界的债务危机把某些国有银行也卷入其中。所以，合作型的跨界破产制度不仅有利于保护一个国家的对外投资利益，也有利于维护外国投资者对其投资环境的信心，更有利于全球金融信用体系的稳定。鉴于此，金融危机进一步推动了跨界破产的立法和司法朝着更加开放和合作的方向发展。

从立法上看，加拿大和澳大利亚是积极调整其有关跨界破产规则回应金融危机的典型。澳大利亚因金融危机，于2008年6月把联合国贸易法委员会（UNCITRAL）制定的跨界破产规则纳入其国内破产法。[1] 加拿大也以该规则为模板修改了其破产法中有关跨界破产的

---

① See Brigitte Markovic, UNCITRAL in Australia, INSOL World, Second Quarter 2009, p. 36 - 37.

规则。[1] 从司法上看，美国破产法院的法官对跨界破产的域外效力在司法解释上更趋开放。例如，在雷昂戴尔化学公司诉中点能源气体服务有限公司（Lyondell Chem Co. v. Centerpoint Center point Energy Gas Servs. Inc.）案中，雷昂戴尔化学公司及其79个联营公司（affiliates）于2009年1月6日在纽约申请破产，并于2009年2月6日向法院申请禁令，要求禁止全球范围内的债权人追索其位于卢森堡的母公司，雷昂戴尔巴塞尔产业公司（LyondellBasell Industries A. F.）。该母公司并不属于破产程序，法官以资产的协同效应（synergy）为理由支持破产债务人的请求。法官认为，债务人位于美国和欧洲的不同实体之间彼此协调营运，构成协同效应；这种协同效应使得全球范围内企业实际上形成一个浑然一体的整体。[2] 这不仅是跨界破产中法官适用经济分析的一个成功案例，也开创了域外破产案件办理的新的里程碑。

2. 国际金融危机对《企业破产法》应对跨界破产提出的挑战

可以看出，在跨国交易形势越来越复杂，跨界破产案件对具体规则的需求越来越强烈的条件下，仅仅依靠一个原则性的规定将很难适应跨界破产实践的需要。《企业破产法》对跨界破产的粗线条制度供给不足，正在遭遇不能满足实践需求的尴尬。太子奶事件就是一个鲜活的案例。

2007年9月，由花旗银行牵头的银团向太子奶集团提供了价值5亿元的无抵押、无担保、低息3年期债务。由于太子奶集团是在开曼群岛注册的，2010年2月22日，中国花旗银行有限公司向开曼群岛大法院申请对太子奶集团清盘，开曼群岛法院受理了该申请，并委托香港宝华顾问有限公司担任清盘人。[3]

---

① See Susan Grundy, Canada Adopts Modified Version of UNCITRAL Model Law, INSOL World, Fourth Quarter 2009, p. 30.

② See R. Craig Martin, Shooting a Bullet Across the Border: In re Lyondell Chemical and the Grant of a Worldwide Injunction, INSOL World, Second Quarter 2009, p. 41.

③ 参见郄建荣、阮占江：《花旗太子奶“破产之诉”法律解读》，载《法制日报》2010年4月29日。

由于媒体对事件的报道事实性陈述偏少，情绪性和道德性描述偏多，使得难以准确还原作为债权人的花旗和作为债务人的太子奶之间的债务纠纷真相。但有一点肯定的是：双方的债权债务关系是真实的，花旗以债权人的身份向债务人的注册地申请清盘，注册地的法院经审查确认后签发了清盘令。在此案件事实的基础上，该案讨论的焦点是，国内有管辖权的法院应该承认此清盘令并协助执行，还是拒绝承认并允许债务人的其他利益关系人，如太子奶董事长李途纯、太子奶租赁经营人株洲高科奶业经营公司等维持太子奶营运并进行重组的请求。国内法院如果依据传统国际私法上有关国外判决的承认与执行的原则对本案进行判断，其判断依据无非有无司法协助条约或协定，承认清盘令是否违反公共利益等。

把传统国际私法上的原则性规定应用到跨界破产这种商业性和专业性很强的案件中，不仅难以作给出令人信服的判决理由，而且容易引起投资者对本国资本市场环境的不信任。以公共利益的标准为例，不同的商业环境下对公共利益的解读是不同的，太子奶集团所在地的地方政府，已经把企业清盘将引起职工安置问题以及不稳定问题作为公共利益进行抗辩。如果这样解读公共利益，任何清盘案件都将成为涉及公共利益的案件。所以，对于太子奶事件以及未来可能更复杂的类似跨界破产案件，笔者主张回归到商业和法律判断。例如，如果国内有管辖权的法院有充分的证据证明太子奶尚有营运价值，保留营运实体的社会收益大于清盘的社会收益，完全可以拒绝承认清盘。债务人可以申请重整并在法院的监督下和债权人在重整的框架下，就资产和债务的重组进行重新谈判。

随着中国经济在世界经济中的地位不断上升，越来越多的中国企业走出去参与国际投资活动，越来越多的外国企业走进中国市场。鉴于此，《企业破产法》有必要建立细致清晰的跨界破产规则，以便为中外投资者提供更大的投资确定性。在全新的国际经济形势和游戏规则面前，需要更新跨界破产的理念，而不是仅停留在属地主义和属人主义的理念纠缠之中。

（七）《企业破产法》的应对路径

1. 转型背景下制约中国破产法律制度良性发展的因素

根据以上所列举的案例、数据以及相关的分析，在转型背景下，制约我国破产法律制度良性发展的基本因素主要包括三个方面：行政力量的干预；高素质的破产执业共同体的缺乏；社会上对《企业破产法》的功能的认识尚不到位。

（1）行政力量的干预及其后果

在我国经济体制转型时期，行政力量介入破产案件某些个案具有合理性，某些则具有破坏性。转型时期市场化发育不充分、市场的深度和广度不够，为行政力量的介入提供了合理的理由。《企业破产法》的实施缺乏一个公开、透明的市场化机制。由于市场化滞后，破产专业人士作为中介人员介入破产重整案件的空间狭小，如果把案件的控制权交给中介人员反而会增加案件处理的难度和成本。这就为行政力量介入破产案件提供了合理的理由。例如，由于历史遗留问题，某些破产案件附带棘手的职工安置问题。如果没有行政力量干预并解决职工安置，破产案件就无法进行下去。此时行政力量就是推动破产顺利进行的有利因素。但是，如果行政力量在破产案件中具有私人利益，行政力量的干预可能造成财富转移效果而损害其他利益关系人的利益。当行政力量把私利凌驾于其他利益关系人的利益和破产企业的整体利益之上时，往往会产生财富转移效应，此时行政力量介入破产案件产生破坏作用。

尽管行政力量介入破产案件有个案的合理性，但这种个案和暂时的合理性可能反过来阻碍市场的发育、阻碍市场经济的转型。因为市场经济转型成功的重要依赖因素是市场主体的完善，其中最重要的市场主体就是市场中介组织和执业人士，如律师、会计师、审计师及其组织。当行政力量过多代替中介组织时，暂时的效率带来的是中介组织发育的不足甚至萎缩，损失的是长期的效率。更何况，在许多案件中行政力量介入本就是不应该的，属于以公共利益为名为了私人利益非法强行性介入。

(2) 高素质的破产执业共同体的缺乏

高素质的破产执业共同体既是企业破产市场化的产物，也是现代破产法理念的内在要求。现代破产法已经从传统破产法的清算导向型破产法转向拯救导向型破产法。企业申请破产不再是一种耻辱的标记，而是一种商业策略。即企业把申请破产作为一种解决困境实现转机的策略。重整制度的设计便是围绕着这一理念展开。假定企业存在重整价值，则申请重整使原来的债务人转变成控制财产的债务人(Debtor-In-Possession，DIP)，以便在破产法的约束下继续营业。DIP的职责就是最大化破产财产的价值，所以在重整期间 DIP 对全体利益关系人负信托义务。如果 DIP 不称职，破产法规定重整管理人替代 DIP 行使重整中企业的控制权。但是，以拯救为导向的破产法必须保证，那些替代 DIP 的管理人，具有充分的能够拯救企业的业务和法律知识与经验。作为一种企业拯救制度，重整制度的生命在于降低重整时间，最小化重整成本。所以，尽管立法规定用管理人替代 DIP，市场却仍呼唤能在第一时间替代不称职的 DIP 的专业拯救团队。于是，现代重整实践中产生了转机管理团队，这种团队以执业共同体的形式发展成国际化的组织，即转机管理组织（turnaround management association，TMA)。转机管理组织在不同的国家和地区建立分支机构(chapters)，其分支机构遍布美洲、欧洲和亚洲。[①]

TMA 由律师、会计师、审计师等专业人士组成。其中最值得关注的是其中的重要角色——首席重组官（chief restructuring officer，CRO)。CRO 是当代发达市场经济体中《企业破产法》实践的产物。在发达的市场经济体，债权人控制困境企业重整，在 DIP 不能胜任的情况下，债权人往往聘请 CRO 来替换重整中的企业当前的 CEO。当前世界著名的转机管理事务所，如 Alvarez & Marsal 或者 AlixPartners 都以提供 CRO 服务而闻名。[②]

---

① 有关 TMA 的详细情况可参阅其网站：http://www.turnaround.org，最后访问日期：2022 年 11 月 21 日。

② 参见 Alix Partners 曾于 2009 年 10 月 14 日联合中国政法大学破产法与企业重组研究中心在北京举办企业拯救研讨会。

从广义上讲，破产法执业共同体应该包括法官、律师、会计师等围绕破产理论和实务组成的具有共同理念和专门知识的执业共同体。这方面美国的做法值得借鉴。美国专门的破产法官，包括审理破产案件的公司法法官，和执业律师等破产专业人士组成不同的破产研究组织。如美国破产协会（American Bankruptcy Institute），美国破产法学院（College of American Bankrutpcy Law）。有的法院法官会邀请律师共同讨论制定提高破产法实施效率的《破产法规则》。例如，著名的美国纽约南区破产法院制定的预重整规则（General Order 203）就是由首席破产法官 Tina L. Brozman 召集成立一个由法官、律师、法院职员以及美国破产受托人（U. S. Trustee）组成的蓝绶带委员会经过几次会议的商讨制定的。①

目前尚缺乏这种制度支持，法官甚至可能和其他执业人士尤其是律师相互对立。从法官的角度分析，造成这种执业共同体制度缺失的主要原因在于，我国尚缺乏胜任裁判破产案件的专业破产法官。称职的破产法官，既需要有专业的破产法律知识和理念，又需要有基本的破产重整商业判断能力。②

（3）社会上对当代破产法的功能的认识尚不到位

当代破产法的功能已经从清算型的破产法转向拯救型的破产法。拯救型破产法要求对资不抵债或者有资不抵债可能性的企业及时申请破产保护，而不是等到企业的价值已经被消耗殆尽的时候法院才指派管理人清理并分配资产。所以，最大限度地挽救企业的营运价值和最大化破产财产价值立法者和司法者制定破产规则的依据。以克莱斯勒案为例，当事人申请设立一个壳公司并向壳公司快速出售资产，而不走传统的重整模式。破产法院法官批准该申请的判决依据就是担心传

---

① See Sandra F. Mayerson, Current Developments in Prepackaged Bankruptcy Plans, Practising Law Institute Commercial Law and Practice Course Handbook Series, April 11, 2002, p. 349 –352.

② 破产法官的商业判断不能取代当事人的谈判。其商业判断针对的是当事人谈判达成的重整计划或者出售资产决定。理解破产法官商业判断的范围和尺度，可以参见11U. S. C. 363，11U，S. C. 1129［（a）（11）］。

统模式可能需要时间过长，造成大量的成本，包括停业之后重新开业的成本，流失熟练工人的成本，流失供应商和经销商的成本，以及动摇消费者信心的成本。[①]

在中国政法大学破产法与企业重组研究中心举行的 2009 年年会上，许多律师反映，由于指定管理人处理的案件破产财产价值太低，律师得不到收益，以至于有的律师事务所被指定作为管理人后没有动力接受。如果企业经营状况恶化到被法院通过摇号寻找管理人处理财产的境地，其财产价值一般不会高到让律师有激励接受案件。比如，根据最高人民法院一位法官提供的数据，2009 年中国证券市场上一共有 1500 家上市公司，资不抵债的有 380 家。但是《企业破产法》实施以来，申请重整的上市公司只有 25 家。[②] 而且申请重整的上市公司往往都是奄奄一息的 ST 公司。资不抵债时不积极申请重整保护，到退无可退之时才诉诸《企业破产法》，《企业破产法》的应有功能得不到发挥，营运价值被大量浪费。而在《企业破产法》实施中。目前适用的摇号确定管理人制度。明显是以清算为假设前提设计的制度，和保护营运价值并最大化破产财产价值的拯救型破产理念背道而驰。这种制度设计不能调动管理人的积极性也就不足为怪了。

2. 转型背景下《企业破产法》的未来之路

按照法律实施的系统功能论解释，法律只不过是在实现其立法目标的复杂的相互作用的系统中的一个要素。只有通过对一个与法律相关的系统（a law-related system）进行足够宽泛的定义，才可能发现系统做了什么而不是法律说了什么。理解中国《企业破产法》三年的实施时间内做了什么，必须把这部法律放到一个系统中去考察，这个系统的功能是在维护利益关系人公平待遇的前提下拯救具有营运价值的困境企业。

探索转型背景下《企业破产法》发展的未来之路，也应把立法放在实现其立法目标的系统中去考察。这个系统的基本要素包括四个方

---

① See In re Chrys ler LLC, 405. B. R. 84, at 96.

② 这是在 2010 年 4 月 19 日“上市公司破产重整管理人制度研究项目”启动研讨会上赵柯法官给出的数据。

面，即立法体系、司法体系、行政力量、市场力量。在立法上，有必要通过司法解释，逐渐把有效率的、能够反映现代《企业破产法》理念的制度融入《企业破产法》，如进一步完善破产管理人制度、细化不同管理人的角色、为培育专业化的破产执业组织和人员创造适宜的法律环境；在司法上，有必要推动建立专业破产法院或者专业破产法庭、培养专业破产法官、通过提高法官职业素质和《企业破产法》审判的独立性平衡行政力量的介入，吸收其合理的一面，过滤其不合理甚至违法的一面；在行政力量上，随着市场经济的逐渐成熟，让行政干预逐步退出市场；在市场力量上，通过培育更多的具备法律专业知识和现代市场眼光的高素质职业中介人士，建立有高度共识的企业拯救执业共同体。

中国《企业破产法》实施三年以来，对中国市场经济的发展和完善起到一定的促进作用。破产的理念逐步被社会接受，尤其是在金融危机背景下，重整制度受到社会的特别青睐。金融危机及其背景下的跨国破产也对中国的债权人和企业产生不同的影响，更加突出中国经济作为全球经济的一个重要链条的地位。但是破产案件数量太少，表明《企业破产法》的作用在实践中没有得到适当的发挥。

中国的市场经济转型走到一个行政力量和市场力量交错混乱的时期。《企业破产法》在这样一个背景下走上舞台。在这种条件下，行政力量成为影响《企业破产法》实施效果及其未来命运的“双刃剑”。既存在行政力量推动破产案件顺利进行的案例，也存在行政力量不适当干预破产程序的案例。当行政力量过度膨胀时，不仅《企业破产法》的实施效果被扭曲，而且市场力量的空间被挤压，受到损害的不仅是《企业破产法》，而且是整个市场经济健康发展的基础。所以，逐渐扩大市场力量的空间、使行政力量退出市场，不仅是中国《企业破产法》良性成长的前提，也是中国市场经济转型成功的关键。

当然，法律人在把握《企业破产法》未来的博弈中也不是消极被动的角色。有必要学习并传播先进的《企业破产法》理念，建立适应市场经济需求的企业转机管理执业人共同体，拓展《企业破产法》实施的市场空间。

四、《企业破产法》实施至今的特点与存在的问题[①]

《企业破产法》在我国社会主义市场经济体制构建、推动供给侧结构性改革、治理“僵尸企业”和产能过剩中发挥着积极作用。一部好的破产法有助于促进社会主义市场经济体制的完善，使市场在资源配置中起决定性作用，有助于优化营商环境，防范化解重大金融风险，提高经济发展质量。同时，破产法在构建以国内大循环为主体、国内国际双循环相互促进的新发展格局中扮演着重要角色，在整个市场经济体制中的基本法功效和作用日趋凸显。根据第十三届全国人民代表大会常务委员会立法规划和 2021 年度工作要点，《企业破产法》（修改）已列入全国人民代表大会常务委员会 2021 年度立法工作计划初次审议项目，由全国人民代表大会财政经济委员会负责牵头组织起草草案。2022 年 5 月 6 日，中国人民代表大会发布《全国人民代表大会常务委员会 2022 年度立法工作计划》，其中《企业破产法》修改案被列入年内审议项目。为提高立法修法质量、促进法律有效改革与实施，需评估分析《企业破产法》的实施状况，研究破产法实施中出现的新情况、新问题与新的制度突破以及所涉重点问题，明晰破产法修改的方向、理念与原则，并有针对性地对重点问题及重要制度进行修订。

《企业破产法》实施的十余年里，法院审理破产案件不断增加，破产案件案由分布日益多样，法律条文应用频率持续提高，《企业破产法》日益成为市场经济发展的助推器。从破产案件数量来看，2013 年，全国各级法院审结的企业破产案件数为 1998 件；[②] 而到 2019 年，

① 本部分发表于《中国法律评论》2021 年第 6 期。在此特别致谢中国政法大学破产法与企业重组研究中心《企业破产法》修法研究组贺丹、陈夏红、张钦昱、刘颖、赵天书等教师。本部分的写作，参考了他们的研究成果。

② 参见周强：《最高人民法院工作报告——2014 年 3 月 10 日在第十二届全国人民代表大会第二次会议上》，载 https：//www. chinacourt. org/article/detail/2014/03/id/1231927. shtml，最后访问日期：2021 年 9 月 20 日。

破产案件受理量已达 2 万多件；2020 年，仅江苏省一省法院就受理 6000 多件企业破产案件。[①] 2007～2020 年，全国法院共受理破产案件 59604 件，审结破产案件 48045 件。2017～2020 年受理和审结的破产案件分别占到法律实施以来案件总量的 54% 和 41%。[②] 其中，从破产程序类型的适用情况看，破产清算程序被适用的比例明显高于重整及和解。破产清算约占破产案件总量的 90%，重整约占 10%，和解不到 1%。从地域分布来看，东部地区破产案件数量占到全国的近 80%，浙江、江苏、广东三省约占 60%。从企业性质来看，2020 年民营企业破产案件占案件总量的近 90%。但从企业退出市场的方式来看，破产程序作用并未充分发挥。2020 年全国企业注销数量 289.9 万户，其中因破产原因注销的企业 3908 户，占比仅约 1‰。从以上数据来看，由于中国地域辽阔以及经济发展阶段的差异，破产法在中国的实施还是很不平衡的，其法律实施的功效还有很大提升空间。

（一）《企业破产法》实施中的主要特点

第一，《企业破产法》以供给侧结构性改革与优化营商环境为实施背景。当前《企业破产法》实施的重要背景，一是全球经济形势的变化，二是国内供给侧结构性改革进入到关键阶段，“僵尸企业”的处置、降杠杆等工作进入深水区，营造良好营商环境的需求也不断提升。《企业破产法》能否有效实施，与我国供给侧结构性改革、市场经济体系的建立与营商环境的改善具有密切关系。

第二，有重大影响力的破产案件越来越多。从早期的东北特钢集团与江西赛维集团破产案，到近期的北大方正、海南航空、南京雨

---

① 《2020 年江苏法院破产审判工作情况通报》，载 https://www.thepaper.cn/newsDetail_forward_11413391，最后访问日期：2021 年 9 月 20 日。根据该通报：“2020 年，全省法院新收各类企业破产案件 6625 件，同比增长 99.55%。其中，新收实质进入破产审理程序的企业破产案件 2621 件，同比增长 134.86%。新收各类强制清算案件 610 件，同比增长 91.22%。”

② 参见王东明：《全国人民代表大会常务委员会执法检查组关于检查〈中华人民共和国企业破产法〉实施情况的报告——2021 年 8 月 18 日在第十三届全国人民代表大会常务委员会第三十次会议上》，载 http://www.npc.gov.cn/npc/kgfb/202108/0cf4f41b72fe4ddeb3d536dfe3103eb3.shtml，最后访问日期：2021 年 9 月 20 日。

润、华夏幸福四大品牌企业先后进入破产重整，破产程序越来越多地用于大型企业的拯救。在这一时期，也出现了新中国第一家按照市场经济破产法裁定破产的商业银行。2020 年 11 月 17 日，包商银行股份有限公司因无法清偿到期债务申请破产清算，北京市第一中级人民法院于 2020 年 11 月 23 日裁定受理,[①] 并于 2021 年 2 月 7 日裁定宣告包商银行股份有限公司破产，包商银行股份有限公司负债总额超过 2000 亿元。[②]

第三，专业化队伍的建设需求与日俱增。专门的破产管理人团队和破产审判队伍的建设，强调管理人的职业素养和专业道德，以及破产法官的专业化审理和整个审判机构的专业化。目前全国已建立 14 家专门的破产法庭，100 个专业的破产审判庭，全国共有从事破产审判工作的员额法官 417 名。管理人队伍也有组织成规模发展，目前，全国共有机构管理人 5060 家、个人管理人 703 人，各地共成立了 131 家管理人协会。[③]

专业队伍有效推动了破产法的实施。管理人团队专业化、审判队伍专业化、审判程序规范化、裁判规则标准化、绩效考评科学化，对破产法的进一步完善提出了新的要求。

第四，破产案件的类型更加复杂，法律关系更加多元。当前出现很多上市公司破产重整案件、关联企业破产案件、房地产企业破产案件、中小型金融机构甚至有一定规模的商业银行破产案件等，涉及的债务金额、债权人数量巨大，法律关系复杂。例如北大方正集团业务横跨医疗、信产、金融、教育、地产等多个板块，下属公司超过 400

---

① 参见《北京市第一中级人民法院（2020）京 01 破申 672 号民事裁定书》，载全国企业破产重整案件信息网，http：//pccz. court. gov. cn/pcajxxw/pcgg/ggxq？ id = A0DD1BE17A3F3F8A086F55462B5ADA28，最后访问日期：2021 年 9 月 20 日。

② 参见《北京市第一中级人民法院（2020）京 01 破 270 号之一民事裁定书》，载全国企业破产重整案件信息网，http：//pccz. court. gov. cn/pcajxxw/pcgg/ggxq？ id = C28E49134F90EF346B25AAC3042A2695，最后访问日期：2021 年 9 月 20 日。

③ 参见王东明：《全国人民代表大会常务委员会执法检查组关于检查〈中华人民共和国企业破产法〉实施情况的报告——2021 年 8 月 18 日在第十三届全国人民代表大会常务委员会第三十次会议上》，载中国人大网，http：//www. npc. gov. cn/npc/kgfb/202108/0cf4f41b72fe4ddeb3d536dfe3103eb3. shtml，最后访问日期：2021 年 9 月 20 日。

家，包括境内外 6 家上市公司。海南航空集团 321 家合并重整的企业债务总额为 7467.02 亿元。[①] 此类案件受到业界的广泛关注，既与现在的去产能、中美贸易摩擦和企业的降杠杆密切相关，还涉及处置各种不良资产等技术性问题，其背后涉及的各种复杂的破产法律关系值得深入地研究。

第五，《企业破产法》实施过程中政府政策与司法政策相互推进。近年来，国家有关部门也制定了相关文件促进破产制度的实施和完善。如 2018 年国家发展和改革委员会等 11 部门发布《关于进一步做好“僵尸企业”及去产能企业债务处置工作的通知》；2019 年国家发展和改革委员会、最高人民法院等 13 部门印发的《加快完善市场主体退出制度改革方案》等。同时，最高人民法院出台了多部破产法司法解释及司法政策，对破产法实施中的重大问题作出了指导。

（二）《企业破产法》实施中的主要问题

1. 破产法的适用范围过窄

第一，《企业破产法》是仅适用于企业破产的“半部破产法”，缺乏个人破产制度，导致其对个人债务问题无法处理。根据中国人民银行调查统计司城镇居民家庭资产负债调查课题组发布的《2019 年中国城镇居民家庭资产负债情况调查》，我国城镇居民家庭负债参与率高达 56.5%，负债集中化现象明显，家庭负债结构相对单一，居民家庭金融资产负债率较高，存在一定流动性风险；部分低资产家庭资不抵债，违约风险高；中青年群体负债压力大，债务风险较高；老年群体投资银行理财、资管、信托等金融产品较多，风险较大；刚需型房贷家庭的债务风险突出。[②] 另外，个体工商户在市场主体中占较大比重，据国家市场监督管理总局统计，市场监管总局统计显示，截至 2023 年 1 月，我国市场主体达 1.7 亿户，其中全国登记在册个体工商

---

① 参见陈姗姗：《海航万亿债务重整落幕：集团将变信托计划还债》，载新浪网，https：//news.sina.com.cn/o/2021－10－01/doc-iktzscyx7410460.shtml，最后访问日期：2021 年 10 月 30 日。

② 参见中国人民银行调查统计司城镇居民家庭资产负债调查课题组：《2019 年中国城镇居民家庭资产负债情况调查》，载《中国金融》2020 年第 9 期。

户达 1.14 亿户，约占市场主体总量 2/3、带动近 3 亿人就业。在企业融资或市场交易中，金融机构或交易方往往还会要求企业的股东、实际控制人及其家庭成员提供保证担保，在企业不能偿还债务时，为企业提供保证的自然人就陷入债务困境，且无法通过法律途径调整其债务。单一的企业破产法律制度无法为陷入困境的自然人提供保护，无法有效防范消费金融引发的系统性风险。

第二，《企业破产法》未规定金融机构破产制度。近年来，在经济下行趋势下违约债规模增长，银行等金融机构爆雷事件频发，反映出金融风险正不断增长，破产法中金融机构破产制度不健全的问题越发严峻。目前的金融机构破产规则散见于各部门法中，碎片化的法律规则不利于统一协调处置金融机构风险。建立统一的金融机构破产制度是防范和化解金融风险，推动供给侧结构性改革和贯彻“六稳”方针的重要抓手。

第三，《企业破产法》未充分考虑其他主体破产问题。如企业法人之外的组织（合伙企业、个人独资企业）仅能参照适用破产清算程序，无法使用重整、和解程序以更充分地利用破产程序进行债务调整与公平清偿；适用范围未考虑非营利法人；未规定地方政府债务的处理；在农业、教育等领域，现行特别法律对清偿顺序作出了不同于破产法的规定等。

2. 管理人制度问题

第一，临时管理人制度的缺失导致债务人企业管理存在真空期。虽然规定法院在裁定受理破产案件时应一并指定管理人，但在需要公开竞争选任管理人的案件中，由于选任所需时间较长，很难实现受理即指定，出现企业已经进入破产程序但尚未任命管理人的情况。这一方面会延误审限，致使管理人无法在法定期限内按时提交重整计划草案；另一方面易于产生债务人企业擅自腾挪资产、转移销毁文件等违法行为。此外，若延期确定管理人时间过长，将影响对债务人企业未履行完毕合同能否继续履行事宜的认定。

第二，管理人角色与履职问题。一是部分管理人的能力素质达不到破产事务处理的要求，在履职过程中漏报错报债务人企业信息，有的管理人接办案件后，并没有将精力投入案件中，甚至还有可能转包业务。二是管理人履职缺乏保障，在履行财产调查、财产保全等法定职责时均存在障碍。办理无产可破案件时，没有基本的执业费用。管理人名册产生的规则也不统一。很多地方有排斥外地管理人的现象。

第三，管理人行业自治问题。实践中管理人缺乏统一管理机构、没有统一的职业伦理、行业纪律与业务操作规范，缺乏行业的沟通交流、互通互享机制以及必要的培训。

第四，对管理人的法律责任、监管以及报酬方面没有适应破产形势发展的细致规定。

3. 重整制度问题

第一，目前《企业破产法》中有关重整的规定缺乏对于困境企业是否具有拯救价值的识别机制、审查机制和听证机制。第二，重整中的债务人自行管理运用不多，往往是行政干预性强的清算组模式，使市场化的重整难以进行。第三，目前的重整法律规定缺乏对于重整中战略投资人的激励机制。第四，重整中的强裁制度在实践中常被滥用。第五，对于上市公司的重整，缺乏懂得金融市场、能够整合资源的专业管理人的介入。第六，实践中各地运用的预重整制度没有法律依据。第七，对于中小企业重整，没有简易重整程序。

4. 简易程序缺失问题

在破产实践中，大量的破产案件是中小微企业破产案件。但按照目前的破产法规定，破产程序时间周期较长，审判效率较低，繁简案件混为一体，破产程序成本过高。中小微企业在适用破产法时，有畏难情绪。对于债权债务关系简单，债权人不多，企业规模和债务规模不大的企业，依目前破产法规定形成的破产成本对于这些企业而言过于高昂。

5. 担保债权人的权利保护问题

在破产实践中，担保债权人的保护问题突出。现在一些重整案件，为了使重整成功，往往会侵害担保债权人的利益，比如没有经过担保债权人同意，法院裁定注销物权登记、强行置换担保物权、降低担保物的评估价值、让担保债权人出资解决破产费用、降低担保债权的清偿比例等。在制度上这表现为破产程序中担保债权“中止制度”适用范围不明，存在两个问题。一是没有明确列举暂停行使担保债权的种类，二是未排除对于重整程序而言无意义的担保债权。担保债权人在破产程序中的权利行使受到较大限制。

6. 债权人会议制度问题

第一，债权人会议成员范围不明确。根据《企业破产法》第59条的规定，只要依法申报的债权人都具有出席债权人会议的资格，没有申报的债权人无法在债权人会议上行使投票等权利。因此，债权的申报是债权人成为债权人会议成员并享有表决权的前提条件。但这一范围过于笼统，对于实践中反馈的债券持有人会议成员、金融债委会成员是否允许集中申报及债权人人数计算等争议，并不能起到足够的指引作用，反而需要从其他法律中寻求解释，以致对于债权人会议的召开，在最开始的阶段就造成了不便与混乱。

第二，债权人会议管理人选任职权缺失。目前，债权人会议对于管理人的更换没有决定权，只有建议权，但管理人作为债权人会议的意思机关，理应从债权人会议中产生并对债权人会议负责。如果直接由法院任免，在债权人会议对其任免影响有限的情况下，难以说明管理人代表了全体债权人之利益而非法院职能之延伸。

7. 法律责任问题

第一，管理人责任问题。首先，尚未形成统一的管理人是否勤勉尽责、忠实履行职务的认定标准，这会导致实务判断标准尺度不一，难以作出统一处罚；其次，管理人作为案件实际推动人，被追责则可能导致破产程序的停滞，致使各方利益受损。法院与管理人往往目的一致，均以实现公平、高效推动破产为目的，亦不希望此类情况发生。因此，未来立法一方面应当对具体的判断标准、处罚标准作出明确，另一方面则应建立完善的监督机制，引导并监督管理人履职。

第二，债权人委员会责任问题。破产法规定了管理人和破产债务人的责任，但缺乏对债权人委员会民事责任的规定。债权人委员会在履行职责的过程中，负有诚信义务。如果因故意或重大过失给债权人造成损害的，依然可以依据民法及相关法律请求其承担适当的民事责任。

第三，债务人责任问题。首先，破产法对企业管理层忠实与勤勉义务的规定与公司法的规定有重叠，界限不清晰。其次，缺乏对企业经营管理人员申请义务的规定，导致长期资不抵债应当进入破产程序的企业无法进入破产程序，大量“僵尸企业”存在，带来社会资源的浪费和经济秩序的混乱。

8. 破产法与其他法律的衔接问题

第一，《民法典》的出台使《企业破产法》面临如何衔接的问题。《民法典》将民事主体分为自然人、法人和非法人组织，法人又分为营利法人、非营利法人和特别法人，破产法未对自然人、非营利法人和非法人组织的破产能力作出积极回应；破产撤销权的适用范围难以适应《民法典》中可撤销行为的规定；《企业破产法》中的破产宣告制度影响破产程序效率，且带有惩戒主义色彩，而《民法典》中仍有大量涉及破产宣告的内容。

第二，应关注破产法与刑法的关系，《刑法》中的破产类罪名过少，相应罪名的适用主体、行为规范和法定刑规定也不完善。

第三，破产法与诉讼法等程序法的衔接也有不完善之处，包括破产程序中保全的解除与执行的终止，以及民事诉讼或仲裁的中止和承担等。

第三讲　破产法院

一、破产审判实践30年：变化、特点与突破[①]

中国破产审判实践已经有30年的实践经验，我国第一部破产法是1986年12月2日通过、1988年11月1日正式实施。而由法院主导的破产审判实践，则是南昌中级人民法院在1987年3月26日宣告破产的第一起案件，到现在有31年了，[②] 但是那个时候《企业破产法（试行）》还没有施行，《企业破产法（试行）》是1988年11月1日正式实施。

破产法实施第一年，从1988年到1989年，整个一年的破产案件才98件，[③] 法学界很有必要研究一下《企业破产法（试行）》最早进行破产审理的98件案件。1986年《企业破产法（试行）》更大的意义在于，它是新中国第一部破产法，它的通过以及实施，不仅在法律界、在整个中国社会各方面像一颗炸响的

---

① 本部分根据李曙光教授2018年8月28日在最高人民法院应用法学所主办的“中国破产审判实践——企业破产法实施三十周年的回顾与展望”会议上的主旨发言整理而成。

② 参见《江西南昌中院裁定建国以来由人民法院受理的首起破产案件》，载中国法院网，https：//www. chinacourt. org/article/detail/2019/01/id/3640428. shtml，最后访问日期：2024年7月10日。

③ 参见李曙光：《关于新〈破产法〉起草中的几个重要问题》，载《政法论坛》2002年第3期。

惊雷，带动了中国进步，也预示着中国下一步要迈向市场经济，因为破产法是市场经济最核心的一部法律，所以它的通过与实施打开了中国市场经济的大门。

破产界讲的比较多的中国第一起破产案是1986年的沈阳防爆器械厂。[①] 严格说来，1985年先由沈阳市政府集体办公室来进行破产警告的，当时叫亮破产黄牌，1986年8月3日由沈阳市工商局的副局长魏玉书宣读沈阳市政府的决定，宣布沈阳防爆器械厂破产倒闭，同时收缴营业执照。当时国外媒体报道这些细节很有意思，由政府来宣告破产。[②] 从1986年沈阳防爆器械厂破产，到1987年南昌地下商场的破产，出现了从政府主导到司法主导这么一个变化，这个是早年破产审判实践的开端。

如果对比一下30年前和30年后，中国经济社会环境发生了翻天覆地的变化，破产审判实践也发生了非常大的变化。

30年破产审判实践的变化有五个方面：

第一，破产审判理念的变化。30年前我国还是处在双轨制的时代，所以叫“有计划的商品经济”，破产审判的理念是为了适应社会主义有计划的商品经济发展和经济体制改革的需要，促进全民所有制企业自主经营，加强经济责任制等。

而新的《企业破产法》则强调要维护社会主义市场经济秩序。当然二者都有保护债权人债务人合法权益的条款，30年前是双轨制时代，即计划加商品经济。到今天，实际上就是单轨制了，是社会主义市场经济体制，市场经济体系、市场经济机制，从原来有计划的商品经济迈向市场经济理念，强调市场化、法治化理念。这样一个审判理念变化应该说是非常大。1986年《企业破产法（试行）》第2条规定，本法仅适用于全民所有制企业。所以到今天，两部法也是不一样

---

① 参见《8月3日：沈阳防爆器械厂宣告破产》，载中国政府网，https：//www.gov.cn/lssdjt/content_352999.htm，最后访问日期：2024年7月10日。

② See Nicholas D. Kristof, *Socialism Grabs a Stick*: *Bankruptcy in China*, Socialism Grabs a Stick: Bankruptcy in China - The New York Times (nytimes.com), last visited on Jul. 10, 2024.

的，如今，我们更加强调市场化、法治化的理念，审判理念发生了根本性的变化。

第二，破产审判实践的对象、主体、客体都发生了变化。1986 年《企业破产法（试行）》主要针对国有企业、全民所有制企业，《企业破产法》覆盖的是所有类型的企业，不管是国有企业、非国有企业、外资企业，全部覆盖，甚至在破产审判实践中还有一些扩大，包括一些民办学校的破产也被受理。所以可以说破产审判实践当中受理案件类型覆盖的范围、覆盖的对象发生了非常大的变化。

第三，破产审判实践的内容也发生了变化。1986 年《企业破产法（试行）》主要是清算、和解两个程序，现在的《企业破产法》增加了重整程序，这也是制度程序的大变化。救治内涵的加入，极大丰富了破产审判实践。

第四，破产审判的环境、参与主体、相关利益方也发生了很大的变化。1986 年《企业破产法（试行）》实施时，主要是以政府组成的清算组为中心，而《企业破产法》建立了管理人制度，强调管理人是破产程序的主要推动者和破产事务的具体执行者。这是非常重大的一个变化，市场化的管理人参与到整个破产程序中。

第五，破产审判的一些焦点、难点问题也发生了变化。在 20 世纪 80 年代末 90 年代初，破产的主要难点还是钱从哪里来、人往哪里去，解决的是国有企业的职工安置问题，解决的是国有商业银行不良债务与不良资产如何处理的问题。今天破产的难点发生了较大变化，是怎么来牵住“僵尸企业”的“牛鼻子”，怎么来降杠杆，怎么在破产审判实践当中来破解“执行难”，“执转破”，破产审判实践的难点、焦点问题发生了比较大的变化。

30 年后的今天，破产审判实践的特点有以下几点：

其一，《企业破产法》实施的环境与大形势是非常不一样的，是供给侧结构性改革背景下的破产审判。今天中国《企业破产法》的实施有一个非常重要的背景，一个是全球的背景，全球经济的变化；另一个国内供给侧结构性改革，应当说进入了深水区，现在进入关键的阶段，“僵尸企业”的处置，特别是降杠杆的进程。一部好的《企业破产法》能不能有效地实施，与整个改革、中国建立市场经济体系紧密联系在一起。最高人民法院在2017年破产审判工作会议和2018年3月发布的《全国法院破产审判工作会议纪要》中明确提出，破产审判是破产法实施的核心。今天破产审判实践的特点，应该说跟中国的供给侧改革的命运紧紧结合在一起，同时，也有破产法自身在整个市场经济体制中基本法的功效在发挥作用。

其二，特别强调专业化队伍的建设，专门破产审判队伍的建设，强调专业化的审理，强调整个审判机构的专业化。审判队伍专业化、审判程序规范化、裁判规则标准化、绩效考评科学化。这与跟30年前是完全不一样的。

其三，破产案件的类型更加复杂，法律的关系也是非常多元。现在的破产案件有很多上市公司的破产重整，这在30年前是不太可能的，破产审判实践中现在很多案件的类型是以前没有碰到过的，包括像关联企业的破产问题，像房地产企业的破产问题，都是在实践当中出现。最近渤海钢铁的破产，目前是中国最大的破产案，债务达到约2000亿元之巨，债权银行有105家，如果把天津钢管包进来的话，其关联企业有60多家，职工数万。[①] 这个案件可以说它的审理在中国是一个标志性的事件，因为它既跟现在的去产能、跟整个中美贸易摩擦、跟现在企业的降杠杆，跟处置各种不良资产，全都联系在一起。所以希望业界高度研究这个案件，可以说涉及最复杂的各种破产法律关系。

其四，破产审理的技术性、程序性更强、更复杂。和30年前相比，今天这些案件有的是非常复杂的，很多破产案件中出现一些新型的公司治理结构、股权结构，包括VIE这种结构，当然也出现了资产证券化这样的案件。特别是前面讲到关联企业合并破产问题一是实质合并还是形式上的合并的认定问题，还涉及复杂的重组、重整、预重整，庭外与庭内重组这样一个衔接，还有“执转破”等，技术性、专业性很强，对程序要求也很强。例如江西赛维进行了两次重整，这也

---

① 参见天津市高级人民法院民事裁定书，（2018）津破1－13号之一。

是从来没有出现过的，所以这都涉及复杂的法律技术和一些立法的设计。

其五，今天的破产审判实践更加的强调政府特别是一些政策性的支持，包括政策体系的一些支持。今天的破产更多的要用到一些金融工具，包括像债转股，像最近证监会正在研究包括资产证券化中的破产隔离问题，包括中国人民银行正在研究金融机构涉及的破产重整。

破产审判到今天有了 30 年的实践历史，实际上也暴露出破产审判实践当中本身有很多问题。

第一，在市场经济、供给侧结构性改革条件下，在依法治国的大背景下，如何能够更好地保证破产审判的独立性、专业性和科学性。现在市场上债权人和业界诟病比较多的，比如强裁，地方政府在破产中扮演着重要的角色，对破产审判实践实际上是有害的，希望破产审判更加具有独立性。

现在破产审判机构专业化进度比较快，全国已经有 100 多家破产审判庭了，破产审判庭如何更好地独立出来？笔者建议应该把全国中院的破产审判庭全部划归到最高人民法院的巡回法庭，这样来摆脱地方政府对于破产审判的一些利益上的干扰。

第二，全国的破产审判队伍如何更好地进行专业化的建设，更好地进行破产审判的绩效考核。现在我们还是像对待一般的民商事案件、经济纠纷案件那样去考核破产审判案件，这种考核方法就非常不科学，应当思考如何更好地对破产审判的专业绩效考核方面进行改革，如何更好地在破产审判中科学化地审理，如何更好地让破产审判队伍专业化。

第三，2018 年 8 月 8 日国家发展和改革委员会、中国人民银行、财政部、国有资产监督管理委员会、银行保险监督管理委员会（现权力承继单位为国家金融监督管理总局）联合出台了《2018 年降低企业杠杆率工作要点》。这个要点里面可能就是下一步工作的难点，最重要的难点，就是要破除破产审判过程当中，特别是《企业破产法》实施过程当中的障碍，这些障碍包括像如何建立政府和法院之间关于破产案件的沟通协调机制，很多地方政府不愿意参与民营企业的破产，国有企业的破产，能躲就躲、能推就推，甚至有的还指挥地方法院按地方利益行事。

此外，像破产启动的费用缺乏，特别是涉及一些无产可破的、“执转破”的案件，一些破产重整也需要钱，还有要解决破产启动费用的问题。另外，破产程序启动难涉及一些老问题，如人员安置问题等。

当然，最大的问题还是观念问题，我们地方法院，破产案件不敢受理，不愿受理、不会受理，有畏难情绪、逃避情绪，像重整的案件基本上很多都不受理，当然政府监管部门也有责任。如证监会对于上市公司重整也是有很大的畏难情绪。

第四，要完善依法破产的体制机制。完善依法破产的体制机制，特别是涉及中国特色的一些问题、一些难点，比如关联企业、关联交易，实际上对建立关联企业破产的机制，提出了很大的挑战。要完善庭外重组和庭内重整的衔接，特别是预重整制度，可能会在中国式的拯救重整程序当中扮演比较重要的角色。还有破产案件的快速审理机制、简易破产、中小型企业的破产、破产案件的繁简分流、完善破产信用恢复机制等。

当然，从体制上来说要适时修改《企业破产法》，让《企业破产法》更加科学有效，在市场出清、供给侧结构性改革、处置“僵尸企业”、降杠杆、处置不良资产等方面发挥更大的功效。

二、破产法庭的使命①

（一）破产法庭的价值

早在1995年，在国家经济贸易委员会与亚洲开发银行合作的有关“中国国有企业破产与重组”政策项目中，笔者就在给中央政府的报告中提出过建议，考虑到破产案件的复杂性与专业性，应在各级法院设立专门的“破产案件审理庭”，进而成立独立的破产法院，以促

---

① 本部分根据李曙光教授2020年8月18日在厦门破产法庭挂牌仪式暨破产法庭建设研讨会上的演讲稿整理而成。

进破产法的实施。但在当时因为是政策性破产时代，成立破产法庭的时机并不成熟。直到 2019 年，从 1 月开始，全国第一家破产法庭即深圳破产法庭挂牌成立，这种情况才有了重大突破。2019 年共有 7 家破产法庭挂牌成立，分别是在深圳、北京、上海、天津、广州、温州、杭州，后来陆续又有 5 家破产法庭挂牌成立，厦门破产法庭是第 12 家挂牌成立的破产法庭。截至 2024 年 7 月，全国已设立 17 家破产法庭和 100 多个清算与破产审判庭。

设立破产法庭的背景主要有以下几个方面：第一，它是改革开放 40 多年的成果，40 多年的改革开放主要是确立社会主义市场经济体制和体系的过程，而破产法是市场经济的必然产物。第二，它是供给侧结构性改革催生的产品。供给侧结构性改革主要是要“三去一降一补”，去产能，特别是去“僵尸企业”是重点，而破产法是关键制度。近两年国际经贸的形势发生剧变，国际经济贸易体制改革的呼声很高，全球的经济都在下行，特别是在当前疫情肆虐的大背景下，很多企业在下行压力下面临生存问题，破产案件增多，因此，破产法的需求及专业审判需求前所未有地凸显。解决执行难也是一个重要原因。第三，近几年从中央到地方都在优化、提升营商环境，破产法框架及破产审判的有效性正是营商环境中的重要指标。我国在世界银行营商环境报告中的破产指标排名，从 2018 年全球第 61 位提升至 2020 年的第 51 位，但这个位次提升得还不够，破产法庭的成立也是回应世界银行指标体系的有力举措。这就是最高人民法院要大力推动设立破产法庭的动因。从 20 世纪 90 年代到今天，多方面的背景促成了破产法庭设立时机的成熟。某种意义上破产法庭的设立是新时代必然的选择，而且趋势是我国要设立更多的破产法庭。

（二）破产法庭的职责

在地方考察交流中常有人问，中国是否需要成立这么多的破产法庭？是否有那么多的破产案件？这个答案是肯定的。破产是市场经济的一种常态现象，是市场经济的重要组成部分。自 2019 年以来，经济的运行及全球经贸形势的变局使得经济下行压力加大，中小企业以及一些大型企业破产的越来越多。2021 年，全国注销的企业达到

349.1 万户，而被注销的个体工商户更多，总数为 9619 万户。[①] 目前疫情对我国出口有非常大的影响，这么多注销倒闭的企业有相当一部分应当进入破产审判程序，但由于没有专业的审判人员，没有专业的人才，加之很多人对破产不了解不理解，使大多数注销倒闭的企业没有进入破产程序。设立更多的破产法庭有助于改变这种现象，能帮助更多注销倒闭的企业进入破产程序，能够按照《企业破产法》第 1 条的规定，规范破产程序，公平清理债权债务，保护债权人、债务人的合法权益，维护市场经济秩序。

关于破产法庭的使命职责，有以下五方面：

1. 破产法庭应当具备良好、正确的破产法思维。破产法庭是破产法的实施主体，是破产审判的专业组织机构。破产法有效实施的关键有三个，第一是透明度，即法律及实施要有透明度；第二是回应性，对破产现象要有专业的司法回应；第三是价值保全，破产程序要尽可能让债权人、债务人的合法权益得到保障。什么是破产法思维？就是底线思维，即防范最坏后果的思维。破产审判过程中，法官对各方利益平衡性的把握是非常重要的，要防范最坏结果的发生。这也是《企业破产法》第 1 条宗旨的精神。当前疫情背景下，全球各国正在进行制度竞争，各国都在出台新政策包括司法政策保护市场主体。破产法庭对该类进入破产程序的困境企业，要更多秉持拯救的理念，对其多采取挽救的办法。

2. 破产法庭应积极推动破产案件的受理。破产法官应当是破产案件的积极受理主义者，根据《企业破产法》第 1 条的宗旨，破产法庭对破产案件应持积极受理态度，积极推动倒闭企业的司法救济，当然，该清算的也应及时清算。应特别强调破产的效率性，市场经济本身就是讲公平竞争、优胜劣汰和价高者得的机制，破产法庭的使命就要让市场效率显现出来，维护市场经济秩序，因此，规范破产程序是非常重要的。

---

① 数据来源于国家市场监督管理总局登记注册局局长杨红灿在 2022 年 1 月 27 日国新办新闻发布会上的讲话，参见 https：//www. samr. gov. cn/xw/xwfbt/art/2023/art_e4cb7bc971874473a112bb23dfb7b150. html，最后访问日期：2023 年 11 月 18 日。

3. 破产法庭对具体破产个案又应具有保守的专业主义精神。对每个案件要细致审查，专业处理各种社会问题，既要平衡国家及企业的利益，又要切实在个案中保护债权人、债务人的合法权益，公平清理债权债务，在效率和公平之间保持平衡。

4. 破产法庭应当是管理人的主要监管者和破产程序的把握者。《企业破产法》第 13 条规定，一旦法院受理破产案件，就要同时指定管理人，因此，破产法庭、破产法官与管理人关系非常密切。按照现行破产法的制度设计，破产法庭应当是管理人的主要监管者，对管理人有监督指导管理之责。另外，破产法庭与法官也是整个破产程序节奏的把握者。从债务人进入破产程序到程序终结，过程中节点很多、要求很细，特别是对时间节点要求很高，这些都需要破产法庭的专业把控。

5. 破产法庭是破产公共政策和司法政策的协调者和落实者。在我国，很多地方政府谈破色变，把企业破产事务往外推，往法院推。企业破产涉及方方面面的利益，关系复杂。因此，破产法庭在破产案件中就不仅是一个裁判者，而是综合利益与关系的协调者，包括府院联动机制，法院角色不可替代。“府院联动”实际上可以说是“院府联动”，这其中，法院更多扮演启动与主导的角色。

（三）地方破产法庭的建设

理想的破产审判体制，是各破产法庭集中管辖破产案件，分工明确合理，管辖范围界定清晰；破产法庭有垂直领导指导关系，有充盈的编制、人员；有专业、稳定的破产审判队伍独立办案；有破产案件繁简分流有效流畅的现代办案平台；有自律纠错的司法监督体系。目前各地破产法庭的建设更多的是基于营商环境的提升、供给侧结构性改革和地方“六保六稳”的任务，因此，高水平破产审判是破产法庭设立的基本目标。

站在学者的角度观察，从 2019 年到现在各地破产法庭纷纷设立，目前，全国已设立 17 家破产法庭和 100 多个清算与破产审判庭。这是破产事业繁荣的好现象，但在其建设过程中仍存在以下不足：

1. 破产法庭的定位、层级、人员编制不够明确。目前破产法庭有省级名称、地市级名称的，也有设在特大城市与中等城市的。破产法庭在现有司法体系中的定位还不够明确，破产法庭属什么层级并不统一，各破产法庭的人员编制配备也各不相同。

2. 管辖的案件范围偏窄。各地破产法庭一般是管辖辖区内工商管理行政机关核准登记的公司或企业的强制清算和破产案件、强制清算和破产案件的衍生诉讼案件、跨境破产案件和其他案件。但这个范围还是偏窄。

3. 审判队伍的专业化程度有待提高。很多破产法庭的法官是从其他审判庭抽调而来，有的从未接触过破产案件，缺少审判经验。但是破产案件审判的专业化要求较高，因此，破产审判队伍的专业化程度有待提高。

4. 破产法庭的内部建设（含制度规范建设、办公场所等）、网络信息化办案平台建设、与主管法院的关系、与其他法庭审判庭的关系、法官绩效考核等均在探索过程中。

5. 破产审判的国际合作很少。目前涉及跨境破产这个领域，各地破产法庭很少有相关审判经验，破产审判的国际合作就更少。

下一步地方破产法庭的发展和改革可以从以下九个方面进行：

1. 破产法庭定位上应确立破产审判权是国家事权，应有较统一的领导指导体系。

2. 强化破产法庭的权威性以及府院联动能力，界定破产法庭的层级，理顺法庭在法院内的关系。

3. 加大破产法庭的编制、财政和基础设施的投入，破产法庭应有足够的人员编制、单独的办公场所和绩效考核标准。

4. 破产法庭审理的案件范围要适度扩展，包括预重整、简易破产、个人破产案件以及与破产相关的公司股东诉讼、董事义务诉讼等。

5. 破产法官应具有专业性、稳定性，且要防止破产法官的利益冲突。对破产法官要有更多的专业培训。

6. 加强破产法庭内部制度建设、流程建设和网络化办案建设。

7. 建立全国破产法庭破产审判业务的交流机制及相互间的协作机制。

8. 加强破产审判的国际合作，建立跨境破产的相关合作机制。

9. 完善立法，在破产法修改中应将设立专门的破产法庭写进去，为破产法庭提供法律依据。长远来看，要成立相对独立、权威性强的破产法院，让破产审判体系成为国家审判体系。

三、破产法庭的运作：美国破产法院的镜鉴[①]

由于破产案件涉及债务人、债权人、雇员、供应商、消费者、政府、其他公共利益等多方面利益，特别是破产法更加倾向于保护债权人利益，而债权人又无国界、州省界、地界的限制，同时破产案件的受理还有效率的要求，因此，破产案件的受理需要有高度中立、独立、有权威、专业性强的专门的破产法院与破产法官来承担。即便破产案件受理不是由专门的破产法院来受理，一般也应保持受理破产案件法官的专业性与独立性，以保证破产案件的受理程序与处理结果公正与公平。

从世界各国破产案件的法院管辖来看，美国专门的破产法院与破产法官制度目前看来是一种最独立、最专业、最有效率的体制和机制。美国的法院体系从上到下是：联邦最高法院—联邦巡回法院—联邦地区法院（联邦破产法院）。94 个联邦地区法院中都设立了一个联邦破产法院。联邦破产法院是联邦地区法院的一个组成部分，但又独立于联邦地区法院，对破产案件具有排他性的审理权。全美共有 1600 位法官，其中联邦最高法院有 9 位大法官，21 个联邦巡回法院中有 179 位上诉法官，94 个地区法院有 680 位地区法官，94 个联邦破产法院有 324 位破产法官，地区法院还有 480 位初级法官。地区以上的法官，由总统任命，是终身制；94 个破产法院有 324 位破产法官，由巡回法院任命，任期可以更新延长达 14 年；初级法官由联邦地区法院任命。[②]

最近几年，美国联邦破产法院受理的破产案件每年都要超过 100

---

① 本部分内容发表于《法制资讯》2013 年 10 月 31 日，原标题为“美国破产法院综述”，发表时有删节。本部分系原稿。

② See McKenzie, Troy A., *Judicial independence*, *autonomy*, *and the bankruptcy courts*, Stanford Law Review (2010): 747 - 807.

万件，2005 年最多达到了 160 余万件，2012 年达到 120 余万件。[①]

根据破产数据提供商 Epiq AACER 的数据，破产申请总数（包括商业和个人破产）2022 年为 378390 起，2023 年为 445186 起。[②]

破产法院经历了 100 多年的发展，已经成为美国法律体系中不可或缺的重要一环，在保护债权人切实利益、确保市场主体有效退出、维护市场良性信用体系方面发挥着举足轻重的作用。本讲将从破产法院的权力来源入手，介绍美国破产法院的历史、管辖权、职权、破产法院的法官以及美国破产法院的特点等情况。

（一）美国破产法院的权力源泉

破产法院的权力根源于《美国联邦宪法》。但是《美国联邦宪法》并没有直接规定破产法院的条文，有关条款可以从《美国联邦宪法》中有关破产法的条文中推演。

1. 破产法与《美国联邦宪法》

《美国联邦宪法》第 1 条第 8 款明文规定：美国国会拥有制定统一破产法的权力。[③] 为了确保破产法在全国的统一适用，《美国联邦宪法》将破产法制定的权力赋予全国性立法机关——美国国会，而不是每个州的议会。

美国的法律体系分为联邦立法体系和州立法体系。国会立法属于联邦立法体系，在全国 50 个州和哥伦比亚特区均统一适用，涉及联邦的立法争议均在联邦法院体系内进行审理。美国的各州都拥有自己的议会，可以制定适用于各州的法律，涉及各州的立法争议则在州法院体系内进行审理。《美国联邦宪法》第 1 条第 8 款规定了国会可以制定法律的范围，除此之外的法律均交给各州议会。其他由国会可以

---

① See United States Courts, *Bankruptcy Filings Decline in Calendar Year 2012*, https://www.uscourts.gov/news/2013/02/04/bankruptcy-filings-decline-calendar-year-2012, last visited on Jul. 10, 2024. 参见李曙光：《美国破产法院综述》，载《法制资讯》2013 年第 10 期。

② See Reuters, *US bankruptcies surged 18% in 2023 and seen rising again in 2024 - report*, https://www.reuters.com/markets/us/us-bankruptcies-surged-18-2023-seen-rising-again-2024-report-2024-01-03/, last visited on Jul. 10, 2024.

③ See US Const. Art. I, §8, cl. 4.

制定的法律包括：管理与外国的、州与州之间的，以及对印第安部落的贸易；铸造货币，调节其价值，并厘定外币价值，以及制定度量衡的标准；为促进科学和实用技艺的进步，对作家和发明家的著作和发明，在一定期限内给予专利权的保障等。[①] 由国会可以进行立法的各项可以看出，《美国联邦宪法》的旨意是为了保障贸易不会因为地域的阻隔而破坏，不会因为各州的分野而产生地方保护主义。这点对于破产法也概莫能外。由于一个企业的破产往往会涉及数量众多的债权人，只有制定全国统一的破产法律，才能充分公平地保护分布于各州的债权人利益。

2. 破产法院与《美国联邦宪法》

由于所有与破产法律制定相关的权力均属于联邦，那么对于破产法的适用自然也归属于联邦法院。美国的联邦法院系统包含三级，最低级是 94 个区法院，破产法院属于区法院的一个部门，中间一级是 12 个巡回法院，而最高一级则是美国最高法院。需要说明的是，美国最高法院有权针对破产程序、动议等制定破产规则，但是这些破产规则不能减损、扩张或更改破产法院拥有的任何实质性权力。[②] 美国最高法院需要在当年 5 月 1 日前将变更或新制定的破产规则报国会备案，这些变更或新制定的破产规则应于当年 12 月 1 日前生效。

（二）美国破产法院的管辖权

破产法院经历了从区法院下属的一个纯粹的行政性机构，到独立于区法院，到最终属于区法院一个部门的复杂演变。目前，国会将审理破产案件的原始管辖权授予给区法院，区法院则在大多数情况下将破产案件的管辖权转而授予破产法院，在特殊情况下选择撤回破产法院的管辖权。

1. 破产法院管辖权的历史

破产法院管辖权的历史，是其与区法院管辖权关系的历史。破产法院由刚开始不具独立的管辖权和有限制的管辖权，到 1978 年享有

---

① See US Const. Art. I, §8.

② See 11 U. S. C. §105 (a).

不受约束的完全管辖权，是其权力不断扩张膨胀的过程。但是最高法院在 Marathon Pipeline 案中裁定了授予破产法院完全管辖权的《美国司法权与司法程序法案》部分条款违宪，将破产法院重新归属于区法院，限制了破产法院的管辖权。

（1）19 世纪的三部法案：破产法院的建立

在 19 世纪，曾有三部短暂施行的法律赋予联邦法院审理破产案件的权力。第一部法案 2 Stat. 19（1800 年施行，1803 年废止）将破产法院作为联邦地区法院的一个纯粹的行政性设置，用以监督每个破产案件中的债务清偿。① 第二部法案 5 Stat. 440（1841 年施行，1843 年废止）赋予区法院对于破产程序享有管辖权和制定破产规则的权力。第三部法案 14 Stat. 517（1867 年施行，1878 年失效）第一次明确了区法院可以组建破产法院，对所有的破产案件享有初始管辖权。② 至此，破产法院被正式筹建起来，开始审理破产案件。

（2）1898 年《破产法案》：破产法院拥有有限的管辖权

1898 年《破产法案》具有较大的影响力，其效力横跨 81 年（从 1898 年到 1978 年）。依据美国 1898 年《破产法案》，破产法院只有有限的管辖权，即仅享有简易判决权，具体包括：①与破产财产管理相关的诉讼；②与破产管理人和第三人有关金钱和财产给付争议相关的一些诉讼。③ 至于哪些案件属于②的范畴，有判例指出：在案件开始时，债务人必须实际或拟制占有财产，并且第三人明示或默示同意破产法院的管辖权。④ 很明显，这两个判断标准较为模糊，实践中争议很大。区法院和破产法院的管辖权之争愈演愈烈。

（3）1978 年《美国司法权与司法程序法案》：破产法院拥有绝对的管辖权

为了消弭实践中的不确定性，1978 年《美国司法权与司法程序

---

① See Bankruptcy Act of 1800, 2 stat. 19.

② See Bankruptcy Act of 1841, 5 stat. 440.

③ See 14 Stat. 517.

④ See Ralph Brubaker, *On the Nature of Federal Bankruptcy Jurisdiction: A General Statutory and Constitutional Theory*, 41 Wm. & Mary L. Rev. 743, 765 – 90 (2000).

法案》将破产法院的权力无限放大，认为只要与破产相关的案件，破产法院就享有完全的初始管辖权。[①] 通过 1978 年《美国司法权与司法程序法案》，破产法院与区法院的管辖权得以明确，破产法院从区法院完全独立出来。

（4）1982 年 Marathon Pipeline 案：将破产法院变为区法院的一部分

1982 年 Northern Pipeline Constr Co. v. Marathon Pipeline Co.（以下简称 Marathon Pipeline 案）一案极大地颠覆了破产法院拥有无限权力的事实，形成了今天的破产法院管辖体制。

在 Marathon Pipeline 案中，债务人 Northern Pipeline 进入了破产重整程序，并因为债权人违反了合约而起诉债权人 Marathon Pipeline。毫无疑问，依据 1978 年《美国司法权与司法程序法案》，破产法院将享有此案的完全管辖权。但是本案的焦点最后集中于将本该由宪法第 3 条规定的法官行使的权力交由宪法第 1 条规定的法官是否违反了《美国联邦宪法》。最高法院分歧较大。最终，2 名持有保留意见的大法官加入另外 4 名大法官，认为破产法官不能审理本该由宪法第 3 条规定的法官行使职权的案件。[②]

针对该案轰动性的判决，国会并没有将破产法官变成宪法第 3 条规定的法官从而解决争议。而是在 1984 年通过修改 1978 年《美国司法权与司法程序法案》，从而将破产法院变为区法院的一部分，使得区法院成为授予破产法院审理破产案件的权力来源，并将审理破产案件的权限在区法院和破产法院之间加以分配。[③]

2. 破产法院管辖权的现行规定

经历了破产法院与区法院管辖权分割的反复，目前，破产法院是区法院的一部分，国会将破产案件的原始管辖权赋予了区法院，区法院再选择是由破产法院还是自身行使破产案件的管辖权。

---

① See 92 Stat. 2549.

② See Northern Pipeline Constr. Co. v. Marathon Pipe Line Co., 458 U. S. 50 (1982).

③ See King, Lawrence P., *The Unmaking of a Bankruptcy Court: Aftermath of Northern Pipeline v. Marathon*, Wash. & Lee L. Rev. 40 (1983): 99.

（1）破产法院是区法院的一部分

破产法院和破产法官均为美国区法院的一部分，或者说是一个部门。但是破产法官又不同于其他的区法院法官。破产法官的权力源于《美国联邦宪法》第 1 条，而其他区法院法官的权力源于《美国联邦宪法》第 3 条。①

（2）区法院享有破产案件的原始管辖权

具体来看，区法院对以下三种案件享有管辖权。第一种是法院依据《美国破产法》创设的权利或义务而作出的裁定。比如暂时中止解除的裁定。第二种是债权人或债务人依据美国破产法所应行使的权利或义务。比如对某项债权申报的同意或拒绝，对未履行双务契约的承担或拒绝。第三种是与美国破产法相关的案件。该种类型的案件几乎涵盖了所有与破产法相关的案件，比如最高法院在 Celotex Corp. v. Edwards（1995）案就认为债权人提交的中止执行判决的申请或担保金的禁令即构成“与美国破产法相关的案例”。②

（3）区法院可以将破产案件的管辖权授予破产法院

虽然区法院享有破产案件的管辖权，但是大部分区法院法官没有精力也没有能力审理复杂的破产案件，因此区法院可以将破产案件的管辖权授予给作为区法院一个部门的破产法院。实践中，区法院将“一揽子”与破产案件相关的审判权均授予给破产法院和破产法官。

这里要区分“核心诉讼”与“非核心诉讼”。在涉及“非核心诉讼”的案件中，破产法院仍然可以对案件进行审理，但是不能直接作出判决。③ 破产法官需要将案件事由和所涉法条交由区法院法官，并由区法院法官宣判。

下列诉讼属于核心诉讼：

与破产财产管理相关的事项；破产债权的申报，不包括侵权债权和非法行为致人死亡的债权申报；债务人对债权人提起的反诉；债务人获得融资的裁定；有关财产移交的裁定；个别清偿的禁止和追索；

---

① See 28 U. S. C. §151，§152（a）（1）.

② See Celotex Corp. v. Edwards，514 U. S. 300（1995）.

③ See 28 U. S. C. §157（b）（c）.

暂时中止的决定、取消和修正；非法转移财产的决定、取消和修正；对特定债务的免责；对债务人免责的异议；对担保债权有效性、范围和优先性的确认；对重整计划的确认；使用或出租破产财产裁定；出售破产财产的裁定；其他影响破产财产清算和债权人与债务人关系的程序；识别跨境破产程序。[①]

（4）区法院可以撤回破产法院的管辖权

区法院享有破产案件的原始管辖权，其既可以授予破产法院管辖权，也可以撤回管辖权。当区法院认为必要时，特别是案件可能影响到跨州贸易时，区法院可以全部或部分撤回破产法院对某个案件的管辖权，由区法院的法官进行审理。[②]

（5）破产法院管辖权的撤销

依据 1978 年《美国司法权与司法程序法案》，为了减少联邦法院与州法院之间的冲突，当一个案件由州法院审理较为妥当时，该案件将会由破产法院移转至州法院。[③]

（6）上诉案件的管辖

历史上，对破产法院裁决的上诉应当向区法院提起。但是在 1978 ~ 1984 年，对破产法院裁决的上诉既可以直接向破产法院所在区的巡回法院提起，也可以向设在每一个巡回法院内的破产专门上诉小组提起。不过，由于大多数巡回法院没有建立破产上诉法庭，同时 1984 年对《美国破产法》的修改又限制了直接上诉的可能性，因此目前上诉案件的审理又退回到了 1978 年前的状况，即由区法院的法官进行审理。对区法院裁决的上诉，应该向巡回法院提起。

目前，另外一个可以接受上诉案件的机构是破产专门小组。巡回法院的司法委员会可以成立破产专门小组。在所有当事人均同意，并且区法院的法官也同意由该小组负责审理上诉案件的条件下，上诉即可以由该专门小组进行审理。但是，到目前为止，只有第九巡回法院设立了该专门小组，且专门小组的推广也受到了区法院法官的挑战。

---

① See 28 U. S. C. § 157（b）（2）.

② See 28 U. S. C. § 157（d）.

③ See 28 U. S. C. § 1334（c）.

区法院的法官基于对自身职位的珍视，努力将 1978 ~ 1984 年法律赋予破产专门小组的广泛权力通过 1984 年修正案重新抓回到自己手中，其不大可能再将审理上诉案件的权力交给破产专门小组。

（三）美国破产法院的权力

破产法院享有一些固有权力。此外，制定法和判例法都赋予了破产法院审理破产案件的其他一系列权力。

1. 破产法院的固有权力

美国最高法院认为破产法院拥有某些固有权力。在 Marrama v. Citizens Bank of Massachusetts（2007）案中，最高法院认为否决债务人的权利和将案件转化成适用破产清算程序是破产法院的固有权力，不受国会制定法的影响。破产法院的另外一项固有权力是惩罚蔑视破产法院行为的权力。在 Mueller v. Nugent（1902）案中，法院对于债务人之子拒绝归还债务人财产进行了处罚。①

2. 破产法院依据《美国破产法》享有的权力

依据《美国破产法》第 105 条的规定，破产法院享有以下权力：②

为了有效和恰当地行使《美国破产法》的相关条款，破产法院可以发布任何指令，作出任何判决，但是无权任命接管人；破产法院可以自行或依当事人的请求，为了快速审理案件而召开审前会议。

在不违背联邦程序规则的前提下，作出以下命令：

规定破产管理人承担或拒绝未履行双务合同的期限；

规定债务人或破产管理人公布重整计划的时限；

规定债务人或破产管理人寻求重整计划被通过的时限；

规定除债务人之外的利益方公布重整计划的时限；

规定除了债务人之外公布重整计划的利益方寻求重整计划被通过的时限；

确定信息披露声明公告的范围和格式；

---

① See Kennedy, Frank R. , *Automatic Stays Under the New Bankruptcy Law*, U. Mich. JL Reform 12（1978）: 1.

② See 11 U. S. C. § 105.

规定批准信息披露声明的同时可以批准重整计划。

3. 破产法院依据判例法形成的权力

（1）破产法院依据判例法形成的权力

由于美国是普通法系国家，破产法院依据多年形成的判例法享有一些权力。比如，通过 Pepper v. Litton（1939）案，破产法院确立了其可以在破产审判中确定一项交易的实质的权力，比如破产法院可以确定该交易是否为对某个债权人的优惠清偿，也可以将一个信托重新确认为不具清偿目的的有担保贷款。[①] 在 Steelman v. All Continent Corp.（1937）案中，破产法院确立了其可以禁止某些非破产法上的诉讼以防止破产欺诈和对破产法院管辖权造成的侵害。[②]

（2）对破产法院依据判例法形成权力的限制

破产法院依据判例法形成的权力不是没有限制的，其权力的界限是不能违背《美国破产法》的规定。美国最高法院的法官 Rehnquist 就明确指出："在考虑是否行使其依据判例法形成的权力时，破产法院必须专注于实现破产法典的最终目标。"在 Callaway v. Benton（1949）案中，最高法院就明确了破产法院无权对不属于债务人财产的物品签发禁令。[③] 在 Emil v. Hanley（1943）案中，最高法院认为破产法院无权要求对接管人进行审计。[④]

（四）美国破产法院的法官

破产法官是破产法院的重要组成部分。由于权力根源的不同，破产法官与其他联邦法院的法官在数量、任免、任期等诸多方面存在不同。

1. 破产法官的分布、数量与辅助人员

（1）破产法官的分布与数量

破产法院属于美国区法院的一个组成部门，每个区法院都有一个破产法院，因此 94 个区法院就对应有 94 个破产法院（其中，阿肯色

---

① See Pepper v. Litton, 308 U. S. 295 (1939).

② See Steelman v. All Continent Corp., 301 U. S. 278 (1937).

③ See Callaway v. Benton, 336 U. S. 132 (1949).

④ See Emil v. Hanley, 318 U. S. 515 (1943).

州东区和西区法院的破产法官人数合并计算)。

(2) 破产法官的辅助人员

每一名破产法官均可以任命一名秘书、一名法官助理和经美国法院行政管理办公室同意的其他必要助理。经破产法院所在区的巡回法院审判委员会以及美国法院行政管理办公室同意，每个破产法院还可以任命一名法官助理，该法官助理可以再聘任一些辅助人员。①

需要注意的是，没有审判委员会和议会的批准，破产法官辅助人员的办公室绝不能与区法院法官的辅助职员的办公地点合并。

2. 破产法官的任免

(1) 破产法官的任命

《美国联邦宪法》规定了两种类型的法官，即依据《美国联邦宪法》第 3 条任命的法官和依据《美国联邦宪法》第 1 条任命的法官。破产法官属于依据《美国联邦宪法》第 1 条任命的法官。②

依据《美国联邦宪法》第 3 条任命的法官包括了联邦区法院的法官、巡回法院的法官和最高法院的法官。这些法官都由总统提名和委派并需参议院多数议员的同意。各级法院和其他司法机关在这些法官的任命中起不到任何作用，这也是美国三权分立原则的一个体现。任命法官的考量主要是其职业成就。候选人无须参加考试，但是需要填写冗长的问卷，问题包括学术背景、工作经历、发表文章、参与过的案例以及兴趣爱好等。候选人还需要经过面试和背景调查等诸多程序才能最终获得法官资格。当然，候选人的政治诉求也是重要考虑因素之一。毕竟，候选人是总统从一长串名单中选出，应该与总统的政治理想保持一致。通常，候选人可以是有丰富经验的律师、低级别的法官、州法院的法官和法学教授。一旦被任命为依据《美国联邦宪法》第 3 条任命的法官，其资格就终身有效。只有在严重失职或受贿等情形并经过严格的程序后，依据《美国联邦宪法》第 3 条任命的法官才会被弹劾。

---

① See 11 U. S. C. §355 (a), 11 U. S. C. §355 (b).

② See US Const. Art. I, US Const. Art. 3.

出于政治考量，1978 年《美国司法权与司法程序法案》最终决定破产法官属于依据《美国联邦宪法》第 1 条任命的法官，而不是依据《美国联邦宪法》第 3 条任命的法官。一方面，一些议员并不希望授予时任总统里根任命大量破产法官为终身法官的权力。另一方面，一些依据《美国联邦宪法》第 3 条任命的法官，基于对自身特权的珍视，对于破产法官将要和他们平起平坐，或者倒不如说是对于破产法官将由总统不断地任命的想法难以接受。因此，最终国会确认破产法官属于依据《美国联邦宪法》第 1 条任命的法官。

破产法官应由破产法院所在区法院的上级法院，即巡回法院进行任命。当巡回法院的法官对于破产法院法官的人选无法形成多数意见时，巡回法院的主审法官将享有最终决定权。当一个破产法院拥有多名破产法官时，须产生一名主审法官。主审法官由破产法院所在区法院的多数法官意见产生。当法官无法达成多数意见时，破产法院的主审法官由区法院的主审法官直接任命。主审法官需要确保破产法院和区法院的相关规章被破产法官适当遵守，破产审判应快速和有效率地进行。此外，破产法官可以被征召到另一辖区，条件是原辖区和新辖区的破产法院所在的巡回法院均同意移转任命。[①]

（2）破产法官的免任

破产法官的免除必须同时满足免任事由充分、决定主体适格和作出程序合法这三个条件，缺一不可。不同时满足条件的，对破产法官的免除违法，破产法官仍然可以保留职位，继续履行审判的权利。[②]

首先，免任事由必须充分。在任期内，破产法官只有在无法胜任职务、违规违纪、渎职、身体残疾或精神有缺陷等情况下，才能被予以解除职务。依据破产法官的职业道德规定，破产法官不能从事律师业务，也不能从事或担当与破产法官职务明显不符的商业活动或其他职位。破产法官的任命在生效前，必须经过宣誓程序，即破产法官要宣誓其将适当履行法官职权并杜绝违法行为。

---

① See 11 U. S. C. § 105.

② See 11 U. S. C. § 324.

其次，决定主体必须适格。只有破产法官所在巡回区的审判委员会的多数法官同意时，免除破产法官职务的决定才会生效。

最后，作出程序必须合法。当破产法官的解除令作出前，当事法官均有权接到一份详细说明免任理由的说明，并且该当事法官享有就该说明申诉的权利。

3. 破产法官的任期、退休与重新征召

破产法官的任期为 14 年。经破产法院所在巡回法院审判委员会的同意，破产法官可以继续从事审判业务，直到任期届满 180 日或新的继任者被选出。

当有证据表明只有某特定退休法官才可以适格审判特定案件时，在征得该退休法官同意后，其可以被重新征召，任期 5 年。重新征召的退休破产法官享有与其他破产法官同样的权力，需要履行同样的义务。①

4. 破产法官的开庭地点

破产法官应在所属的破产法院开庭审理案件。但是在紧急情况下，经过破产法院主审法官（当主审法官缺席时，由资历最深的法官）或破产法院所属巡回区的审判委员会的决定并通知当事人后，破产法官可以在所属破产法院管辖区外开庭。主审法官或审判委员会的决定需要到参议院和众议院司法委员会备案，并在决定失效后 180 天内将包括转移开庭的理由、时限、影响和花费的报告呈报给参议院和众议院司法委员会。②

（五）美国破产法院的特点

破产法院具有独立性、专业性和体系完备性的特点，同时受到有效的监督。③

1. 破产法院的独立性

破产法院是联邦法院体系的一部分，在财政、适用法律和人员上

---

① See 11 U. S. C. § 155.

② See 11 U. S. C. § 343.

③ See Claessens, Stijn, and Leora F. Klapper, *Bankruptcy Around the World: Explanations of Its Relative Use*, American Law and Economics Review 7. 1 (2005): 253 – 283.

均具有独立性。

（1）破产法院的财政独立性

美国联邦法院的财政由国会最终审批。具体来说，美国联邦法院的经费是由联邦司法系统内的联邦司法会议在征求法院同意后，做出预算报告，也就是告诉国会下一财政年度要用多少钱。国会审批预算报告后，法院即可在每年 10 月 1 日新的财政年度开始时得到经费。

与联邦法院相反，美国各州法院的经费由各州拨备。由于州法院的财政受制于各州，州法院有时不得不与州政府妥协，受到州政府的掣肘。

（2）破产法院适用法律的独立性

破产法院适用的法律是破产法。根据《美国联邦宪法》，国会对制定全国统一的破产法律具有立法权，州法院无权干涉。这样，各州的立法机关便不能依据各州实际情况制定破产法律，对各州的债权人作倾向性的保护。

（3）破产法官的独立性

破产法院的法官虽然与一般的联邦法院法官任命程序有所不同，但是其仍然不受州议会或者州政府的干涉。破产法官由破产法院所在区法院的上级法院，即巡回法院进行任命。而对破产法官的免职则必须经过巡回区审判委员会的多数法官同意且必须经过严格的程序后才能生效。

2. 破产法官的专业性

破产法院审理了诸如安然破产、克莱斯勒破产、通用破产案等在美国轰动一时的案例，在美国破产法学界和理论界具有极高的声望。由于破产法理论与实践水乳交融，破产法官曾多次参与甚至主导破产立法，也用判例法影响了破产法的发展走向。因此，破产法官洋洋洒洒数十页的判决书往往成为破产实践者领会破产法律精髓的绝佳工具。

破产法官的任期是 14 年，在这段时间里，破产法官会一直审理与破产法相关的案例，而不是依据诸多部民事法律、行政法律和刑事法律等进行审判。由于长时间专注研究一部法律，破产法官必然对破产法律有着深刻的认识；由于长时间集中审判破产案件，破产法官必然对破产程序了然于胸；由于破产法院将优秀的法官聚集在一起，他们必然可以碰撞出思维的火花，也可以对疑难案件共同探讨，妥善处理。

3. 破产法院的体系完备性

经过100多年的发展，破产法院在美国所有区均已建立，并且法官数量众多。每个破产法院至少有一个破产法官，最多会有22个破产法官（加利福尼亚州中心法院）。此外，破产法官队伍庞大，已占有相当大的比例，加利福尼亚州东区法院破产法官和其他法官的比例甚至达到了1∶1，最少的比例也有1∶6（路易斯安那州东区法院）。而美国全国的破产法官与非破产法官的比例也基本上达到了1∶2的程度。

4. 破产法院受到有效监督

破产法院类似于区法院的一个庭，破产法官的任免和对破产法院的判决均受到了完备的监督。

首先，破产法官的任免受到监督。破产法官由破产法院所属区的巡回法院进行任命，要对候选人的学术背景、工作经历、发表文章、参与过的案例以及兴趣爱好等经过面试和背景调查等多重考察；当破产法官严重渎职或者违反职业道德的情况下，巡回法院也可以及时地解除破产法官的职务。因此，破产法官的履职和解除职权受到了有效的法律监督。

其次，破产法院的判决受到监督。目前，区法院可以对破产法院的判决进行上诉审理，而区法院的上诉则由巡回法院负责。通过层层上诉审判的监督，破产法院的判决被置于法律监督的框架之下。

法院一直被视为法律实施和实现正义的最后一道屏障，但是，法院在审判破产案件的独立性方面一直为人诟病，缺乏有力的监督。当法院的独立性为政府的利益所羁绊时，基本的公平会荡然无存。一些地方政府在处理一些简单的民商事利益纠纷时，往往把难题包袱丢给法院，但是只要一遇到破产案件，政府便马上贴上“维稳”的标签，立刻让法院成为实现地方政策意图的工具。地方政府官员在经济活动中非常活跃，但对“破产”一词却唯恐避之不及，认为辖下企业出现破产情形，是对其执政能力的挑战与仕途的不祥之兆。于是，政府官员们当企业特别是上市企业出现破产可能时，往往极尽所能促其重整，以保政绩。这种心态，加剧了政府在企业重整过程中的行为变异。地方政府不仅直接为企业寻找“婆家”，还亲力亲为充当管理人，直接越过法定的重整程序，主导一切，甚至忘了政府与法院的不同分工，直接要求法院专题汇报，如本案就有中级法院领导专门向市有关领导专题汇报江湖生态重整案之事实。法院作用的式微，导致了地方法院在受理破产案件时，不得不要求有政府批准等为前提的附加条件，这就加剧了破产案件的减少，鼓励了市场失败者继续赖债逃债的行为，也使破产法与法院法官的权威日益被蚕食。

现在到了改进法院在破产案件中作用的时候了。法院在破产案件中应扮演独立的角色，超脱于地方政府代为做出的判断和利益选择。当务之急是要借鉴英美法系有关专门的破产法院与破产法官制度，使破产法院独立于地方与地方官员的利益，专业而认真地审理破产案件，承担起扫除市场经济“信用垃圾”的职责。

第四讲　管理人

一、管理人的角色定位

（一）引例：几位知名管理人的从业经历[①]

关于管理人，有必要介绍几位破产领域的知名人士以及他们的相关从业经历。

詹姆斯·斯普雷里根（James H. M. Sprayregen），国际破产协会的前任主席，华尔街赫赫有名的律师。在美国重组律师排名榜上，他是常驻的“TOP10 最佳律师”，一位在法界政界有影响的人物。2013 年，国际破产协会在芝加哥开董事会。他在晚宴时，把白宫办公厅前任主任、时任的芝加哥市长请来，那位市长在酒会致辞时，对他尊敬有加。斯普雷里根之所以有名，是因为他是美国联合航空公司（United Airlines）等重大破产重整案的管理人。一位律师合伙人，能把一家陷入财务困境的全球性航空公司的复杂重组处理好，令人惊叹。

许美征，一位年近 90 岁的老太太，中国破产重组界最资深的专家，中和应泰财务顾问公司的执行

① 本处内容选自李曙光教授为陈夏红、闻芳谊主编的《破产执业者及行业自治》一书所作的序言。

董事。早在20世纪90年代末，她即用市场化重组理念与方式，全程参与曾被誉为中国“国企改革一面红旗”的郑百文公司拯救工作。她喜欢低调做事，许多圈内人未见过其人，甚至未闻其名，但许多国内重大破产重组案件中，诸如沧州化工（沧州化学工业股份有限公司）、ST中华（深圳中华自行车股份有限公司）、浙江玻璃（浙江玻璃股份有限公司）等，频频出现她的身影。2011年时，著名上市国企中核钛白（中核华原钛白股份有限公司）破产重整，她在其中发挥了关键性作用。

他们，就是这样一拨人：忙碌、专业、严谨、低调、实干，却又充满理想，敢于担当。难见他们有休息的时候。他们不喜曝光，除了圈里人，很少人知道他们的能耐。他们，实际上是一群特殊的“企业家”、“危机管理企业家”或“企业拯救者”。只不过他们的职业，是专事接管、处置陷入困境的公司或“僵尸企业”。管理人为破产企业提供的服务，已由最初的法律服务，延伸到管理服务领域。

内尔·库珀（Neil Cooper），笔者的另一位多年好友，是英国著名的金融服务与危机管理服务公司Zoflo Cooper的主要合伙人。他也是一位非常活跃的国际破产协会前任主席，现在仍是每年一度的全球破产法官论坛的召集人。2009年，他把笔者介绍给他的顾问团队，他的团队正在为曼联这家英超著名俱乐部的重组再上市而忙活。当时，曼联俱乐部如日中天，市值高达20亿英镑，但由于美国商人格雷泽家族的杠杆收购与私有化，其不仅从伦敦交易所退市，而且深陷债务危机之中，负债高达4.23亿英镑。为偿还巨额债务，曼联不得不开始谋求在新加坡、我国香港特别行政区上市发股筹资，但因“双层股权结构”问题而未果。最终在券商、投行与重组专家的共同努力下，曼联于2012年8月10日在纽约证券交易所成功上市。不过，库珀团队最擅长的，是企业破产中的商业犯罪调查，这是一个中国破产管理人还不熟知的领域。

还有一则故事是关于史蒂夫·米勒（Steve Miller），一位笔者见过两面的美国重组界的奇才。他在1983年，竟然成功重整一家享誉世界的交响乐团，亦即底特律交响乐团。当然，这并不是他的主要事迹。

他更传奇的故事，还得从克莱斯勒讲起。这里的克莱斯勒，起初是指一位人物，一位机械天才沃特·P. 克莱斯勒（Walter P. Chrysler）。1921 年，克莱斯勒担任马克斯威尔 – 查默斯（Maxwell – Chalmers）汽车公司董事长，奇迹般地让这家病入膏肓的公司起死回生，并在 1925 年把这家公司改名为克莱斯勒。克莱斯勒后来以“公司的医生”著称，原因就在于他的机械天赋和超人的管理才能。但令克莱斯勒自己没想到，他创立的这家全美三大汽车公司之一，却在 1979 年、1999 年、2007 年和 2009 年先后经历数次破产重整或重组。

而克莱斯勒的第一次重组，即 1979 年的重组，就是由米勒先生操刀的。当时《美国破产法》刚刚修改，重整制度成为新增的第 11 章。米勒被公司董事会聘请担任副董事长和 CEO，其操刀的重组接近 DIP 自行管理模式。米勒带领一个专业团队，与 400 家银行和联邦政府官员就债务金融展开谈判，对奄奄一息的克莱斯勒展开救援行动，最终救活这家公司。克莱斯勒之后，米勒即投入挽救底特律交响乐团破产的工作之中。随后，他就在国际上声名鹊起。1992 年，米勒开始连续承接一系列的企业重组工作，解决许多商界的大麻烦，行业领域涉及钢铁、建筑、卫生医疗等。

在处理奥林匹亚 & 约克开发有限公司（Olympia & York Development Ltd，O&Y）的 200 亿美元债务之后，他又分别在莫里森—纳德森公司（Morrison – knudsen，MK，建筑公司）、联邦默高公司（Federal – Mogul Corporation，汽车零件供应商）、废物管理公司（Waste Management Incorporated，后改名称为 WMX Technologies，环境服务公司）、信诚集团控股公司（Reliance Group Holdings，保险公司）、安泰保险金融集团（Aetna，医疗保险公司）、伯利恒钢铁公司（Bethlehem Steel）和德尔福公司（Delphi，汽车零件生产商）等企业重整案担任首席重整官，并以此经历写就一本畅销书《扭转乾坤：我如何拯救美国深陷危机的企业》①。该书反映出美国制造业企业想要恢

---

① 参见［美］史蒂夫·米勒：《扭转乾坤：我如何拯救美国深陷危机的企业》，郭国玺译，东方出版社 2009 年版。

复盈利所必须付出的代价，也充分反映出职业管理人在处置困境企业中的非凡作用。

管理人既是专业的破产事务服务者，也应该是出色的企业家。虽然破产法上并无管理人是企业家的定义，但从其工作职责和破产条款的潜在含义，特别是从当今破产实务中更注重企业救治的趋势来看，管理人作为企业家的角色更为重要。

目前世界，破产案件法律服务模式，大致有两种：按美国法例，一般破产法院会指定一位律师，去负责处置破产事务；而英国法院则通常会指定一位注册会计师，接手破产案件。学术界将之概括为“律师主导”与“会计师主导”两种模式。

《企业破产法》则揉合这两种模式，另加上政府组建的清算组主导的中国特色模式。由于担心律师与会计师没有驾驭破产企业的能力，因此在中国破产立法时，甚至还爆发过管理人应该是个人还是机构的争论。在中国破产实践中，在管理人选任方面有较大权力的法院与破产法官，更倾向于指定律师担任管理人。

无论如何，承认律师与会计师个人在破产处置中的特殊角色与作用，是不争的事实。在破产程序中，管理人是事实上的破产企业CEO，甚至某种情形下，还履行董事会的功能。这就使他不仅仅是一个法律程序中的角色。

是故，管理人除履行破产法上的职责之外，还应有企业家思维。其中最重要的思维就是“精益思维”（lean thinking）。这种“精益思维”的核心，就是以最小资源投入，包括人力、资金、时间和空间，创造出尽可能多的价值，为困境企业提供救治，为债权人与债务人提供及时有效的服务。

今天的中国，需要更多企业家式的精益管理人。

（二）管理人多维角色[①]

《企业破产法》第一次引进了管理人制度。如第3章从第22～

---

① 本处内容节选自李曙光教授发表于《中国注册会计师》2007年第11期的论文《新破产法中管理人的五种角色》。

29 条用了 8 条的内容来概括管理人制度。但是有关管理人的内容并不仅仅是这 8 条，在其他条文当中也有非常多的相关条款。如果把这些条款归纳起来，实际上在《企业破产法》当中，有五种管理人。

1. 清算程序下的管理人。在《企业破产法》第 25 条中讲到管理人的职责，更多指的是清算这个框架下的以及法律认为应当给予管理人的职责。这种管理人起的作用主要是接管破产财产，同时负责破产财产的评估、管理、变价、分配。

2. 和解程序下的管理人。应该说按照法律设计，基本上和清算中管理人的职责是相似的。但是有一点不一样，就是一旦和解协议达成的时候，管理人将会向债务人移交财产和营业。

3. 作为占有中的债务人（debtor in possession，DIP）框架下的一个债务人的替代者。也就是说，当债务人有不当的行为，即有不慎破产情形时，管理人可以替代这样一个 DIP 来成为重整当中的直接重整人。因为重整程序，实际上把重整的营业权和控制权是交给了 DIP。如果 DIP 出现较大的问题，特别是在破产程序受理过程中，如果发现 DIP 有不公正的不当行为或者不慎的行为，可能会由管理人来替代，他成为新的重整人。也可以说，这是重整程序下的第一种管理人。

4. 重整程序下的第二种管理人。这是在正常的 DIP 框架下，也即占有中的债务人在继续营业过程当中的一个监督者，这个监督者是由管理人来扮演的。这种监督的角色，在《企业破产法》当中并没有明确地表示他监督什么。但是笔者认为，可能除了对债务人在继续经营期间的营业业务进行监督之外，还要对重组计划和重整方案以及对重整方案的表决过程的监督。可能最重要的监督职责是对于债务人在继续营业期间，在经营重整企业期间，如何限制 DIP 的权限。因为目前《企业破产法》没有规定 DIP 在重整期间继续控制这个企业的时候其权利是不是要受控制，而这一点恰恰是《企业破产法》司法解释需要承担的任务，同时是管理人作为第四种角色所应该承担的。[①]

5. 重整程序终结重整计划进入执行阶段，按照重整计划的规定必须要有一个监督者，《企业破产法》也把这个（监督者的）权限给了管理人。因此，这种管理人又是重整程序终结重整计划进行执行时候的监督者。这个监督者和重整程序期间的监督者的意义不太一样，可能更重要的是监督重整方案和重整计划是否按照计划进行执行。在执行过程中，这个管理人很有可能要对占有中的债务人或者重整的执行者，对重整计划的执行度以及执行标准要有监控。另外就是要做程序的转换，就是重整失败可以转换到清算程序。也就是说，从重整程序向清算程序的转换，他也要承担一定的职责。这五种管理人的权限并不是第 25 条赋予的。第 25 条规定的职权其享有，第 25 条以外其他职权可能是隐含在其他的一些条文里面，并不是仅仅体现在《企业破产法》第 3 章中。国际上对于管理人有不同的制度。在大陆法系国家一般被称为“管理人”（不过，在德国称财产管理人，法国称司法代理人）。英美法系国家一般称为“受托人”或“托管人”（trustee）。联合国《破产立法指南草案》则折中称为“破产代表”。《企业破产法》称为“管理人”。各国都有很多非常不一样的制度设计。在国外重组的实践操作过程当中，管理人现在有一个非常重要的角色，就是恢复重生管理（Turnaround Management，TM）专业人员。他们对困境企业派出专业的管理重组团队。在国际上已经形成一个协会，叫 TM 协会。庭外和庭内都有这样一批人，可能在某些程度上类似于《企业破

---

① 《全国法院破产审判工作会议纪要》第 9 条规定：“进一步落实管理人职责。在债务人自行管理的重整程序中，人民法院要督促管理人制订监督债务人的具体制度。在重整计划规定的监督期内，管理人应当代表债务人参加监督期开始前已经启动而尚未终结的诉讼、仲裁活动。重整程序、和解程序转入破产清算程序后，管理人应当按照破产清算程序继续履行管理人职责。”

《全国法院民商事审判工作会议纪要》第 111 条第 3 款规定：“管理人应当对债务人的自行管理行为进行监督。管理人发现债务人存在严重损害债权人利益的行为或者有其他不适宜自行管理情形的，可以申请人民法院作出终止债务人自行管理的决定。人民法院决定终止的，应当通知管理人接管债务人财产和营业事务。债务人有上述行为而管理人未申请人民法院作出终止决定的，债权人等利害关系人可以向人民法院提出申请。”

不过，相关规定还需要进一步细化，以明确管理人监督的职责及其边界。

产法》当中的管理人，但是也可以在庭外来做这些事情。我国的管理人制度在将来也可能和 TM 的制度对接起来。这样，有利于在企业重整程序的过程当中，能够更好地发挥市场的力量，将更多的市场机制引进破产制度中，使破产法起到一个规则的作用，而不是直接替代市场的选择。

（三）管理人与其他关系人的关联与互动①

管理人在整个破产程序当中，在什么样的框架下是一个中心的角色或者是关键的角色？最重要的是要理清管理人与三个最核心的关系者的关系：一是和债权人的关系，二是和雇员的关系，三是和法院的关系。在《企业破产法》中，关于管理人与这三者的关系，一直有非常激烈的争议。可以说整个管理人中心角色的定位，就是围绕着与债权人的关系，与雇员的关系以及与法院的关系这三者展开的。应该说，有些问题在《企业破产法》的制度中已经解决了，有的问题还没有解决，有的问题还潜伏在我国的法律条文下。②

1. 管理人与债权人的关系。《企业破产法》第 22 条、第 23 条、第 28 条实际上都涉及管理人和债权人之间的关系。第 22 条规定了管理人由法院指定，但是债权人会议如果认为管理人不能依法公正地执行公务，那么债权人可以提出异议。所以债权人对管理人有异议权。这是非常重要的规定。第 23 条实际上涉及管理人应该向债权人会议来报告其执行职务的情况，所以管理人有向法院报告的义务，也有向债权人会议进行报告的义务。同时按照第 28 条的规定，管理人也应该勤勉尽责，忠实执行义务。日本的破产法还没有把忠诚义务与勤勉尽责这两个义务作为信赖义务规定到日本破产法中，只是在其他条文里有所表现。我国的《企业破产法》在起草之初，可以说先于公司法修改就提出了这样的理念，即管理人是一个转换的公司治理结构中的委托人的代理人。因为在正常的公司治理下当然就有所有权和经营权

---

① 本处内容节选自李曙光教授发表于《中国注册会计师》2007 年第 11 期的论文《新破产法中管理人的五种角色》。

② 参见李曙光、贺丹：《破产法立法若干重大问题的国际比较》，载《政法论坛》2004 年第 5 期。

的分离，股东把经营权给委托给职业的经理层。但是在破产的条件下，这是一种转换的公司治理。这种转换的公司治理实际上所有权人和公司的控制权人应该是债权人和管理人。此时在这种分离下，控制权人所应该有的职责，就是在程序和整个实体的问题解决过程当中有一个信赖的义务，即勤勉尽责和忠诚义务。这是《企业破产法》中管理人与债权人的关系。目前笔者认为已经解决的是管理人应该对于债权人利益最大化的追求，这是管理人必须有的职责。但是没有解决的是债权人和管理人的关系问题，如果关系非常紧张的时候，债权人对于管理人有什么良好的约束机制来有所救济。那么最高人民法院在起草《关于审理企业破产案件指定管理人的规定》的时候，实际上也考虑了到这一点，就是债权人如何在管理人的否决机制上有更多的表决权。

2. 管理人与雇员的关系。最重要的是表现在《企业破产法》第48条。所有的债权都应该申报，但第48条规定职工债权不必申报，是由管理人调查后列出清单来予以公示，这是《企业破产法》的一个创新。也就是说，如何保护职工的利益，即如何使职工的权益在《企业破产法》当中有所体现。这一条款某种程度上体现了对职工权益被忽视的一种担忧。那么把这个权力给予管理人，管理人的责任就非常重大，因此极有可能在《企业破产法》的实施过程当中，会造成职工雇员和管理人的紧张关系。那么对于这种紧张关系的解决，笔者认为更多的是需要法院来平衡。这种关系中，职工雇员有可能作为债权人的身份出现，也有可能是作为纯雇员的身份出现。

3. 管理人与法院的关系。《企业破产法》第22条、第23条实际上是做了一个基本的定位，即由法院来指定管理人。但是有较多的观点对此有所担心，认为在破产程序中由法院来指定管理人会是一个不好的制度。这也是在起草过程当中有比较大的争议的一个条款。《企业破产法》采纳这一条以后，当然第1款规定是由法院来指定管理人，第2款是债权人可以有异议权。在实践当中，重要的是应考虑到法院如何识别商业判断、商业选择，也就是判断市场机制的界限。如果说没有一种非常清晰的界限的话，法院和管理人的紧张关系将会造成破产程序的一种失控。《企业破产法》确定由法院来指定管理人，应该说是解决了一个管理人究竟由谁来选拔任命的问题。但是并没有解决法院和管理人之间有可能基于一些判断特别是商业上的判断，从而有可能会造成有不同的价值取向的问题。因此，笔者认为，如果要对《企业破产法》做一种解读的话，《企业破产法》的定位是在法院主导框架下的管理人中心主义。

最高人民法院发布了《关于审理企业破产案件指定管理人的规定》，在破产案件审理规则中，需要考虑以下几点：要强调在指定管理人过程中应该更多地征求债权人的意见，法院应该倾向于债权人的选择；设计选择机制的时候，应该考虑管理人和债权人的竞争性，也就是说当债权人选拔管理人时，要以市场化的形式进行，这个管理人必须是有竞争性的，“抓阄”不是一个最好的选择。管理人既是机构又是个人，管理人的自治应该由相关的行业协会来承担；管理人制度的实施问题涉及公共管理人和私人管理人的区别，这是现在市场经济条件下处理破产问题的很重要的一项制度设计。

（四）管理人的应然定位[①]

破产执业行业的发展已经进入一个新的阶段。笔者在上面的内容中，讲述了几位破产执业者执业过程中的故事，诸位可以从实务角度去体会我们需要什么样的管理人。现在，笔者从理论角度，再一次阐述我们需要什么样的管理人。

破产管理人是破产法中一项重要的制度安排。“管理人”只是在破产程序中对这一群体的法律定位，参与到与破产事务中相关的组织、机构或者个人，都可以称为“破产执业者”。对于破产执业者的讨论，最重要的是明确其定位。

管理人首先应该是一个企业家，这在前面的内容中谈到了。进一步说，我们需要的管理人首先是具有企业家精神的管理人。什么是“企业家精神”呢？这里不得不提到三位人物和三个理论。

① 本处内容节选自李曙光教授在陈夏红、闻芳谊主编的《破产执业者及其行业自治》一书首发式暨第一届破产实务沙龙上的主旨发言。

一是美籍奥地利经济学家熊彼特及其“创新理论”。“创新”是这个时代最热的主题词，也是一个盛行已久的词。根据熊彼特对经济周期的研究，他认为经济周期最短 40 个月，中周期是 9 ~ 10 年，长周期则可达 48 ~ 60 年。主导这个经济周期的是谁呢？是企业家，是创新精神。[①] 熊彼特一个非常重要的理论就是“创新”概念。什么叫“创新”？用一句很简单的解释就是创造性的破坏。所谓的“创新”一定是对原来经济技术组合的一种突破。资本主义的发展是建立在一种新的组合上，目前许多经济方面的周期，经济的发展，经济的增长，都是来源于新的组合，这种新组合就是从其内在结构中产生的创造性破坏。

管理人在执业中面临着许多挑战和难题，管理人需要不断思考，需要创新精神。面对被清算的企业，面对需要被救治的企业，面对陷于困境当中的企业，尤其是陷于各种复杂债权债务中的企业，管理人要善于思考，要有一定想象力。管理人面对的企业处于不断飞速发展的社会中，处于变化的经济环境中，同时面对财务、产权、资产重组的挑战和各种复杂人事法律关系的挑战。这些复杂因素交织在一起，如果管理人没有创新精神，没有突破性办法，则很难应付这些挑战，很难将破产实务做好。管理人第一应具备的素质是企业家素质，企业家最重要的精神是创新精神。

二是奥地利经济学家路德维希·冯·米塞斯及其“预测冒险理论”。米塞斯认为，企业家应该具备的核心能力是预测和冒险能力，他认为社会经济的主导者是企业家，企业家精神最核心的是敢于预测的精神。企业家不是一些人，而是一个确定的功能，其功能就是应对不确定性。[②] 在他看来，下面这些人都叫企业家：“特别热衷于调整生产适应预期的变化，以谋取利润的人；比一般人有更多的原创力、更多的冒险精神、更敏锐眼光的人；推动经济进步的拓荒者。”企业家

---

① 参见［美］熊彼特：《经济发展理论》，郭武军、吕阳译，华夏出版社 2015 年版，第 193 – 231 页。

② 参见［奥］路德维希·冯·米塞斯：《人的行为》，夏道平译，上海社会科学院出版社 2015 年版，第 278 页。

要判断消费者需要什么，进而去满足消费者需要。

对于管理人而言，要预测客户，即救治和清算的企业需要什么。预测和判断是企业家一个非常重要的能力，这是一种担当的能力，一种敢于冒风险的能力，一种承担经营风险的能力。米塞斯的理论，将企业家放在整个社会的核心架构里，整个社会的经济发展少不了企业家，企业家扮演最重要的角色。企业家能够综合利用整合的资源去协调各种社会关系，把一个处于困境当中的企业由死到生挽救过来，处理债务人债权人各方面的关系。

三是日本实业家稻盛和夫及其“精益管理精神”。[①] “精益管理”就是用最小的成本去撬动最大的资源，用最小的交易费用产生最大的效益。稻盛和夫的管理故事众人皆知，他既是著名的实业家，还是经济学家和哲学家。2010 年 1 月著名的日本航空公司申请破产，当时的日本首相鸠山由纪夫亲自指定年届八旬的稻盛和夫负责日本航空公司破产重整事务，稻盛和夫将精益管理的思想融入日本航空公司重整之中，让这家积重难返的航空公司变成盈利 1400 亿日元的企业。因此，稻盛和夫就是一位现代管理人的样板，而精益管理的理念也成为一个重要的现代企业管理理念和重组哲学。

破产执业者的角色定位与经济学理论、管理理论和企业家如何在社会经济发展中发挥作用密切相关。过去往往只看到企业家对于健康企业的作用，而忽视管理人对不健康企业的作用；只看到企业家推动健康企业的发展，忽视管理人如何解决不健康企业的问题。综述上面的理论，可以看到，管理人最重要的定位是要具备企业家精神，即创新精神、预测冒险精神和精益管理精神。三位著名的经济学家或实业家，也是经营管理的专家，他们共同定义了企业家精神。

（五）管理人未来发展[②]

管理人未来的再定位至少可以从以下几方面着手：

---

① 参见［日］稻盛和夫：《经营十二条》，曹岫云译，中信出版社 2011 年版，第 26 ~ 29 页。

② 本处内容节选自李曙光教授在陈夏红、闻芳谊主编的《破产执业者及其行业自治》一书首发式暨第一届破产实务沙龙上的主旨发言。

一是管理人扮演什么角色？作为一个破产执业者，如何在中国救治困境企业，组织破产程序，以及在企业未来发展中扮演更加到位的角色。笔者认为管理人的角色还是要市场化。如果要出台司法解释，一定是要让管理人扮演更加市场化的角色，而不是目前这种与法院权力职责区分不清的状态。现在实践中很大程度上是由法院在主导管理人做什么，不做什么，收费多少，以及执业行为规范。目前管理人作为官方代表的色彩太浓，这是 2006 年立法时留下的问题，也是下一步要改正的问题。管理人的定位应当更加市场化，更加专业化，更加独立化。

二是如何让管理人扮演更重要的角色？制度安排上应该给予管理人更大空间，比如《全国法院破产审判工作会议纪要》中提到允许管理人跨区域执业，对管理人进行分级，允许管理人组织团队，这些都很重要。[①] 但更重要的是能否法律上对管理人的范围放宽一些。律师、会计师可以担任，甚至投资银行、资产管理公司，都可以担任管理人，而不是现在这么僵化的规定。同时应该给管理人更多的权责，《企业破产法》中对于管理人的规定是一般性制度设计，而且偏重管理人在清算当中的角色。对于管理人在重整中的角色，在制定《企业破产法》时或有严重缺漏，或没有考虑到。立法时，还没有重整的实践，所以不清楚重整程序后来会怎么发展，当时认为自行管理模式，即 DIP 模式，可能在中国更加具有作用。确实现在 DIP 债务人自行管理也发挥了很重要的作用，但忽视了管理人在未来困境企业重组中可以扮演更多角色。现在首席重整官在国际上逐渐兴起，将来会越来越成为一个企业重组中重要角色。另外，《企业破产法》第 74 条限制了管理人的权利，其规定了管理人可以聘请债务人的经营管理人员负责营业事务，但没有说管理人可以聘请债务人以外的经营管理人员或者能够救治企业的专家进入破产程序，以及他们的费用是否是管理人费用的一个组合部分。管理人应当可以决定聘请善于治理困境企业的企业家的报酬，给付那些企业拯救者特别的费用。如果这些问题不解

① 参见《全国法院破产审判工作会议纪要》第 4 ~ 13 条。

决，管理人在清算程序或者重整程序当中发挥大作用还是比较难的。我国司法体系是四层结构，大多数破产案件由地方中级人民法院受理，但这种结构受地方政府制约较大，这决定了管理人某种程度也地方利益化了。推动形成执业共同体，很重要的工作是要改革破产的司法体系，要建构国家层面的破产法院，打破破产企业受理法院的地方保护，实际也就是打破管理人的地方化的特点。

三是管理人如何开展行业自治？行业自治在破产这个领域较为独特，除了律师自治、会计师自治，还应当有破产执业者自治。《企业破产法》不是一个特别法，也不是一个部门法，也不是某一方面的程序法，它是市场经济的基本法，这是其存在的一个很重要的理由。破产这一行当，在全世界都一样，是一个独特的行业，有自己的章程、标准、行规和习惯，有自治的一套体系，世界许多国家都是如此，中国没有建立破产行业的行规体系，也没有建立相关标准，《企业破产法》也没有提供依据。但从现在开始，我们要试图去建立自治的行规，建立行业标准，建立和推动破产的行业自治。这个行业自治是独特的，是跟其他行业不太一样的，管理人不仅是企业家，还是自律度规范度更高的群体，这个行业有比一般行业自律标准更高的标准。破产执业者和其他主体承担的权利义务风险责任完全不一样，管理人承担的责任更大，承担的风险更大，所以其行规应该有所不同。这几年一些地方的管理人协会做得非常好，已经为行业自治做了很多探索与实践，初步建立了一套适合各地地情的行业标准。笔者希望这个行业标准与行业自治不是地方化的，不是某些地区性的，不是某些产业性的，而是全国性的，有覆盖面的，能够上升到法律规定当中的，能够成为其他行业的示范典范的。如果中国管理人自治的行业标准能建立起来，并且能够落实，一定会成为各行各业的规范，一定会成为引领其他专业领域专业人士执业的行业规范和示范。

四是未来的管理人应该能把庭外和庭内的程序、庭外和庭内的制度结合起来。管理人的角色不仅仅是在法庭内的破产执业，更多的应该是展现在整个社会行业、产业、企业、经济结构的重组当中。管理人应具有企业重组和经济资源重组的能力，其是与时谋势，因时而进的。他有创新的能力、预测未来的能力、冒险的能力，协调各方面资源、精细解决各种麻烦的能力。他应该是能把庭外和庭内重组结合起来，成为微观推动企业产业重组，宏观推动整个社会经济重组的一支力量，成为促进中国经济发展，完善市场经济体制的一个中坚基石。这也是笔者对管理人行业的一个期望。

二、《企业破产法》中的管理人制度①

管理人制度是《企业破产法》建立的一项新制度，《企业破产法》把管理人制度放到了比较显眼、重要的地位，专设一章作了规定。《企业破产法》第三章规定了管理人的资格、地位、职权、监督、报酬和惩处等内容。这是对此前破产法清算组制度的一次大改革，也是与国际破产制度对接的一个良好开端。这个制度的创设引起了国内外的普遍瞩目。

所谓管理人，是指法院受理破产案件后接管债务人财产并负责债务人财产管理和其他事务的专业人员。《企业破产法》为什么要专设一章来创设管理人这样一项新制度？它与1986年《企业破产法（试行）》的清算组有什么区别？管理人是机构还是个人？究竟如何产生？对谁负责？它的职责又是什么？担任管理人是否必须具备资格？又有何种责任？如何对破产管理人进行管理？这些问题在起草过程中都引起了极大的争议。

管理人制度是各国破产法特别是英美法系国家破产法非常重视的一项制度，该项制度的目的是试图在破产程序过程中由熟悉破产业务的专业人员来接管债务人财产和处理与债务人财产相关的事务。而在中国，破产法中一直没有这项制度，管理人的部分职责主要由清算组来承担。1986年《企业破产法（试行）》第24条规定，清算组负责对破产财产的保管、清理、估价、处理和分配，其成员主要由政府部门人员组成，并向法院负责报告工作。这种规定在实践操作中造成了如下一些问题：

---

① 本处内容发表于《人民法院报》2004年7月30日。

第一，在国有企业破产中基本上是由政府部门派出人员组成清算组，很少有专业人员参与，这使破产程序很难按照市场经济的原则来操作；而且政府部门的工作人员本身都有公务在身，加之缺乏专业知识和能力，很难全身心和高效率地完成破产清算这种十分复杂的债权债务的商业安排。

第二，在非国有企业的破产案件中，由于政府与非国有企业没有太多关联，而清算组又主要由政府部门人员组成，所以造成在非国有企业破产清算过程中清算组的缺位。虽然现行的法律法规也允许专业人员参与清算组，但是由于对其准入资格和地位职责规定得模糊不清，加上清算组的工作报酬和收费没有采用市场化的方法，实践中其报酬没有保证，专业人员没有参与破产案件的积极性。

第三，现行破产法律法规没有明确清算组在清算过程中给债权人、债务人造成损失的法律责任，而且由政府部门人员组成的清算组一旦在破产程序中给当事人造成损失，要追究其民事、刑事责任在实践中也难以操作。但实际上由于“假破产，真逃债”现象的普遍存在，对破产清算专业人员的责任规定尤其具有重要性和紧迫性。

另外，1986 年《企业破产法（试行)》只规定了清算组在清算程序中的作用，而没有规定清算组在其他破产程序如和解、重整程序中的作用，这也使得清算组的规定过于单薄。

基于以上原因，《企业破产法》起草工作组在草案起草之初就确定了要学习和借鉴西方发达国家破产法中的管理人制度的原则，但在如何借鉴和引进、如何设计管理人制度上发生了激烈的争议。[①]

第一个争议是管理人究竟应该是机构还是应该是个人。《企业破产法》起草过程中，一种观点认为，管理人应该是有专业资格的个人，各国破产法的经验都是如此。另一种观点认为，管理人有可能接管的是大型国有企业债务人的财产，这些财产即便在破产之后还要经营管理一段时间或者重整，而国有企业原有的有经验的管理人员多少

---

① 参见李曙光：《关于新〈破产法〉起草中的几个重要问题》，载《政法论坛》2002 年第 3 期。

年都经营不好它，这些没有管理经验的管理人未必比原管理层更懂得如何管理和经营债务人财产，因此主张管理人必须是懂企业经营管理的人，而且不应该是个人，因此建议设立专门的管理委员会来接管破产财产。还有一种观点认为，在目前中国信用缺失的环境下，个人担任管理人没有相应的责任承担能力，一旦造成债权人的损失，个人作为管理人无力承担对价责任，因此主张管理人不应当是个人，而应当是机构，如会计师事务所、律师事务所。

《企业破产法》最后折中了各种观点，其第 24 条规定，管理人可以由依法设立或者由人民法院指定设立的清算组担任，同时规定依法设立的律师事务所、会计师事务所、破产清算事务所等社会中介机构，以及具备相关专业知识并取得专门执业资格的人员也可以担任管理人。

虽然《企业破产法》作了上述规定，但笔者还是坚持认为，目前的规定还是有缺陷的，破产管理人应由个人担任为宜。这是因为：第一，实际处理破产事务的都是具体的个人，而不可能是一家机构，个人管理人究竟有什么样的能力、资格和处理破产案件的经验，都不是一个机构所能反映出来的。个人作为管理人时，法院和债权人会议也更加明晰他们所要选任的管理人具体到哪个个人，从而在实践中更有操作性。第二，集体负责在中国现实中是一个失败的例子，而个人担任管理人并不排除其在破产程序中造成债权人损失时，责任可以连带到其所在的机构，管理人与管理人所在机构的关系犹如会计师与会计师事务所、律师与律师事务所的关系。个人责任更易明确到位，而集体和机构责任既不明晰也不合理。可以设想一下，一个管理人所在机构可能有许多个人管理人在同时处理成百上千的案件，如果其中有一个个人管理人做砸了一项破产案件，按照草案的规定，有可能造成该管理人机构承担无限责任的彻底关门走人的结果。第三，西方各发达国家破产法中的管理人就是个人，这些个人多为会计师、律师等专业人士，他们受过良好的专业训练，一般都有特别的准入资格，具有个人信用，而且有丰富的破产实务经验，同时从事管理人职务还必须交纳一定的保证金，负有忠诚和勤勉尽责义务，并受到法院、行业协会和政府部门的监管。因此，个人作为管理人的制度设计更容易承担和追究责任。

第二个争议是管理人究竟如何产生，对谁负责，职责又是什么。《企业破产法》起草过程中，有“法定机构说”和“债权人代表说”两种观点。“法定机构说”认为，管理人是一个法定的机构，管理人不代表哪个特定方的利益，而是代表破产案件、破产程序中所有参与者的利益，既代表债权人的利益，又代表债务人的利益，还代表雇员和政府的利益，甚至还代表法院的利益。这种观点主张管理人应由法院来委任并受法院监督。“债权人代表说”认为，在破产清算程序中管理人不是所有人利益的代表，而仅仅是债权人利益的总代表。因为公司一旦进入破产清算程序，债权人的利益最易受到侵害，必须有一项特别的制度来保护所有债权人的利益。管理人主要是代表债权人的利益而负责管理、变卖和分配破产财产和处理破产事务的人，他是破产法“债权人利益充分保护”原则的主要体现者。不能把管理人的角色与法官混淆起来，管理人不是一个中立的第三方，管理人应更加倾向于债权人的利益，以维持在破产清算等过程中债权人、债务人利益博弈的一种平衡关系，实现破产过程中的债权人利益的最大化。因此主张管理人应由债权人会议来选任。①

《企业破产法》中基本采纳了后一种观点，其第 13 条规定，法院受理破产申请的，应当同时指定管理人。

笔者是“债权人代表说”的主张者。在现行《企业破产法》起草过程中，笔者一直认为，如果管理人代表所有破产程序参与人的利益将会导致管理人身份的失位和管理人责任的虚化。因此，笔者主张管理人应由债权人会议选出并受其监督。主要理由就是：从本质上来讲，破产法应更注重保护债权人利益。当一个债务人发生破产事实时，债权人是最脆弱的，而且债权人往往又是分散没有组织的，债权的数额又各有大小，债权人的权利利益不一，如果没有专业的富有经

---

① 参见李曙光：《关于新〈破产法〉起草中的几个重要问题》，载《政法论坛》2002 年第 3 期。

验的管理人来代表他们的利益的话，所谓在破产程序中实现债权人利益最大化是不现实的。而且破产程序中其他相关利益方的利益都有一些相应的法律规范在保护，如雇员的利益有劳动法作保障，而保障债权人利益是《企业破产法》立法的基本宗旨。一部破产法的发展史也说明了此点，大多数国家的破产法（无论是英美法系还是大陆法系）都规定，管理人由债权人会议选任并受其监督，而其职责也由债权人会议委托授权而来。

第三个争议是如何来保证管理人能勤勉尽责、忠诚地执行其职务。在起草过程中，一种观点认为，应对管理人的资格准入作出严格规定，主要是因为破产管理人不是一般的专业人士，如会计师、律师，而应是更特殊的专业人士，所以应对管理人进行专门考试，考试办法由国务院另行规定。另一种观点认为，没有必要设立管理人进入门槛，只要具备一定专业资格的人都可以担任管理人，但应该排除那些有不良行为记录者。还有一种观点认为，管理人应有经营企业的经验，所以应像俄罗斯破产法所规定的那样，只有在企业有三年经理以上工作经验的人才能担当管理人。起草工作组也有专家认为，管理人的资格并不重要，重要的是管理人在执行其职务时，应有因执行职务而造成当事人损失的赔偿能力，因此管理人应交纳一笔专门的执行职务的保证金。

《企业破产法》第 24 条规定，除了清算组、律师事务所、会计师事务所、破产清算事务所等社会中介机构之外，担任管理人的必须是具备相关专业知识并取得专门执业资格的人员。有下列情形之一的，不得担任管理人：（1）受过刑事处罚或者有其他不良记录的；（2）注册会计师、律师等曾被吊销执业证书的；（3）与破产案有利害关系的；（4）人民法院认为不宜担任管理人的。

笔者认为，对于管理人的资格准入和监管应该进行更全局的考虑，现行的《企业破产法》还有很多缺陷。应将管理人分为公共管理人和私人管理人两类。公共管理人主要是负责接管那些涉及国家和公共利益事务的破产案件，以及那些私人管理人不愿意介入的破产案件；而私人管理人主要是按照市场化原则去接管那些私债务人的破产案件。因此，笔者建议国家应设立专门的破产事务管理局，其职责不仅是制定有关破产的政策，统计有关破产的数据，还负责对公共破产管理人的管理以及私人破产管理人的备案，并有奖惩之责。私人管理人则必须是专业协会的成员，如注册会计师协会、律师协会的成员，其资格向该协会的全体成员开放，由该协会来制定准入门槛的标准，并负责奖惩。当然，在对管理人赋予权力的同时，还应对其进行约束，特别是民事赔偿能力的约束，管理人要执行职务，接管债务人财产，必须要缴纳一笔数额不菲的保证金。管理人在执行职务时受到其所在专业协会和国家破产管理部门的双重监管。笔者一直认为，英国对于破产管理人的管理在全世界是一流的，所以英国模式值得借鉴。

从国际经验的角度来讲，管理人制度是西方发达国家破产法中最成熟的一项制度。严格说来，管理人制度的产生与发展是与市场经济息息相关的。虽然在有些国家，政府对管理人有管理职责，但是在一个成熟的市场经济社会中，管理人这个职业是高度自由、开放、专业和自律的，它在西方市场经济的发展和破产案件的处理过程中发挥了不可替代的作用。对于中国这样一个初步建立市场经济体制的，还没有一部完善的市场经济破产法的国家来说，如何设计和完善管理人制度，如何建立管理人的自律和他律机制，如何使管理人在中国市场经济和破产案件中发挥重要作用，这还是一个有待于在理论上和实践中进一步探索的问题。

对于管理人的讨论要考虑其制度背景。[①]《企业破产法》从第 22 条到第 29 条的 8 条规定和《全国法院破产审判工作会议纪要》中的 10 条规定是管理人的制度基础，也描绘了管理人制度的基本起点和发展轨迹。破产管理人正是在这些制度背景指引下，规范自身执业行为。

《企业破产法》旧草稿中仅有几条内容涉及管理人，2003 年全国人民代表大会成立新的《企业破产法》起草组之后，笔者提出“管理

① 本处内容节选自李曙光教授在陈夏红、闻芳谊主编的《破产执业者及其行业自治》一书首发式暨第一届破产实务沙龙上的主旨发言。

人”应该作为专章来写，起草组也同意了这个建议。当时最重要的争论，是关于管理人的性质问题。《企业破产法》“管理人”一章第22条规定，管理人由人民法院指定，其报酬由人民法院决定。关于管理人的选任报酬办法等也是由最高人民法院来确定。①

这一条在《企业破产法》“管理人”一章起草过程中有非常激烈的争论，按照《企业破产法》目前的定位，管理人更像一个官方代表，而不是市场化的角色。笔者当时提出反对《企业破产法》中对于“管理人”的这一定位。笔者提出“管理人”需要市场化定位，更希望让管理人由债权人会议选择，更相信管理人是市场代表，而不是官方代表。《企业破产法》第22条的定位，加上《企业破产法》实施细则滞后，产生诸多关于管理人的争论和问题，以及管理人执业中遇到的各种障碍。

随着实践的发展，我们逐渐认识到《企业破产法》制度设计中的缺陷，所以在《全国法院破产审判工作会议纪要》（法〔2018〕53号）中增加了很多新规定，增加了很多新的制度，包括管理人队伍结构，管理人的跨区域执业，管理人的分级管理，竞争性选任机制，管理人和法院的权力边界划分，管理人的报酬等。最高人民法院和破产执业者都看到原来“管理人”制度中的缺陷，希望为执业者提供一个更好的执业环境。

《全国法院破产审判工作会议纪要》中关于管理人的规定，有很大突破，有很多进展。但笔者仍然认为，目前有关管理人的制度规定中，至少有三个方面问题需要突破：一是如何使管理人更加市场化。二是管理人和法院的权力边界如何明确，若在原来划定的官方代表的前提下，应该明确管理人和法院的职责关系，使管理人有更多的自主权，有更大的责任担当，有更好的责任机制。三是管理人自治问题，目前《企业破产法》中没有谈到，《全国法院破产审判工作会议纪要》中虽有涉及，但没有太多突破。应当改进对于管理人的制度约

---

① 参见李曙光：《关于新〈破产法〉起草中的几个重要问题》，载《政法论坛》2002年第3期。

束，使破产执业者开展行业自治，使管理人在供给侧结构性改革中，在治理不健康企业中，在扮演企业家角色中发挥更大作用。

管理人制度在现行《企业破产法》各个程序中的角色还有很多不清晰的地方。特别是在重整程序当中管理人的角色很不清晰。再有，如何更好地吸收现有法律规定之外的参与者作为管理人。“我们需要什么样的管理人”和立法上的制度安排，与管理人目前受到的约束是相关的。

三、管理人的实务操作与挑战①

（一）管理人的实务定位

英国的破产法有上千年历史，它对后世各国破产法的影响不可低估。

就学术角度而言，英国人对管理人制度理解得最深刻，从其对管理人的称谓上可见一斑。英国人把破产程序分为个人破产程序与公司破产程序。在不同的破产程序中，对处理破产事务的专业人士，即中文所称“管理人”，有不同的称谓：在个人破产程序中，管理人被称为 trustee in bankruptcy，即破产托管人。公司破产程序又分为清算程序与非清算程序。在清算程序中，管理人被称为 liquidator，即清算人。而在非清算程序的三个程序中，接管程序中的管理人被称为 receiver，即接管人；公司自愿安排计划中的管理人被称为 supervisor，即监督人；重整程序中的管理人则被称为 administrator，即管理人。其实，这些管理人定位基本都与破产财产的管理和处置相关，但基于不同的程序，破产财产管理人的选任方式、职责、法律责任等亦有所区别。这显示了英国人破产思维的复杂性、宽容性与多元性。

美国承继了英国破产法的框架，但对管理人制度的理解则与他们对英国破产法的理解一样，全源于个人破产。如“破产法”一词，美

① 本处内容节选自李曙光教授为广东融关律师事务所编著的《破产管理人操作规程》一书所作的序言。

国用的就是 Bankruptcy Law，这在英国破产法（Insolvency Law）中特指个人破产法。美国人对不同程序中的管理人不做区分，全称为 trustee。trustee 这个词在英文中内涵丰富，一般把其译为信托人或托管人，指有信誉、值得信赖，能够托付办事的人。美国人把破产程序中管理处置各种破产事务的专业人士一律称为托管人，凸显美国人把复杂问题简明清晰化的能力，也显示了其更重视托付人声誉机制的破产思维。

管理人制度发展到今天，无论如何称谓，对其要求更为精准与严格。理想层面上，管理人除了破产法上规定的法定职责外，还应扮演三大角色：第一，他是财产信托人，首要职责是把破产债务人的“资产池”看管好，不受任何损害；第二，他是企业家，要去经营债务人财产，多数情况下，要面临经营出售转让交易重大决策的挑战；第三，他是协调者，要周旋于债权人、企业员工、战略投资者、供应商、客户、政府监管部门与各种社会利益相关者之间，理顺各种经济关系、法律关系与社会关系。

实际上，要做到以上诸点是困难的，因为破产管理人在每个破产程序的每个环节都有许多认知盲点与操作障碍。因此，一方面，要不断完善破产管理人法律制度，提升管理人对角色的认知能力与认知水平；另一方面，有必要针对管理人的实务操作给出一些规则指南。

2006 年，中国《企业破产法》的出台，为市场化、法治化的管理人制度在中国落地提供了法律依据。根据现行破产法，管理人可以由律师事务所、会计师事务所、破产清算事务所等社会中介机构及个人担任。可以说，中国破产法借鉴了英美等国破产管理人制度的经验，在制度上给予管理人管理破产事务与破产程序操盘手的核心地位。破产管理人制度的确立，取代了 1986 年《企业破产法（试行)》中被长期诟病的清算组制度。从一个侧面来看，这不仅标志着破产立法从政策性方向向市场化方向的转变，而且为破产实务构建了一个新市场，为社会中介机构带来了新的专业增长点与执业挑战。自 2007 年 6 月 1 日《企业破产法》实施以来，破产管理人行业得到蓬勃发展。据统计，截至 2023 年 7 月，全国各地共成立了管理人协会 230

家，机构管理人 6289 家。①

执业市场初步构建起来，需要管理人处置的破产案件也在快速增长。但管理人制度在法律实施中的问题也接踵而至：除了在管理人地位性质、选任方式、履职保障、管理人自治、法律责任等方面需进一步完善外，比较突出的问题是管理人的能力素质不适应现在形势发展的需要。实践中，一些管理人并不熟悉破产法；有的管理人履职过程中漏报、错报企业信息；有的管理人频繁更换经办人员或者将业务转包；更多的是一些管理人在破产程序的各个具体环节不知如何依法履职。

（二）管理人行业的挑战

从 1997 年参加国际破产大会始，笔者已参加六届大会了。这个四年一次的盛会，均有上千名各国破产专家参加。印象最深的是，1997 年在美国新奥尔良召开的第四届大会，当时中国正处于政策性破产实施的高潮期，笔者作为中国政府代表团的顾问，与国家经济贸易委员会等部门的几位官员组团出访，想了解国际破产重组经验。一到新奥尔良这座具有法国和西班牙风格城市的国际会议中心会场，就被国际破产协会这样一个开放式的国际组织所吸引。那届大会的开幕式给笔者震撼感，首先是一队黑人风情女郎跳着欢快的西班牙舞蹈出场，紧接着由 10 位黑人爵士乐手演奏爵士乐开道。让笔者吃惊的是在爵士乐队后面，国际破产协会的几位董事竟然抬着一口棺材到了主席台。然后，静谧中一声礼炮，棺材盖板被掀开，里面跳出时任美国破产协会主席、那届大会主席盖特林，在上千参会者的惊愕声中，满脸微笑走到主持席，大会正式开始，预示着那届破产大会全球债务重组重生的主题。

而本处要专门提的是在悉尼举办的国际破产大会，其是在全球经济持续下行、全球贸易与各国金融政策面临挑战的背景下举行的。本届大会的主题是“拥抱变革”，为此，大会特地设计了一个跨国企业破产重整案例，讨论全球经济贸易背景下，拯救企业所面临的政治、

---

①　参见破易云：《中国破产行业大数据报告（第 1 期），载 https：//mp. weixin. qq. com/s/J4nU5bK2 – Jw0BCW – vV4kRw，最后访问时间 2024 年 7 月 11 日。

经济与司法挑战。另外，会议议题广泛，涉及地方政府破产、主权债务危机、金融机构重组、跨境破产合作、破产与文化、诉讼基金、庭外重组与破产法改革及展望等。美国破产协会甚至在主会场外为参会者举办了专场研讨，主题为：在哪里行动——特朗普时代的可能、机会与趋势。本届大会的成果是丰硕的，除了在大会发布第五版“多元债权方案解决的原则阐释”外，还发布了“奔向 2021——国际破产协会战略规划”报告，提出了这个世界最大破产组织未来 5 年的愿景与目标路线图，为实现这个目的，国际破产协会还创新性地设立了一个 COO（首席运营官）来负责。

本届大会的主会场设在悉尼著名的情人港国际会议中心，邻近的派尔蒙区是全澳洲人口密度最高的地区，这里风景迷人，餐馆酒吧鳞次栉比，这给与会的各国代表提供了惬意的交流机会与场所。一天会后，散步回酒店，就在达令港水边栈桥，偶遇来参会的两位金杜（上海）律师事务所的律师，她们与本地参会律师一起，在此处餐馆举办小型酒会。这次国际破产大会，中国破天荒地第一次有两位数以上的代表参会，分别代表着法官、学者、律师、会计师、财务顾问等。

本次活动大会给笔者最深的感受是，全球经济的泡沫与风险造成了破产市场的巨大繁荣，也使破产执业者面临如何处置巨量不良资产的严峻挑战；全球经济合作越来越紧密，但各国贸易与法律壁垒仍是沟壑纵横，障碍重重，以至“跨境破产协作”成为本届破产大会最热门的词汇，这些都迫切呼唤全球化破产的制度统一、司法协调与破产执业者的携手合作。希望中国有更多破产执业者能走出国门，进行交流，多开阔眼界，多学习各国经验，以应对现实挑战。

四、破产行政管理制度[①]

（一）我国地方破产管理人的实证分析

1. 地方破产管理人自治的现状

近几年来，由于局部经济风波、市场转型的原因，许多民营企业

---

① 本处部分内容整理自国家发展和改革委员会财金司委托李曙光教授团队的“破产行政管理制度研究”课题研究成果。

陷入前所未有的困境，各地破产案件频现。与此同时，全国各地掀起一场处置“僵尸企业”的浪潮，其中，成立全国破产管理人协会、规范管理人行业市场就是在这一浪潮中被反复提及的。2014 年 11 月 20 日，中国首个管理人协会广州市管理人协会率先成立。同年 11 月 27 日，深圳市企业破产学会设立。2015 年 8 月 15 日，全国第一家省级管理人协会河北省破产管理人协会成立。2016 年 1 月 9 日，浙江省首个、全国第二个管理人协会温州市管理人协会授牌成立。同年 5 月 14 日，山东省首家、全国第三家市属管理人协会济南市管理人协会成立。此后，厦门、杭州等多家管理人协会也陆续成立。

截至 2023 年 7 月，全国已有 19 家省级破产管理人协会和超过 200 家市县级破产管理人协会。① 从 2014 年第一家管理人协会建立之后，我国各地破产管理人协会的数量基本呈逐年增加的态势，尤其是近三年来，各地破产管理人协会如雨后春笋不断涌现，但仍以市级协会为主；省级破产管理人协会从无到有，仅在 2018 年就成功设立浙江、重庆两家省级破产管理人协会。这不仅反映了破产管理人自治的需求在破产实践中日渐增加，建立一个统一的自治机构进行统筹管理的趋势明显；而且省级协会不断增加体现出破产自治管理的层级不断提高，建立省级乃至全国性的破产管理人协会，对各地破产管理人进行规范化、统一化管理，不仅是破产管理人行业建设的大势所趋，更是破产管理实践迅速发展产生的迫切需求，完善省级以上破产管理人自治组织结构已成为当今时代发展的题中应有之义。

在 2008 年的第一届破产论坛上，法官和一些专家就倡议应该成立一个统一的破产管理人行业协会。他们称：管理人不仅仅是单纯的律师工作，也不仅仅是单纯的会计师工作、或者审计师的工作，包含了很多综合能力的考量和对这个行业的行为规范和约束。管理人涉及各行业的利益，很多行业的主管部门不轻易放弃其中利益，因此需要一个统一的部门对此进行协商解决，而成立全国破产管理人协会正好

---

① 参见破易云：《中国破产行业大数据报告（第 1 期）》，https：//mp. weixin. qq. com/s/J4nU5bK2 – Jw0BCW – vV4kRw，最后访问时间 2024 年 7 月 11 日。

可以协调各方的利益，制定统一的行为规范准则，可以适度地对管理人进行必要的监督和约束。2016 年 5 月，中国破产管理人行业联盟在山东省济南市第二届山东破产法论坛上启动筹备工作。破产管理人行业联盟联合入编各省、各地市人民法院破产管理人名册的各中介机构及专职从业人员共同发起成立，致力于推动破产重组行业的法律法规建设，破产管理人才的能力水平建设，管理人行业自律，及时反映联盟成员的意愿和要求，提出促进行业发展的建设性意见，支持联盟成员间的合作发展，调停解决相关矛盾问题，为促进中国破产管理人协会的破土而出做准备①。近年来，破产管理人自治在中国的发展不仅有了理论的积淀，而且还有了实践的土壤，全国破产管理人协会的成立已经具备了充分的条件。

2. 地方破产管理人自治的特点

（1）以法院和政府主导为主

区别于西方的行业自发性、自治性特点，目前我国各地管理人自治组织均是在法院和当地政府部门的主持引导之下，再结合相应的律师事务所、会计师事务所等中介机构的协助配合下成立的，法院与政府在其中的作用尤为重要。我国协会的成立需要民政局审批，明确业务主管单位。根据《社会团体登记管理条例》的规定，主管单位应为县级以上地方各级人民政府授权的组织，多数协会的主管单位为司法局。考虑到管理人名册包含律师事务所、会计师事务所、清算事务所和个人，部分地区司法局提出不能作为主管部门。据介绍，温州市管理人协会不设主管单位而是列浙江省温州市中级人民法院为监督指导单位，深圳市企业破产学会的主管单位则是深圳市社会科学联合会。这为其他地区推动设立管理人协会时明确业务主管单位提供了多种选择。

（2）以市级协会为主，主要分布在省会城市或经济发达城市

目前已成立的管理人协会中，市级协会仍占绝大多数，省级协会虽有明显增长的趋势，但在总量上和市级协会相比仍处于弱势地位。

---

① 参见《关于成立“中国破产管理人联盟”的倡议书》，载中国清算网，http://www.yunqingsuan.com/news/detail/8221，最后访问日期：2018 年 12 月 29 日。

在各地成立的管理人自治组织中，基本是以市一级为单位，且一般集中在省会城市所在地，如广州、济南、杭州、成都等市，借助于省会城市的辐射效应向周边城市延伸知名度和影响力；管理人自治组织还广见于经济发达、破产案件数量多、有迫切自我提升需求的城市，如温州、深圳、厦门。同时，河北省、浙江省成立了省级层面的管理人自治组织，统筹全省的行业自治。但总的来说，当前破产管理人协会的本地化、区域化特征明显，且主要为市级单位，层级相对较低。

（3）成员以本地在册管理人为主

考察各地管理人名册，基本以律师事务所居多，会计师事务所、清算事务所相对较少，有的地方未纳入个人管理人。从成立的管理人自治组织来看，成员大部分以当地的律师事务所为主，会计师事务所、清算事务所、个人也有参加，而且成员基本是本地的律师事务所。这与管理人可以全国性选任的规定和趋势不同。目前成立的协会中也多以本地的律师事务所为主，行业群体特定化和本地化特征较为明显，这也与业务主管单位多为当地司法行政部门相互对应。

（4）职能单一，以业务培训和经费保障为主

虽然各地管理人自治组织的章程规定较为详细，但目前工作主要集中于以讲座或授课的形式开展业务培训、负责管理人报酬基金的管理和发放、管理人业务能力的提升和破产案件经费的保障，一定程度上为破产程序的顺利进行解决了后顾之忧。而影响破产审判工作效率的瓶颈大多在资产处置方面，主要表现为银行不配合、金融创新工具不足、政府公共服务不配套、处置过程中税费过重等原因。这些正是建立全国破产管理人自治组织职能应重点突破的领域。

（二）组建全国破产管理人协会的价值

1. 保证破产案件高效开展

破产管理人贯穿破产程序的始末，具体实施破产事务，专业、可靠的破产管理人是破产案件顺利开展的需要。我国破产法规定，法院受理破产案件的同时指定破产管理人，法院通过审查材料认定可以立案时，对破产企业的实际情况了解得还不深入，此时如果指定的破产管理人是熟悉此类企业性质、义务范围、发展情况，具有较高执业水

平的，则能够帮助法院迅速展开破产案件的审理程序，如何选任出适合的破产管理人则至关重要。各类行业各个企业的破产均有各自的特点，法院作为司法审判机关，不可能对每一行业的特点、专业知识都全面了解。而相反，破产管理人行业协会作为一个行业自律组织，负责对破产管理人的日常管理、培训、考核，熟悉破产管理人的各种情况，能够帮助法院选任出合适的破产管理人，迅速开展破产程序。目前我国的破产法律及配套制度还不太完善，在破产案件的审理过程中，法院也经常是在探索中前行。我国虽然不是判例国家，但是生效的法律文书可以作为重要参考，破产管理人在破产程序中是真正从事具体事务的人，他们具有第一手的资料，全国破产管理人协会可以指导地方协会，将其遇到的问题、处理方法等分析汇总，在各级法院需要这方面资料时可以提供帮助，从而促进破产案件的顺利进行。①

2. 提高管理人执业水平

首先，破产案件涉及法律、会计、清算等各个方向，具有高度的专业性，不同性质、不同行业、不同规模的企业破产都有各自的特点，由全国破产管理人协会负责根据不同案件的特点进行统计、分析、汇总，组织地方协会对破产管理人进行培训、组织经验交流，开展理论研究，能够促进破产管理人队伍整体能力的提高。同时，由全国破产管理人协会根据管理人的变化情况对破产管理人名册进行适时修改，有利于实现破产管理人行业健康、稳定的发展。全国破产管理人协会指导地方协会，在每一破产案件审结后，根据破产企业行业、性质、规模、标的、债权人受偿比例等由破产管理人行业协会负责对破产管理人进行综合评分，并记入档案，并报全国破产管理人协会备案，可以为选任破产管理人提供客观、全面、真实的科学依据，有利于破产管理人行业的长期、健康发展。

其次，破产案件中，法院主要集中于对案件审理程序方面的审查，破产管理人虽向法院报告工作，但并不是事无巨细地一一向法院

---

① 参见李曙光、贺丹：《破产法立法若干重大问题的国际比较》，载《政法论坛》2004年第5期。

报告，法院对破产管理人从事的具体事务并不十分了解，而且法院作为中立的裁判者，并不能主动依职权逐一审查破产管理人的各项行为，对破产管理人难以实现全面监督。破产程序中，破产管理人全面掌管破产财产，虽然债权人对破产管理人有监督权，但是因为获得的信息不对等、债权人多关注与自身相关的利益难以全面兼顾等原因，债权人对破产管理人的监督是非常有限的。尤其是若破产管理人实施犯罪行为，对破产企业、债权人造成的损失是难以弥补的，由全国破产管理人协会制定统一的惩戒标准，可以对破产管理人充分起到监督作用，当有债权人、债务人或是其他相关利害关系人对破产管理人的工作不满意，或是认为侵害到其合法利益时，可向全国破产管理人协会指导建立的统一监察部门进行投诉，由当地破产管理人行业协会负责进行调查、核实、沟通协调，若发现情况属实可对破产管理人从业人员进行批评教育、限期改正、限制从业、除名等处罚，这样既能维护破产管理人的切身利益，使其免受不公正待遇，防范管理人行业内部出现执业风险；又能切实保护好债权人、债务人以及破产案件相关利害关系人的合法权益。通过建立健全完善的规范和监督机制，提高整个管理人行业的水平和素质。

3. 改善管理人行政管理秩序

依照《企业破产法》第 13 条的规定，人民法院不仅有权裁定受理破产申请，同时有权指定管理人，并明确管理人的管理办法由最高人民法院规定。不难看出，在法院的裁判之外又赋予了人民法院对管理人行业的行政管理职能，但由于人民法院内部业务繁忙，没有也不可能切实担负起对破产管理人行业的管理职责。而在实践中，管理人行业的管理工作实际上是由律师协会、注册会计师协会以及企业清算行业协会筹备委员会来承担，但它们之间却是各自为政、各行其是，存在各方利益的冲突。建立全国破产管理人协会，由全国协会领导地方进行自我规范、自我管理、自我提升、自我监督，既能够有效分担法院对管理人的行政管理职责，保证法院司法的中立地位，提高审判的高效性和权威性；又能通过协会的自治管理，弥补破产管理人行业行政管理不周的漏洞，改善各中介机构自行其是的混乱现状，促进管理人行业的有序发展。

4. 弥补地方破产管理人自治管理的缺陷

（1）自治组织数量少、地区分布不均且缺乏全国性的统筹规划

从成立情况看，全国各地已成立的管理人自治组织不过几家，大多数地区特别是上海、北京等经济发达省市，至今未建立管理人自治组织，管理人自我发展松散，职业化程度低；从区域分布看，主要集中在少数省会城市或沿海发达地区的重要城市，难以满足破产案件数量不断上升的迫切需求；从成立的出发点看，各地均以自身需求和经济发展目标为着手点，缺乏统一的布局规划，虽不断有新的协会成立，但各个协会各自为政，以所在地中级法院的主导为主，其他部门仅为协助配合，缺乏清晰规划；从行业自治的发展趋势看，已有多位专家、学者、实务界代表呼吁成立全国性的管理人自治组织，成立全国管理人自治组织已是办理破产案件大势所需。

（2）本地化特征明显，容易形成区域垄断和地区业务分割

从破产业务的开展情况来看，目前对于重大破产案件，管理人的选任面向全国开放，一些发达地区且具有较高业务能力的破产团队，如金杜、大成、中伦、国浩等中介机构在选任管理人上竞争力十足。这种良性竞争能促进管理人队伍的壮大以及企业破产的市场化运转和有效转型，让有经验的团队来担任管理人有利于企业的有序退出或产业结构升级。但从协会章程看，有的协会要求须本地入册中介机构方能申请为会员；从各地会员名册看，全部是本地重要的律师事务所、会计师事务所、清算事务所等，将来可能形成地区业务保护和垄断的问题，不利于管理人市场的优胜劣汰。

（3）行业规范和考核管理制度不健全，自治组织职责未能有效发挥

管理人自治组织虽然具有独立性、享有自主权，但会长们因办理的破产案件较多，同时还承办一部分普通诉讼案件，考虑协会工作的精力有限。目前自治组织以业务培训和经费保障为主，没有发挥应有的职能作用。即使开展最多的业务培训，也缺乏系统性和计划性。管理人职业保障缺位，维护管理人合法权益是行业自治组织的法定职

责，但目前管理人执业难是普遍问题，合法权益时常受到侵犯，管理人却只能向律师协会、注册会计师协会求助，严重影响管理人在破产领域执业的积极性。同时，行业规范的缺失既不利于破产程序的顺利推进，也不利于保障债权人、债务人的合法权益。而关于考核管理制度，虽然各地自治组织都已制定章程，但章程的内容非常原则，没有一套详细的内部考核管理制度，目前都是由法院进行考核，一方面与自治组织实现行业自律的初衷相悖，另一方面为司法腐败提供了土壤。因此，管理人行业内部自治亟须建立一整套完善的行业规范和内部考核管理机制。

（4）缺乏统一的破产管理人业务操作规范和职业纪律规范，导致管理人整体业务经验不足、素质参差不齐

管理人办理破产案件是一项操作性比较强的工作，破产管理事务错综复杂，有着大量法律事务与非法律事务，除了要求注册会计师擅长会计、审计、评估、税务知识外，还应具备程序法、实体法等相关法律知识，具备拍卖知识、资本运作知识及较强管理和沟通协调能力。但由于目前缺乏统一的学习培训机制，有关破产管理人业务的学习、培训、交流等活动大多是分散的、盈利性的商业活动。破产管理人整体业务经验不足，人才队伍单薄，素质参差不齐，综合性人才匮乏，制约了业务的发展。完善业务操作指引既是规范管理执业行为的标准，也是新进管理人开展业务的指南，有利于行业规范化建设。而目前，各地的业务操作指引尚未健全，有的管理人自治组织虽然比较重视制定业务操作指引，但仍然由所在地法院牵头负责，亦未形成体系，距离管理人实现标准化、规范化工作流程还有很大的距离。

此外，《企业破产法》第25条赋予了管理人八项职权，从法条可以看出管理人在破产法中的重要地位以及他们享有的很大权利，但是未对管理人行使职权制定统一的破产业务操作规范和职业纪律规范。破产案件涉及的标的巨大，管理人在执行职责时没有统一的业务操作规范可以参照，在巨大的物质利益面前，很难保证管理人在破产事务面前的绝对中立。管理人执行职务的公正性与客观性受到质疑，而管理人执行职务的公正、客观与否直接关系到破产债权人和债务人的利

益，关系到破产程序的正常进行，甚至影响社会经济秩序的稳定和有序发展。①

（三）国外破产管理人自治机构比较研究

1. 美国

美国作为目前世界上破产法制最为发达的国家之一，其管理人自治模式已经较为成熟，并且具有自发成立、覆盖面广、规模较大等特点。尽管美国没有以“破产管理人协会”等明确名称命名的管理人自治机构，但其在全国范围内由破产法领域的法官、学者专家、执业者等共同成立了多个破产法专业协会。这些专业协会不仅在破产立法、破产案件审理、发布破产界有关信息等方面发挥作用，事实上扮演了破产管理人自治机构的角色。

作为当今美国最大的破产法专业协会，建立于1982年的美国破产法协会（American Bankruptcy Institute，ABI）是一个跨学科的中立机构，其致力于诸多有关破产法的研究和教育，并且向国会和公众提供破产法问题的客观分析。ABI的成员包括超过11000名的律师、拍卖商、银行家、法官、出借人、教授、重整专家、会计师以及其他破产法领域专家，为组织成员以及公众提供一个信息和观点交换的论坛，能够有效自我教育、自我管理的自治功能。

为了履行其向其成员、记者、国会、公众提供信息的职能，ABI从事了大量的教育和研究活动，包括推出了很多关于破产执业者和公众的出版物。ABI也是美国领先的高质量破产教育项目提供商，其国家性和地区性会议由于深入讨论了最新的发展和获得继续法律和专业教育的机会，在破产界获得了很高的评价。会议和研讨会成员总是包括专业从业者和破产法官，他们为破产法的研究和教育提供了一个独特的视角。不仅仅是在教育方面，ABI在破产法立法也发挥了巨大作用。长期以来，美国国会的政策制定者一直依赖于ABI在评估破产法和改进体系方面的专业知识。ABI不主张政策立场或游说国会立法，而是提供一个独特的多学科视角，然后立法委员会应国会和立法工作

① 参见张艳丽：《破产管理人的法律责任》，载《法学杂志》2008年第4期。

人员的要求，分析拟议的法案。ABI 还能够通过在国会委员会作证，准备有关当前破产议题的白皮书，并定期为国会工作人员举行简报会的方式进一步影响破产法的立法工作。[1]

在美国，破产案件中的管理人大多隶属于类似 ABI 这样的破产法专业协会，以实现自我教育、自我管理的自治功能。美国的破产管理人又称为私人破产管理人，是破产财团的代表人，与联邦破产管理人相对——在被指定或选定的人不愿履职的情形下，联邦托管人将成为管理人。破产管理人名册的确定以及指定由联邦托管人负责，虽然债权人对管理人的确定有一定的选择权，但较少行使。这种私人管理人名册可以理解为我国的管理人名册，其成员并不隶属于政府，可以是自然人（通常也是律师和会计师）或法人，并具备相应的资质和履职能力，在个案中无利害关系。这份名册很大程度上会与破产法专业协会成员相重合，联邦托管人在制定和调整私人管理人名册过程中也会将相应协会的评价和考核结果作为标准之一。

2. 英国

英国是最早建立现代破产管理人制度的国家之一，其管理人自治机制同样起步较早。1986 年颁布的《英国破产法》（Insolvency Act 1986）规定，任何破产程序中的相关从业人员，都必须获得破产执业认证。从那时起，经过多年的发展，英国已经建立起一套完整的破产管理人授权制度。一部分政府承认机构（Recognized Professional Bodies，RPBs）经过政府的授权，负责对破产从业者职业资格的认证和授权。

在英国，破产管理人资格的授权管理十分严格。根据《英国破产法》，不具备该法要求的资格而从事破产管理人相关事务，是一种犯罪行为。从业者只有依法取得破产管理人资格才能执业。从业者要取得相关的破产管理人资格，需要首先通过破产考试联合会（Joint Insolvency Examination Board）组织的考试。其次考试合格的从业者

---

① See Widen，William H.，*Report to the American Bankruptcy Institute：Prevalence of Substantive Consolidation in Large Public Company Bankruptcies from* 2000 *to* 2005，Am. Bankr. Inst. L. Rev. 16（2008）：1.

需要得到政府承认机构（Recognized Professional Bodies，RPBs）的授权并成为其会员。改革后，授权机构从原来的 7 个消减为现在的 5 个，包括特许公认会计师公会（ACCA）、英国和威尔士特许会计师协会（ICAEW）、苏格兰特许会计师协会（ICAS）、特许会计师管理委员（CARB）以及破产执业者协会（IPA）。根据 2017 年 1 月的统计，这 5 个机构在英国境内共有 1606 名具有破产管理人资格的从业者，而这其中有 1303 名具有接受任命的资格。

这些授权机构的主要任务是审查、授权和管理破产管理人资格。被授权的从业者需要遵守其授权组织的相关管理规定。某些机构可能会对申请者提出额外要求。例如，特许公认会计师公会要求，申请者须有 3 年共计 600 小时的破产领域相关工作经验。

除了负责管理人的授权和认证，这些授权机构还参与到了管理人的监管程序当中。2009 年，授权机构与英国破产管理署共同制定了《破产从业者道德准则》（Insolvency Code of Ethics）。该准则对英国所有破产管理人的职业道德，提出十分高的标准。其指标体系，包括 5 项最重要的基本原则：正直、客观性、专业能力及责任心、保密原则以及遵纪守法的职业行为。所有的破产管理人，无论来自哪个授权机构，都应当以这 5 项原则为指南，作为其进行破产管理工作的基本准则。

授权机构在发挥自身自治功能的同时，也要接受破产管理署的监督与审查。一般来说，政府和管理人授权机构会签署《理解备忘录》（Memorandum of Understanding）。《理解备忘录》规定管理人授权机构的基本义务，比如确保其认证的破产管理人具有合法资格和破产相关职业能力、具有独立的投诉审查体系、确保破产管理人遵守破产执业者道德准则，以及对政府管理机构公开相关信息等。

3. 德国

随着破产管理人职业的独立和行业阶层的形成，破产管理人自治组织也相应兴起，其中最大的两个全德国性的破产管理人组织是德国破产管理人协会和新德国破产管理人联合会。

（1）德国破产管理人协会①

德国破产管理人协会（Verband Insolvenzverwalter Deutschlands e. V.，VID）是德国第一家全国性的破产管理人自治组织，成立于2004年，其源头可溯至20世纪70年代末破产管理人的定期经验交流会。德国破产管理人协会早期的目标，致力于破产管理经验的交流。在新《德国破产法》生效之后，德国破产管理人协会更加关注破产管理人的执业问题，支持重整导向的破产管理，并代表全体破产管理人的利益与政界、司法界、学界和其他协会对话。根据《德国破产管理人协会章程》第2条的规定，德国破产管理人协会的目标，是在所有破产法相关事项中代表会员的利益，支持和进一步促进破产法的发展，并培训破产法从业者。在2004年德国联邦宪法法院承认破产管理人是独立职业后，德国破产管理人协会更进一步致力于为独立、透明和高挑战的破产管理建构法定的框架。遵循这一目标，德国破产管理人协会要求其所有的会员，都应该具备ISO 9001认证，且遵守协会的《合规破产管理基本准则》（Grundsätze ordnungsgemäβer Insolvenz – und Eigenverwaltung，GOI）。

德国破产管理人协会现有468名会员。会员有普通会员、通讯会员和荣誉会员类。根据《德国破产管理人协会章程》第3条，成为普通会员的条件，是在加入协会前3年内曾担任企业的破产管理人且提交至少10个其管理的企业破产案件及2个已经完成的企业破产案件。德国破产管理人协会的组织机构，主要有董事会、理事会、辅助董事会处理日常行政事务的办公室，和在专业上辅助董事会的6个委员会，其中之一即立法委员会。德国破产管理人协会设申诉专员（ombudsman），主要负责在法庭外解决破产管理人和债务人、债权人以及法院之间的纠纷。

（2）新德国破产管理人联合会②

新德国破产管理人联合会（Neue Insolvenzverwaltervereinigung

---

① 本部分主要参考德国破产管理人协会网站：https：//www. vid. de，最后访问时间2024年7月11日。

② 本部分主要参考新德国破产管理人联合会网站：https：//www. nivd. de.，最后访问时间2024年7月11日。

Deutschlands e. V. , NIVD）成立于2012年3月26日。其前身为2007年夏天成立的青年破产管理人协会。新德国破产管理人联合会的目的，是在学术上支持在德国破产法和国际破产法领域内的培训。为实现该目的，协会定期组织会员见面、专业报告和培训。此外，联合会也在全德境内代表破产管理人的利益，并积极参与立法。

新德国破产管理人联合会现有会员350名。会员既可以是自然人，也可以是法人。与德国破产管理人协会不同，新德国破产管理人联合会对入会几乎没有任何限制。会员的范围不限于破产管理人，也包括与破产法有关的或将来可能参与破产程序的人，如破产管理人办公室的雇员律师、债权人代表、银行家和法院工作人员等。新德国破产管理人联合会的组织结构，主要有董事会、理事会和辅助董事会处理行政事务的办公室。

由上可见，新德国破产管理人联合会虽然宣称代表全德境内破产管理人的利益，积极参与立法，但是以教育和培训为主，与行业自治的相关性甚为微弱。

（3）德国破产管理人协会的自治管理

如前文所述，德国破产管理人协会制定了一系列行业标准和自治准则。但是需要注意的是，该协会并非官方性组织，其成员虽然来自全国，但仅占德国全部破产管理人中的一小部分。不仅如此，德国破产管理人协会的会员必须有管理企业破产的经验。换言之，纯粹或主要以个人破产为业的破产管理人，以及初执业的破产管理人，不能成为协会的会员。因此，其行业自治模式的适用范围有限。德国破产管理人协会除在入会时对申请人设立严苛的条件之外，还从以下几个方面赋予会员自治管理：

一是德国破产管理人协会的质量标准体系。德国破产管理人协会为会员设立远远超出法律规定的标准。特别要求所有破产管理人会员，必须获得DINEN ISO 9001认证。协会会员的破产管理在经过质量审查之后，可以获得德国破产管理人协会颁发的德国破产管理人协会破产管理认证，即VD－CERT认证。要获得VD－CERT认证，会员除在入会时证明其已具备专业经验和技能外，还需提交由独立中介机构出具的文件，证明该破产管理人遵守协会 GOI 规则和协会的管理人执业原则，并且已获得 DINEN ISO 9001 认证。VD – CERT 认证的审核非常严格，且每年只进行一次。另外，德国破产管理人协会还协同其他机构共同制定标准。比如德国破产管理人协会协同其他机构制定的统一适用于破产程序的“会计科目标准”。目前，会计科目标准的使用，尚不属于会员的法定义务，但已成为德国破产管理人协会推荐会员使用的标准。

二是德国破产管理人协会的管理人执业原则。德国破产管理人协会于 2006 年 11 月 4 日制定《管理人执业原则》，其目的在于建构全体破产管理人统一适用的执业规则。德国破产管理人协会的会员，必须遵守《管理人执业原则》。《管理人执业原则》由前言、一般规定、一般执业义务、特殊执业义务和义务违反的处罚五部分组成。“一般规定”强调《德国破产法》第 56 条对破产管理人聘任的规定。在“一般执业义务”部分，《管理人执业原则》详细规定破产管理人任职的资格：适格、独立、管理能力和意向、专业懂行和继续参加培训；在“特殊执业义务”这部分，规定揭发义务、订约和报酬以及使用禁止、财产照管义务和签订保险的义务。管理人违反该执业原则的规定时，协会可对其警告、训斥，甚至开除出协会。

三是德国破产管理人协会的管理人行为准则。[①] 在《管理人执业原则》的基础上，德国破产管理人协会还制定《合规破产管理基本准则》。该准则旨在制定新的管理人行为准则，实现破产管理的独立、透明和高质量。《合规破产管理基本准则》适用于破产管理人、特别管理人、临时破产管理人、监管人、受托人和专业鉴定人，共包括 70 项破产管理人行为准则，涉及管理人和其办公机构的一般性要求，也包括破产程序进行中管理人的行为准则。其中，破产程序进行中管理人的行为准则，共计 25 条 49 项。这 49 项行为准则精细入微，几乎面面俱到。比如，第 22 项行为准则即规定，“破产管理人在收到法院的

① 关于管理人行为准则的相关内容，参见德国破产管理人协会网站：https：//www. vid. de/der – verband/qualitaetsstandards/goi/，最后访问时间 2024 年 7 月 11 日。

聘任后应毫不迟延地通知法院，其是否接受该聘任”。

四是乌伦布鲁克标准。在德国破产管理人协会的主要参与下，乌伦布鲁克委员会（Uhlenbruck – Kommission）制定了“乌伦布鲁克标准”（Uhlenbruck – Kriterien），该标准涉及破产管理人的预选、聘任、监督和管理质量评价。这一标准主要包括以下方面：受过法学、经济学或其他与经济学相关的大学教育、掌握特定的理论知识，包括破产实体法、破产程序法、企业经济基础理论等；在破产事务所或以管理人身份，执业至少 3 年；有可信赖的和稳定有序的经济关系、企业经营经验、破产专属的办公条件、专业的雇员；遵循就近原则、保持独立性，并签署第三者责任财产险。虽然德国破产管理人协会目标之一是制定统一的执业标准和准则，但是乌伦布鲁克标准的适用，仍有很大的局限性。①

五是争议解决。迄今为止，德国破产管理人协会设立的申诉机构是德国唯一一个法庭外的破产程序争议解决机制。该争议解决启动的前提条件，是破产管理人须为德国破产管理人协会的会员。申诉机构设一名拥有丰富破产经验的申诉专员，其完全独立，且不受任何指令的影响。申诉专员必须按照法律、法规和德国破产管理人协会的章程性规则，处理申诉。申诉的申请人是破产程序的债务人或债权人，被申请人则是该破产程序的管理人（必须是德国破产管理人协会的会员）。申诉专员在听取各方意见后，应书面给予调解建议，在 1 个月内未收到异议的，该调解建议视为双方接受该调解建议。

4. 法国

法国的破产管理人制度，是法国破产法中的一个颇具特色的制度。按其法律与行政规章规定，其管理人分为重整管理人（又译司法管理人）与债权人代表（又译司法代理人）两类，前者负责管理破产财产或协助、监督债务人的经营管理工作，后者代表债权人的利益，清理债务人的财产。在法国破产法律制度中，破产管理人在不同的程

① “乌伦布鲁克标准”概要及其原文见德国破产管理人协会网站：https：//www. vid. de/der – verband/qualitaetsstandards/uhlenbruck – kriterien/，最后访问时间 2024 年 7 月 11 日。

序中扮演不同的角色。在司法重整程序中，司法管理人在观察期间，是重整方案的拟定者。在重整实施期间，可以是监察员或部分事务的直接管理者。在清算程序中，管理人是清算人。根据其职责的不同，法国共有 5 种管理人：特别管理人（临时管理人）、和解人、重整管理人、清算人与债权人代表。法国的破产管理人由法院任命通过考试的法律专业人士来担任，具体业务也由法院指定，没有自身的固定客户。破产管理人的职责主要是两类：一是代表债权人的利益清理财产；二是代表或者协助债务人，致力于拯救企业，破产管理人要对其承担的业务提供相应的担保。

以国内大量的破产执业者为基础，法国也已组建了全国范围内的破产管理人自治组织。依据《1990 年 12 月 31 日第 1258 号法律》，破产管理人的全国性代表机构是破产管理人及破产代理人全国委员会。法国全国破产管理人委员会（CNAJMJ）由法国破产从业人员协会（LFPPC）等 3 个组织组成，以维护行业利益为己任。该组织由 12 名理事组成，成员涵盖管理人、债权人代表、律师、会计师、审计师、保险人、银行等行业人员，在全法范围内设有 11 个地方性组织，有近 700 名成员。破产管理人及破产代理人全国委员会由 16 名成员构成，包括 8 名代表破产管理人、8 名代表破产代理人，由各自的注册成员选出。成员任期 4 年，可连任 1 次。而委员会成员从他们中间再选出主席及副主席各 1 名（由破产管理人及破产代理人轮流担任相关职位），以及其他 4 名成员以构成委员会办公室。该办公室的任期为 2 年。破产管理人及破产代理人全国委员会成员及办公室成员无偿执行相关职能，只可以依据委员会制定的标准报销差旅费用。

破产管理人及破产代理人全国委员会还负责破产管理人和破产代理人实习生的培训，以及相关的职业考试。由于破产管理人是像律师一样受到严格规范的自由职业，其每年须接受 20 小时或 2 年累计 40 小时的再培训。培训与相关执业内容直接相关，涉及法律、金融、经济、会计、社会及职业道德。因此，破产管理人及破产代理人全国委员会建立了专门的继续培训委员会，以负责相关培训事宜。破产管理人及破产代理人全国委员会最迟在每年的 3 月 31 日，向法官协调员通报没有履行培训义务的破产管理人及破产代理人名单。

同样破产管理人及破产代理人全国委员会每年还要向司法部长撰写一份报告，内容是对破产管理人及破产代理人遵守相关义务予以监督、对他们完成相关使命做出汇总。

除了破产管理人及破产代理人全国委员会负责捍卫破产管理人及破产代理人的集体利益之外，破产管理人职业工会及法国破产程序实践者机构也专门捍卫破产管理人的权益。综上所述，破产管理人在法国是具有准垄断性的自由职业者，入门条件较高，收入不菲，在困难企业的救助或重整程序执行重要职能。然其职业责任重大，受到严格监管。若执业不当，则不仅有受到行业处罚之虞，还有面临刑事及民事指控之忧。

5. 澳大利亚

澳大利亚破产执行人协会（Insolvency Practitioners Association of Australia，IPAA）是破产从业人员的民间职业团体。IPAA 的会员以注册会计师为多。在澳大利亚，只有破产执行人协会的会员才有资格担任破产案件中的破产管理人，该项担任破产管理人的资格可称为执业执照。破产管理人执照制度有三个优点：

第一，破产管理人执照制度解决胜任能力问题。破产职业最本质的工作是提供高质量的服务，最终提供服务的是人，不是资本，而做好服务工作，执行好破产管理人业务的最重要的是胜任能力，破产管理人执照制度要求专职的破产职业从业人员必须首先通过专业特殊考试，并具有 3 年以上从事破产事务的经验。另外，破产管理人执照制度还有注册、年审、继续教育的内容，使破产职业的从业人员的素质有一定门槛，提高了破产管理人的胜任能力。

第二，破产管理人执照制度可统一执业标准。破产管理人执照制度可以统一并规范从业人员的行为，破产职业团体容易对该行业进行管理和规范，行业协会容易组织专家委员会进行统计和案例分析，组织有关破产职业必要的教育和培训，如“破产管理人的职业准则”，总结“最佳实务实践”，提高破产职业人员的业务水平。破产程序中受到损害的一方当事人可向其颁发资格证书的职业团体进行申诉，行业协会对破产管理人的投诉组织专家委员会调查，并可根据调查报告做出专业的裁决。如果该破产管理人确实有过失，将会赔偿投诉人的损失，并对该失职的破产管理人进行处罚，对犯有失、渎职和欺诈等问题的相关从业人员进行处罚（包括吊销执业执照），有利于提高该行业的业务水平和社会公信力。

第三，破产管理人执照制度会更有利于保护债权人和债务人的利益。破产管理人执照制度有增加社会成本和减少社会成本的两个方面。一方面，由于有政府和行业管理的发生，破产管理人执照制度会发生增加社会管理成本。这些成本最终会由破产管理人从破产财产中收取回来，从而减少了可分派给无担保债权人的利益。另一方面，也正是破产管理人执照制度有政府和行业协会的管理，有相对严格的投诉及行业处罚制度，破产职业的从业人员的工作效率更高，会做出更好的接管公司的决策，使债务公司尽量重组成功，减少社会成本。破产管理人执照制度使破产职业从业人员会相对更加敬业，从而增加发现破产过程中欺诈行为的可能，尽量提高“假破产，真逃债”的发现和处罚的概率，并且因此对某些犯罪嫌疑分子有震慑作用，使其放弃犯罪的可能，从而增加可分配的破产财产。总体而言，破产管理人执照制度会给债权人带来更多实际的利益。[①]

6. 荷兰

荷兰根据新《欧盟破产条例》的术语体系，采用“破产执业者”（insolvency practitioner）这一概念表述，统称法院指定的破产管理人或者清算人，具体包括：破产清算程序中的托管人（curator），中止支付程序中的管理人，以及自然人债务重组程序中的管理人。《荷兰破产法》并未对破产执业者的身份作出具体的限制。不过，荷兰法院通常会指定律师作为破产程序中的托管人或者管理人，并且通常是荷兰破产律师的自治组织荷兰破产律师协会（NOVA）下属的专门组

① See Steele, Stacey, Vivien Chen, and Ian Ramsay, *An Empirical Study of Australian Judicial Decisions Relating to Insolvency Practitioner Remuneration*, Insolvency Law Journal 24.3 (2016): 165–191.

织，目前有超过700名会员、准会员以及工作人员。根据该协会章程，创办该协会的目标包括：提高破产律师的破产执业专业水平，促进协会成员之间的相互交流（第2.1条）。为此，协会会组织培训活动，促进信息交流，并举办提升专业技能的其他活动等（第2.2条）。

荷兰破产执业者行业自治问题，主要体现在荷兰破产律师协会对于破产律师的管理。整体而言，协会主要通过“软法”的形式，规范整个破产执业者群体。具体包括：

（1）管理正式会员和准会员

上述说到，虽然荷兰法律没有明确规定法院指定破产执业者的要求，但是在实践中，法院一般都会指定破产律师协会的成员，作为托管人或者管理人。故而，成为荷兰破产律师协会的会员，是能够从事破产业务的关键。协会对于会员资格的管理主要分成两个部分：一是对于新会员的批准；二是对于老会员的管理。如果一名律师想要成为荷兰破产律师协会的会员，必须经过如下一系列的程序和考核。①

（2）制定破产执业者行为规范

目前，荷兰破产律师协会已经制定一系列的规则和指南，指导破产律师的工作，包括《执业规则2011》、《隐名接管人执业规则2015》以及《程序规则》等。值得注意的是，这一系列规则都不是法律规范，仅仅是行业指导纲要，并不具有实际的约束力。以《执业规则2011》为例，其在序言中明确指出，此类规则是“最佳行为规范”旨在填补法律和司法实践的空白。不过，在实践中，律师们也通常会遵循此类规范。

（3）能够审理对会员的投诉

根据荷兰破产律师协会有关投诉的规定，协会会组建审查委员会，审理对于会员的投诉案件。对于会员的投诉，可以由破产案件的相关权利人提出，也可以由协会的董事会提出。审查委员会主要审查会员是否在破产案件中展现出充分的公正、客观、独立、审慎、专

① See Curnock, Carol Ann, *Insolvency Counselling – Innovation Based on the Fourteenth Century*, Osgoode Hall LJ 37 (1999): 387.

业、效率和尊重当事人。值得注意的是，审查委员会并不能决定或建议惩罚，也不能作出有关责任的决定。由此可以看出，此项制度并不对于破产律师有很强的约束力，这也因此被荷兰学界所诟病。虽然荷兰破产律师协会不能对破产律师作出处罚决定，但是荷兰法律提供了其他的救济措施。根据《荷兰破产法》规定，债权人以及债权人会议，或者债务人自身对于清算人的行为有异议，或者希望清算人实施或者不实施某种行为，可以向法庭作出申请，破产法官应该在听取有关清算人的陈述3天内作出决定。[①] 根据法官的建议或者债权人以及债权人会议或者债务人的申请，法院可以更换清算人或者另外指派一名或多名联合清算人。[②] 此外，作为律师的破产执业者也受到《荷兰律师法》的规制，并接受荷兰律师协会的管理。根据律师法的规定，对于律师的投诉可以向律师所在地的律协主席作出，并由独立的纪律委员会作出决定。基于有合理依据的投诉，可能作出的处罚措施包括警告、训诫、罚款、暂停执业（不超过1年）以及吊销律师执照。[③] 如果对于纪律委员会的决定不服的，可以上诉到纪律法院。纪律法院有权作出的处罚措施同前述纪律委员会一致，包括警告、训诫、罚款、不超过1年的暂停执业以及吊销律师执照。[④]

五、个人破产管理人的特殊机制[⑤]

从人类文明发展史来看，个人破产是商业与社会文明的先声。有了个人破产，人们就有了个人信用的刻度，商业交往就有了可确定性预期，市场经济的假设就有了基石。

从制度发展史来看，个人破产制度是几乎所有商事法律制度的逻辑起点。有了个人破产，个人的经济交往与投融资行为，进而合伙，

① 参见《荷兰破产法》第69条。

② 参见《荷兰破产法》第73条。

③ 参见《荷兰律师法》第48条。

④ 参见《荷兰律师法》第60a条。

⑤ 本处内容节选自李曙光教授为北京市尚公律师事务所编著的《个人破产管理人制度研究》一书所作的序言。

进而公司，再进而资本市场与金融活动，就有了基础规则，其他规则的丰富色彩都建构在破产风险规则的底色之上。

从今天的中国式现代化目标来看，个人破产制度是共同富裕的一个底层制度，让“诚实而不幸”的债务人能依法适时豁免沉重债务负担，重新振作起来，去进行新的人生创业与试错选择。

中国行进中的社会主义市场经济已有30年历史了，这一过程中，许多重要的经济商事法律制度都建构起来，但似乎这种建构缺乏破产信用制度的基础，市场经济的有效性因而未充分展示出来。2006年，我国第一部市场经济《企业破产法》出台，虽然弥补了市场主体信用法的少许遗憾，但因没有就个人破产立法，只能称其为“半部破产法”，市场经济大厦最厚重的那块基石终是缺乏。

制度缺钙，依托制度的体制就没有足够的力量。在社会主义市场经济转型期，人们很快发现个人破产制度的重要性，近年来，政商学界呼吁个人破产立法的呼声不绝于耳。2019年6月22日，国家发展和改革委员会等十三部门公布《加快完善市场主体退出制度改革方案》，明确提出要“分步推进建立自然人破产制度”。这是国家官方层面第一次认识到个人破产的重要性。2020年8月26日，深圳市人大常委会推出《深圳经济特区个人破产条例》，并于2021年3月1日开始实施；2021年7月19日，全国首宗个人破产案件由深圳中院裁定。个人破产在深圳特区率先“破冰”。2021年，《企业破产法》（修改）被列入全国人民代表大会常务委员会2021年度立法工作计划初次审议项目。2022年5月6日，全国人民代表大会发布《全国人民代表大会常务委员会2022年度立法工作计划》，其中《企业破产法》修改案被列入年内审议项目。至此，个人破产制度是否纳入其中，中国个人破产法该如何设计，成为法学法律界讨论热点和全社会关注的话题。

个人破产制度的立法及未来的实践，绕不开个人破产管理人这个关键角色。个人破产管理人是个人破产程序中的中心角色，是个人破产程序的主要推动者和破产事务的具体执行者。在一般印象中，个人破产管理人和企业破产管理人同样是承担债务人财产的管理、债权债务清理及处理相关破产事务工作，似乎并无差别，但考察国内外现有相关制度实践，两者在定位、主体、履职、监督等方面却差异不小。进一步说，个人破产管理人，不仅需要具有企业破产管理人的能力素质，还应具有关怀破产者个人人生命运的悲悯情怀与从事细致入微法律服务工作的专业特质。[①] 如果说企业破产管理人目前学界已有许多研究成果，但个人破产管理人的专题研究则是稀缺的。

六、关于设立中国破产行政管理机构[②]

《企业破产法》实施十余年，一些积极作用已经呈现。例如，一些资不抵债或现金流出现危机而处于破产困境的企业，借助破产重整程序，成功走出了困境。但《企业破产法》在实施过程中暴露了许多问题。最突出的是，许多企业本应申请破产，却逃避破产程序，把损失转嫁给债权人和职工。

以 2008 年的一组数据为例：该年法院受理的破产案件只有 3139 起，而当年退出市场的企业多达 78 万家。这 78 万家企业中，有 38 万家以注销的方式退出市场，40 万家以吊销的方式退出。

2008 年是国际经济危机最严重的一年，我国企业受到的影响也非常大。这些退出市场的企业中，有相当一部分应该走破产程序，但它们选择逃避破产，把企业失败的成本转嫁给了债权人和职工，甚至可能把成本进一步转嫁给社会和政府部门。本应申请破产的债务人逃避破产，从个案上看似乎便宜了债务人，从整体上看，既无益于债务人，更有害于债权人、职工，最终会给社会带来更大危害：将大部分倒闭企业拒于破产门外，会鼓励企业主卷款潜逃，留下没有清理的债权债务关系和更多的失业人口。

《企业破产法》的实施效果不理想的主因，是缺乏一个配套的政府主管机构，应改革破产行政管理制度。

---

① See Tiller, E. Allan, *Personal Liability of Trustees and Receivers in Bankruptcy*, Am. Bankr. LJ 53 (1979): 75.

② 本处部分内容整理自国家发展和改革委员会财金司委托李曙光教授团队的“破产行政管理制度研究”课题研究成果。

（一）破产行政管理改革的背景

1. 破产行政管理体制改革相关政策

作为市场经济运行的重要主体，企业发展的根本动力是改革创新。然而，种种原因所致，多年来中国不少企业因产能落后、改革创新乏力早已进入“僵尸企业”行列。因此，2015 年中共中央经济工作会议将“去产能”确定为 2016 年五大结构性改革的第一要务，并明确提出了“积极稳妥化解产能过剩”、对“僵尸企业”进行“多兼并重组、少破产清算”的具体要求。2016 年 3 月 13 日，最高人民法院院长周强在工作报告中明确要求：“依法审理企业破产重整案件，建立全国企业破产重整案件信息网，稳妥处置‘僵尸企业’，推动用法治手段化解产能过剩。”①

2017 年最高人民法院《关于为改善营商环境提供司法保障的若干意见》指出，协调完善破产配套制度，提升破产法治水平。推进府院联动破产工作统一协调机制，统筹推进破产程序中的业务协调、信息提供、维护稳定等工作。积极协调政府运用财政奖补资金或设立专项基金，妥善处理职工安置和利益保障问题。2017 年 12 月中共中央经济工作会议更是将进一步深化供给侧结构性改革确定为 2018 年八项重点工作之一，并提出要“大力破除无效供给，把处置‘僵尸企业’作为重要抓手，推动化解过剩产能”。党的十九大报告强调，建设现代化经济体系，必须以供给侧结构性改革作为主线，把提高供给体系质量作为主攻方向，坚持去产能、去库存、去杠杆、降成本、补短板，优化存量资源配置，扩大优质增量供给，实现供需动态平衡。2018 年 3 月最高人民法院在《全国法院破产审判工作会议纪要》（法〔2018〕53 号）中提出，健全破产审判工作机制，最大限度释放破产审判的价值。要进一步完善破产重整企业识别、政府与法院协调、案件信息沟通、合法有序的利益衡平四项破产审判工作机制，推动破产审判工作良性运行，彰显破产审判工作的制度价值和社会责

---

① 参见《最高人民法院工作报告》，载中国人大网：http：//www.npc.gov.cn/zgrdw/npc/dbdhhy/12_4/2016－03/21/content_1985710.htm，最后访问时间 2024 年 7 月 11 日。

任。企业破产涉及清理税务、工商注销、职工安置、社会救济等问题，离不开政府的管理和服务，需要“科学的宏观调控，有效的政府治理，规范的依法行政，充分的政府服务”，需要法院与政府形成有效联动。

2. 破产案件审理情况可视化分析

但是，自 2007 年《企业破产法》实施以来，破产案件受理情况并不乐观。一是法院受理的破产案件总量与我国的经济总量并不匹配。作为全球第二大经济体，与发达经济体相比，我国破产案件数量明显偏低。美国每年商业性质的破产案件结案数量约为 3. 93 万件，英国、德国、法国年平均公司破产数量分别为 1. 8 万家、3 万家、5. 5 万家。二是法院受理的破产案件总量与实际歇业企业总量不匹配。大部分资不抵债企业在退出市场时并未启动破产程序，破产制度未能发挥其应有的社会调整作用。

以上现象之所以形成，不容忽视的因素在于，政府与法院的沟通协调机制不健全、不完善，更深层次的原因是，缺乏一个和破产法实施相配套的政府主管机构，政府应当发挥的关键作用在企业破产的社会转轨进程中相对缺失。在破产案件审理过程中，一方面破产案件主管权在法院手中，另一方面法院只审理涉及债务清偿的问题，而企业破产往往在债务清偿之外还会产生一系列社会问题，这些问题的解决通常并不属于法院的职权范围，法院也不具备解决这些问题的社会资源，这些问题均应由地方政府有关部门解决。也就是说，企业破产不是法院一家的事情，需要党政的支持和部门的协调配合。政府在破产案件中，既需要协调推进企业破产审判工作顺利进行，适用破产机制倒逼企业规范经营，使破产重整后的企业能尽快盘活重生、破产清算后的企业能尽快市场出清；又要发挥政府各相关部门和法院，协调解决政府和法院提交的企业破产审判涉及产权瑕疵、债务处理、职工安置、税收优惠、信用修复、企业注销、破产费用保障、打击逃废债等重点难点问题。有效发挥破产程序中行政职能在破产案件中的关键辅助作用，不仅能推动企业破产审判体制机制创新，探索破产案件快速审理模式，加快破产案件审判进度；更能积极发挥破产管理人、资产管理公司、清算公司等第三方专业机构作用，促进企业破产审判市场化常态化。

此外，对于破产管理人的监督和管理，我国仍未建立起行之有效的制度体系，这不利于阻碍滥用破产管理权力行为的发生，也可能会降低破产法实施的效果。目前的破产管理人按破产法规定由各级法院进行管理。但法院作为中立的裁判机构，不应行使破产管理人的管理职能。这种体制极容易产生寻租空间，在督促管理人履行职责中也缺乏效率。我国急需一个独立的机构，担负其监督和管理破产管理人的职责，破产管理人局的设立迫在眉睫。作为破产案件管理机构，破产管理人局管理作为私人主体的破产管理人，既有资格也有效率。当然，这种管理不是干预，而是监督，相当于破产案件管理中的守门人角色。作为破产管理人的监督者与管理人，破产管理人局可以监督检查破产管理人在破产程序中履行职责的情况，防止破产管理人滥用职权，以确保破产管理人完全按照法律规定清偿适格权利人，提升破产程序的效率。

（二）我国破产行政管理体制的实施现状

政府是法院实施破产工作的“同盟军”，行政权积极配合司法工作的实施，为推进破产案件提供必要的便利条件，是实现破产案件高效、顺利解决的关键推力。供给侧结构性改革从提出到深化，政府在破产案件的解决中确实发挥了不容小觑的作用。从《企业破产法》文本来看，并没有用到“政府”这两个字眼。然而，在破产法实施过程中，政府的影响力清晰地摆在那里，甚至于破产程序中每个环节都能看到政府的影子。现在，各地都在大力推进以处置“僵尸企业”为重心的去产能调结构工作，因此，厘清政府在破产法实施中的角色定位、深化既有“府院联动”机制，是破产行政管理体制改革的重中之重。

1. 政府在破产案件中的角色定位与职能发挥

实践中，破产处置中许多工作直接间接与地方政府相关，比如政府作为国有企业的出资人或者监管者，涉及人员安置，产业结构调整，历史遗留问题解决等，需要政府从中协调，如果遇上地方明星企业的破产处置，由于其处置结果会对地方各方利益、社会稳定产生重大影响，地方政府不得不直接参与其中。像这类对地方利益影响较大的企业，法院如果没有政府出具的意见，是不会受理相关破产案件的。从其他国家和地区的经验来看，政府在破产法实施中的角色作用也不是一点看不到，如个人破产、管理人的管理等，政府都发挥很重要的作用，像通用、雷曼兄弟这种大的破产案件，政府更是扮演弥补市场机制缺失的角色。

实践中，中国的中央与地方政府在破产法实施中扮演以下角色：

其一，政府是破产法实施的推动者。无论是上一轮的政策性破产，还是这一轮的推动供给侧结构性改革，政府都是破产重组政策的制定者，推动者和牵引者。政府推动“僵尸企业”市场出清的许多决策是破产案件受理数量快速增长的重要原因。政府的政策导向对于市场有着非常重要的影响力。

其二，政府是破产法实施的参与者。“僵尸企业”中有很大一部分是国有企业，政府是国有企业的出资者、监管者，这也就意味着在“僵尸企业”处置中政府是置身其中的利益参与方。在破产案件中，许多案件都是政府直接指派有关人员组成清算组，身体力行地参加到处置困境企业与“僵尸企业”的第一线。

其三，政府是破产法实施的保障者。破产法实施过程中的很多工作与配套制度政策有赖于政府的支持与协调。下岗职工的安置，破产企业的税收减免，破产企业的注销，“三无”企业的破产启动，破产程序后的信用修复，等等，都已经超越司法的范畴，也是市场自身无法解决的问题，需要政府内部上下级之间的联动，不同部门之间的协调配合以提供支持。

然而，分散管辖模式下，破产案件数量少，法院没有动力和精力逐个与政府职能部门对接协调；部分地方政府和政府部门忽视了破产程序对于完善市场退出机制的重要意义，存在破产程序中公共服务职能履行不充分的情况。破产程序涉及的政府部门众多，没有一定级别的牵头部门推进，没有统一的对接部门，都极大地制约了行政职能的发挥，同时也阻碍了破产工作的顺利推进。

（1）行政权力在破产程序中定位偏差

目前大部分政府部门在遇到企业破产时，心理上会存在两相博弈的不平衡。一方面，大部分地方政府在企业破产时，选择直接干预法院受理破产案件。造成这一现象的原因在于，企业破产影响地方政府税收、甚至影响地方政府政绩。当有大中型企业退出市场，政府不干预不仅意味着地区生产总值的减少、地方财政收入的流失，而且意味着晋升机会的减少。此外，破产企业职工安置成为政府沉重负担。国有企业在职工人在社会保障方面的历史遗留问题仍然长期存在，并呈现“尾大不掉”甚至有“卷土重来”的趋势。由于基本保障制度如失业保险覆盖面还比较窄、社会保险统筹层次低、信息化建设发展水平不均衡、管理服务基础薄弱、再就业培训体系不健全等问题尚未得到根本解决，尚不能很好适应企业破产带来的人员安置压力问题。在“稳定压倒一切”的大背景下，各地政府为避免企业破产可能引发的群体性事件甚至更大范围的危机，不会也不敢轻易让企业退出市场。也就是说，一些地方政府认为破产有损政府声誉，也不愿承担职工失业救济、就业安置等方面的社会责任，从而不愿当地企业破产，于是不惜打破行政权边界，对企业破产实施不当干预。鉴于现有的法院设置，即法院的人、财、物依附于地方各级政府与人事部门，地方司法机关显然无力抗衡地方政府的权力干预，其结果不仅使司法机关在某些时候失去了应有的独立性，而且还导致了司法权的地方化。

另一方面，政府在面对法院寻求配合和帮助时选择回避和缺位。破产案件确实应由法院审理，但法院只审理涉及债务清偿的问题，而企业破产往往在债务清偿之外还会产生一系列社会问题，这些问题的解决通常并不属于法院的职权范围，法院也不具备解决这些问题的社会资源，这些问题均应由地方政府有关部门解决。也就是说，企业破产不是法院一家的事情，需要党政的支持和部门的协调配合。但是实践中法院面临诸多难题。一是党政支持虚。一些领导有顾虑，担心政绩、担心形象、担心秩序、担心逃债而不敢破产；一些领导急于与破产的企业切割关系，害怕再有纠缠；一些领导畏难，一有法院介入，借口尊重法院独立审判，赶紧甩包袱；一些领导口头支持，但一涉及实质内容就难以落实。二是部门协调难。行政管理不规范所累积的问题在破产中都会暴露出来，加上破产程序需要特殊处理的问题较多，可以说，企业的相关职能管理部门有多少，可能需要协调的部门就有多少。其中很多问题往往需要地方政府有关部门花费时间、精力，甚至动用财政资金才能解决。比如职工的失业救济与安置问题。多数破产企业在破产之前就已资不抵债，长期拖欠职工工资、养老金、医疗保险金。如何妥善解决“准破产企业”的职工安置问题，并保障他们的最低生活要求，成为做好破产工作的难点。又如旧厂区产权的区分问题。一些“准破产企业”旧厂区往往存在历史遗留问题，产权并不明晰，从而导致破产程序难以启动。再者，这些问题可能会影响其既得利益又不显政绩，在对其不履责行为缺乏法律责任追究机制的情况下，一些政府部门当然是能推则推，能拖则拖。因此，统一协调的困难重重，政府在破产案件中的重要作用并未充分发挥。

（2）政府职能在破产案件中缺乏统筹

破产审判往往涉及房屋土地产权的确认、税收的减免、工商登记的注销以及企业职工安置等方面的问题，需要国土、财税、工商等部门的大力配合。比如，就国税、地税部门来说，破产企业通常都涉及利息税、流转税、营业税、个人所得税、增值税、企业所得税等巨额未缴税费，需要税务部门及时申报债权。但在破产程序中，税务部门鲜有及时、主动申报债权的。对于资不抵费的破产案件，税务部门往往在法院裁定终结破产程序后，破产企业管理人向相关部门办理注销手续时，才要求管理人缴纳所欠税款及滞纳金，同时还以破产企业系非正常户为由不予办理税务注销手续。这不仅拖延了企业破产程序的进程，而且使得部分“植物人”企业无法有序退出市场，无法发挥破产清算程序的“清道夫”功能。对金融监管部门来说，资不抵债的金融机构被监管部门列入不良贷款单位名单，即使能够重整成功，破产企业也很难再通过金融机构融资，并导致众多投资者心怀顾虑，不敢注资破产企业。就规划、国土资源、房管等部门而言，很多破产企业的厂房存在土地、房产手续不完整，或者没有合法的土地、房产手续，或者是部分合法、部分不合法的情况，这导致管理人在对破产财产进行处置时会存在困难。

而对公安部门来说，一些企业在进入破产程序过程中，出现部分债权人对破产企业财产进行抢控处置的情况。虽然有些管理人已向公安部门报警，但公安部门的相应处置力度并不够。这部分债权人的行为侵犯了债务人及其他债权人的相应权利，严重影响了破产案件的处理效果，对法院审理破产案件的权威性造成不利影响。此外，破产企业的部分财产经常在破产案件受理之前就已经被公安部门查封，该部分财产在移交法院时不够顺畅。就工商部门来说，对于因为无产可破或资不抵费而裁定宣告破产并终结破产程序的企业，在管理人申请工商部门办理工商注销登记的过程中，工商部门常以破产企业未办理税务注销登记为由，拒绝办理工商注销登记。由于破产企业资产无法偿付欠付税款，税务部门以未缴清欠付税款为由拒绝办理税务注销登记，从而导致相应企业无法退出市场。

而导致上述弊病的原因，正在于目前缺乏一个处于上位的统筹协调部门，对各个与破产程序相关部门进行统一指导、调度和监督，促使各部门充分履职，并且对各自的职能进行进一步的优化，以更匹配破产案件顺利、高效推进的需要。法院虽然对企业破产的全过程处于主导地位，但在司法系统和行政系统相互独立的情况下，法院也没有权力、更没有能力对相关政府机关进行统筹协调，而这一上位部门的缺失，直接导致国土、财税、工商等部门各行其是，极大地限制了政府职能的发挥，更降低了破产案件处理的效率。

2. 既有破产法的实施路径——府院联动机制

目前，我国已经初步建立起府院联动机制作为破产法实施的机构保障。依据《企业破产法》的相关规定，法院在破产法实施中发挥着主导性作用，政府则居于辅助性地位。应当承认的是，中央及地方政府与法院在推进府院联动机制、积极实现职能对接方面成效卓著。

现实中行政权力的强势加上企业破产的综合性使得现有的“府院联动”机制存在不平衡性，影响了破产法的实施效果。府院联动机制的高效实施，需要准确界定破产程序中政府与法院的各自职能，设立常态化的企业破产工作协调机构，全面落实政府应当提供的公共服务和社会管理职能，坚持政府牵头、部门联动、法院主导、属地管理的原则，建立由政府主导风险管控与事务协调、法院主导司法程序的一体化处理模式。总的来说，当前破产审判府院联动主要存在以下问题：

(1) 全国范围内府院联动常态化机制构建不均衡

近年来，我国破产府院联动工作有了很大进步，通过多年来的努力，原来个别案子才有的府院联动工作制度，在不少省、市、区(县) 出现，形成了现在的经常化、制度化的府院联动制度。江苏、浙江两省不仅较早建立了复原协调联动制度，而且在实践推动这一制度的落实，迈出了扎实的步伐。[①] 不过，全国范围内构建破产府院联动常态化机制的地方仍然数量有限；且整体来看，全国范围内府院联动常态化机制构建是不均衡的。

在大部分地区的破产案件中，政府并非没有相应的沟通机制，只是基本处于个案、个事的状态，并未建立府院联动的常态化机制。通常就是该破产企业属于大型企业，涉及职工人数众多或土地房产众多时，或者是上市企业时，政府会比较重视，会就此事与法院成立联合工作组，召开相关部门会议研究破解难题，在税收、土地等方面给予一定的特殊政策，快速推进，维护稳定。这些临时性府院联动措施，协调机制不健全，协调事项连贯性差，更多的是依靠领导重视，特事特办，不具有规范性，不能反复、普遍适用。

破产案中实施的府院联动措施，往往系政府迫于维稳压力，与法院建立府院联动工作小组，一纸会议纪要，没有明确的职责分工，没有完善的协调对接机制，破产管理人在与各职能部门对接工作时，遇到了非常大的障碍，互相推诿、无限期拖延等，协调事项根本无人能拍板落地，浪费了管理人精力不说，还严重影响了破产事务的推进。而法院对此也很无奈，只能是走一步汇报一步，寄希望于得到“一把

① 参见杜万华法官 2024 年 6 月 29 日在“第二届法治化营商环境助企纾困重组论坛”上的主旨演讲《建设我国破产保护法律制度应当关注的几个问题——对江苏、浙江破产制度实施状况调研后的思考》，载 https：//mp. weixin. qq. com/s/nVCPNodvbqnnZC9FbcqDvg，最后访问时间 2024 年 7 月 12 日。

手”的重视，特事特办。目前基本处于个案、个事、个部门“单打独斗”的情况，通常表现为以协调会形式一事一议、就事论事，解决遇到的具体问题。尽管在一些破产案件的审理过程中，当地政府和法院成立了联合工作组，但属于临时性机构，协调事项不够连贯到位，缺乏长期性，影响破产整体进程和社会效果。

（2）政府在府院联动机制中难以把握职能发挥的界限，影响破产事务的处理

许多地方政府没能正确理解府院联动机制的适用目标，时常定位不准，要么不当干预，要求法院和破产管理人按照他们的意见进行处理，将政府推到了破产案件的最前方，试图通过“政策”快速推进破产事务的处理。或不催不动或不闻不问，认为破产事务是法院与管理人的职责，与自身无关。

而实际上，破产案件处理中的衍生社会问题的解决，是政府履行职责的应有之意。政府职能部门在金融监管、劳动社保、工商税务等方面具有信息优势，掌握着大量企业运营的数据和指标，如税务局、劳动监察大队实时监测企业征税欠薪情况，统计局定期通报资产负债率过高且连年亏损的企业，人民银行、银监局监控企业欠贷欠息、对外担保情况等。政府有能力将大数据和现代信息技术引入“僵尸企业”处置和破产审判当中，再辅之以企业涉诉、涉执行司法数据，基本能够研判企业运营状态和破产可能产生的社会衍生问题，但从目前调研情况看，政府信息资源与司法审执数据共享研判机制尚未建立。政府消极懈怠的态度，直接影响了破产事务的处理进度，法院及破产管理人只能避重就轻，在破产法规定范围内尽量简化债权人会议内容，规避矛盾，努力维护稳定。

（3）府院联动机制的适用范围有限，政府和法院的职能尚未充分对接与发力

目前，府院联动的效果仍主要体现在资产处置和维稳防控方面，在打击逃废债方面的效果并不明显。而且，府院联动机制还没有充分发挥府院的职能优势，形成多部门参与，联动惩戒金融领域犯罪的机制。例如企业主通过转移资产后申请破产、隐匿可清偿资产、转移经

营利润、财产混同、抽逃出资、资产高值低估等方式，以达到“假破产、真逃债”，此时破产债权核查中应当及时运用公安刑侦手段核查违法债权，依法严厉打击非法吸收公众存款、集资诈骗、贷款诈骗、套路贷等行为。对当前“僵尸企业”处置工作与破产审判工作，破产案件涉及面广、政策性强、影响重大，有些甚至触及经济结构调整、体制转轨、社会转型等过程中的深层次问题，仅靠法院单打独斗解决不了问题。尤其在当前“僵尸企业”清理工作背景下，涉及妥善处理企业退出和产能化解所引发的国有资产保护、金融安全维护、职工安置等一系列问题，必须紧紧依靠党委领导和政府支持，统筹整合各方力量，多元化、多渠道解决危困企业的矛盾和问题。

（4）府院联动机制法院权力过度强化，限制了行政机关和破产管理人的职能发挥

最高人民法院依据《企业破产法》第 22 条的概括性授权，先后出台了《关于审理企业破产案件指定管理人的规定》《关于审理企业破产案件确定管理人报酬的规定》，在这两个司法解释中，对于管理人的名册编制、去留、获酬等作了一一规定。据此，法院集管理人有关事务的解释权、决定权、执行权于一身，而与此利益息息相关的债权人及其他利害关系人却被置于事外。尽管规定了债权人会议的异议权，如对管理人的更换申请权、报酬异议权等，但最终决定权仍然掌控在法院手中，其完全可以无视这些异议的存在。这样的制度设计大大强调了法院的主导地位和法官的酌定权力，与其在破产程序中理应扮演的超脱角色相去甚远，同时使管理人和债权人会议等主体的权力受到限制。对于具体案件的法官而言，其自由裁量的空间过大，反将其自身推入了十分危险的境地。

为保障法院司法中立的特性，破产管理人在破产程序中承担了大量的事务性工作，这其中就包括与政府各部门之间的协调工作。有些地方的府院联动根本没有协调程序的内容，有的府院联动协调程序中，规定的是政府与法院两个主体之间的联动，将破产管理人依附于法院，忽略了其在破产程序中应有的独立法律地位。在府院联动协调机制不健全的地方，破产管理人作为第三方机构在与政府部门对接

协调的过程中，就会受到不同程度的“冷遇”，甚至直接拒绝，赔笑脸、说好话成了“家常便饭”。而法院因本身事务繁忙等原因，面对破产管理人提出的各种协调请求，有时会出现久拖无进展或者直接以“府院联动规定已很清楚，无须法院出面”等原因将协调工作再推还给破产管理人，让破产管理人陷入两难的局面，破产工作难以有效推动。

（三）破产行政管理制度改革的意义

1. 破产行政管理改革的必要性

（1）司法权相对弱势地位的固有属性决定了法院根本难以解决企业破产所引发的社会问题

诚如汉密尔顿所言：“司法权在构成国家权力体系的立法权、行政权和司法权中是最弱的一个权力。司法部门既无强制、又无意志，而只有判断；而且为实施其判断亦需借助于行政部门的力量。”[①] 司法权的本质属性是判断权。司法权具有被动性、中立性的特征，以公平与公正优先为价值取向，只服从于法律，从而确保它的行使不受其他力量的影响，排除非法律力量的干涉。司法权的这些特性也决定了法院在其职能范围内仅仅审理涉及债务清偿的问题，并不具有调配、整合社会资源及社会动员能力，仅凭法院的司法裁判难以统筹解决破产审判中常常会遇到的诸如企业风险处置、资产变现、职工安置、税费减免、引入战略投资人、为企业提供政策帮扶等社会层面的行政事务性问题。

司法权在解决企业破产引发的社会问题方面存在着相当的局限性，而行政管理发生在社会生活的全过程，它不一定以争端的存在为前提，其职责内容可以包括组织、管制、警示、命令、劝阻、服务、准许、协调等行动。政府行政权具有主动性和扩张性，以效率优先为价值取向，偏向于积极主动干预社会公众的经济和生活，其目的是维护社会的安全秩序与普遍的社会福利与公共服务。企业破产衍生的系列社会问题显然属于政府应尽的职责，无论是维护职工队伍的稳定，

---

① ［美］汉密尔顿等：《联邦党人文集》，程逢如等译，商务印书馆2017年版，第453页。

还是与债权人的沟通、投资人的谈判，政府都具有得天独厚的条件，而且政府还具有在劳动社会保障、金融监管、工商、税务、公安等方面的职能资源优势。政府具有公共服务和社会管理的职能，应当依法为实施市场化破产程序创造条件。行政权力只在破产法外部为其创造良好的社会环境和法制环境，使破产程序突破行政权力的瓶颈，真正实现司法权指导下的私权自治。

（2）破产案件自身的固有特质决定了行政权应当适度介入

企业破产案件往往表现出法律关系多元化、触及的利益主体多、矛盾纠纷复杂化、法律适用与企业管理复合化、社会影响巨大等特征。它不仅牵涉到破产企业与其债权人、债务人之间的各类债权债务关系，还涉及物权、股权、知识产权、证券、保险等法律问题，甚至还涉及劳动、土地、税务、工商等行政管理部门之间的错综复杂的管理关系，具有开庭与开会相结合、办案与办事相结合、裁判与谈判相结合的特点。加上我国计划经济体制历史遗留问题复杂，不可避免地嵌入着政府行政管理职能的内容，这也就决定了破产案件的审理不仅仅是一个单一的事实认定与法律适用问题，而且是一项需要统筹兼顾、多方协调、整体推进的多元化系统工程。

企业破产必然会对包括债权人、职工、出资人或股东、消费者、破产管理人等在内的破产企业利益相关者产生重大而深刻的影响。现行社会保障制度的不健全以及现行破产法的规定都不足以充分有效地平衡与保护破产企业各利益相关者的利益，他们的利益若得不到妥善解决，必然会影响经济社会稳定，这就客观上必然要求政府行政权进行适当干预，借以弥补市场失灵。因为政府有能力在破产企业的有限资源之外调动其他各种社会资源，解决人民法院、债权人会议、债权人委员会和破产管理人无法解决的问题。政府职能部门行使社会管理职能和促进经济发展职能，其中包含了涉及企业主体退出、依法破产的相关内容，政府职能部门发挥协调作用是其职责。

（3）市场这只“看不见的手”本身固有的缺陷决定了行政权有适度介入之必要

企业破产是一种市场行为，是市场经济条件下企业竞争的必然结果，是企业参与市场竞争，接受优胜劣汰，优化产业结构，实现资源合理配置，提升市场率的一种有效途径。企业破产并不仅仅是市场效率的体现，有时恰恰是市场失灵——市场不能保证宏观经济的稳定的体现。企业破产尤其是金融机构、上市公司、大型国有企业等重大企业的破产不仅涉及一个企业的生死存亡，还涉及众多债权人的经济利益，而且与企业职工的切身利益紧密相连，职工安置、社会维稳等问题处理稍有不当，极易引发群体性事件，会对经济安全、社会稳定产生巨大影响。

确定企业是否达到破产界限、启动破产程序是司法主导的领域，学者研究认为，就政府保障破产法实施中政府与市场的关系问题，有不同组合方式和作用边界：就破产法实施的转轨成本而言，政府与市场之间相互替代；就破产法实施中的欠薪问题，政府与市场之间为互补关系；就破产法实施中的制度配套问题而言，政府与市场之间相互排斥；就破产管理人制度而言，政府与市场双失灵。[①] 在破产处置“僵尸企业”过程中，属于政府与市场的互补关系，府院联动机制应弥补市场的不足，二者良性互动；属于政府与市场双失灵的情形，应以相关的法律制度来规范约束。府院联动机制虽然重点在于明确政府在破产处置“僵尸企业”中的责任，但侧面强调了破产法是市场化退出法律制度的重要组成部分，是企业经营非常态下资源配置的基本模式，是优胜劣汰市场规律的反应，说明了政府职能与市场职能的基本界限，在市场经济条件下，政府职能由全能管理型政府向有限政府、服务型政府转变，破产处“僵尸企业”需要政府培育和完善破产管理人市场、重整融资市场、拍卖市场等，创造良好的外部市场环境。

以“僵尸企业”处置为抓手进行的供给侧结构性改革，改变了以往经济管理方式，核心是依赖市场竞争机制的作用。过去我国在很长时间内实行需求侧管理，通过“三驾马车”（消费、投资、出口）拉

---

① 参见王欣新、王斐民：《政府与市场之间的经济法——以政府保障破产法实施为例》，载史际春主编：《经济法学评论》（第12卷），中国法制出版社2012年版，第36~49页。

动经济增长，以政府的直接干预和国家宏观调控为手，以扩张性的财政政策和货币政策来刺激总需求，但其实施效果不容乐观。实践中利用行政手段按指标压缩产能，违背优胜劣汰的市场竞争规律，往往低效的企业并没有压缩，而高效率的企业却被压缩，不利于营造健康的市场环境。当前存在的过剩产能、过多库存、过高杠杆率现象正是需求侧管理失效的表现。

在旧破产法架构下，行政机关主导的清算组对因破产引发社会问题的解决在一定程度上曾起到了积极作用。但是这种过于僵化、行政命令式、强制性、政策性极强的企业清出方式完全不适用我国市场经济发展的要求。2007 年企业破产法以市场化、法治化为导向，以保障债权人与债务人利益、促进市场竞争机制良好运行为立法宗旨，借鉴国际先进立法经验，首次引进了破产管理人制度，明确规定了破产管理人的一系列职责，贯彻了管理人中心主义理念。但它并未明确规定解决社会层面问题的专门机构，大幅度地消减了政府行政权对破产案件的影响，政府亦就破产引发的社会问题的处理缺乏积极性。企业破产的市场化改革导向并不排斥政府保障法律实施的职能，亦并不意味着完全忽视和绝对弱化政府的职能作用。因为众多破产案件的审理亟须政府解决相关社会问题，完全切断或绝对回避政府行政干预几无可能，也不符合当前的现实国情。申言之，绝非完全摒弃行政权对破产案件的干预和介入，而是顺势引导和合理规范行政权在破产程序中的界限，将行政权的介入控制在合理的范围之内，充分发挥政府行政权对破产法实施的促进作用，减少其不利影响。

为此破产法的实施过程必须引入经济法的理念，需要国家的适当介入，从社会本位角度维护社会整体利益，解决各种社会资源配置的合理调控，才能完成现代破产法的历史使命。[①]“需要国家干预理论”是政府行政权介入破产审判的理论基石。从这种意义上讲，政府参与破产审判程序其本质上就是一种“国家干预”，这种干预是建立良好

---

① 参见李昌麒：《经济法——国家干预经济的基本法律形式》，四川人民出版社 1995 年版，第 198 页。

市场秩序所必需的，是国家调控与市场经济发展相协调的有效保障，亦是社会主义市场经济发展的应有之义。

（4）域外破产立法例为政府行政权适当介入破产审判提供了有益经验

综观欧美各国，特别是发达经济体向来信奉市场经济即自由经济，但依法行政调控经济的手段早已自觉或不自觉地渗透到包括美国在内的发达国家市场经济金融监管的各个角落，就此，市场经济中的两只手，一只有形，一只无形，形影不离，互为左右，作为支持市场经济有序发展的左膀右臂，为经济发展持续提供动力保障已无争议。当今世界，不少成熟市场经济国家和地区，政府常常采取例如提供专项财政资金、设立公共服务机构、指导建立基金等诸多形式介入破产案件的审理，确保了破产案件的顺利推进。美国 1978 年破产法改革中设置了新的联邦政府机构——联邦托管人机构（United States trustee），该机构承担了破产案件中的行政管理职能，其主要的职责之一是确保在破产案件中公共利益得到保障。英国设置破产署（U. K. Insolvency Service），其主要职能在于：监管破产执业者、负责处理企业清盘程序、负责使用国家保险基金支付失业雇员的遣散费等。俄罗斯政府于 1992 年设立了独立的联邦企业重整与破产管理局，同时在各大区和地区设立了相应的垂直领导的分支机构。该局的主要职能是：提出有关破产的法律、规范性法律文件以及相关政策的建议；在破产案件中行使国家债权人的职能；培训和管理仲裁管理人等。德国则设立了由企业主缴纳、国家控制的劳动保障基金，企业破产时由该基金清偿职工的债权。中国香港破产管理署的职能主要包括：根据法院或债权人的任命提供破产管理服务，变现资产，裁定债权人的债权，以及分配财产；为那些资产不足以支付清盘费用的企业破产个案提供公众服务等。[①] 上述国家和地区的成功经验为政府行政权如何适当介入破产审判提供了可资借鉴的宝贵材料。

---

① 参见李曙光、贺丹：《破产法立法若干重大问题的国际比较》，载《政法论坛》2004 年第 5 期。

2. 破产行政管理改革的重要性

（1）破产行政改革，意味着破产行政专门机构的设立

中国正在全面深化市场经济改革，在一个行政本位的社会里，没有专门行政机构的推动，破产事业终究只会浅尝辄止。纵观我国两部企业破产法，旧破产法脱胎于国有企业改制背景，主要适用于全民所有制企业，法院受理破产案件之后，依据破产法设置清算组作为执行清算事务并代表企业行使职权的机构（有的清算组可能在案件进入破产程序之前已经成立）。清算组的实质是政府对企业的行政关闭程序，通过破产程序解决债务豁免问题，清算组缺乏承担民事责任的主体资格与能力，其执行职务产生的侵权行为没有明确的责任人与相应的责任财产，实践中往往无法追究其赔偿责任。清算组可谓政府的代言人，其职能更多是解决社会问题，而不是债权清偿问题，在整个破产程序中清算组成员的选任方面没有给债权人一定的参与权、异议权，更侧重于防止国有资产流失的考虑，导致债权人的债权清偿无法得到充分保护。

现行破产法除金融机构、国有企业特殊主体之外，建立了管理人中心主义模式。管理人为市场化组织，无行政机关工作人员参与其中，过去清算组承担的政府破产处置公共服务和社会管理职能并没有相应的机构承继，破产财产处置中行政职权的缺失，导致执行清算事务机构转轨之后的责任承担缺少相应的制度安排，使政府责任出现制度缺失，因而导致实践中具体责任的落空，以谦抑和被动为特点的破产法程序不能有效推进。解决上述问题的核心，就是尽快在我国建立专门的破产行政机构，对破产案件处理进程中的行政事务进行统筹，协调与法院之间的职能配合，整合各方资源，为管理人顺利开展工作提供保障和后援。

（2）破产行政改革，意味着破产司法权、破产行政权的重新配置

就目前《企业破产法》的架构而言，在很大程度上司法机构其实担负着破产行政的职能。比如破产管理人的选任与监管问题。破产管理人本质上是服务中介，跟律师、会计师一样，是市场主体，而非司法机构的分支。也正因如此，在破产法相对成熟的经济体中，破产管理人基本都是行业协会自治为主、行政机关监管为辅。

具体而言，行业协会承载着成员的培训、自治与权利维护，而行政机关则从行业准入与退出的角度予以监管。破产管理人与司法机构之间，只有在个案中提供服务，或者需要承担司法责任时，才有直接联系，而且债权人对于选择破产管理人有着很大的发言权。但因为历史的因素，《企业破产法》起草过程中，破产管理人的指定、报酬权等权限，最终都花落法院。且不说这有违法院中立的本性，迫使法院既当裁判员，又当运动员；更严峻的问题是，开放式的授权使得司法机构在破产管理人的指定、报酬确定等方面，可以通过司法解释，给自己配置极大的自由裁量权，无论是破产管理人行业也好，还是债权人本身，很难真正挑战法院在破产管理人指定方面的权威。权力意味着责任，绝对的权力很容易导致绝对的权力寻租。笔者主张，由行政机构承担起破产管理人的准入与监管之责，同时加速破产管理人行业协会的成立，保证破产管理人的合理竞争，也赋予债权人在破产管理人选任方面更大的发言权、更多的选择权。

（3）破产行政改革，意味着行政机关内部协调的重任可由破产行政机构行使

现行《企业破产法》并未太多着墨于破产案件中行政机构内部的协调，但这并不能掩盖破产实务中，行政机构的配合程度对破产案件的立案乃至破产程序的顺畅进行，有生死攸关的影响。在具体的破产案件中，国资、工商、税务、劳动、金融监管甚至公安之间的配合与协调至关重要，稍有不慎，便会使法院和破产管理人的努力前功尽弃。也正是因为如此，各地也创造出了各种各样的府院联动机制，最高人民法院也将之视为其成绩之一。但这些地方性创造，归根结底还是一种被动式协调，也缺乏法律层面明确的授权与规范，而且在实务中因案而异、因地而异，具有极大的不确定性，制约了国内统一市场的形成，也浪费了大量本已十分有限的司法资源。如果在地方政府层面成立破产行政机构，政府部门内部协调事务，完全可以由该行政机构来承担。

（4）破产行政改革，意味着破产行政机构将大力推动《企业破产法》的修订与完善

毋庸讳言，现行《企业破产法》在当年颁布时充满前卫性，较之

1986 年《企业破产法（试行）》更是天壤之别。但同样不能否认的是，《企业破产法》留下的不足与遗憾，比比皆是，比如个人破产制度的缺乏、跨境破产机制的简陋、金融机构破产制度的付之阙如、非企业法人难以破产、破产管理人协会的设置保持沉默等，都还有很大的改进空间。这些不足与遗憾，一部分是因为当时的经济发展水平决定，还有一部分则是因为观念、配套制度、部门利益等因素。在《企业破产法》实施十周年之后，这些缺憾显得尤为突出，甚至成为制约破产法高效实施的"短板"。破产行政机构设立之后，理应承担起这一部分职责。

（四）破产行政管理制度的域外经验

1. 美国联邦破产管理人的设置

美国在破产制度上实行严格的行政权与司法权分离体制，破产管理权与破产案件审理权分别由政府和法院来行使。自 1986 年开始，美国联邦司法部下组建美国破产管理署（U. S. Trustee Program），在首都华盛顿设有联邦托管人办公厅，作为破产管理署的中枢管理机构，并在全国设有 21 个分署，分别管理全国及各自辖区的破产事务。

联邦破产管理人的主要角色是作为破产程序的监管者（watchdog over the bankruptcy process），就如《联邦破产管理人目标宣言》所述，"联邦破产管理人的工作目标在于：通过执行破产法律、对私人破产管理人进行监督以及维持良好的运作管理水平来维护联邦破产体系的完整（integrity）以及提高其效率"。[①]

美国联邦破产管理人制度是美国司法制度（department of justice）体系的一个重要组成部分。其运作的目的在于使所有利益相关者——债权人、债务人与社会公众的利益最大化，而促进美国破产法律制度体系的完善，同时提高其运作效率。联邦破产管理人是破产法的中立执行者，这个制度立法初衷，便把它定位为破产法律制度的监管者。笼统地讲，联邦破产管理人负责对各种类型破产案件——从自然人的破

① 王元韬：《美国联邦破产管理人简介》，载中国清算网：http：//www. yunqingsuan. com/news/detail/11180，最后访问时间 2024 年 7 月 12 日。

产到大型企业的清算——操作的全过程进行监督。为了依据破产法公正、快速、有效地处理破产案件以促进公共利益，管理人关注破产案件中的当事人以及私人破产管理人的行为合规性，监督行政管理方面的运作，同时保证案件的处理符合相关实体和程序法的规定。另外，它还会依据联邦刑事方面的法律对破产案件中的欺诈（fraud）和权力滥用（abuse）的行为进行调查。为使其顺利履行职责，管理人拥有行政管理、规章制定以及诉讼等广泛的权力。

联邦破产管理人的核心任务之一在于与破产案件中的欺诈和滥用权力行为作斗争。管理人对债务人逃避用其部分税后所得支付其债务的行为、隐藏资产的行为、进行虚假的财产申报行为以及其他不履行破产法所规定的义务的行为进行调查，以及采取必要的行动保来证破产法的实施。同样，管理人也会对在破产案件中侵害债务人利益的债权人、律师以及破产申请准备人（petition preparers）等行为人进行调查与处罚。

联邦破产管理人根据联邦破产法律负责对下列破产案件的运作进行监督：

《美国破产法》第 7 章的清算程序（liquidation proceedings）。在第 7 章的清算程序中，除了部分免于向债权人清偿的财产外，其他都要被收集和清算变现。然后由一个被指定来管理债务人财产的私人破产管理人分配给各债权人，一个合格的债务人的破产申请被法庭批准后，除了根据联邦破产法所禁止的以外，其大部分债务可以被注销。

《美国破产法》第 11 章的重组程序（reorganization proceedings）。根据第 11 章提出破产的申请人大部分是企业。债务人通常在债权人的参与下制订一个重组计划以决定是对债务进行全额抑或是部分清偿。“占有财产债务人”一般会继续经营企业直到重组完成，除非有破产管理人根据第 11 章被指定。

《美国破产法》第 12 章农场主和渔业经营者债务调整程序（family farm and fisherman reorganization proceedings）。第 12 章允许一个合格的农场主和渔业经营者提出破产申请，重组其农场业务以及渔业，清偿全额或部分债务，同时继续经营。联邦破产管理人根据破产法任命永久破产管理人担任债务人财产的管理人，直到破产申请提出地联邦破产法院所确认的清偿方案中的债务人债务已经得到清偿为止。

《美国破产法》第 13 章自然人债务重整程序（wage – earner reorganization proceedings）。第 13 章一般称为自然人破产，主要运用于自然人根据一个在 3 ~5 年内必须完成的债务清偿计划对其资产进行重组。要符合第 13 章的债务注销条件，自然人必须有固定的收入来源，同时负债不能超过一定数额。联邦破产管理人根据破产法任命永久破产管理人担任债务人财产的管理人，直到破产申请提出地联邦破产法院所确认的清偿方案中的债务人债务已经得到清偿为止。

联邦破产管理人的其他具体职责：

（1）任命与监督私人破产管理人在破产案件中依照《美国破产法》第 7 章、第 12 章、第 13 章进行财产收集以及向债权人分配资产，同时在私人破产管理人不能或不愿任职时担任破产管理人；

（2）审查相关信息披露说明（disclosure statements）以及专业人员留任的申请，保证在破产案件中相关信息通过文件、日程表、信息披露报告、重组计划书等形式进行传播时符合破产法的规定；

（3）保证破产财产的管理是及时和有效率的，同时付给专业人员的报酬是合理的，审查相关专业人员，比如说律师、会计对经费的运用情况；

（4）对在破产案件中是否存在欺诈以及滥用权力的情况进行监督，涉及犯罪时，根据美国破产管理人制度的相关程序向检察官报告；

（5）在根据《美国破产法》第 11 章进行的重组案件中，负责指定债权人会议成员和召集债权人会议；

（6）推动《美国破产法》实体与程序上的规定在现实生活中的有效运用。①

---

① See 28 U. S. C §586（a）.

2. 英国破产管理署的设置①

英国破产管理署是英国商业贸易部（Department Department for Business and Trade）属下的一个机构，成立于1884年。破产署在破产业务上独立于政府，债权人可以较为自由地参与破产程序。管理署由署长（Inspector General）领导，宏观指导和监督破产案件，通过指派和监督其属下的官方接管人和破产管理人来实现对破产案件的总体调控。目前，破产署在英国伦敦主要中心区域以及英格兰大部分地区都设有办公机构。除伦敦外，基本上每一行政区域内都设立一个办公室，负责其行政区域内有破产管辖权法院的案件的处理。

在组织架构上，总体而言，破产署由署长领导，下设多个机构，譬如政策制定机构，人力资源机构，调查与执行机构还有办公服务机构等等。其下包括：（1）指导委员会（steering board）。指导委员会不具有行政管理职能，它的角色是通过署长向国务秘书（secretary of state）提出相关建议，具体包括：①与其服务方向相一致的规划建议；②改进服务和运营质量的措施；③未达到上述目标而需采取的相关手段。（2）审计委员会（audit committee）。审计委员会是指导委员会的一个附属委员会，它也不具有行政管理职能。由指导委员会的独立成员担任主席，其召开会议时，破产署署长有权列席。委员会批准年度及长期审计的范围及优先考虑事项。同时，对向署长等管理人员在风险管理、内部控制、年度财务报告等方面提出的质询事项提出建议。（3）管理委员会（directing board）。破产署署长是破产署的机构负责人，主持机构的日常事务，他在管理委员会的帮助下协调高级管理人员的工作，管理委员会还为署长就相关工作提出建议。

破产管理署中的被遣散员工费用支付办公室（redundancy payments office）则担负着在破产案件，特别是其中的公司清算案件中，保护员工的权益有效实现的任务。办公室的主要工作为：根据具体案件的考量，在认为确有需要时，向申请破产的个人，合伙企业以

---

① 参见英国破产管理署官网：https：//www. gov. uk/government/organisations/insolvency - service/about，最后访问时间2024年7月12日。

及公司的被遣散员工支付除国家保险基金外的其他遣散费用以及补偿金。同时，在每一宗破产案件中，办公室都会将相关裁员信息汇总，交给当地的就业服务中心以及政府部门，以便协助被遣散者寻找新的工作岗位或是进行再就业职技能培训。另外，办公室在向被遣散者支付国家保险基金的同时，也会代表他们向申请破产企业追讨相关的员工费用。

在破产署署长领导和指挥下（少数情况下直接受国务秘书的指导）执行公务的公职人员称为官方接管人。官方接管人的职位一般由法律直接创设，但与此同时，他们也隶属于相关法院。因而，官方接管人一方面对法院负责、执行法院下达的命令，另一方面须履行其法定职责，扮演着破产程序中的临时接管人（interim receiver）和临时破产清算人（provisional liquidator）、接管人（receiver）、托管人（trustee）与清算人（liquidator）以及监督者（supervisor）等多重角色。

3. 中国香港破产管理署的设置[①]

总的来说，香港破产管理署负责处理经法院颁令的破产案和强制公司清盘案件。

香港破产管理署的职责在于为市民提供有效率的破产与清盘服务。该署一共有五个部门，分别为个案处理部、法律事务一部、法律事务二部、财务部及行政部。

（1）个案处理部

个案处理部由助理署长（个案处理）掌管，职员包括破产管理主任。如果破产管理署署长获委任为受托人或清盘人，该部会负责破产清盘管理的工作，包括变现资产、裁定债权人的申索、派发债款、调查破产与清盘的原因、破产人或公司的操守及事务，以及执行有关清盘及破产事宜的条例。如果私营机构清盘从业人员在强制清盘案或破产案中获委任为受托人或清盘人，该部会负责监察他们的操守。

① 参见香港破产管理署官网：https：//www. oro. gov. hk/cht/about_us/our_office/index. html，最后访问时间2024年7月12日。

（2）法律事务一部

法律事务一部由助理署长（法律事务）1 掌管。该部负责就破产与清盘案中任何有关破产与清盘案财产的管理事宜提供法律意见，包括出席非正审及最终的法院聆讯，及在复杂的个案中聘任大律师。

（3）法律事务二部

法律事务二部由助理署长（法律事务）2 掌管。该部的主要职务是调查及检控触犯无力偿债罪行的人士以及向法院申请取消公司董事、清盘人及接管人的资格。

（4）财务部

财务部由总库务会计师（财务）掌管，职员计有库务会计师及会计主任。该部的主要职务包括对破产与清盘案进行财务及会计调查、对外间清盘人提交的账目进行法定的核数工作、管理破产与清盘案财产帐户的款项，并为其安排投资事宜，以及监管外间清盘人。

（5）行政部

行政部由部门主任秘书掌管，职员包括一般职系人员。该部的主要职务是提供一般行政支援及翻译服务、安排储存及检索就破产与清盘案检取回来的文件，以及执行人力资源管理的职务。

香港破产管理署使命是确保香港能够提供符合国际标准的高素质破产与清盘服务，而有关法例亦能配合香港位于主要金融中心前列位置的目标。

当破产管理署署长获法院委任为受托人与清盘人时，为履行相应的使命，破产管理署所从事的主要工作包括：

（1）尽快和有效地保护无力偿债公司或破产人的资产及将资产变现、裁定债权人的债权及并将变现所得款项分发给优先债权人及普通债权人；

（2）调查破产人和无力偿债公司的董事与职员的行为操守及有关事项；

（3）在适当情况下，采取行动检控无力偿还债项的违例人士和申请取消个别人士出任公司董事的资格；

（4）监察破产与强制清盘案中私营机构从业人员的行为操守，确保他们尽速有效地执行职务，并在有需要时，采取行动对付那些在处理个案时有疏忽或作出欺诈行为的从业人员，其中包括进行取消其资格的程序；

（5）确保强制清盘案和自动清盘案中所有私营机构从业人员在规定的期限内，尽快将款项存入公司清盘帐户，并管理上述款项的投资事宜；

（6）不时检讨有关破产与清盘案的政策、法例和程序，并在这些方面提出一些必需的修订。

破产管理署就个人破产与公司清盘服务所扮演的角色，是确保香港能够提供符合国际标准的高素质破产与清盘服务，而有关法例亦能配合香港位于主要金融中心前列位置的目标。

破产管理署由三个主部组成，分别为个案处理部、法律事务部及财务部。三部的主要功能如下：

（1）当法院及债权人委任破产管理署署长为受托人或清盘人时，提供破产与清盘管理服务，把无力偿债公司及破产人的资产变现、调查及商定债权人的申索；分发收益；

（2）担任小额个案的受托人或清盘人，作为最后解决方法；

（3）调查破产人和无力偿债公司董事及高级职员的资产负债状况，向法院报告公司经营失败的原因，以及就触犯无力偿债罪行的人士提出检控；

（4）监察私营机构专业人员的行为操守、把变现资产所得的款项投资、审核账目及调查针对清盘人及受托人的投诉；

（5）检讨与无力偿债问题有关的法律、政策及程序和提出修订建议，并与处理无力偿债事宜的国际机构保持联系；

（6）为涉及无力偿债问题的其他政府部门及法定团体提供支援。

4. 日本破产管理人管理机构的安排

日本不存在全国统一的管理破产管理人的机构，既没有破产管理人协会，也没有美国司法部那种管理破产管理人的程序。

日本破产法、公司更生法和民生再生法规定由法院选任管理人，即由法院在各律师协会提供的管理人候补名册中指定破产管理人。

以东京为例，由于法律纠纷较多以及法律人才储备雄厚，东京一共有三个律师协会，俗称“东京三大律师协会”。新律师在东京三大律师协会登记后，从第四年起，可以申请参加“破产管理人实务研修会”。该研修会是由东京三大律师协会和法院合作举办，每年一届，每届历时一天。从上午 10:00 到下午 3:00，主管破产案件的法官和处理破产案件的资深律师将向希望加入管理人候补名册的新律师讲授破产实务的相关问题。参加完该研修会后，新律师即加入管理人候补名册。东京地方法院根据具体案件的情况，参考律师经验、能力、特殊技能及事务所的规模等因素，从上述管理人候补名册中选任管理人。

对于破产管理人的资格，法律未作任何限制。法院虽然有权在具体的案件中选任、解任破产管理人，并且有权决定破产管理人的报酬以及处罚破产管理人违反职责的行为，但法院并不决定破产管理人的资格。也就是说，由各律师协会来掌握破产管理人的资格，各个律师协会事实上担负着管理破产管理人的任务。

从全国范围来看，不存在统一的破产管理人操作规范和职业技术规范，各地的律师协会自行掌握管理人的资格标准。因此，各地的律协对管理人资格的把握也不尽相同。相对于东京至少在律协登记 3 年后才能加入管理人候补名册，有的地方律协对执业年限不作任何限制，如青森县、滋贺县、岩手县的律师在律协登记并参加类似研修会后，马上就可加入管理人候补名册。通常，有 5 年左右的破产重整案件申请代理人工作经验的律师即可胜任管理人的职务。担任破产重整案件申请代理人的律师，一般会在破产重整过程中协助管理人的工作，并从中学习相关知识、积累经验。

各地的律师协会共同组成日本律师联合会，日本律师联合会是完全自治的行业联合组织。这种完全的自治权表现在，联合会不仅有权对律师进行资格审查和登记程序，还有权对违反律师法和律师协会会规的律师进行惩戒。惩戒措施包括：警告、停止业务（2 年以内）、命令退会（失去职业资格，但不丧失律师资格）、除名（失去职业资格并且丧失律师资格 3 年）。也就是说，对律师进行指导和监督的权限专属于各地律师协会及日本律师联合会。

如果破产管理人存在违法或失范行为，律师协会将适用惩戒制度对其进行处罚，一旦律师被停止业务、命令退会或者除名，则当然地失去了管理人资格。当然，也有律师由于业务较多，而主动要求退出管理人候补名册。

另外，日本存在“全国倒产处理律师网”，其事务局设在社团法人金融财政事情研究会内。全国倒产处理律师网的目的主要在于促进地区层面及全国范围内的破产案件执业律师交流经验、交换信息，加快培养破产案件执业律师队伍，加强与法院的合作、推动破产案件得到更为公正适当的处理。其主要活动包括召开研修会、协议会、讲演会、学术沙龙、大型学术论坛，刊行破产法理论、实务方面的书籍、资料。虽然这只是一个论坛性质的组织，但截至 2009 年 11 月，其会员人数已超过 3000 人（几乎包括所有破产实务界的资深律师），占到日本律师总数的 1/10 以上。可以说，其很大程度上满足了管理人业务培训与经验交流的需要。

5. 俄罗斯联邦企业重整与破产管理局的设置

俄罗斯联邦政府 1992 年设立联邦企业重整与破产管理局，同时在各大区和地区设立了相应的垂直领导的分支机构。该局的主要职能是提出有关破产法律、规范性法律文件以及相关政策的建议，制定相关规则，在破产案件中行使国家债权人的职能，培训和管理破产管理人。

内设 8 个司局，135 人。同时在 7 个大区和 89 个联邦州市设立了垂直的企业重整和破产管理分支机构。三级机构共有公务员 1051 人。这些机构的运行费用全部来自联邦财政预算。

俄罗斯企业重整与破产管理局的职能主要有三项：一是立法起草和提出制定企业重整和企业破产的法规、政策建议。俄罗斯破产法从 1992 年以来的三次破产立法都是经俄罗斯企业重整与破产管理局起草、国家杜马通过的。二是在企业破产中行使国家债权人的职能，如代表国家处理破产企业国有资产和企业拖欠税款、拖欠劳保基金、国有银行贷款等方面的债务。三是管理破产管理人，对破产管理人进行资格认定、专业培训、监督检查、颁发和吊销执照等。由于俄罗斯企业重整与破产管理局权利过大，经国家杜马议定，目前开始将管理破产管理人的职能移交给司法部。

综上所述，从世界经验看，英、美、德、俄等国及我国香港地区破产管理局主要有五项功能，我们也应赋予破产管理局这些职能：①

（1）追踪破产法实施并整理法律实施数据，为决策者制定和实施决策提供实证基础。破产法作为市场经济的基本法，其实施影响经济生活的方方面面。对破产实施进行跟踪并整理研究其数据，有助于决策者制定相应的经济和政治策略。目前，各级工商行政管理部门作为公司等企业的注册登记和注销、吊销管理部门，没有能力也没有动力管理企业破产案件并监督注销或吊销的企业是否逃避破产。法院是独立、居中的裁判者，负责审理破产案件，监督破产程序，也不适宜承担这一职责。至于未来的个人破产案件的数据管理和分析，工商行政管理部门和法院更缺乏能力和动力。

（2）负责破产法实施中操作规程的制定以及为立法的修改提供建议，推动立法水平和质量的不断提升和完善。法律是一个不断改进和完善的过程，破产法是一个实践性非常强的部门法，牵涉面广泛，需要一个统一的管理部门，追踪督促其实施，负责实施中操作规程的制定，并在总结经验教训的基础上为立法的修改提供建议。

（3）追踪董事、监事和高管落实公司法规定的诚信义务情况。尽管公司法规定了董事、监事和其他高管的诚信义务，但事实上，许多亏损破产的企业，其高管违背诚信义务却得不到相应的惩罚，其主要原因就是对企业亏损破产负有直接责任的董事、监事和高管没有相应的机构进行责任追究。建立破产管理局，使之作为一个对为企业亏损破产负有直接责任的董事、监事和高管进行追究和监督的机构，有利于配合公司法，落实公司董事、监事和其他高管的诚信义务，提升我国市场经济的诚信水平。

（4）作为公共管理人管理个人破产案件。许多破产案件，尤其是

---

① 参见李曙光：《中国迫切需要建立破产管理局》，载《南方周末》，2010年7月1日，第F31版。

个人破产案件，其破产事务的管理因为没有盈利的驱动，私人执业者没有动力参与。政府作为市场经济的信用提供者和公共产品提供者，有义务以法律援助的形式为私人破产提供管理服务。待我国个人破产制度建立后，可由破产管理局担当此职责。

（5）管理破产管理人。目前的破产管理人按破产法规定由各级法院进行管理。但法院作为裁判机构，不应该行使破产管理人的管理职能。这种体制极容易滋生腐败，也没有效率。破产管理局作为破产案件管理机构，管理作为私人主体的破产管理人，既有资格也有效率。当然，这种管理不是干预，而是监督，相当于破产案件管理中的守门人角色。

第五讲　债务人财产

一、债务人财产制度的关键问题

《企业破产法》经过数十年的反复酝酿及社会各界的激辩，在第十届全国人民代表大会常委会第二十三次会议上实现“三读”，获得高票通过。这标志着中国由此开始市场经济体制下全新的统一的破产法律制度的构建。《企业破产法》填补了市场经济规则体系中关于退出法与再生法的一大缺口，是一个历史性的进步。《企业破产法》在理念与制度方面有诸多的突破，本讲主要讨论《企业破产法》第 30 条中的债务人财产制度内容。

（一）债务人财产及其法律定位

“债务人财产”是《企业破产法》首次出现的概念。在《美国破产法》上，其同义概念为 estate，而在《德国破产法》中称为 Masse。实际上，债务人财产应包括债务人的所有财产，一是包括债务人对不论何处的资产拥有的权益，即不论是在法院地国还是在外国，也不论在程序启动时是否为债务人所占有；二是包括一切有形资产（动产或不动产）和无形资产。①

---

① 参见联合国国际贸易法委员会编著：《破产法立法指南》（2006 年），第 69 页。

《企业破产法》对“债务人财产”概念的使用表现出破产立法理念的变革，这一概念不仅涵盖了破产清算程序中的债务人财产，也将破产和解程序与重整程序中的债务人财产包括在内，能较好地概括清算、和解和重整三种程序下债务人财产的不同状况，其内涵更为全面。

与“债务人财产”密切相关的一个概念是“破产财产”。在我国破产法学界，“破产财产”这一概念在广义和狭义两个意义上被使用。广义上的破产财产按照大陆法系的称谓也称为破产财团，[①] 和《企业破产法》中的“债务人财产”基本同义。狭义上的破产财产指企业被宣告破产后，用以清算和在债权人之间进行分配的财产。1986 年《企业破产法（试行）》使用了狭义上的破产财产概念，该法第 28 条规定：“破产财产由下列财产构成：（一）宣告破产时企业经营管理的全部财产；（二）破产企业在破产宣告后至破产程序终结前所取得的财产；（三）应当由破产企业行使的其他财产权利。已作为担保物的财产不属于破产财产；担保物的价款超过其所担保的债务数额的，超过部分属于破产财产。”[②]

《企业破产法》对“债务人财产”和“破产财产”作了清楚的区分。其第 30 条规定：“破产申请受理时属于债务人的全部财产，以及破产申请受理后至破产程序终结前债务人取得的财产，为债务人财产。”而在破产清算一章中的第 107 条第 2 款规定：“债务人被宣告破产后，债务人称为破产人，债务人财产称为破产财产。”由此可见，在《企业破产法》中，破产财产仅在狭义上使用，指清算程序中在债权人之间进行分配的财产。之所以对两者作出这种区分，主要是基于以下考虑。在此前的破产法律制度中，破产清算程序居于主导地位，破产财产在广义和狭义上区别不大。破产财产的概念侧重于清算分配，而在《企业破产法》新增的以企业复兴为目标的重整程序中，破产企业的财产将在债务人或管理人的管理下继续经营，在成功的重整

① 参见［日］石川明：《日本破产法》，何勤华、周桂秋译，中国法制出版社 2000 年版，第 142 页。

② 李曙光、葛明、李琪：《中国企业破产与重组》，人民日报出版社 1996 年版，第 219 页。

中，债权人要按照重整计划获得债权清偿，债务人的财产不再用于清算分配，此时“破产财产”的提法不能准确涵盖重整程序下的债务人财产状态。《企业破产法》对债务人财产的专章规定，强调了债务人财产的特殊法律地位。根据第4章规定，在破产案件受理后，原破产企业的财产成为“债务人财产”，“债务人财产”已经不是一般意义上的债务人控制的财产，而是特定的具有特殊法律地位的财产集合。这种法律地位的特殊性主要表现在四个方面：第一，存在目的的特殊性。债务人财产是为了破产程序的进行和完成而存在的。第二，债务人财产权利主体的特殊性。在债务人财产转化为“债务人财产”之后，这一财产事实上的权利主体不再是原企业的所有者，而是债权人。第三，财产管理主体的特殊性。根据《企业破产法》规定，债务人财产由管理人负责接管与管理。第四，存在形式上的集合性。债务人财产是一个概括性的财产概念，包括在破产受理时以及破产案件受理后至破产程序终结前债务人所有财产的集合与权益的集合。

（二）确定债务人财产范围的时间点[①]

《企业破产法》第30条规定，破产申请受理时属于债务人的全部财产，以及破产申请受理后至破产程序终结前债务人取得的财产，为债务人财产。因此与债务人财产范围紧密相关的时间点有两个：一是破产申请的受理；二是破产程序的终结。

1. 关于债务人财产的形成时间有两种立法例，即破产申请开始主义和破产受理开始主义。在世界范围内，债务人财产形成时间采用破产申请开始主义的代表是美国。《美国破产法》第541（a）条规定：“在本编301、302或303条件下，破产案件的启动产生财产权益。”[②]破产程序开始时，债务人在财产上的全部普通法和衡平法上的权益为破产财产权益。申请破产之日与破产程序开始之日是同义词，凡在这个申请“日”期限内债务人拥有的财产，就属于破产财产权益。提出

① 参见李曙光：《论新破产法第30条中的债务人财产制度》，载《武汉理工大学学报》2007年第1期。

② 李飞：《当代外国破产法》，中国法制出版社2006年版，第566页。

破产申请即导致债务人财产形成的做法，主要是考虑到破产程序中的“债务人财产”是最可能受到伤害的财产，法律应当尽可能从早的时间点介入对这一财产的保护。债务人财产一经形成，就为破产程序目的而存在，与债务人拥有的财产具有本质区别，即使是债务人也不能任意处分。破产受理开始主义则考虑在破产申请提出以后，法院有可能因为申请人不具备破产原因而驳回破产申请，因此破产申请并不必然引发破产程序开始的法律后果。当法院受理破产申请时，债务人财产才真正形成。《企业破产法》在债务人财产形成时间上采用的则是破产受理开始主义。这样，在法院受理破产申请后，破产申请人财产的法律性质自动转化为债务人财产。在实践中，破产申请和破产受理之间常常有一定的时间间隔，《企业破产法》规定，破产申请和破产受理之间最多存在 30 日的时间间隔，在这一时段内，债务人企业的财产处于一个不确定的法律地位。一方面，债务人企业的财产极有可能因经营的继续而发生增减变化。另一方面，根据《企业破产法》规定，人民法院裁定受理破产申请时指定管理人。在提出破产申请到破产受理的时段内，申请破产企业的财产属于债务人自行管理状态。在这一过程中，不排除存在债务人采取恶意处置财产，损害债权人利益行为的可能。尽管有上述情况的存在，《企业破产法》通过对可撤销行为、损害其他债权人利益的个别清偿行为、破产无效行为的规定，能够对破产申请与破产受理之间处于不确定地位的债务人企业财产提供充分的保护。

2. 破产程序终结这一时间概念对于债务人财产的意义存在于两个方面：第一，破产申请受理后至破产程序终结前债务人取得的财产属于债务人财产；第二，从破产申请受理后到破产程序终结前的时间是债务人财产作为一种特殊目的财产的存在时段。破产程序的终结时间对于债务人财产范围的认定同样具有重要意义。在破产程序终结后，债务人企业主体资格仍然存续的情况下，破产程序的终结是区分债务人财产和债务人企业于破产程序终结后取得财产的重要标志。根据《企业破产法》的规定，破产程序的终结可具体分为清算程序的终结、和解程序的终结和重整程序的终结三种，但在和解与重整程序终结的情况下，和解程序或重整程序的终结并不意味着整个破产程序的终结。(1) 清算程序的终结时间。根据《企业破产法》的规定，清算程序的终结时间包括三种情况：第一，因债务人无财产可供分配，经管理人提请，人民法院裁定终结破产案件。第二，债务人财产不足以支付破产费用的，经管理人提请，人民法院裁定终结破产案件。第三，因破产财产分配完结，经管理人提请，人民法院裁定终结破产案件。(2) 和解程序的终结时间。和解程序的终结时间包括三种情况：第一，因和解而终结程序的。根据《企业破产法》第105条的规定，人民法院受理破产申请后，债务人经全体债权人就债权债务的处理自行达成协议的，可以请求人民法院裁定认可，并终结破产程序。第二，因债务人被宣告破产而终结程序的。在这种情况下，和解程序转换为破产清算程序。在整体上破产程序尚未终结，在破产清算程序终结前债务人取得的财产仍属于债务人财产，但在破产清算程序中改称破产财产。和解程序转换为清算程序的情况包括：一是因债务人诈欺或者其他不法行为成立的和解协议无效，而由人民法院宣告债务人破产的。二是债务人不按和解协议规定的条件清偿债务，经和解债权人请求，人民法院宣告债务人破产的。三是债务人不能按和解协议规定的条件清偿债务，经和解债权人请求，人民法院宣告债务人破产的。第三，因和解协议顺利执行而终结程序的。这种情况在法律中没有明确规定，法律仅规定了在债务人和债权人会议达成和解协议的，人民法院裁定认可，应同时裁定中止破产程序。裁定中止破产程序是为了在今后出现和解协议无效、债务人不按或者不能按和解协议清偿债务时，宣告债务人破产。但当没有出现这些情况，且债务人按照和解协议履行清偿义务后，法院应当裁定终结破产程序。(3) 重整程序的终结时间。重整程序的终结时间包括两种情况：第一，法院批准重整计划草案的，重整程序终止。在这种情况下，不宜认为债务人财产作为整体已经不再存在，尽管此时债务人重新从管理人手中取回对企业财产的经营管理权，但这时的企业财产是为实现重整计划目标而存在的，仍是具有特殊地位的“债务人财产”。第二，因债权人会议未通过重整计划草案，人民法院裁定终止重整程序并宣告债务人破产的。

这种情况下重整程序应终结，但破产程序在整体上并未终结，清算程序从宣告破产时开始，债务人财产改称破产财产。此外，还有失败的重整，即债务人不能执行或者不执行重整计划的，法院裁定终止重整计划的执行同时宣告债务人破产。这种情况下，重整程序终结，但破产程序在整体上并未终结，清算程序从宣告破产时开始，债务人财产改称破产财产。应当说明的是，在《企业破产法》仅规定企业破产的情况下，清算程序的终结意味着债务人财产分配完毕，债务人主体资格注销，不存在和破产程序终结后财产的区分关系。但在成功的和解和重整中，破产程序终结后，“债务人财产”为破产程序目标而存在的财产性质发生变化，财产的存在目标恢复到正常的状态，原破产程序中的债务人重新取得对企业财产的全部经营权利。

（三）债务人财产的法定范围

债务人财产不仅包括破产案件受理时属于债务人的全部财产，也包括破产案件受理后至破产程序终结前债务人取得的财产。在此期间属于债务人财产的财产主要包括以下两大类。

1. 破产案件受理时属于债务人的全部财产

破产案件受理时属于债务人的全部财产是指债务人在破产宣告时所有的或者经营管理的全部财产，包括应当由债务人行使的相关财产权利。债务人财产构成须从以下几个方面把握：其一，债务人财产是破产案件受理时，破产企业仍实际占有的财产。如果该财产在破产宣告前，合法转移给其他经济主体（如已有偿转让给其他企业）的财产则不属于债务人财产。这里的合法转移，是指不具有《企业破产法》第31条至第33条规定的可撤销行为、违法的个别清偿行为和无效行为的情形。因这些情况转移的财产仍属于债务人财产，管理人有权追回。其二，债务人财产是企业经营管理的全部财产集合，包括有形财产、无形财产和财产权益，而不是部分财产。其三，债务人财产是指破产案件受理时债务人企业所有或者经营管理的全部财产，财产是指企业生产经营中占有使用的固定资产和流动资产，包括所有者权益和负债。对于国有企业而言，是指由国家所有，而由企业经营管理的财产。

（1）企业自有的财产。企业自有的财产是指债务人企业所有的资产，包括国有企业经营管理的资产。主要包括：一是企业的固定资产和流动资产。这部分资产指企业现存的所有固定资产和流动资产，包括注册资本、利润、企业发行的股票或者债券，所筹集到的资金或者由此形成的固定资产等。二是破产企业享有的土地、水流、矿产等自然资源的使用权，包括土地使用权、水面使用权、采矿权。三是设定了担保权益或优先权的财产。1986 年《企业破产法（试行）》规定，已作担保物的财产不属于破产财产。而在《企业破产法》中，这部分财产仍然属于债务人财产，具体包括抵押物、留置物、出质物；担保物灭失后产生的保险金、补偿金、赔偿金等代位物以及依照法律规定存在优先权的财产。

（2）属于债务人企业的财产权利。债务人财产包括债务人企业所享有的一切财产权利。这种财产权利主要有以下几方面：一是应当由债务人企业行使的物权。物权是权利人直接支配物的权利，具有排他性，为典型的财产权利，主要有所有权、经营权、使用权、矿业权、占有权、抵押权、留置权、典权等形式。因这些物权而产生的对他人的物权请求权，当然构成债务人财产。如债务人与他人共有的物、债权、知识产权等财产或者财产权，进行分割确权所获的财产。债务人的财产被采取民事诉讼执行措施的，在受理破产案件后尚未执行的或者未执行完毕的剩余部分也属于债务人财产。另外，在破产案件受理前受让他人财产并依法取得所有权或者土地使用权的，即便未支付或者未完全支付对价，该财产仍应属于债务人财产。二是应当由债务人企业行使的债权。根据《民法典》的规定，债权有因合同产生的债权、因侵权行为产生的损害赔偿请求权、不当得利返还请求权、无因管理费用返还请求权等。债务人企业依法取得的对他人债权，是一种积极的财产利益，应属债务人财产。三是应当由债务人企业行使的证券权利。破产宣告前，债务人企业因为票据行为、购买债券、购买股票等法律行为，取得票据、债券、股票等有价证券，作为上述证券持有人享有的证券所代表的财产权利，构成债务人财产。四是应当由债务人企业所有的知识产权。知识产权是一种智力成果，一般包括工业产权和版权两部分。知识产权主要是指债务人企业在工业产权方面的权利，即专利权、商标权和其他科技成果或专有技术的权利等。在破产案件的审理中，债务人企业的知识产权往往被忽视，而这部分财产的价值有时在债务人财产中占有相当大比例。因此，在确定债务人企业的财产时，要对债务人企业的知识产权进行评估和变卖，转换成有形财产。五是债务人企业享有的股东出资缴纳请求权。法人被宣告破产时，无论它的成员或股东的出资期限是否已到期，凡承诺缴纳出资的法人成员或股东，只要其尚未完全向债务人企业全额缴纳出资的，均应当缴纳；债务人企业同时享有要求缴纳出资的请求权。六是其他财产权利。凡是债务人企业享有的、可以用财产价值衡量并可以变现为金钱利益的、除上述以外的其他任何财产权利，如债务人企业享有的专有技术、商号等，也应当列入债务人财产。如债务人依照法律规定取得代位求偿权的，依该代位求偿权享有的债权亦属于债务人财产。

（3）不属于债务人财产的财产范围。[①] 在认定债务人财产时应注意，下列财产不属于债务人财产：一是债务人基于仓储、保管、加工承揽、委托交易、代销、借用、寄存、租赁等法律关系占有、使用的他人财产；二是特定物买卖中，尚未转移占有但相对人已完全支付对价的特定物；三是尚未办理产权证或者产权过户手续但已向买方交付的财产；四是债务人在所有权保留买卖中尚未取得所有权的财产；五是所有权专属于国家且不得转让的财产；六是破产企业内的社团经费及其拥有的财产，破产企业内的社团，主要有企业的党团组织和工会组织；七是因无效合同取得的财产。

2. 在破产宣告后至破产程序终结前债务人所取得的财产

在破产宣告后至破产程序终结前，债务人仍然可以从事某些必要的民事活动，比如决定继续履行破产企业尚未履行的合同等，这就存在取得财产的可能。在破产案件受理时的债务人财产也存在产生收益

① 参见《最高人民法院关于适用〈中华人民共和国企业破产法〉若干问题的规定（二）》第2条。

的可能，这部分财产应属于债务人财产。在这一时段内取得的财产，既包括实物财产也包括财产权利。这部分财产主要包括以下几种。

（1）因破产企业债务人的清偿和财产持有人的交还而取得的财产。这部分财产实际上属于在破产受理时属于债务人的财产，但其实际的占有是在破产受理之后。

（2）因未履行合同的继续履行而取得的财产。由于这种合同属于双务合同，破产财产在接受给付时有相应的给付，而且这种给付通常具有等价性质。所以，这部分新取得财产不是价值形态上的财产增加，而是实物形态上的财产增加。从实物形态的角度讲，这可以被看作破产宣告后破产财产的收入。

（3）由破产企业享有的投资权益所产生的收益。例如，公司股份的年终分红，在合资企业中获得的利润分配。最高人民法院发布的《关于审理企业破产案件若干问题的规定》第 77 条规定，债务人在其开办的全资企业中的投资权益应当予以追收。全资企业资不抵债的，清算组停止追收。第 78 条规定，债务人对外投资形成的股权及其收益应当予以追收。对该股权可以出售或者转让，出售、转让所得列入破产财产进行分配。股权价值为负值的，清算组停止追收。规定中所讲的问题可参见《〈中华人民共和国企业破产法〉制度设计与操作指引》一书对这个问题的法释。[①]

（4）破产财产所生的孳息或转让所得。例如，房屋出租的收入、银行存款、有价证券带来的收益以及破产财产转让价值超过其账面净值的差额部分等收益。

（5）继续营业的收益。在破产程序中，法院可能裁定准许债务人继续其营业，这时因企业继续经营所获收益属于债务人财产。

（6）基于其他合法原因而取得的财产。包括：一是因他人侵犯破产企业权利（包括无形资产权）而获得的赔偿。二是债务人因开办人补足注册资金所获得的财产。三是因债务人财产被错误执行而执行回

---

① 参见李曙光、宋晓明：《〈中华人民共和国企业破产法〉制度设计与操作指引》，人民法院出版社 2006 年版，第 2441 页。

转的财产等。总之，《企业破产法》第30条中关于债务人财产的制度较完整地界定了破产财产的概念与性质，其内涵十分丰富，其相关内容经司法实践的进一步检验，将会更趋完善。

二、不良资产处置的战略机遇与制度建设①

（一）宏观经济政策的趋势

供给侧结构性改革实施5年以来，我国宏观经济形势与结构发生了较大的变化：一方面，我国经济在寻求高质量发展时遇到较大的下行压力；另一方面，我国在结构调整的过程中，也正经历严峻的挑战。2019年中央经济工作会议强调必须运用好科学、稳健的逆周期调整工具，首次提出要用系统论的方法来优化经济治理方式，要疏通货币政策的传导机制。目前，中国人民银行采取宽松的货币政策，货币发行较多，但商业银行放贷不出去，市场上缺乏优质的投资项目。中央经济工作会议还特别提出，要有序处置"僵尸企业"。这也是前几年的关键词，从2015年年底开始，供给侧结构性改革采取"三去一降一补"政策。对于"僵尸企业"处置不是一朝一夕的事，而是长期战略性的任务。

（二）特殊资产的四个市场

当前经济下行的压力较大，经济发展速度较慢，根据国家统计局数据，2023年前三季度国内生产总值913027亿元，按不变价格计算，同比增长5.2%。分季度看，一季度国内生产总值同比增长4.5%，二季度增长6.3%，三季度增长4.9%，② 第四季度的数据可能还会下跌，这是很重要的宏观经济数据。相比宏观角度，微观角度下的不良资产与特殊资产市场会更加复杂，以下介绍四个市场的数据，包括不良贷款市场、房地产市场、违约债市场与拍卖市场，具体而言：

第一，不良贷款市场。根据中国银行保险监督管理委员会披露的

---

① 本处内容整理自李曙光教授于2019年12月22日在第一届困境企业拯救与特殊资产投资论坛的讲话。

② 参见国家统计局网站：https：//www. gov. cn/lianbo/bumen/202310/content_6909814. htm，最后访问时间2024年7月12日。

数据，2022 年上半年处置不良资产 1.41 万亿元，同比多处置 2197 亿元，不良贷款率比较高。[①] 以包商银行、锦州银行为典型的城市商业银行，及其他合作制银行等，均出现了不少风险。

第二，房地产市场。根据中房网数据，2019 年有超 377 家房企申请破产，2020 年申请破产房企数量上升到了 408 家，2021 年破产房企数量下降到 343 家，而 2022 年破产房企数量进一步下降至 308 家。全国共有 8 万家房地产开发企业，平均每天倒下 1.5 家，这是破产界一个非常热门的话题。根据国家统计局数据，2023 年 1～8 月全国商品房销售面积为 73949 万平方米，同比下降 7.1%；商品房销售额 78158 亿元，下降 3.2%。可以预测，未来受到宏观经济形势的影响，房地产商在今后几年的破产速度会有所加快。

第三，违约债市场。中国人民银行 2019 年 8 月 14 日数据显示，我国债券市场规模超过 90 万亿元人民币，甚至超过日本位居全球第二。Wind 数据统计显示，截至 2022 年年底，中国债券市场总存量达 141.31 万亿元，较年初增加 10.99 万亿元。其中利率债 82.98 万亿元、信用债 44.23 万亿元和同业存单 14.11 万亿元，债券市场总存量达 141.31 万亿元。2018 年、2019 年我国债券违约爆雷的数量急剧增长，2019 年共 164 只发行债券违约，其中包含 26 家上市公司。近期北大方正、东旭等公司发生了严重的债券违约现象，颇受公众关注，其中北大方正资产规模超过 3000 亿元、违约本息约 20 亿元，东旭违约债务总额则达到 1291 亿元。债务违约现象打破了刚性兑付，是指一家公司（特别是一家上市公司）发行债券，无法偿付债券本金和利息。

第四，拍卖市场。拍卖市场是一个特别的市场，也是不良资产界比较关注的市场，尤其是其中的司法拍卖市场。截至 2020 年 12 月底，全国法院通过网络查控系统累计冻结资金 13219.58 亿元，查询房屋、土地等不动产信息 18950.07 万条，共进行网络拍卖 110 万

---

① 参见国家金融监管总局官网：《银保监会国新办新闻发布会答问实录（2022 年 7 月 21 日）》，载 https：//www.cbirc.gov.cn/cn/view/pages/ItemDetail.html？docId = 1062920&itemId = 915&generaltype =0，最后访问时间：2024 年 3 月 2 日。

次，[1] 成交量31万件，成交额6863亿元，为市场主体节省了大量的交易佣金，可见拍卖市场巨大。

整体来看，不良贷款市场、房地产市场、违约债市场与拍卖市场中的不良资产数量很大，但这四个市场仍不能完全覆盖不良资产市场，这个市场着实很大。可以看到这几个主要市场都在加快增速，对于不良与特殊资产处置的专业人士而言，这是一个宏大的增长市场。此外，从国家层面来看，这个市场存在金融风险与系统性风险，需要监管与控制。中央经济工作会议报告中，有很多举措针对的是经济结构调整和经济发展过程中深层次存在的问题，需要建立更好、更健康的系统性金融风险防范机制。

（三）特殊资产投资面临的机遇与挑战

对于特殊资产投资界人士来说，需要关注五个问题，一是处置不良资产面临的主要问题，二是不良资产处置队伍建设，三是房地产企业破产问题，四是债权与优先权市场问题，五是配套制度的完善。

1. 不良资产处置面临的主要问题是什么？

首先，不良资产加快增速，这种增速与宏观经济形势密切相关，如民营经济发展的宏观环境、中美贸易冲突等因素对国内经济影响很大，国际经济形势也在下行压力中。在上述因素的综合作用下，我国企业承受着较大的压力，投资者信心下降，催生出一定规模、持续增长的不良资产市场，这个问题只能通过加快发展、在发展中逐步解决。总之，需要将中央强调的高质量发展理念与货币政策、财政政策、经济结构及产业结构调整等手段结合起来，共同扭转经济衰势，共同作用掣肘经济增速放缓。此外，现在正处于“三期叠加”时期，即增长速度换挡期、结构调整阵痛期、前期刺激政策消化期，中国经济有如此大的体量，其中不良资产规模较大是常态现象，即便是中国经济发展得好，也会有庞大的不良资产数量。

其次，AMC在不良资产处置中扮演着关键的角色。20世纪八九

---

① 数据来源于2021年8月24日最高人民法院发布的《建设智慧法院促进绿色发展成效分析报告》。

十年代大规模处置国有企业的不良资产，于是四大 AMC（Asset Management Companies，资产管理公司）应运而生，扮演着稳定器、救火队、金融风险“防火墙”的角色。据悉，到 2020 年，传统金融机构持有的不良资产规模将达到 4.8 万亿元。这一轮的不良资产处置上，全国各地陆续成立了很多地方 AMC，为处置不良资产积累专业人才队伍。此外，还有 PC、专业秃鹫基金以及券商等，都是很重要的力量。但是，近期 AMC、基金（尤其是私募基金）、券商面临着很大的调整，2019 年四大 AMC 平均每家才处置 100 多亿元不良资产，涉及不良资产的体量并不大。在如此庞大规模的不良资产市场中，四大 AMC 应该能处置更多的不良资产，但四大 AMC 资金投入较少，说明 AMC 在不良资产处置上信心不足、意愿下降，面临包括市场、投资生态环境、自身能力等约束。

2. 需要用专业的能力和判断参与不良资产处置，做好专业储备与人才储备。对处置不良资产专家的要求是非常高的，不仅要求懂得宏观政治、经济以及微观的不良资产业务，还要懂得不同法律、管理知识等，不良资产处理的专家队伍必须都是综合性人才。处置不良资产的专家在市场经济发达国家只需要处理专业问题，但在中国需要懂得更多：要对不良资产进行前期的识别、审查、尽职调查，要具备很好的识别能力，要在不良资产处置中具备很强的把握能力、府院协调能力以及融资、经营、营销的能力，还要有维稳的能力。对于专业机构来说，这些要求太高了，目前中国有上百家 AMC 机构、基金、投行，如何进入这个领域？能做什么？怎么做？都是需要关注的问题。

3. 房地产行业不良资产的处置，是不良资产界比较关注的领域，房地产是真金白银，尤其是土地资产价值很高。房地产行业的现状是不良资产较多，相当一批开发商因为各种原因在陆续爆雷，并且还处于加速中。房地产行业不良资产的处置非常复杂，因为涉及许多法律关系，如投融资法律关系、合同法律关系、民间借贷法律关系、非法集资法律关系、非法吸收公众存款法律关系、建筑工程承包法律关系等；相关利益主体非常多，不仅包括房地产开发商、放贷的金融机构，还有购房者、住房消费者以及背后的利益参与者（比如，拆迁户就是一个很重要的利益主体）。地方政府、房地产开发商、建筑工程开发商均卷入其中，还有规划、环保、工商、税收、劳动、水电、消防等各种问题，这是一个非常综合、复杂的领域，涉及如何处理各种法律关系。中央经济工作会议强调运用系统论，[①] 不良资产界应该高度重视，特别是房地产开发界，房地产困境企业不良资产处置过程中需要法律制度的支持。

4. 债权与优先权市场的问题。中国要尽快形成一个债权市场，包括普通债权市场、优先债权市场、违约债市场、债转股市场。如违约债应该能够进行交易，高风险的债券在国外有着较为成熟的处理机制。这几个市场中，笔者特别关注优先权市场，但由于存在制度供给短缺的问题，谁都希望具备优先权，《企业破产法》《民法典》《税收征收管理法》《海商法》等存在法律竞合问题。《合同法》（已失效）、最高人民法院发布的《关于建设工程价款优先受偿权问题的批复》等关于购房消费者、建筑工程承包商优先权的规定，与《企业破产法》规定的优先权是冲突的，2020 年第十三届全国人民代表大会第三次会议审议了《民法典》（草案），《民法典》中的债法更加复杂，有合同之债、侵权之债、婚姻家庭继承之债等，债与债的关系非常复杂。《民法典》颁布后，我国破产法学界要积极应对。为什么英美法系没有民法典？因为债的关系一直在变化中。“破产法快讯”微信公众号曾推出笔者的文章《有关债市的几个法律问题》，讨论了关于债市的基本问题，也涉及《民事诉讼法》《证券法》《公司法》等不确定的地方。[②] 所以，笔者认为这是面临的第四个问题，即如果不良资产不能处理债权市场的问题，特别是优先权市场的问题，那么投资人是不愿意进入程序的。因为很多不良资产的投资，本质上就是如何看待这个企业的资产与权益，有真金白银等干货就进入程序，如果解决不了

① 2019 年中央经济工作会议指出：“必须从系统论出发优化经济治理方式，加强全局观念”，载新华网：http：//www. xinhuanet. com/politics/2019 － 12/12/c_1125340392. htm，最后访问时间 2024 年 7 月 12 日。

② 参见《有关债市的几个法律问题》，载“破产法快讯”公众号，https：//mp. weixin. qq. com/s/w4Strjz8Qh9cPB1M9 － lYUg，最后访问时间 2024 年 7 月 12 日。

这个问题，资金就会白白浪费。

5. 配套的政策支持。不良资产梳理与处置需要地方政府与法院的支持，也需要一些政策支持，否则不良资产处置就会“打水漂”。相关政策还存在很大的改进空间，如土地增值税问题、重整企业股权变更问题、信用修复问题、失信名单复权问题等，涉及市场监管、税收等部门。如果地方政府没有跟进相关政策，那就是很大的问题。

（四）不良资产处置的制度工具

目前已有的制度工具和下一步应该完善的制度工具是什么？

1. 特别提醒不良资产界关注共益债市场。近年来，在营商环境破产指标上，特别是在债权人保护方面，有很多进步，其中最大的进展是建构了一个共益债市场。在颇受关注的世界银行《营商环境报告》中，中国的排名逐年上升，其中颇为重要的是办理破产指标，而债权人的回收率这一指标，对于债权人（特别是重整债权人）是一个很重要的指标。最高人民法院《关于适用〈中华人民共和国企业破产法〉若干问题的规定（三）》增加了第2条的内容，即管理人或者自行管理的债务人为债务人继续营业而借款的，将被视为共益债，而结合《企业破产法》第42条、第43条之规定，共益债具有优先性，由债务人财产随时清偿。换言之，《关于适用〈中华人民共和国企业破产法〉若干问题的规定（三）》的出台和对《企业破产法》第42条的深入解读，换来了不良资产投资者一个很大的权利，即困境企业为了继续营业的借款，新晋的战略投资者在进入破产程序的企业中具有优先权，而且是作为共益债的优先权，这在以前是没有的。共益债优先权是一个很清晰的信号，而且共益债范围正在扩大，这是一个非常重要的法律制度变化，这个变化使得战略投资者、不良资产投资者有了一个很好的法律保护武器。这是世界银行《营商环境报告》排名带来的积极变化，期待这一条在《企业破产法》修改时也能正式进入法律文本中。深圳、北京、上海、广州、天津、重庆、杭州等地的破产法庭陆续宣布成立，我国专业的破产法庭在逐渐增多，对于不良资产投资界来说，这代表将有一个专门处理破产事务的司法机制和司法队伍的对接。从AMC层面来讲，早在2016年的56号文《关于规范金融资产管理公司不良资产收购业务的通知》中，就明确了禁止 AMC 作为银行不良资产出表通道或代持。2019 年发布的《关于加强地方资产管理公司监督管理工作的通知》，再次提到不得设置任何显性或隐性回购条款，不得以任何形式帮助金融企业虚假出表掩盖不良资产。现在商业银行不良率在快速增加，有些金融机构就使用合约替换方法，有时是过桥贷款，一些 AMC 在处置不良资产时也普遍运用这个方式。无论如何，不良资产处置意味着禁止显性和隐性回购行为，不良与特殊资产处置将会有更高的信息披露要求，场内交易标准化产品的信息披露相对较好，但是特殊资产作为非标产品，信息披露相对较弱。某种程度上也说明，向标准化市场过渡，更加安全也更加规范；非标产品投资收益更大，但是风险也会更高。这也是制度性缺陷比较严重的领域。

2. 债转股工具。四大市场几乎所有的破产重整案中都运用了债转股。最近债转股问题比较多，而债转股存在风险累积问题，是不能滥用的。债转股比较复杂，涉及不良资产交易价格问题、国有资产流失问题、债权人身份转化问题，需要整合各种资源，而公司治理是一个很重要的手段。[①] 债转股不能滥用，如果所有公司包括无法挽救的"僵尸企业"等都运用债转股方法，这实质上就是风险的递延，后面的"手术"将更加麻烦。反过来说，这也侵害了很多债权人的利益。

3. 一些关键法律的修改与完善。接下来有几个重要的法律需要出台，《证券法》需要修改（2019 年 12 月 28 日发布了修订稿），《企业破产法》也启动了修订工作，与之相关的包括个人破产制度立法也在酝酿过程中。有几个重大制度是需要在《企业破产法》修订中解决的：其一，共益债的范围究竟如何定义？以及 DIP 中新投资人作为共益债权人的清偿顺位问题。最高人民法院于 2002 年发布《关于建设工程价款优先受偿权问题的批复》，《合同法》现为《民法典》合同编第 286 条和《关于适用〈中华人民共和国企业破产法〉若干问题的

① 参见王国刚：《市场化债转股的特点、难点和操作选择》，载《金融研究》2018 年第 2 期。

规定（三）》有着明显的矛盾，如最高人民法院《关于建设工程价款优先受偿权问题的批复》中共益债排在担保债权之前，但在《关于适用〈中华人民共和国企业破产法〉若干问题的规定（三）》中，明确共益债排在担保债权之后。对于房地产开发商共益债，还有消费性购房者的权利保护，如何进行清偿排序？笔者认为这些权利，无论如何不能超越担保债权人权利，因此笔者是支持《关于适用〈中华人民共和国企业破产法〉若干问题的规定（三）》对担保权利绝对优先保护的。《民法典》应该有所调整，使共益债法律地位更加清晰，使得不良资产投资人有着更加明确的预期。其二，关于 AMC 在破产中的地位，国家发展和改革委员会等十三部委的改革方案、最高人民法院发布的《全国法院民商事审判工作会议纪要》中强调，要请懂得企业经营管理专业的人参与困境企业拯救过程中，市场中的专职企业拯救的专业人士，应纳入管理人的范围中。其三，如何在不良资产处置中，广泛运用多种企业拯救方式，如庭外重组程序、预重整程序，及其如何与重整程序衔接？还有如何发挥和解制度的效力？《企业破产法》应该完善起来。当然，不良资产处置过程中还有一系列问题，如府院联动问题、强裁机制使用等，这些问题不解决，不良资产与特殊资产投资会遇到很大法律障碍，会被其他因素所干扰。在企业重整中，司法部门要尽量避免卷入商业判断中，应把企业拯救的方式与决策选择，更多地留给市场、留给不良资产投资界；在制度推进上，国家发展和改革委员会等十三部委推出的改革方案是非常重要的，很多改革点都需要落实。

2020 年是一个有希望的年份，相应的改革方案、政策措施正在陆续被完善，预计会有更多运用系统论方式的政策制度出台。现在很多民营企业家因替困境企业担保，生产经营遇到困难，中央正大力推进营造更好发展环境以支持民营企业改革，提出在依法合规的前提下，支持资管产品和保险资金通过投资私募股权基金等方式积极参与民营企业纾困；鼓励民营企业转型升级优化重组；鼓励民营企业因地制宜聚焦主业加快转型升级；优化企业兼并重组市场环境，支持民营企业做优做强，支持民营企业参与国有企业改革；畅通市场化退出渠道，完善企业破产清算和重整等法律制度，提高注销登记便利度，进一步做好“僵尸企业”处置工作；鼓励通过债务重组等方式合力化解股票质押风险；积极吸引社会力量参与民营企业债转股。这是不良资产界的一次历史机遇，在法律制度上也需要相应跟进。希望不良与特殊资产处理机构和企业破产重组界，共同为中国不良资产特殊资产处置与困境企业的拯救，为防范化解系统性金融风险，贡献智慧。

三、特殊资产管理与破产市场新趋势①

（一）特殊资产管理业发展的趋势

第一点，当前特殊资产管理发展有三难。

第一，是中小企业生存难。大量的行业都因疫情受到了巨大的打击，现在实体制造业虽然很多在复工复产，但是很多企业有复工，却没有复产。对于中国经济支撑最大的中小企业与民营企业来说，当前很多企业处于倒闭或者是持续经营困难的困境，危困企业一多，特殊资产就多了。

第二，是国有企业改革难。国有企业近几年比较重头的改革就是混改。现在民营经济这么困难，混改当然难进行，国企改革混改最重要的是民营经济、私有经济有热情。如果混改的进程会受到疫情很大的影响，国有企业整体的改革推进会比较困难。

第三，是国际外贸环境难。全球疫情在蔓延，很多国家可以说是自顾不暇，企业很难正常经营，加之与美国的贸易冲突影响。某种程度上，中、美两国这种全球最大的贸易伙伴正在加速脱钩，国际贸易的环境比较差。特别是 WTO 现在基本处于瘫痪当中。国际贸易环境的恶劣，也导致中国接近 1/3GDP 增量受到比较大的影响。

第二点，不良资产行业三个市场的现状。

第一个市场是债券市场。在经济困难的时候，对于债券市场是最有依赖性的。但是从目前的趋势看，这个市场违约暴雷比较多，截至

① 本部分内容整理自李曙光教授于 2020 年 7 月在通达金融主办的“第六届中国特殊资产管理与破产重整高峰论坛”上分享的“对特殊资产投资行业的思考和观察”的发言。

2022 年年末，我国债券市场累计有 251 家发行人发生违约，共涉及期违约债券 743 期，到期违约金额合计约 6670. 12 亿元[①]。如果持续以这样的速度增长，对于金融系统的系统性风险影响就会较大。

第二个市场是破产市场。近几年，破产案件越来越多，所涉及的债务金额也越来越大，如北大方正、东旭集团都进入破产程序。对破产市场而言，目前破产企业的数量将会有井喷式增长。

第三个市场是信用市场，更多指的是合同和担保信用市场。受疫情影响的一般性违约非常多，大量的合同到期不能履行。与此相关的一个特殊市场——担保市场，它是更重要的信用市场，但是现在出了很多问题，而且担保市场的问题具有很大的连带性，比如最近的“湖北金凰公司黄金造假案”。[②] 黄金担保作为最刚性的担保，它出现问题给整个信用交易的市场造成了很大影响，对不良资产的处置也是很大的威胁。如果交易方彼此之间不信任，市场的信用度很低，交易的成本和费用一定会增高。

目前从这三个市场的情况，债券市场、破产市场和担保信用市场来看，因为疫情产生了一系列的问题。当然，有些问题不完全是新冠疫情带来的，可能在市场当中本身就蕴含着一些风险，新冠疫情的暴发加重了这种风险，同时也带来了新的挑战。所以特殊资产管理是很有道理的，处于困境中的企业怎么盘活它、怎么出售它、怎么让它产生新的价值、怎么经营它，都是需要研究的课题。在新冠疫情的大背景下，几个重要市场体现出一些新特点。

（二）特殊资产管理的发展

1. 突发公共危机下特殊资产管理的变化

自新冠疫情暴发以来，全球实际上都产生一个新的竞争——制度竞争。为了应付或回应新冠病毒带来的对经济、金融的威胁和挑战，

---

① 参见联合资信评估股份有限公司：《2022 年中国债券市场违约回顾与展望》，载 https：//www. lhratings. com/file/f404743e2c3. pdf，最后访问时间 2024 年 7 月 11 日。

② 参见新浪财经：《金凰珠宝假黄金事件引关注！对应质押黄金超过 80 吨，涉及十几家信托公司》，载 http：//finance. sina. com. cn/stock/relnews/us/2020 - 06 - 29/doc - iircuyvk1001442. shtml，最后访问时间 2024 年 7 月 12 日。

现在各个国家都在竞相出台新的制度、新的政策。

货币政策方面，许多国家基本采取无限量化宽松的货币政策，特别是英美国家带头不断印钞票，贷款利率基本是零甚至负利率。我国也发了很多低利率贷款、利率较低的不同的专项贷款项目，同时发了3万多亿元地方政府专项债。

财政政策方面，美国推出了很多的财政政策，如2万亿美元的纾困基金，以缓解疫情带来的影响，而我国的支持力度更大。

最高人民法院最近发布了很多关于新冠疫情的破产政策，包括重整计划可以延期半年，甚至可以更长地延期；针对一些应该受理的破产案件，现在要区分破产的原因；管理人在破产操作时有了更多的权利，包括债务展期，如何更好地让企业能够转危为机。总体来说，“六保六稳”政策首先是保市场主体生存，中共中央、国务院都提出要首保市场主体。

2. 特殊资产管理的趋势

第一个趋势，是近年破产案件的受理更加注重拯救企业的重整程序。从各法院审理涉新冠疫情的破产案件中，可以看出当前更加注重重整的趋势，特别强调庭外重组、庭外和解以及预重整。

第二个趋势，是对于《企业破产法》修订的呼声越来越高。通过这次疫情，可以看到全球都在进行制度竞争，各国纷纷出台破产新政策延期到期债务，有的是中止破产程序，有的是停止债务执行。对中国来说，现行《企业破产法》要有大的修改，要有相应的对策。

第三个趋势，是对于破产法庭和法官的要求越来越高。现在十几个城市都设立了专门的破产法庭，未来将会出现更多。这就要求破产法官审理破产案件时要有很高的专业性与创新性，要根据整个疫情的状态，根据破产企业经营与负债的状态，要一企一策、一案一策、不断创新。

第四个趋势，是破产在营商环境指标中的比重越来越高、越来越重要。好的破产法框架与实施，会带来好的债权人预期与好的营商环境。

第五个趋势，是债券市场纠纷案件审理的新司法政策的出台。由于债券纠纷越来越多，国家制定出台了《全国法院审理债券纠纷案件座谈会纪要》，意见涉及如何防范金融风险，如何保护债券持有人的利益。这方面的条款越来越多，受托管理人权利和责任越来越大，涉及中介机构的责任越来越清晰。这个指导意见非常重要，它涉及整个债券市场的后续发展。

（三）特殊资产管理与个人破产法

因为个人破产法涉及很多企业家用个人资产进行抵押担保贷款，需要承担民事清偿责任问题，涉及个人破产与特殊资产处理问题。很多人关心个人破产法何时出台。2019 年国家发展和改革委员会等部委出台的《加快完善市场主体退出制度改革方案》中提出要进行个人破产立法，2020 年中共中央、国务院出台的《关于新时代加快完善社会主义市场经济体制的意见》中也提出要健全破产制度、推动个人破产立法。现在全国已经有十几个城市在试点个人破产或个人债务清理，而且越来越多的城市正在加入试点。作为有地方立法权的特区人民代表大会，深圳市率先通过了《深圳经济特区个人破产条例》，开启系统性的个人破产试点工作。

中国政法大学破产法与企业重组研究中心正在帮助海南制定海南自贸港的破产条例，这个破产条例包括企业和个人。因为新冠疫情对中国经济影响比较大，需要寻找新的增长点，而海南自贸港就是一个重要的新增长点，需要为其制定各种制度条例等相关的新法律。因为要打造中国的第五个独立关税区，所以它的制度需要全部对标国际上最先进地区的经验。在起草自贸港破产条例时，需要思想更解放一点，步伐更大一点。

全国人民代表大会估计需要根据各地试点的情况决定立法进度。如果没有个人破产制度的保障，很多以个人所有财产为企业做担保贷款的企业家会看不到希望，终日在躲债。很难有企业及个人重生的机会，是一些企业家卷款跑人的原因。所以，个人破产制度要更多地注重重整，要让有一定资产、身家和信用的个人，通过破产程序看到拯救的希望。目前的立法方向具有问题针对性，最高人民法院、全国人民代表大会都在讨论要在《企业破产法》增加一章这样的内容。与此同时，在立法过程中应有配套性制度，以更好地防范个人破产中的欺诈性破产。

全球经济下行，跨境不良资产的处置、特殊资产的管理是一个新的命题。因为中国前期的“走出去”战略、“一带一路”倡议等，存在很多海外投资收购项目。在全球疫情暴发的情况下，这些项目出现问题较多，需要更详细的跨境破产规则依据，也需要更多的国际合作解决。跨境合作不仅包括执法与司法上的合作，也包括企业实务界与法律跨界的合作。

在当前全球经济与国际贸易复杂的环境下，中央提出中国经济下一步转向以内循环为主导①。内循环有弱点，但是也有优势。对于不良资产处置行业来说，内循环经济是一个机遇，内循环状态下，海外机构参与进特殊资产管理较为困难。国内不良资产业界的专业人员队伍建设是下一步要特别重视的，对国内机构的专业性与合规的要求更高。不良资产与特殊资产管理界要担负起责任来。有些 AMC 公司在特殊资产管理处置业务中出问题，主要是收购资产不审慎，收购一些非金融的实体资产，还涉及内部交易问题，此前某资产管理公司被银行保险监督管理委员会罚款 900 多万元。在不良资产处置、特殊资产管理中有很多的“雷区”，整个特殊资产管理行业要专业化、自律化、有自我反省能力，要与破产管理人队伍建设配合起来，把眼光放得更开一点、看得更远一点。在这方面应该借鉴优质的国际经验。

---

① 参见《加快构建以国内大循环为主体、国内国际双循环相互促进的新发展格局》，载 https：//www. gov. cn/xinwen/2020－11/25/content_5563986. htm，最后访问时间 2024 年 7 月 12 日。

第六讲　债权人权利

一、债权人的权利体系

2019 年 3 月 27 日，最高人民法院正式发布了《关于适用〈中华人民共和国企业破产法〉若干问题的规定（三）》。这是继 2011 年、2013 年之后，时隔 6 年，《企业破产法》适用的第三个司法解释，而且解释的是破产法的原问题——债权人权益问题，这是破产界与市场极为关注的一个点。再考虑到我国在世界银行营商环境排名中排第 31 位，而破产指标只排第 51 位的背景，以及破产实践中债权人权益保障不畅的现实，此次《关于适用〈中华人民共和国企业破产法〉若干问题的规定（三）》的出台，意味深长。

《关于适用〈中华人民共和国企业破产法〉若干问题的规定（三）》共 16 条，重点聚焦债权人实体权益与程序权利在破产司法中的处理与保护问题，具体而言，对于债权人以下四项权利的确认是亮点。

第一，新进债权人的优先权。《关于适用〈中华人民共和国企业破产法〉若干问题的规定（三）》第

2 条,[①] 明确了破产程序启动后新进债权人的激励机制问题，即参照“共益债务”的优先地位，给予其权利保护。关于破产程序启动之后，新进入的战略投资者的债权能否有优先权问题，在实务中争议困惑较多，一些破产法先进国家，为推动鼓励更多投资者与借款人进入重整程序去拯救困境企业，对于重整中的融资有明确的优先权规定。由于缺乏优先权法律依据，在实际操作中，许多投资者及秃鹫基金不敢贸然出手去挽救垂死企业。

第二，债权人的知情权。《关于适用〈中华人民共和国企业破产法〉若干问题的规定（三）》第 10 条,[②] 落实了单个债权人对于债务人财务状况、债权人会议、债权人委员会决议、管理人监督报告等破产程序中重要信息的知情权。目前，在破产实践中存在大量的信息不对称，尤其是单个债权人是信息弱者，其对于整个破产程序，特别是涉及债权人权利的事项和决策过程并不了解，或者是想了解但没有合适的渠道。《企业破产法》第 68 条将“债权人”的知情权限定为“债权人委员会”可行使的职权，实际上是对其他普通债权人的权利剥夺。从世界银行关于营商环境的指标体系来看，对于债权人这项权利非常关注，而我们得分较低，所以这次的司法解释主要是为了解决信息披露度与知情权保护的问题。

第三，债权人的表决权。《关于适用〈中华人民共和国企业破产

---

① 最高人民法院《关于适用〈中华人民共和国企业破产法〉若干问题的规定（三）》第 2 条规定：“破产申请受理后，经债权人会议决议通过，或者第一次债权人会议召开前经人民法院许可，管理人或者自行管理的债务人可以为债务人继续营业而借款。提供借款的债权人主张参照企业破产法第四十二条第四项的规定优先于普通破产债权清偿的，人民法院应予支持，但其主张优先于此前已就债务人特定财产享有担保的债权清偿的，人民法院不予支持。管理人或者自行管理的债务人可以为前述借款设定抵押担保，抵押物在破产申请受理前已为其他债权人设定抵押的，债权人主张按照民法典第四百一十四条规定的顺序清偿，人民法院应予支持。”

② 最高人民法院《关于适用〈中华人民共和国企业破产法〉若干问题的规定（三）》第 10 条规定：“单个债权人有权查阅债务人财产状况报告、债权人会议决议、债权人委员会决议、管理人监督报告等参与破产程序所必需的债务人财务和经营信息资料。管理人无正当理由不予提供的，债权人可以请求人民法院作出决定；人民法院应当在五日内作出决定。上述信息资料涉及商业秘密的，债权人应当依法承担保密义务或者签署保密协议；涉及国家秘密的应当依照相关法律规定处理。”

法〉若干问题的规定（三）》第11条,[①] 规定债权人可以采用非现场表决方式，特别强调对于权益未受重整计划调整或影响的债权人，不再参与表决。现在对于重整计划，一般采用分组方式进行表决。《企业破产法》只规定了怎么分组的问题，但在其他国家的破产法中，同时还规定了权益不受影响的人不参与表决。也就意味着，只有权益受影响的债权人才需要参与表决。将这些权益不受影响的债权人分散在债权人各类组别中参与表决，实际上是对那些真正需要保护的、权益受到重整计划影响的债权人的权利的侵害。《企业破产法》应当重点保护权益受破产程序影响的债权人的权利，这也是世界银行营商环境报告有关债权人保护的一项重要指标。

第四，债权人的处分权。《关于适用〈中华人民共和国企业破产法〉若干问题的规定（三）》第15条,[②] 重新定义了《企业破产法》第69条的关键条款，限制了管理人的权利，阐明延伸了债权人处分权的内涵。管理人处分《企业破产法》第69条规定的债务人重大财产的，应当事先制作财产管理或者变价方案并提交债权人会议进行表决，债权人会议表决未通过的，管理人不得处分。《企业破产法》第

---

① 最高人民法院《关于适用〈中华人民共和国企业破产法〉若干问题的规定（三）》第11条规定："债权人会议的决议除现场表决外，可以由管理人事先将相关决议事项告知债权人，采取通信、网络投票等非现场方式进行表决。采取非现场方式进行表决的，管理人应当在债权人会议召开后的三日内，以信函、电子邮件、公告等方式将表决结果告知参与表决的债权人。根据企业破产法第八十二条规定，对重整计划草案进行分组表决时，权益因重整计划草案受到调整或者影响的债权人或者股东，有权参加表决；权益未受到调整或者影响的债权人或者股东，参照企业破产法第八十三条的规定，不参加重整计划草案的表决。"

② 最高人民法院《关于适用〈中华人民共和国企业破产法〉若干问题的规定（三）》第15条规定："管理人处分企业破产法第六十九条规定的债务人重大财产的，应当事先制作财产管理或者变价方案并提交债权人会议进行表决，债权人会议表决未通过的，管理人不得处分。管理人实施处分前，应当根据企业破产法第六十九条的规定，提前十日书面报告债权人委员会或者人民法院。债权人委员会可以依照企业破产法第六十八条第二款的规定，要求管理人对处分行为作出相应说明或者提供有关文件依据。债权人委员会认为管理人实施的处分行为不符合债权人会议通过的财产管理或变价方案的，有权要求管理人纠正。管理人拒绝纠正的，债权人委员会可以请求人民法院作出决定。人民法院认为管理人实施的处分行为不符合债权人会议通过的财产管理或变价方案的，应当责令管理人停止处分行为。管理人应当予以纠正，或者提交债权人会议重新表决通过后实施。"

69 条只说明了管理人进行重大财产处分时需要向债权人委员会报告，但对于如何报告、如何参与、如何决定、如何救济的问题未予明确，使得实践中债权人的这一权利常常落空。这也是之前我国在世界银行营商环境评价体系中办理破产指标的一个失分点。

此外，《关于适用〈中华人民共和国企业破产法〉若干问题的规定（三）》第 9 条[①]具体说明司法诉讼程序中如何保障债权人的异议权。《企业破产法》只在第 58 条中有所提及，而实践中这一权利也常常被忽视。

债权人的权利中，还有一项重要的权利是选择权，即债权人选择管理人的权利。由于现行《企业破产法》中的规定，司法解释在这一点还无法突破。以上所提到的六项权利，是破产程序中需要重点关注的债权人权利。

从最初最高人民法院《关于适用〈中华人民共和国企业破产法〉若干问题的规定（三）》（征求建议稿）的 21 条，到公布时的 16 条，《关于适用〈中华人民共和国企业破产法〉若干问题的规定（三）》重点聚焦了债权人权益与参与问题，世界银行营商环境报告指标体系中“办理破产”这项指标又分解为破产程序启动、债务人财产管理、重整程序、债权人参与度四个指标，可以看到《关于适用〈中华人民共和国企业破产法〉若干问题的规定（三）》主要落脚点是“债权人参与度”问题。

总体而言，《关于适用〈中华人民共和国企业破产法〉若干问题的规定（三）》对于现有《企业破产法》的规定有所突破，有所清晰，这是在目前推进处置“僵尸企业”、改进营商环境，破产案件受理数量大幅提升至 1.8 万件的背景下，最高人民法院做出的一个积极的司法回应，这也是整个破产界近些年共同努力的成果。接下来，破

① 最高人民法院《关于适用〈中华人民共和国企业破产法〉若干问题的规定（三）》第 9 条规定：“债务人对债权表记载的债权有异议向人民法院提起诉讼的，应将被异议债权人列为被告。债权人对债权表记载的他人债权有异议的，应将被异议债权人列为被告；债权人对债权表记载的本人债权有异议的，应将债务人列为被告。对同一笔债权存在多个异议人，其他异议人申请参加诉讼的，应当列为共同原告。”

产法立法的其他缺漏及实施中的不畅之处，则需要通过修改《企业破产法》、司法深耕细作、府院良性互动及破产专业人士的继续不懈努力，予以解决。

二、债权人委员会

2017 年 4 月 7 日，银监会（已不再保留，现权力承继单位为国家金融监督管理总局）下发《关于提升银行业服务实体经济质效的指导意见》，强调将“深入实施差异化信贷政策和债权人委员会（以下简称债委会）制度”作为“提升银行业服务实体经济水平”的着力点之一。

早在 2016 年 7 月，银监会就专门下发《关于做好银行业金融机构债权人委员会有关工作的通知》，指出“债委会的职责是依法维护银行业金融机构的合法权益，推动债权银行业金融机构精准发力、分类施策，有效保护金融债权，支持实体经济发展”。破产程序中的“债委会制度”在本轮“僵尸企业”和不良资产的处置中受到重视并发挥作用。囿于《企业破产法》相关规定粗糙及其他规范的缺失，债委会的功能和角色定位尚需梳理。

债委会制度规定于《企业破产法》第七章第二节中，共 3 个条文，分别规定其组成方式、职权及对管理人的具体监督事项。债权人委员会可以提高债务处置效率，但在破产重整程序中还有对公司治理的要求。银监会所力推的债委会制度属于法庭外的债务处置程序，在其实施过程须注意以下四个问题。

第一，应当充分发挥债委会制度的价值功能。由于债权人人数较多，严重影响一致行动的效率，债委会制度便应运而生。债委会作为全体债权人的代表机关，其人员组成上应当体现公平价值，不仅要考虑大债权人的利益，也要综合小债权人和企业职工等诉求。债委会制度也应体现效率价值，不应在表决机制上设置过高门槛，采用多数决即可。公平价值和效率价值于债委会而言，犹如鸟之两翼，车之两轮，应兼顾得当，方能最大限度发挥债委会制度的作用。

第二，应当做好债委会制度与其他制度的衔接。债委会作为临时议事机构，不会永续存在。例如，在法庭外的债务处置程序中，债委会将对清偿方案或者债务处置方式作出决定，不同处理方案对具体实施机构和监督机构的要求不同。从债委会过渡到实施机构或者监督机构时，既要保证依据债委会的决议精神处置，又要保证监督工作符合公开透明的要求。再如，在法庭内的债务处置程序中，法院作为程序的主导者，应当考虑债委会与重整程序、和解程序、清算程序、强裁制度、管理人制度等机制的衔接关系。例如，法院采取强裁措施还须考虑债委会的意见，管理人如何与债委会有效沟通协调，发挥各自的作用等。

第三，应当区分债委会在不同程序中的作用。法庭外的债务处置程序并无具体的法律可以适用，主要是尊重市场主体意愿，以“法治化、市场化、公平公正”的要求开展工作。各地实践中已经形成不少经验和做法，至于具体适用哪种模式，应当根据债务人和债权处置的情况灵活决定，而不应死板地按地域划分固定的方式。法庭内的程序主要依照《企业破产法》的规定，按照法院要求开展工作。破产程序中的清算程序、重整程序与和解程序的目标不尽相同，对于债委会规则、程序、职权划分也应做细化区分。《企业破产法》第 68 条所规定的四项职权和第 69 条所规定的对管理人的监督事项语焉不详，且未按不同的破产程序做出区分，例如召集人、成员组成等债委会自身的工作机制需要因为目标不同而设置不同。[①] 应当区分债委会在不同程序中的不同作用，完善和细化债委会的有关规定，才能使债委会制度更加具有可操作性。

第四，应当妥善处理债委会与其他主体的关系。在债务处置过程中，还有债权人会议、债委会主席团、中小债权人和管理人等其他主体同时在发挥作用。债权人会议是全体债权人的意思表示机关，债委会只是其代表机关，债委会的职权范围应当获得债权人会议的充分授权，才能使其做出的决议具有效力。实践中还有在债权人委员会中设

① 参见许胜锋：《我国破产程序中债权人委员会制度的不足与完善》，载《中国政法大学学报》2018 年第 5 期。

置主席团的方式，进一步凝聚共识，减少分歧。[①] 债委会主席团的作用应当有所限制，仅限于决定程序性事务，否则赋予债委会主席团过多的职权会削弱债委会的作用和价值。债委会还应协调好与中小债权人的关系。在债务处置过程中，可以允许中小债务人先行获得偿付而退出程序。管理人是破产重整中的总导演，在破产重整程序下的债委会不应只考虑债务的清偿，还应当考虑恢复债务人的清偿能力，实现挽救企业的目的，而这其中涉及的公司治理部分有赖于管理人的专业判断。[②] 因此在重整程序中，应当明确管理人的主导作用。

债委会因其兼具效率与公平的价值而在此轮债务处置中得以大力推广。应当在确保债委会价值目标的基础上，区分债委会在不同程序中的差异，做好债委会制度与其他制度的衔接，处理好债委会与其他主体的关系，更加充分地发挥债委会在债务处置中的积极作用。

三、债权交易

（一）债权交易的理论

“重整中的债权人如何协商”问题兼有学术性与实践性，破产理论界和实务界对此可能会有不同的理解和看法。以下主要谈三个问题：

一是为什么要界定“债务人财产”?《企业破产法》不用“破产财团”的概念，而是用“债务人财产”。《企业破产法》第 30 条规定，债务人财产是指破产申请受理时属于债务人的全部财产，以及破产申请受理后至破产程序终结前债务人取得的财产。这里要注意，债务人财产与破产财产是有区别的，根据《企业破产法》第 107 条的规

① 例如，永泰能源的债务重组过程中，债委会主席团成员一致同意将贷款利率降至基准利率水平左右，这一决策得到了全体成员的支持。参见《永泰能源股份有限公司关于债务重组进展情况的公告》，载上海证券交易所官网，https：//www. sse. com. cn/disclosure/listedinfo/announcement/c/2020 - 01 - 02/600157_20200102_1. pdf，最后访问日期：2024 年 7 月 10 日。

② 参见贺丹：《破产重整控制权的法律配置》，中国检察出版社 2010 年版，第 185 ~ 186 页。

定，破产财产指的是破产宣告后用于债权人之间分配的财产。

《企业破产法》用一系列的制度性手段，如《企业破产法》第16条、第19条、第20条的“三中止”理论，类似于美国的自动中止，就是要确定这些财产不会被债权人“哄抢”。为了避免债权人对破产财产的“哄抢”，法律上一定要对债务人财产作清晰的界定。这里的界定是指界定资产池和资金池。《企业破产法》规定的自动中止的手段，以及《企业破产法》中的程序性手段都是让资金池越大越好，这样就有利于破产债权人财产分配，这是《企业破产法》很重要的一个目标。保护债权人合法权益是一个原问题，是破产法的原始出发点。因而，第一个要解决的问题是债务人财产界定问题。

二是债权人在既定的债务人财产下如何实现利益最大化，而且是每个债权人都实现利益最大化。这个问题导致了类别债权人在破产司法程序下也可能发生哄抢行为。每个债权人都想要实现自己的目标，因此就要解决债权人之间争斗、目标不一致的问题。中国特色的债权人类别组中，除了担保债权人组、税收债权人组、职工债权人组、普通债权人组、小额债权人组之外，还有敏感债权人组。所谓敏感债权人，就是那些得不到充分清偿可能会闹事的债权人，这些债权人逼迫其他债权人，甚至管理人、法院、政府去满足他们的要求，也就是说与他们进行交易，这可能超出了债权人之间交易的范畴。在大小债权人利益不一致的时候，或债权人互相有阻挡的时候会出现这种交易。为什么债权人之间或债权人与破产程序的其他参与方会进行交易？应认为是一种帕累托改进。所谓帕累托改进，是指在没有使任何人境况变坏的前提下，使得至少一个人变得更好。如果说改变到没法再改进了，就达到了帕累托最优，这时候只要有改变，必然会损害到另一方的利益。做这种债权交易，但不损害别人的利益，同时可能会使债权人得到的更多。

另外还有一个相关的理论，就是哈贝马斯的法律（公共）商谈理论，现在法理学上讨论得也比较多。哈贝马斯的法律商谈理论讲到了融贯性的概念，把法律规则、法律原则和政策结合起来进行判断，其位阶高低由个案决定，由适当性的规范来确定。[①] 融贯性的理论实质上是法律商谈理论的一个基础。实际上中国破产实践中正在做的事情，也有不按法律原则进行的，而是按各种政策。在哈贝马斯的研究中已经提到了，不管在实践中怎么操作，法院做制度性判决也好，还是做确定性的个案判决也好，实际上有合理性原则，这个“合理性”跟法律的位阶没有关系，目前我国一些政策的效力远远超过了法律的效力。解释为什么债权人之间可以交易，哈贝马斯的法律商谈理论也可以作为一个依据。

三是债权可否交易，如何交易？无论在法律上还是实务中，债权都可以进行交易，有许多分类的债权市场。对这种交易，法律上没有明确的禁止性规定，可能有潜在的。债权交易在现行法中存在何种制度障碍？在实务当中，尤其是在破产重整实践中，债权的交易性非常强。对债权交易最好的理论解释还是交易成本理论。

债权为什么能够交易？科斯实际上在《社会成本问题》一文中已经回答了这个问题，就是交易费用与交易效率的问题。[②] 债权人为什么同意重整，或者法院为什么强裁，都可以得到一个合理的解释。最高人民法院在《全国法院破产审判工作会议纪要》研讨中，讨论过“强裁”的存在，一个原因是存在公共利益需要，另一个原因是债权人之间争执得太厉害，没办法得出合意结果，因而需要公权力介入。但其中最重要的，还是要遵循交易费用的原理。现在很多案件给股东权益清零，但也有很多案件保留了股东的部分权利，而且债权人不得不让渡一些权利。每一方都在参与交易成本的计算，对破产重整有一个预期价值，在预期价值的目标下，大家能够达成协议，这就是市场的规则在起作用。

（二）企业破产中的债权市场[③]

不良资产是我们目前和未来相当长一段时间重点要解决的问题，

---

① See Jürgen Habermas, Faktizität und Geltung, Suhrkamp Verlag, 241 (1997).

② 参见［美］罗纳德·科斯：《企业、市场与法律》，盛洪、陈郁译，上海三联书店1990年版，第92页。

③ 本部分内容根据李曙光教授于2018年4月19日在深圳召开的第四届中国国际不良资产投资与危困企业重整论坛的发言整理而成。

或者说是非常重要的与经济、金融、社会生活领域密切相关的话题。

2017年年底中央经济工作会议提出一个命题：完善市场主体退出机制，并把它列为十五个重点要解决的课题。为什么提这样的课题？十五个课题中，这个课题处于一个很重要的位置。同时，由国家发展和改革委员会与新组建的国家市场监督管理总局两家牵头完成这个课题，这与2015年中央经济工作会议提出“供给侧结构性改革”概念一脉相承。供给侧结构性改革的主要任务是去产能、去杠杆，直到今天，去产能、去杠杆仍是中央的中心工作，而其核心是处置“僵尸企业”、处置不良资产。党的二十大报告中提出，要构建高水平社会主义市场经济体制。完善破产审判制度，用法治思维和法治方式补齐市场经济主体救治和退出机制的“短板”，是社会主义市场经济制度的重要组成部分，对促进产业结构转型升级、优化法治化营商环境、推动国家治理体系和治理能力现代化具有重要意义。

不良资产有很多叫法，可以称为危困资产、受压资产、机会资产、特殊资产等。无论从国家结构性调整或去产能、处置“僵尸企业”来说，还是从破产行业来说，不良资产处置始终是个很大的行业，这个行业与国家全面深化改革、中国共产党第十九次全国代表大会提出的“三大攻坚战……首要的是防范金融风险”，以及日常经济发展当中常见的并购等，都能够联系在一起。

1. 不良资产的数据指标

不良资产无论是政策面还是社会面都发展极快，特别是目前找到了很重要的实践突破口——破产。张会长刚从国家资产负债表的角度讲了个人消费负债情况、企业负债率情况、政府债务情况，如果从数据角度看，从更广阔的角度来看，很能说明问题。数据每天都在变化，有几个数据笔者认为值得关注：

第一，企业市场退出数。自从中央提出双创（大众创业、万众创新）以来，每天出生的企业很多，每天死亡的企业也不少，根据国家工商行政管理总局（现为国家市场监督管理总局）数据，截至2022年年末，个人小微企业5200多万家，法人企业6000多万家。2021年全国各类市场主体累计注销1323.8万户，其中企业是349.1万户，个体工商户 961.9 万户，这些企业中相当一批是僵尸企业、休眠企业，相当一批是要退出市场的企业。[①] 目前不良资产大概在 1.7 万亿元，这还是保守的数据。

第二，债转股数。2016 年 10 月银行业监督管理委员会（现为银行保险监督管理委员会）发布了关于债转股的意见，2017 年 1 月又发布了关于进一步推动实施债转股的意见。目前四大商业银行的债转股协议金额都在几千亿元左右，总协议数可能达到上万亿元。债转股市场很活跃，但是还没有传导到社会市场上来，预计很快就会传导过来。这部分市场非常大，债转股有实施机构，那么实施机构取得不良资产后，就会产生怎么交易、怎么退出的问题。

第三，企业破产数。自 2016 年 1 月 1 日至 2023 年 6 月 30 日，全国已公开的破产案件达 381392 件。[②] 2018 年 4 月 26 日最高人民法院将开“执转破”推进会，如果“执转破”能够推动起来，破产案件受理数将会更高。广州法院的一个“执转破”案件解决了 2 万多起案件，释放了大量的不良资产或者受压资产，这种速度非常快。

第四，“僵尸企业”数。国务院国有资产监督管理委员会涉及的“僵尸企业”有 2041 家，涉及 3 万多亿元资产。各地都有“僵尸企业”名单，如广东省“僵尸企业”名单有 4000 多家，其中很多是一级企业、二级企业。[③] 从这个数据可以看出，各个省现在开始有规模地处置“僵尸企业”了。前期还有政策消化、观念阻碍，以及人员安置、破产资金来源等诸多障碍，但现在已经不同了。笔者在各地调研发现，许多地方政府、法院都行动起来了。最近破产界非常关注的一个话题是关联企业的破产，即一家企业破产会带动许多关联企业破产，2018 年破产案件的数据一定会上升。

---

① 数据来源于国家市场监督管理总局登记注册局局长杨红灿于 2022 年 1 月 27 日在国新办新闻发布会上的演讲，载 https：//www. gov. cn/xinwen/2022 －01/28/content_5673539. htm，最后访问日期：2023 年 11 月 18 日。

② 数据来源于无破数据案件搜索，载 https：//www. wupodata. com/case/search，最后访问日期：2024 年 7 月 10 日。

③ 数据来源于国务院国有资产监督管理委员会主任张玉卓在 2023 年 2 月 23 日在国务院新闻办举行“权威部门话开局”系列主题新闻发布会第二场发布会上的报告。

2. 四大债权市场

实际上，这些年处理诸多不良资产，债权市场是一个很重要的概念，只要有破产，就一定会有债权债务关系，债权如何实现？处置不良资产的机制离不开债权市场。债是一种法锁，债权和债务一起共同构成债的内容。债权是能够要求义务主体为一定行为或不为一定行为的权利。债权与物权相对应，成为财产权的重要组成部分。债权市场非常大。

债权市场有四大市场需要值得关注：

第一，普通债权市场。所有的企业退出中，中央重点关注怎么完善企业退出，而最难处理的是债权债务关系问题。普通债权市场涉及的不仅是破产企业或者危困企业，正常企业也有普通债权，普通债权市场是很大的市场，包括民间借贷，普通债权涉及利息、复利、违约金等，杠杆率可以达到24%。企业破产过程中，市场已经出现了很多的债权转让，很多企业在破产前期或者破产程序过程中已经开始出现债权交易了。

第二，优先权市场。债权之间也有不平等，有些优先权要优先清偿。《企业破产法》讲的是四大优先权，即担保债权、职工债权、税收债权和普通债权，但是在实践中远远不止这些优先权。《税法》第45条把税收债权放在超级优先权的位置，跟担保债权的绝对优先存在冲突，另外还有船舶优先权、房地产建筑承包商优先权、破产过程中的破产费用和共益债务优先权，事实上除了这些有法律依据的优先权外，交易过程中还会产生很多优先权，还有一些潜在的优先权。最高人民法院在最近的全国审判工作会议纪要中又提出了人身损害优先权，这也是优先的债权。①

在与前海联合交易中心的唐斌总经理的交流中，笔者受到了许多启发，在发行各种债券，如次级债、混合资本次级债，类似这样的新

① 《全国法院破产审判工作会议纪要》第28条规定，对于法律没有明确规定清偿顺序的债权，人民法院可以按照人身损害赔偿债权优先于财产性债权、私法债权优先于公法债权、补偿性债权优先于惩罚性债权的原则合理确定清偿顺序。

金融工具越多，则优先权越多，事实上这些债权优先权没有法律依据、政策依据，实践中债权的流动性完全是按照当事人双方意思自治原则进行的。优先权市场在中国既是一个法定优先的市场，又是一个金融创新发现的市场。

第三，债转股市场。这轮债转股的推动，会形成一个很大的债转股市场。笔者此前去我国香港地区调研，发现很多境外资本非常关注我们债转股目前的市场发展情况。但是债转股有一些重大的问题并没有完全解决，包括信托投资公司、财务公司、租赁的债权可以做债转股的标的。债转股转什么股？包括优先股，优先股目前没有法律依据，虽然有一些政策上的依据，但存在法律障碍。债转股市场这一轮的发展会非常快速。无论是中美贸易冲突，还是下一轮中国的去产能和去杠杆，现在不良资产处置的硬骨头还没有啃，一些受压资产只能做债转股。但是现在碰到的是一些根本绕不过的特大型企业破产问题，这些企业很难通过清算退出市场，只能通过重整与重组，而重整的路径只能是债转股。债转股现在面临很多数百亿债务企业破产问题，包括东北特钢的破产处理，也主要是靠债转股途径。

第四，违约债市场。中国兴起了一个大的违约债市场。2024 年上半年，信用债发行量约为 8.74 万亿元，较上年同期增长 5.36%。但违约债市场也逐渐出现，2024 年上半年共有 21 家企业违约，合计违约金额为 261.27 亿元。[①] 违约债近两年在破产市场影响比较大，东北特钢连续 10 次违约，违约金额达到 70 多亿元。[②] 但这些违约债券是不让流动的，这会酿成很大风险。笔者在给中央提建议，让违约债流动起来，国际上这种违约债是可以流动的。当然，违约债有两类：本金违约、利息违约。如果发生了本金违约的情况，那么债权就无法流动。我国需要建构一个违约债市场，这个市场是未来不良资产特殊资

① 数据来源于彭博：《2024 年上半年度彭博中国债券承销和银团贷款排行榜》，载 https：//www.bloombergchina.com/blog/2024 - h1 - leag - fi - loans/，最后访问时间：2024 年 7 月 10 日。

② 数据来源于同花顺数据中心，载 http：//data.10jqka.com.cn/，最后访问时间：2024 年 7 月 10 日。

产处置业非常重要的市场，它对防范金融风险、促进债权流动、企业重组与再生有重要意义。

3. 债权市场的完善

可以看到，这四大市场是不同的市场，法律政策和相应的投资机会是不一样的，因此下一步有几件事要做：

首先，这几大债权市场要在立法上、修法上跟进。比如要推动《企业破产法》修订。最高人民法院发布的《全国法院破产审判工作会议纪要》共50条，这50条涉及大量《企业破产法》没有规定的新制度、新机制。比如重整问题，怎么判断企业有营运价值，不同债权人有什么样的权利；比如关联企业破产，一般原则是要慎用关联企业破产，但是司法实践中适用得非常多，因为中国社会易形成关系企业群，一些家族企业控股很多企业，企业之间股权、财务与经营都存在关联关系，企业法人人格混同，实践中特别容易刺破公司面纱，这对债权市场带来非常大的影响。如果一家企业破产能把关联企业也纳入破产程序的话，就会影响一部分债权人利益，损害一部分债权人利益，有益另一部分债权人利益。下一步改革还需要其他法律工具的跟进，如《证券法》需要修订，要让债券市场多层次发展，应允许违约债市场存在。

其次，要有相应的政策跟进。比如，债转股政策要进一步细化，在金融开放框架下，要适当放松外汇管制。如果要让外资专业机构或不良资产投资机构进入市场，那么就要打开外汇的通道。特别在地方政府处理不良资产时，很大的问题是要府院联动、府院协调，企业破产之后怎么信用修复，怎么税收减免，怎么解决职工安置问题等，这些问题的解决不能没有政府的政策支持。

最后，司法支持。不良资产的处置需要司法支持，否则很容易出问题。好在最高人民法院全力支持不良资产处置，现在全国各法院成立了97家专门的破产法庭，而且最高人民法院要求每家中院都成立专门的破产审判庭。中央还在推动专业的金融法院的建设，上海已经开展了第一家金融法院试点，这些司法举措对不良资产、受压资产、特殊资产的处置与投资都是非常大的法律支持。

四、债转股

（一）债转股的法治原则[1]

债转股实施后，若债务人企业仍然无法摆脱困境而迫不得已走向破产清算时，原债权人将无法再获得清偿。所以，理性的债权人一般不会选择和一个没有前途或希望的债务人成为队友。

在20世纪末，我国在大规模处置银行不良资产的过程中就曾大量采用债转股形式。但债权人一方多是商业银行，债务人为国有企业，结果往往是债务人将债务转嫁给政府的资产管理公司，由政府作“接盘侠”，并没有实现资源的优化配置。[2]

目前进行的供给侧结构性改革，再次将债转股作为去产能、去杠杆的重要政策抓手与金融工具。但在实施中应明确，债转股政策必须遵循相应的法治原则与法治思维，必须有可操作性的法律路径作为保障。

2016年9月22日，国务院正式下发《关于积极稳妥降低企业杠杆率的意见》及《关于市场化银行债权转股权的指导意见》，明确提出“有序开展市场化银行债权转股权”，这让热议中的“债转股”再次成为焦点。在推进供给侧结构性改革背景下，大力推动债转股应该遵循何种法治思维与法治原则？应该由何种程序来决定债转股方案？债转股的实施有何主体要求？债转股是否应对外资开放？这些问题都应置于法治的框架下予以回应。

1. 理性的债权人不会选择没有希望的债务人

债权人与债务人的关系是市场商业社会最活跃、最基本的关系之一，已经深深打下意思自治的烙印。债转股是债权人和债务人协商一致处理债务的一种方式，是指债权人以其依法享有的对公司的债权转为公司股权，增加公司注册资本的行为。

从破产法角度看，债转股是企业重整过程被用以使企业摆脱困境

---

① 本处内容发表于《经济参考报》2016年11月8日，原文章标题为《债转股应遵循六个法治原则》。

② 参见周小川：《关于债转股的几个问题》，载《经济社会体制比较》1999年第6期。

的金融工具之一，特别是用于挽救有经营希望或者有重整价值的企业。债权人借贷给企业的最初动机是期望通过事先约定好的利率获取相应回报，困境企业的债权人之所以愿意选择将债权转化为股权，源于债权人在权衡清算与重整的成本收益后，认为给予企业一个再生的机会将会使自己享有的债权获得高于直接清算所获得的清偿。

在转变为股东后，债权人大多会在企业经营情况有所好转后选择退出，以获得最初就期望的现金回报而非保留长期持有的账面价值。但债转股策略实施后，若企业仍然无法摆脱困境而迫不得已走向破产清算时，原债权人将无法再获得清偿。理性的债权人一般不会选择和一个没有前途希望的债务人成为队友，因为最后将会落得颗粒无收的下场。

2. 上一轮债转股并没有实现资源优化配置

对中国债权人而言，“债转股”并不是一个陌生的概念。在 20 世纪末的大规模处置银行不良资产的过程中就曾大量采用债转股形式，当时起到了消化银行不良贷款和降低企业负债率的效果。

但债转股在实践操作中，债权人一方往往是商业银行，债务人为国有企业。这种情况，往往会带来债权损失风险与严重的期限错配问题。而且，在彼时政策的主导下，银行急于剥离不良资产，接盘的资产管理公司又没有动力变现资产，而债务人的国有属性亦使得企业管理者因对企业没有所有权，难以因股权被稀释而产生紧迫感，这就导致债转股的结果往往是债务人将债务转嫁给政府的资产管理公司，由政府作“接盘侠”，并没有实现资源的优化配置。①

虽然 20 世纪 90 年代，承接债转股和坏账剥离的四大资产管理公司事后都盈利了，那是因为加入 WTO 之后的经济高增长效应，而不是债转股奇迹。

目前进行的供给侧结构性改革，再次将债转股作为去产能、去杠杆的重要政策抓手与金融工具。但在实施中应明确，债转股政策必须遵循相应的法治原则与法治思维，必须有可操作性的法律路径作为

① 参见周万阜：《理性看待和实行债转股》，载《中国金融》2016 年第 8 期。

保障。

3. 实施债转股应遵循六个法治原则

第一，重视偿债能力原则。

实施债转股应当考虑企业的规模与偿债能力。《关于市场化银行债权转股权的指导意见》中强调“四个禁止，三个鼓励”，将实施债转股与去产能结合起来。与产业导向结合起来是可取的思路，但还应当综合考虑企业规模的大小与其偿债能力的适格性。规模较大的企业所涉债务往往较重，对债权人的财务影响也更大，所涉债权人主体较多，理应慎重进行债转股的实践，而偿债能力较弱的企业则具有更大的逃废债可能。债转股应当是资困企业的应急药，而不应是“僵尸企业”的续命草。[①]

债转股企业一般应是有偿债能力、有存续价值的好企业，如果企业本身的产业前景和治理结构不存在被优化的可能，反而使“僵尸企业”久拖而没有了断，阻碍资源的流动和优化配置，是对市场信用的极大破坏。

第二，多数决原则。

实施债转股应当获得多数债权人的同意。债权人与债务人的关系属于私法范畴，蕴含着意思自治的法律要求。企业能否实施债转股，这是商业判断，须通过对企业现有经营状况、财务数据及市场情况等复杂因素综合判断。按照“谁决策，谁担责”的市场规律，应当将这种极具专业性的判断交由市场，交给当事人。债转股计划的实施应当征得多数债权人同意，地方政府不应该以行政力量强制银行等债权人接受债转股，为应该退市的企业续命；法院在企业进入破产重整程序后，也不应在只有少数债权人同意的情况下滥行“强裁”特权。无论是地方政府还是地方法院都没有替当事人做出商业判断的法律特权，更不具备用公权为应破产清算的失败企业寻求市场救助兜底的法律授权。

---

① 参见何恩良、张伟、王玉：《中国市场化债转股背景下的银行债权转化》，载《河南社会科学》2018 年第 8 期。

第三，适格主体操作原则。

企业若具备实施债转股的客观条件和主观能力，大多数债权人基于市场判断也愿意甚至主动实施债转股，实施债转股应当交由适格的专业机构操作。按照《商业银行法》的要求，商业银行不能投资于非银行类企业，不能直接持有一般企业的股票。同时，根据《商业银行资本管理办法（试行）》（以下简称《管理办法》）第 68 条的规定，商业银行被动持有的对工商企业的股权投资在法律规定处分期限内的风险权重为400%，两年后，则风险权重上升为1250%，而正常贷款的风险权重仅为100%。银行若直接将债权转化为股权自己持有，其资本充足率可能触碰《管理办法》的监管底线，难以成为实施债转股的直接主体。因此，债转股的具体操作应当交由专业的资产管理公司、投行或者券商，这些专业性机构更有能力参与到企业处理不良资产具体操作中。专业的不良资产处置机构在承接债权之后，对不同业务实行精细化管理，在企业摆脱困境后退出获利。

中国银监会之前对资产管理公司一直持较为审慎的态度，严格限制资产管理公司的经营资格。但中国银监会办公厅于 2016 年 10 月 14 日下发《关于适当调整地方资产管理公司有关政策的函》，取消了“省级政府设立地方资产管理公司”的限制，为地方资管公司松绑。考虑到目前尚未有专门针对地方资管公司的监管措施，中国银监会应当依照《银行业监督管理法》的监管授权制定相关细则，在后续的监管中注意采用市场化的标准衡量这些资管公司是否拥有相匹配的专业能力，亦为地方资管公司免于受到政府的不当干预而怠于处置不良资产提供制度性保障。

专业的市场化债转股实施机构，还应当体现在债权的选择承接上。监管者不应给银行设置考核或其他红线，迫使银行急于甩掉包袱而不顾企业是否具备实施债转股的客观标准。合理有效的出清制度是供给侧结构性改革的必然要求。

第四，合理估值合法定价原则。

如果只是简单按原有对价转化成股权，而不对债权人的损失做出合理补偿，就是对债权人的二次伤害。因此，除了考虑股权折扣之外，还应当允许债权人适当议价，让债权人在符合甚至超过其基本预期的情况下乐于接受债转股的施行。债务人原有股东在实施债转股后，自身的股东权益也会受到影响，这就要求作为公司重大决策的债转股表决过程应当符合公司法的要求，保障原股东们的知情权和参与权。如果企业是上市公司，还会涉及《证券法》上关于重大事项信息披露的要求。合理估值合法定价方式还体现为实施机构在企业成功脱困后的退出程序上，特别是在涉及国有企业未公开的股权交易中，要严格按照国有资产的转让要求和估价方式确定受让人和转让价格，防止国有资产流失。

第五，股东权益事先明确原则。

当债权人转变为股东角色后，按照《公司法》，其股东权益表现为参与公司治理和分享收益。各方当事人享有的权利义务在债转股正式实施前即应当明确，这有助于企业在实施后尽快恢复正常运转，毕竟企业尽快脱困才符合各方利益。考虑到债转股的实施机构未必有能力或有意愿参与到后续的公司治理中，如何确保债转股股东的利益得以保障，同时明确其在何种条件下能够退出企业十分必要。债权人和债务人企业双方在实施债转股之前，应当就股权权益行使的具体内容达成一致，避免债转股协议草率达成和实施后，公司因新旧股东博弈而无法正常运转。

第六，外资有条件进入原则。

从市场化的角度考虑，实施债转股应当有条件地允许外资进入。目前，不少实践经验丰富且有一定专业水准的境外不良资产处置者有意愿参与到境内不良资产处置，但却受到《金融资产管理公司吸收外资参与资产重组与处置的暂行规定》（已失效）、《关于金融资产管理公司对外处置不良资产外汇管理有关问题的通知》等诸多政策法规限制。不良资产处置固然有自己的国情，然而，逐步开放竞争，倒逼境内不良资产处置机构不断提高业务水平，符合市场化的要求。目前个别境内外机构的合作试点是一个良好的开端。有关部门应当尽快修改相关规定，允许那些能真正帮助资困企业摆脱困境与帮助银行债权人优化债权的外资进入我国的不良资产处置市场，逐步放开对外资参与债转股的限制，提高债转股的实效。

近年来关于债转股的政策体现了监管层对市场化改革的决心和魄力，但债转股是复杂的系统工程，需要在实施原则、标准、主体、程序等具体操作层面逐一匡正细化政策，以期债转股这一药方能够对症下药，达到去产能、去杠杆目的。运用法治与市场思维，可以确保债转股非运动式地运用，成为常态化市场金融工具。法治经济是市场经济内涵最好的诠释，必须让法治思维成为指导债转股的内在逻辑。

（二）降杠杆的法治路径①

2016 年 12 月召开的中央经济工作会议指出“去杠杆方面，要在控制总杠杆率的前提下，把降低企业杠杆率作为重中之重”。据中国社会科学院发布的最新估算数据显示，2016 年实体部门杠杆率为 227%，2016 年非金融企业部门的杠杆率为 155%。就宏观经济部门的整体杠杆率而言，我国已超出全球 90% 的警戒水平，降低企业杠杆率迫在眉睫。

企业杠杆率是指资产负债表中总资产与权益资本之间的比率，是衡量企业负债风险的重要指标。企业杠杆率越高，意味着企业还本付息的能力越差，当企业无力偿还时，将直接影响债权人的权益。企业偿付不能的危机若由实体经济传导至金融领域，无疑会推高系统性金融风险爆发的概率。根据目前实际状况，能够较为便利且较大额度从金融机构融资的，多为国有企业。从财政部公布的数据看，截至 2016 年年底，国有企业的杠杆率为 117%。如果只从国有企业自身整体的资产负债表分析，则国企的杠杆率高达 193%。国有企业当是此次去杠杆需要重点关注的对象。

2016 年 10 月国务院发布的《关于积极稳妥降低企业杠杆率的意见》强调要用市场化法治化的方式去杠杆。运用法治的手段降低企业杠杆率主要分为法庭内和法庭外两种途径。法庭内方式主要是指通过

① 本处内容发表于《经济参考报》2016 年 11 月 8 日，原文章标题为《债转股应遵循六个法治原则》。

破产程序实现市场出清或者通过破产重整程序降低企业杠杆率。市场中采用较多的是法庭外方式，具体包括债转股、债务重组、调整股权结构、调整人员薪资结构、减少库存、降低企业成本等。法庭外方式主要以尊重市场主体意愿为主，具体应该注意以下几个问题：

一是约束企业举债规模。诸多借贷企业倚仗政府信用背书，可比其他市场主体以更低的成本从市场上融到资金。这些企业若将借来的资金没有投入主营业务中，没有充分投入关系国计民生的重大项目中，甚至是为“僵尸企业”输血，那就严重违背中央降低企业杠杆率的初衷。约束企业举债规模，关键要监管好借来资金的用途。①

二是正确运用债转股工具。债转股的运用可以降低企业负债，进而降低杠杆率。经过市场估值定价方式筛选，按照股东真实意愿开展，符合大多数股东利益的债转股才能真实起到降低企业杠杆率，降低企业负担的作用，否则就只是暂时性地转移风险，不符合中央对防范金融风险的要求。债转股的开展要由适格的主体操作，筛选合适的企业，将遵循市场意愿与法治规范相结合。

三是依法进行信息披露。财务报告的真实性是对企业财务会计的基本要求，现实中却有企业通过财务处理方式，利用关联交易或者会计科目变化等方式人为降低杠杆率，将资金上的负债或者是商品中的库存左手倒右手。不真实地披露财务，并未实质改变企业的债务状况。为了防止有水分的财务报告影响风险判断，建立相应制度就信息披露的真实性加强监管，在去杠杆过程中应重点审查企业财务报表的权益事项，同时要明确相应的追责机制和法律责任。

四是激励企业投入创新。企业的持续创新能力是企业持续盈利能力的重要保障，能够从根本上扭转企业疲弱的偿付能力。应当大胆放开对国有企业的创新投入束缚，激励其投入技术革新，对标国际技术前沿，不断提高核心竞争力。

---

① 国资委《关于加强地方国有企业债务风险管控工作的指导意见》指出，各地方国资委要加强地方国有企业债务融资资金用途管控，督促企业将筹集的资金及时高效投放到战略安全、产业引领、国计民生、公共服务等关键领域和重要行业，原则上要确保投资项目的回报率高于资金成本，切实发挥资本市场服务实体经济的功能作用。

需要着重指出的是，降低杠杆率不能以牺牲破产法的实施为条件，不能以放弃法庭内方式为前提。对有些负债累累、长年亏损、扭亏无望的企业，就不能希冀其降杠杆能解决问题，而要坚决依法破产清算。应当将“放管服”相结合，从分子分母多维度，按照中央经济工作会议的基本思路，在法治框架下，切实降低企业杠杆率。[①]

五、职工债权人的保护

（一）职工债权与担保债权的优先顺位[②]

破产法实践中，为什么劳动债权和经营债权会放在优先的顺位。这是劳动法的问题，我国特别重视职工债权的处理，在实务中职工债权也是最难处理的问题。在1986年的《企业破产法（试行）》当中，规定把职工债权用担保债权或者其他债权人财产进行清偿，当时虽然能解决职工债权的问题。但是这给整个市场经济带来混乱的信号，正常的借贷有可能被全部消耗在职工债权当中，甚至将担保财产全部赔给职工债权都不够，这样整个市场安全的交易、健康的交易保障就没有了。按照市场经济的基本理论和破产法本质的要义是要建构一个比较好的市场经济交易秩序。因此，需要清晰地告诉所有的市场交易者，哪一些债权是国家比较看重的？经市场博弈的结果是比较好的，在中国市场博弈中，职工债权仅次于担保债权。笔者认为任何制度选择都是可以的，只不过任何制度选择都会产生制度效应，都会给未来的市场投资者的债权人和债务人提供不同的预期。例如，在德国职工债权不存在这个问题，它即时的工资可以用劳动法、劳动仲裁快速解决，拖欠1个月都不行，更不论拖欠几年。但是在中国拖欠3个月、6个月、1年工资比比皆是，这个制度选择应该是博弈的结果，但是在中国有可能是受其他因素的影响，或者是由于某个机构的意见被接

---

① 参见吴晓灵：《用市场化思维和手段去杠杆——兼谈对债转股手段的运用》，载《清华金融评论》2016年第5期。

② 本处节选自李曙光教授于2017年5月18日在上海交通大学“张元济法学讲座”上的演讲内容。

受，该制度被立法者采纳。[①]

所以这也可以说是中国的一个选择，也就是担保债权优先，劳动债权在未来相当长一段时间笔者认为中国还未做一个优先权考虑。这是政策制定者、立法者思考的问题，再加上中国有这么众多的人口，这么大的收入差距比，还有这么多的产能过剩和“僵尸企业”，这个问题始终是非常重要的。今后如何变化，就是要看为中国未来市场经济要建构什么样的方向，为投资人和市场参与者提供什么样的预期。这需要通过很多经验，通过别的国家经验，以及我国自己的一些数据来加以支撑的，可以作具体研究。但是笔者认为，在中国还是要建立担保债权优先，职工债权次之的清偿顺序。

（二）破产企业职工权益保护的完善[②]

企业破产中的职工权益保护问题的重要性体现在以下几方面：

第一，政治正确与社会稳定要求。中国是以工人阶级为领导阶级作为立国根本的国家。《宪法》第 1 条规定，中华人民共和国是工人阶级领导的、以工农联盟为基础的人民民主专政的社会主义国家。企业职工既是国家的主人翁，又是社会主义的建设者，还是市场经济中的劳动者，这多重的身份，决定了其特殊的社会与法律地位，因此，当企业特别是国有企业破产时，职工权益的处置与保护问题就很重要。它涉及政治秩序与社会稳定问题。所以，2006 年的《企业破产法》在起草时，职工权益保护问题成为最受重视、争论最为激烈的问题之一，也是相关条文较之其他国家破产法规定最多的。[③]

第二，国情决定。除了深厚的文化历史传统，中国最大的国情，就是我国有世界上最大的国有企业群。直到现在，还有十几万家国有企业，它们是中国型市场经济最有分量的主体。由此，我国有当今世

---

① 参见李曙光、贺丹：《破产法立法若干重大问题的国际比较》，载《政法论坛》2004 年第 5 期。

② 本处内容整理自李曙光教授为陈夏红所著的《破产企业职工权益保护：模式、情境与程序》一书所作的序言。

③ 参见李曙光：《关于新〈破产法〉起草中的几个重要问题》，载《政法论坛》2002 年第 3 期。

界上最大规模的工人队伍，当国企破产时，职工处置问题敏感而复杂。当国有企业破产时，国企职工作为工人阶级的一部分，不仅主人翁身份丧失，成为无身份的失业者，而且由于在计划经济体制下，国家或政府与国企员工模糊的合同关系，使得职工对企业的贡献没有对价或对价不清晰，基本的社会保障又未建立起来，在企业破产清算时，职工的劳动补偿与安置费用很容易成为一笔糊涂账。

在20世纪90年代的政策性破产中，职工合法权益保护问题，成为中央政府几个国企破产政策的头等重要问题。例如，最著名的“59号文件”，亦即《国务院关于在若干城市试行国有企业破产有关问题的通知》（国发〔1994〕59号），其第一部分的标题就是：“实施企业破产必须首先安置好破产企业职工”。在参与这些政策制定的过程中，笔者曾提出过“历史劳动债权”的概念并嵌入当时的国务院59号文件与97－10号文件中，试图用政府、企业、银行“三家抬”的方式解决国企对企业员工的历史负债与基本生活费问题。但在政策实施时，国企职工极易成为与强势地方政府谈判的弱者，没有讨价还价的余地。[①]

第三，欧美前车之鉴。欧美福利型国家没有国企职工安置问题，但有企业员工的人权与福利标准问题。20世纪90年代中期，笔者去北欧几个国家考察，瑞典、挪威等国的社会保险费用充盈，根本不存在失业员工安置问题。但在多数欧美国家，大型企业破产，往往伴随着企业高管腐败、员工级差补偿异同及再就业困难问题，当企业破产时，员工极易发生有规模的对政府处置不力的群体抗议与对企业高管责任的集体诉讼现象。所以，企业员工权益保护问题往往成为欧美破产司法实践的热点与痛点问题。改革开放40多年以来，除了有数量不少的国有企业外，市场法人主体主要由规模庞大的民营企业、中小企业、涉外资企业构成，这些企业雇有数亿员工、劳动者。当这些市场法人主体部分退出市场时，其员工合法权益保护问题就是一个普适

---

① 参见王欣新：《论职工债权在破产清偿中的优先顺序问题》，载《法学杂志》2005年第4期。

性问题。面向成熟的国际经验，我们应有我国社会主义市场经济条件下的中国方案。

第四，破产制度技术层面的要求。破产法是最应该有人文关怀的游戏规则，也是企业破产时解决各种人事具体麻烦的规则。无论是国企职工还是民营企业或外资企业职工，当企业破产时，职工合法权益的内涵范围，各地区各行业各企业标准的界定，如何保护等都是要具体考量的。同时，破产企业职工在破产程序中的知情权、参与权、表决权等问题，在受偿顺位、优先权等级及其内涵等方面，各国制度差异极大，如何在制度技术上完善破产企业职工的合法权益保护是个亟须解决的难题。

2006 年《企业破产法》在起草之初，立法机构即高度重视对企业职工权益保护问题，这体现在其立法指导思想之中。

2004 年 6 月 21 日在十届全国人大常务委员会第十次会议上，《关于〈中华人民共和国企业破产法（草案）〉的说明》中提出，企业破产法立法的指导思想之一："第五，充分保障职工合法权益。职工是企业破产的直接受害者。一些企业在破产案件中存在严重损害职工利益，影响社会稳定的情况，起草本法要解决这些问题，切实保护职工合法权益。"在这个说明中，特别强调关于职工权益保护是立法考虑的重要问题，维护和保障破产企业职工的合法权益，是本法的一项重要指导思想。我国已经改革了计划经济时期的职工退休等制度，新的社会保障制度正在逐步建立，在这种情况下企业发生破产，有些职工的生活保障可能产生问题。在破产实践中，也实际存在着严重损害职工合法权益的情况。

《关于〈中华人民共和国企业破产法（草案）〉的说明》中提出：为充分保障破产企业职工的合法权益，草案吸收中华全国总工会、劳动和社会保障部门等单位的意见，重点规定了以下内容：一是在总则中明确规定人民法院审理破产案件应当依法保障企业职工的合法权益。二是将劳动债权，即企业所欠职工工资和社会保险费用，以及法律、行政法规规定应当支付给职工的补偿金等其他费用作为第一顺序清偿。三是规定在债权申报时，劳动债权无须申报即可生效，由管理人记入债权表并予以公示。四是规定企业的职工和工会可以派代表参加债权人会议。五是规定在债权人委员会中必须有一名劳动债权代表。六是规定在重整计划表决时，劳动债权作为债权分类之一进行表决。以上这些规定，都是为加强破产企业职工的保护，保证企业职工在破产程序中的知情权、参与权和表决权。

2006 年《企业破产法》对破产企业职工权益保护的重视，确实是前所未有的。笔者粗略梳理了一下，这个重视度体现在以下多款条文中。下面简述一下这些条文的立法背景及立法的重点考量。①

第 6 条规定，人民法院审理破产案件，应当依法保障企业职工的合法权益，依法追究破产企业经营管理人员的法律责任。这是权利宣示性条文，置于第一章总则部分，显示其法理重要地位及司法依据。

第 8 条规定，企业向人民法院提出破产申请，应当提交破产申请书和有关证据。特别是要提交“职工安置预案以及职工工资的支付和社会保险费用的缴纳情况。这是在第二章中强调企业对职工安置的重要性及其社会责任，也是对 1986 年《企业破产法（试行）》规定国企破产前置条件精神的延续。

第 11 条规定，人民法院受理破产申请的，债务人应当自裁定送达之日起 15 日内，向人民法院提交“职工工资的支付和社会保险费用的缴纳情况”。此条规定是第 8 条规定精神的延续。

第 36 条规定，债务人的董事、监事和高级管理人员利用职权从企业获取的非正常收入和侵占的企业财产，管理人应当追回。这一条文虽然未提到职工权益，但在立法起草讨论中强调该条主要是针对企业高管侵害企业及职工权益而定的规则。

第 48 条规定，债权人应当在人民法院确定的债权申报期限内向管理人申报债权。债务人所欠职工的工资和医疗、伤残补助、抚恤费用，所欠的应当划入职工个人账户的基本养老保险、基本医疗保险费用，以及法律、行政法规规定应当支付给职工的补偿金，不必申报，

---

① 参见李曙光：《关于新〈破产法〉起草中的几个重要问题》，载《政法论坛》2002 年第 3 期。

由管理人调查后列出清单并予以公示。职工对清单记载有异议的，可以要求管理人更正；管理人不予更正的，职工可以向人民法院提起诉讼。这是职工具体权益的一个主要界定，立法起草时曾就职工债权要否界定曾有过争议，考虑到职工债权在中国的特殊性、群体性与集合性，最后定稿为不必申报，而由管理人经调查后予以列示，并保证职工享有的异议权。

第 67 条规定，债权人会议可以决定设立债权人委员会。债权人委员会由债权人会议选任的债权人代表和一名债务人的职工代表或者工会代表组成。此条是体现对职工利益维护的需要，强调债务人企业职工的知情权与重大问题表决权。

第 82 条规定，下列各类债权的债权人参加讨论重整计划草案的债权人会议，依照下列债权分类，分组对重整计划草案进行表决：（1）对债务人的特定财产享有担保权的债权；（2）债务人所欠职工的工资和医疗、伤残补助、抚恤费用，所欠的应当划入职工个人账户的基本养老保险、基本医疗保险费用，以及法律、行政法规规定应当支付给职工的补偿金；……此条规定了职工债权作为一个特别的债权组参与重整计划的表决。

第 113 条规定，破产财产在优先清偿破产费用和共益债务后，依照下列顺序清偿：（1）破产人所欠职工的工资和医疗、伤残补助、抚恤费用，所欠的应当划入职工个人账户的基本养老保险、基本医疗保险费用，以及法律、行政法规规定应当支付给职工的补偿金；（2）破产人欠缴的除前项规定以外的社会保险费用和破产人所欠税款；（3）普通破产债权。破产财产不足以清偿同一顺序的清偿要求的，按照比例分配。破产企业的董事、监事和高级管理人员的工资按照该企业职工的平均工资计算。

此条是职工权益保护的最重要条文，列为企业破产清算时破产清偿的第一顺位，并具体界定了职工债权的内涵。最后一款对企业高管工资的限制也是职工权益保护的组成部分。

第 132 条规定，本法施行后，破产人在本法公布之日前所欠职工的工资和医疗、伤残补助、抚恤费用，所欠的应当划入职工个人账户的基本养老保险、基本医疗保险费用，以及法律、行政法规规定应当支付给职工的补偿金，依照本法第 113 条的规定清偿后不足以清偿的部分，以本法第 109 条规定的特定财产优先于对该特定财产享有担保权的权利人受偿。此条规定是与 20 世纪 90 年代中期启动的政策性破产衔接的条文。

第 133 条规定，在本法施行前国务院规定的期限和范围内的国有企业实施破产的特殊事宜，按照国务院有关规定办理。此条规定再次强调了对破产国企政策的有效性。

《企业破产法》自 2007 年 6 月 1 日实施以来，在职工合法权益保护方面取得很大成绩，也存在一些突出问题。根据 2021 年 8 月 18 日全国人民代表大会常务委员会执法检查组《关于检查企业破产法实施情况的报告》，这些问题主要体现在三方面：一是一些破产企业存在拖欠甚至恶意拖欠职工工资和社会保险费问题，二是职工和工会代表参加债权人会议以及债权人委员会的保障机制不健全，三是破产企业失业职工的安置与再就业问题。严格说来，企业破产中职工合法权益受到侵损的现象还很严重，远远不仅只有这些问题，如 2009 年，吉林通化钢铁在破产改制中出现的问题即是一个典型案例。

目前，全国人民代表大会常委会已经启动《企业破产法》的修订程序。在修订过程中，以下修改内容是应该加以考虑的：

首先，第 113 条关于劳动债权的定义应进一步明确。同时，劳动债权与共益债务中的战略投资者退出的清偿顺位问题值得探讨。根据第 113 条第 1 款第 1 项的规定，列入第一清偿顺位的劳动债权指的是，债务人企业所欠职工的工资和医疗、伤残补助、抚恤费用，所欠的应当划入职工个人账户的基本养老保险、基本医疗保险费用，以及法律、行政法规规定应当支付给职工的补偿金。前几项所欠工资和医疗、伤残补助、抚恤费用等含义很明确，但社会保险费用与补偿金则较复杂，主要有以下几类：（1）应当划入职工个人账户的基本养老保险。依据国务院的有关规定，基本养老保险个人账户按照职工工资 11% 的数额标准建立，职工个人按工资 8% 的标准缴纳的基本养老费全部计入个人账户，其余部分从企业缴费中存入。2001 年以后企业缴费部分不再划入个人账户，全部纳入社会统筹基金。(2) 应当划入职工个人账户的基本医疗保险。依据国务院的有关规定，用人单位缴纳的基本医疗保险费率应控制在职工工资总额的6%左右，职工个人的缴费率一般为本人工资收入的2%。职工个人缴纳的基本医疗保险费，全部计入个人账户。用人单位缴纳的基本医疗保险费的30%左右划入职工个人账户。(3) 失业保险。(4) 工伤保险。(5) 生育保险。(6) 法律、行政法规规定应当支付给职工的补偿金。目前主要有因解除劳动合同，因克扣、拖欠工资以及因合同终止而应支付的补偿金。

其次，应强化保障破产企业职工的知情权、参与权与表决权。进一步完善职工和工会代表参加债权人会议以及债权人委员会的保障机制，完善企业职工权益在破产清算、重整与和解三个不同程序中的清晰表达，切实维护好破产企业职工的合法权益。

再次，建立破产企业职工债权的预分配机制与欠薪基金，职工债权保护的是职工的生存权，在条件允许情况下，对破产企业职工债权应得到及时先行清偿。而建立破产欠薪基金制度，则在企业破产程序启动时，可预先支付职工债权，不用等到破产财产分配时候清偿。

最后，相关配套法律的修改，要从理念上认识到劳动创造利润，因此劳动应该共享利润。应该尽快修改《公司法》，这是初次分配公平的关键。要加快完善社会保障体系建设，将《企业破产法》的修改与《劳动合同法》《社会保险法》的完善联动配套起来，研究建立及时解决破产企业拖欠职工工资和社会保险费问题的长效机制。同时完善破产企业职工安置和再就业相关法规，发挥好失业保险和社会救助在破产企业职工安置中的作用。推动解决破产企业职工社保关系转移接续、劳动关系处理、再就业培训等困难，切实为职工再就业创造条件，提供有力支撑。

第七讲　破产重整Ⅰ：理论与制度

一、破产重整制度的理论源头[①]

（一）破产重整制度的源头

破产重整制度发端于美国《1898年破产法案》（Bankruptcy Act of 1898），前后历经两个“四十年”的发展，形成现行《美国法典》（the United State Code）第11卷之《美国破产法》（Bankruptcy《企业破产法》《美国破产法》）第11章重整制度的基本框架。

第一个“四十年”：自美国《1898年破产法案》起算，至1938年美国《钱德勒法案》（Chandler Act）的出台之前。由于19世纪上半叶美国经济的迅猛发展推动了对铁路交通运输的强烈需求，精明的投资者纷纷转向铁路投资，经典案例便是船王柯尼利尔斯·范德比尔特（Cornelius Vanderbilt）60多岁转行投资铁路，于1867年12月11日以73岁的高龄入主中央铁路公司遂成铁路大王。[②] 而修建铁路耗资巨大，非一

---

① 本部分内容来自《法学评论》2022年第3期《我国破产重整制度的多维解构及其改进》。

② 参见［美］T. J. 斯泰尔斯：《第一大亨：美国商业巨擘范德比尔特的伟大人生》，粟志敏等译，浙江人民出版社2013年版，第539页。

两位投资人之力所能完成，大规模债券的发行成为铁路融资的主要手段。如1880年，约翰·皮尔庞特·摩根（John Pierpont Morgan）参与组建的银行财团（Bank Syndicate）发售了美国历史上空前最大数额的一笔4000万美元铁路债券。[①] 从一个侧面来看，铁路扩张运动与金融风险相伴相生，为许多铁路公司在一味追求“做大”的高歌猛进中纷纷埋下债务危机隐患。19世纪末期，大量铁路公司无法按期支付大量债券成为现实问题，面对铁路公司的债务危机，债券持有人、投资银行、债务人及其股东逐渐达成共识：重组铁路公司的债务结构使之摆脱债务危机，维持营运比清算更符合各方当事人的利益。但《1898年破产法案》的适用范围不包括铁路公司，故而一种衡平接管（equipment receivership）的拯救模式应运而生。从这个意义上讲，这个阶段“重整的历史就是一部19世纪铁路公司经营的失败史”，[②] 社会经济变革的困境急需破产重整制度的跟进。

第二个“四十年”：自1938年美国《钱德勒法案》起算，至1978年美国《破产改革法案》（Bankruptcy Reform Act）的出台。《钱德勒法案》第10章和第11章规定了债务人救济程序，前者为司法主导、美国证监会协助启动的公众公司重整框架，后者适用于债务人自愿提出破产申请的案件以及小型公司与其无担保债权人和解的案件。尽管如此，美国破产法的适用仍被限缩于如何在清算中避免破产法的滥用。破产业处于逆境低谷之中，在整个20世纪60年代，总共只有715件破产重整案诉至法院，在20世纪70年代则有1422件。[③] 直到《破产改革法案》的出台扭转了这一局面，该法案是继《钱德勒法案》通过40年以来对联邦破产法的全面性改革。特别是将旧法案的第10章和第11章的重整章节合并为第11章，取消了美国证监会参与

---

① 参见［美］琼·斯特劳斯：《摩根传——美国银行家》，王同宽等译，华夏出版社2017年版，第138页。

② ［美］小戴维·A. 斯基尔：《债务的世界——美国破产法史》，赵炳昊译，中国法制出版社2010年版，第56页。

③ 参见［美］哈维·米勒：《破产重整五十年（1960～2010）回溯》，张钦昱译，载李曙光、郑志斌：《公司重整法律评论》（第1卷），法律出版社2011年版，第404页。

破产案件的巨大权力，强化了以司法为主导的重整程序，为债务人提供了更多的自主运营权利，债务人可以经营并管理公司，提出自己的重整方案，破产自由主义替代了干预主义，也大大提高了破产中介行业的积极性，为现行《美国破产法》奠定了重整制度基础。这也导致了20世纪最后的两个十年里，分别有6378件和20783件破产重整案件的受理。[①] 实际上，追寻两个“四十年”的历史脉络，重整是一门渗透着实践与理论的债务人拯救艺术。为了更好地对重整制度进行理解与借鉴，有必要对其在当代的运用作出进一步的理论阐释。

（二）破产重整与转机管理理论[②]

原则上任何处于困境中的企业病人都可拯救，问题在于如何选择合适的药方与医治手段去治疗。困境企业接受治疗是一种转机（turnaround），扭亏为盈，由此也伴生一门实操领域，即转机管理（turnaround management）。美国的转机管理是一项市场化、职业化程度极高的业务。1988年1月20日，以转机管理业界人士组成的转机管理协会（Turnaround ManagementAssociation，TMA）在美国北卡罗来纳莱州正式注册设立。[③] 协会的组成人员系来自多个学科的专业人士，他们致力于转型管理与企业复兴（corporate renewal），拥有一个共同的目标——稳定和振兴企业价值。转机管理似一剂药方，帮助企业预防并医治企业的病患，提升企业绩效，实现可持续增长。成本高、效益低、反应慢、信誉差是困境企业的典型特点，当企业惨淡经营、摇摇欲坠之时，转机管理成为起死回生的灵丹妙药。在理论上，转机管理框架的核心可表述为四大目标、七种核心要素。四大目标分别是取得企业控制权、解决未来融资问题、重建股东支持以及业务修复。七大核心要素是稳定危机、领导力、利益相关方的支持、战略聚

---

① 参见［美］哈维·米勒：《破产重整五十年（1960～2010）回溯》，张钦昱译，载李曙光、郑志斌：《公司重整法律评论》（第1卷），法律出版社2011年版，第407页。

② 本处内容整理自李曙光教授为金杜律师事务所编写的《中国公司重整与投资》一书作的序。

③ See Turnaround Management Association，https：//turnaround. org/about/our-history，last visited January 1st，2022.

焦、组织变革、优化关键流程、财务重组。[1]

在拯救企业的目标和具体措施上，破产重整和转机管理如此一致。例如在措施上强调为现金流止血，因为现金枯竭和管理失控是它们通常受到的困扰。大多数处于危机中的企业需要立即启动转机管理工作，避免扩大现金流的流出量，稳定危机。以克莱斯勒公司的转机战略为例，该公司通过现金管理、短期融资、初步削减成本等方式在短期内节省现金，争取到机会窗口，提出转机计划并就财务重组达成一致意见，重树了利益相关方信心，恢复了运营的可预测性，从而迅速地稳定危机。再如，企业转危为安需要一整套转机方案，包括危机管理、业务优化、财务重组和利益相关方的管理。但严格意义上，转机管理与破产重整又有实质性区别，不仅是因为在实际操作中美国式重整往往更倾向于财务重组，从而导致运营工作以危机管理和变卖资产为主，[2] 而且由于转机管理在法庭外也可实施，除非破产在战略上是可取或必要的，法庭外的转机管理更能节省时间与成本。[3] 从这个意义上讲，转机管理的概念范畴甚至可以覆盖企业生命周期进行管理。只不过相比日常管理，企业进入衰退期后的转机管理更能凸显其重要性。同时，转机管理的概念范畴囊括了法庭内的破产重整，而法庭外的企业转机与法庭内破产重整如何衔接是一个不能忽视的问题。

就程序控制权而言，转机管理往往是债务人主导，实践中是债务人聘请的转机运营官（Turnaround Manager）来操刀。在美国破产重整的语境下，破产管理人与债权人只起到监督作用，公司在临时业务保护的程序下可以聘请首席重组官（Chief Restructuring Officer，CRO）制定切实可行的自我管理的业务重整计划。当然，首席重组官一词未见于《美国破产法》第 11 章中，学界对其定义的理解与阐释

---

① 参见［美］斯图尔特·斯莱特、大卫·洛维特：《涅盘：危机中的企业转机管理》，慕世红等译，高等教育出版社 2009 年版，第 7 页。

② 参见［美］斯图尔特·斯莱特、大卫·洛维特：《涅盘：危机中的企业转机管理》，慕世红等译，高等教育出版社 2009 年版，第 10 页。

③ Henrich & William, *The Nuts and Bolts of a Turnaround*, Commercial Lending Review, Vol. 19, No. 6, November-December 2004, p. 33 – 52.

也更多的是来自公司重组或破产重整的实务经验。当管理层聘请了重组官，由于转机行业存在市场约束，作为破产业务的重复参与者，无论薪酬如何，行业的声誉将激励他们的管理行为服从于市场纪律。[①]总而言之，企业重整与转机管理是一体两面的，不能切割来看。特别当我们管理人制度对企业运营、融资等实操问题越发捉襟见肘时，首席重组官概念的引入、企业转机管理内含的多种危机处置手段，可以作为破产重整的工具箱来使用。

过去30年中国企业生长的外部环境非常宽松，企业的成功更多依赖于外部良好的环境，而不是完善的管理。企业繁荣的表象掩盖了管理上的“短板”。目前，中国一大批企业将步入成熟期，企业的管理必须逐步规范化、精细化，对导致企业失败的潜在因素要防微杜渐；企业参与市场竞争的游戏规则将更加市场化和国际化。30年之后，中国企业必须适时补充自己的管理“短板”，才能求胜于激烈的国际竞争中。

《企业破产法》不仅仅是退出法、死亡法、淘汰法，还是一个企业更生法、复苏法、拯救法。在当前金融危机背景下，通过破产重整、和解，实现企业再生，有利于维护企业的营运价值与市场资源，有利于债务人、债权人、战略投资人、企业职工与地方政府各方面实现共赢。《企业破产法》规定，当一个企业濒临破产时，可以有三种选择，即重整、和解或是破产清算。其中最为复杂的选择就是重整。而重整则是《企业破产法》中的企业转机程序。根据《企业破产法》第八章重整的规定，无论是债权人还是债务人，均可以向人民法院提出重整申请。一般来说，只要重整申请被法院受理，债务人即可以暂时免除债权人的诉讼和要求。企业通常由现任管理层继续控制，并获得继续经营半年或更长时间的机会，但这一过程是在管理人的监督之下或由管理人直接主导。

在重整期间，债务人须提出一个重整计划，如果大多数债权人同意

---

① See Levitin, Adam J., *The Problematic Case for Incentive Compensation in Bankruptcy*, University of Pennsylvania Law Review PENNumbra, 156, 2007, p. 88－101.

或者法院批准该计划，企业就能够恢复正常业务并重新开始。重整程序可以说是在破产清算程序外，为企业转机与再生提供了一条重要途径。

重整一章中的以下六个方面规定可运用于在企业转机中：（1）规定了债务人自行管理制度，即 DIP 模式，如第 73 条；（2）规定了管理人的管理制度，即可以聘任债务人的经营管理人员负责营业事务，如第 74 条；（3）规定了中止制度、担保权行使、股东分红权限制等，如第 75 条、第 77 条；（4）规定了最长可达 9 个月的重整期间与重整计划提出期，如第 79 条；（5）规定了债权人类别组表决制度，有利于债权人利益的集合，如第 82 条；（6）规定了法官的自由裁量权，如第 87 条。

企业转机与重整过程是一个缔约的过程，也是一个多方利益与心理平衡的过程。实践中，应更多重视法庭外的重组手段，美国的预重整（a prepackaged reorganization）制度给我们提供了借鉴。预重整概念是美国创设、没有正式出现在《美国破产法》中，但被法院认可的一个程序，它是美国重整实践中自发出现的一种重整模式。预重整是指债务人在向法院提起重整申请程序之前已经完成重整计划起草，先与一部分而不是全部债权人就重整计划的条款进行谈判，并成功地征集到投票和通过了该计划。预重整主要弥补了破产程序时限的不足，并有非正式庭外程序的好处。

中国企业的转机管理还需要与当前的国情和法律相兼容。在中国，绝大多数的企业并购重组都涉及转机管理。并不是所有处于危机中的企业都可以通过转机管理或重整获得解救。经验表明，成功的转机管理与重整需要天时地利人和，对于那些已经病入膏肓、行将就木的企业来说，最明智的做法是进行正式破产清算并出售资产，保证相关利益方获得最大利益。

（三）破产重整与不完全契约理论

美国破产重整制度风靡全球的原因还得益于现代产权理论和新制度经济学，主要体现在影响破产企业或债务人控制权、财产的分配规则与社会经济效果。无论债务人是企业还是个人，经历破产法的调整，矫正了原本混乱或破碎的产权问题，产权得到再次分配。

尤其是诺贝尔经济学奖获得者、美国经济学家奥利弗·哈特（OliverHart）等对不完全契约理论（Incomplete Contracts）的贡献为美国现行破产法，特别是其中的重整制度，提供了影响深远的理论诠释，以至于《世界银行全球营商环境报告》（以下简称《营商环境报告》）“办理破产”指标所依据的方法论也受到了其影响。[①] 由于现实经济活动中任何一个企业在市场交易中都要签订合同，而企业之间的契约不可能充分考虑所有情况与细节，有些合同由于遗漏条款或者表述不清是不完备的，还有的合同是受制于自然状态不能被证实（或者因为实现描述的成本非常高）的事实而不能履行。[②] “当合同中的部分内容是第三者无法验证的时候，合同规定的有些内容是没有办法由法庭裁判的，合同只能是不完全的。”[③] 这种信息本身的不完全特性使得第三方需要民事诉讼证据的进一步支持以作出公正裁判。以上是不完全契约理论的基本框架，即可总结为：有限理性、履约难以及取证难。在商业交易关系形成过程中，合同不能囊括所有活动和决定，如不可预见的商业风险、职务犯罪或第三方干扰以及剩余控制权。

特别是剩余控制权，是以不完全契约理论为起点而发展的资源配置理论。剩余控制权，是没有被法律或者契约明确界定的权利，或者说是在不违反法律和习惯的情况下处理或然事件的权利。当契约不能囊括所有商业活动和决定，会遗漏剩余控制权，而这种剩余控制权的概念更新了传统的产权理论与资源配置理论。应当认识到，由于交易费用过大，债务人和多个债权人之间不可能通过合同事先约定破产程序，必然由立法者通过破产制度和程序的设计，为债权人和债务人提供一个甄别和界定剩余控制权的空间。可以认为，界定债权债务关系是实现控制权的方式，剩余控制权应归属于能够使资源配置效率达到

---

① 世界银行“办理破产”指标所依据的方法论源于奥利弗·哈特等在 2008 年发表的一篇题为《世界各国的债务执行》的文章，See Simeon Djankov et al., *Debt Enforcement Around the World*, Journal of Political Economy 116, 2008, p. 1105 – 1149。

② 参见［美］奥利弗·哈特等：《不完全合同、产权和企业理论》，费方域等译，上海格致出版社 2016 年版，第 170 页。

③ ［美］O. 哈特：《企业、合同与财务结构》，费方域译，上海三联书店 2006 年版，前言第 10 页。

最佳的一方，而破产重整程序就是寻求决定剩余控制权归属的一套程序。

因此，良好的破产程序有三个目标：第一，实现事后有效率的结果，即可分配财产总价值最大化。第二，给经营者充分惩罚及适当的激励。保留债务的事前约束功能，但同时又不能严厉到让债务人不惜一切代价避免破产。第三，当保留债权的绝对优先权，让高一级债权人在次级债权人得到任何偿付前先得到足够清偿，将股东排在最末顺位或者仅保留部分破产价值份额。[①] 当然，如果从社会连带理论的角度出发，破产重整兼顾社会整体利益应当是一个美好的愿望。

剩余控制权理论与上述目标之间的关系是多层次的。一方面，破产会施加给控制企业的人一些压力，给掌握这些剩余控制权的人有效威胁与惩罚就是破产清算，使剩余控制权的基础丧失。而这种破产压力有不同表现形式，例如，企业为获得金融机构贷款而抵押企业财产或寻求第三方保证，一旦企业财产被盗窃、侵占或无权处置等，担保债权人就可以对企业进行破产清算，“威胁”其兑付债权或提供抵押替代品。破产清算是对企业家的最大威胁，对大型企业来说，破产清算分拆企业是不经济的。俗语讲，留得青山在，不愁没柴烧，通过破产重整，保留企业重要资源来为企业重生提供资本。另一方面，在剩余控制权的权属存在争议情况下，美国破产重整制度首先想到的是给予债务人喘息空间（Breathing room）来解决上述问题。对此，2009 年诺贝尔经济学奖得主奥利弗·伊顿·威廉森（Oliver Eaton Williamson）曾提出过公司兼并成本收益理论，通过重整制度构建具有制衡性的公司治理结构，这种治理结构“主要有不同交易特征及相应成本所决定”,[②] 解决了不同交易模式及其所需成本的问题，但这并不能解决重整后的机会主义行为。而在剩余控制权理论之下，重整的功能之一是解决剩余控制权分配，要把投票权授予债权人——其

---

① See Hart, Oliver, *Different Approaches to Bankruptcy*, Harvard Institute of Economic Research Working Papers, Vol. 4, No. 1, 2000, p. 1035 - 1056.

② 参见杨虎涛、姜景军：《区位差异、企业能力与企业边界——对威廉姆森模型的拓展》，载《学习与实践》2018 年第 2 期。

中最佳践行方式就是“债转股”，即债权人成为公司股东并取得与之对应的权利以及剩余控制权。在哈特的理论下，将控制权交给相对重要的一方是最有效率的，可以防止事后机会主义。相对应的，破产重整中各方主体所形成的契约关系从不完备趋于完备。

二、《企业破产法》中的破产重整制度①

（一）《企业破产法》重整制度的立法争议

2007 年《企业破产法》的制度设计中引入了一个非常重要的制度——重整制度。并专设一章，对重整制度做了非常有分量的规定。可以说，破产法中重整制度的引入，填补了中国市场经济法律的一个空白。重整制度及程序代表了现代国际破产法发展的主要潮流，也是各国破产法近年来纷纷修改和制定的重点。许多国家的破产法都把重整制度作为其主要内容，其中，尤以《美国破产法》最具代表性，其第 11 章有关重整的规定成为其市场经济实践中有关企业拯救的最重要的依据。近年来，国际上出现的一些破产大案如安然公司破产案、美国联航公司破产案都适用了重整程序。

重整是指不对无偿付能力债务人的财产立即进行清算，而是在法院主持下由债务人与债权人达成协议，制订重组计划，规定在一定期限内，债务人按一定方式全部或部分清偿债务，同时债务人可以继续经营其业务。重整的参与者包括占有中的债务人、债权人委员会、监督人、股东委员会和破产管理人等。一般来说，只要重整这一破产保护的申请一经提出和被批准，债务人即可以免于债权人（包括有担保债权人）的一切诉讼和要求。企业通常由现任管理层继续控制，并获得继续经营半年或更长时间的机会。在此期间，须提出一个重整计划，如果大多数债权人同意或者法院批准该计划，企业就能够恢复正常业务并重新开始。重整计划的类型和方法没有限制。而相应的其他法律制度，如《担保法》（已失效）、《劳动法》、《合同法》（已失

① 本部分内容来自《人民法院报》2004 年 8 月 27 日理论版，以及李曙光教授在江苏省高级人民法院与苏州中级人民法院于 2010 年 5 月合办的“公司重整案件审理实践研讨会”上的发言。

效）等也都在支持这样一种可能使更多人获益的重整安排。当然，重整既简单又复杂，它往往是一个漫长而成本又昂贵的过程。

《企业破产法》为什么要规定重整制度呢？1986 年的《企业破产法（试行）》第四章专门规定了企业和解与整顿程序。第 17 条规定："企业由债权人申请破产的，在人民法院受理案件后三个月内，被申请破产的企业的上级主管部门可以申请对该企业进行整顿，整顿的期限不超过两年。"第 18 条第 1 款规定："整顿申请提出后，企业应当向债权人会议提出和解协议草案。"第 20 条第 1 款规定："企业的整顿由其上级主管部门负责主持。"在《企业破产法》起草过程中，有人认为中国现行破产法的上述规定已经有企业重整的内容，这种认识是非常片面的。首先，《企业破产法（试行）》有关整顿的规定，完全是在计划体制下政府主管部门对亏损的国有企业采取的一种行政措施；其次，整顿程序是与和解程序连为一体的，这就混淆了重整程序与和解程序的差异；再次，整顿程序由上级政府主管部门负责，这与重整程序作为一种法院主持下的债权人与债务人的商业化安排差之甚远；最后，现代重整程序中诸如重整计划与继续营业的精细规定也是原破产法所空缺的。鉴于以上原因，《企业破产法》起草之初，就确立了立足中国国情，借鉴国外经验，专章规定重整程序的立法思想，目的是使面临困境、但又有挽救希望的企业，避免破产清算，进而恢复生机。

作为《企业破产法》最重要的制度设计之一，重整制度从一开始就在起草小组中引起了激烈的争议。①

第一个争议是有关重整的原因问题。起草过程中，一种观点认为破产程序包含清算和解和重整三种程序，既然提出破产清算、和解的法定原因，都界定为债务人不能清偿到期债务，那么启动重整程序的破产原因也应该是债务人不能清偿到期债务。另一种观点认为，对企业重整的原因不应加以严格的规定，或者说应对企业重整原因适当放

---

① 参见李曙光：《关于新〈破产法〉起草中的几个重要问题》，载《政法论坛》2002 年第 3 期。

宽。当企业面临财务困境或危机时就可以直接适用重整程序，这样可以增加重整成功的可能性。

《企业破产法》采纳了第二种观点。其第2条规定："企业法人不能清偿到期债务，并且资产不足以清偿全部债务或者明显缺乏清偿能力的，依照本法规定清理债务。企业法人有前款规定情形，或者有明显丧失清偿能力可能的，可以依照本法规定进行重整。"

笔者也是第二种观点的主张者，破产法中之所以要设定一个重整程序，是市场经济发展到一定阶段的真实游戏。也就是说，企业在市场中面临复杂的经营局面和财务困境是一个常态，特别是对大型企业来说，其债权债务关系和财务结构是非常复杂的，其经营活动常面临很多因素，因此企业的价值不能简单地用有无偿还能力来计算。在很多情况下，对大型企业简单清算会造成企业的现有价值不足以清偿。但如果对企业进行拯救，则不仅会保存和增大企业的营运价值，给其一个重新开始的宽松机会，而且也会保留企业的人力资源并使其不因裁员而引起社会动荡。这正是各国破产法青睐重整制度的一个重要原因。也正是因为这一点，一些主要国家的破产法，特别是《美国破产法》没有规定重整的原因，而是把重整的申请权交给了市场中的债权人与债务人。①

第二个争议是有关重整期限的问题。一种观点认为，应设定一个重整保护期，认为"自人民法院裁定债务人重整之日起，至人民法院裁定批准重整计划或者终止重整程序之日止，为重整保护期。② 重整保护期不超过6个月。经管理人请求，债权人会议同意，人民法院可以裁定批准延长重整保护期，但延长期不得超过6个月。"（2002年稿）另一种观点认为，重整保护期是一个不准确、很含糊的概念。特别是何为终止重整程序在法条表述上含混不清，严格说来，重整程序分为两个阶段，第一个阶段为重整程序的提出和批准阶段，第二个阶段为重整计划的执行阶段，这两个阶段都可以视为重整期间。还有一

---

① 参见《美国破产法》第十一章第1121条。

② 参见贾林青、钟欣：《我国企业重整制度的法律构建研究》，载《中国司法》2005年第6期。

种意见认为，重整计划的执行不应是无限期的，应该设定一个重整的最后期限，比如说现行破产法中有关整顿的期限是两年，法国司法重整与司法清算法规定的期限是 12 年。反对的观点认为，《企业破产法》只应对重整计划的提出和批准设定时限，至于重整计划执行的年限则应是债权人和债务人合意协商的范畴，是市场行为，法律不宜作硬性规定。①

《企业破产法》折中了上述观点，没有采纳重整保护期的概念，其第 69 条规定："自人民法院裁定债务人重整之日起，自重整程序终止为重整期间。"根据第 90 条之规定，被批准的重整计划应有执行的监督期，但《企业破产法》对重整计划的具体执行期限未作限制。笔者赞成第二种观点。

第三个争议是有关是否引进"占有中的债务人"制度问题。一种观点认为，重整程序应由管理人主导，主张管理人中心主义两种观点，即提出重整申请时应由管理人接管债务人财产，负责企业的继续营业事务，或由管理人聘任企业的经营管理人员负责企业的营业事务。另一种观点认为，要引进"占有中的债务人"的概念，即将财产和债务人企业的经营权直接交回原债务人占有经营，管理人作为专业人士来负责企业的继续经营事务是不合适的。

《企业破产法》采纳了第二种意见，其第 73 条规定："在重整期间，经债务人申请，人民法院批准，债务人可以在管理人的监督下自行管理财产和营业事务。"

笔者主张引进"占有中的债务人"。当企业出现重整原因时，由企业现有管理层继续经营企业，利用其丰富的经验和对企业状况的熟悉优势，将会减少破产重整的成本，最大限度地保护债权人利益。在此过程中，管理人只能作为"占有中的债务人"的监督者或者在特定情形下（占有中的债务人有不诚实、不称职、欺诈、严重经营不善等行为）的替代者。把破产企业重整权委托给管理人，管理人又委托给经营人，在法律逻辑上构成双重委托代理，这种双重代理会增加代理

① 参见司伟：《重整计划执行变更规则检视》，载《政治与法律》2024 年第 2 期。

成本，实践中也很难区分破产重整企业在继续营业中哪些是管理人的权限，哪些是经营者的权限。

第四个争议是关于债权的分类和表决的问题。一种观点认为，关于债权的分类应与清算程序的债权分类一致起来，主张重整计划中的债权分类为四类：一为有财产担保的债权，二为劳动债权，三为税款，四为普通债权。并认为重整计划的通过须获得所有各类组债权人的通过。[①] 另一种观点认为，债权的分类不能太简单，应作更为细致的分类，而重整计划的通过不应需要所有各类组债权人的通过。[②]

《企业破产法》采用了第一种观点，其第 82 条规定："重整计划中的债权分类如下：（一）有财产担保的债权；（二）劳动债权；（三）税款；（四）普通债权。"第 85 条第 1 款和第 3 款规定："债权人会议通过重整计划草案，依照本法第 82 条规定的债权分类，分组表决。各组均通过重整计划草案时，重整计划即为通过。"

《企业破产法》关于债权人分类和表决的规定还有很大的缺陷，对债权的分类分组可以再精细些。如担保权可分为有财产的担保权和非财产的担保权，又如劳动债权至少可以分为历史劳动债权和即时劳动债权，还可以细分为工资劳动债权、奖励劳动债权和社保劳动债权；普通债权又可以分为银行债权和非银行债权；损害赔偿债权可以分为基于人身损害的债权和基于物之损害的债权等。债权分类的细致化可以更好地反映不同债权人在重整计划中的利益。《企业破产法》关于债权分类表决的规定，使重整程序几乎不可能启动，因为重整计划要获得所有债权人类组的通过基本上没有可能性，特别是担保债权人如果选用清算程序就能够更直接、更快速、更完整地实现其担保权益，因此可以假定他们会反对所有形式的重整计划。因此，建议在

① 德国破产立法也是法定性分组的代表，《德国破产法》第 222 条规定，具有"同类的经济利益"的债权人可以被分为一组，并且要求各个组别之间有明确的界定，不同组别界定的标准应当在方案中明确说明，同时对设立组别作出了具体规定。

② 任意性分组以美国破产立法为代表。《美国破产法》规定，只有"基本类似"的债权或股权才能置于同一组别之中。因此重整计划可以将某一类债权或股权归入已经分好的某一特定分组，只要该债权或者股权类似于该组中的其他债权或者股权。

《企业破产法》下一步修改过程中应重点修改此部分内容，使重整程序更具可操作性。

（二）《企业破产法》重整制度设计的缺陷

重整制度是国际破产法中成熟而具争议的一套制度，各国破产法在设计和实践这套制度时，都面临许多理论和实践的难题和挑战。《企业破产法》草案大胆借鉴、积极引进这套制度，应该说是草案的一大突破，最终通过的《企业破产法》文本在一定程度上解决了草案中的争议问题，但仍存在一些重整制度设计上的缺陷。

其一，重整应该具备哪些条件？

重整程序有许多优点，这一程序不仅会保存和增大企业的营运价值，给其一个重新开始的宽松机会，而且它也会保留企业的人力资源并使其不因裁员而引起社会动荡。然而，这种程序同时也是一个成本高昂的过程。特别是如果这种程序被恶意滥用，会使利益相关者的权益受到重大的损害。因此，法律应该对重整的条件作出界定，以将恶意重整阻隔于重整之外。在重整条件中，比较重要的是两部分内容，一是可以进行重整的实质条件，二是有权申请重整的主体。

关于重整的实质条件。在《企业破产法》文本中，关于重整的条件规定有两个方面，一是企业法人不能清偿到期债务，并且资产不足以清偿全部债务或者明显缺乏清偿能力的，也就是一般的破产原因，当企业法人出现此种情况时，既可以申请重整程序，也可以申请破产清算或者适用和解程序。二是企业法人有可能丧失清偿能力的。

在这两个方面的条件中，第一个条件的标准是比较清楚的。而关于“有可能丧失清偿能力”的具体标准，目前文本中没有规定，《企业破产法》颁布实施后，这成为实务操作中的一个问题，但这一问题可以通过司法解释来解决。在具体标准方面，有几个界定标准可以考虑：第一个是银行对于贷款信用评定的等级标准，在银行的五级评定标准（正常、次级、关注、可疑和损失）中，“关注”级别以上就可以被认定为“有可能丧失清偿能力”，这一点对金融机构的破产特别具有意义。第二个是会计学上对财务困境的认定标准，当根据会计标准被认定为进入“财务困境”状态，也可以被认为“有可能丧失清偿能力”。[①] 另外，债务人和主要的债权人在企业开始重整上达成一致意见，也是一个比较重要的标准。

申请重整的主体。第八章重整程序规定，债务人、债权人可以直接向法院提出重整程序的开始。在重整的实质条件被界定后，债务人恶意提出重整程序的情况便能够控制，法院也不会轻易启动重整程序。但法律文本对债权人恶意申请重整程序的法律限制规定存在不足。如果一个债务人有 10 个以上的债权人，而其中的一个小额债权人随意向法院强制发动债务人重整程序的话（这在《企业破产法》程序中完全有可能，因为按照法律文本规定，发动重整程序并不需要有不能清偿到期债务的破产原因），那么即便法院经审查而否决了重整程序的启动，则一个债权人可以使一个业务正常、信誉良好的企业蒙受声誉上的损失。但《企业破产法》第八章中没有就此作出预防性的规定，比如说，对于债权人申请重整的条件作出限制，在有 10 人以上的债权人时必须有 3 名以上的债权人联名提出，这样就可以避免单个债权人的恶意申请行为。

对享有重整方案提出权主体范围规定的不足。《企业破产法》第八章规定，只有债务人和管理人有权提出重整计划，其他债权人和利害关系人无权提出重整计划，提出计划的时限为 6 个月，有正当理由的并经法院批准可以延长 3 个月。这样规定的结果是，债务人或管理人享有提出重整方案的专有权。但是对一个有希望挽救重整的企业，若债务人和管理人没有在规定的期限内提出重整计划，该企业则要被清算。《企业破产法》第八章现有文本中并没有对此种情况的出现作出规定。实际上，可以考虑如债务人或管理人不能提出重整计划时，

① 会计学上对“财务困境”的认定标准有多种理解和定义。一些学者将财务困境视为一个动态发展过程，并根据不同阶段提出了不同的认定标准。例如，Tinoco 和 Wilson（2013）认为如果一家公司满足以下两个条件即可确认其陷入财务困境状态：（1）该公司连续两年的利息、税负以及摊销前的利润（EBITDA）低于其利息支出；（2）公司市值连续两年负增长。国内学者章之旺则将短期借款逾期或存在超过三年的大额应付账款，且债务违约的原因是资金紧张的公司认定为陷入财务困境。从这些学者的研究成果来看，财务困境是一个动态发展过程，它存在不同的发展阶段和发展状态，有关企业资金紧张、支付困难、破产等概念所描述和界定的，均是企业财务困境的一种演变状态。

希望重整的债权人完全可以提出自己的替代性方案。

其二，重整程序主要应适用于哪些市场主体，为什么？

在《企业破产法》立法过程中，关于重整程序的适用范围，存在两种观点：第一种是适用于所有企业，包括合伙企业、独资企业等非法人型企业；第二种是只适用于企业法人，该观点认为如果重整程序可以适用于所有企业的话，实施成本过高，实践中易被滥用。经全国人民代表大会常务委员会审议通过的《企业破产法》文本中，由于将法律适用范围仅限定于企业法人，因此重整程序也仅适用于企业法人。

重整程序对于市场竞争中的企业来说十分重要。企业在市场中面临复杂的经营局面和财务困境是一个常态，特别是对大型企业来说，其债权债务关系和财务结构是非常复杂的，其经营活动常面临很多因素，因此企业的价值不能简单地用有无偿还能力来计算。从国际经验来看，大中型企业适用重整程序成功的可能性比较大，小企业相对难于进入重整程序。近年来，国际上出现的一些破产大案如安然公司破产案、美国联航公司破产案、通用公司破产案都适用了重整程序。近年来市场上发生的 30 余家上市公司破产重整案都突出了一个问题，那就是中国市场经济的发展需要破产重整制度。破产法的重整制度为解决这些大型企业的困境提供了法律途径。

目前的《企业破产法》文本中的重整程序也是针对大中型企业设计的。那么在大型企业中，银行、铁路、军工等比较特殊的企业是否也能够适用重整程序？对于这些企业，原则上可以适用重整程序，但这些企业的重整程序应该与一般的商业竞争性企业有所不同，在重整程序中应有一些特殊规定，比如可以考虑在重整程序中设置行政前置审批程序等。现在《企业破产法》文本的第 134 条解决了金融机构破产的前置条件依据问题。

其三，重整程序中是否需要管理人？如果需要，管理人的职责是什么？债权人会议在重整程序中的地位如何，有哪些职责？

重整程序的特点之一是债务人企业的继续经营，考虑这一特点，由企业现有的债务人进行经营应是重整程序的一般原则。当企业出现重整原因时，由企业现有管理层继续经营企业，利用其丰富的经验和对企业状况的熟悉优势，将会减少破产重整的成本，最大限度地保护债权人利益。① 在重整程序中，仍然需要管理人，但管理人只能作为"占有中的债务人"的监督者或者在特定情形下（占有中的债务人有不诚实、不称职、欺诈、严重经营不善等行为）的替代者。而且重整程序中的经营管理人应该具备特别的能力与资历，同时应是职业经理人。如果把每一个破产企业的重整权委托给一般管理人，管理人又委托给经营人，在法律逻辑上构成双重委托代理，这种双重代理会增加代理成本，实践中也很难区分破产重整企业在继续营业中哪些是管理人的权限，哪些是经营者的权限。

债权人会议在重整程序中主要发挥监督作用，债务人企业经营的重大事项须经过债权人会议的通过。

其四，重整程序是否需要考虑股权变动的因素，重整计划如涉及股权调整，是否需要经过股东会议的表决?

重整程序是一个各方利益主体在法律框架下谈判和妥协的过程，应该说一切利益主体都应该有机会发表自己的意见，当重整计划涉及股权调整时，股东应有表决权，但这种表决权的有效性不应影响重整计划的通过。股东会议的意见仅作为法院决定是否受理重整申请和强制通过重整计划的参考。

其五，在重整期间，有担保的债权人的权益如何受到保护?

在重整程序中，有两种方式对有担保债权人的权益进行保护。一是要求重整企业之外的人向有担保债权人提供担保，当有担保债权人的担保权益受到损害的情况下，在担保权益受到损害的范围内由新的担保人负责偿还；二是在担保权益可能受到损害的范围内，要求债务人在指定帐户存放一笔现金作为保证金，在担保物的价值受损的情况下，用设定了担保的现金偿还。

截至 2023 年 12 月 31 日，我国经法院裁定批准重整计划的上市公

① 参见《中华人民共和国企业破产法》起草组编：《〈中华人民共和国企业破产法〉释义》，人民出版社 2006 年版，第 251 页。

司共有 118 家。[①] 非上市公司重整的也有近百家。实践中，公司重整的特点是：

（1）申请重整的公司影响一般较大，特别是上市公司，其重整的成本高、程序复杂、期间长。

（2）大部分重整案件的受理法院是中级人民法院，对法官破产裁判水平要求较高。

（3）根据法院的裁定书，26 家破产重整的上市公司中，有 24 家的管理人是由上市公司的清算组担任，只有两家由社会中介机构担任（ST 盛润和 * ST 深泰）。非上市公司的管理人模式则较为复杂，一般是律师与会计师合作的模式。

（4）上市公司重整的方式多为外部注资，战略投资者借破产公司的壳上市。

（5）少数上市公司如沧化集团重整计划草案未获得债权人会议主要债权组表决通过，是由最高人民法院协调与证券监督管理委员会批准后，由受理法院强行裁决批准，大多数上市公司重整是债权人会议讨论通过重整计划并经法院与证监会批准的。

在《企业破产法》实施后，实际操作中上市公司在实施重整时会凸显出一些问题，急需在未来司法解释中加以具体规范。最高人民法院目前正在制定上市公司重整的单独司法解释。[②] 中国上市公司重整存在的问题是：

第一，行政重整的问题，主要表现在地方政府主导重整过程以及在上市公司重整过程中证监会的角色问题。在最近一系列公司重整过程中有一个非常突出的现象，即地方行政机构的参与，也出现了政府文件主导重整过程的现象，地方政府文件在重整中往往有决定性的法律效力，这些政府文件的性质值得讨论。目前许多重整都是地方政府在运作，地方政府在债权谈判中的优势地位可能会损害中央银行债权

---

① 数据来源于申林平：《中国上市公司破产重整 2023 年度报告》，载 https：//www.allbrightlaw.com/CN/10475/8bc776292e2e7821.aspx，最后访问时间：2024 年 7 月 10 日。

② 2012 年 10 月 29 日，最高人民法院发布了《关于审理上市公司破产重整案件工作座谈会纪要》。

人特别是其他地方债权人的利益，这是一个需要注意的问题。

另外，在上市公司的重整当中，证监会的批准是一个必经程序。但法院与证监会的批准权力如何协调？孰先孰后对重整过程是否顺利及债权人利益保护都有特别的影响。

要警惕破产重整程序成为地方政府重组上市公司的工具，要防止破产重整程序被滥用，因此一定要把地方政府对于重整的参与界定到一个合适的领域里。[①] 地方政府应该退出重整市场，如果涉及国有股权、国有资产，则应该由出资人出面。要明确政府与出资人之间的界限，当然这也涉及《企业国有资产法》中有关国资委地位的问题。总之，地方政府应该退出重整市场。

第二，《企业破产法》与《美国破产法》在债务人定义上存在差异的问题。两国破产法都规定由债务人进行重整，但是我国的《公司法》和《美国公司法》对债务人的界定是有差异的，美国的债务人是董事会，而中国的债务人是股东会，这使得重整的决策程序有别。所以，债务人重组要特别注重和本国公司法的衔接。

第三，关于信息披露的问题。上市公司重整要特别明确对投资人权利的保护。美国经验是对上市公司重整不停牌，这是因为其信息披露机制非常发达。但是中国实践中的上市公司重组或重整，信息非常不透明，可能造成对投资人权利的侵害，使证券市场出现内幕交易或操纵市场的行为。因此，中国上市公司重整应当适时停牌。

第四，债权打折市场的问题。上市公司重整成功的保障很大程度依赖于一个活跃的债权人市场，而《企业破产法》对于债权人市场并没有规定。如果没有新的债权人进入重整程序，要让重整程序得以运作起来，特别是让债权人通过重整方案，往往是比较困难的。一定要建立一个债权市场，允许债权打折。而现在金融市场对于债权打折市场的建立是有一定限制的。因此，监管机构如何对债权打折市场方面的政策有所放松，同时考虑到商业银行市场化问题，引进战略债权人

① 参见王毓莹：《论我国上市公司重整中的“府院失衡现象”及其协调》，载《法学评论》2022 年第 2 期。

与投资人，这应该是下一步要推进的。

第五，法院强制批准重整的问题。法院强制批准重整这一权力的行使要非常谨慎，对法院的权力要有所限制，法院也要严防滥用这一程序。是否滥用强制批准重整以及强制批准重整的依据是什么？法院强制批准重整时，应有大量的证据、经过听证会程序，并有公共利益的考量，要对公共利益有清晰的标准和界定。

三、我国破产重整制度的实施现状

随着供给侧结构性改革持续推进，国内国际双循环相互促进的新发展格局逐步构建，企业的生存环境面临以下基本境况：第一，“三去一降一补”是长期且重点的趋势。如高杠杆不仅使单个企业经营风险倍增，且基于其负外部性强的特点，特别是金融高杠杆易导致系统性风险，企业必须面对去杠杆和获得融资之间的矛盾与压力；再如“僵尸企业”、落后产能企业、发展水平较低的企业逐步退出市场。上述企业占用大量劳动力、银行贷款、土地资源、专业资质甚至是政府专项资金等市场要素，但实际并无有价值产出，易形成柠檬市场，有害市场竞争。第二，原出口导向型的企业经营模式将面临转型阵痛。在全球化收缩、全球贸易大幅度萎缩的客观背景下，中央在经济战略层面弱化对国际大循环的关注度，大力提高国内服务业占经济总量的比重，推动制度型开放，不局限于商品和要素的开放，中国参与全球贸易的形势将面临新型贸易方式的转变。转型期间，企业可能经历产业结构变化、财务状况恶化、利润大幅下滑等困境的痛苦。如果经济运行的阵痛是难免的，那么法律作为调整不同社会关系的工具应当发挥其功能。特别是在市场经济环境下，法律应该服务与牵引市场经济发展，为市场参与主体提供一个预期途径，最大限度地降低经济发展中的负外部性来缓解阵痛。从这个意义上讲，破产重整制度提供了困境企业的一个软着陆的法治工具，并对当前政策的重要回应主要体现在对破产企业的市场筛选、救助可再生企业以及职工等公共问题的解决手段。

（一）我国破产重整制度的实施情况①

我国2007年实施的《企业破产法》，已引入了美国的破产重整制度，即第八章第73条第1款规定："在重整期间，经债务人申请，人民法院批准，债务人可以在管理人的监督下自行管理财产和营业事务。"第80条第1款规定："债务人自行管理财产和营业事务的，由债务人制作重整计划草案。"这就是美国的DIP重整制度。同时在第80条第2款又规定："管理人负责管理财产和营业事务的，由管理人制作重整计划草案。"

2007年4月，最高人民法院发布了《关于审理企业破产案件指定管理人的规定》，要求对进入破产程序的债务人都由法院指定的管理人主导破产程序。但是最高人民法院并没有对第八章重整中第73条和第80条第1款实行债务人自行管理的制度做出司法解释。

2007年10月昆山会议②上，与会的多数代表认为《关于审理企业破产案件指定管理人的规定》不适用于重整，重整是市场主体通过协商、博弈拯救企业的过程，不能套用破产清算指定管理人分配破产财产偿债的制度。昆山会议的总结与2009年最高人民法院《关于正确审理企业破产案件为维护市场经济秩序提供司法保障若干问题的意见》（法发〔2009〕36号文）第12条相同，指出"重整不同于清算，企业重整涉及重大资产重组、经营模式选择、引入新出资人等商业运作内容……人民法院指定管理人时应当注意吸收相关部门派员与专业人员参加……"，但36号文没有明确表明是什么相关部门和什么样的专业人才。得益于证监会对上市公司重大重组的规定要求，上市公司进行重大重组，应在其实际控制人主导下，聘请具有投资银行专长的财务顾问和有资质的法律顾问协助进行。

《企业破产法》实施后，进入破产重整程序的企业多数是上市公

① 本部分内容来自《比较》2019年第3期，作者为李曙光、许美征，原标题为"改革和完善我国破产重整中的关键制度"。

② 该会议于2007年10月由中国最高人民法院与中国证监会法律部、上市部在江苏省昆山市召开，会议的结论意见为："借鉴国际经验并根据中国的实际情况，上市公司重整案件由清算组担任破产管理人。"

司，这些公司根据中国证监会《上市公司重大资产重组管理办法》、昆山会议精神以及最高人民法院《关于正确审理企业破产案件为维护市场经济秩序提供司法保障若干问题的意见》第12条①的要求，采取以债务人的实际控制人为主导，同时聘请具有并购重组投资银行专长的财务顾问和有资质的法律顾问协助其与债权人、重组方等市场主体进行协商、谈判，达成共识后拟定重整计划。这种以市场主体为主导，并依据市场原则进行的重整方式，既符合第八章重整的法律规定，也符合市场化重整的原则。这类法治化、市场化的重整在实践中采取两种不同的形式。

一种形式是债务人的实际控制人在向法院申请重整的同时，从市场上聘请具有投资银行专长的财务顾问和有资质的法律顾问帮助协调债权人、重组方等利益相关方，拟定重整的初步方案。在法院受理破产重整申请后，根据《企业破产法》第73条，向法院申请自行管理，法院批准债务人在法院指定的管理人监督下自行管理财产和营业事务，并制订重整计划草案。法院指定的管理人只起监督作用，不主导重整，重整由债务人的实际控制人主导，也即实行债务人自行管理的制度。

另一种形式是国有控股的上市公司进入重整，其实际控制人是当地的国资委。此时，国资委负责人依据证监会的要求从市场上聘请具有投资银行专长的财务顾问和法律顾问组成清算组，法院受理重整后指定清算组为管理人，重整由清算组主导，清算组中的主导者是债务人的实际控制人。因此，这种做法形式上指定清算组为管理人，实质上是债务人的实际控制人主导重整，与《企业破产法》第73条和第80条第1款的法律规定相符，也符合市场化重整，因为主导重整、参

---

① 《最高人民法院关于正确审理企业破产案件为维护市场经济秩序提供司法保障若干问题的意见》第12条规定，企业重整中，因涉及重大资产重组、经营模式选择、引入新出资人等商业运作内容，重整中管理人的职责不仅是管理和处分债务人财产，更要管理债务人的经营业务，特别是制定和执行重整计划。因此，在我国目前管理人队伍尚未成熟的情况下，人民法院指定管理人时，应当注意吸收相关部门和人才，根据实际情况选择指定的形式和方式，以便产生适格管理人。

与重整的都是市场主体。

我们引入DIP制度，实际运作与美国存在一些差异，如在美国实施DIP制度，主导重整的经管债务人是企业的职业经理，因为美国的企业一般都是委托职业经理经营，股东、实际控制人不直接经营企业。而在我国，DIP的经管债务人一般都是企业的大股东，民营企业一般是大股东本人，国有控股企业则是其控股的大股东——当地国资委的负责人。主导重整的是企业的控股股东，而作为实际控制人的企业管理人员则负责企业的日常经营，这种差异是符合国情的。

在美国，DIP制度是重整的主要形式，重整对于拯救困境企业，尤其在经济危机时，发挥了重要作用。实行DIP制度的主导重整的经管债务人，不只是聘请律师，更要聘请具有投资银行专长的财务顾问，因为重整是在司法程序下的投资银行业务，需要具有投资银行专长的财务顾问协助经管债务人承担复杂的重组任务，如美国通用汽车在2008年经济危机时濒临破产，请求奥巴马政府资助，后者要求提供重整方案。于是，通用汽车聘请美国著名的国际投行华利安公司和阿历克斯公司共同设计了复杂而有效的重整方案，并获得奥巴马政府的首肯，同意借款500亿美元，方案实施后大获成功，通用汽车重新成为国际上销售量最大的汽车公司之一。在重整过程中，债务人、债权人、工人等利益相关方的利益都得到最大限度的保护，重整后，政府的借款也全部得到归还。[①]

在我国，实行DIP制度进行重整的企业只是少数。在重整初期进入重整程序的上市公司根据中国证监会《上市公司重大资产重组管理办法》进行重组，它们的重组基本上符合DIP制度，多数按DIP方式进行重整的案例都取得了成功。

由于我国的法律源于大陆法系，受传统破产法的观念影响较深，而传统破产法对进入破产程序的债务人都由法院指定律师和会计师为管理人主导破产程序。《企业破产法》实施最高人民法院制定的关于

① 参见齐明：《重整期间公司控制权二元模式探究——兼论我国破产管理人制度的不足与完善》，载《求是学刊》2010年第5期。

指定管理人的《关于审理企业破产案件指定管理人的规定》，其中也是这样要求的，而对于第八章第73条和第80条第1款引入的DIP制度至今没有做出司法解释，因此各地法院对进入重整的债务人也是按《关于审理企业破产案件指定管理人的规定》指定管理人主导重整。2009年最高人民法院（法发〔2009〕36号文）提出："指定重整管理人应吸收相关部门派员与专业人员参加"，于是各地法院都将律师和地方行政官员组成的清算组指定为重整管理人。但这类清算组与重整初期主导上市公司重整的清算组不同，当时主导上市公司重整的清算组根据中国证监会《上市公司重大资产重组管理办法》组成，清算组的成员是由债务人的实际控制人加上有投资银行专长财务顾问和有资质的法律顾问组成。此后进入重整程序的多数不是上市公司，法院依据《关于审理企业破产案件指定管理人的规定》以及最高人民法院的法发〔2009〕36号文指定管理人，被指定重整管理人的清算组多数由律师和当地行政官员组成。

总之，进入重整的债务人实行管理人主导重整的模式，在实践中也出现了种种问题：有的按《关于审理企业破产案件指定管理人的规定》将律师指定为管理人，往往因重整失败而清算；有的将律师和行政官员组成的清算组指定为管理人，管理人制定的重整计划往往不公平或很不公平，遭到反对，法院则以强制批准通过，故造成实践中强裁的案例较多。更需要关注的是，由法院指定为管理人的清算组成员越趋行政化，越容易使重整演化为削债保企业，甚至保"僵尸企业"，对经济结构起着逆调节作用。

1. 按《关于审理企业破产案件指定管理人的规定》将律师、会计师指定为管理人，导致重整失败而清算

由于重整不是公平地分配破产财产偿债，而是拯救企业，是市场主体通过协商、谈判达成共识的过程。按《关于审理企业破产案件指定管理人的规定》指定律师等外部人为管理人主导重整，既把债务人、债权人等市场主体撇在了一边，又缺乏具有并购重组专长的专业人士协助，致使重整难以成功。如浙江玻璃股份有限公司是在香港联交所上市的大型民营企业，陷入困境后，企业的实际控制人根据证监

会的规定聘请了具有投资银行专长的财务顾问和法律顾问，协助其拟定了重整的初步方案，方案既保住上市公司的壳资源，从而保护了出资人的利益，又最大限度地保护债权人利益，普通债权清偿率为20%以上。[①] 但是，法院受理浙江玻璃股份有限公司破产重整申请后，按《关于审理企业破产案件指定管理人的规定》指定当地的律师事务所为管理人，辞退了实际控制人聘请的财务顾问与法律顾问，债务人的实际控制人也未能参与其中。

被指定为管理人的是本县律师事务所，背后主持重整的是县政府的工作人员，律师和政府工作人员都不是企业的利益相关者，与企业的存亡没有切身的利害关系，也不具备参与市场并做出决定的能力和信息，更缺乏重组境外上市公司的专业能力，致使浙江玻璃股份有限公司这家应该拯救也能够拯救的最早在香港上市的大型民营企业在管理人的主导下，重整以失败而告终。清算时全体出资人包括国际金融公司（世界银行的附属公司）和香港证券市场上投资于浙江玻璃股份有限公司的境内外投资者的权益统统为零，债权人的清偿率只有1.132%，出资人、投资者、债权人都遭到极大损失，对境外资本市场也产生了负面影响。[②]

这类重整案使一些企业，尤其是民企不愿重整，他们认为重整即任人宰割，不如一走了之，“跑路”为好。

2. 按《关于审理企业破产案件指定管理人的规定》将律师与当地行政官员组成的清算组指定为管理人主导重整，带来大幅度削债保企业的问题

将这类清算组指定为管理人主导重整，既缺乏市场主体之间的协商、谈判和博弈，在平衡各方利益的基础上拯救企业，又缺乏具有并购重组投行专长的财务顾问协助设计多种挽救企业的方案，并平衡各

---

① 参见《最高人民法院发布10起关于依法审理破产案件、推进供给侧结构性改革典型案例》，载https：//pccz. court. gov. cn/pcajxxw/pcdxal/dxalxq？id = 73497D671AF40CC5E919381EE244569B，最后访问日期：2024年7月10日。

② 参见杜万华主编：《最高人民法院企业破产与公司清算案件审判指导》，中国法制出版社2017年版，第37～43页。

利益方的利益，于是重整就是削债保企业，甚至是大幅度的削债，而受损的债权人由于《企业破产法》第 87 条第 3 项对普通债权强裁的规定存在问题（参见本文强裁制度的改革），使普通债权人抵制不公平重整计划的作用失效，因此出现了较多的以牺牲债权人利益保企业的不公平重整案。如“帝贤重整”案，普通债权人损失 98%，出资人权益毫不受损；“锦化重整”案，普通债权人损失 95%，而出资人只损失 1%；“金城股份”债权人损失 95%，出资人损失为 35%。又如上市公司“超日”，其重整计划将资本公积转增 16.8 亿股，全部用于转让给重组方，按正常价计约为 103 亿元，除去支付对价 14.6 亿元，重组方获收益 97 亿元；而债权人被削减的债权达 80%，但重整计划并未用部分资本公积转股的收益补偿债权人的损失。这类不公平重整案例在重整实践中不是少数，而且大多以强制批准而获通过。这类大幅度削债保企业的做法，违背了既要保护社会利益又要最大限度保护债权人利益的重整原则，也违背了重整各方应公平分担重组损失和共同分享重整收益的原则。

3. 以地方行政官员为主组成的清算组主导重整的问题

近年来，清算组的组成或根据《关于审理企业破产案件指定管理人的规定》或依据 1986 年《企业破产法（试行）》，由法院将当地政府官员为主吸收当地律师组成的清算组指定为管理人，主导重整的是政府官员，而不是债务人的实际控制人，且不具备并购重组专长的财务顾问和有资质的法律顾问。清算组成员的行政化导致重整的行政化，导致重整既缺乏债务人、债权人和重组方等利益相关者之间的协商谈判，也缺乏资产重组、股权结构与经营模式调整等全面重组，而常常沦为大幅度削债保企业，甚至保“僵尸企业”。

曾引起舆论界、法律界和金融界高度关注和债权银行强烈抵制的“赛维集团重整”案，是这类重整的典型案例。赛维进入重整程序，法院将开发区管委会主任与当地的律师事务所组成的清算组指定为管理人主导重整。①

---

① 参见江西省新余市中级人民法院民事裁定书，（2015）余破字第 7 号。

“赛维集团重整”由政府官员一手操办，从审计、评估、物色重组方，到制订重整计划，债权人一无所知，更谈不上协商讨论。2016年8月管理人将拟定的重整计划交债权人会议表决时，令债权银行震惊，重整计划本质上就是对银行砍债，削债90%以上，连担保债也未能幸免，普通债权的清偿率只有6%，是清算条件下的清偿率。如此低的清偿率令作为债权人的银行生疑。经查找，发现对进入重整的其中一家企业，即江西赛维LDK太阳能高科技公司，管理人以该公司2015年的资产负债为基数制订重整计划，该公司2015年的总资产为57亿元，而重整前一年即2014年该公司的总资产是203亿元，一年之间，总资产由203亿元降为57亿元，资产大幅度缩水就形成了严重的资不抵债，这就为大幅度削债提供了平台，而LDK公司削减的100多亿元资产主要是对下属企业的应收账款，下属公司的大量应付账款被削减后，负债率也就大幅下降，由此得到了保护。同时，该公司的资产大幅度缩水，也降低了收购方的收购成本。总之，收购方和被收购方均有利，承担巨大损失的是债权银行，最大债权人招商银行30亿元的债权只能收回不到2亿元。

“赛维集团重整”就是大幅度削债，既没有通过重整提高LDK公司的盈利能力，为纽交所上市的控股公司从粉单市场回到主板提供条件，从而为LDK公司进行债转股提供平台，降低债务人的负债率和保护债权人利益；引入重组方也没有选择本行业的强者，对集团公司进行全面重组，淘汰落后企业，做强知名品牌等。“重整”就是削债，以削减债权银行几百亿元的债为代价保护赛维集团所属的企业存活下来。债权银行曾向管理人推荐具有投行专长的财务顾问，并提供市场化的重整方案，但都被管理人拒绝。

“赛维集团重整”案不是个案，它反映了当前破产重整制度存在的问题，一个市场化、法治化拯救困境企业、促进经济结构调整的重整制度，演化为官员减债、法院强裁、以牺牲大量信贷资产为代价，保企业、保过剩产能，甚至保“僵尸企业”。还有如某钢铁贸易公司，在钢铁产能过剩的形势下陷入困境，欠债160亿元，政府将其送进法院“重整”，管理人制定的重整计划，减债60%，其余40%债务分8

年偿还，重整计划遭到债权人强烈反对，但法院强制批准了重整计划，一个“僵尸企业”就这样得到了保护，债权银行损失上百亿元，法院和管理人获得1亿元重整费。

（二）我国破产重整制度的现实困境①

破产法实施已有15年，修改过程中需要考虑实务中司法重整面临哪些问题，如何解决这些问题。在2006年设计破产法时，立法者吸取了国际上的先进经验和制度，部分采取拿来主义做法，但也体现了中国特色，比如管理人制度，美国有官方的Trustee，我国现在多通过专业的服务机构管理。我们学习借鉴了美国的咨询管理制度、执行管理制度、强裁制度、商表决制度，以及重整中的监督制度等。我国在做第一部立法时，都有一个共同的特点，即宜粗不宜细。破产法立法时的规定多为原则性，这在破产法落地实施时，就面临诸多问题。

由于全国人民代表大会常务委员会准备修改破产法，按规定要做实施后评估，在评估基础上，要对法律的实施情况进行执法检查。故全国人大委托最高人民法院、中国人民银行总行以及国务院国资委三家机构对于破产法的实施情况进行评估。最高人民法院和中国人民银行撰写了评估报告，全国人大在破产法实施情况的评估基础上，选取黑龙江、江苏、湖南、四川、重庆和广东6个省（市）进行执法大检查。2021年8月18日的报告中，关于执法检查中重整实施情况的部分，肯定了破产法对于整个中国经济发展、建立市场经济体制、优化营商环境、供给侧结构性改革的作用明显。特别是在2015年中央第一次提出供给侧结构性改革政策后，在新一轮的供给侧结构性改革过程中，重整制度挽救了大量困境企业，发挥了重大作用。②

目前重整制度在实施过程中存在的五大问题：

① 本部分内容来自《比较》2019年第3期，作者为李曙光、许美征，原标题为“改革和完善我国破产重整中的关键制度”。

② 参见2021年8月18日全国人大常委会副委员长王东明所作的《全国人民代表大会常务委员会执法检查组关于检查〈中华人民共和国企业破产法〉实施情况的报告》，载http：//www. npc. gov. cn/npc/c2/kgfb/202108/t20210818_312967. html，最后访问日期：2024年7月10日。

第一个问题，债权人的权益得不到充足的保护。首先，在制订重整计划草案的过程中，债权人的意见不受尊重。实践中强制裁定制度适用较多，这与立法设计的初衷相悖。尽管《企业破产法》第 86 条、第 87 条对于适用强裁制度的特殊情况做了严格限制，但在实践中仍有滥用之嫌。回归制度本源，强裁在一定程度上侵害了债权人利益。其次，重整制度中担保债权的提出与恢复行使的时间，法律目前没有规定。最后，管理人处理重整案件缺乏信息披露环节，导致债权人及其他直接利害关系人难以获取企业重整的任何信息。

第二个问题，金融机构对于重整支持不足。全国人大司法检查报告分析认为，重整过程更多考虑债务人利益，而忽视了金融机构的利益诉求，如知情权、表达权。同时，由于我国金融机构是国有银行，如中农工建交五大银行，它们的审批程序较为烦琐。而重整制度的重要理念在于效率机制，特别强调进入破产程序后采取坚决果断迅速的措施和手段给出解决方案，最大化保全危困企业价值。在实务操作中，无论是重整计划草案的制作，还是债权人会议的讨论过程，进入决议阶段，金融机构都需要层层请示汇报，这极大地延误了重整进程。这在某种程度上是因为金融机构对于重整的效益性不了解，也是因为现有体制的约束。其中，金融机构的责任问题也引起重视。重整不可避免对债权人权益减损，所以金融机构参与的积极性并不高。

第三个问题，重整投资人即战略投资人的权利义务和地位无法得到保证。比如进入重整项目时，战略投资人即便有意愿进入，由于信息披露不够，真正能够了解到的信息较少，或有债务难以确定，故很难做出决定。同时战略投资人为维持企业经营投入的费用，在重整程序转清算程序时是否具有优先性也是个重要问题。在此背景下，最高人民法院出台相关司法解释，把战略投资者的投入视为共益债务，认为具有优先权，排在担保债权后受偿，但立法上并无依据。

第四个问题，税收体制不支持重整。重整是一个过程，是债权人、债务人、相关利害关系人的谈判过程，需要相互妥协、相互让步，重新定价、重新议价，是一个重新制定合同的过程。在此过程中，必然要豁免一定债务、减损一定债权。换言之，新的投资人在减免债权的基础上才愿意接手，是具有债权豁免获利的。但按照我国税法相关规定，重整终结后的债务豁免所得，应该征企业所得税，这样的规定明显阻碍了实施重整的有效性。

从国际视野来看，重整是困境企业扭转倾颓局面的最后手段，企业大厦一旦崩塌，税收机关也分文无收。而战略投资者进入拯救企业后，增加了新的税源，对税收机关也有利，因此债务豁免所得不应征收企业所得税。同时，债务豁免所得征收企业所得税也会阻碍战略投资进度，打击投资人积极性。故目前的税收体制较为落后，不能满足破产法实施的需求，特别是重整实施的需要。

第五个问题，企业重整后的信息修复。大多数进入重整程序的企业，都存在一定信用问题，会纳入企业的不良信用记录。按照《企业信息公示暂行条例》的规定，这些信息无法被消除。但客观而言，这一规定较为落后，没有给予失信人改邪归正的机会。即便新投资人有意愿进入企业，囿于企业不良债务人的身份将难以获得贷款，这极大地打击了战略投资者的积极性。①

以上是全国人大关于破产重组实施情况的执法检查提出的五个问题。全国人大作为权威机构高屋建瓴，关注宏观重点的问题。而从营商环境的角度来看，破产法营商环境中的十个指标下，两个最重要的一级指标分别是破产法的制度框架和债权回收率。前者要求修改破产法，要求破产法与时俱进，适应国际国内新形势。破产法立法 16 年来，随着中国经济高速增长，产业链不断完善，中国产品走出国门，跨境贸易不断发展，全球性公司与面临拓展问题。国内市场也发生变化，村镇银行等“灰犀牛”事件频出，金融市场发达完善的同时风险传染性也增强，这都是 16 年前立法时所无法预见的。

---

①　李曙光：《论我国〈企业破产法〉修法的理念、原则与修改重点》，载《中国法律评论》2021 年第 6 期。

第八讲　破产重整Ⅱ：完善进路

一、破产法修改中重整制度的重点问题[①]

重整制度是我国《企业破产法》的重大创新，十余年来已经在实践中取得了一定的成就。截至2020年，我国共受理了59000多件破产案件，其中约有10%是重整案件，即约6000件。2020年，我国重整案例数为788个，2021年为732个，而2022年已经超过2000个，案件数量的增长非常迅速。尽管相对于美国和英国等国家，我国重整案件的比例仍然较低，但可以认为重整作为一个制度工具已经在中国得到了广泛应用。然而，在我国的重整制度的实践中，仍然存在一些重要问题需要在破产法的修改中解决。

（一）进入破产重整程序的识别和审查

第一个问题是困境企业进入破产重整程序的识别和审查。当前《企业破产法》第八章没有对重整企业识别和审查的规定，条文只规定债权人、债务人、出资额占债务人注册资本1/10以上的出资人可以申请进

---

① 本部分内容整理自李曙光教授于2021年12月8日在珞珈民商法讲坛第29期暨瀛真民商法讲坛第1期上的发言内容，与李曙光教授于2023年11月12日在湖北省法学会破产法学研究会2023年年会暨第七届破产法珞珈论坛上的发言内容。

入司法程序，但没有言明企业申请的门槛，这其中存在一个中国式的问题。中国的企业提出重整时往往很晚，大多数人并不了解破产法，加之中国文化惧怕排斥“破产”二字，认为是一种耻辱的概念，因此不到万不得已并不诉诸法院。[①] 而破产在其他国家，是一个中性词，进入破产的通道是顺畅的。这在实践中，给法院带来很大问题。部分申请进入破产重整程序的企业根本不具备重整价值、没有任何重整可能性，甚至“僵尸企业”都申请重整，这会大大提高司法成本。

针对这个问题，最高人民法院在2018年发布的《全国法院破产审判工作会议纪要》和《第九次全国法院民商事审判工作会议纪要》中都专门提出，要建立一个试点的审查机制。试点审查要求企业到法院申请重整时，需要提供关于企业的重整价值以及重整可行性的资料，建立门槛，同时增加听证程序。实践中，法院需要有法律依据来解决重整企业的识别和审查问题，因此这个机制需要在破产法修改中加以明确。

（二）破产重整中的公司治理模式[②]

公司的破产重整是个非常重要的问题。中央财经研究小组在很多会议上都提过这样的观点：要多兼并重组、少破产清算。不过，这个观点并非完全准确。破产清算和重组分别有不同的适用情况。在破产中有两个机制，一个是重整机制，一个是清算机制。重整机制需要更加被强调，是因为重整机制是一个倒逼的压力机制。如果上市公司、国有企业等没有破产退出机制，公司的治理结构也不会很好。

1. 破产重整是倒逼的压力机制

对于整个市场而言，破产重整机制是压力机制和退出机制。就破产重整和破产清算两者而言，破产清算是彻底退出，破产重整是部分资源的调整和退出。所以，重整对于股东和投资者来说，是个好的信号。目前的上市公司应该给投资者们清晰的信号，即投资者所投资的

---

① 参见蔡晓荣：《从负债应偿到破产免责：破产债务清偿责任衍进的中国法律史叙事》，载《法学杂志》2019年第2期。

② 本处内容整理自李曙光教授2016年12月11日于第十一届中国公司治理论坛——稳妥降杠杆与公司治理研讨会上的发言。

股票和公司是有可能退出市场的。现在的公司重整中，对于股东权益的调整是正当的，这也是给投资者保护提供长远稳定的预期。总之，破产重整无论是对于上市公司、国有企业，还是资本市场而言，都是很好的压力机制。

2. 破产重整程序中控制权的转移

一旦法院受理破产重整案件，就意味着破产程序启动和自动中止的开始。《企业破产法》和《美国破产法》中都有自动中止的制度。自动中止的意思是将所有债权债务的追索停止。因此，只要是破产启动，这时候的公司治理和健康的公司治理就有巨大的差别，主要在于由原来的股东控制权转移到债权人控制权。现在很多上市公司的重整并没有注意到这个问题，大家都认为是债务人在控制。为什么最近一些大的重组案件中，包括东北特钢、江西赛维等，地方政府会插手进行债转股，而且法院还会帮助地方政府进行强裁？很重要的原因是，并没有意识到破产程序启动后，公司治理的主体已经是债权人了。这是一个很大的变化，和健康公司的治理是有差别的。进入重整时，是债权人作为主要的接管者在控制公司。

3. 破产重整中公司治理的模式

按照目前《企业破产法》的设计，破产重整中有两种公司治理模式。

第一种是债务人自行管理模式。债务人自行管理是指原来的董事会、股东大会还享有权利，但是该权利要受到一定的限制。目前《企业破产法》没有特别规定限制的种类和程度。在这样的模式下，原来的经营班底的权利要受到两方面的监督，一是企业破产法中债权人委员会的监督，二是管理人的监督。这是《企业破产法》有所规定的，即在自行管理的情况下，由管理人对自行进行重整的债务人进行监督。而实际情况是，目前在国内，债务人自行管理的模式相对较少，更多采用清算组或管理人的模式。对于债务人自行管理，如何推动其执行管理是一个需要解决的问题。法律应该明确在债务人自行管理期间，债务人的职责、行为和权责应该有清晰的界定。这有助于规范债务人在管理期间的行为，包括决策和责任的明确。

第二种是管理人重整模式。根据《企业破产法》，管理人可以是清算组，或者是律师、会计师来担任。但是现实中，清算组往往由地方政府来担任，缺乏专业的企业危机处理专家的参与。这是目前上市公司重整中非常大的一个问题。在管理人模式中，所受的监督也是债权人委员会和法院的监督。因为公司的重整期间比较长，有时长达一两年。所以，公司重整中的公司治理非常重要，尤其是对于不健康的公司，对于正在进行结构调整的公司非常重要。

债务人自行管理模式和管理人重整模式是有巨大差别的。我们要关注的是，如何更好地让这两种模式市场化、法治化，而不是以地方政府组成的清算组来作为主要的权利人。

（三）企业重整价值的判断

企业是否有挽救价值，以及重整方案是否可行。这是否应该成为法院受理重整案件的一个先决条件，是一个需要思考的问题。《企业破产法》中关于企业是否具有重整价值的法律标准规定于第 2 条第 2 款，即“企业法人不能清偿到期债务，并且资产不足以清偿全部债务或者明显缺乏清偿能力的”或者“有明显丧失清偿能力可能的”。德国、日本破产法中，强调企业重整价值高于清偿价值的，可以提出重整程序。[①]《美国破产法》第 1129 条规定了法院批准重整方案可遵循的若干标准，其中最重要的是“可行性标准”和“债权人最大利益标准”，即“不能在批准方案之后紧接着就有可能被清算”和“对方案持反对意见的债权人从重整中所得到的分配额不能少于从清算程序中所能得到的分配额”。

对于企业是否具有重整价值的法律标准，在《企业破产法》中的表述是原则性、方向性、有弹性的。适合进入重整程序的应当是有挽救希望的、有重整价值的企业。对于企业的重整价值，可以由以下三个维度进行衡量。

首先，企业是否具有营运价值。企业能否继续运营，是否值得挽救，是综合内外部情况加以判断的结果。企业重整价值是否高于清偿

① 参见肖磊：《论再建希望作为重整启动之要件》，载《东南学术》2011 年第 6 期。

价值，具体可以有以下四个判断标准。

标准之一，企业所处行业的前景及企业在行业中的地位。最高人民法院在2009年发布的《关于正确审理企业破产案件为维护市场经济秩序提供司法保障若干问题的意见》中提出，对于虽然已经出现破产原因或者有明显丧失清偿可能，但符合国家产业结构调整政策，仍具发展前景的企业，人民法院要充分发挥破产重整与破产和解程序的作用，对其进行积极有效的挽救。企业所属行业是否符合国家的需要和社会的发展方向，是企业能否生存的战略性因素，这是基本判断。企业具有较好的品牌效应和品牌形象时，消费者对其继续存在也比较有期待，这是支撑企业继续运营的重要因素。

标准之二，企业的股权结构状况及股东实力。企业的股权结构清晰，没有过多的历史遗留问题才能使企业尽可能地减少内部博弈带来的自身损耗，使企业较快地摆脱困境走上正轨。股东的实力状况会影响企业的重整难度。对于有重整价值的企业，股东对其重整成功有一定的期待，有实力的股东可以通过其资金实力和影响力帮助企业重整旗鼓。

标准之三，企业自身的治理情况和内部文化。资困型企业进入破产程序多为一时的财务问题，企业的经营团队、销售网络不存在太大缺陷。可以由熟悉企业的原有经营团队继续治理公司，提高重整效率。[1] 在内部文化较好的企业，在困境中可以激发出企业成员的责任意识、生存意识、团结意识。企业在困境中仍然保持凝聚力，而不是被“山头林立”和“派系斗争”消耗掉最后的生存希望，这是企业是否具有重整价值的重要原因。

标准之四，企业的信用能力和负债水平。企业的负债水平是企业现有财务状况的重要体现，特别是传统企业。企业或有负债不多、担保较少、到期负债和负担的利息较轻或者具有债转股可能时，对企业摆脱困境较为有利。当然，对于新兴企业来说，资产负债情况无法准

① 参见张世君：《论我国破产重整公司治理结构之优化》，载《政法论丛》2021年第6期。

确判断企业的可运营情况，其主要是由于现金流出问题而进入破产程序，需要看其信用能力。若其仍有一定信用能力从银行或者市场融得资金，将使企业较快地实现资金纾困。

其次，企业是否具有资质价值。对于一些特许经营行业，企业的牌照资质本身就是一项重要的资产。对于某些具有资质的企业，其可以通过转让资质实现变现，这对战略投资者较有吸引力。此外，在中国现有的上市环境下，上市公司的“壳”资源本身也是一种可变现的较为重要的资产。

最后，企业是否具有公共价值。对于一些影响重大民生、具有公益目的的企业，因其具有的公共属性而不适合破产清算。在我国，这种情况多为国有企业。这类国有企业多为治理效率较低导致企业偿付能力出现问题，其公共属性决定了其具有重整价值。

此外，对于战略投资者而言，更重要的是其有重整成功后的退出通道。企业重整之后可以再出卖或者实现上市，能够在重整成功后有退出可能，实现其投资目的，是战略投资者的重要考量。

由此可见，企业是否具有重整价值不仅是法律判断，更重要的是商业判断、市场判断。管理人依据情况做出判断，提出合理的重整方案是对其能力的重要考验。特定企业的重整是在司法程序框架下进行的，是在法律强制力的支撑下进行的，区别于法庭外的企业并购重组。法官在法庭内重整中扮演着重要的角色，法官是判断企业是否具有重整价值的最后一道屏障，在批准过程中起到重要作用，法官若决定使用强制批准重整的权力，应当是审慎地基于上述多个判断标准得出的结果。

给予有挽救希望的企业以重整机会是破产制度演进中的重要成果。随着实务的不断推进，企业是否具有重整价值难以通过法律标准简单地做出判断。以上三个维度，四个标准可作为市场参与主体判断企业是否具有重整价值的要素。

另外，在法院的角色方面，应该明确法院是充当一个中立的仲裁者，还是需要涉足商业和价值判断问题。法院究竟是否应该介入商业价值的判断，以及介入的程度，都是需要深思熟虑的问题。这一问题涉及法院在重整中的定位和职责，在破产法的修改中有很多争议，有人提出法院应该担任企业的“医生”，即需要法官在一定程度上做商业判断。[①] 这一观点在一些讨论中得到了一定支持，但在法官队伍的水平、能力等方面也提出了较高的要求。在这方面，未来司法解释可能需要提供指导、明确法院的角色和介入程度，以确保法院的判断在商业上是合理可行的。总体来说，重整制度的未来改革需要认真思考企业挽救价值的判断以及法院在此过程中的角色定位，为法院提供明确的法律依据和指导。

（四）法庭外债务重组机制[②]

发展法庭外债务重组机制也非常重要。以中国中钢集团有限公司的重整为例，中国中钢集团有限公司的重整是债务重组，债务重组方案采取“留债+可转债+有条件债转股”的模式。这一重组采取的是法庭外债务重组模式，也就是银监会推行的债权人委员会模式。按照银监会《关于做好银行业金融机构债权人委员会有关工作的通知》的规定，要求所有的公司出现问题时，所有的金融机构债权人都组成债权人委员会，来保证银行业金融机构债权人在共同解决债务企业债务危机时的集体协商、集体决策、一致行动。这是《企业破产法》外的债权人委员会，现在基本上商业银行的债权人都加入了债权人委员会。

但是债权人委员会有一个表决机制，这个表决机制在法学界有两种观点，一种认为要一致通过才能够进行债转股，另一种观点认为要多数决。多数决可能会有一个侵害少数债权人的问题。这时可以允许有一些变通的技术。例如，可以按照清算的价值分配现金给小债权人，使得他们不影响债转股的大方向的通过。这样的话，多数决就是一个有效的制度。笔者赞同用多数决这样的债转股表决机制，同时要

---

① 参见王晗、钱宋林：《法院参与企业重整计划制订的能动与限度》，载中国法院网：https：//www. chinacourt. org/article/detail/2013/02/id/903269. shtml，最后访问日期：2024年7月10日。

② 本处内容整理自李曙光教授2016年12月11日于第十一届中国公司治理论坛——稳妥降杠杆与公司治理研讨会上的发言。

有一些公平的保护小债权人的配套机制，来支持这种金融工具的使用。

最后，所有的债权人委员会最好能够跟《公司法》《企业破产法》衔接起来。美国的预重整制度、英国的破产重整前的强制和解制度对于我们有巨大的启发意义。我国应该学习好的国际经验，来进行下一轮不良资产的重整。

（五）重整投资人问题

这也是全国人大立法检查报告提出的问题，重整投资人的地位不明确，权益缺乏法律保护。重整投资人的确定是破产重整实践当中非常重要的问题，它需要判断外部投资人的能力、意愿、专业性，其决定了重整能否成功。但在 2006 年破产法起草的过程中，我国学者并未考虑到重整投资人的问题。因为当时并没有市场化重整的概念，原来的国有企业整顿都是“关停并转”。直到最近几年，重整的问题才越来越受到重视。重整投资人的问题可以分为两个方面，第一个问题是如何实现债务人企业的价值最大化。债务人企业的出售价格越低，债权人的回收率也越低。实践中的重整有两种模式，一种是存续式重整，企业不消亡；另一种是出售式重整，把企业最有活力最有价值的一部分资产出售，利用出售得到的价款偿还债权人，甚至可以和债权人协议将一部分债权转移到新的企业上。近年来，出售式重整的运用较多，但无论是哪一种重整模式，都面临如何将企业资产价值最大化的问题。第二个问题是如何从众多的投资人中挑选出最佳的投资人。不同的投资人参与企业重整的动机可能是不同的，有的是从困境企业中攫取利益，有的是帮助企业渡过难关。目前实践中一般采取公开招募或协商的方式确定重整投资人，但这两种方式都存在问题。比如公开招募到的投资人可能缺乏实力，或者他有实力但并没有挽救困境企业的意愿，只是来浑水摸鱼，而协商确定重整投资人也可能出现内部交易的问题。①

---

① 参见李曙光：《关于新〈破产法〉起草中的几个重要问题》，载《政法论坛》2002 年第 3 期。

因此，可以借鉴国际上的先进经验，比如《美国破产法》第363条规定的“假马竞标”制度（stalking horse bid）。假马竞标是指在重整企业寻找投资人时，先通过简单的谈判确定第一个竞标人，我们把它叫做“假马竞标人”，然后利用这个“假马”让更多更好的“真马”进来。利用与假马竞标人达成的协议，重整企业可以进行公开的招标，并能更好地应对市场的询价。比如假马竞标人已经愿意出资50亿美元了，其他有意愿的投资人必须出资在50亿美元之上才能参与竞标。这里面就会产生另一个问题，如果有更有实力的投资人愿意参与，已经达成协议的假马竞标人该怎么办？其他国家已经有法律规定，这种情况下假马竞标人享有优先购买权，比如另一投资人愿意出资60亿美元，假马竞标人也愿意追加到60亿美元出资，那么还是选择假马竞标人作为投资人。如果假马竞标人放弃追加到60亿美元，则失去了成为重整投资人的机会。但由于假马竞标人在前期已经产生了很多成本投入，所以一旦他未能成为投资人，可以由重整企业提供“分手费”。[①] 这是在国际上非常重要的一种重整投资人确定方式。目前，《最高人民法院关于适用〈中华人民共和国企业破产法〉若干问题的规定（三）》已经回应了破产清算中战略投资者的债权清偿顺位问题，但目前还没有法律规定解决重整中投资人的权利地位问题、假马竞标问题、保证金协议等相关问题。

（六）预重整制度[②]

预重整制度是为了解决进入重整后时间较短的问题而建立的庭外解决机制，预重整制度兴起于美国，1986年建立了预重整制度，距今已有37年历史。最初，它是一种非正式的程序，为在正式破产重整阶段之前的债权人之间进行协商谈判提供了一种途径。最早的实践案例可追溯至美国水晶石油公司案。该公司在进行破产重整前，通过债

---

① 参见蔡嘉炜：《破产中假马竞标模式的理论构造与制度构建》，载《中国法律评论》2023年第3期。

② 本处内容发表于《破产法评论》（第1卷），原文标题为《预重整制度在中国的探索式样本——评福昌电子破产重整案》，并结合了李曙光教授于2023年11月12日在湖北省法学会破产法学研究会2023年年会暨第七届破产法珞珈论坛上的发言内容。

权人间的谈判，最终获得美国法院的批准，正式进入重整程序。在我国，福昌电子技术公司于2016年成为首家采用该制度的企业，七年来，预重整制度在我国得到了广泛应用，并且近年来呈快速增长趋势。很多重要的重整案件都以预重整的模式开始，特别是在上市公司的破产重整中，基本上都采用了预重整的方式。2020年、2021年和2022年，上市公司预重整的数量分别为13家、21家、23家，不断增长，截至2023年11月，全年预重整的上市公司已经达到23家，且所有上市公司的重整案件均以预重整为起点。

1. 我国预重整制度的运行特点

按照《企业破产法》第79条规定，进入重整程序后，6个月内提出重整计划草案，必要时可以延长3个月。这期间还涉及前述金融机构等待审批的问题，因此时间并不充裕，需要建立预重整机制，在庭外解决部分问题。国内目前各地都在研究实践预重整制度，但水平和结果都参差不齐，同时又没有任何法律依据，因此在实践中引发很大争议。尽管如此，这种实践尝试仍具积极意义。但严格来说，破产法是市场经济的基础性法律，要求统一性。如果全国各地自行其是制定自己的规则，实际上这在某种程度上是对法律的修改。无论是从破产法的宪法性、公平性、透明性出发，还是从维护社会市场经济秩序、保障债权人债务人合法权益而言，这种规则实际上都突破了法律规定。以所谓的工作规则取代法律的做法并不可取，实务中也会随之产生一系列问题。当然推进破产工作、优化营商环境的目的和初衷可以理解，部分做法也存在自身的合理性和科学性，但超出法律范围的部分会带来很多后遗症。

由于重整制度受到强制性的时间约束，而且在大型公司的案件中，债权人需要进行大量的沟通，导致谈判、协商和讨价还价的时间相对较长。一旦公司进入破产重整程序，就必须按照法定程序执行。若未能按时完成，可能导致成本上升。如果接近达成协议的投资人最终未达成协议，而破产重整程序已经超时，那么程序可能转为清算程序，这将引发一系列问题，并增加实际成本。因此，美国认为预重整程序是一项有益的措施，能够在正式重整之前进行协商，以一种当事人自主选择的方式进行。[①] 为什么还需要进入正式重整程序呢？这是因为当事人自主协商虽然能达成协议，但协议要覆盖所有债权，而不仅仅是少数债权。在预重整阶段，协议可能只涉及绝大多数或部分债权人。覆盖全部债权人需要一定的法律确认，这是预重整的优势所在。预重整制度的产生是为了与正式重整程序有一个良好的衔接。如果没有与正式重整程序的衔接，预重整的价值就相对较小，因为可以直接通过外部的庭外审判、庭外重组和庭外和解来解决问题。在中国，近年来，各地的业务中预重整在上市公司和非上市公司的案件中得到广泛应用。这与美国的实践情况相符，因为我国的重整程序非常严格，有很多程序要求，成本相对较高。

在中国，预重整通常由行政机构推动，特别是在一些重大重整案例中，地方政府起到推动作用。地方政府可能任命官员担任清算组的负责人或重组的管理人。预重整程序在这种情况下具有较大的灵活性，能够延长时间。此外，预重整在方案谈判和协商时相对灵活，不像法律程序那样受到太多的约束。在中国，预重整还具有一个特点，即在一些地方，预重整被赋予了一定的法律效力，或者说成为具有强制措施的程序。一些法院制定了关于预重整的规程和办法，有的法院在预重整期间指定了临时管理人，还有的法院采取了一些特殊措施，如“三中止”措施，以确保程序的有效性。因此，中国的预重整制度结合了行政的灵活性和法律的效力，这是中国预重整的一个重要特点。

2. 预重整制度需要解决的重点问题

2018 年最高人民法院发布的《全国法院破产审判工作会议纪要》中，特别提到了一些地方预重整的问题。目前我国需要解决三个重要的问题，以更好地理解和推动中国的预重整制度。

第一个问题是预重整是不是一个正式的法律程序。实际上，预重整仍然是一种非正式程序，它是进入正式破产程序之前的一种程序。

---

① 参见范志勇：《我国预重整制度建构的程序贯通路径》，载《江汉学术》2024 年第 2 期。

换句话说，它不是一个拥有法律效力的程序，用于进入破产案件受理阶段。然而，由于许多预重整需要与正式重整连接起来，因此我国可以将其称为准法律程序。它既不是正式的法律程序，又与法律程序和破产法的重整程序有着衔接的功能。这是我国要解决的第一个问题，在实践中有不同的认识。学术界有观点认为，债权人、债务人和重整的意向投资人在进入破产程序之前可以进行协商谈判，达成的重整计划草案在进入重整程序后可以被法院直接批准确认。①

第二个问题涉及预重整期间法院采取的涉法性举措的法律效力以及其法律效果。这是一个需要特别深入讨论的问题。例如，在预重整期间，法院可能指定临时管理人，甚至在一些地方指定管理人。此外，法院可能采取一些“三中止”措施，如执行中止、仲裁中止，甚至是一些诉讼的中止以及保全措施的解除。对于这些法律措施，我国需要认真考虑它们的法律效果。

在笔者看来，法院在采取这些措施时必须非常慎重。例如，在任命管理人时，管理人的身份、法律依据和尽职履责与破产程序中的尽职履责应该是清晰的。此外，在预重整期间采取的“三中止”措施是否受到时间限制？法院是否可以随意采取这些措施？如果对正在进行的执行程序或诉讼程序采取中止措施，是否存在时间概念？中止的时间跨度是多长，是否为三个月、半年、一年或者更长的时间？这些问题在法律上应该有明确的依据，以免引发潜在问题。因此，我国对于第二个问题的看法需要极为慎重，即便法院根据预重整期间的情形采取何种措施，最好都要有时间和程序的明确定义，以避免潜在问题的产生。

第三个问题是预重整期间达成的协议是否具有法律效力。从国际的角度来看，预重整实际上是债权人之间在进入正式重整程序之前进行的一种谈判协商。然而，这种协商往往只涉及一些大型债权人，即数额较大且占比较高的债权人。这种情况下往往排除了许多小债权

① 参见张艳丽、陈俊清：《预重整：法庭外重组与法庭内重整的衔接》，载《河北法学》2021年第2期。

人，因为涉及商业秘密、债权的让步、重组方案的债权让步等，需要进行大量的商业谈判。这可能涉及债权打折、债权的定价、债转股，甚至涉及一些现金和股份的问题，还包括股权的经营等。由于牵涉各方当事人的利益，预重整期间达成的协议是否具有法律效力是一个重要问题。此外，对于在预重整期间达成的协议，是否存在抗辩的可能性以及是否有塑造协议意义的途径，是否有对利益债权人的保护程序，这也是需要考虑的问题。

以上提到的三个问题目前在法律上尚未得到明确规定。

3. 预重整制度的经验借鉴

在我国下一步的预重整制度立法中，笔者认为可以借鉴国外的两种主要经验模式，分别是美国模式和英国模式。这两种模式在实际应用中有着不同的特点。

美国模式着重强调两项制度。一是在预重整期间，所有涉及方当事人，特别是参与谈判协商的各方当事人，应该进行有效的协商，并进行信息披露。信息披露涉及复杂的商业安排，需要非常慎重地处理。这个问题在国际上也是非常具有挑战性的，因为涉及商业秘密的保护。在美国，信息披露是非常重要的一个环节，它有助于推动谈判的进行。二是美国制度还包括了一个征集投票制度，要求征集其他债权人、供应商以及其他涉及重整计划的相关利益方的投票。这是为了确保预重整计划的通过，得到了债权人和相关利益方的最终认可。通过这两项制度，美国能够在进入正式重整程序后迅速批准预重整协议，从而缩短谈判时间，减少司法成本。

英国模式由四个概念组成。首先，是合同法项下的债权人谈判，借助合同关系解决预重整问题。其次，英国公司法中包含了 CVA 制度，即公司自愿安排。这一制度要求债权人一致通过，为预重整提供了一种有效的途径。再次，整顿计划是一种债权人自行谈判的自愿程序，但在法律上得到认可，只需要 75% 的债权人通过。最后，英国法还包括了一项管理程序，由法庭直接任命管理人来接管企业。这与我国《企业破产法》第 74 条有相似之处，是一种法庭直接任命管理人来主导的程序。英国的这四项程序提供了多种途径，灵活应对不同情况。

在预重整的下一步立法中，我国可以借鉴这两种模式的优点，结合国内实际情况，制定更为完善的法律框架，以促进预重整制度的有效运作。在中国未来的破产法改革中，预重整制度有四个方面的问题需要着重考虑和规定：

第一，信息披露是预重整过程中的一个必不可少的环节。法律应该明确规定在预重整期间，参与谈判的各方当事人需要进行有效的信息披露。这涉及商业秘密和机密信息的保护，因此法律需要提供清晰的指导，确保信息披露既能促进谈判，又能保护商业敏感信息。重整前的协商要进行充分的信息披露。法律应当为此提供依据，要求债务人提供相应的、必需的信息，并且保证信息的真实、准确、完整、及时。①

第二，对于目前预重整实践中采取的一些涉法措施，法律需要有明确的规定。这包括法院在预重整阶段可以采取的具体措施，以及这些措施的实现条件和条件约束。这有助于确保法院在预重整期间有可操作的法律依据，同时保障各方的权益，避免模糊不清的法律状态。

第三，要衔接重整前的协商和重整程序。实践中法院在重整前的协商阶段采取了很多措施，包括指定管理人和《企业破产法》第19条规定的“三中止”，能否采取“三中止”在我国学界和实务界一直存在争议。在美国有自动终止制度（automatic stay）和喘息空间制度。根据喘息空间理论，所有的困境企业在遇到重大调整时，一定要给予它喘息的空间，为债权人和债务人谈判提供机会，并制止债权人哄抢债务人财产。一定程度上笔者是赞成法院在协商阶段采取一些临时措施的，比如采取临时的保全措施、临时中止执行程序等，但要经高水平的法院和法官审查，严格防止临时措施的滥用。在协商阶段，如果债权人发现债务人的不当行为，债权人可以向法院申请管理人介

① 参见高丝敏：《预重整的双重效力延伸和司法审查机制的本土化构建》，载《法律适用》2024年第3期。

入，或者由清算组接管和调查。

第四，关于预重整协议的表决，法律也需要提供原则性的回答。明确规定协议的表决程序，确保在债权人和相关利益方中的广泛参与，并规定表决结果的法律效力。这有助于确保预重整计划得到各方的广泛认可，提高法律的可操作性和预测性。

因此，这几个方面的问题应该成为下一步预重整制度改革的关键方向，以建立更为完善和明确的法律框架。

4. 预重整制度运用的典型案例——福昌电子破产案

预重整作为一种新型的困境企业拯救方式，是由债务人与债权人在进入重整程序前通过谈判的方式拟定重整方案，不仅能够节省重整的交易费用，也可以通过法院强裁保障效率。福昌电子破产案是预重整制度在国内进行的一次颇具中国特色的探索样本，表现出解决中国问题的鲜明特征。①

（1）案情介绍

福昌电子基本情况介绍：深圳市福昌电子技术有限公司（以下简称福昌电子）系大型民营制造型企业，主要从事通信和消费电子产品的研发、设计、生产和销售，平均年产值在 10 亿元左右，平均年营业额 3.5 亿元，聘用员工近 4000 人，是华为技术有限公司、中兴通讯股份有限公司的一级供应商。而且它的上下游关联企业 500 多家，带动了几万人的就业。2014 年，福昌电子还有营业收入 4.59 亿元、净利润 1905 万元，纳税 1758 万元，资产总额 7.25 亿元。

2015 年 10 月 8 日，福昌电子突然发布《关于公司放弃经营及涉及员工权益的通告》，宣布公司因资金链断裂，决定即日起停止生产、放弃经营。当时的公开报道称，福昌电子资金缺口 8000 万元，欠供应商债务 2.7 亿元。福昌电子的突然倒闭，引发了业内一片哗然，令供应商和员工不知所措，引发 500 余个供应商和 3700 多名员工激烈维权。

---

① 本处内容为李曙光教授对于中国法院网：《2017 年度人民法院十大民事行政案件之五：福昌电子破产重整案》的点评部分，载 https://www.chinacourt.org/article/detail/2018/01/id/3148545.shtml，最后访问日期：2024 年 7 月 10 日。

法院审理：2015 年 11 月 12 日，债权人以福昌电子不能清偿到期债务且严重资不抵债为由，向深圳市中级人民法院（以下简称深圳中院）申请重整。该案 2015 年在手机生产业界掀起了轩然大波，引发了手机制造业走进“寒冬”的大讨论。

2015 年 11 月 13 日，深圳中院为赢得重整时间，参照市场经济较为成熟国家的经验，作出《指定管理人决定书》，决定在裁定受理重整申请之前，采用“预重整”方式审理。2016 年 6 月 29 日，深圳中院裁定受理福昌电子破产重整案。2016 年 8 月 10 日，福昌电子重整案第一次债权人会议召开。2016 年 11 月 9 日，深圳中院裁定确认上海银行股份有限公司深圳分行等 308 位债权人的债权，确认债权总额为人民币 409844768. 28 元。2017 年 1 月 17 日，福昌电子重整案第二次债权人会议召开并于会上讨论重整计划草案，但普通债权人组表决未获通过。2017 年 3 月 21 日，经各方沟通协调，福昌电子重整计划草案依法获得投票通过，该破产重整案完成相关核心工作。

在此期间，深圳中院通过随机摇珠程序，指定深圳市正源清算事务有限公司担任管理人，进场辅助企业推进重整。一方面管理人厘清福昌电子债权债务情况，为后续资产评估及制订重整计划提供了保障；另一方面与福昌电子股东及代表和债权人共同组成生产自救小组，极力做工人的安抚工作。为缓和工人情绪，龙岗区政府利用欠薪保障基金先行垫付了工人工资，取得了代位求偿权，为重整工作奠定了基础。

在龙岗区政府的协调下，福昌电子恢复了水电，厂房也得以继续租赁。同时深圳中级人民法院也批准了管理人提出的“重整期间引入专业团队承担经营管理”的方案，为华为、中兴集团承诺暂时保留福昌公司一级供应商资质提供了先决条件。经过多方协调，正欲进军消费电子领域的江苏省苏州市春兴精工股份有限公司（以下简称春兴精工）最后接手了福昌电子。

2017 年 3 月 23 日，春兴精工发布公告称，其将参与福昌电子的重整投资，投资方式为向福昌电子以合法方式投入自有资金人民币不超过 2. 8 亿元，福昌电子将以该资金支付和清偿《深圳市福昌电子有限公司重整计划草案》涉及的相关费用以及福昌电子的债务，春兴精工将取得重整后并清偿完毕现有债务的福昌电子100%股权，从而取得福昌电子名下的土地、房屋建筑物及机器设备。福昌电子债权人将以法定比例受偿，不能获得清偿的债权部分，公司及重整后的福昌电子不再负有清偿义务。破产重整程序完成后，福昌电子将变更为春兴精工全资子公司。根据评估报告，以2016年7月31日为评估基准日、福昌电子全部资产评估价值为2.19亿余元。

2017年4月18日，深圳中院裁定批准福昌电子重整计划。

（2）本案审判的特点

一是预重整制度的中国特色。

预重整概念是美国创设、没有正式出现在美国破产法中但被法院认可的一个程序，它是美国重整实践中自发出现的一种重整模式。预重整是指债务人在向法院提起重整申请程序之前已经完成重整计划起草，先与一部分而不是全部债权人就重整计划的条款进行谈判，并成功地征集到投票和通过该计划。[①] 预重整主要补充破产程序时限的不足，并有非正式庭外程序的好处。预重整存在许多优势。首先，预重整节省了重整的交易费用；其次，对于那些没有意愿加入谈判中的债权人，可以不适用预重整；最后，预重整可以通过动用法院强裁来确保效率。因此，怎样在理论上理顺预重整和重整的关系以及通过怎样的形式将其引入中国破产法和破产实践仍需要更多的探讨。

福昌重整案则是在国内法院较早试验预重整制度的一个案例，它的中国特色在于，预重整是由法院预先指定管理人，提前进入债务企业摸查沟通，而后通过府院联动机制，即政府法院联手协调，排除重整隐性障碍这种模式下进行的。由预重整而进入重整，都具有鲜明解决中国问题的特色。

二是政府的角色在预重整、重整过程中始终存在，并发挥了积极作用。

---

① See Mark E. MacDonald, *Prepackaged Chapter 11 Plans: The Alternative To 'Free Fall' Bankruptcy*, Journal of Bankruptcy Law and Practice, 11/12 (1991): 320.

在整个预重整、重整过程中，政府的角色始终存在并且发挥了积极作用。一方面，龙岗区政府利用欠薪保障基金先行垫付了工人工资，为重整工作奠定了基础；另一方面，在龙岗区政府的协调下，福昌电子也恢复了水电，厂房也得以继续租赁，维持了基本的运营条件。我们有理由怀疑，缺少了地方政府的支持与帮助，福昌电子预重整、重整之路能否成功走下去。在破产法领域，一般把由法院、政府等部门相互配合，统筹破产相关工作，解决破产工作指导、维护稳定等方面的问题的机制，叫作府院联动机制。

就宏观而言，在实践中，中国的中央与地方政府在破产法实施中扮演以下角色。

其一，政府是破产法实施的推动者。无论是上一轮的政策性破产，还是这一轮的推动供给侧结构性改革，政府都是破产重组政策的制定者、推动者和牵引者。政府推动“僵尸企业”市场出清的许多决策是破产案件受理数量快速增长的重要原因。政府的政策导向对于市场有着非常重要的影响力。

其二，政府是破产法实施的参与者。“僵尸企业”中有很大一部分是国有企业，政府是国有企业的出资者、监管者，这也就意味着在“僵尸企业”处置中政府是置身其中的利益参与方。在破产案件中，许多案件都是政府直接指派有关人员组成清算组，身体力行地参加到处置困境企业与“僵尸企业”的第一线。

其三，政府是破产法实施的保障者。破产法实施过程中的很多工作与配套制度政策有赖于政府的支持与协调。下岗职工的安置，破产企业的税收减免，破产企业的注销，“三无”企业的破产启动，破产程序后的信用修复等，都已经超越司法的范畴，也是市场自身无法解决的问题，需要政府内部上下级之间的联动，不同部门之间的协调配合以提供支持。①

（3）本案引发的思考

该案是“预重整”制度在国内进行的一次颇具中国特色探索的样

① 参见南单婵：《破产重整企业信用修复研究》，载《上海金融》2016年第4期。

本。它为如何在中国本土实践预重整这个外来制度，充分调动各方重整积极性，提高重整的成功概率，节约司法资源提供了非常好的借鉴。此案还启发我们，在预重整、重整过程中应注意以下两个问题。

一是法院、政府的角色定位。

重整制度是在法院监督下的债务调整与企业拯救机制，是中国破产法借鉴美国破产法的一个非常重要的制度设计。预重整制度也来自美国，最初是作为一种公司债务重组的工具被采用，而后则成为一种法院认可其重组协议效力的简易重整程序。预重整制度结合了庭外重组和正式重整的优势，能够提前解决破产程序中的疑难问题，债务人有更大的控制自己事务的能力，从而增加了重整成功的可能性。同时，预重整解决了庭外重组难以达成完全一致的“掣肘”问题，并使得重整计划获得了约束所有债权人的效力。

但相较于重整程序在我国破产法上做了清晰规定，预重整程序则完全没有法律依据，因此，受理法院在救治困境企业中究竟是发挥积极作用，还是守成作用？是能动司法，还是中立角色？法院是否要卷入预重整程序中的商业判断以及其职责边界如何厘定，这是一个实践中法院面临的难题。

而目前“府院联动”机制对地方在破产过程中依法行政，提高破产审判效能起很大的推动作用，但是这种“府院联动”多是以地方政策方式出台，更多考虑地方特色和工作沟通习惯，对政府与司法的权利义务责任边界关系并没有做清晰界定，实践中也有职责不清、权利义务关系不明，致使政府干预破产审判的问题。[①]

下一步，对政府在破产审判中的角色，应从以下几个方面进一步明确完善：

其一，政府的角色定位要清晰。2017 年中央经济工作会议再次强调“大力破除无效供给，把处置‘僵尸企业’作为重要抓手，推动化

---

① 参见李曙光、王佐发：《中国破产法实施三年的实证分析——立法预期与司法实践的差距及其解决路径》，载《中国政法大学学报》2011 年第 2 期。

解过剩产能”。在破产法实施中，政府不同的角色，对其要求是不同的。政府作为政策制定者时，应当注意破产政策与宏观政策的关系，把握政策在推动经济发展改革方面的作用；政府作为市场秩序维护者与监管者，应推动落实劳动、税收、工商等支持政策；政府作为破产程序中利益一方参与者时则应严格按照破产法的程序要求，与其他当事人地位是平等的，法院破产案件受理过程中应当公平对待，维护良好的竞争环境。

其二，政府应尊重法院的破产审判权。政府在明确自身角色地位的基础上要划清与法院之间职责关系，对于行政部门范围内的工作职责要积极主动有所为，而不是去干预司法行为。“府院联动”不应变成一方主导，而应该是各司其职，密切配合，政府应按照《企业破产法》的规定，尊重法院的破产审判权。因此，政府的配套政策要跟进执行到位。[①] 目前，在破产企业的注销、税务、信用恢复、职工社保、职工再就业、企业档案等行政性事务方面，要么是法律法规没有规定，要么是规定过于烦琐，不适应当前处置“僵尸企业”的形势。政府的行政配套措施应具有可操作性，符合法治化处置“僵尸企业”要求。

二是管理人的角色问题。

预重整阶段提前指定管理，该管理人有专业化要求吗？该管理人是临时的，还是正式的？其权责利关系如何界定？其责任风险有多高？预重整管理人与重整管理人如何衔接？这些问题尚需明确。这些问题不解决，预重整阶段管理人的角色就始终不明晰。一方面，如果最后没有成功，按照现阶段的法律来看，破产管理人在此期间产生的一切费用是否不能从破产费用中支取。另一方面，如果在此期间破产管理人滥用自己的权利，造成损失，这部分的责任又该谁来负责？破产管理人又该担负什么责任？

以上种种问题源于我们目前并未直接规定临时管理人制度。依照《企业破产法》第 13 条对管理人选任时间的规定，管理人公开选任尚

① 参见尹正友：《企业破产与政府职责》，法律出版社 2010 年版，第 84 页。

需时日。可以考虑对管理人从时间维度进行细分，区分临时管理人和正式管理人，并在实际操作中注意以下三个方面问题：

其一，临时管理人的适格性。从高效便捷的角度考虑，临时管理人可由法院直接指定，但应注意临时管理人的范围不能突破《企业破产法》第 24 条关于管理人资格的规定。已经建立管理人名单的地区，可直接从名单中指定临时管理人。

其二，临时管理人的权责匹配性。临时管理人的工作内容具有阶段性，出于对债权人权益的保障，并不需要赋予临时管理人完全等同于正式管理人的权限。临时管理人主要针对企业的资产债务情况，实际运营情况摸底，并可就破产程序选择提供建议。有权必有责，同时还须规定若临时管理人失职造成债权人利益受损时应当承担的法律责任。在权责明确的基础上，应当参照正式管理人的薪酬确定报酬，无论是否继续破产程序，都应当就其在过渡期间的尽职行为支付公允对价。

其三，临时管理人的过渡性。法院指定临时管理人不能代替选任正式管理人的程序。临时管理人也不必然当选为正式管理人。在临时管理人确定后，破产案件的难易状况才逐渐明朗，程序路径的选择才逐步确定，因此临时管理人的管理水平不一定与案件情况相匹配。在建立临时管理人制度的同时，要明确临时管理人与正式管理人之间在时间、工作内容上的衔接。临时管理人制度应当在符合破产处置市场化法治化专业化趋势下落地。

福昌电子重整案是在大力推动供给侧结构性改革、处置“僵尸企业”背景下出现的一个成功的标志性案件。如何借助其经验，完善我国破产法的重整制度，建构中国式预重整制度，使之成为可自主选择的程序，对于发挥破产法的救治功能，实现市场出清，意义不可谓不大。

（七）“强裁”制度的司法适用

《美国破产法》中的“强裁”制度，本意在于当某些组别的债权人未能就重整计划达成一致时，法院可以在满足一些条件下，依申请强制通过重整计划。《企业破产法》将该制度引用并规定在第87条。①"强裁"允许法官充分行使自由裁量权，依据商业判断规则，限制部分债权人的权益，以减轻有拯救希望企业的负担，实现社会资源的合理配置。这必然要求审理破产案件的法官必须具备较高的专业水准和商业素养。当前社会语境下公共利益界定泛化，司法制度中法官专业素养欠缺，强裁的采用缺乏合理的法律逻辑和足够的商业考量。"强裁"陷入被滥用的现实窘境，原因有三：其一，地方政府的破产管理人角色，使案件处置缺乏专业性。我们管理人制度未完全排除政府作为管理人的可能性，使重大破产案件爆发时，地方政府依据父爱似的家长思维惯性强势介入清算工作，担当管理人角色。未通过市场化选任的管理人缺乏必要的专业理念，其立场也掺杂更多地方利益考量。其二，地方政府的最后贷款人角色，使破产审判缺乏中立性。实践中，重大破产案件往往涉及国有企业，地方政府可能在其中充当债务人的角色，与债权人展开博弈，这难免使重整方案的设计和执行有所偏颇。其三，破产案件的管辖权设置，使司法意志丧失独立性。破产清算庭大多设在现有的法院区划下，并未摆脱地方的财政人事束缚。地方政府出于政绩和维稳观念，往往不希望将相关企业破产清算，而是通过拖延债务苟延残喘。本应完全依据商业判断作出合理裁判的法官，却因强势政府的干预，频繁对重整案件进行"强裁"，导致"强裁"演变为地方政府利益的司法确认，在极具暴力色彩的"强裁"面前债权人显然束手无策。②

树立谨慎"强裁"的司法理念，实现"强裁"应有的司法效益，

---

① 我国《企业破产法》第87条规定了重整计划强裁规则，允许法院根据破产重整计划的提出者（管理人或债务人）的申请，在重整计划没有得到全部投票组通过时，强制批准破产重整计划，只要破产重整计划给予反对的担保债权人组、职工债权人组、税务债权人组、普通债权人组、出资人组符合法定条件的权益分配即可，具体条件包括：（1）有担保的债权获得全额清偿，延期清偿能够得到公平的补偿，并且未受到实质性的损失。（2）职工债权和税款债权能够得到全额清偿。（3）普通债权的清偿比例不低于破产清算。（4）出资人权益的调整公正公平。（5）同一表决组的成员得到了公平对待，并且清偿顺序符合破产法规定。（6）经营方案具有可行性。程序上，重整计划草案至少获得一个表决组通过。

② 参见高丝敏：《重整计划强裁规则的误读与重释》，载《中外法学》2018年第1期。

可从以下两个方面着手解决。一方面，摆正司法与行政在破产审判中的角色，在保证司法中立性的基础上，实现政府的公共职能。将破产清算审判庭设立在最高人民法院的巡回法庭下，是在现有制度上可实现的突破。破产审判本就一审终审，放在与最高人民法院具有同等审级效力的巡回法庭下并不冲突。考虑到现有巡回法院数量较少等现实情况，可以打破行政区划，规定破产审判的专属管辖，实现破产案件的异地审理。同时，应贯彻市场化选任管理人的方针，通过破产管理局的设立，授予政府在破产案件中协助法院协调行政部门的职能，确保政府不再角色错位。

另一方面，完善配套机制的科学性和透明度，在赋予债权人充分信息的前提下，实现强裁的社会价值。债权人对于重整方案不满的其中一个原因是，破产制度中未能有足够公开科学透明的机制，为债权人提供足够的信息以做判断的现实。例如，现有估值机制的不合理，使估值结果难以为各方所认可。而引入第三方客观独立的评估资产价值，再由债权人和管理人共同确认更为科学。再如，可以将债权人的分类更为细化，使谈判组的意见更容易达成一致。此外，还可通过发挥债权人委员会的作用，或者重整前置程序使债权人的利益得到最大程度的保护，从而支持重整方案的通过。

在重整计划谈判中，为各方在平等的基础上展开充分博弈提供司法保障，是破产审判专业化的必然要求。重整计划的通过有赖于谈判过程中的专业化、科学化、透明化和方案的精细化。不应在抛弃上述前提的情况下，徒因地方政府之利而以强裁对抗弱势的债权人，更不应为了使职工权利得以保障，无视市场资源被低效占用，使“强裁”沦为地方政府问题决策确认的司法工具。

二、破产重整制度的转型：多主体视角

（一）立法者维度①

破产立法者是影响破产法律、法院司法解释的重要主体，其决定了

① 本部分内容来自《法学评论》2022 年第 3 期《我国破产重整制度的多维解构及其改进》。

破产重整制度是否在破产法中确立以及立法中采用何种模式，不同的抉择对于破产法功能的发挥有着重要意义。中国的破产法改革经历了两次飞跃，选择市场化的破产重整制度并非偶然性，而是整体借鉴英美法系国家破产重整制度，也适当参考了传统大陆法系国家的立法传统。

1. 破产理念嵌入立法的两次飞跃

我国破产理念嵌入立法大致经历了两次飞跃。1986 年出台的《企业破产法（试行）》可以认为是破产理念的第一次飞跃，把破产清算、盈亏自负等基本理念带给了我们这个计划经济氛围比较浓厚的国度。虽然该法具有较强的行政色彩，主要出台目的是解决国有企业破产问题，可以称为“国有企业破产法”。但在当时的社会环境下，该法打破了社会主义企业不能破产的思想禁锢，对我们迈向市场经济体制奠定了坚实的思想和制度基础；由于《企业破产法（试行）》适用范围局限于全民所有制企业，因此仅成为 1994 年年底逐步推广政策性破产的主要依据，但《企业破产法（试行）》和政策性破产均难以适应中国经济发展和变化的需要。自 1994 年至 2003 年政策性破产进程中，困境国有企业主要由政府清算组作为主要操作者通过资产重组、债务重组、企业合并与分立等方式拯救，但其弊端是把社会稳定和职工安置来作为优先级目标考虑，并没有体现公平公正清理债权债务关系和保护债权人的价值目标，所以破产法的功能并没有得到有效发挥。因此，2003 年成立了破产法起草小组，以更开阔的视野来学习借鉴国际上先进的破产法制度模式。

2006 年《企业破产法》的出台可以认为是破产理念的第二次飞跃，正式地使重整制度在破产立法中予以确认，改变了公众对破产法“只有死，不能生”的认知。自 1992 年以后，市场经济体制创建的指向非常明确，但此时市场经济法制体系尚未建成，亟待一套市场经济运行制度，特别是退出制度来解决困境企业的清算与拯救问题。与此同时，千禧年前后，对外开放不断加快，尽管 2001 年 12 月我国成功加入了 WTO，但是国际上仍有观点认为中国没有真正“入市”，即“非市场经济地位”，原因之一是中国没有一部真正市场经济的破产法。市场经济地位的承认与否，关系到反倾销、反补贴等调查认定结果，严重影响出口，犹如一柄“达摩克利斯之剑”悬在中国企业的头上。因此，在国内制度需求与国际舆论压力的双重作用下，《企业破产法》的起草受到前所未有的重视。而美国破产制度作为当时各国破产立法争相模仿的最先进制度经验之一，具有极高的现实性与启示意义。作为国际经验可借鉴的现实基础，市场化破产重整成为破产法立法的核心问题。

2. 国外重整制度对我国破产重整立法的影响

世界两大法系在很多法领域都是制度竞争，各有体系，各有千秋。但在破产法领域，原来大陆法系的破产法体系，在近三十年，纷纷改弦易张，学习《美国破产法》的精粹。其中，以德国、日本两国破产法最为明显。1994 年德国颁布了新《德国破产法》（Insolvenzrecht），仿照《美国破产法》第 11 章，在第六编中规定了重整程序。《德国破产法》规定破产企业的重整要通过重整方案的制定、方案的接受及认可、方案的执行及监督来完成。鉴于德国和解制度因破产财团的极度贫乏已不再有能力完成他们所担负的使命，1999 年《德国破产法》生效后，一直以单行立法存续了 122 年之久的《和解法》（Vergleichsordnung）便不再适用。[①] 而日本方面虽然没有采取德国或美国法典化的形式破产立法，所谓的“倒产四法”是针对各个不同的破产处理程序进行了个别的立法，是一种实质破产立法，但仍能寻觅《美国破产法》的深刻足迹。其中，日本的重整程序由两套并行的程序组成，也就是民事再生程序和会社更生程序，分别在《民事再生法》和《会社更生法》中加以规定。与会社更生程序相比，民事再生程序在处理上相对简易迅速，适合自然人与中小企业适用，“施行已 10 年有余，现在看来已成为日本的倒产处理程序的核心”。[②]《民事再生法》原则上是由原债务人进行继续经营与管理，并不选任新的管理人或受托人，更注重债务人的自主决定权，实际上是对美国破产法中

① 参见［德］莱茵哈德·波克：《德国破产法导论》（第六版），王艳柯译，北京大学出版社 2014 年版，第 5 页。

② ［日］谷口安平：《日本倒产法概论》，佐藤宏孝、田言译，中国政法大学出版社 2017 年版，第 19 页。

的经管债务人（Debtor in Possession，DIP）制度的引入。

《企业破产法》是在建构中国特色的社会主义市场经济体制过程中通过的第一部市场经济破产法。这部在中国法制史上占有重要地位的破产法，在立法时对《美国破产法》一些重要制度进行了参照、学习与借鉴，特别是借鉴了《美国破产法》关于困境企业挽救的思想。破产法不仅仅是清算法，还包括重整这一拯救法。主要参考的《美国破产法》第11章重整制度的设计理念，包括经管债务人制度、重整计划提交期限、双重表决机制、对担保债权人的保护以及重整计划强制批准制度等，并进行了小部分改造。如管理人清算组管理模式与股东类别组的表决效力问题都具有中国特色；如DIP制度，笔者把它译成经管债务人（经营管理债务人）制度，既是《美国破产法》第11章重整程序中最重要的制度，也是《美国破产法》运用最多的重整制度。可以认为，我国立法者在起草《企业破产法》时，基本上把DIP制度照搬过来。《企业破产法》第73条规定："在重整期间，经债务人申请，人民法院批准，债务人可以在管理人的监督下自行管理财产和营业事务。"《企业破产法》第87条规定，在中国破产法中的条文是最长的，这一条主要是学习参照《美国破产法》重整计划在债权人会议未通过时的强制批准制度。①

3. 我国破产重整立法的缺陷与改进

《企业破产法》的立法者虽然意识到国际制度与经验的先进性与启发性，但最终呈现的立法文本仍有较多保留与局限。就重整制度立法而言，主要有以下缺陷亟待改进：

第一，缺少个人破产重整立法的塑造，立法应确保重整主体的完整，这是宏观面上决定破产立法走向的重要问题。只有锚定主体，才谈得上设计合适的程序。个人破产制度也可以认为是重整理念在自然人债务清理中的深入贯彻。因为个人破产不仅是经济维度的问题，将改变企业"生与死"的理论，个人不可能像企业那样退出市场。当

① 参见李曙光：《关于新〈破产法〉起草中的几个重要问题》，载《政法论坛》2002年第3期。

前，我国个人破产制度、个人债务清理制度的地方试点已如火如荼地进行。而个人破产在法律程序上跟企业破产有相似性，但其诸多内涵价值和支撑制度在《企业破产法》中尚付阙如。就我国个人破产立法塑造问题而言，有“大改”“中改”“小改”三种模式。[①] 无论哪种模式，立法意义都远超对《企业破产法》修改的技术性讨论，都是一种进步。此外，培养“个人债权债务的责任意识”[②] 不在一朝一夕。如果不解决“逃废债”的争议问题，个人破产立法很难取得社会共识。个人破产立法的出台，将倒逼个人信用制度、金融机构、信用评级机构、协调监督机构等配套机制的协同运作更加紧密。

第二，尚未解决上市公司重整的信息披露双轨制问题，应当妥善处理《企业破产法》与《证券法》的衔接。破产重整的信息披露与上市公司监管的信息披露是双披露要求，上市公司应当向股东披露信息，而作为破产企业应当对债权人披露信息。两者不衔接形成双轨制，加之停牌制，易产生机会主义问题。因此，影响投资者权益的重大信息应尽可能披露，至于重整成功率应交由市场来判断。

第三，尚未解决上市公司重整行政审批前置问题，上市公司重整应当朝着司法主导的方向改进。目前，上市公司往往采取“两步走”模式。[③] 根据最高人民法院《关于审理上市公司破产重整案件工作座谈会纪要》，上市公司重整的受理需经过证监会及最高人民法院的会商机制，环节多、时间长，扩大了内幕交易的风险敞口。会商机制本质上是协商谈判，制度的成本过高，且不能确定程序的主导者。即使从不完全契约理论来看，也应当将破产重整的主导权分配给程序决策相对重要的法院。另外，《全国法院审理债券纠纷案件座谈会纪要》

---

① 其中“大改”是制定一部独立的个人破产法；“中改”是在现行企业破产法中，加入适用于自然人破产的专章；“小改”是将企业破产法适用范围扩展到为企业债务提供保证或者承担连带责任的自然人，破产法中增加免责一章，同时破产法相关条文作出修改。

② 刘冰：《论我国个人破产制度的构建》，载《中国法学》2019 年第 4 期。

③ 上市公司重整中的债务重组和资产重组采取的是“两步走”模式，即重整计划不体现资产重组内容或仅在经营方案中留下概括性的伏笔，债权人会议和司法机关仅仅对以债务重组为核心的重整计划行使决策权，后续的资产重组环节，权力再次回到股东大会和证监会层面。

明确取消欺诈发行、虚假陈述案件受理的行政处罚或刑事判决的前置程序，规定受诉人民法院可引导当事人选择共同诉讼等适当方式，集中审理债券纠纷案件。这也是司法纪要中第一次解决行政前置程序问题、刑民交叉案件的选择问题，显示了人民法院的司法担当。[①] 从这一意义上讲，上市公司重整的行政审批前置问题的解决也可以借鉴该思路，提高司法效率。

第四，缺乏对困境企业破产重整的审查门槛，建议增加企业挽救价值的识别机制与听证机制。《企业破产法》重整申请的受理标准太低且较为泛化，实践中出现较多没有挽救价值的企业提出了重整申请，浪费司法资源，也是对债权人利益的损害。建立企业挽救价值的识别机制，从侧面来看就是提高困境企业破产重整的门槛，保护债权人利益，让没有挽救价值的企业及时退出市场。而法官往往缺乏对企业是否具有挽救价值的商业判断与经验，实施以市场化为基础的重整机制的一大好处就在于法官不必自己考虑复杂资本结构的重整计划，[②] 因此辅以听证制度就尤为重要。

第五，《企业破产法》第 73 条经管债务人适用案例过少，缺乏倒逼机制，建议提高破产重整受理的审查门槛的同时，弱化预重整在庭外的法律效力。经管债务人制度适用太少的主要原因在于破产重整程序启动过迟。一方面，债务人自身没有意识到重整制度具有提供喘息空间，来缓解其现金流暂时短缺的益处。另一方面，破产重整审查门槛太低，没有倒逼机制，进入破产重整的往往都是没有挽救价值或者拯救难度极高的企业。正所谓疾在腠理，不治将恐深。困境企业重整应当早期救治，这也是预重整制度设立的初衷。但实践中各地运用的预重整制度没有法律依据，有的地方法院介入较早，甚至指定管理人入场，使困境企业在预重整庭外阶段直接获得实质上庭内重整程序的法律效力。如自动中止制度，变相延长了破产重整的审理

---

① 参见李曙光：《审理债券纠纷案件座谈会纪要的意义与突破》，载《人民法院报》2020 年 7 月 23 日。

② See Roe, Mark J., *Bankruptcy and Debt: A New Model for Corporate Reorganization*, Columbia Law Review, Vol. 83, No. 3, April 1983, p. 527 – 602.

期限，特别是对没有挽救价值的企业进行预重整，迫使债权人利益雪上加霜。

第六，强制批准制度缺少法律约束，存在司法滥用的现象，建议增加强制批准制度的难度。一方面，应当在立法中落实2018年《全国法院破产审判工作会议纪要》第18条中最少组别通过的强制批准前提条件以及吸收最高人民法院《关于适用〈中华人民共和国企业破产法〉若干问题的规定（三）》第11条第2款关于权益受调整或影响的债权人才能参与重整计划表决的规定。另一方面，各地法院强制批准重整计划的案例须具备上级法院审查机制，建立听证会、严格审核及异议程序，作为强制批准制度的监督机制。

（二）操作者维度[①]

破产重整的操作者是指在重整程序中经营和管理企业的“操盘手”，具体包括有关部门、机构的人员或者依法设立的律师事务所、会计师事务所等社会中介服务机构以及自行经管的债务人企业的董事、监事、高级管理人员等。简言之，破产重整的操作者可分为两大类：第一类是经管债务人，主要由其管理层组成。第二类是破产管理人，主要由法律服务机构、财务服务机构、审计服务机构等社会中介机构组成。

破产操作者至少享有以下权利：第一，对债务人财产的占有、使用权；第二，对债务人财产的处分权；第三，对债务人企业的经营管理权；第四，双务合同的继续履行或解除权；第五，资金募集权；第六，劳动合同的变更和解除权；第七，对行使的抵销权和取回权的抗辩；第八，撤销权；第九，诉讼权等。[②]

同时，破产操作者具有以下特征：第一，直接参与破产案件并一定程度上影响案件的结果；第二，受到多方掣肘，市场、公权力机构的监督使破产操作者必须秉持透明、公正原则履行勤勉尽责的义务；

---

① 本部分内容来自《法学评论》2022年第3期《我国破产重整制度的多维解构及其改进》。

② 参见李曙光、宋晓明：《〈中华人民共和国企业破产法〉制度设计与操作指引》，人民法院出版社2006年版，第639页。

第三，如作为破产管理人，一般按照一定比例收取劳动报酬，这种激励机制使破产业务具有市场化参与的基础；第四，破产操作者专业化明显，主要参与者为律师、会计师、资产评估师或以上专业人士的自由组合，而在美国往往是聘请 CRO 来接管破产企业，进而维持破产重整期间的经营管理。

1. 经管债务人的操作模式

《企业破产法》第 73 条规定，“重整期间，经债务人申请，人民法院批准，债务人可以在管理人的监督下自行管理财产和营业事务”。该条即是借鉴《美国破产法》第 11 章中的经管债务人制度，美国立法的设计目的在于使债务人企业能够控制在经管债务人自己手中，除非经管债务人满足不了一定的条件被撤换。经管债务人的操作模式具有鼓励债务人及时启动破产重整的积极作用，但目前我国民营企业抵触重整情绪。一方面，对重整制度不够了解，把法院指定管理人接管企业与任人宰割的状态等同起来。另一方面，即使困境企业进入重整程序，原管理层仍对市场存在不切实际的幻想待价而沽，机会主义较重，阻碍战略投资者的介入，降低了重整成功率。因此，除了制度改进，加大破产文化与制度的宣传是必要的。对于善良企业家而言，利用好破产重整带来的自动中止效力，避免债权人哄抢企业资产，可为债务人获得宝贵的喘息时间。

此外，经管债务人的操作模式对于引进战略投资人也尤为重要。引进合适的战略投资人，是将重整理念进行实践的重要阶段。该阶段的目标任务主要是让企业的重整方案能够落地。商业层面的难点在于怎么去吸引战投，而制度层面应当考虑投资人引入后的控制权问题，二者也并不是毫无关联的，至少控制权可以作为吸引战投的亮点。

经管债务人的操作模式应当有所限制。困境企业与正常经营的企业不同，剩余控制权逐渐从股东转换到债权人手上，但不代表债权人直接来操盘破产重整，现实也无法做到。因此，在经管债务人的操作模式下，有必要约束债务人的自行经管行为，这种约束的权利正来自债权人的剩余控制权。而《企业破产法》没有规定限制条件，直到 2019 年《全国法院民商事审判工作会议纪要》第 111 条中规定了

“债务人自行管理的条件”采取了双标准的批准条件，限制自由裁量，但仍比较宽泛。长期实践反馈更多的是法院指定由政府部门及官员牵头中介机构代表组成的清算组来主导重整程序，如北大方正、海南航空集团等破产重整案。这与《企业破产法》希望更多运用经管债务人与破产管理人两种操作模式的立法设计存在偏差，而所期望的两种操作模式在实践中转化为或者是混合为清算组这样一个具有中国特色的操作模式。

2. 破产管理人的操作模式

破产管理人在重整操作中可扮演三种角色：第一，负责监督经管债务人工作的管理人，可称为“经管监督人”。扮演着经管债务人在继续营业过程中的监督者，当然《企业破产法》中并没有明确监督的内容。第二，直接经营与管理破产企业的管理人，可称为“直接经管人”。在《美国破产法》语境下，其作为经管债务人框架下的替代者来经营和管理破产企业，而在《企业破产法》语境下，这反而是一个现实的常态。第三，管理人在重整方案通过后，监督重整计划的实施，可称为“执行监督人”。

目前，我国破产管理人接管多为形式管理，实际权力主体是清算组或人民法院，立法规定与实践操作矛盾重重。如果进入重整阶段不是债务人自行经管而是管理人管理的模式，那么律师作为名义管理人权力巨大，管理人的权力相当于股东会、董事会、总经理“三权叠加”。相比健全的公司治理机制，破产企业治理结构完全异化，这种异化导致对应权力者的责任义务扩大，意味着风险收益不匹配。

《企业破产法》专章规定了管理人制度，其制度原型是《美国破产法》的破产托管人（Trustee）。按《美国破产法》的规定，其托管人其分为政府托管人（U. S. Trustee）和私人托管人（Private Trustee）。联邦政府托管人由隶属于美国司法部的破产托管人办公室（USTP, United States Trustee Program）委派公职人员担任。美国在1978年设置了这一机构，联邦政府托管人负责履行与破产案件有关的行政性职责；私人托管人则一般由律师担任，《美国破产法》规定了法院经一定程序可以依管理人申请或依职权对私人托管人提供的服务给予合理的报酬，并对必要费用予以报销。政府托管人总体上负责破产程序的有效运行及其公正性，包括向法庭推荐私人托管人、监督破产各方当事人和私人托管人行为、向法庭报告破产事务进展等职责；私人托管人的职责则依破产程序的不同而有所区别，在第七章破产清算程序中，私人托管人由政府托管人在固定的人员名册内向法院推选，并由法院指定。私人托管人的职责包括清理、变卖、分配破产财产；调查债务人的财务状况；撤销债务人在破产前的欺诈性转让行为等。

虽然我国立法未区分公私管理人，但管理人在破产程序中的中心作用、法定职责、报酬以及法律责任方面则借鉴了《美国破产法》的许多制度与经验。除债务人自行经管的重整案件外，关于管理人对破产财产接管、管理、处分和代表债务人参与诉讼的职责，都参照了美国的立法模式。此外，即便我国规定律师与会计师都可担任管理人，而在司法实践中，我们与美国相似，是以律师为主的。但在美国大型重整案件中，公职管理人接管的目的仅仅是控制财产，保证资产不流失，重整的操作则更多地交给融资方或者 CRO 来完成。此时，与《企业破产法》规定的管理人组织构成相比，其中相重叠的社会中介机构在美国扮演的角色，往往仅仅提供某一方面专业服务，如律师事务所出具法律意见书、会计师事务所出具审计意见等。

3. 破产重整两种操作模式的缺陷及改进

第一，债务人自行经管缺少激励，应当建立以经管债务人为原则的接管制度。实践中混合操作模式的清算组成员结构越趋行政化，越容易使重整程序沦为削债保企业，甚至是保“僵尸企业”的手段，对经济结构起着逆调节作用。《企业破产法》第 25 条所列的管理人职责是破产清算条件下的职责，即公平、公正地分配破产财产清偿债务。而重整不以公平地分配破产财产、清偿债务为第一要务，而是由企业的利益相关者，即债务人、债权人及重组方等市场主体通过协商、博弈，依据损失共担、收益共享的原则拯救企业。只有债务人自己了解自己最需要什么，经管债务人为原则的接管制度更有利于及早拯救企业。

第二，债务人自行经管缺少明确的行为规范，监督权与重大决策的决定权应当由债权人委员会来掌握。《全国法院民商事审判工作会议纪要》并没有对自行经管确立一个明晰的行为规范，建议至少明确三个方面内容：其一，限制重大的投资决策。重大投资决策不仅关系到企业财产的安全问题，也关乎企业本身的现金流是否健康。其二，限制重大标的额的合同签订、待履行合同履行。就合同而言，往往有纵向、横向两方面的价格因素的考量。纵向即对历史交易价格的考察，避免债务人转移资产，而横向关注同期市场上标的物或服务的公允价值；其三，限制债务人管理层的工资、薪金。上述规范包含的监督与决定权，应当归属于债权人委员会。这是基于债权人剩余控制权在效率层面考虑的制度化表述，既给予债权人一定的自由空间，也不失破产重整程序的运作效率。

第三，缺乏懂得金融市场、能够整合资源的专家介入重整，应当将管理人范围涵盖更广阔的社会中介机构，如资产管理公司、投资银行等。既有研究表明，CRO 这类专家角色可以帮助债务人管理层确定是否拥有成功转变所必需的心理及能力因素。由于专家具有转机管理方面的经验，其能够敏锐地评估目前的管理层是否具有改革的意愿，或实施所需改革的能力。专家理解债务人与债权人的担忧，可改善各方之间的沟通，从而尽可能有效地合作，使问题能够得到解决，而不是被掩盖起来。[①] 而上述专家的角色不是传统的法律服务机构、财务服务机构以及审计服务机构能够轻松胜任的。

（三）权利者维度[②]

权利意味着行动的自由，是自由意志的一种延伸。而破产法律制度是基于法律权利理论的一种升华，权利基础在破产中体现为：破产法的游戏规则重点是清理债权债务关系，要解决权利的界定、平衡和保护问题。[③] 在重整制度中，由于分配不再是第一要义，这就往往与

---

① See Henrich, William, *The Hidden Psychology of a Corporate Turnaround*, Commercial Lending Review, Vol. 19, No. 4, July 2004, p. 44 – 47.

② 本部分内容来自《法学评论》2022 年第 3 期《我国破产重整制度的多维解构及其改进》。

③ 参见李曙光：《论我国〈企业破产法〉修法的理念、原则与修改重点》，载《中国法律评论》2021 年第 6 期。

急于获得清偿的权利人理念不合。因此，制度围绕如何平衡破产债权人与债务人的利益，发挥重整制度功能，服务于破产重整效益的最大化而展开。近年来，《营商环境报告》将全世界主要经济体就营商环境进行排名，对我国影响颇深，办理破产指标已经直接作为改善我国营商环境的参考标准，包括破产法框架和债权人权益保护。企业破产中利益受到最大损害的往往是债权人，债权人保护问题显得较为突出。

1. 营商环境优化背景下对破产重整提出的要求

自2017年至今，我国办理破产指标的排名分别为第53位、第56位、第61位、第51位，这种显著的进步离不开破产职业共同体的努力，但与我国目前总体营商环境处于第31位的排名是不相称的。一则源于《企业破产法》没有实质性的修改，零散出台的司法解释、规范性文件以及司法判例并非世界银行评价标准要素。这种适用标准不一致使外界认为我国破产法律土壤贫瘠。二则样本数据不准确，世界银行抽取北京、上海作为数据采集对象，上述城市的平均债权回收率只有36.9%。[①] 上述标准不准确，有以下问题：第一，北京、上海系经济发达地区，但不代表其是上市公司、非上市公司的主要聚集地，更不是破产企业主要聚集地。应当按照上市公司、非上市公司等传统公司的分类来分别选取样本，以增加样本的代表性，区分债权类型；第二，我国东部沿海地区尤其是江浙沪地区，民营经济活跃且受到外部宏观经济环境、自身治理水平的影响，存在大批企业破产案件，若采取上述省份数据，也可能会有另一个极端，即清偿率很高。因此，以中国经济实际情况为选取样本的依据更加公平，也有利于选择合适的标准。

尽管2021年9月16日，世界银行集团管理层出于某种原因决定停发当年的《营商环境报告》，但世界银行的标准始终激励我国破产法律职业共同体思考。回到世界银行评估初衷，在统一各国破产目标

① 数据来源于世界银行：《2020年营商环境报告》，载 https：//archive. doingbusiness. org/zh/reports/global - reports/doing - business - 2020，最后访问日期：2024年7月10日。

的基础上，实现以下目标：第一，在破产程序当中让债权人利益达到最大化；第二，让可以拯救的企业继续生存与发展，关闭失败的企业，清理市场；第三，维护困境企业的社会影响力，包括员工、客户利益、营销网络、供应链，使之维持商业生态价值、社会价值乃至行业价值；第四，鼓励、激励贷款人愿意借贷给困境企业，“输血”“供血”，让企业能够重生、发展壮大。因此，世界银行在设计以上指标的过程中，将上述目标作为破产打分的重要依据。

2. 司法解释对优先权保护的回应

营商环境排名的受众群体非常广泛，覆盖全球，尤其指引全球投资人来华投资意义深远。最高人民法院《关于适用〈中华人民共和国企业破产法〉若干问题的规定（三）》重点解决上述破产指标关注的问题，值得点赞。如最高人民法院《关于适用〈中华人民共和国企业破产法〉若干问题的规定（三）》第2条就新进融资的优先性做出了一定的回应，对待新进融资彰显高规格的待遇，同时强调债务人企业可以设立新的抵押担保，但不得影响原担保债权人的权益，原担保物权仍具有绝对优先权。所以，第2条其一解决的是新进债权人的保护问题，其二乃解决原担保权的兑付行使优先的问题。当然，最高人民法院《关于适用〈中华人民共和国企业破产法〉若干问题的规定（三）》在债权人知情权、表决权、处分权、异议权、选择权等债权人参与权利均有不同程度的突破，均是不同程度上回应世界银行破产评估指标的要求。

除此之外，按照哈特的理论，良好的破产程序应当保留绝对优先权，重整程序概莫能外。[①] 但是囿于立法局限性，《企业破产法》出现的困境在于“单边突进”，即立法时将破产法作为一个特别的部门法来看待，并没有在市场经济当中建立基本法地位及其适用逻辑。这种缺失使得本应发挥其优胜劣汰、清理市场信用垃圾的功能失效，而且由于权利人缺乏明确的预期，无疑增加了各方参与人在重整程序中

---

① See Philippe Aghion, Oliver Hart, John Moore, *The Economics of Bankruptcy Reform*, Economics and Organization, 8 (1992): 523 –546.

的谈判成本，也是对权利人利益的一种损害。

这种应然基本法与实际特别部门法的地位不一致，直接表现为《企业破产法》第113条只规定了担保债权、职工债权、税收债权的优先地位，而其他部门法律如《税收征管法》第45条规定，税务机关征收税款，税收优先于无担保债权，法律另有规定的除外；纳税人欠缴的税款发生在纳税人以其财产设定抵押、质押或者纳税人的财产被留置之前的，税收应当先于抵押权、质权、留置权执行。这种优先权影响了众多债权人利益的分配。例如《民法典》第807条规定，承包人就建设工程价折价或者拍卖的价款优先受偿。此外，还有船舶优先权问题。破产实践中存在大量法律竞合问题，每个特殊部门法都有自己所保护的优先权，债权人之间难以就谁优先达成一致。

3. 破产重整权利人保护的缺陷与改进

第一，最高人民法院《关于适用〈中华人民共和国企业破产法〉若干问题的规定（三）》对新进融资优先权的解释在法理上容易受到挑战。最高人民法院《关于适用〈中华人民共和国企业破产法〉若干问题的规定（三）》第2条通过对《企业破产法》第42条第4项“其他债务”的解释，明确了破产程序启动后新进债权人的激励机制问题，即参照“共益债务”的优先地位，给予其权利保护。但融资债务被解释为与劳动报酬、社会保险费用并存的同类债务，十分牵强，应当在修法中明确管理人或经管债务人为继续营业进行的融资作为共益债务。

第二，税收滞纳金债权的清偿顺位存在争议，建议以破产受理时点区别对待。最高人民法院《关于税务机关就破产企业欠缴税款产生的滞纳金提起的债权确认之诉应否受理问题的批复》（法释〔2012〕9号）中明确规定，破产企业在破产案件受理前因欠缴税款产生的滞纳金属于普通破产债权。对于破产案件受理后因欠缴税款产生的滞纳金，人民法院应当依照最高人民法院《关于审理企业破产案件若干问题的规定》第61条规定处理。即破产受理前产生的税收滞纳金属于普通债权，受理后产生的税收滞纳金可按劣后债权清偿。税收滞纳金债权的清偿顺位下降，从侧面来看，可视作一种税收优惠，有利于提高重整成功率，破产立法应当将该批复精神予以吸收。

第三，担保债权优先性的制度安排在一定条件下应接受质疑，建议按债务形成的时间节点区分其优先顺位，并辅以明晰的公示登记手段。在破产受理以前，即使债权人对债务人资产拥有抵押权，但该抵押权设立在债务人存在拖欠劳动报酬、未缴纳税款等情形之后，就应当否定担保债权的优先性。因为此时债务人的资产实质上不足以覆盖担保债权金额，担保债权人却仍然向债务人借款，债权人应当负未尽审查隐性债务之责任。当然，如此苛加给担保债权人过重责任的制度设计，需要建立在查询方便、可操作性强的公示登记技术之上，否则将使企业融资渠道不畅。

第四，母子公司之间因借贷产生的债权清偿顺位没有法律依据，建议引入美国“深石原则”（Deep Rock Doctrine）来判断。[①] “深石原则”，又称为“衡平居次原则”（Equitable Subordination Rule），是“刺破面纱制度”在破产案件中的体现，是一种可判断股东作为出借人的债权顺位是否应次于债务人其他债权人的理论。在“六保”“六稳”的背景下，保住了市场主体才能稳住经济。若在司法的事实认定上，无法排除对股东占用企业资源、不当关联交易等企业隧道挖掘事实的合理怀疑，就应当肯定母子公司之间借贷的有效性。

第五，缺少基于生命权、身体权、健康权的人身损害赔偿债权类别组分类，建议将该权利上升为次于担保债权且优于职工债权的优先权。一方面，人身损害赔偿债权属于非自愿债权，[②] 难以通过担保的方式来防范在企业破产时得不到清偿的风险。另一方面，基于人格权

---

① 深石原则源于1939年的泰勒泰勒诉标准电器石油公司案（Taylor v. Standard Gas & Electric Co.），在该案中深石公司是破产公司，因此在该案审理结束后，该案适用的原则被称为了深石原则。深石原则指的是在公司破产时，发现公司的股东是该破产公司的债权人，但是这些债权的取得并不是通过合理的手段取得的，而是采用了一些不公平公正的行为所获取，深石原则的本质特征就在于要将公司股东债权人的债权居于较为靠后的顺位得到清偿。

② 参见于定明：《企业破产背景下的人身损害赔偿债权保护研究》，中国社会科学出版社2014年版，第44页。

损害的人身损害赔偿债权救济的现实重要性不能与生命权、身体权、健康权相提并论。比起一般的劳动报酬，基于生命权、身体权、健康权的人身损害赔偿债权的清偿对于此类债权人来说更加重要，而且不能拖延迟时，如治疗重大疾病、移植四肢等费用。

第六，债权人委员会的人员构成存在争议，应当明确允许债券持有人代表作为债权人委员会的组成人员。近年来，因债券违约而导致债券发行企业的破产案件增多，早期较著名的如东北特钢破产案。根据公开披露的东北特钢等三家公司的整体重整计划草案，东北特钢等三家公司共有77.09亿元债券违约，约占总负债765.54亿元的1/10。[①] 债券持有人作为债权人数量众多，但因为这些债券持有人较为分散，并没有代表者进入债权人委员会。而由金融机构作为主要成员组成的债权人委员会，又没有上述债券持有人的代表。因此，债券持有人的合法利益很难得到较好的保护。《全国法院审理债券纠纷案件座谈会纪要》明确要求充分尊重债券持有人会议依法依规所作出决议的效力，保障债券持有人代表受托管理人履行破产重整程序等持有人会议赋予的职责，使债券持有人代表进入债权人委员会成为可能。下一步破产重整中的债权人委员会应有债权份额占比较大的债券持有人代表，这一点应当在破产立法中予以明确。

（四）司法者维度[②]

司法者既是负责破产法实施的裁判机构，也是目前我国破产重整程序是否适用的“把关人”。为了推进破产法实施，人民法院近年做了很多工作，可以概括为团队化、规范化、专业化及信息化建设。从基础设施的建立（如破产法庭）、法官的配置，再到操作指引、审理规程的设计，引入信息化的办案系统，继而提升程序裁决、衍生争议的专业能力。特别是最高人民法院在破产领域的贡献，如在立法领域

---

① 数据来源于人民网：《“违约王”东北特钢开启破产重整 专家：国企治病要早治》，载 http：//money. people. com. cn/n1/2017/0713/c218900 - 29403426. html，最后访问时间：2024 年 7 月 10 日。

② 本部分内容来自《法学评论》2022 年第 3 期《我国破产重整制度的多维解构及其改进》。

推出最高人民法院《关于适用〈中华人民共和国企业破产法〉若干问题的规定（三）》，在司法审判实务领域推出《全国法院民商事审判工作会议纪要》等一系列规范文件，甚至在宏观改革领域推波助澜。国家发展和改革委员会牵头十三部门联合发文，推出了《加快完善市场主体退出机制的改革方案》，即以破产法为核心的改革方案。从一个侧面来看，解构破产重整制度离不开司法者的维度。

1.《加快完善市场主体退出机制的改革方案》与《全国法院民商事审判工作会议纪要》的宏微观互动

首先，市场主体退出机制，在整个中国经济改革当中处于一个核心地位。《加快完善市场主体退出机制的改革方案》多次提到重整，提出要完善企业破产重整制度，倡导积极重建的破产重整理念，切实解决企业破产污名化问题，要细化重整程序的实施规则等，均是在宏观层面为破产法改革提出了要求。其中，完善管理人模式，要适当地让债务人在重整程序当中，在企业经营当中发挥作用，同时也提到要建立能够吸收有专业知识的人员参与困境企业经营管理中的一个机制。最后还提到建立庭外重组、预重整和庭内重整三个机制，并完善其衔接机制。

其次，《全国法院民商事审判工作会议纪要》上有13条关于破产的内容，其中有五条涉及重整。同一年内，《全国法院民商事审判工作会议纪要》的出台时间稍晚于《加快完善市场主体退出机制的改革方案》，可以认为《全国法院民商事审判工作会议纪要》在微观层面回应了《加快完善市场主体退出机制的改革方案》的改革需求，且由于是纪要的形式，说理非常充分。总体来讲，《全国法院民商事审判工作会议纪要》有以下几个亮点：

第一，《全国法院民商事审判工作会议纪要》为债务人自行经管设定了一些前置条件。尽管如前所述，《全国法院民商事审判工作会议纪要》没有更改管理人主导重整模式的原则，但至少是为债务人自行经管确定了标准，属于制度突破。按照《全国法院民商事审判工作会议纪要》，只有内部治理机制正常的企业才能批准自行管理，还要求债务人自行管理要有利于企业的继续营业，要求债务人不能够有转移、藏匿资产的行为，也不能够有不配合清算的行为，没有侵害债权人的合法权益等。

第二，担保债权人恢复行使权利。若担保债权人进入重整程序要求实现担保债权，遭遇管理人拒绝的，必须提供证据证明担保物或者担保财产系企业重整计划或者企业重整过程当中所必需，否则担保权就可以依据《企业破产法》第 75 条的规定恢复行使。①

第三，执行期间管理人报酬以及相关诉讼问题。《全国法院民商事审判工作会议纪要》明确提出要按照管理人对重整的实际贡献、实际履职情况、债权人在重整计划里面的实际清偿比例等确定管理人的报酬。另外，诉讼也涉及管理人能否代表债务人参与诉讼的问题，因为《企业破产法》第 22 条规定管理人的职责之一就是代表债务人进行仲裁、诉讼；但到了执行期，管理人便不能代表债务人诉讼。

第四，清算程序和重整程序的转换衔接。重整失败，就应转入清算程序，原重整程序的管理人应当继续履行破产清算程序中的职责。破产宣告就意味着破产程序不可逆，清算程序不可逆到重整程序。

第五，涉及庭外程序协议在庭内程序的延伸。庭外的重组当事人已经达成协议，进入破产重整程序后，这个协议方案是否需要再表决一次？从国际上的经验，特别是美国的预重整制度，庭外的和解协议在满足一定条件下法院受理后是同样有拘束力的。

若再向《全国法院破产审判工作会议纪要》追溯，其五十条内容中，就专章九条讨论了重整相关问题，涉及包括重整的识别审查机制、听证程序机制、重整计划制订沟通机制、计划审查批准机制、计划变更与表决机制、强裁机制、庭外程序和庭内程序的衔接等，问题意识很强，聚焦实践中的难点痛点。这更说明最高人民法院近年对重整制度的改革关注度未减反增，重整的大量司法实践也要求其重视解决重整实务中面临的大量问题，为改革打好司法基底。

---

① 《企业破产法》第 75 条规定，在重整期间，对债务人的特定财产享有的担保权暂停行使。但是，担保物有损坏或者价值明显减少的可能，足以危害担保权人权利的，担保权人可以向人民法院请求恢复行使担保权。

2. 破产重整的司法介入主义缺陷及其改进

《全国法院破产审判工作会议纪要》与《全国法院民商事审判工作会议纪要》等司法文件把司法者推向了破产重整改革的第一线，初衷是尽快达到重整制度的理想社会效益，对推动破产审判工作的专业化建设和良性运行起到一定的积极作用。但人民法院这种担当企业医院的做法，司法介入主义倾向明显。而实际上，司法者应该更多地站在一个客观的、中立的角度在破产重整中去做一个司法判断。现行制度框架下存在不同程度的司法介入主义缺陷，亟待改进。

第一，破产重整程序的司法介入主义应当有所限制。例如，《全国法院破产审判工作会议纪要》第14条与第15条，虽然规定赋予了人民法院在审查重整企业挽救价值时组织听证的权力，但听证受众是利害关系人，并不是市场专业人士；再如，第16条，人民法院要加强与管理人或债务人的沟通，引导其有针对性地制订重整计划草案；又如，第28条，人民法院要通过加强与政府的沟通协调，帮助重整恢复正常生产经营。一方面，破产重整所需要的行政支持更多地依靠各地政府积极作为。另一方面，司法者对市场是陌生的，应把商业判断通过听证会等形式交付市场中的专业人士或者债权人与债务人的协商机制。因此，对于司法者而言，至少在企业挽救价值的审查、强制批准裁定的适用以及重整计划草案的制定方面，司法者不得专断，只有在重整案件涉及重大的公共利益和国家政治安全等问题时才应适当地主动介入。

第二，囿于立法体制的限制，司法解释、会议纪要逐渐成为法律创造的工具，应当加快破产重整立法的改革。司法解释总体上锚定法律文本，起到了填补漏洞、细化规则等作用。但从客观来看，有时司法解释与立法原意仍存在不同程度的偏离，这与法律施行时间的长短是正相关的，往往是法律出台地越早这种情况就越明显。除此之外，以会议纪要的形式来解决破产实务争议或分歧值得肯定，因为这在统一破产审判思路、限制司法者自由裁量的同时，增强了破产审判的公开透明度及可预期性。但也应当承认，会议纪要的形式在不同程度上突破立法的禁锢，而且与正式法律之间存在不周延、不系统的差距。

第三，《企业破产法》确立的强制批准制度没有完全按照《美国破产法》来设计，[①] 制度异化的理论正当性尚付阙如。其一，《企业破产法》第 87 条第 2 款中第 1 ~3 项的后半段“该表决组已经通过重整计划草案”语焉不详，似乎只要表决通过就无须考虑合法性、无须考虑利益的问题，对于异议债权人甚至可以突破清算价值底线，修法时应当修正这样的歧义。其二，《企业破产法》第 87 条第 2 款第 3 项混淆了强制批准与正常批准的适用条件。清算价值底线应当是正常批准的最低限度。如强制批准重整计划，还应当衡平遵守绝对优先规则，但在条文上并没有体现。其三，《企业破产法》第 87 条第 2 款第 4 项应当明确出资人的权利顺位。从法律文义来看，也很难推导出出资人的权利顺位一定置于普通债权人之后。

第四，上市公司的破产重整受理，应当交由专业的破产法官来审理。上市公司破产重整案件较为敏感，不仅涉及投资者利益，还涉及企业职工安定等问题。不但涉及程序性事项，还包括出资人权益调整、清偿方案、经营性方案等实体事项。从这个意义上讲，破产审判相较于一般的民商事审判，其法官的专业化需求程度更高。而目前全国有 16 家破产法庭，尚不能满足全国破产审理需求。应当积极推动破产法庭的设立，当上市公司案件管辖地没有设立破产法庭的，应当由各地中级人民法院受理或邻省市的破产法庭来受理，保障破产审判专业性。

---

① 《美国破产法》通过第 1129 条审查重整计划是否应该得到批准，其中两个重要核心规则当是清算价值底线规则（liquidation floor）和绝对优先规则（absolute priority rule）。前者系正常批准，意味着对重整计划草案投反对票的债权人经强裁以后至少应该获得不低于清算价值的债权额。其积极意义在于，符合债权人最大利益，无论债权人是否同意重整计划草案，都可获得其在清算中本可获得的清偿。特别是保护持反对意见的少数派，少数派不会因为重整受到损失，这是重整计划批准的最低限度条件。而后者系强制批准，包含两个标准：第一，次级权利顺位的债权人在高级顺位的权利人没有得到完全清偿以前不能得到任何清偿。第二，高级顺位的权利人只有在次级权利顺位的债权人获得全额清偿以后才能得到超额清偿。

（五）行政者维度[①]

一般而言，破产重整制度提供了权衡公共政策和经济外部因素的机会。如果允许当事人在不考虑潜在交易的外部成本或收益的情况下仅关注自己的债务清偿，那么在破产过程中就会忽略一些重要问题（例如，最大限度地使全部债权人获得清偿、继续雇用劳动力、环境问题、公共利益等）。由此导致失业率的上升和收入的收缩可能会对债务人经营所在地经济产生深远的影响。[②] 从这个意义上讲，破产重整自然而然会受到行政者的关注。

1. 破产行政者的定位

从域外经验来看，破产行政者确有其制度依据。特别是英美的破产行政者，其设置意义在于减少司法者的行政管理职能，尽可能地把注意力集中在司法裁判上去。美国的破产行政者以美国联邦托管人为代表，经 1978 年《破产改革方案》提出在司法部内部建立联邦托管人试点后，其正式的制度依据是 1986 年《破产法官、联邦托管人和家庭农场主破产法》（Bankruptcy Judges，United states Trustees and Family Farmer Bankruptcy Act）。作为司法部下属机构，除设在华盛顿特区的总执行办公室（EOUST，Executive Office for U. S. Trustees）外，美国还设有 21 个地区分署（Regional Office of the USTP）及 93 个驻地办事处（Field Office of the USTP）。[③] 而英国在商务能源产业战略部（Department for Business，Energy and Industrial Strategy）之下设立破产服务局（Insolvency Service），其制度依据可追溯至 1883 年《英国破产法》（Insolvency Act）。其内设官方接管人部门（Official Receiver Service），该部门在全英国有 38 个办事处。[④]

---

① 本部分内容来自《法学评论》2022 年第 3 期《我国破产重整制度的多维解构及其改进》。

② See Miller，Harvey R.，Harvey R. Miller，*Is Chapter 11 Bankrupt*，Boston College Law Review，Vol. 47，No. 1，December 2005，p. 129 – 182.

③ See the United States Department of Justice，https：//www. justice. gov/ust，last visited January 1st，2022.

④ See UK Government，https：//www. gov. uk/government/organisations/insolvency-service，last visited January 1st，2022.

从现实出发，目前除深圳市破产事务管理署以外，我国并没有严格意义上的破产行政者的实体，破产行政的各个职能分散在不同的行政机构手里。无论是20世纪90年代的政策性破产还是现如今的供给侧结构性改革处置“僵尸企业”，离不开行政者的各项配套制度政策。就重整而言，下岗职工的安置、企业的税收减免、重整计划实施过程中的信用修复等都已经超越司法者职能的范畴。一方面，司法无法提供的公共产品问题则需要政府部门来畅通重整计划的实施，鼓励债务人积极通过重整程序挽救企业价值。另一方面，任何公共需求都应当被组织成为一项公共服务。增加行政者的功能，就是使某项公共服务处于它的控制之下，同时保证这项服务能够不间断地得到开展。① 因此，行政者既是重整案件的推动者，也是重整程序的保障者。

2. 我国府院协调机制的探索

各地法院在破产案件审理过程中已形成府院协调机制，是一种行政者与司法者协调处置破产事务的模式。通过行政者与司法者之间的协调、行政者与行政者之间横向与纵向的配合以提供破产重整所需要的行政支持。这种机制应包含以下内容：第一，防范大型重整案件中涉及的社会稳定问题。大型重整案件的债权人和职工的数量一般较多，在司法审判工作中有必要借助行政者的能力来防范和应对群体性事件的发生。第二，对涉及重大公共利益、政治经济安全等问题的重整案件，法院如缺乏判断经验，行政者有释明义务。第三，落实重整计划中必须由行政支持的各个事项，如税收减免、信用修复、保全解除、股权办理变更登记、商业银行账户信息的变更等。第四，有助于提高重整成功率的其他行政支持，如土地规划调整、土地性质变更、招商引资等。

梳理我国破产行政历史脉络，府院协调可追溯至1986年《企业破产法（试行）》实施阶段。在这个阶段，中央政府设立“全国企业

---

① 参见［法］莱昂·狄骥：《公法的变迁》，郑戈译，商务印书馆2013年版，第53～56页。

兼并小组办公室”以及各个地方政府设立企业兼并破产领导小组办公室。到政策性破产阶段，以职工安置为例，还存在“全国企业兼并破产和职工再就业工作领导小组”。上述阶段，破产行政者是破产案件的具体操作者，行政色彩浓厚，而非市场化的方式处置破产案件。近年来，地方破产行政实践有一定发展，温州市政府走在全国前列。如2014年温州市发布《企业处置工作联席会议纪要》明确建立破产处置工作联席会议制度，将市企业破产处置工作领导小组下设办公室与市处置办予以整合。无独有偶，2018年上海市高级人民法院与政府部门共计二十个成员单位联合出台了《关于构建常态化府院破产统一协调机制的实施意见》。2018年《全国法院破产审判工作会议纪要》第16条提出“人民法院要与政府建立沟通协调机制，帮助管理人或债务人解决重整计划草案制定中的困难与问题”。这是《企业破产法》实施后第一次在全国层面提出府院协调的倡议。2019年《加快完善市场主体退出机制的改革方案》就完善企业破产重整制度，明确加强司法与行政协调配合。地方各级人民政府应积极支持陷入财务困境、符合破产条件的企业进行重整或破产清算。总体来讲，府院协调机制逐渐淡化行政操作者的色彩，更多的是以提供公共服务的角色亮相。

有的地方把府院协调机制称为“府院联动”。[①] 从语义上来看，“联动”和“协调”的侧重不同。“联动”更强调行政者与司法者的关联性，有减少行政者负担之嫌，具有司法介入主义的色彩。而公共服务应当由行政者主动来提供，让司法者集中注意力做好司法审判工作。“协调”则是一种行政者与司法者相对独立的关系，各司其职，但当重整计划的落实需要行政支持时，又缺乏法律明确规范的情况下，就由司法者协调行政者来配合。就这个意义上而言，“协调”一词更符合目前我们破产审判工作的现实环境和发展趋势。

---

① 如贵州省人民政府办公厅《关于建立企业破产处置府院联动机制进一步优化营商环境的通知》（黔府办函〔2021〕52号）2021年6月24日；北京市高级人民法院等部门《关于建立企业破产工作府院联动统一协调机制的实施意见》（京高法发〔2019〕698号）2019年10月28日。

3. 破产重整行政支持的缺陷与改进

第一，府院协调机制没有形成制度化和机构专责化，建议府院协调机制予以统一的制度规范，并在全国范围内建立专门的破产行政管理机构承担破产事务管理责任。府院协调机制存在的基础就在于，实践中行政者对于司法者在主导重整程序中作出的相关判决、裁定，特别是对重整计划草案批准的裁定，并不完全尊重与认可，因此才会出现“协调”的必要。在这种语境下，行政者的公信力有必要通过统一的制度规范予以落实。各地的协调机制也不能仅限于“一事一议”的领导小组或会议模式，应当在信息共享、通报机制上形成规范，至少出台例如破产经费、职工欠薪、企业注销、信用修复、税收优惠、股权登记变更等规范性文件。同时，通过专门的破产行政管理机构来落实“放管服”，行政者的配套措施跟进并执行到位。从这个意义上讲，深圳破产事务管理署应当是在机构专责化转型中地方上迈出的坚实一步。需要注意的是，由于人民法院作为司法者是宪法规定的唯一审判机关，与行政者具有不同的职能分配。机构专责化可令行政者开始重视和执行司法审判工作的结果，最终的目的是使府院协调机制转化为行政者的配合支持义务。

第二，目前缺乏公职管理人的概念，建议建立公职管理人制度，作为市场化管理人制度的补充。在个人破产、无产可破企业、中小企业重整，市场化管理人的办案积极性有限，原因在于即便有援助基金可以支持，只不过是冰山一角，机会成本高昂。建议以公私结合的方式完善管理人制度，法院可以任命公职管理人向个人、无产可破等企业提供基本的服务。美国的联邦托管人以及英国的官方接管人就是我国可借鉴的样本。

第三，信用修复没有体现足够的人文关怀，建议对重整债务人的信用等级进行重新评定。重整中的信用修复可包括税务信用修复、金融信用修复、市场监管信用修复、其他管理信用修复等。以重整企业的税务信用修复为例，重整实操难点在于，税务机关既不调整信用评级也不为重整企业办理税务登记变更，实现不了重整效果。[①] 目前《深圳经济特区社会信用条例（征求意见稿）》第 68 条规定："应当将破产重整企业视为新设立的企业，对其信用等级进行重新评定。"语义上非常明确，所有信用修复都应以此原则作为参考与细化，并且将该原则上升到法律层面。债务人是个人的，应进行复权处理和信用的修复，重新评定重整债务人的信用等级，这对避免债务人"二次死亡"、提高破产重整质量等均具有重大意义。

第四，重整企业股权结构调整问题阻碍战略投资者的进入，需要尽快规范解决。股权结构调整是引入战略投资者后重整计划约定的基本内容，新老股东之间如果无法办理股权变更登记，必然导致重整失败。此外，当企业的股权出现已被质押、被采取保全措施等问题时，这类问题股权的变更登记也存在操作障碍。上述情形表明，一方面，行政者对重整的认知有所欠缺，没有认识到股权变更对于落实重整计划的重要性。另一方面，行政者对司法审判工作的结果不够尊重与认可，为股权变更登记增加了许多司法文件外的要求。应当认为，当管理人或经管债务人提交重整计划、批准重整计划裁定书时，行政者应予以积极响应与配合，减少重整的阻力。

第五，破产债务人的档案管理混乱，应当明确债务人重整计划执行完毕后档案的保管年限及其保管义务人。破产债务人的档案关系到补充申请债权人的财产分配、后续财产的追加分配、破产财产追查，管理人追责等关键问题。但实践中往往出现破产案件终结后，档案存在丢失、丢弃的情况。建议根据企业的规模大小、重要性等因素，将档案保管年限划分为 10 年至 30 年的制度安排。同时，行政者应当作为保管义务人的主要担当。因为确定官方保管义务人有助于档案保管

---

① 上述问题已在《优化营商环境意见》、国家税务总局关于《纳税信用评价与修复有关事项的公告》（2021 年第 31 号）等文件中得到一定回应，但存在争议，其中"企业在重整程序中，已依法缴纳税款、滞纳金、罚款，并纠正相关纳税信用失信行为后，可对当前的纳税信用评价结果向主管税务机关申请纳税信用修复"。至少应当将"依法缴纳"解释为依照法院批准的重整计划清偿税收债权，以法院批准重整计划作为可申请的节点，否则信用修复的设计就被悬空。

市场秩序的早期建立，将民间保管义务人作为补充，今后可以逐渐向档案保管的市场化过渡。

（六）国际视角维度①

传统的破产法主要是破产清算，通过破产清算保护债权人，破产程序由法院指定的管理人主导，管理人依法公平、公正地将破产财产清偿给债权人，破产清算实行的是管理人制度。

重整制度起源于 19 世纪末美国发生的大规模铁路危机，靠大量发行债券建设铁路的公司陷入严重危机，若铁路系统破产清算，对社会经济的破坏作用是灾难性的，债权人的损失也十分惨重，华尔街的投资银行家及律师协助债权人等各利益相关方，设计了拯救铁路的重组方案，并在法院的支持和配合下，成功地实施了对铁路公司的财务和债务重组，开启了现代重整制度。

破产重整制度历经近百年的实践和总结逐渐完善，1975 年美国参议院举行的破产重整制度改革听证会，焦点集中在对重整是否要强制任命重整管理人，一系列听证会最终促成了以 DIP 模式为原则的 1978 年《美国破产法》第 11 章，重整按第 11 章的规定，对进入重整的债务人原则上不指定管理人，而实行债务人自行管理的制度，即 DIP 制度。若发现债务人有严重的欺诈行为，则可以由债权人等利益相关者提出，由联邦托管人或法院指定监督人，监督债务人的欺诈行为。

破产重整与破产清算不同，它不是公平地分配破产财产清偿债务，而是由债务人、债权人、重组方等市场主体通过协商、谈判和博弈，达成各利益相关者共担重组损失、共享重整收益，拯救企业、避免破产清算的过程。因此重整不能由外部人主导，不实行由法院指定律师、会计师等外部人为管理人主导破产重整，而实行债务人自行管理的制度。

重整由债务人主导，但要通过各利益相关者之间的协商、博弈，达到各方利益平衡。因此，在实行债务人自行管理的同时，必须有相

---

① 本部分内容来自《比较》2019 年第 3 期，作者为李曙光、许美征，原标题为“改革和完善我国破产重整中的关键制度”。

应的协商制度和制衡机制。在美国，首先有联邦托管人（由美国司法部下属机构派出），负责监督债务人是否有欺诈行为，联邦托管人还负责指定无担保债权人委员会、出资人委员会等；无担保债权人委员会不仅监督债务人的财务和经营，还参加重整计划的制订，是重整计划表决通过的重要利益相关者，对自行管理的债务人形成重要的制衡。自行管理的债务人为拟订重整计划应聘请具有并购重组投资银行专长的财务顾问和有资质的法律顾问，在他们的协助下与债权人、重组方等利益相关方谈判、协调，设计资产、债务、重组、股权结构调整，以及引入新出资人等，并在取得共识的基础上制定重整计划。无担保债权人委员会也可以聘请财务顾问与法律顾问，与债务人及其聘请的中介机构谈判，以促成各方认同的重整计划。因此，破产重整是市场主体依据市场原则进行充分协商、博弈达成共识以拯救企业的过程。

《美国破产法》第 11 章是先进的破产重整制度，对美国经济发挥了积极作用。一些国家也先后引进《美国破产法》第 11 章，但都因旧体制以及与旧体制相联系的利益相关方的抵制，导致引进失败。

如法国 1994 年破产法改革引入《美国破产法》第 11 章的部分规定，但法国破产法规定，启动重整后先进行 6 个月的观察期，在观察期内法院指定了管理人，重整由法院和管理人控制，把债务人、债权人等市场主体都排除在重整谈判程序之外，限制、剥夺市场主体的权利，有违市场机制的运作，而法院与管理人都不是市场主体，也没有参与市场并做出决定的信息和能力，重整难以成功。在观察期内，90% ~95% 申请重整的案例都转入清算。1999 年德国引入美国 DIP 重整制度也因同样原因而未获成功。

世界经济的下行形势、供给侧结构性改革、国内国际双循环相互促进的新发展格局等多方面宏观社会与经济因素的影响，掀起当下舆论一股“破产”热潮。实际上，“破产热”本身就应当是一种应然现象，无论是盛誉还是批评，作为具有市场经济宪法性地位的破产法理应被充分重视。应当注意到，破产法的复杂、专业与综合性等特点使其具有很高的学术与实务门槛，如果不从理论的高度入手，便易迷失于利益天平的两端，将无所适从。而在一股股破产舆论热潮之中，有着起死回生、治病救人宗旨的破产重整制度占据半壁江山，立法者、操作者、权利者、司法者、行政者扮演着重要的角色。从我国破产理念的两次飞跃来看，破产立法向来以胸怀家国情怀、不负使命担当的姿态登场。经过一番多维的制度解构，方能看出破产重整制度的英雄本色。综观全景，瑕不掩瑜，但为了我国的破产重整制度能够经得起历史的考验，制度改进之路依旧任重道远。

第九讲　破产清算

一、破产清算的基本理论[1]

（一）破产清算的理念

“清算”是一个含义十分广泛的用语，目前我国法律尚未作出系统规定。从理论和实践的发展来看，从不同的角度可以对“清算”作出不同的分类。首先，从清算对象看，清算分为任意清算和法定清算。法定清算是指必须按照法律规定程序进行的清算；任意清算是指按照出资者意志或企业章程规定的方式进行的清算。任意清算程序的完结并不免除出资者对公司债务的无限责任，其适用于出资者承担无限连带责任的公司，如独资企业、无限公司等人合性质公司，法定清算适用的对象则是出资人承担有限责任的公司。对任意清算我国法律未作规定，现在我们所说的清算均为法定清算。其次，从清算程序是否由有关机关介入来看，清算分为普通清算和特别清算，普通清算是在正常情况下，公司在解散后自行组织进行的清算[2]；

---

① 内容源于《法制日报》“李曙光谈破产”专栏 2007 年 4 月 1 日，原标题为“破产程序的启动者与清算程序的启动”。

② 参见赵旭东主编：《公司法学》，高等教育出版社 2003 年版，第 452 页。

特别清算是指进行普通清算存在显著障碍，或公司财产超过公司债务有不实之嫌时，为保障债权人权利不受侵害，由有关部门组织进行的清算。普通清算和特别清算均属法定清算。最后，从清算原因来看，清算可以分为破产清算和非破产清算。破产清算是在债务人被宣告破产后进行的清算，各债权人公平受偿后法人终止。非破产清算理论上是在债务人资产大于负债情况下进行的清算，债务人以其资产偿还完所有债务后尚有剩余财产，各出资者按照出资比例分配剩余财产后，债务人是法人的，法人人格消灭。故非破产清算中所有债权人的债权均能得到实现，不存在是否公平受偿问题。破产清算由破产法调整，由法院主导，其直接目的是公平清偿债权人。非破产清算是指不依破产规则进行的公司清算。非破产清算虽然也导致法人人格消灭，但它不依破产法进行，而是按照公司法等其他法律的规则进行。非破产清算的直接目的是消灭法人实体，而不在于公平清偿债权人。本讲的清算，就是依照破产法进行的破产清算制度。

事实上，破产清算与非破产清算并没有不可逾越的界限。《公司法》规定，清算组在清理公司财产、编制资产负债表和财产清单后，发现公司财产不足清偿债务的，应当立即向人民法院申请宣告破产。这就是非破产清算转为破产清算的情形。公司法之所以作这样的规定，是因为当公司资不抵债时，就会出现债权人不能足额受偿的问题。依据法律规定的民事权利保护原则和民事权利处分原则，除了债权人同意和经人民法院的破产清算程序，任何人无权全部或者部分剥夺债权人对债权的受偿权。也就是说，在债权人非自愿的情况下，清算组无权使债权人的债权不能足额受偿。只有人民法院的破产还债程序，才有权免除或部分免除公司对债权人的还债义务；并且也只有通过破产还债程序，才能保证债权人的债权得到公平受偿。如果在公司资不抵债时，清算组不履行申请公司破产还债的义务，又不能足额清偿债权人的债权，便构成对债权人财产权利的侵犯。所以，作为一种重要的债务清理方式，破产清算是一项最终的公平偿债程序。

从历史发展上来看，在早期的破产法中，破产清算制度是占绝对主导地位的或者可以说是唯一的破产制度，因此，许多破产法的研究文献都基本上将破产制度等同于清算制度，而将和解制度、重整制度作为再建程序单列。[①] 在现代破产法中，很多国家的破产制度都囊括了所有的债务清理制度，破产和解、重整和清算程序，三者共同构成了现代破产制度不可或缺的组成部分，单纯以清算为内容的破产立法体例现在已不多见。在《企业破产法》起草时对破产法典在名称的选择上也曾经一度有人建议采用的“中华人民共和国破产、和解与重整法”[②] 的提法，在一定程度上反映了这种立法的发展趋势。但是也应该看到，重整制度建立以后，虽然其成功率与 20 世纪 80 年代相比已经有了很大提高，但仍有相当一部分企业不能达到重整再生的目标而进入破产清算程序[③]，破产清算制度仍然是现实生活中应用最为广泛的一种破产制度。以至于人们在提到破产时，往往说的就是破产清算制度，也就是狭义的破产制度。

本讲所讲的“破产清算”制度，也称直接破产制度，指的是当债务人不能清偿到期债务时，经债务人或者债权人申请，法院查悉债务人有破产原因时，可以宣告债务人破产，由法院任命的管理人对债务人的财产进行管理、估价、变价出售并公平分配给债权人的制度。所以完整的破产清算程序应该是从债务人或者债权人向人民法院申请破产清算并被人民法院受理开始，经由人民法院指定管理人清理债务人财产，债权人申报债权，召开债权人会议，人民法院对债务人进行破产宣告，然后是管理人对破产财产进行变价和分配，到破产财产分配完毕才终结。[④]

《美国破产法》单列第 7 章对破产清算的问题专门作了规定，债

---

① 参见李永军：《破产法律制度》，中国法制出版社 2000 年版，第 365 页。

② 我国在新破产法起草时对破产法典在名称的选择上曾经有三种方案：一是“企业破产法”；二是称“破产、和解与重整法”；三是径直称“破产法”。最后通过的法律采用了第一种方案。

③ 目前，根据《美国破产法》第 11 章的重整程序，大企业的成功率为 85% ~90% 的水平，企业总体上的成功率为 20% 的水平。参见王卫国：《当前破产法起草的几个目标》，在企业破产与重整立法国际研讨会上的发言，2000 年 7 月 2 日。

④ 参见李曙光、宋晓明主编：《〈中华人民共和国企业破产法〉制度设计与操作指引》，人民法院出版社 2006 年版，第 210 页。

务人常常根据该第 7 章申请破产，故被称为“第 7 章破产案”。当债务人提出第 7 章下的破产申请时，债务人的所有财产成为“第 7 章破产财产”。法庭指定一位“第 7 章临时破产受托人”，直至债权人会议选出一名正式破产受托人代表债权人接收和清理债务人的破产财产。破产财产原则上包括清算申请提出时债务人拥有的全部财产。受托人根据破产法或州法的规定扣除“豁免财产”后，将债务人剩余的财产移交给有担保权益的债权人或予以出售后清偿没有担保权益的一般债权人。破产受托人的工作须接受债权人会议的代表——检查人的监督。《法国商法典》第 6 卷第 2 编也对司法清算问题单列了第 2 章进行规定，可见，清算在各国法中的重要性。

（二）破产清算程序与和解、重整程序的关系

如前所述，现代破产法律制度就是由清算、和解与重整这三个方面的内容整合而成的，破产清算程序、破产和解程序和破产重整程序共同构成了现代破产法律制度的三块基石，这三部分内容在一定意义上说是共生共存、缺一不可的。所以，现代意义上的破产，是一个包含三层含义的综合概念，而远非“破产还债”这一层含义了。这是现代意义上的破产与传统意义上的破产的一个质的区别。传统意义上的破产概念向现代意义破产概念的这种转化，标志着破产法律制度内容的丰富化和多样化，也表明破产法律制度价值目标的综合性和多元性。这无疑是一个历史性的进步，也是现代文明国家通常奉行的立法体例结构。①

对于破产清算、破产和解与破产重整这三者之间的关系，现代社会有三种立法模式。第一种立法模式是，将清算、和解与重整依其通常的逻辑顺序予以纵向排列，使它们之间形成一种先行后继的纵向推进关系。这里又有两种组合方式：一是将清算程序前置，先清算后和解，然后再重整。这种做法姑且可称为“清算前置主义”。1986 年《企业破产法（试行）》采取的就是这种组合方式。二是将和解前置，先和解，和解不成再清算，或者先和解，和解成功后，如有必要也可

---

① 参见汤维建：《破产程序与破产立法研究》，人民法院出版社 2001 年版，第 548 页。

以转化为重整。这种做法为英国法所采，称为“和解前置主义”[①]。依此立法例，和解是任何破产程序的必经程序。第二种立法模式是将清算、和解与重整三者并列，它们都统一在破产程序这个大概念下，在破产程序开始之初，由当事人选择适用。这种模式可以称为“三者并列选择适用主义”。当事人选择适用清算程序的，首先依清算程序进行破产活动，在此过程中，如果当事人达成和解协议，清算程序则转化为和解程序。在和解程序开始后，双方当事人依破产法中有关和解制度的规定从事和解活动。和解不成，再进行破产清算。和解成功，破产程序结束。不仅如此，如果双方当事人在和解程序中有意重整，和解程序则也可转化为重整程序。当事人如果直接选择和解程序或重整程序，则分别开始相应的程序。在和解或重整过程中，如果发现有向其他破产程序转化的条件，则可在当事人的申请下转变为其他破产程序。第三种立法模式是将清算与和解并列，成为破产程序开始的两种方式。这种模式是大陆法系国家选择适用的，称为“和解分离主义”。依此立法例，破产程序开始后，当事人申请清算的，依清算程序进行；当事人申请和解的，依和解程序进行。在清算程序中，当事人若达成和解协议或者重整协议，也可转化为和解程序或重整程序。在和解程序中，若发生需要清算的事由，则也可转化为清算程序；若双方当事人达成重整协议，则也可转化为重整程序。这种选择方式同第一种显有区别，与第二种也有所不同。在第二种选择方式中，清算、和解与重整是同时作为三种并列的程序供当事人选择的，而第三种选择方式则是将清算与和解作为启动破产程序的两种并行方式，而重整则依附于清算或和解程序，当事人不得直接选择适用。

以上三种选择模式各有采用的国家。实行清算前置主义的好处是程序简洁明快，逻辑关系比较严谨，操作起来按部就班，不致发生混乱。但是，这种立法例有一个极大的弊端，这就是当事人启动、利用破产程序的条件较严，门槛过高。因为，申请清算与申请和解或申请

---

① 邹海林：《破产程序和破产法实体制度比较研究》，法律出版社 1995 年版，第 17 页。

重整的原因一体化，就使和解或重整的难度加大。事实也是如此，既然债务人都到了无力清偿到期债务的严重地步而必须申请清算了，在此过程中要再转变为和解或重整，显然是极其困难的，在绝大多数情况下甚至是不可能的。正因如此，各国在设定破产原因时，都采取了分别规定的方法，使和解的原因与重整的原因区别于清算的原因，并使和解原因和重整原因比清算原因来得宽缓。这样，当事人发动和解程序或重整程序就比发动清算程序容易得多。采用和解前置主义的国家正是基于这种考虑。当事人申请清算前，必须首先经过和解程序，只有和解不成再转变为清算程序。这种先和解后清算较之先清算后和解的立法模式，显然要科学、合理得多。但是，这种过分强调和解而力避清算的立法模式也有它的偏颇之处。所以，大陆法系国家均不采用此种立法模式。第二、第三两种选择模式本质上是一致的，均属和解分离主义的立法范畴。但是，相对来说，第三种选择模式比较科学，也更符合实际需要。因为，和解原因与重整原因并无区分的必要，它们均可界定为，“有不能清偿到期债务的可能”。当然，符合清算条件的也可以成为和解或重整的原因。既然启动破产程序的原因只有两种类别，那么，在逻辑上，破产立法仅需赋予当事人两种类别的程序选择权就足够了。当事人在破产程序启动之初，符合清算条件的，既可以申请清算程序，也可以申请和解程序；不符合清算条件，但符合和解或重整条件的，当事人只能申请和解程序。如果当事人需要启动重整程序的，则应先申请和解，再申请转化为重整程序。当事人之所以不得直接申请重整程序，原因就在于重整是以和解为前提条件的，当事人在申请和解程序后如果达不成和解协议，则重整程序无法进行。反过来，如果当事人达成了和解协议，但是无申请重整之意，和解程序就告终结。所以，重整程序是在和解程序之后才产生的一个概念。如果连和解的希望都没有，那么，立法还赋予当事人以独立的重整申请权又有何必要呢?[①] 因此，第三种立法模式是比较恰当的。

---

① 参见汤维建:《破产程序与破产立法研究》，人民法院出版社 2001 年版，第 549 ~ 551 页。

1986年《企业破产法（试行）》在产生之初，就采用了和解、整顿、清算的债务清理方式，从而奠定了由清算、和解与重整三大法律制度形成的三位一体结构形式。中国在2006年8月27日通过的《企业破产法》中，完整地体现了这种“三室一厅”的立法架构[①]，并基本上采纳了第二种立法模式。

二、破产清算程序的启动者[②]

在各国破产法当中，破产程序的启动者一般规定为两类主体，即债务人与债权人。

在市场经济比较成熟的国家，大多数的破产案件是由债务人来启动的，债务人向法院自愿提出破产申请，所以在许多国家有自愿申请破产程序（如英国、美国、俄罗斯破产法）。为什么债务人自愿提出破产申请的案件数量多？这是因为债务人往往比债权人更加了解自身状况以及还贷能力。当然，我们可以假定自愿申请的债务人是诚实的债务人。而且，债务人自愿提出破产申请往往还有主动权在握的意味，不会显得被动。债权人申请又称为强制破产申请。在市场经济成熟的国家，债权人强制申请破产的案例较少，这是因为债权人一般处事谨慎，非万不得已不会逼迫债务人进入破产程序。当然，这种假设是建立在债权人对债务人经营信息的充分准确了解之上。在中国，由于在计划体制和向市场经济过渡的过程中，债务人有时不是真正的债务人，如有的国有企业经理并不愿意去申请破产程序；而债权人有时也不是真正的债权人，有些国有银行因担心隐形负债的显性化，也不愿启动破产程序。不过，在现实中，多数案件的启动者往往是债权人而不是债务人。

启动破产程序的债务人是多种多样的，只要是市场交易的主体都有可能成为破产债务人。这里要特别提出的是，有些破产程序的启动者具有特殊身份。

---

① 《企业破产法》，2006年8月27日通过，2007年6月1日起施行。该法将重整、和解与清算分别在第八、九、十三章中予以规定。

② 本部分内容来自《法制日报》“李曙光谈破产”专栏2007年4月1日。

如政府是债务人的话，有时也会成为破产程序的申请者。在美国破产法中专门有一章是市政主体的破产。在一些国有企业由政府控制的国家如中国，作为国有企业的出资人，政府往往也会成为破产程序的启动者。

在某些法律框架下，公司清算组也会成为破产程序的启动者。如日本和中国的公司法规定，当公司股东在进行自愿解散和终止时，如果在清算过程中发现公司资产不足以清偿到期债务，公司清算组可以向法院提出破产申请。

还有一些国家的破产法规定法院可以作为破产程序申请者，如中国 1986 年《企业破产法（试行）》。法院作为一个破产程序的中立的第三方仲裁者，竟然可以自由启动破产程序，这令人感到不可思议，其他国家未见其例。

清算程序的启动，在英美法系和大陆法系有不同的时间计算点。在英美法系国家，破产清算程序一经法院受理即意味着破产程序的开始，即所谓受理开始主义。而在大陆法系国家，法院受理破产案件并不意味着破产程序的开始，一般是法院受理破产案件之后，召开第一次债权人会议宣告债务人破产以后，意味着清算程序的正式开始，即破产宣告开始主义。在大陆法系国家，最先出现的是宣告开始主义，这与清算主义的破产立法相关，一经宣告即进入破产程序。随着破产立法由“清算主义”向“再建主义”的转变，破产程序的启动也逐渐由宣告开始主义转向英美法系的受理开始主义。也就是说，破产程序从法院受理案件时开始，其法律效力的威力也由法院受理破产案件时产生。破产程序不仅包括清算程序，还包括重整程序，破产程序从何时开始具有重要的意义，它对于确定破产可撤销与无效行为的时间、确定债权人债务人从何时开始受破产法的保护等有着十分重要的意义。在目前各国破产法的改革浪潮当中，破产宣告开始主义慢慢向受理开始主义融合。

1986 年《企业破产法（试行）》采取宣告开始主义，1986 年《企业破产法（试行）》第 23 条规定：“有下列情形之一的，由人民法院裁定，宣告企业破产：（一）依照本法第三条的规定应当宣告破产的；（二）依照本法第二十一条的规定终结整顿的；（三）整顿期满，不能按照和解协议清偿债务的。”第24条规定，“人民法院应当自宣告企业破产之日起十五日内成立清算组，接管破产企业。清算组负责破产财产的保管、清理、估价、处理和分配。清算组可以依法进行必要的民事活动”。但在实践中，由于从破产受理到破产宣告之间有一段时间，这使债务人财产难于得到保全，又使职工的工资处于悬空状态。

鉴于《企业破产法（试行）》的缺陷与国际破产制度受理开始主义的发展趋势，中国《企业破产法》在立法时实质上采取了受理开始主义，在其破产清算一章中虽有关于破产宣告的规定，但是在法律效力方面并没有像受理时的那种意义。

三、清算义务人

（一）清算组的概念与规定

清算组是依照破产法的规定，在破产宣告成立后，独立执行破产清算事务的机关，《企业破产法》中清算组的职能由破产管理人承担。在国外立法中，日本破产法称为破产管财人，德国称为konkursverwalter，英美称为trustee，法国称为syndie，我国台湾地区称为破产管理人。清算组的基本职能是对破产财产进行保管、清理、变价和分配，其具体职责包括：（1）接管破产财产。清算组接受任命后的主要职责，就是接管破产财产。在清算组接管之前，按照规定破产企业的原法定代表人必须在交接前组织企业财务人员做好财务决算工作，保管人员编制财产清单，业务人员做好购销等业务的清洁工作。这些都必须采取书面形式，在办理交接时由原法人代表移交给清算组。（2）管理破产财产。清算组接管以后，要对破产财产实施全面的管理。破产财产的管理，主要包括财务管理，资产管理和人员管理。（3）行使破产企业的财产权利。主要包括：追缴债务和在外财产；决定待履行合同的解除或继续履行；追回因破产无效行为给付的财产。（4）履行破产财务的对外义务。清算组接管财产后应当按照法律规定实施下列行为：向取回权人交还财产；向别除权人交换财物；

承认抵消权人的抵消主张；支付破产费用。（5）制定和实施破产财产变价和分配方案。清算组应当在核实破产财产和市场调查的基础上，提出破产财产的变价方案。然后根据破产财产变价情况确定可分配财产的价值，按照法律规定的顺序制订破产财产分配方案。破产财产分配方案经债权人会议通过和法院批准后执行。（6）办理破产程序中介的有关事务。清算组应当在破产财产分配方案执行完毕后，提请人民法院裁定终结破产程序。破产程序终结后，清算组应向人民法院提交清算报告，并且向破产企业原登记机关办理注销登记。

对于清算组成员的选任，各国法律有不同的规定。一般来说，有以下三种。（1）法院指定，其他主体无选任权。某些国家破产法规定表明，法院在破产程序中居于主导地位，独立行使司法审判权，不受其他主体（包括债权人会议）的干预或影响。如何任命破产管理人、任命何人为破产管理人，任命多少人为破产管理人，均取决于法院自己的决定。对于法院任命的管理人，债权人会议不服的，不能另行选任破产管理人，只能向法院提出异议。日本、韩国、意大利、法国等国家破产法采用此模式。个别国外的立法也允许债权人会议在法院任命管理人之外，另选管理人提请法院任命。[①] 在这种体制下，法院有权拒绝任命债权人会议选任的管理人，实际上仍然贯彻了法院任命管理人、排斥债权人会议选任管理人的制度。这种选任方式往往以管理人的名单为基础轮流担任，但这种制度对于具体的案件而言，轮流选任制可能不适合不同破产案件的处理，或因法院不足以掌握某企业的具体情况而导致指派失误。（2）法院选任为原则，债权人会议选任为补充。德国立法也采取法院依职权选任之制度。原《德国破产法》第78条之“破产管理人由法院任命”和第80条之“在任命管理人之后召开的债权人会议上，破产债权人可以选举另外一人替代被任命人；法院可以拒绝任命被选举人”。以上条文被现行《德国支付不能法》第56条和第57条所取代。（3）债权人会议选任为原则，以法院或其他有权机构选任为补充。有些国家认为，破产清算为债权人的共同利

---

① 例如，参见《德国破产法》第80条。

益而进行，负责破产清算事务的机构应当由债权人会议选任，才有助于保障债权人的利益，彻底贯彻债权人在破产程序中的自治精神。所以立法例规定管理人由债权人会议选任。美国 1978 年联邦破产法典即是如此。[①] 在该法典中，债权人会议在选任托管人时，不仅要由联邦受托人或其代表主持会议（否则，会议必须延期），并且还得遵守一套非常严格的程序。这种方式也是根据管理人的法定资格予以筛选。此做法因考虑到债权人在破产程序中是真正的利害关系人，因此法律赋予他们选择管理人的权利是合理的。这种选任方式是一种较为市场化的方法，并且能够减少不公平、腐败和寻租等情况发生。英国破产法规定：[②] 破产管理人由债权人会议选任，债权人会议也可以授权检查委员会选任，选任的破产管理人应由英国贸易部任命；债权人会议在破产宣告后第四个周末选出破产管理人的，则由英国贸易部任命破产管理人，债权人会议可以另选破产管理人以取代贸易部的任命。依据英国法，管理人的选任，实际上由英国贸易部决定，因为贸易部享有拒绝任命债权人会议选出管理人的权力。但是，债权人会议在英国贸易部拒绝任命其所选任的管理人时，利害关系人可以向上诉法院提起上诉。[③]

1986 年《企业破产法（试行）》规定，清算组成员由人民法院从企业上级主管部门，政府财政部门等有关部门指定。[④] 按照最高人民法院《关于贯彻〈中华人民共和国企业破产法（试行）〉若干问题的意见》（失效）第 50 条规定，成立清算组以前，人民法院商同同级人民政府从企业上级主管部门、财政部门、工商行政管理、计委、审

---

① 根据该法典第 702、703 条的规定，破产受托人（The Trustee in Bankruptcy）由债权人会议选任；只有在债权人会议不选任或因受托人在诉讼期间死亡或辞职，或不具备所规定资格，或依法被解职，债权人可依第 702 条规定选出填补受托人职位空缺的人员。在选举受托人期间若为保护财产免受损失所必须，联邦受托人（The United States Trustee）可指定一名临时受托人。

② 参见《英国破产法》第 19 条。

③ 参见李曙光、宋晓明主编：《〈中华人民共和国企业破产法〉制度设计与操作指引》，人民法院出版社 2006 年版，第 54 页。

④ 参见《企业破产法（试行）》（1986 年 12 月 2 日通过）第 24 条。

计、税务、物价、劳动、人事等部门和专业人员中用公函指定清算组成员。因此，在国有企业破产案件中，清算组成员由三部分人组成：（1）企业上级主管部门；（2）政府、财政部门、工商行政管理、计委、审计、税务、物价、劳动、人事等部门（可根据案件具体情况选择其中某些部门参与）；（3）专业人士（主要指律师、会计师、审计师），清算组的组长由人民法院指定。清算组可以聘用一定数量的会计师以及其他工作人员。《企业破产法》规定了管理人制度[①]，使管理人在清算程序中承担了清算组的职能。这些职能包括：接管债务人的财产、印章和账簿、文书等资料；调查债务人财产状况，制作财产状况报告；决定债务人的内部管理事务；决定债务人的日常开支和其他必要开支；在第一次债权人会议召开之前，决定继续或者停止债务人的营业；管理和处分债务人的财产；代表债务人参加诉讼、仲裁或者其他法律程序；提议召开债权人会议；人民法院认为管理人应当履行的其他职责。《企业破产法》关于管理人的选任，法院居于主导地位，独立行使司法审判权，一般不受其他主体的干预或影响。在破产案件开始受理时，如何任命管理人、任命何人为管理人，任命多少人为管理人，均取决于法院的决定。基于管理人积极资格和消极资格的标准，债权人有相应的权利提出异议，如债权人会议有足够的证据可以证明该案管理人没有公正履行职务或由于能力等方面的限制不能胜任应尽职务的，可经过听证等程序请求法院予以解任。也就是说，在债权人会议不服的情况下，不是直接选任破产管理人，而是向法院请求另行指定。

另外，对于由非破产清算程序转化为破产清算程序的情况，即公司清算过程中出现法律规定的情况，特别清算程序需要转换为破产还债程序时，特别清算中的清算组是不能继续履行清算职责的，而应当

---

① 《企业破产法》第 24 条规定，管理人可以由有关部门、机构的人员组成的清算组或者依法设立的律师事务所、会计师事务所、破产清算事务所等社会中介机构担任。同时，该法第 25 条当中讲到管理人的职责主要是接管破产财产，同时负责破产评估、管理、变价、分配等，其更多指的是清算这个框架上的以及法律认为应当给予管理人的职责。

将清算事务移交给人民法院。①

（二）相关法律规定的不足

法人于解散时对债权债务关系予以了结的程序谓之清算。清算程序的及时有序开展不仅对法人本身具有重要意义，还有利于加快社会资源向更高效的配置流动，因此明确开展清算程序的责任主体十分必要。

我国在不同阶段就清算责任主体的规定散见于不同法律，因此导致对这一问题的法律规定较为混乱且存在冲突。

《企业破产法》第 7 条规定了债权人、债务人均可以提出破产清算申请。虽然同时规定了“企业法人已解散但未清算或者未清算完毕，资产不足以清偿债务的，依法负有清算责任的人应当向人民法院申请破产清算”，但并未再进一步明确谁是“负有清算责任的人”。

根据最高人民法院《关于适用〈中华人民共和国公司法〉若干问题的规定（二）》第 18 条、第 19 条的规定，有限责任公司的股东、股份有限公司的董事和控股股东未在法定期限内成立清算组或者怠于履行义务又或者恶意处置财产导致债权人损失的，债权人可以主张其承担责任。同时在第 21 条规定这一民事责任可根据不同责任人的责任大小划分。但却没有明确这三种情形下的损失范围如何计算。

《民法总则》（已失效，现为《民法典》总则编）第 70 条规定，“法人的董事、理事等执行机构或者决策机构的成员为清算义务人”。同时规定“清算义务人未及时履行清算义务，造成损害的，应当承担民事责任”。

从上述条文来看，其他部门法中关于清算责任主体的规定越来越明确，而《企业破产法》中“清算义务人”的规定则凸显了滞后性。

考察《企业破产法》与其他法律法规中关于“清算义务人”的规定，有以下五个细节问题尚需厘清。

第一，《民法总则》所规定的“清算”包含的清算类型。明确该

---

① 《公司法》（2005 年 10 月 27 日修订）第 188 条第 2 款：“公司经人民法院裁定宣告破产后，清算组应当将清算事务移交给人民法院。”

“清算”是否包括破产清算，是判断是否适用“破产清算义务人”制度的前提。如果该“清算”包括一般清算、强制清算和破产清算三种类型，则这一规定可适用于破产清算的情形。反之，则需依《民法总则》第70条的除外条款“法律、行政法规另有规定的，依照其规定”的规定，在《企业破产法》中加以明确。

第二，《民法总则》所规定的“清算义务人”与最高人民法院《关于适用〈中华人民共和国公司法〉若干问题的规定（二）》所规定的“清算责任主体”的关系。两个规定中有交叉也有不同。《民法总则》中的“法人”除公司外，还有其他的营利性法人、非营利性法人和特别法人。未来应将不同法律中关于“清算责任主体”的规定统一，才能有利于进一步落实“清算义务人”的义务和责任。

第三，清算义务人“及时履行，造成损害”的标准。依据《公司法》第183条的规定，公司应当在解散事由出现之日起15日内成立清算组。《民法总则》第71条也规定：“法人的清算程序和清算组职权，依照有关法律的规定；没有规定的，参照适用公司法的有关规定”。实践中，破产清算未及时展开，还有可能是债务人认为自身具有重整价值而正寻找其他投资者。怠于成立清算组的消极行为与卷款逃跑不成立清算组的行为损害程度不同，责任不可同日而语。清算义务人承担责任的标准应在《企业破产法》中有所明确。

第四，董事或股东作为“清算义务人”与他们应承担的其他责任的区分。例如《企业破产法》中还规定了董事的勤勉义务、忠实义务、不得转让股权等限制，对于不同情形造成的损失，董事应承担何种及多大程度的民事责任，法律均需进一步明确。

第五，《企业破产法》对《民法总则》关于“清算义务人”的规定的回应。破产程序中，“清算义务人”多称为“债务人”，债务人在破产程序中还有刑事责任、行政责任。这就要求《企业破产法》需明确《民法总则》所规定的“清算义务人”在破产清算下的具体内涵、责任范围等具体内容。

《企业破产法》中关于“清算责任主体”的规定未有明确，在实践中易致未及时破产清算给债权人造成损失的责任主体缺失。同时，也不利于其他第三方主体通过适用《企业破产法》清理当前大量存在的“僵尸企业”。在最高人民法院《关于适用〈中华人民共和国公司法〉若干问题的规定（二）》、《民法总则》相继出台的背景下进一步造成破产情形下“清算义务人”规定的混乱。鉴于此，“破产清算义务人”的修改恰逢其时。

四、破产财产的变价

（一）对破产财产的资产评估

企业财产的变价，最终要达到保护债权人利益和尽量减少企业财产流失的目的，因此，破产财产变价之前有必要了解破产财产的价值情况，对破产财产进行评估。一般来讲，破产财产的评估，并非破产变价的必经程序。如果破产财产不是国有资产，且债权人会议对破产财产的市场价格无异议，经人民法院同意，也可以不进行评估①。

作为破产清算过程中的重要组成部分，资产评估被用来确定破产企业财产现价，为财产变现和分配方案的制定提供重要的法律依据。评估中既要考虑资产的原价、折旧价，又要实际评定其可变现价。资产评估估价过高过低，都会带来种种弊端。因此，必须重视破产企业的评估。由于清算价格受破产形式、外置资产方式、资产处理时限、资产清理费用等因素的影响。而在清算（清偿）假设前提条件下资产清算价格的评估（有的论著里称为清算价格法）不是一种独立的评估方法，它是一种结合其他方法（包括成本法、市场法和收益现值法）在一定限制条件下的综合应用。因此，在清算（清偿）假设前提条件下对破产企业的资产价值评估，就产生了较多变数。具体来说，在评估过程中要注意以下问题：（1）破产企业资产评估应以具有法律效力的破产文书为依据，即法院接到债权人或债务人的申请之后，同意受理此破产案件，并下达正式文书后才能对破产企业进行资产评估。（2）破产企业的资产评估，应在破产清算组清查核实企业全部资产、

---

① 最高人民法院《关于审理企业破产案件若干问题的规定》（法释〔2002〕23 号）第 84 条。

并清理破产企业的债权债务之后进行。(3) 破产企业资产评估应坚持客观、公正、快速变现原则，本着维护债权人、债务人的合法权益，客观、公正地反映破产企业所分配财产和优先受偿财产的现时价值，使评估后的财产能尽快变现，以偿还所欠的债务。[1] (4) 破产企业的资产评估范围为可供分配资产。可供分配资产是指能够变现用于偿还债务的资产，它包括破产企业的货币资金、对外投资、应收帐款、存货、固定资产、无形资产的转让收入等。破产企业还有一部分不可分配资产，它包括破产企业的待处理财产损失、待摊费用及递延资产等，这部分资产虽然在企业资产总额中体现，但实质上是企业资产中的损失和费用，并不存在价值。不可分配的资产和负债由破产清算组予以确认。实际工作中的破产企业资产评估，一般只对企业的固定资产、存货、无形资产的价值进行评估，而企业的应收款项、对外投资是由破产清算组确认实际数额后参与破产分配。破产企业资产评估工作在破产清算组清查核实资产的基础上进行，但是，资产评估人员应对破产清算组提供的清算结果进行逐项的核实与鉴定。(5) 评估工作应当由有相应评估资质的评估机构完成，债权人会议、清算组如对破产财产的评估结论、评估费用有异议，可要求评估机构重新评估。[2]

至于进行资产评估的方法，一般来说有三种。[3] 第一种是市场法，也称市场价格比较法，是指通过比较被评估资产与最近售出类似资产的异同，并将类似资产的市场价格进行调整，从而确定被评估资产价值的一种资产评估方法。这种方法是以活跃的公开市场和公开市场上有可比的参照物及其交易活动为基本前提的。参照物及其交易的可比性具体体现在：参照物与评估对象在功能上具有可比性，包括用途、性能上的相同或类似，参照物与评估对象面临的市场条件具有可比性，包括市场供求关系、竞争状况和交易条件等，参照物成交时间与评估基准日间隔时间不能过长，以减少调整时间因素对资产价值影响

① 参见王立军：《破产企业的资产评估》，载《中国资产评估》2005 年第 7 期。

② 参见最高人民法院《关于审理企业破产案件若干问题的规定》（法释〔2002〕23 号）第 83 条。

③ 参见财政部《资产评估基本准则》（财资〔2017〕43 号）。

的难度。第二种是成本法，是在评估资产时按被评估资产的现时重置成本扣减其各项损耗价值来确定被评估资产价值的方法。使用这种方法必须具备可以利用的历史资料，而且形成资产价值的耗费是必须的两个条件。第三种是收益法。收益法是指通过估算被评估资产未来预期收益并折算成现值，借以确定被评估资产价值的一种资产评估方法。使用收益法必须具备以下前提：（1）被评估资产的未来预期收益可以预测并可以用货币衡量；（2）资产拥有者获得预期收益所承担的风险也可以预测并可以用货币衡量；（3）被评估资产预期获利年限可以预测。在对破产清算企业进行资产评估时，评估方法的选择必须考虑不同的评估途径，并与资产评估价值类型相适应。破产清算企业资产评估属于强制清算价值，是在有一定限制条件的强制拍卖价格。其与市场价值、重置价值以及持续经营价值均有不同。市场价值是在正常交易条件下的价格。而破产企业资产出售受交易期限和买主的限制，其价值一般应低于正常的现行市价。重置价值是在相同的条件购买或新建同样资产所支付的价格，而强制清算价值是由于企业不能持续经营需要清算时的一种快速变现价格。评估强制清算价值时，对于那些不易得到市场价格作参照的，可以其重置价值作为参照，同时考虑相关因素加以调整。作为强制清算价值，其一般要低于重置价值。另外，对于整体企业来说，破产企业不宜采用持续经营价值的价值标准。因为破产企业已经不能经营。但对于破产企业中效益好的子公司或车间等，如果可以获得其过去和未来若干年的现金流量，并存在买方，则也可以采用收益现值法评估其持续经营价值作为这部分资产的清算价值。

在强制清算价值类型下，破产清算企业资产的评估可以采取以下四种方法：（1）现行市价法。应用这种方法，一是要在市场上找到相同或类似的资产的快速交易价格作为基础评估价格；二是要考虑差异因素的调整，然后确定资产价值。（2）对现行市场进行折扣的方法。这种方法与现行市价法的区别是，其要在市场上找到相同或类似的资产一般交易条件下的价格，然后根据快速变现的条件，估算出一个折扣率。（3）以重置成本为参照的方法。在没有市场交易案例进行比较的情况下，对破产企业的资产采用重置成本作为参照然后得出强制清算价值，采用这种方法也必须考虑快速变现的原则。（4）模拟拍卖法。这种方法是根据向被评估资产的潜在购买者询价或以某一特定的购买者作为对象，确定被评估资产强制清算价值的一种方法。另外，对于破产清算企业的无形资产包括专利权、矿业权、专营权、许可权与专有技术等，评估应考虑以下几个方面：一是评估应以转让为目的，因为要清偿债务，转让收入应计入破产财产。二是评估价值因需要快速变现，评估价值可能低于正常的转让价格。三是对于自创无形资产一般采用财务核算法和市价调整法进行评估。①

（二）破产财产的变价出售

在债权调查完结、资产评估结束之后②，破产财产的变价便可以进行了。破产财产变价是清算人将非金钱的破产财产，通过合法方式加以出让，使之转化为金钱形态，以便于清算分配的过程。在这个过程中，破产财产实现了从实物状态到金钱状态的“惊险的一跃”，对破产清算具有十分重要的意义。

对破产财产的变价过程应该是一个公正、透明的过程，变价的过程要遵照变价方案来执行，而拟订、确认变价方案是破产财产得以公平、合理变价的基础。我国法律也规定，破产管理人（或清算组）进行破产财产的变价，应当制订变价方案，提交债权人会议审议通过。③

变价方案应该由管理人来拟订，此时的管理人是具体执行破产财产分配的主体，由其根据客观的标准拟定变价方案是合理的。这个方案的内容包括进行变价的财产形态、财产类别，变价的具体方式，变价时间等，是一个具体的操作方案。一般情况下，管理人拟定破产财产的变价方案后，要提交债权人会议讨论，由债权人会议来确认变价方案是否可行，或者需要进行哪些方面的修改。变价方案的确认表决是一个普通的表决，即“由出席会议的有表决权的债权人过半数通

① 参见王立军：《破产企业的资产评估》，载《中国资产评估》2005 年第 7 期。

② 对于一些易腐、季节性强、不易保存的物品，如果不及时变价会使该物价值下降的，也可在债权调查完结前进行变价。

③ 参见《企业破产法》（2006 年 8 月 27 日通过）第 111 条。

过，并且其所代表的债权额占无财产担保债权总额的二分之一以上”[①]即可。如果管理人的变价方案经债权人会议表决未通过的，则由人民法院裁定，人民法院的裁定是执行财产变价的依据。

当变价方案确定之后，管理人应当适时对破产财产进行变价。变价的过程是一个使列入变价方案的财产变成金钱财产的过程，变价所得的金钱成为债权人分配所得的基础，因此变价的过程应该遵循一定的原则。在变价中，应当遵循对价最优原则、公开变卖原则等，使破产财产变卖出尽可能高的价金，防止一些私下贱卖行为等，以更好地维护债权人和债务人的利益。[②] 另外，破产财产在进行出售时，还应当遵循成套设备整体出售的原则，不能整体出售的，可分散出售。这是因为成套设备具有特定的使用价值，一般情况下，整体出售的收入明显高于拆散分开出售的收入，为实现破产财产的变现价值最大化，保护债权人的利益，成套设备应尽可能整体出售。这在1986年《企业破产法（试行）》和最高人民法院的司法解释中都有类似规定。[③]

至于出售的形式，一般应当采用拍卖的方式进行。[④] 破产财产的拍卖，是指破产管理人将非金钱形态的破产财产，委托给有拍卖资格的拍卖机构，由其按照法定拍卖程序，出售给出价最高的公开竞价者的特殊买卖方式。破产财产的拍卖在性质上属于强制拍卖，一般包括拍卖的准备与委托、公告与展示、实施以及破产财产权属转移等几个阶段。拍卖应当公告，拍卖公告内容一般包括拍卖原因；拍卖物的名称、种类、数量、质量、规格、产地等；查阅有关拍卖物资料的场所

---

① 《企业破产法》（2006年8月27日通过）第64条。

② 参见顾培东主编：《破产法教程》，法律出版社1995年版，第284页。

③ 1986年《企业破产法（试行）》第36条规定：“破产企业中的成套设备，应当整体出售，不能整体出售的，可分散出售。”最高人民法院《关于审理企业破产案件若干问题的规定》（法释〔2002〕23号）第86条也规定：“破产财产中的成套设备，一般应当整体出售。”

④ 《企业破产法》第112条规定：“变价出售破产财产应当通过拍卖进行。但是，债权人会议另有决议的除外。破产企业可以全部或者部分变价出售。企业变价出售时，可以将其中的无形资产和其他财产单独变价出售。按照国家规定不能拍卖或者限制转让的财产，应当按照国家规定的方式处理。”

和时间；拍卖日期和场所；交易规则等。对于破产财产的拍卖，管理人既可以委托专门的拍卖机构来进行，也可以自行进行拍卖，还可以请求法院进行拍卖。但无论是由何人进行拍卖，都应该严格依法进行。采用拍卖方式可以通过出价者之间的竞争来提高破产财产的售价，而且也更加公开、透明。其缺点是出售程序较复杂，操作成本较高。所以，采用拍卖形式变价的破产财产，应该是那些价值较高并有多个购买者竞价可能的财产，如土地使用权、房屋、成套设备等。①因此，法律规定，如果债权人会议另有决议的，可以不采用拍卖的方式，例如可以采用招标出售的方式或者标价零售的方式等，或者进行变卖。此即拍卖以外的其他方式。

所谓拍卖以外的其他方式，主要指包括经债权人会议决议采用的普通买卖方式和按照国家规定的方式处理不能拍卖或者限制转让的财产。前者是指直接的买卖过程，是指管理人将破产财产直接卖给购买人，或者通过其他中介机构直接卖给购买人，与拍卖的区别主要在于不引进竞价机制，采用这一方式必须经过债权人会议讨论通过；后者主要指的是按照国家有关规定不能拍卖，或者破产财产本身是限制转让的财产，对于这些特殊的财产，国家有专门的规定，采用专门的处理方式。

对于依法不得拍卖或者拍卖不成的破产财产，可以在破产分配时进行实物分配或者作价变卖。所谓破产财产的变卖，是指破产管理人个别寻找买主，并参照破产财产评估的结果，以适当价格将非金钱形态的破产财产变现成金钱财产的买卖方式。变卖由于不受时间、地点的约束和限制，且花费少，因此比拍卖方式更为灵活、经济。但因变卖缺乏严格的法定程序规制，为了防止破产管理人以不合理的低价出售破产财产，损害债权人的利益，破产管理人应向法院报告变卖破产财产的情况，债权人如对破产管理人在变卖中对破产财产的估价有异议，可请求法院进行审查。

最后，依法属于限制流通的破产财产，应当由国家指定的部门收

---

① 参见王卫国：《破产法》，人民法院出版社1999年版，第179页。

购或者按照有关法律的规定处理。一般来说，限制转让的财产主要包括以下几类：（1）国家专有财产，如矿产、水流、国有森林、草原、荒地、滩涂等自然资源，都属于国家专有。（2）危险品和受管制的物品，凡对公共安全关系重大的物品，如非军用的猎枪、火枪、弹药、爆炸物、麻醉物、剧毒品、放射性物品等，禁止任意流通。（3）对稳定国家金融秩序有关的物品，我国对黄金、白金、白银和金银制品等，一直由中国人民银行统一管理和经营。（4）历史文物是具有历史、艺术、科学价值的国家珍宝，是中华民族的文化遗产，必须严加保护。文物的转让必须出售给国家指定的文物收购单位。[①] 如果破产财产属于上述限制转让的财产，则应该依照国家法律、行政法规规定的方式进行处理。《企业破产法》的这些规定与1986年《企业破产法（试行）》及其司法解释基本一致。[②]

另外，在对破产财产进行变价的过程中，破产企业可以全部出售，也可以进行部分变价出售。企业变价出售时，可以将其中的无形资产和其他财产进行整体出售，也可以对这些财产进行单独变价出售。

应当注意的是，破产财产的变价过程须接受债权人监督。为保证破产管理人公平、公正、公开地变价破产财产，各国一般赋予债权人会议或监督人以监督权。因为破产财产的变价既是破产管理人的重要职权，也是破产管理人的义务之一。破产管理人在进行变价工作时，应尽到善良管理人的注意义务。

五、破产优先权

（一）破产法与担保法的互动关系

优先权问题是破产法中一个十分重要的问题，但无论优先权如何

---

① 参见李曙光、宋晓明主编：《〈中华人民共和国企业破产法〉制度设计与操作指引》，人民法院出版社2006年版，第225页。

② 最高人民法院《关于审理企业破产案件若干问题的规定》（法释〔2002〕23号）第85条规定："破产财产的变价原则上应当采用拍卖的方式。只有在依法不得拍卖或拍卖所得不足以支付拍卖所需费用的情况下，破产财产的变价才不进行拍卖。"

划分，担保债权的优先受偿地位是各国立法的普遍选择，对有担保债权提供最优先的保护是《企业破产法》在起草时经过反复论证后得出的重要结论。这一顺位的确立，是一个给定预期、讲究效率的安排，符合市场经济的常识。实践中对担保债权与其他优先权关系、保证的效力、动产担保的认定以及担保债权的司法保护等问题存在争论。所以，破产法中的担保债权是一个很值得研究的问题。

一套设计科学且可操作性强的担保制度对于破产程序中担保债权的实现意义重大。破产法中探讨担保问题的前提是明晰担保的内涵，比如在《民法通则》（已失效，现为《民法典》总则编）和《担保法》（已失效，现为《民法典》物权编）中均未有规定，而在《物权法》（已失效，现为《民法典》物权编）中规定了浮动抵押制度。根据《物权法》（已失效，现为《民法典》物权编）第 196 条的规定，抵押人被宣告破产是浮动抵押财产确定的情形之一。在此情况下，管理人是否还能就确定的担保物，依据《企业破产法》第 18 条挑拣履行相关合同？又或者同一担保物上同时设立了固定抵押担保，二者受偿的先后顺序如何确定？再比如融资租赁是否能视为一种动产担保合同，在允许管理人就该合同行使挑拣履行权的同时，当管理人选择保留该特定物时，相对人是否能够就此物获得优先受偿？

在《企业破产法》与《担保法》现阶段均相对滞后且难以完全回应实践的情况下，需在后续的修法安排中加强顶层设计，厘清破产法中担保债权的内涵与外延，确保有担保债权人得到应有的保护。具体的完善进路应包括以下四个方面。

第一，细化破产法中的优先权划分。优先权还存在诸如船舶优先权、建筑工程款优先权等类型，这些优先权种类并未为《企业破产法》纳入，导致破产清偿顺序本身存在可争议性。同时，《企业破产法》未明晰共益债权与破产费用的优先地位，这可能会影响到担保债权的优先性。细化优先权类别有利于加强担保债权实现的可操作性，避免因法律的模糊与冲突而导致债权人权利难以得到充分的保护。对只能满足担保债权而后无产可破的债务企业的清算，特别是对于职工债权的清偿，有学者主张从担保债权人利益中分割出一块，[①] 笔者认为应审慎对待这一问题，可考虑由政府建立破产公益基金来解决职工债权问题。

第二，从保护债权人的角度出发处置特殊的担保债权。比如对于浮动抵押，《美国破产法》规定当担保物形式发生变化，如从原料变为成品时，法院在审理期间有权适当处置担保物。同时还规定管理人可在某些情况下宣布设立在存货或应收账款上的浮动担保无效。笔者建议应结合我国的审判实际，在担保物具体形式发生转变的情况下仍考虑对该浮动抵押权人优先清偿，毕竟持续运营是对所有债权人有利的决定，此时个别债权人的损失应尽量得到弥补。此外，对于融资租赁，可以考虑将其视为动产担保，允许承租人在支付合理对价的情况下取得租赁物的所有权。这一有利于承租人的安排，将有助于更好地发挥融资租赁这一金融工具的作用，有利于融资租赁市场的发展。

第三，完善担保交易的配套制度和市场环境。担保交易的背后是对市场信用的信赖。若要更好地发挥担保交易对市场经济的促进作用，需要完善并落实好担保交易的配套制度。可操作的路径之一是强化担保交易的公示制度，发挥公示制度的公信效力。完善企业的估值与信用评估机制，使债权人能够做出更有价值的判断。担保权的最终实现有赖于强有力的司法执行，需要提高司法执行的权威。健康的担保交易是实现市场主体有序退出的重要前提。

一套科学整体的担保体系不仅有利于提供稳定的市场预期，激发健康市场主体的市场活力和市场参与度，更有助于市场主体在“患病”情况下有序快速地实现退出。要实现上述目标，须重视破产法和担保法的互动关系。

（二）人身损害赔偿债权的优先性

我国是一个各类事故多发的国家，食品安全事故、生产安全事故等常常对个体造成身体或者心理的创伤。侵权诉讼的私利救济手段或许无法逆转既成的伤害，但却是法治社会下能给予受害者最直接的

---

① 参见王利明:《关于劳动债权与担保物权的关系》，载《法学家》2005 年第 2 期。

安慰。

“三鹿奶粉事件”中的毒奶粉问题不仅严重损害了幼儿的身体，还对其家人造成了严重的心理伤害。在企业风险控制混乱、管理效率低下时，沉重的侵权赔偿责任成为压垮三鹿的“最后一根稻草”，最终将企业推入破产境地。通过侵权诉讼方式给涉事企业造成毁灭性打击可以产生一定的社会效应，倒逼企业在生产经营活动中确立底线思维，强化责任意识。

在侵权赔偿责任已经判定，企业又无力偿付的情形下，企业便可能进入破产程序。而依据《企业破产法》，此类人身损害赔偿债权只能作为普通债权，这意味着受害者耗费大量精力将涉事企业“告倒”，最后却仍是“一场空”。这一结果严重背离了鼓励维权的初衷，充分暴露了《企业破产法》中关于人身损害赔偿债权制度安排的不合理性。① 破产法关注人身损害赔偿债权的清偿顺序有以下三点意义：

第一，鼓励受害者积极维护自身利益。无救济则无权利。受害者获得法律所确定的受偿份额，但却无法真正从侵害者手中获得实在的赔偿，维护自身利益就等于一纸空文。这将极大损害受害者维权的积极性，特别是导致受害者在群体性安全事故中不敢要求侵害者做出“惩罚性赔偿”。不痛不痒的赔偿责任无法提高违法者的违法成本，难以将不良侵权者清除出市场，最终将发生“劣币驱逐良币”的情况。

第二，督促企业严格遵守法律规范。在破产法的清偿顺序中适当提高人身损害赔偿债权的清偿顺位，会对企业的生产经营产生导向作用。如果更多的人受此激励而在权利受到侵害时即要求“惩罚性赔偿”，这便是企业需要考虑的违法成本，自然会严格遵守法律规定的安全规范，而让使用者或者消费者真正受益。

第三，影响债权人的资金投放取向。改变人身损害赔偿债权的清偿顺位还能对其他债权人的行为产生影响。当一般的债权人发现自身债权的清偿顺位劣后于人身损害赔偿债权时，则会考虑债务人是否能

① 参见郭娅丽、邵彦铭：《大规模侵权事件中未来侵权债权的法律保护——以“三鹿奶粉事件”为例》，载《理论探索》2015 年第 6 期。

遵守法律法规，以保证自身债权的顺利受偿。不良企业的融资渠道受到影响，利于通过市场的手段将不良企业出清。

人身损害赔偿债权清偿顺位的改变会产出积极的社会影响，但在市场经济环境下，这一优先顺位不得突破破产优先权的内在原则。具体而言，破产法关注人身损害赔偿债权的优先顺位需注意以下几点：

第一，不打破原有的绝对优先权。担保债权在破产清偿中的绝对优先地位是坚固而不可动摇的。这既是各国破产法的通例，也是符合市场经济规律的内在要求。人身损害赔偿债权的适当优先并不要求打破现有已确定优先的破产债权，只需要优先于普通债权。

第二，需对可优先的“人身损害赔偿债权”作严格限定。“侵权责任”涉及范围较广，并非所有的人身损害赔偿债权都应具有相对优先的属性。应当明确可以优先的“人身损害赔偿债权”是指涉及食品、医疗、生产和群体性场所的重大安全事故的损害赔偿。这需要通过具体法律规定加以筛选区分。同时还需考虑到基于同一侵权行为导致的潜在侵权人的后续索赔要求。美国在这一方面就有专门的测试标准来评估潜在债权，以及将潜在债权纳入破产程序中的具体标准。[①]对“人身损害赔偿债权”的正确区分还有助于企业在明示风险的前提下对产品和业务创新。

破产法适当关注人身损害赔偿债权的清偿顺序，有利于鼓励受害人维权，提高企业违法成本，降低公共安全事故的发生率，维护社会安全稳定。但从更长远来看，《企业破产法》应当对各种破产优先权加以系统梳理，形成有体系、有秩序的破产清偿顺序。

六、破产费用与共益债务[②]

破产费用、共益债务是破产清算、破产和解与破产重整三大程序

---

① 例如可利用类比、数学计算方法、决策树分析、选定/替代变量分析、假定模型、网格及得分系统等方法，通过精密的技术化的数量分析为赔偿实践提供可供操作的评估标准。参见张新宝等：《大规模侵权法律对策研究》，法律出版社 2011 年版，第 201 页。

② 本部分内容发表于《法制日报》“李曙光谈破产”专栏 2007 年 9 月 23 日，原标题为“李曙光谈破产法：破产费用与共益债务”。

中都面临的花费支出。由于破产程序是讲究效率的程序，为保证效率价值的实现，一方面，要考虑降低破产程序的成本，使债权人易于启动破产程序；同时，还要考虑设置防止滥行启动破产程序的费用门槛，在二者之间求得平衡。另一方面，破产程序也应该支付为债权人共同利益而不得不花费的费用，以使债权人利益实现最大化。

《企业破产法》的“破产费用和共益债务”的概念是从债务人财产的角度提出的，指的是破产程序开始后发生的，破产程序进行中所必需支付的费用。这些费用是为管理、维护、增加和分配破产财产而发生，因此需要从破产财产中优先支出或随时支付。在英国、美国和日本等国家的破产法中，并未对破产费用与共益债务加以区分，而是平等清偿。而德国却赋予破产费用与共益债务不同的法律地位，当二者并存且财产不足全部清偿时，应首先清偿破产费用。[①] 这就是平等清偿主义与区别对待主义的区别。

1968 年《企业破产法（试行）》中仅规定了破产费用，并未规定共益债务。《企业破产法》则借鉴国际上的做法，将破产费用和共益债务进行了区分，专设第五章分别规定了破产费用和共益债务，且破产费用优先于共益债务受偿，由此确立了我国破产费用和共益债务的区别对待主义。

何为破产费用？破产费用是指破产程序开始后，为破产程序的顺利进行以及破产财产的管理、估价、变卖和分配等处分而发生的各项费用的总称。

《企业破产法》第 41 条规定：“人民法院受理破产申请后发生的下列费用，为破产费用：（一）破产案件的诉讼费用；（二）管理、变价和分配债务人财产的费用；（三）管理人执行职务的费用、报酬和聘用工作人员的费用。”破产费用可以定义为人民法院在受理破产申请时收取的案件受理费用，以及在破产程序进行中为全体债权人利益和程序进行之必需而支付的各项费用的总称。破产费用是为破产程序的顺利进行以及债务人财产的管理、估价、清理、变卖和分配而必

---

① 参见《德国破产法》第 53 条。

须支付的费用，需要从债务人财产中优先拨付。

何为共益债务？共益债务是从债务人财产的角度作出的界定，是指破产程序中为全体债权人的共同利益而发生的债务。与共益债务相对应的权利为共益债权。

《企业破产法》第 42 条规定："人民法院受理破产申请后发生的下列债务，为共益债务：（一）因管理人或者债务人请求对方当事人履行双方均未履行完毕的合同所产生的债务；（二）债务人财产受无因管理所产生的债务；（三）因债务人不当得利所产生的债务；（四）为债务人继续营业而应支付的劳动报酬和社会保险费用以及由此产生的其他债务；（五）管理人或者相关人员执行职务致人损害所产生的债务；（六）债务人财产致人损害所产生的债务。"共益债务可以定义为，在破产程序进行中，为全体债权人利益或程序进行之必需而产生的一切请求权的统称。即指管理人或重整程序中的自行管理债务人为全体债权人的共同利益，管理、变价和分配债务人财产而负担的债务。

破产费用和共益债务的特征可以概括为以下几种：[①]

1. 破产费用和共益债务是为债权人的共同利益而负担的给付义务。破产程序的清偿对象是全体债权人的债权，所以凡有关债务人财产的管理、保护、变价和分配的行为，都是为全体破产债权人的共同利益而进行的。在实施这些行为的过程中必然有一定的支出，比如破产费用包括的破产案件的受理费用，债务人财产的管理、变价和分配所需费用以及管理人执行职务的费用、报酬和聘用工作人员的费用，这些费用的支出是破产程序顺利进行的必要开支，债权人的共同利益

---

① 正是两者具有的诸多共性，促进了破产费用与共益债务合并制的立法模式的出现，与此相对的则是分别制的立法模式。所谓合并制，指凡是在破产程序中发生的为全体债权人利益而支付的费用和发生的债务，统一以破产费用或者财团债权处理的立法例。所谓分别制，是指在破产程序开始后发生的费用，根据法律关系的性质不同分别适用破产费用（财团费用）和共益债务（共益债权）制度的立法例。我国 1986 年《企业破产法（试行）》（现已废止）采用了合并制立法模式，不区分共益债务和破产费用，不存在共益债务的说法，直到 2006 年《企业破产法》的出台，"共益债务"这一法律术语才正式出现在法律规范中。同时，破产费用与共益债务的立法体例也从合并制走向分别制。

也因此得以保障的基础也在于此。破产费用和共益债务的价值与目的都在于为全体破产债权人的共同利益而服务。因此，破产费用与共益债务同样都具有共益的性质。

2. 破产费用和共益债务是由债务人财产负担的。破产费用和共益债务是为破产债权人的共同利益而形成，那么这些支出理应由全体债权人共同负担。那么，为什么要从债务人财产里支付呢？首先，将支出费用都交给全体债权人摊付既不效率又很难实现。其次，债务人财产是用于清偿债权人的债权，本质上是债权人的共同财产。所以，由债务人财产来负担等于是换了个角度收取，最终仍由债权人负担。既公平合理，又保证了效率，无疑是一种明智的制度安排。

3. 破产费用和共益债务应当优先清偿和随时清偿。首先，破产费用和共益债务是为破产程序的进行和全体破产债权人利益而产生的，理应优先于个别债权；其次，破产程序启动后，债务人财产状况很差，甚至面临资不抵债的情况，如果不对破产费用和共益债务优先清偿和随时清偿，那么为此付出劳动和金钱的人就会与其他债权人一同参与破产分配。显然，不会有人愿意承担这种风险或遭受损失。破产程序就不能及时顺利进行，甚至根本无法进行。所以，对破产费用和共益债务应当优先清偿和随时清偿，这也符合全体破产债权人的共同利益。

4. 破产费用和共益债务由管理人或自行管理债务人负责履行。破产费用和共益债务由债务人财产负担，并在破产程序中需要优先和随时清偿，在清算与和解程序中，只有管理人有权处分债务人财产的权利，所以履行这种偿付义务的主体必然是管理人。相对人的履行请求，应当向管理人提出，管理人应核实支出，法院认可后，破产费用和共益债务不参与最终的破产分配，先行受偿。而在重整程序中，则由法律允许的自行管理债务人负责履行。管理人或自行管理债务人履行此职责时要以有利于债务人财产的合理减损为考虑。

5. 破产费用和共益债务的发生时间是破产案件受理后，破产程序终结前。这是破产费用和共益债务区别于其他债权的显著特征。破产债务是基于破产案件受理前的原因成立的债务，即破产债务成立的法律事实必须发生在破产案件受理前。而破产费用和共益债务中除债权人申请破产的案件受理费用外，都是破产案件受理后形成的债务。

七、破产财产的分配

破产财产的分配（bankruptcy distribution），是指破产管理人本着公平原则，依法按照各债权人的应受偿顺序和应受偿比例，将变价后的破产财产，在债权人之间将破产财产进行清偿的程序。破产财产的分配是破产清算的首要目标，也是破产清算的最后阶段，分配结束，也就意味着破产清算程序的终结。破产财产的分配具有以下特征：

1. 破产财产的分配，必须坚持公平原则。主要体现为：一方面，必须按法定顺序分配，在前一顺序的债权人获得全额清偿前，后一顺序的债权人不得参与分配；另一方面，如果破产财产不足清偿某一顺序的债权人，则该同一顺序的债权人应按各自的债权额，依相同的比例获得分配。另外，在具体的分配与受让细节方面，各债权人的地位也应该保持平衡。①

2. 破产财产分配的实施者为破产管理人。破产管理人是破产清算工作的实施者，破产分配作为破产清算的组成部分，自然也是由清算组具体实施。破产管理人在破产财产分配中的工作主要包括制定破产财产分配方案、发布分配公告和执行分配方案等。

3. 破产财产分配的受偿对象为破产债权人。这里的破产债权人除经法定程序确认的普通破产债权人外，还包括优先顺位受偿人，如在破产人拖欠职工工资和劳动保险费用的情况下，破产人的职工作为优先顺位受偿人可参加破产分配。行使了优先受偿权并就其债权全部受偿的别除权人、抵销权人、破产管理人或共益债权人不能参加破产分配，但放弃优先受偿权或其债权未全部受偿的别除权人、抵销权人、破产管理人或共益债权人除外。

4. 破产财产的分配以现存的可供分配的破产财产为限。可供分配

---

① 参见顾培东主编：《破产法教程》，法律出版社 1995 年版，第 290 页。

的破产财产是指经取回权人、别除权人、抵销权人行使权利以及拨付了破产费用和共益债务后所剩下的破产财产。可供分配的破产财产是破产分配的基础，如果破产财产不足以支付上述费用或在支付了上述费用后，确定的破产财产无剩余的，破产管理人应提请法院终结破产程序。只要有可供分配的破产财产，即使在分配终结之后，破产债权人仍可就该财产受偿。

5. 破产财产的分配应依照法定的清偿顺序和程序进行。破产财产的分配并不是就破产财产在受偿主体之间作平均分配，而是按照法律规定的清偿顺序进行。只有满足了前一顺序的债权后，后一顺序的债权才可能受偿。同一顺序的债权，按比例受偿。

破产分配是破产清算程序的关键性阶段，是所有破产法上的制度的重点和债权人的终极关怀。正如有的学者所指出的，分配的实施可以说是破产程序的首要目标，所以，破产管理人从破产宣告起所进行的努力也将集中表现在分配的实施上。破产债权人的关心也集中于分配的时间和分配比例①。可见，破产财产的分配是实现债权人利益和债务人利益的集中环节，也是破产法的主要内容之一。

（一）分配方案的实施

分配方案确定以后，就进入了破产财产的具体分配阶段，关于分配的具体实践，在外国破产法中，一般规定破产财产的分配应当在一般债权调查完结后进行，只有在债权调查确认程序结束后才能确定破产财产应当分配给哪些人以及应当如何分配②。我国《企业破产法》没有明确规定相应的调查确认程序，只规定“破产财产分配方案经人民法院裁定认可后，由管理人执行。”③ 但一般认为，管理人应该调查确认后才开始分配。

至于用来分给债权人的价金形态，根据《企业破产法》第114条的规定，破产财产的分配应当以货币分配方式进行。但是，债权人会议另有决议的除外。即《企业破产法》中确立的是“货币分配为主、

---

① 李永军：《破产法律制度》，中国法制出版社2000年版，第331页。

② 顾培东主编：《破产法教程》，法律出版社1995年版，第294页。

③ 《企业破产法》第116条。

其他分配为辅”的方式，分配程序中的这一原则是与变价程序的设定相对应的。最高人民法院的司法解释也曾规定：“清算组分配破产企业的财产时，以金钱分配为原则，特殊情况下也可以采取实物分配方式。破产企业的债权在分配时仍未获得清偿的，还可以将未获得清偿的债权按比例分配给破产企业的债权人，同时通知破产企业的债务人”[①]。这些情况如：破产财产经过多次拍卖、变卖，无人应价；破产财产本身欠缺法律手续，如通过拍卖或者招标出售，会明显降低财产本身的价值；破产财产本身的性能、型号已经过期，但仍具使用价值等。[②] 具体来说，破产财产分配的方式有以下三种：货币分配、实物分配和债权分配。货币分配方式是绝大多数破产财产的通常分配方式，是应当优先考虑的首选分配方式。实物分配方式通常适用于破产企业大量积压的、不便于变现的库存产品，及可以化整为零分散处理的产品。如若变价处理，其市场价格可能大打折扣，债权人不会满意，同时也相应增加了评估、维修、仓储、拍卖等环节的费用。采用实物分配方式后，债权得到实物的部分清偿，以物抵债既经济又实惠，为债权人自用和转售创造了有利的条件。此外，还可采取债权分配方式，这种方式适合的情况是：破产企业的破产财产的主要体现形式是对外债权，这些债权分散在各地，不便于集中追缴，清算费用不足。分配时采用债权分配方式，节省清算费用的预支，提高办案效率。实物分配方式和债权分配方式在程序上要有债权人做出决议，按照债权人的决议执行。

此时应该注意的是，如果破产财产种类比较单纯、变价较为容易，管理人可以根据分配方案采取一次性分配方式，即通过一次分配将全部破产财产分配完毕。在破产财产种类多、数量大、变卖难度高的情况下，可以采取多次分配的方式。《企业破产法》规定，管理人按照破产财产分配方案实施多次分配的，应当公告本次分配的财产额和债权额。对破产财产的分配次数，主要需视破产财产的多少、变价

① 参见最高人民法院《关于贯彻执行〈中华人民共和国企业破产法（试行）〉若干问题的意见》［1991 年 11 月 17 日法（经）发〔1991〕35 号发布］第 58 条。

② 参见许海峰主编：《企业破产清算》，人民法院出版社 2005 年版，第 241 页。

难易等情况决定。

（二）追加分配

在分配终结后，如果发现有可供分配的财产或破产企业的财产请求权，仍可进行追加分配。依照破产分配进行的阶段的不同，可将破产分配分为中间分配、最后分配和追加分配。最后分配是指全部破产财产变价之后，不留剩余地对一般破产债权人进行的分配。最后分配完毕后，破产程序终结。在此之前，有可供分配财产时所进行的分配称为中间分配。追加分配是在最后分配完成和破产程序终结之后，又发现可分配的破产财产时进行的分配。追加分配是对一般分配的补救，其价值在于保护债权人利益。有的学者甚至将追加分配提高到了“是法律对债权人合法权益的最后保护线”① 的高度。

关于追加分配的概念，一些学者认为，追加分配又叫追回分配、追补分配、补充分配②，是指在破产财产的最后分配之后，又发现可供分配的财产时，经法院许可而实行的补充分配。③ 由于上述定义中，所谓“发现”可供分配的财产，是指原来不知道该笔财产的存在，不在破产管理人占有、管理之下，破产分配完毕后，才知道存在该笔财产，而事实上，最后分配之前也有可能知道财产的存在，只是因为有争议或其他原因致使破产财产无法实现，并不属“发现”财产的情形。④ 因此，实务界的同志将追加分配定义为：“在破产分配完毕后或破产程序终结后出现可供分配的财产时所进行的补充分配”⑤。在日本，其破产法第 283 条规定：“发出分配额的通知后，至又有可供分配的相当财产时，破产管理人经法院许可，应实行追加分配。虽于有

① 郑鉉：《追加分配：法律对债权人的最后保护线》，载《人民法院报》2001 年 11 月 1 日。

② 参见郑鉉：《追加分配：法律对债权人的最后保护线》，载《人民法院报》2001 年 11 月 1 日。

③ 参见邹海林：《破产程序和破产法实体制度比较研究》，法律出版社 1995 年版，第 378 页。

④ 参见周洪生：《试论破产财产的追加分配制度》，载 http：//www. dffy. com/faxuejieti/ms/200402/20040209120700. htm，最后访问日期：2007 年 1 月 6 日。

⑤ 李国光等：《正确理解〈关于审理企业破产案件若干问题的规定〉》，中国法制出版社 2002 年版，第 233 页。

破产终结的裁定后，亦同"[1]。《德国破产法》第 203 条规定，有下列情形之一的，破产法院得应破产管理人或者破产债权人的请求或者依职权命令追加分配：（1）被保留的份额在最后日期内可供自由分配时；（2）在最后日期之后从破产财产中所支付的款项重新回流到破产财产；（3）最后日期后，发现有应供分配的破产财产的。破产程序的撤销不妨碍追加分配。[2] 因此追加分配在时间上应定义在破产财产最后分配完毕之后，在财产形式上应定义为实现的财产，是指在破产财产的最后分配之后，又出现可供分配的财产时，经法院追回而实行的补充分配。

追加分配的执行者是法院，申请者是债权人。因为追加分配发生在破产程序终结后，这时破产管理人已经解任，当然无法再进行追加分配工作。人民法院在这一阶段的工作主要包括：追回破产财产、决定是否进行追加分配以及分配已追回的或逾期受领的提存分配财产。如果破产企业为国有企业，破产程序终结后发现的破产企业的财产请求权，由破产企业的上级主管部门行使。如果追回的财产较少，不足以支付分配费用的，不再进行追加分配，由人民法院将其上交国库。

追加分配的财产来源主要包括以下几种[3]：

1. 破产人实施破产无效行为所转让的财产。人民法院受理破产案件前一定期间至破产宣告之日的期间内，破产人实施破产无效行为而转让的财产，应当在破产清算期间由破产管理人予以追回，用于破产分配。破产程序终结后，如发现还有尚未收回的上述财产，法院应予追回以供追加分配。

2. 破产程序中因纠正错误支出而收回的款项。破产企业因错误而多支出的款项，破产管理人在破产程序中应予以纠正，相对人对多收

---

① ［日］石川明：《日本破产法》，何勤华、周桂秋译，人民法院出版社 2000 年版，第 289 页。

② 参见刘汉富译：《德国破产法》，载《商事法论集》，法律出版社 2000 年版，第 591～592 页。

③ 参见郑鈜：《追加分配：法律对债权人的最后保护线》，载 http：//www. sass. cn/925076/1784. aspx，最后访问日期：2024 年 7 月 10 日。

的款项应负有返还义务。如果这些款项是在破产程序终结后才收回的，人民法院应就收回的款项进行追加分配。

3. 权利被承认而追回的款项。主要指在破产程序终结前尚存在权利争议，在破产程序终结后，由发生法律效力的判决、裁定所确认的财产。

4. 债权人放弃的财产。主要指获得财产分配的债权人明确放弃的财产，以及在法定期间内仍未被债权人领取的提存财产。

5. 破产程序终结后实现的财产权利。如在破产程序终结前难以变现且又难以分配的实物、债权或股权，在破产程序终结后因变现所得的收益。

实施追加分配的除斥期间，以破产程序终结后一年为限。该期间是固定的，自破产终结之日起计算，不得延长或中止。超过一年期限才发现破产人有尚未分配财产的，也不得追回并分配。

追加分配作为破产分配的一部分，同样应符合法定的程序。法院应当通知有权参加分配的债权人，并对追加分配的时间、金额、地点等进行公告。未收到通知的债权人，如认为自己有权参加追加分配的，可向人民法院提出请求①。

追加分配还应遵守法定的清偿顺序和清偿比例。在进行追加分配前，应当优先拨付破产费用和共益债务；如有剩余，再依照破产财产分配方案进行追加分配，即先清偿所欠职工的工资和劳动保险费用，如有剩余，再清偿所欠税款，依次类推。同一序位的债权，按比例清偿。

（三）提存

在破产程序的过程中，一些债权可能附条件、可能正在仲裁或诉讼、可能债权人由于特殊原因未能及时受领，在此情况下，管理人应该将分配额提存。具体来说，包括以下三种情况：（1）债权人对破产人享有的债权附生效条件或者解除条件，管理人应当将其分配额提存。此种情况下，管理人提存的分配额，在最后分配公告日，如果生效条件未成就或者解除条件成就的，应当分配给其他债权人；在最后

① 参见周立涛：《破产法新释与例解》，同心出版社2001年版，第408页。

分配公告日，如果生效条件成就或者解除条件未成就的，管理人应当把这些分配额交付给债权人。（2）债权人未受领的破产财产分配额，管理人应当提存。债权人自最后分配公告之日起满 2 个月仍不领取的，视为放弃受领分配的权利，管理人或者人民法院应当将提存的分配额分配给其他债权人。（3）破产财产分配时，对于诉讼或者仲裁未决的债权，管理人应当将其分配额提存。自破产程序之日起满 2 年仍不能受领分配的，人民法院应当将提存的分配额分配给其他债权人。

八、破产撤销权与无效行为

（一）破产法中的撤销权[①]

2006 年《企业破产法》强调对于欺诈性破产的预防与打击，在第四章“债务人财产”这一章特别规定了可撤销的行为和无效的行为，对预防和阻止恶意破产、欺诈性破产作出了更严格的规定。本讲重点谈谈撤销权。

撤销权，又称否认权，是指管理人对于债务人在法院受理破产案件前一定期限内所为的有损于债务人财产从而损害破产债权人利益的行为，有权请求法院撤销，使其归于无效的权利。换言之，如果债务人在法院受理破产案件前一年内实施了法律所规定的侵害债权人合法权益的行为时，管理人可以请求人民法院依法确认该民事法律行为无效。撤销权的行使，可以带来两个后果：一是债务人所实施的有害行为被撤销；二是在非常状态下被转让的财产被管理人依法追回。

破产法规定对破产程序前行为的撤销权，主要是基于以下考虑：在企业失去或可能失去清偿能力的情况下，债权人和债务人之间存在严重的信息不对称。债务人极有可能在失去清偿能力的情况下，通过形式上合法的财产处分行为，损害债权人的利益。法律赋予管理人对不当行为的撤销权，是对这种不公平行为的一种纠正和救济。[②]

---

① 本部分内容来自《法制日报》“李曙光谈破产”专栏 2007 年 7 月 8 日“破产法中的撤销权”。

② 参见沈达明、郑淑君：《比较破产法初论》，对外贸易教育出版社 1993 年版，第 129 页。

撤销权具有以下特性：一是由管理人行使撤销权是撤销权行使的一般原则。由于接管债务人财产并负责债务人财产管理和其他事务的处理是管理人的主要职权，为保护债务人财产不受损害，维护债权人利益的撤销权也只能由管理人行使，法院、债权人会议和债权人委员会都不能行使这种撤销权。债权人可以对债务人在破产案件受理前所实施的某些处分行为提出异议，但这种异议并不当然否定债务人处分行为的效力。在有些重整案件中，属于管理人的权利有可能会由占有中的债务人（也称经管债务人）代替行使和履行，在这种情况下，占有中的债务人也有权行使撤销权。二是撤销权行使期间是在破产案件受理后，破产程序终结以前。由于管理人对破产财产的管理权仅存在于此期间，因此撤销权只能在这一段时间内行使。三是撤销权的行使方式。根据《企业破产法》的规定，管理人有权直接向人民法院提起诉讼，要求追回应属于破产财产的财产或财产权，因此，撤销权是通过诉讼方式行使的。这里的撤销权并不是一种单纯的形成权，也就是说，管理人并不能够以自己的行为，直接否认债务人行为的效力，而是必须向法院提起诉讼，请求法院撤销不当行为。这与合同法规定的撤销权的行使方式是一致的。四是撤销权行使的直接后果，是使破产企业有损债务人财产的处分行为自始归于无效，已被处分的财产将被依法追回。

尽管中国《企业破产法》第四章“债务人财产”规定的五种行为为可撤销行为，但这类行为的实际撤销应符合以下两条要求：

1. 必须是破产人在破产案件受理前的一定时间内所实施的行为。首先，撤销权所适用的对象，是破产企业在破产案件受理前所实施的行为，而不是破产案件受理后所为的行为。因为在破产案件受理后特别在清算程序中债务人在理论上已丧失了处分其财产的权利能力和行为能力，其处分财产的任何行为都可能无效，该行为不能对抗破产债权人，当然也不存在撤销权行使的问题。其次，本条撤销权行使的对象，必须是发生在特定期限内，即破产案件受理前1年内到管理人接管债务人财产之间。最后，撤销权的对象还必须是已经生效的行为，如果债务人在破产案件受理前所为的无效行为也不能成为撤销权的对象。

2. 必须是有害于债务人财产从而损害债权人利益的行为。《企业破产法》中可以撤销的五种行为，都将减少破产企业的财产，从而损害了全体破产债权人合法权益，这些行为往往是债务人有意实施的。在大多数情况下，该行为系由双方当事人恶意通谋所致，即破产债务人与行为的承受人有故意或过失，也有的情况是破产债务人有故意，而相对人无过错，但无论当事人在行为时的主观心态如何，只要行为实际上给债务人财产造成了损失，管理人都有权撤销该行为。

（二）可撤销行为的类型①

《企业破产法》第31条规定法院受理破产申请前一年内，涉及债务人财产的五种行为，管理人有权请求人民法院予以撤销。这五种行为都极具破产欺诈或“假破产，真逃债”的嫌疑，因此，《企业破产法》予以高度关注。第31条具有丰富的内涵。根据此条的规定，可撤销行为有以下五种：

1. 无偿转让财产的。无偿转让财产是不正当减少债务人财产，损害债权人利益的典型形态。无偿转让财产，是以无代价或者实质上无代价的方式将债务人财产让渡与他人的行为，例如，直接将某项财产赠与他人，在交易过程中让渡某项财产利益而不取回报（变相赠与）等。无论这种赠与或赠送行为在道德上多么高尚，只要是在受理破产申请前1年内的行为，管理人都可提请撤销。

2. 以明显不合理的价格进行交易的。以明显不合理的低价转让财产、进行交易，实质上是一种不当放弃债务人可得利益，从而使其可执行财产减少的行为。在认定这种行为时，关键是确定该财产在当时的可售价格。对此，主要应考虑两个因素：第一，相同财产或同种类财产在当时的市场价格边界（高限和低限）。第二，相同财产或同种类财产在当时的市场供求和竞争状况（销售难易度）。在市场价格边界内，销售难度高的，可售价格应偏向价格边界的低限；易于销售的，可售价格应偏向高限。在确定是否“明显不合理”时，要适当考

① 本部分内容来自《法制日报》“李曙光谈破产”专栏2007年7月15日“五种可撤销的行为”。

虑财产的性质和债务人出售该财产的合理性。如果销售的财产是债务人业务范围内经营的物品（例如，工厂出售其产品），应较充分地考虑市场供求和竞争因素对降价幅度的影响。如果销售的财产不是债务人业务范围经营的物品（例如，工厂出售房屋），则应当结合销售收入的使用去向，对降价的合理幅度作较严格的解释。①

3. 对原来没有财产担保的债务提供财产担保的。由于有财产担保的债权人能够就担保权标的优先独立受偿，债务人在无力偿债事态下对原来没有财产担保的债务提供财产担保，便意味着本应用于集体清偿的财产变成了个别人优先独立受偿的标的，从而使其他债权人通过集体程序获得的清偿数额减少，这是违反《企业破产法》公平清偿原则的。适用此款时应注意以下问题：

（1）必须是债务人对现有债务提供的担保。所谓对现有债务提供担保，系指对先前已存在的债务，以后又设定担保；若债务人的债务与担保同时设定，则不受此条件的限制。

（2）此种担保既包括由破产人为自己的债务而提供的，也包括为他人所负债务而提供的担保，因为在这两种情况下，债务人财产都会因此受到损害。

（3）这种担保是在债务人财产上设定的，担保权益的行使有可能使债务人财产实质减少，从而损害全体或者大部分债权人利益。如果是第三人为债务人原来没有财产担保的债务提供保证或提供担保的，由于在实质上增加了债务人的清偿能力，因此不属于法律条文所规定的范围。

（4）债务人对现有债务提供担保，必须是在破产受理前 1 年内实施的。

4. 对未到期债务提前清偿的。在合同关系中，除了少数即时清结的合同之外，一般合同均规定有一定清偿期限，以明确合同当事人权利义务关系的起始和终结时间，并便于债务人履行债务和债权人接受履行。《民法典》第 530 条许可债务人提前清偿。但是，对破产企业

---

① 参见唐军：《论破产撤销权》，载《社会科学研究》2013 年第 1 期。

来说，在法院受理破产案件前 1 年内对未到期债务的提前清偿行为则属于可撤销行为。这是因为，提前清偿部分债权，实际上是给予这部分债权以特殊优惠，从而使这部分债权免却了作为一般破产债权可能蒙受的损失。这种撤销行为的构成要件有二：一是必须是债务人对于债权人未到期的债务所进行的清偿。所谓未到期的债务，是指破产企业在清偿的时候，该债务的清偿期尚未到来，对这种债务，当债权人要求清偿时，债务人原本享有拒绝履行的权利。如果该项债务已届清偿期，那么，破产人对该债务的清偿是有效的。二是必须是在破产案件受理前 1 年内所进行的清偿行为。如果债务的清偿发生在破产案件受理的 1 年以前，即使是对未到期的债务所进行的清偿，也不能构成否认的原因。

5. 放弃债权的。一般情况下，债权人有权放弃自己的债权。但是在无力偿债的情况下，债务人放弃自己的债权，实质上放弃的是债权人的清偿利益，因此，《企业破产法》将其规定为可撤销行为。应注意的是，如果债务人通过免除相对人债务获得了公平的回报，从而使其财产价值（债权人的清偿利益）有相应增加，则该种放弃是有效的。①

（三）优先性个别清偿行为②

公平清偿是破产法的重要原则。破产法规则要求在破产清算程序中，所有的债权人能够得到公平的对待。但是，债务人在进入破产程序之前有可能会破坏这一原则。债务人有可能在已经出现偿付能力困境的情况下，基于各种原因而先对个别债权人进行优先性清偿，之后再向法院申请破产，从而使其他债权人利益受到损害。在破产实践中，此种现象时有发生。由于债务人在进入破产程序之前，债务人和债权人之间在债务人偿付能力状况上存在严重的信息不对称，很难保证在有多个债权人的情况下，每个债权人都能了解债务人的真实财务状况。因此，为保护债权人利益，《企业破产法》第 32 条将企业进入

① 参见韩长印：《破产撤销权行使问题研究》，载《法商研究》2013 年第 1 期。

② 本部分内容来自《法制日报》“李曙光谈破产”专栏 2007 年 8 月 5 日“优先性个别清偿行为”。

破产程序前的优先性个别清偿行为规定为可撤销行为的一种。

理解《企业破产法》第 32 条的关键是对优先性个别清偿行为的界定。所谓优先性个别清偿行为，是指债务人在法院受理破产申请前 6 个月内，且出现破产原因的情况下，仍对个别债权人进行清偿，使相关债权人获得多于其在破产清算程序中所获得清偿的行为。对优先性个别清偿行为应从以下几个方面予以认定：

1. 优先性个别清偿行为的范围

《企业破产法》第 32 条规定的优先性个别清偿行为仅指对个别债权人进行清偿的行为。这里清偿的债务不是未到期的债务，而是已经届至清偿期的债务。如果债务人对未到期的债务提前清偿的，则构成《企业破产法》第 31 条规定的可撤销行为。

2. 行为的时间要件

只有在人民法院受理破产案件前 6 个月内发生的个别清偿行为才属于可撤销的优先性个别清偿行为。在人民法院受理破产案件之前，在正常情况下，债务人有权处置自己的财产，如为债务人企业的正常生产经营，需要履行合同，清偿债务。为什么法律要将优先性个别清偿行为的时间段规定为人民法院受理破产案件前 6 个月内，而不是 1 年或 3 个月呢？立法时考虑：如果将可撤销的优先性个别清偿行为的发生期间定的过长，不利于法院对优先性清偿行为的认定；定的过短，又不利于交易安全的维护。还要考虑到与第 31 条五种可撤销行为的衔接。因此，第 32 条对于个别清偿行为规定为人民法院受理破产案件前六个月内，时间段短于其他可撤销行为。

3. 债务人财产状况要件

根据《企业破产法》规定，优先性个别清偿行为必须在债务人已经出现破产原因后作出。并不是在法院受理破产案件前 6 个月之内所有的个别清偿行为都要被申请撤销，只有当这种个别清偿是在债务人不能清偿到期债务，并且资产不足以清偿全部债务或者明显缺乏清偿能力的情况下作出的，才可以被申请撤销。因为在债务人出现破产原因的情况下，尽管案件尚未进入法律程序，但这时债务人所有的财产已经在实质上成为债权人的财产。在这个临界点上，债权人的权利极易受到侵害，此时的个别清偿行为应是被禁止的。

在考量债务人是否“不能清偿到期债务，并且资产不足以清偿全部债务或者明显缺乏清偿能力”时，应注意人民法院受理破产案件前6个月这段时间。这一时间又可以分为两个阶段，即破产申请提出前和破产申请提出后。破产申请又包括债务人申请破产和债权人申请破产两种情况，在债务人申请破产时，破产原因的具备是破产申请提出的实质条件，因此在债务人提出破产申请到法院受理之前的一段时间内，可以推定为“债务人不能清偿到期债务，并且资产不足以清偿全部债务或者明显缺乏清偿能力”。[①] 当债权人提出破产申请时，而破产申请已经被法院受理的情况下，也可以反推认为已经具备了破产原因。而在破产申请提出前，债务人是否“不能清偿到期债务，并且资产不足以清偿全部债务或者明显缺乏清偿能力”则要根据债务人当时的资产、负债状况综合认定。

4. 优先性个别清偿行为的判断标准

构成优先性个别清偿行为，必须是这种清偿损害其他债权人利益。个别清偿是否损害其他债权人利益的判断标准有二：其一，这种个别清偿减少了债务人财产，从而损害了其他债权人的合法权益。其二，这种个别清偿使接受清偿的个别债权人获得比在破产程序中更多的清偿。

5. 优先性个别清偿行为的例外

人民法院受理破产案件前6个月内，债务人在出现破产原因的情形下，仍对个别债权人进行清偿，但这种清偿使债务人财产受益的，不构成优先性清偿行为。这一除外条件实际上是强调了优先性个别清偿行为必须有使其他债权人受损的情况。如果个别清偿行为能够导致

---

① 此处的“推定支付不能”也称“主观不能”，是指在没有相反证据证明的情况下，债务人停止支付到期债务并呈连续状态的情形。此处的“呈连续状态”专指债务人不是一时的、针对个别债权人的不予清偿，而指时间上是延续的，且针对多数债权人的普遍不予清偿的主观状态。这是“推定”意义上的“支付不能”，这种“推定”不排除有例外的情形，故设置了前提条件，即“在没有相反证据证明的情况下”，言外之意，有相反证据则不构成“推定支付不能”。参见王丽美：《企业破产原因应然内涵新探——兼论〈企业破产法〉的完善问题》，载《法学杂志》2014年第2期。

债务人财产在整体上增加的后果，则各债权人在破产程序中可以得到更多的清偿利益，其权益在实质上没有受到损害。即便如此，也还存在一种值得讨论的情况，债务人有多个债权人，进行个别清偿时，对这些债权人任一债权人进行个别清偿，都可以使债务人财产受益，此时，债务人应选择哪一个债权人进行清偿？本条的立法意图是，这时债务人应选择清偿可以使债务人财产受益最大的债务人进行清偿。违反这一原则的个别清偿行为仍可被撤销。

应该注意的问题是，优先性个别清偿行为和债务人正常的经营行为与活动之间的界限。在人民法院受理破产案件前的6个月内，债务人企业仍在进行正常的经营活动，因而可能存在大量的业务往来，这些正常的经营行为与活动不应当被认定为优先性个别清偿行为。实践中，判断债务人行为是否属于正常的经营行为与活动，应参考以下标准：第一，债务人是在自己经营范围内进行的必要活动，如支付必要的水费、电费，购买必要的原材料等。如以经营为名，行转移财产之实，则可能构成《企业破产法》第33条规定的破产无效行为。第二，经营活动应有助于提高企业的清偿能力。如果企业开展的活动，可能导致债务人财产、债务和经营状况的继续恶化，则不应认为是正常的经营行为与活动。

（四）破产无效行为①

《企业破产法》第33条规定：涉及债务人财产的下列行为无效：（1）为逃避债务而隐匿、转移财产的；（2）虚构债务或者承认不真实的债务的。本条是关于破产无效行为的规定，全条共一款，具体规定有关债务人财产的两种应予无效的行为。

1. 隐匿、转移财产的。隐匿财产，即将债务人财产隐瞒、藏匿的行为。隐瞒是指对有关债务人财产的信息不予披露的消极行为，例如，不在财务报表上记载或者不真实记载，对财产去向隐情不报，在接受有关财产情况的询问时不如实回答。藏匿是指将财产（货币、实

① 本部分内容来自《法制日报》“李曙光谈破产”专栏2007年8月12日“破产无效行为”。

物）或者财产权凭证置于未予公开的处所，使之不能依破产程序被有效地接管和处分。转移是指将债务人的财产或财产权利转移到其他权利主体名下。再如，将资金转移到关系公司的账户，将收入现款存入以私人名义开设的银行账户。私分财产也是将财产进行转移的一种方式。私分财产是企业或企业人员无正当理由，将债务人财产在企业成员中进行分配的行为。企业在亏损或无力偿债的情况下，已无利润分配或福利分配可言。此时无论以现金还是实物的形式将企业财产分配，都必然导致破产财产的减少，损害债权人利益。

2. 虚构债务或者承认不真实的债务的。虚构债务是指债务人在申报债务时，将未发生的债务进行申报，意图弥补转移或侵吞债务人财产的亏空等情形的行为。承认不真实债务，是指债务人对于债权人虚构申报的债务予以承认并给其他人以误认，以实现使个别债权人获得更多清偿利益，或者掩盖企业真实财务状况的行为。虚构债务或者承认不真实的债务通常是为了增加负债，负债是企业法人的消极财产，消极财产增加则积极财产减少，这样虚构债务同样达到减少债务人财产的目的，也损害了债权人利益。这部分不真实债务掩盖下的财产通常会被行为人私自侵吞，或者与他人串通私分。这种行为也是严重的欺诈行为，无论在何时发生，均无效。

将隐匿、转移财产和虚构债务或者承认不真实的债务这两种行为作为无效行为单独列出，是2006年《企业破产法》对1986年《企业破产法（试行）》的修改和完善。破产无效行为在1986年《企业破产法（试行）》第35条中曾有规定，人民法院受理破产案件前六个月至破产宣告之日的期间内，破产企业的下列行为无效：①隐匿、私分或者无偿转让财产；②非正常压价出售财产；③对原来没有财产担保的债务提供财产担保；④对未到期的债务提前清偿；⑤放弃自己的债权。破产企业有前款所列行为的，清算组有权向人民法院申请追回财产。追回的财产，并入破产财产。在1986年《企业破产法（试行）》中，行为人隐匿、转移财产的行为如果发生在破产宣告前六个月内，则为无效行为；而对虚构债务或者承认不真实的债务的行为没有作规定，也不在所列举的五种无效行为之内。可见2006年《企业破产法》对此问题有三点创新：

一是将可撤销行为从无效行为中剥离出来，作了单独规定，前面已有论述。原因是破产程序实际上对这些行为并无溯及力，需要依赖管理人的请求来撤销，也符合民法对可撤销行为的规定。而《企业破产法》规定的这两种无效行为则不然，这两种行为属于欺诈行为，情节恶劣，破产法承认破产程序对其具有溯及力，并且依据民法的无效行为理论其当然无效。

二是将隐匿、转移财产行为无效的时间限制取消，无论此行为何时发生均为无效。之所以取消此行为无效的时间限制，是因为：首先，这两种行为具有欺诈的性质，行为人明显有侵害债权人利益的故意，所以无论何时发生，均无效。其次，如果不取消时间限制，则行为人可以利用时间差，在隐匿、转移财产行为发生 6 个月之后再申请破产，以规避法律。

三是增加虚构债务或者承认不真实债务的行为无效的规定。这种行为实际上也是一种隐瞒财产的欺诈行为，而且在实践中经常出现，情节恶劣。1986 年《企业破产法（试行）》对此没有作规定，是一个很大的漏洞。《企业破产法》增加这种行为无效的规定，希冀有效杜绝此类行为。

破产无效行为和可撤销行为的区别在于：《企业破产法》第 33 条规定的破产无效行为在性质上均属于欺诈行为，不论何时发生，均自始当然无效，而且是法定的无效行为。[①] 而对于可撤销行为，在企业正常经营情况下，属于合法有效行为。而当企业进入破产程序后，法律将撤销权赋予管理人，以防止债务人对债权人权益的损害。管理人行使撤销权必须通过法院进行，当法院撤销债务人行为后，该行为自始无效。如管理人未对可撤销行为行使撤销权，则该行为为有效行为。

可见，对破产程序前行为的无效规定体现了《企业破产法》对债务人财产保护的重视。隐匿、转移财产和虚构债务或者承认不真实债务的行为当然自始无效。

---

① 参见葛现琴：《对破产无效行为制度抑或撤销权制度的探讨》，载《企业经济》2002 年第 8 期。

（五）民法视角下的破产欺诈行为[①]

2017年3月15日通过的《民法总则》在不少方面都有重大变化，"民事法律行为"一章的诸多调整，要求《企业破产法》及时作出应对和调整。

"民事法律行为"的内涵，在《民法总则》中，其不仅指合法的法律行为，无效、可撤销和效力待定的行为也都包括在内，由此也更加强调民事主体的责任意识和规则意识。同时增加完善了有关意思表示的规定、虚假表示的效力规定等。《企业破产法》中对于可撤销和无效的行为，集中在第31、32、33条。[②]

《民法总则》中的可撤销行为[③]是因为一方的意思表示不真实，可因行为人撤销权的行使而使该行为自始不发生效力，具体包括重大误解、欺诈或第三人欺诈、胁迫和显失公平行为。《民法总则》中的无效行为则是欠缺生效的根本要件而当然地不发生行为人预期的意思效力，具体包括无民事行为能力人的行为，虚假的意思表示，恶意串通，违背公序良俗，违反法律、行政法规。此外，这次《民法总则》还对民事法律行为效力体系进行了整合，民事法律行为的效力瑕疵这一部分，分为绝对无效的法律行为、相对无效的法律行为，以及效力待定的民事法律行为。《民法总则》的修改对于破产法的影响，主要从以下三个方面看。

首先，破产法规定对破产程序前行为的撤销权，主要源于在企业失去或可能失去清偿能力的情况下，债权人和债务人之间可能存在严

---

① 本部分内容节选自《京师法律评论》2017年第11期《论〈企业破产法〉与〈民法总则〉的契合》。

② 《企业破产法》第31条规定："人民法院受理破产申请前一年内，涉及债务人财产的下列行为，管理人有权请求人民法院予以撤销：（一）无偿转让财产的；（二）以明显不合理的价格进行交易的；（三）对没有财产担保的债务提供财产担保的；（四）对未到期的债务提前清偿的；（五）放弃债权的。"第32条规定："人民法院受理破产申请前六个月内，债务人有本法第二条第一款规定的情形，仍对个别债权人进行清偿的，管理人有权请求人民法院予以撤销。但是，个别清偿使债务人财产受益的除外。"第33条规定："涉及债务人财产的下列行为无效：（一）为逃避债务而隐匿、转移财产的；（二）虚构债务或者承认不真实的债务的。"

③ 参见《民法总则》第147条至第151条。

重的信息不对称。债务人极有可能在失去清偿能力的情况下，通过形式上合法的财产处分行为，损害债权人的利益。法律赋予管理人对不当行为的撤销权，是对这种不公平行为的一种纠正和救济。《企业破产法》第 31 条所列五种可撤销行为以及第 32 条的个别清偿，确定了破产欺诈行为，而《民法典》中的可撤销行为则范围更广，既包括破产欺诈行为，也包括轻微的不属欺诈但显失公平的行为，这些行为如果不提出可撤销，甚至没有违法性。从破产撤销权的设立初衷来看，现有的规定缺乏一定的开放度，无法应对商业社会的快速发展变化，比如无法有效穿透和识别隐蔽的破产欺诈行为。可撤销的行为中也没有区分合同的性质而排除撤销权在一些特殊合同上的适用。因此，应依据《民法典》破产法有关可撤销行为的一些表述，强化对破产欺诈行为特征的认定。①

其次，对破产程序前隐匿、转移财产和虚构债务或者承认不真实债务的行为的无效规定，使对较为恶劣的破产欺诈行为突破时间限制而具有溯及力，当然自始无效，体现了《企业破产法》对债务人财产保护的重视。立法者在制定《企业破产法》时区分破产中的可撤销行为和无效行为，是考虑到这两类破产欺诈行为的恶劣程度不同而对债权人财产利益的影响不同，需要作出区别对待。

《民法典》第 7 条把民事主体从事民事活动不得违反法律，不得违背公序良俗作为民法的基本原则；同时，在第 143 条规定，民事法律行为的生效要件，其中包括不得违反法律，行政法规的强制性规定，不得违背公序良俗。所以，民事法律行为违反法律行政法规的强制性规定，就绝对当然无效。《企业破产法》第 33 条有关无效行为的规定跟《民法典》是契合的，问题是，破产法是否可根据《民法典》的规定，扩大破产无效行为的范围，如欠缺生效的根本要件而当然地不发生行为人预期的意思效力，包括无民事行为能力人的行为，虚假的意思表示，恶意串通，违背公序良俗，违反法律法规行为等，借助

---

① 参见齐砺杰:《破产无效制度在个人破产背景下的迭代研究——以〈深圳经济特区个人破产条例〉为例》，载《中国应用法学》2021 年第 5 期。

民法中的无效行为理论，扩大破产中恶劣破产欺诈行为的范围及确认其溯及力，从而更好地打击破产逃废债行为。

最后，破产欺诈行为的有关内容规定于《企业破产法》第 31 条、第 32 条、第 33 条。其中的可撤销行为只在进入破产程序后由管理人提出撤销后失效，若在企业正常经营阶段则为有效行为。学术界所通认的破产欺诈行为并不一定在民法都认定为欺诈行为。现有的破产撤销行为和破产无效行为制度逻辑设计是沿用《民法通则》中关于可撤销行为和无效行为的理论逻辑。在《民法典》将“民事法律行为”内涵从合法行为扩充为合法、可撤销、无效和效力待定行为，又规定了民事法律行为有效的构成要件后，意味着进入破产程序后被认定为破产欺诈的行为在《民法典》中找不到合适的概念定义。破产法中关于可撤销行为与无效行为的规定应重新梳理，与《民法典》衔接。

无论是破产中的可撤销行为还是无效行为，在一般的破产法理论中都统称为欺诈无效行为。破产法从保护债权人利益的角度出发，在破产程序中最大化债务人财产池，通过制度设计识别破产欺诈行为。在中国的现实发展中，却由于制度设计的封闭性而使随着破产法实施的推进而越来越不合时宜。破产欺诈行为的列举式陈述经过实践的发展，正逐渐被规避且难以适用现有的规定进行规制。

在《民法典》对民事法律行为理论进行修正调整的情况下，《企业破产法》的修订既要考虑民事法律行为理论的变化，也要着眼于发挥在破产程序中破产欺诈行为的判别作用，使欺诈无效行为制度真正起到打击破产逃废债的作用。

九、破产程序的终结

破产程序的终结，又称为破产程序的终止，是指在破产程序进行过程中发生法律规定的应当终止破产程序的原因时，由法院裁定结束破产程序。[①] 破产程序的终结分为正常终结和非正常终结。债权人的

---

① 参见邹海林：《破产程序和破产法实体制度比较研究》，法律出版社 1995 年版，第 382 页。

债权通过破产程序的实施得到全部或部分清偿，从而达到了破产程序的实施目的，这就是正常终结，由于某种原因的发生，使破产程序的继续进行失去意义，从而终结破产程序的，称为非正常终结。

在破产清算程序中，债务人无财产可供分配或者破产分配已经进行完毕，经管理人申请，人民法院查证属实后，作出破产程序终结的裁定，破产清算程序即结束。

（一）破产程序终结的原因

破产程序终结的原因，是指引起破产程序终结的法律事实。由于债务人自身情况、破产财产的状况和破产预防程序的法律构造的不同，各国破产立法关于破产程序终结原因的规定也有所不同。日本破产法和德国破产法大多将破产程序终结的原因分为破产分配终结、因强制和解的成立而终结和因破产废止而终结。[①] 我国《企业破产法》规定的程序终结方式也有三种：其一，由和解整顿程序完成引发的终结；其二，债务人的破产财产不足以支付破产费用的；其三，破产财产分配完毕后的终结。通过以上列举不难看出，各国破产立法中有关破产程序终结原因的规定大同小异，不同点主要是和解协议成立后是否终结破产程序。破产立法对此采取否定态度，即规定和解协议的成立只产生破产中止的效力。待和解整顿程序开始后，视和解整顿程序进行的结果如何而采用不同的终结方式。总体说来，破产程序可因以下事实的发生而终结。

1. 破产程序因破产财产分配完毕而终结

破产程序在进行过程中，如果没有成立和解，也没有其他特殊情形，通常以破产财产被分配完毕而结束，这是破产程序终结中最常见、最基本的方式。因为破产程序进行的主要目的在于用破产财产清偿全体债权人的债权。如果破产财产已通过破产分配处理完毕，再进行已无破产财产可供分配的破产程序没有任何实际意义。因此，破产财产一旦分配完毕，破产程序即应当终结。

---

① 参见《德国破产法》第200、207、211、212、213、214、215、258条，《日本破产法》第216～221条。

破产财产分配完毕后，破产管理人应当向法院提交破产财产分配报告，并提请人民法院裁定终结破产案件。除非法院认为破产管理人的申请不当，否则应当在 15 日内裁定终结破产程序。破产程序终结后，破产企业的账册、文书等卷宗材料由破产管理人移交破产企业上级主管机关保存；无上级主管机关的，由破产企业的开办人或者股东保存。人民法院裁定终结破产程序，并完成公告后，破产管理人即应当持法院终结破产程序的裁定，向破产企业原登记机关办理破产企业注销登记，至此债务人企业的法律人格彻底归于消灭。对于实行自然人破产制度的国家，破产的自然人尚未清偿的债务不再清偿，债务人自破产程序终结之日起，恢复对其财产的占有和管理权。破产分配完毕后剩余的财产，应交还给债务人支配。关于破产程序终结后尚未清偿的债务是否仍要继续清偿，各国破产法有免责主义和不免责主义两种立法态度。由于法人在破产程序终结后人格归于消灭，不存在所谓免责问题，所以，免责与否只是对破产的自然人意义重大。现代社会破产法的立法取向已由不免责主义向免责主义过渡。

2. 因债务人能够执行和解协议而终结破产程序

各国破产法均承认和解协议的效力优于破产程序，但对是否终结破产程序却有不同的规定，即破产程序进行过程中，债权人与债务人达成和解协议并经法院认可后，究竟是产生破产程序终结的效力抑或是程序中止的效力，国内外立法例存在差异。《意大利破产法》规定，法院对和解认可的裁定不终结破产程序。法院、破产管理人及债权人会议将继续监督和解协议的履行，待和解协议完全得到履行，并经法院对此加以确认后，方终结破产程序。[①] 此种方式与 1986 年《企业破产法（试行）》的规定较为相似。《德国破产法》规定，和解方案经法院确定而生效，破产法院即决定撤销破产程序。[②] 换句话说，随着认可强制和议裁定的确定，和议的成立，已没有必要使破产程序继续进行。但法院裁定认可强制和议，不当然使破产程序同时终结，需待

① 参见陈荣宗：《破产法》，台北，三民书局 1986 年版，第 353 页。

② 参见《德国破产法》第 258 条。

认可决定确定，对破产程序的有关活动进行一定的处理后，于适当时期另外以裁定的方式终结破产程序。荷兰破产法则恰恰相反，明确规定破产程序于和解认可之裁定确定时终结，法院无须另行作出破产程序终结的裁定。①

按照1986年《企业破产法（试行）》的规定，和解整顿程序的进行可能产生如下后果：（1）和解整顿期限届满，债权人能够按照和解协议的规定清偿到期债务的，宣告和解整顿程序终结，同时宣告已经开始的破产程序相应终结；（2）和解整顿程序进行期间，债务人的财务状况继续恶化，债权人会议申请终结整顿的，宣告和解整顿程序终结，转而启动中止的破产清算分配程序；（3）和解整顿程序进行过程中，债务人不执行和解协议或者实施破产法规定的严重损害债权人利益的行为的，宣告和解整顿程序终结，启动中止的破产清算分配程序。归纳起来，因和解整顿程序的开始而引发的破产程序的终结不外乎有两种情况，一是和解整顿成功而终结破产程序，此时，企业生命得以继续延续；二是因和解整顿程序失败而致企业进入破产清算分配程序。待分配程序完成后，破产程序随之终结。根据《企业破产法》的规定，债务人与全体债权人就债权债务的处理自行达成协议的，可以请求人民法院裁定认可，并终结破产程序。②

3. 破产程序因破产财产不足支付破产费用而终结

破产费用应当在破产财产开始分配前优先拨付，所以当破产财产少到无法满足清算组开展正常工作时，再将破产进行下去已无必要，所以法律作此规定。破产程序因破产财产的不足而终结，是各国破产立法的通例。破产费用应当在破产分配实施之前从破产财产中优先拨付。如果破产财产的数额不足以支付破产费用，破产债权人的债权就根本不可能再从破产财产中得到任何分配。此时，破产程序继续进行既不可能，也无实益。从维护债权人利益、维护社会公益和节省法院财力、人力的角度考虑，法院理当裁定终结破产程序。

---

① 参见李永军：《破产法律制度》，中国法制出版社2000年版，第342页。

② 参见《企业破产法》第106条。

因破产财产不足以支付破产费用而引起的程序终结，国外破产法大多称之为破产废止。根据宣告破产废止的时间的不同，可将破产废止分为同时废止和异时废止。前者是指宣告破产之时发现财产不足以支付破产费用时实施的废止；后者是指在宣告破产后、破产分配程序进行期间财产不足以支付破产费用的情况下实施的废止。无论哪种废止均可直接导致破产程序的终结。但对于破产宣告前或破产宣告之时即发现债务人的财产不足以支付破产费用而终结的破产程序，各国立法存在分歧。如《德国破产法》即采取了驳回破产申请的做法。该法第 26 条规定："若预计债务人的财产将不足以偿还诉讼费用时，则破产法院可驳回其开始破产程序的申请。但若已经预付足额诉讼费的，不在此限。"而依据《日本破产法》第 145 条的规定，法院认为破产财团不足以缴纳破产程序的费用时，必须在破产宣告的同时，作出破产废止的决定。[①] 对于异时废止的情形，破产管理人应当在发现后及时报告人民法院，由法院终结破产程序。1986 年《企业破产法（试行）》规定，破产财产不足以支付破产费用的，人民法院应当宣告破产程序终结。[②] 该条规定即忽略了破产宣告前债务人财产不足的处理。《企业破产法》在一定程度上弥补了这一立法漏洞，规定债务人财产不足以清偿破产费用的，管理人应当提请人民法院终结破产程序。人民法院应当自收到请求之日起 15 日内裁定终结破产程序，并予以公告。[③]

4. 破产程序因全体债权人同意废止而终结

破产程序因债权人同意废止，是大陆法系国家常见的做法，破产程序因同意废止而终结，是指在破产程序进行的过程中，破产人取得破产债权人的同意时，依法申请法院废止破产程序，从而导致破产案件终结的制度。对于破产程序终结的这一原因，德国和日本的破产法均有相应的规定。如《日本破产法》第 347 条规定，认可破产人具有同意废止的申请权，并以下列事项为废止的要件：（1）破产人取得债权申报期间内提出申报的全体债权人的同意；（2）遇有不同意的债权

① 参见李永军：《破产法律制度》，中国法制出版社 2000 年版，第 344 页。
② 参见 1986 年《企业破产法（试行）》第 34 条第 2 款。
③ 参见《企业破产法》第 43 条第 4 款。

人，经其他破产债权人的同意并由破产财团提供担保。[①] 原《德国破产法》第202条也规定：“申报期满后，如果破产人得到已申报债权的全体债权人同意，应其声请时应停止破产程序。债权人已申报的债权未确定时，法院得自由裁量在何范围内要求该债权人同意或要求该债权人设定担保。申报期满之前，如果破产人得到已申报债权的债权人的同意，而除此之外尚未得知有其他债权人时，应破产人申请可停止破产程序。”《德国破产法》第213条规定：“若债务人在申报期限届满后能够提供所有申报债权的破产债权人的同意撤销的证明，破产程序应债务人的请求而由法院撤销。”[②]

破产债权人作出同意的性质，国外法学界一般认为是对法院作出的放弃继续进行破产程序，但不放弃债权的意思表示。[③] 法院接到破产人提出的同意废止（或终止）的申请后，应对申请是否符合条件进行全面的审查，并将申请予以公告。破产债权人在一定的期间内（日本规定为2周，德国为1周）可以对废止（或终止）申请提出异议。异议的事由通常为：欠缺对破产废止同意的条件、在同意的条件上存在意思表示的瑕疵等。异议期满后，法院在听取破产人、管财人和异议债权人的意见后，作出是否同意废止或终止的决定。该决定一旦确定，就发生与作出破产程序的终结决定相同的法律效力。

《企业破产法》中没有关于以此种方式使破产废止或终止的规定。但是，破产程序中的实际情况复杂多样，如果债权人得到破产人的某种承诺，愿意通过其他途径解决债务纠纷，或者得到第三人为破产债务作出总体担保时，对破产人提出的废止或停止破产程序申请，法律自然没有禁止的必要。因此，在修改破产法时，应借鉴德国、日本破产法的做法作出相关规定。

（二）破产程序终结的法律效力

破产程序终结对于破产人的效力分为两种：自然人和法人。由于

---

① 参见［日］伊藤真：《破产法》，刘荣军等译，中国社会科学出版社1995年版，第281页。

② 李永军：《破产法律制度》，中国法制出版社2000年版，第342页。

③ 参见［日］石川明：《日本破产法》，何勤华等译，中国法制出版社2000年版，第218页。

现行的破产法律仅适用于企业法人，因此，破产程序因分配完毕和破产财产不足支付破产费用而终结后，法人的主体资格归于消灭，其所负剩余债务当然免除。对于有自然人破产制度的国家，当因债务人能够执行和解协议而终结破产程序时，自破产程序终结之日起，破产人恢复对其财产的占有和管理，对和解协议所免除的债务不再负清偿责任；和解债权人在破产程序终结后，只能取得和解协议所规定的清偿利益，而不得对破产人主张和解协议外的利益。当因债务人财产不足而致破产程序终结时，破产自然人不因破产程序的终结而享受破产免责利益。破产程序因财产不足而终结，债权人未取得任何清偿，破产自然人仍应当对其所负债务负全部清偿责任。①

破产程序终结对于破产债权人的效力包括：由于破产程序终结后破产企业的主体资格归于消灭，债权人未得到分配的债权，于破产终结裁定作出后视为消灭。破产债权人不能于程序结束后向债务人另行主张权利。和解协议实现后，和解债权人于达成和解协议时所免除的部分债权，在重整成功后也不得向债务企业再行索要。对于因全体债权人同意而导致的破产程序的终结，对债权人“不依破产程序不得行使债权”的限制被取消，债权人被允许对破产人个别行使权利，并可利用破产人未提出异议的债权表的记载作为有执行名义的债权，请求强制执行。相应地，破产宣告前开始的强制执行程序的中止也恢复其效力。另外，破产程序终结后，债权人对破产企业的保证人、连带债务人等享有的权利，原则上不受影响。被保证人（主债务企业）破产，债权人固然可以通过破产还债程序实现其债权。然而，在实践中，罕有破产债权人的债权靠破产财产获得足额满足的情况。既然保证制度的目的在于促进经济活动当事人建立债权债务关系，督促债务人履行义务，从而使债权人的利益得以实现，债务人的破产，便不能免除保证人的责任。② 债权人依破产程序未受全额清偿时，可以就不足部分向保证人主张权利。

---

① 参见陈宗荣：《破产法》，台北，三民书局1986年版，第384页。

② 参见王欣新：《试论破产案件中的保证责任问题》，载《法学家》1998年第2期。

破产程序终结对于其他破产机构的效力包括破产管理人、债权人会议等破产机构宣布解散。

（三）破产程序终结后的有关事项

1. 在破产程序终结之日起 10 日内，管理人应持人民法院作出的终结破产程序的裁定，向破产企业的原登记机关办理注销登记。

2. 管理人于办理注销登记完毕的次日起终止执行职务。但是如果还存在未完结的诉讼或者仲裁的，管理人仍需要处理遗留事务，并不能在此时就终止执行职务。

3. 对于破产企业而言，在管理人办理完注销登记之后，破产企业的主体资格已经归于消灭，其所负的债务当然免除。

4. 对于债权没有得到清偿或者没有完全得到清偿的破产债权人而言，在破产程序终结之后，无权向破产企业的出资人或者股东提出偿债请求。

5. 破产人的保证人或者其他连带债务人，在破产程序终结之后，对债权人未依破产清算程序获得清偿的债权，应当继续承担清偿责任。

6. 破产程序终结后又新发现破产财产的，按照前面所说的追加分配的程序办理。[①]

---

① 参见李曙光、宋晓明主编：《〈中华人民共和国企业破产法〉制度设计与操作指引》，人民法院出版社 2006 年版，第 229 ~ 230 页。

第十讲　个人破产Ⅰ：基本理论

一、个人破产法的价值①

个人破产，也叫自然人破产、消费者破产。它考虑的是解决诚实但因外在不幸的原因导致债务缠身不能按期清偿债务的债务人负债问题。个人破产制度是让“诚实而值得同情的人”有东山再起的机会。

2021 年 8 月 17 日中央财经委员会第十次会议召开，会议强调共同富裕是社会主义的本质要求，是中国式现代化的重要特征，共同富裕是全体人民共同富裕，是人民群众物质生活和精神生活都富裕，要分阶段促进共同富裕。

破产制度，与共同富裕密切相连，个人破产制度更是共同富裕的底层制度，没有破产制度，就不会有市场决定资源配置，也不会有公平竞争与优胜劣汰的市场经济机制。2006 年《企业破产法》正式颁布，2021 年，全国人民代表大会将《企业破产法》的修改提上议事日程，《企业破产法》已经出台 15 年，实施 14 年，此次修改要面临的重大问题较多，但社会最关注的问题是破产法的适用范围能否扩大到个人破产，

---

① 本处内容节选自李曙光教授为其与刘延岭律师主编的《破产法评论》（第 3 卷）（2021 年版）一书所做的序。

是否将个人破产制度纳入其中成为业界讨论的热点问题之一。

2020 年 8 月 31 日，深圳颁布了《深圳经济特区个人破产条例》，并于2021 年3 月1 日开始施行。同时，浙江、江苏、山东等多地也先后发布司法文件，试行个人债务清理的类个人破产制度。

破产法是市场经济的基本法，个人破产是共同富裕的底层制度，深圳的试点对于个人破产制度的全面铺开具有重要的示范价值。

（一）债务人获得再生机会

纵观破产法的发展历史，个人破产制度有其特有的价值目标。即便在理论与实务界尚存争议，[①] 但多数人都同意，个人破产制度的主要目标是为债务人提供一个再生机会，其对实体权利最重要的影响就是债务人债务的减免。[②]

首先，个人破产制度可以维持破产债务人的基本体面与生存生活权利。从中国古代的经验来看，欠债还钱，天经地义。秦汉以降，欠债不还被视为犯罪，如《唐律疏议》中即规定对欠债不还者，施以笞刑、杖刑催债，如果仍不清偿则施以徒刑；[③] 《宋刑统》中除了要求债务人变卖家产劳役抵债外，还规定对债务人处以杖刑；[④] 《大明律》和清朝的刑律也规定对违约债务人处以笞杖刑。[⑤] 此种制度下，破产债务人没有尊严、体面和生存生活的可能，中国逐渐形成了“父债子还”这种忽视个人尊严的文化。而在现代社会中，许多债务人被司法

---

① See Baird, Douglas G. 1987：*A World Without Bankruptcy*, Law and Contemporary Problems 50（2）：173 – 193.

② 如 Charles J. Tabb 指出，“消费者破产的核心目的是为个人债务人在生活中提供财务上的‘再生机会’（fresh – start）” Margaret Howard 也认为，“个人破产制度可给良善债务人一个再生机会，且这个目的是通过减免债务人的债务来实现”。See Tabb, Charles J.（ed）2002：Bankruptcy anthology. Cincinnati, OH：Anderson Publishing；Howard, Margaret 1987：*A theory of discharge in consumer bankruptcy*. Ohio State Law Journal 48（4）：1047 – 1088.

③ “诸负债违契不偿一疋以上，违二十日笞二十、二十日加一等、罪止杖六十、三十疋加二等。百疋又加三等、各令备偿。” “百日不偿，合徒一年。”见《唐律疏议 · 杂律》“负债违契不偿”条。

④ “诸公私以财物出举者、任依私契、官为不理，家资尽者役身折酬；如负债者逃，保人代偿。”见《宋刑统》卷二十六杂律。

⑤ 《大明律》第九卷“户律钱债”条。

程序或民间催债公司追债，而不区分其是“失信”还是“不幸”的债务人，导致了一些“良善债务人”无路可走，不仅无法正常生活和工作，还对未来失去了希望。而个人破产制度则可以保障这部分债务人的基本权利。

其次，个人破产制度可以保障债务人个人选择的权利，让他们在失败后还有机会东山再起。市场经济给包括个人在内的所有市场主体，提供了奋斗和冒险的激励，但并非所有创业者在市场中都一帆风顺。当创业者失败时，如果没有限制失败风险的机制，债务的压力就会伴随终生。个人破产制度就可以为市场主体建立预期，即使他们创业失败，经过破产程序过一段苦日子，就还有东山再起的机会。因此，作为市场经济的底层制度，个人破产制度可以限制失败风险，给“良善债务人”有一个选择的机会，从而鼓励创业者勇于尝试。

最后，个人破产制度还可以降低破产债务人给家庭成员和社会带来的负外部性。[①] 个人债务人承担着对家庭和社会的责任，但无力清偿的债务会给他们带来各种经济、情感和社会压力，阻碍了其正常的家庭、社会活动参与。个人破产制度则通过消除经济上的不利因素和情感上的负担，帮助债务人重新参与家庭和社会活动。[②] 降低了社会为债务人和家庭提供基本保障的成本，并提高了他们的消费水平，总体上有利于社会福利。[③]

（二）债权人获得稳定预期

市场经济意味着市场化的生产要素获取，借贷作为主要的融资手段，是市场主体参与市场活动的重要前提。债权人和债务人都对债权债务关系的建立存在一定的预期，但真实的市场中存在着各类风险，

---

① See Jackson, Thomas H. 1985: *The Fresh – Start Policy in Bankruptcy Law*, Harvard Law Review 98 (7): 1393 – 1448.

② See Tabb, Charles J., 1990: *The Scope of the Fresh Start in Bankruptcy, Collateral Conversions and the Dischargeability Debate*, George Washington Law Review 59 (1): 94.

③ See Posner, Eric A. 1995: *Contract Law in the Welfare State. A Defense of the Unconscionability Doctrine, Usury Laws, and Related Limitations on the Freedom to Contract*, Journal of Legal Studies 24 (2): 283 – 319.

债务到期时完全清偿的概率并非百分之百。如果没有个人破产制度，一旦到期债务不能清偿，债权人只能要么基于意思自治履行违约条款；要么借助调解、仲裁或民间催债等手段；或是通过司法诉讼和强制执行程序加以解决。但即便是这些方法，也不能确保债务的完全清偿。

因为上述不确定性和天生的风险厌恶，如果没有在债务人无法清偿债务时的明确规则，就会减弱债权人的借贷欲望。市场主体要想获得融资，就不得不同意更高的借款利率或设立抵押等条件，导致融资成本上升，抑制了债权融资市场乃至市场经济整体的发展。

个人破产制度则可以明确债务无法清偿后的处置方式，并通过司法手段作为强制力，给各方提供稳定的预期。首先，可以引导债务人和债权人、管理人及利益相关方，在财产的确定、使用和清算方面选择合作。从国际经验上看，债务豁免可以有效发挥鼓励债务人积极合作、提高可供分配财产价值的功能。[①] 其次，个人破产制度还可以激励债务人更早申请破产，防止其财务状况进一步恶化，从源头上减少债权人的损失。[②] 只有确定债权人在市场经济最坏情况下的预期，才能稳定借贷市场，发挥市场在资源配置中的决定性作用。

（三）分配机制与贫富差距调节

如前所述，在信贷市场上，个人破产制度不仅可以稳定债权人和债务人的预期，还能降低债权债务关系订立的交易成本，使得双方可以在更高的水平上达成均衡，保障借贷双方的利益。与此同时，“自然人破产制度的目的并非仅仅基于特定债权人和债务人双方的利益，而是基于更广泛的社会公益”。[③]

---

① See Kilborn，Jason J. 2003：*Mercy，Rehabilitation，and Quid pro quo. A Radical Reassessment of Individual Bankruptcy*，Ohio State Law Journal 64（3）：855 – 896.

② See Hallinan，Charles G. 1986：*The “Fresh Start” Policy in Consumer Bankruptcy. A Historical Inventory and an Interpretive Theory*，University of Richmond Law Review 21（1）：49 – 160.

③ 殷慧芬、张达译：《世界银行自然人破产问题处理报告》，中国政法大学出版社2016年版，第33、34页。

个人破产制度是财富再分配的机制。[①] 从责任承担的角度看，在债务违约中，无论是债务人还是债权人均有一定的过错，债务人因各种原因不能履约，债权人则是在借贷时误判了债务人的履约能力，过错的代价就要在双方之间分配。在贷款时，债权人往往有更强的议价能力，他们可以主动评估违约可能性，并相应地设定借贷合同的内容；在贷款后，债权人还可以出售债权或通过购买保险的方式将债务违约成本转移出去。一定程度上，债务人违约风险在贷款时就以合同中隐含的利率为对价，转移给了债权人。[②] 个人破产制度就是将破产债务人的违约成本通过法律的方式确定由债权人承担。[③] 所以，个人破产制度也是通过明晰产权的方式，实现财富再分配的社会福利制度。

个人破产制度还是共同富裕的底层制度。[④] 社会上债权人多为相对的社会强势者，而资不抵债的破产人多是社会弱势群体。让“良善债务人”在一定条件下免除一定的债务压力，或可缓和、化解、消除由此产生的诸多社会矛盾，预防因债务纠纷或无路可走产生的违法犯罪行为。许多破产法学者认为，个人破产制度也是一项社会保险，保险的对象就是破产的“良善债务人”。[⑤] 经验表明，个人破产的主要原因是失业、疾病、残疾和婚姻破裂的影响，而个人破产制度可以为这些不幸的人提供豁免债务的机会。并且，个人破产制度还可以与其

---

① 有研究使用美国《预防破产和消费者保护法》实施前后的数据，发现更严格的个人破产制度，会增加申请破产的成本、降低个人破产的社会保险价值、扩大贫富差距。See Gross，Tal，Raymond Kluender，Feng Liu，Matthew J. Notowidigdo，and Jialan Wang. 2021：*The Economic Consequences of Bankruptcy Reform*，American Economic Review 111（7）：2309－41.

② Feibelman，Adam 2009：*Consumer Bankruptcy as Development Policy*，Seton Hall Law Review 39（1）：68.

③ Howard，Margaret 1987：*A Theory of Discharge in Consumer Bankruptcy*，Ohio State Law Journal 48（4）：1047－1088.

④ 李曙光、刘延岭主编：《破产法评论》（第3卷），法律出版社2021年版，第7～9页。

⑤ Krishnamurthy Subramanian，and Prasanna Tantri 2018：*Borrowers' Distress and Debt Relief：Evidence from a Natural Experiment Saptarshi Mukherjee*，The Journal of Law and Economics 61（4）607－635.

他社会保障制度，如失业保险、工伤保险、医疗保险等形成互补关系，当人们不能及时获得其他社会保障的帮助，或在意外发生前已经有高额的借贷，就需要个人破产制度补充社会保障体系。实证研究发现，每年美国家庭通过个人破产豁免的债务比发放的失业保险金额还要多，[①] 宽松的个人破产制度降低了债务人的死亡率[②]、失业率[③]并提高了他们此后的收入。[④] 个人破产制度虽然不能让人致富，但是可以保障破产债务人的基本生活生存。[⑤] 消灭破产带来的绝对贫困，所以个人破产制度也是共同富裕的底层制度。

（四）突破集体主义文化传统

建立个人破产制度，将改变数千年中国人不愿意个人自负其责的文化传统。个人破产是市场经济信用的基石，也是一个新型商业与社会文化的基石。传统观念中，个人负债通常与家庭或家族相关，将个人负债、个人行为，特别是在市场经济中的行为归咎于家庭、亲戚关系当中，而个人破产制度在某种程度上意味着个人要自负其责，要对自己在市场经济中的任何交易行为、任何市场行为以及民事行为负责。个人破产制度将改变数千年形成的集体主义文化传统，这是一种生活行为责任哲学的变化。

（五）约束债权人行为

个人破产制度在某种程度上是约束债权人的机制。目前我们社会中存在很多“子债父还”的现象，很多借贷并非期待父债子还，而是期待子债父还。在 2015 年股灾的融资购股中，存在网络 P2P 平台诱

---

① Lefgren, Lars, Frank L. McIntyre, and Michelle Miller. 2010: *Chapter 7 or 13: Are Client or Lawyer Interests Paramount?*, The B. E. Journal of Economic Analysis & Policy 10.

② Mahoney, Neale. 2015. “*Bankruptcy as Implicit Health Insurance.*” American Economic Review, 105 (2): 710 - 746.

③ Auclert, Adrien and Dobbie, Will and Goldsmith - Pinkham, Paul S., Macroeconomic Effects of Debt Relief: Consumer Bankruptcy Protections in the Great Recession (March 2019). NBER Working Paper No. w25685.

④ Dobbie W, Song J. 2015: *Debt Relief and Debtor Outcomes: Measuring the Effects of Consumer bankruptcy protection.* American economic review 105 (3): 1272 - 1311.

⑤ Feibelman, Adam. *Defining the Social Insurance Function of Consumer Bankruptcy.* Am. Bankr. Inst. L. Rev. 13 (2005): 129.

导年轻债务人借贷的现象，一些高利贷债权人不在乎年轻债务人的偿债能力，而看中的是年轻人身后其父母与家庭的偿债能力，特别是在独生子女的社会结构中，这种高利贷借贷很有市场。随之而来的是在民间存在大量的暴力催债行为，暴力催债与高利贷现象相伴相随，商业交易活动中股权质押、抵押现象非常严重。另外，一些金融机构在贷款时，也存在不良放贷行为，如诱导型的网络借贷。这些都是导致个人出现破产的原因或在个人破产中经常出现的问题，而这些问题很多都是由不良债权人主导的，因而个人破产制度能够在一定程度上约束债权人的行为，使债权人借贷时更加审慎，对借贷后果更加负责。在中国信用体系尚未完全建构之时，通过个人破产制度的实施，可以约束限制债权人通过子债父还、暴力催债，实施诱导性或诱骗性借贷的行为。

二、个人破产的理论基础[①]

（一）喘息空间理论

对于诚实而不幸的债务人而言，他总会经历一段非常糟糕的时段，在不能偿还到期债务时，各个债权人的各种讨债行为会对他形成一种极大的压迫，同时他又无法从周围其他人处得到帮助。而一旦进入个人破产程序，受理法院就会为债务人提供一个喘息的空间，一个暂缓逼债行为和制止哄抢债务人财产行为的空间，一个让债务人安静下来的空间，一个由债权人债务人把债权债务关系理清并讨论下一步走向的空间。笔者把它叫作喘息空间制度。因为破产程序是一个集体清偿程序，喘息空间的设置既可以向债务人提供一个没有打扰的准备时段，也保障了债权人的公平受偿权，避免债权人哄抢财产。苏格兰立法机构现在专门通过了关于债务人喘息空间的法案，在法律规定的喘息空间内，债权人与债务人可以采取文明的积极处理债务的方法，比如谈判、协商、和解等方法来处理债务难题。

进入个人破产程序后还会产生自动中止的效力，为了保障债权人

---

① 内容整理自李曙光教授2023年3月31日中国政法大学授课内容。

的集体公平清偿，所有正在进行的交易与仲裁需中止下来，所有正在进行的法院程序也要中止下来，包括法院判决的执行，这体现了破产法的特殊效力与破产法院的特殊地位，其他法院只是处理单个案件涉及的商业交易信用，而破产法院处理的是以破产人为中心辐射到整个社会的商业交易的信用问题。因此形成了破产法院最终裁决者的地位，其他法院的案件一旦进入破产法院，正在诉讼的、保全的、执行的都会产生停止效果。

在美国破产程序中，破产法院发出的第一个法令 First Order 就是中止，中止后由破产法院查明债务人的财产和负债情况。但目前在中国并不是自动中止，而是“三中止”，即执行、保全与仲裁的中止，其他则需依法院裁定中止。此外，喘息空间制度必须附有限制性条件，法律设置了申请个人破产的门槛，行为不良的人是无法申请个人破产的。以司法强制力来保障个人破产程序的效力。

（二）自由财产理论

历史上个人破产有三个进化的阶段。第一阶段将债务人无法清偿到期债务视为一种犯罪行为并粗暴处理，因而债权人对债务人会施加残酷的刑罚，甚至“血态复仇”，这是人类早期野蛮时代的做法；第二阶段对无法清偿债务的债务人采取奴役或以劳动补偿的做法，要债务人替债权人做奴隶代替债务清偿，比如在债权人家里做奴隶；第三阶段就是慷慨文明阶段，现代社会许多国家的破产法给予个人债务人一种宽容宽待，即要求债权人慷慨地免除债务人的债务，但有一定的条件，允许债务人保留一点财产的前提下清偿债务，实在清偿不了的债务可以豁免。此时比较重要的问题就是说债务人能保留多少财产，保留什么样的财产？

破产一旦进入法院受理阶段，就由法院决定哪些财产是债权人不能处分、不能扣押的财产。法院要根据债务人的情况，允许为债务人留下一些基本的财产，这些基本财产就称之为自由财产，英美法又称之为可豁免财产。自由财产包括三类，第一类是维持债务人基本生活的费用和物资，比如锅碗瓢盆，桌椅板凳等，还有合法的赡养老人抚养幼儿的费用，后来又演变出最低生活标准的概念，这一类自由财产的范围不能随意扩张，不能允许债务人进入个人破产程序后仍然享有奢侈豪华的生活。第二类是与破产人职业相关的财产。1999 年美国加州发生过一个案子，破产人买了一辆价值 2500 美元的汽车，债权人申请将汽车用于清偿债务，但法官最终允许破产人保留这辆汽车。理由是该破产人破产后找到的工作是给 23 户居住分散的家庭送牛奶，这辆汽车是他职业所必需的交通工具，如果失去这辆汽车，他就丧失了收入来源。第三类是与个人历史记忆密切相关的一些物品，比如结婚戒指破产人可以保留，多数国家特别是英美国家，包括深圳个人破产条例也有此规定，像结婚戒指等有特殊纪念意义的物品可以为债务人保有。在美国还有一些州制定了特殊的规定，比如得克萨斯州，佛罗里达州。佛罗里达州规定个人破产人可以保留自己祖上传下来的古堡，债务人住在那里只要不卖掉，可以一辈子住下去，不强制破产人卖掉还债。得克萨斯州则是规定自家 200 亩地域面积上的房产都是可以保留的，但大多数州并不允许破产人保留这些财产，这也与各个州的法律传统相关。

除自由财产之外，债务人的所有财产都需要出售或者作为实物直接清偿给债权人。自由财产是有一个总价值的，比如深圳个人破产条例规定豁免财产的总价值不能超过 20 万元。美国破产法的规定则是逐条细致的，《美国破产法》第 522 条规定了下列财产属于破产人的自由财产：

一是债务人以及其受抚养人生存所必需的价值不超过 7500 美元的动产、不动产或基地；

二是债务人所有的价值不超过 1200 美元的机动车；

三是债务人利用的单价不超过 200 美元的日常家什或累计金额不超过 4000 美元的家具、食品、衣物、器具、书籍、牲畜及农作物，或债务人及家属常用的音乐器械；

四是价值不超过 500 美元的珠宝；

五是单价不超过 400 美元或总价值不超过 3750 美元的其他物品；

六是债务人或其受抚养人所必需的价值不超过 750 美元的职业必

需品；

七是由债务人所有的未到期的人寿保险；

八是专门用于债务人及其受抚养人的健康方面的援助；

九是债务人接受的诸如社会保险金、失业补偿费、退伍救济金、赡养费、生活费，因失去劳动能力、疾病、失业等领取救济金、抚恤金等的财产权利；

十是债务人有权接受的犯罪受害赔偿金、精神或人身伤害赔偿金等其他财产。

法院一旦裁定许可了破产人的自由财产申请及所附自由财产的清单，该清单上主张的财产就成为自由财产。

破产人保有自由财产的同时需要付出相应的代价，其许多权利和经济行为都会受到限制，比如法律规定限制债务人高消费行为，限制其出境旅游，限制其投资借贷行为，限制其从事某些公共职业。市场经济是一个理性的制度，所以当个人破产人的信用受损后，必然要受到一些行为与权利资格的约束。

（三）免责与复权理论

免责是指经过一段时间，可以把破产人的债务免掉，这是个人破产中比较核心的目标。当诚实而不幸的个人陷于破产境地时，在法院的监督下使其偿还一部分债务，其余的债务则在法院的认定下给予免责。债权人对于已被免除的债权，不能再向债务人请求清偿，即债务人不负继续履行的义务，不能申请强制履行，从而使债务人能获得新生。免责设有诸多前提，首先是免责有考察期，深圳个人破产条例规定了 3 年，中国香港规定了 5 年，美国规定了 7 年，要经历这样一个考察期才能允许免责。在此期间，债权人有权查看个人破产人的账单、邮件等。关于免责期间的长短存在两种司法政策，一是宽容主义的政策，考察时间越短越好，二是严格主义的政策，必须经历足够长时间的考察才能免除个人破产人的债务。

免责制度涉及两个重要程序，一个是清算，另一个是重整。清算就是将破产人所有的债务一笔勾销，而重整则较为复杂，需要制订附期限的重整计划。比如，债务人虽然申请了个人破产，但还有稳定的经济收入，可以经债权人同意将工资收入中的一部分用于偿还债务，剩余部分维持生活，持续偿还一段时间之后剩余债务免责。《美国破产法》第七章规定了个人破产的清算，第十三章规定了个人破产的重整，实践中大部分采用的是第七章的个人破产清算程序，因为个人破产重整的监督成本较高。个人破产重整与清算的司法选择哪个更应优先，始终是学术界富有争议的一个问题。

虽然许多国家的破产法承认免责制度，但在免除的债务的具体范围上，均有一定限制。如美国破产法规定税收款项、政府罚款、债务人因诈欺盗用所生的债务及学生贷款等不能免责，而根据《英国破产法》第25条的规定，下列债务不在免除之列：（1）破产人对国家的债务；（2）破产人因诈欺而负担的债务；（3）法庭裁判确定的父亲对私生子女的债务。

从个人破产的免责视角出发，来讨论当下中国个人破产制度的意义，可以说，个人破产构成了共同富裕的底层制度。因为个人破产构建了债权人与债务人重新分配社会财富的制度，这是一个社会阶层博弈的过程，债权人与债务人不同的规则预期与利益取向，会影响社会商业秩序和治安秩序，也会影响个人的商业信用与社会信用。个人破产不仅是整个市场经济的信用基础，还会对整个社会的价值观产生很大的影响。

个人破产的另一个维度是个人信用与权利的修复，也就是破产人失去一些权利和商业信用后的复权与恢复信用。一旦免责考察期结束，如何恢复个人破产人的各项受限制权利与信用是很重要的，破产人可以依据法律规定或者请求法院与有关政府机构依照法定程序，解除其因个人破产所受破产程序以外的权利与信用限制并恢复原有权利与信用。这也是目前中国个人破产立法制度设计中配套制度建设应关注的。个人破产法一定是和信用制度紧密联系的，失权失信和复权复信制度相互配合才能构成完整的个人破产制度。

（四）破产犯罪理论

个人破产最终一定要由国家的强制力来保证，打击个人破产逃废债一定要有刑事法律配套。因为它涉及商业交易与个人利益，投资者、债权人与债务人利益，所以一定要有刑事法律保障。刑事法律保障涉及两个重要罪名，一个是破坏破产程序罪，另一个是破产欺诈罪，个人破产触犯这两个罪名，则可能使破产人有牢狱之灾。

破产欺诈罪在很多国家的破产法或刑法典中都有明确表述。《英国破产法》第十章专门规定了 8 种适用于个人破产的破产犯罪，包括不披露信息、隐匿财产、隐匿或伪造账簿和文件、虚假陈述、对财产的欺诈性处置、破产人潜逃、欺诈性处分赊购财产、获取信用或商业运营。破产人很容易触犯破产法的规定而构成犯罪

所以，个人破产并不是个人逃废债务的豁口，个人破产要想豁免债务是设有许多前提条件的，债务人除了要提供大量资产与债务资料证据外，还处于债权人管理人等严密的商事与社会监督中，法律还为债务人设定了 3～7 年的考察期，个人破产如有坑蒙拐骗与欺瞒行为是过不了这些关的，而且一旦查明个人实施了非法隐匿转移财产等欺诈行为，会有严厉刑事惩戒的跟进。

三、个人破产逃废债的防范①

（一）破产免责制度中的防范规制

个人破产免责制度是个人破产中最重要的制度，它不仅让“诚实而值得同情”的债务人有东山再起的可能，另外，也设置了严谨苛刻的免责门槛与条件以识别真假诚信债务人，防范逃废债行为。个人破产免责制度主要有当然免责和许可免责两种模式。为防止破产人利用破产免责制度欺诈破产，逃废债务，两种模式下的破产法都规定，破产人如果有某些情形或事由，不得享受免责利益，主要国家的破产法中，如美国、英国、德国、日本等，都明确规定了不得免责的具体情形。

在许可免责主义下，法院对债务人审查并最终决定是否免除其债务，例如德国。这一定程度上有利于防止免责制度的滥用，从而维护

① 本处内容发表于《人民法院报》2021 年 10 月 19 日，原标题“防范和打击个人破产逃废债的域外经验”。

债权人的利益。《美国破产法》采用的是当然免责或自动免责。现行《美国破产法》第七章和第十三章给个人申请破产提供了清算与重整两种不同路径。在第七章框架下，债务人破产清算后，无须得到法院的免责许可即能自动免除剩余债务。但同时赋予债权人向法院提出对债务人免责异议的权利，若债权人提出，则法院应审查并决定是否免除债务人的剩余债务。不可豁免的债务包括欺诈性债务等。英国个人破产制度也采取了当然免责模式，并通过破产限制令和破产限制承诺制度来防止可能发生的欺诈破产。

香港地区的破产法规定，破产免责考察期为 4～5 年，考察期内，破产人的行为要受到严格限制，破产管理署相关人员也会到破产人家中进行视察，以保证该破产人没有实施违反规定的行为。

（二）个人信用评级与破产登记制度

美国在个人信用与消费信贷方面通过了一系列法律，《信贷机会平等法》《诚实借贷法》《公平信贷报告法》《社会再投资法》《诚实贷款法》《信用卡发行法》《公平贷款记录法》《美国破产法》等，有完善的个人资信评估机制。美国个人信用评估公司（FICO）信用分也是值得关注的个人信用评级方法。

《英国破产法》规定，破产程序中的相关决定和重要事项，需要在指定的平台进行登记备案，将会对破产人的资格和行为产生相应的影响。这些平台包括：个人破产登记系统、土地注册登记、信用评级/征信机构。

（三）破产欺诈行为的规制

美国在 1984 年颁布了《统一欺诈转让法》（Uniform Fraudulent Transfer Act，UFTA）。在司法实践中，有事实欺诈和推定欺诈之分。在 20 世纪 80 年代末期，美国个人破产制度的宽松变相鼓励了个人过度消费行为，导致个人破产大增。2005 年通过《防止破产滥用及消费者保护法》（The Bankruptcy Abuse Preventionand Consumer Protect Act）后，美国在破产豁免范围上扩大了不可免责的债务范围，在时间上将偿债计划期限由最短 3 年提高到 5 年，延长了两次申请破产的时间间隔。

在大陆法系国家，欺诈主要是在民法的民事法律行为制度范畴中研究。例如《德国破产法》第129条规定了因破产而提出撤销的原则是，要求该行为损害破产债权人利益且发生在支付不能程序前。

此外，个人破产程序中的失权与复权制度客观上也对债务人产生威慑，防止其通过破产程序逃废债。

（四）破产犯罪

破产欺诈罪在很多国家的破产法或刑法典中都有明确表述。《英国破产法》第十章专门规定了8种适用于个人破产的破产犯罪，包括不披露信息、隐匿财产、隐匿或伪造账簿和文件、虚假陈述、对财产的欺诈性处置、破产人潜逃、欺诈性处分赊购财产、获取信用或商业运营。破产人很容易触犯破产法的规定而构成犯罪，即使是相关破产令已被取消，也可以适用犯罪行为。破产人免责后的行为不会引发这些罪行条款规定的责任。《法国商法典》在第七编规定了“欺诈破产罪及其他违法行为”，《日本破产法》第265条、我国香港特别行政区《破产条例》第129条均规定了破产欺诈罪。

综上所述，个人破产制度在西方发达国家及我国香港特别行政区建制已久，个人破产制度实施中出现的债务人逃废债、破产欺诈及犯罪现象具有高度相似性，而破产法先进国家与地区对此有较成熟的防范经验，我国在建构中国特色的个人破产制度时，必须以解决中国问题为出发点和落脚点，但他山之石，完全可以为我所用，学习借鉴域外成熟先进的制度技术经验，为中国个人破产制度立法提供有益的参考。

第十一讲　个人破产Ⅱ：立法构建

一、个人破产法立法框架[①]

（一）个人破产制度的现实需求

1. 如何看待缺失了个人破产制度，现有的企业破产法是“半部破产法”的观点，当前通过建立个人破产制度保护企业家精神、促进创业创新的需求是否迫切。

2003年，全国人大财政经济委员会成立了《企业破产法》起草小组，着手起草一部符合中国社会主义市场经济发展与改革开放需要的破产法，经过全国人民代表大会常务委员会的三次审议，《企业破产法》通过。在2004年6月第一次审议的《企业破产法》草案稿中仍包含个人破产的内容，即破产法的适用主体范围包括“合伙企业及其合伙人、个人独资企业及其出资人”。由于担心当时的社会经济条件不成熟与公众对个人破产文化的陌生，《企业破产法》最终删去了关于个人破产的内容。

此后，全国人大财政经济委员会与中国政府相关部门（如中国人民银行）一直在积极研究起草个人破

① 本文为李曙光教授对全国人大财政经济委员会与中国法学会提出的个人破产相关问题的回应。

产法的问题。2006年年底，全国人大财政经济委员会曾派出代表团赴美国、英国、德国考察，了解这些国家个人破产的有关情况。2020年12月，深圳市通过了中国第一部地方性的个人破产条例。同年，国家发展和改革委员会等十三个部委与最高人民法院都在推动呼吁制定个人破产的全国性法律。2021年，根据第十三届全国人民代表大会常务委员会立法规划，《企业破产法》（修改）列入全国人民代表大会常务委员会2021年度立法工作计划初次审议项目。2022年5月6日，全国人民代表大会发布《全国人民代表大会常务委员会2022年度立法工作计划》，其中《企业破产法》修改案被列入年内审议项目。

现行《企业破产法》仅适用于企业，不适用于个人，因而被称为“半部破产法”。缺失个人破产制度，未能为“诚实而不幸”的个人提供债务纾解途径的破产法存在以下不足：

（1）对个人债务问题无法处理，拉大社会贫富差距。根据中国人民银行调查统计司城镇居民家庭资产负债调查课题组发布的《2019年中国城镇居民家庭资产负债情况调查》，我国城镇居民家庭负债参与率高达56.5%，负债集中化现象明显，家庭负债结构相对单一，居民家庭金融资产负债率较高，存在一定流动性风险；部分低资产家庭资不抵债，违约风险高；中青年群体负债压力大，债务风险较高。[①]单一的企业破产法律制度无法为陷入困境的自然人提供保护，将不利于社会稳定。

（2）“执行难”问题突出。目前司法领域“执行难”的重要原因之一是处于破产状态的债务人无力偿还债务，但又无可适用的破产机制将其所负债务彻底了断，导致该债务长期悬而未决。据最高人民法院统计，全国无财产可供执行案件占到全部执行案件的40%～50%，其中个人债务在执行案件中占了70%。个人破产制度缺失带来的“执行难”问题将损伤司法权威，影响司法公信，损害社会主义法治秩序的有效形成，影响我国的经济发展和社会稳定。

---

① 李曙光：《论我国〈企业破产法〉修法的理念、原则与修改重点》，载《中国法律评论》2021年第6期。

（3）不利于市场经济主体的平等保护，危害社会稳定。在“大众创业、万众创新”背景下，有众多自然人从事了商业活动，成为形式、规模多元化和经营性质多元化的商事主体，此外还有大量的电商、微商以及自由职业者等商事主体。目前的破产法仅保护了有法人资格的企业和公司，而未对非法人组织、个体工商户、自然人等进行平等保护。另外，自然人债务人陷入债务困境，无法寻求破产法的保护，各种暴力讨债的现象就难以避免，社会将陷入不安定状态。由于个人破产制度缺位，各种不受监管的、甚至非法的债务清理机制盛行，不利于维护社会稳定和市场经济秩序。[①]

当前，通过建立个人破产制度保护企业家精神、促进创业创新的需求十分迫切。我国个体工商户在市场主体中占较大比重，据国家市场监管总局统计显示，截至2023年1月，我国市场主体达1.7亿户，其中全国登记在册个体工商户达1.14亿户，约占市场主体总量2/3、带动近3亿人就业。另外，在企业融资或市场交易中，金融机构或交易方往往还会要求企业的股东、实际控制人及其家庭成员提供保证担保，在企业不能偿还债务时，为企业提供保证的自然人就陷入债务困境，且无法通过法律途径调整其债务。[②] 从深圳的地方试点来看，《深圳经济特区个人破产条例》实施以来，案件债务规模与企业破产案件相比较小，申请主体主要是具有创办或者经营企业经历的中青年人。另外，个人破产制度可以矫正债权人的行为。中国社会有相当一部分民间债权人是利用各种制度漏洞牟利、引诱、诱导，甚至采取欺诈方法引诱债务人欠债的，如某些网贷、P2P、各种高利贷等。个人破产将解决此问题，因为破产债务人可以不偿付高利贷，可以免责。因此个人破产将规制劝贷、诱贷、高利贷的行为。在社会主义市场经济发展过程中，一部完善的、被更广泛主体平等适用的破产法，对于公平保护债权人与债务人权益，防范金融风险，创建市场主体同等保护的

---

① 汤维建：《制定我国〈个人破产法〉的利弊分析及立法对策》，载《甘肃政法大学学报》2021年第6期。

② 李曙光：《论我国〈企业破产法〉修法的理念、原则与修改重点》，载《中国法律评论》2021年第6期。

市场环境，具有十分重要的意义。

2. 当前个人债务清理和个人破产案件主要有哪些类型，在地方试点个人破产制度和开展个人债务清理中有哪些困难和问题，是否需要通过国家层面立法对个人破产制度进行规范。

当前我国的个人破产案件类型主要有清算、重整与和解三种类型。以深圳市为例，2020 年 8 月 26 日，深圳市第六届人民代表大会常务委员会第四十四次会议通过了《深圳经济特区个人破产条例》，已于 2021 年 3 月 1 日正式实施。《深圳经济特区个人破产条例》实施一年来，深圳中院审结了国内首宗个人破产清算案——呼某个人破产清算案、国内首宗个人破产重整案——梁某个人破产重整案以及国内首宗债务人与债权人达成和解的个人破产案件——魏某某个人破产和解案等。

另外，很多其他地区也建立起个人债务清理制度，为解决自然人债务问题，开展相关探索。浙江、江苏、山东等地法院先后发布司法文件，试行个人债务清理的类个人破产制度。多数个人债务清理制度类似于个人破产和解和清算制度，重整类型较少。各地债务清理司法文件具体见表 1。

表 1　各地人民法院个人债务清理司法文件

发布时间	文件名
2019 年 5 月 8 日	《台州市中级人民法院执行程序转个人债务清理程序审理规程（暂行）》
2019 年 7 月 10 日	温州《企业金融风险处置工作府院联席会议纪要》
2019 年 8 月 13 日	温州市中级人民法院《关于个人债务集中清理的实施意见（试行）》
2019 年 10 月 21 日	苏州市吴江区人民法院《关于个人债务清理的若干规定（试行）》
2020 年 3 月 15 日	高青县人民法院《关于企业破产中对有关个人债务一并集中清理的意见（试行）》

续表

发布时间	文件名
2020年5月9日	泸州市龙马潭区人民法院《个人破产和解实施办法（试行）》
2020年12月2日	浙江省高级人民法院《浙江法院个人债务集中清理（类个人破产）工作指引（试行）》
2020年12月3日	山东省东营市中级人民法院《关于个人债务清理的实施意见（试行）》
2022年2月22日	成都市中级人民法院《关于个人债务集中清理的操作指引（试行）》

但目前各地的个人破产和个人债务清理试点也存在很多问题，主要包括：（1）缺乏统一性导致的试点地区外的适用问题。个人破产试点地区之外的当事人、法院是否受其约束从而必须采取对应的处置措施仍有待商榷，[①] 且其他非试点地区的自然人债务人无法获得破产保护，将导致不平等保护问题。为解决深圳个人破产制度在其他地区的适用问题，最高人民法院2020年发布《关于支持和保障深圳建设中国特色社会主义先行示范区的意见》，要求“全面落实自然人破产案件裁判在特区内外的法律效力”。这正反映出在全国统一的个人破产法缺位的情况下，各地在试点个人破产或个人债务清理制度的过程中突出存在的跨地域适用问题。（2）缺乏上位法依据。各地制定的个人破产或债务清理条例、意见或指引等在《企业破产法》中都缺乏相应的规定，没有上位法依据。（3）缺乏体系性。各地的试点举措自身缺乏体系性，甚至存在互相矛盾和冲突。且各地破产政策不仅政出多门，还有随意突破既有法律法规的倾向。[②] 因此，只有通过国家层面的统一个人破产立法才能解决这些问题。在各地试点探索展开的背景下，制定全国性立法，为市场提供统一规则，尤为重要。

3. 我国历史上对于个人无力清偿负债的情形主要有哪些解决方

① 叶建平：《个人破产地方立法基础五问》，载《改革内参》总第1641期。
② 陈夏红：《破产法的宪法根基》，载《法学评论》2022年第3期。

式，建立个人破产制度如何立足国情，应该借鉴哪些破产立法国际经验。

中国古代以逐代继承债务为主，俗称“父债子还”，父亲过世之后，其债务由其子继承，债权人可以直接向其子求偿。父债子还根源于封建宗法制度与封建孝道思想，也是民间习惯认可的对债的一种担保方式。同时，古代也建立了有限的豁免制度，如周武王灭商后“出拘救罪，分财弃责（债），以振（赈）穷困”（《吕氏春秋·慎大》），其中的“弃责（债）”就是取消民间欠官府的债务。[①] 到 19 世纪中期，有些地区存在“摊账”与“兴隆票”等做法，效果上与免除债务相当。[②]

市场经济是信用经济，个人信用是整个市场信用的基础，而个人破产法是维护个人信用机制的基础法律。据世界银行对全球 59 个国家个人破产法律制度的调查，未建立个人破产法律制度的均是中等收入与低收入国家。[③] 在金砖国家中，只有我国没有个人破产制度。[④] 世界上主要发达经济体的个人破产法立法，可以为我国个人破产立法提供可供参考借鉴的立法与实践经验。

《美国破产法》颁布于 1978 年，而后经历了 1994 年、1998 年、2000 年、2001 年、2003 年、2005 年、2019 年多次修改。个人破产程序主要规定在第七章清算程序、第十三章个人债务重整和第十二章家庭

---

① 叶世昌等：《中国古近代金融史》，复旦大学出版社 2001 年版，第 5 页。转引自许德风：《论个人破产免责制度》，载《中外法学》2011 年第 4 期。

② “摊账”，指在债务人无力清偿时，在所有债权人面前，将账本与财产和盘托出，除保留部分财产外，将剩余财产在各债权人间打折分摊。“兴隆票”，又称发财票，指债务人赤贫无力时，书写题为“兴隆票”的单据交给债权人，“其用意即系俟兴隆后再行偿还之谓”。参见施沛生编：《中国民事习惯大全》（影印版：法政学社编纂，广益书局印行），上海书店出版社 2002 年版，第一编（债权），第六类（关于清偿之习惯），第 2 页；相关研究，又参见苏亦工：《发现中国的普通法：清代借贷契约的成立》，载《法学研究》1997 年第 4 期；俞江：《一张兴隆票：一个小家庭的破产故事》，载《上海书评》2009 年 2 月 22 日。转引自许德风：《论个人破产免责制度》，载《中外法学》2011 年第 4 期。

③ 个人破产处理工作小组起草：《世界银行自然人破产问题处理报告》，殷慧芬、张达译，中国政法大学出版社 2016 年版，第 2 页。

④ INSOL：Consumer Debt Report Ⅱ，INSOL International，2011. 该报告涵盖了 17 个国家的个人破产立法状况。

农场主债务整理中。第十一章商事重整适用于债务数额较高的个人。

英国现行破产法主要是基本立法中的《1986年破产法》（Insolvency Act 1986）和仅适用于英格兰和威尔士地区的《2016年英格兰和威尔士破产规则》［The Insolvency（England and Wales）Rules 2016］，苏格兰和北爱尔兰另行有专门的法律安排。《1986年破产法》同时规定了个人破产制度与公司破产制度。个人破产规定在第8章至第11章，法定程序主要包括破产清算、债务纾缓令、个人自愿安排。①

德国现行破产法（In-solvenzordnung，亦有学者翻译成《支付不能法》②）于1994年10月5日颁布，从1999年1月1日起施行，修正案《缩短剩余债务免责程序与强化债权人权利法》于2013年5月16日通过，在2014年7月1日起施行③。现行破产法可以分为常规程序和个人破产程序：常规程序主要针对公司法人破产，但是并没有排除对个人破产的适用。德国个人破产由个人破产程序和剩余债务免除两部分组成，其内容规定在《企业破产法》第八编剩余债务的免除和第九编消费者破产程序。德国只有在庭外和解和庭内债务清理计划失败之后，债务人才能进入简易破产程序。④

法国个人破产法体系由两部分组成，一是规定在《法国商法典》中针对商人债务清理的集体程序，二是规定在《法国消费法典》中针对消费者债务超负债的处理程序。⑤ 法国1989年12月31日颁布了《个人债务清理法》，随后该法于1993年被整编订入法国《消费者法典》第三卷“负债”的第三编超负债状况的处理⑥，该编之下有四章，个人破产主要规定在前两章：第一章个人超负债委员会的程序和

---

① 徐阳光：《英国个人破产与债务清理制度》，法律出版社2020年版，第10页。

② 杜景林、卢谌译：《德国支付不能法》，法律出版社2002年版，第2页。

③ 丁启明：《德国消费者债务清理制度的新发展》，载《司法改革论评》2016年第1期。

④ 参见［德］莱因哈德·波克：《德国破产法导论》，王艳柯译，北京大学出版社2014年版；［德］乌尔里希·福尔斯特：《德国破产法》，张宇晖译，中国法制出版社2018年版。

⑤ 胡守鑫：《法国个人破产惩戒制度的特点》，载《人民法院报》2020年12月18日。

⑥ 孙平：《法国消费者法典》，中国政法大学出版社2012年版，第5页。

第二章执行法官处理超负债状况的职权。[①]

日本现行破产法体系俗称“倒产四法”[②]：1999 年制定《民事再生法》，作为更生程序的一般法，2002 年制定的现行《公司更生法》，作为再生程序的特别法；2004 年制定的现行《日本破产法》，作为破产清算程序的一般法；最后在 2005 年制定的《公司法》，并规定特别清算程序，作为破产清算程序的特别法。[③] 日本个人破产的清算程序规定在《日本破产法》中，个人破产的再生程序规定在《民事再生法》中，2000 年 11 月颁布了《民事再生法》法第一部修正案，增设了小规模个人的再生程序[④]以及薪资所得者再生程序[⑤]。

韩国现行破产法是 2005 年的制定的《债务人重整与破产清算相关法律》（以下简称《债务人重整与破产法》），自 2006 年 4 月 1 日起实施。[⑥] 韩国个人破产采取合并立法的形式，将其他主体的破产与个人破产均规定在该法之中，相关章节主要规定在第二篇重整程序、第三篇破产清算程序、第四篇个人重整程序。第四篇个人重整程序原本是韩国政府 2004 年颁布的《个人债务人重整法》，之后调整到 2005 年制定的《债务人重整与破产法》第四篇之中。[⑦]

俄罗斯提供了一个经济转型国家的个人破产免责制度构建样本。苏联解体后，俄罗斯于 1992 年通过了其首部破产法，该法规定了企业破产与从事经营的个人的破产。个体经营者在其非豁免财产清算后仍不能清偿的部分，可以获得免责。其《俄罗斯民法典》也写入了个体经营者的破产这一条文。可见，最初的俄罗斯破产法包含了对个人经营者的免责。俄罗斯 1998 年与 2002 年破产法均在概念上涉及了普

---

① 卜璐：《消费者破产法律制度比较研究》，武汉大学出版社 2013 年版，第 42 页。

② ［日］中島弘雅 = 佐藤鉄男『現代倒産手続法』（有斐閣，2013 年）20 頁。

③ 刘颖：《日本的个人破产免责制度及其借镜》，载《经贸法律评论》2020 年第 5 期。

④ 《日本民事再生法》第 221 ~ 238 条。

⑤ 《日本民事再生法》第 239 ~ 245 条。

⑥ 卢泰岳、李英：《韩国破产法最新修改与破产法院的设立》，载《中国政法大学学报》2018 年第 4 期。

⑦ ［韩］吴守根、陈景善：《韩国个人破产制度实施现状、争议以及面临的课题》，载《中国政法大学学报》2020 年第 2 期。

通个人的破产，但由于民法典未作修改，这一制度并未落地。2014年，俄罗斯总统普京签署了《关于联邦破产法以及俄罗斯联邦关于适用于公民债务人的复兴程序的相关法的修正案》。此后，法院系统对实施这一法律提出了意见，这一法案的生效时间被推迟。杜马2015年对这一法律修正案进行了修改，其修改版本以第154-FZ号法律颁布。①

根据这一法令，2002年10月26日的第127-FZ号现行破产法作出了修改，其《企业破产法》新增了第十章“公民破产”，并于2015年10月1日起生效。自生效日起，法人和个体经营者以及普通公民均可破产。

4. 个人破产制度其他需要关注的问题。

个人破产制度设计要有利于解决生活绝对贫困者的负债压力问题。中国个人破产制度不仅是市场经济的一个基础性法律，还有可能成为解决中国贫富差距的一部重要法律，成为共同富裕的一个底层制度。一则中国月收入1000元以下的低收入者有5亿余人，其中一部分人是有负债的，目前“老赖”（失信被执行人）有600多万人，二则受两年多新冠疫情影响，许多个体工商户及小微企业倒闭，也会出现一批个人破产者。个人破产法是解决这些诚实而不幸债务人的一种重要工具。因此，个人破产法的立法设计，要重点考虑让那些“诚实而不幸”的低收入债务人比较便利地申请破产清算。

个人破产立法有利于解决小微企业经营者的经营性负债及生存压力问题，营造一个鼓励“大众创业、万众创新”的营商环境。为实现此一目标，应在立法中考虑降低小微企业主申请破产的门槛标准，同时鼓励小微企业经营者尽量与债权人达成重整协议。

个人破产立法要有利于解决中国城乡一体化以及城乡二元结构问题，“城里人”与农村的“乡下人”在破产法中应该平等。因此，享有宅基地所有权与承包地的经营权农户的破产问题应该加以考虑。

个人破产立法要有利于解决破产耻感文化与“面子”问题。中国

---

① Jason J. Kilborn, *Treating the New European Disease of Consumer Debt in a Post-Communist State: The Groundbreaking New Russian Personal Insolvency Law*, 41 Brook. J. Int'l L. 655 (2016).

数千年文化传统视破产为不吉利的事情，又有“父债子还”的家族文化，一般在遇到不能清偿到期负债时，想尽各种办法去拖延或避免进入破产程序。因此，我国的个人破产立法要考虑债务人破产申请时的特别辅导程序，给符合条件的债务人正确的破产观念与宣传破产程序的好处。考虑到这种事务的繁杂性与债务人的经济状况，建议设立公职管理人帮助破产债务人申请破产。同时，应建构一个好的复权与个人信用修复制度。

个人破产立法要有利于解决破产逃废债问题。我国民商事交易关系中，确实存在许多逃废债的情况，产生一批“老赖”，各种逃废债手段层出不穷。因此，我国的个人破产立法应考虑建构一个完善的阻隔和打击破产逃废债制度，个人破产的信息公示与共享机制非常重要。另外，建立相应的破产刑事责任制度也很重要。

（二）个人破产适用主体的界定

2006年中国通过了第一部市场经济破产法——《企业破产法》，顾名思义，该法只规范企业破产，只能算“半部破产法”。[①] 17年后，随着相关制度的逐步健全、社会观念的转变以及地方试点的推进，在我国破产法的修改中引入个人破产制度的条件已基本具备。

个人破产制度的引入，首先要解决的是“个人”含义的界定问题，即个人破产立法的适用范围问题。从国际上个人破产制度的法律术语使用来看，“个人破产”、“消费者破产”、“自然人破产”三个词较为普遍，也有如“个人债务清理”等用法，法律术语的用词选择也直接体现在个人破产立法中适用主体的界定上。《民法典》将市场主体分为自然人、法人和非法人组织，自然人包括个体工商户、农村承包经营户，但不包括个人独资企业的股东和合伙企业的投资人等。据国家市场监督管理总局统计，截至2023年1月，全国实有各类市场主体1.7亿户，其中个体工商户1.14亿户，还有280万的农村承包经营户，这些都属商自然人的范畴。另外，个人独资企业的投资人、合伙企业的合伙人也属于商自然人。对于个人破产立法适用对象的讨论

① 参见许浩：《起草组专家李曙光谈新破产法》，载《中国经济周刊》2006年第35期。

主要有以下三种观点：

1. 限定于对破产企业债务承担连带担保责任的自然人

此种观点认为，应将个人破产的主体范围限缩为破产企业的连带担保责任人，目的是补充《企业破产法》的功能。现实中很多企业，尤其是上市公司，其控股股东和大股东作为企业的创始个人，往往以个人财产为公司做大量的质押和担保，甚至将住房等家庭财产也给公司担保。一旦公司不能清偿到期债务，这部分自然人和他们的家庭成员可能在一夜之间失去所有资产。而《企业破产法》中规定的破产主体只有企业，这些债务人的债务无法在现行的破产制度中得到解决。2019 年国家发展和改革委员会等 13 个部委出台了《加快完善市场主体退出制度改革方案》，专门指出要解决这些人的债务负担问题。

2. 限定于从事生产经营活动的自然人

第二种观点是限定在从事商业行为的个人上，包括个体工商户、农村承包经营户、个人独资企业和合伙企业的出资人或设立人等，目的是解决《企业破产法》不能平等保护不同商事主体的问题。如前文所述，当前市场中有大量的商自然人，他们的商业行为与企业类似，需要大量融资并承担市场风险，投资经营失败也是正常现象，却无对应的破产制度来解决他们无力清偿到期债务的问题。国际上也有部分国家个人破产的适用范围有相似规定，如罗马尼亚、匈牙利等东欧国家，都曾将个人破产的主体界定为商自然人主体。在实行商自然人破产模式的国家，仅赋予从事商品交易或服务提供行为以谋取利益的商自然人以破产能力。

3. 不限定适用主体，个人破产制度适用各类自然人

第三种观点是适用各类自然人的个人破产制度。这也是当前国际上个人破产制度的主流模式。从国际经验上来看，多数国家早先只有适用于商事主体的个人破产，直到 20 世纪末才逐步开始确立消费者破产制度。在个人破产制度引入的初期，将个人破产的主体范围限制于“为企业提供连带责任担保”的自然人，或从事生产经营活动的自然人，似乎可以作为一种选择。

但这种限制自然人免责范围的做法存在以下问题：其一，区分商

自然人与普通消费者较为困难。自然人消费债务与经营债务存在一定程度的重合，如自然人通过民间借贷或者以个人名义借款用于商业经营，或者将经营性贷款用于个人消费的情况。其二，仅允许从事生产经营的自然人免责，将把自然人划分为商事主体与其他主体，造成实质上的不平等。此外，还会在借贷等商业行为中，增加识别商自然人的成本。其三，当前我国消费者信用卡透支逾期的现象非常突出，破产制度应当为解决这一问题提供制度供给。①

因此，在我国个人破产立法中，应参考国际经验和我国地方试点的经验，在“个人”定义上将免责制度适用于满足一定基础条件的全部自然人，② 为社会提供更好的、更可执行的风险防控机制。

当然，个人破产的申请也需要一定的门槛，个人破产制度保护的对象是“良善债务人”，即因经济周期变化、经营失败、个人疾病或失业等原因，丧失债务偿付能力，且不存在欺诈、恶意逃债等违法犯罪行为的债务人。

我国个人破产制度的立法，在平等适用于所有“良善债务人”的基础上，还需要考虑是否有必要对部分特别的市场主体设置针对性的制度安排。例如，农村承包经营户、农村基地组织的股东等，一方面，因为中国的城乡二元结构仍然存在，城市和农村的发展水平与经济习惯还有差距；另一方面，农民可能持有的宅基地和承包经营权等在个人破产中应当如何纳入和处置也需要专门规定。域外很多国家都有对不同个人破产主体的专门规范。如美国破产法对农民和渔夫的个人破产进行了专章规定，日本也建立了针对工薪阶层的个人破产制度。这些分类规范是在个人破产实践发展中逐步形成的，因此，我国的个人破产立法尚不必如此精细，可先建立全国统一适用的个人破产制度，待个人破产制度实施以后，根据实践需要，再对不同类型的个人破产适用主体逐步建立专门规范。

---

① 中国人民银行数据显示，截至2022年年末，全国信用卡发卡数量共计7.98亿张，逾期半年未偿信贷总额865.80亿元，占信用卡应偿还信贷余额的1.00%。

② 这里的全部自然人也有一定的基础条件，如要求必须具有完全民事行为能力，并在申请前有固定收入。

（三）个人破产的主要内容[①]

个人破产，也称消费者破产、自然人破产。个人破产制度指的是，在“良善债务人”因各种原因不能清偿到期债务时，由司法介入对其财产进行清算分配或重整，在一定条件下豁免其债务，并确定和规范破产过程中权利义务关系的法律制度。这里的“良善债务人”指的是“诚实而不幸”、“诚实而值得同情”或“诚实而不慎或不智”的债务人。

1. 个人破产辅导制度

个人破产辅导制度，指在个人破产申请前，由法院、破产行政管理部门以及中介机构给债务人提供的辅导制度。

个人破产辅导制度是破产申请的前置程序，由一些具体服务咨询制度组成。如对破产申请人的信息采集、资料填写、财务教育、帮助债务人应对其他经济、社会、心理和法律问题，包括预算分析、财务规划、申请社会福利、审查债权债务的法律效力等。多数欧美的发达国家都建立了由政府、非营利组织或商业组织提供的，免费或低价的个人破产咨询辅导服务。[②]

个人破产辅导制度在个人破产程序中的功能是筛选与程序准确选择。首先，个人破产辅导服务可以让债务人了解个人破产的替代方案，例如法国的个人超负债委员会程序与英国的债务纾缓程序，都旨在实现个人债务的庭外和解，无法和解的再进入司法程序。[③] 20 世纪 90 年代，多数欧洲国家的个人破产制度都规定了强制性的庭外债务和解谈判程序。[④] 我国在立法中也应完善个人债务庭外和解等个人破产

---

① 本文发表于《民主与法制》2022 年第 22 期，原文标题为“个人破产立法的中国特色”。

② See Kilborn, Jason J. 2007: *Comparative consumer bankruptcy*. Durham, NC: Carolina Academic Press.

③ Ramsay, Iain, *A Tale of Two Debtors: Responding to the Shock of Over – Indebtedness in France and England – A Story from the Trente Piteuses*. Modern Law Review, 75. 212 – 248 (2012).

④ Kilborn, Jason J. 2011: Expert recommendations and the evolution of European best practices for the treatment of overindebtedness, 1984 – 2010. Radboud University Nijmegen, Faculty of Law, Business & Law Research Centre, Law of Business and Finance 11, Deventer.

替代制度。[①] 其次，个人破产辅导制度可以作为前置程序，筛除部分不符合条件的个人破产申请，有效节约司法成本。在国际上，多数国家也都在实质上要求债务人申请个人破产前，要经过咨询辅导的前置程序，如美国在咨询辅导程序中拒绝了2/3的破产申请。[②] 最后，辅导制度还可以帮助社会公众更加了解破产制度的好处，形成符合中国国情的破产文化。

2. 公职管理人制度

考虑工作的专业性和破产债务人的经济状况，在中国的个人破产立法中，需创设公职管理人制度，为债务人申请破产提供帮助，进行个人财产调查，并负责考察期的监督等事宜。

个人破产程序对于管理人有较高的专业化和人性化服务的要求。从国际经验来看，个人破产人多属社会弱势群体，超过90%的债务人无产可破[③]，私人管理人没有激励提供个人破产服务。另外，虽然在法院的监督下进行，但个人破产案件的行政性质较强[④]，债权人和法

---

① 如银监会2011年发布的《商业银行信用卡业务监督管理办法》中，放宽了与信用卡欠款人的和解要求。通过协商，让债务人停息和违约金、停止被催收、避免被起诉、减免部分利息和违约金、最长可分期5年60期，逾期之后合约作废。

② 如2005年美国的《防止破产滥用和消费者保护法案》要求申请个人破产必须先经过信用咨询和完成相应的课程，将信用咨询制度变成了个人破产的前置性制度。债务人在提请破产申请前180天内，必须经过授权的非营利性信用咨询机构（CCA）和预算分析的培训。奥地利、德国和荷兰等国也在个人破产申请中要求债务人提供庭外债务和解尝试失败的证明。而英国虽然没有将债务咨询纳入破产程序本身，但纳入了2009年推出的债务人的破产替代方案——债务减免令（debt relief order，DRO），债务人只能申请通过债务咨询机构申请DRO。只有少数几个国家，如澳大利亚、新西兰和苏格兰，没有明确债务咨询辅导与个人破产程序间的联系。

③ 1984年10月到1987年1月，弗吉尼亚东区破产法院，通过第7章的4723件案件中，只有4.25%的案件有财产可供分配，无产可破案件的比例高达95.6%。See Michael J. Herbert & Domenic E. Pacitt, *Down and Out in Richmond*, *Virginia*: *The Distribution of Assets in Chapter 7 Bankruptcy Proceedings Closed During 1984 – 1987*, 22 U. Rich. L. Rev. 303 (1988). Jiménez 通过研究2007年1月29日至3月3日全美国正在进行的43000个第7章个人破产案件，发现只有7%的案件属于有产可破的案件。Jiménez, Dalié, *The Distribution of Assets in Consumer Chapter 7 Bankruptcy Cases* (*September 10*, *2009*), American Bankruptcy Law Journal, Vol. 83, p. 795, 2009.

④ Skeel, David A., Jr. 2001: *Debt's dominion. A History of Bankruptcy Law in America*. Princeton, NJ: Princeton University Press.

官通常很少参与程序，许多无产可破的案件只由受托人或书记员处理，市场上的管理人参与程度很低。[①] 在这种情形下，为个人破产程序建立专门的公职管理人制度很有必要。在相对完善的市场经济体制中，这也是政府有义务提供的公共服务。这些公职管理人一般由政府专门的破产行政管理机构进行管理。[②]

3. 申请审查和听证制度

个人破产程序中申请审查和听证制度很有必要。由于对个人破产制度的不了解，我国个人破产制度实施初期，可能会有"无赖债务人"意图提起"假破产，真逃债"的破产申请。为了有效识别"良善债务人"和"无赖债务人"，个人破产申请审查和听证制度极为重要。破产法官需全面审查对个人破产的申请材料，必要时可要求债权人、债务人、保证人、配偶等家庭成员以及相关机构和人员出庭听证，核实情况。

目前《深圳经济特区个人破产条例》第 8 条和第 9 条对个人债务人与其债权人申请破产时所应提交的材料作出了详尽的规定，包括破产经过说明、收入说明、社保证明、纳税记录、个人财产或者夫妻共同财产清册、债权债务清册、诚信承诺书、所扶养人基本情况等。

4. 自由财产制度

自由财产即在个人破产中由法律规定，或由法院酌情决定，可由破产债务人自由支配，不得用于清偿、分配的财产，在英美法上也称

---

① "个人破产法总体上更具行政性而非法律性质。大多数个人破产的过程只是简单的书面工作。" Rasmussen, Robert K. 2007: Introduction. The art of bankruptcy, in Robert K. Rasmussen (ed): Bankruptcy law stories. New York: Foundation Press, p. 1 – 10. "绝大多数个人破产案件都是简短、简单的事务，债务人几乎从不出庭，也没有债权人反对，书记员是唯一看文件的人。" See Baird, Douglas G. 2010: *The Elements of Bankruptcy*. New York: Foundation Press.

② 国际经验可以参考英国的破产服务局（Insolvency Service）、美国的联邦托管人项目（United State Trustee Program）和法国的"个人过度负债委员会"等。《深圳经济特区个人破产条例》第 11 章也规定了，破产管理行政部门有任命、监督个人破产管理人、为个人破产提供法律援助和咨询、协助调查破产欺诈和相关违法行为、信息公开以及协调各行政部门等职责。温州市的个人债务集中清理制度中，探索创设了公职管理人制度，并已经在良好运行之中。

为“豁免财产”。

国际上对于自由财产的确立多是规定一定限额，并采取反向列举的形式，如政府罚款、罚金和罚没等债务、侵占、侵权产生的债务、税款、教育贷款和抚养费等规定不得纳入自由财产范围内。我国的立法可以借鉴国际惯例，对所有的自由财产规定一个最高限额，且限额应由各地区依照本地居民的生活水平、消费状况等标准设定。考虑到中国国土辽阔，各区域经济发展状况及生活水平差异较大，在建立中国的个人破产自由财产制度时，应考虑确立原则化的自由财产规则，而具体范围可由个人破产实施细则加以详细规定。

5. 豁免考察期期限标准

债务豁免的考察期制度是个人破产中的一项重要制度。考察期时限设置上，我国个人破产的立法，应设置一个法定的时限标准，可以考虑为 5 年。受理个人破产的法院有权根据债务人在考察期内的债务清偿情况和财务收支情况，对期限进行一定的调整。

在考察期的时限设置上，不同法域规定有所差异。英联邦国家普遍较短，但可以依债权人或管理人申请延长，如英国、新西兰仅为 1 年、澳大利亚设置了 3 年的法定考察期期限标准。而奥地利的考察期则往往达到 7 年以上。[①] 各国考察期的灵活性也有所不同，荷兰的法官可以在 3 年的法定标准上根据情况缩短或延长，而德国的考察期则为 6 年的不可变期间。[②] 目前，《深圳经济特区个人破产条例》第 95 条规定了免责考察期为 3 年，并在第 100 条第 2 款规定了可缩短免责考察期的情形。

考虑我国的实际情况，考察期设置为 7 年可能过长，不利于债务人回归社会，3 年可能过短，个人破产逃债的成本偏低，所以将考察期设置为 5 年较为合适。为鼓励破产债务人积极工作和偿债，应规定在一定情况下，如提前清偿达到一定比例就可以缩短考察期。而对于

① ASB Schuldnerberatungen GmbH 2012：Schuldenreport 2012，ASB Schuldnerbera－tungen GmbH Linz.

② ［德］乌尔里希·福尔斯特：《德国破产法》，张宇晖译，中国法制出版社 2020 年版，第 290 页。

哪些情况以及可以在多大的幅度内缩短考察期，都有必要在立法中细化。

6. 个人债务豁免裁准制

个人破产考察期结束，即进入对债务人债务的豁免程序。

在国际上，个人债务豁免程序分为了两种模式，即大陆法系的裁准制和英美法系的非裁准制。裁准制指的是债务豁免需经债务人申请和法院实质审查程序，由法院裁定核准免责，在核准制中，法院可以要求破产管理人及债务人提供相关证据材料，也可以依职权进行相应调查，据此裁定是否核准免责。非核准制则指无需法院裁定核准，异议期届满无其他情形则自动免责。

我国在个人破产立法中，对个人债务豁免应选用哪种模式呢？考虑到当前个人信用体系尚不完善，在个人破产制度初期宜选用裁准制模式。当前从深圳等地方试点来看，目前也采用了裁准制模式。

7. 个人破产信息共享和公示制度

建立个人破产信息共享和公示机制是个人破产制度中的重要要求。有关部门和法院应根据审慎和必要原则，将个人破产状态、破产程序参与者的信用承诺和法定责任履行情况，以及个人破产相关限制、处罚和失信行为等信息纳入全国信用信息共享平台。

个人破产信息共享和公示机制对个人破产制度具有多重意义。首先，可以预防和打击债务人利用个人破产程序逃废债的行为。确保个人破产信息透明公开，使个人破产程序在公众监督下进行。其次，可以降低债务人破产信息的提供、收集和处理成本。债务人与个人破产的信息是重要且敏感的个人信息，其使用与流动都是有“交易费用”的，且在不同地域之间、政府和个人之间都存在一定的“数据壁垒”。而公示和共享平台可以有效提高解决债务人信用和破产信息的获取与交流效率。

个人破产信息涉及公民个人隐私和个人信息保护问题，具有高度敏感性。在实践中，可能出现信息被不当采集、错误记录和不当披露的问题，也可能出现信用管控过度的情况。因此，在建立破产信息共享和状态公示机制时，需要明确界定公示共享制度与公民个人信息保护之间的边界。主要有两点需要注意：一是要遵循《个人信息保护法》关于个人信息处理规则的要求，特别是在处理生物识别、医疗健康、金融账户和行踪轨迹等敏感个人信息时，应获得公示对象的单独同意；二是要明确个人破产相关主体享有知情权、查询权、异议权、更正权和修复权等信用权益。

（四）个人破产制度的入法时机

1. 目前，个人破产立法的时机已经成熟。

首先，当前我国与个人破产制度相关的配套制度已经建立。（1）我国征信信用体系已经建立。2013 年，我国颁布《征信业管理条例》，规范征信活动，推进社会信用体系建设。其后，我国发布了信用体系建设方面的相关文件，覆盖全社会的征信体系取得了多方面重大进展，金融信息数据库已经成功建立。市场化的征信机构取得了重大突破，首家市场化的个人征信机构百行征信已经正常运转。（2）跨地区、跨部门、跨领域的守信联合激励和失信联合惩戒机制，跨行业数据信息的互联互通已经具备。各级人民法院已经建立起向政府相关部门、金融监管机构、金融机构、承担行政职能的事业单位及行业协会等，通报失信被执行人名单信息，供相关单位依照法律法规和有关规定，在政府采购、招标投标、政府扶持、行政审批、市场准入、融资信贷、资质认定等方面对失信被执行人予以信用惩戒；将向征信机构通报失信被执行人名单信息，并由征信机构在其征信系统中记录。（3）法院的执行能力增强。执行信息化智能化水持续提升、网络查控、统一执行能力增强，2020 年全国法院受理执行案件 1059.2 万件，执结 995.8 万件，执行到位金额 1.9 万亿元。上述配套机制的建立，为个人破产制度的建立提供了有利的保障条件。

其次，我国社会对待个人破产的观念已经发生变化。实际上，破产耻感在现代社会是广泛存在的，即使是建立了个人破产制度的国家也是如此。学者研究表明，中国和欧洲国家（特别是德国），破产耻感是比较高的，而英美法系国家破产耻感相对较低，其中最低的是美国。然而，社会观念会随着时代发展发生变化。我国建立社会主义市场经济体制以来，公平竞争、优胜劣汰等市场观念已经深入人心。破产理念随着我国企业破产制度的实施得到宣传，破产作为一种债务调整机制和拯救再生方式的社会观念已经逐步被接受。社会对待个人破产的观念也发生了很大变化。全国人大代表、政协委员已经连续3年提出“建立个人破产制度”提案。另外，深圳等地的试点过程也已经表明债务人、债权人愿意通过破产程序处理其债权债务。《深圳经济特区个人破产条例》实施以来，截至2022年4月24日，根据“深圳个人破产案件信息网”发布的公开信息，共有35起个人破产已立案。

再次，个人破产制度推出的时机成熟。一方面，推出个人破产制度已经具备政策基础。2018年10月，最高人民法院院长周强在向第十三届全国人民代表大会常务委员会第六次会议的“关于基本解决执行难”工作报告中，建议完善执行立法，推动建立个人破产制度，畅通“执行不能”案件依法退出路径。同月，最高人民法院咨询委员会副主任杜万华撰文称，我国应该尽快建立个人破产制度。2019年2月27日，最高人民法院在《关于深化人民法院司法体制综合配套改革的意见》中提出“研究推动建立个人破产制度及相关配套机制，着力解决针对个人的执行不能案件”。2019年7月16日，由国家发展和改革委员会、最高人民法院等13部委联合发布的《加快完善市场主体退出制度改革方案》中提出要分步推进建立自然人破产制度，方案指出：“研究建立个人破产制度，重点解决企业破产产生的自然人连带责任担保债务问题。明确自然人因担保等原因而承担与生产经营活动相关的负债可依法合理免责。逐步推进建立自然人符合条件的消费负债可依法合理免责，最终建立全面的个人破产制度。”中共中央、国务院在2020年5月11日的《关于新时代加快完善社会主义市场经济体制的意见》中正式提出“推动个人破产立法”。另一方面，推出个人破产制度已经具备地方立法与实践基础。各地为解决自然人债务问题，均开展相关探索，浙江、江苏、山东等地法院先后发布司法文件，试行个人债务清理的类个人破产制度。深圳市通过实施了《深圳经济特区个人破产条例》，海南省通过实施了《海南自由贸易港企业破产程序条例》，北京市也对建立个人破产制度有关问题开展调研。

最后，个人破产立法有丰富的国际经验可供参。世界上主要发达经济体均有个人破产法立法，可以为中国个人破产立法提供可供参考借鉴的立法与实践经验。

2. 舆论对个人破产试点的评价如何，社会对个人破产的接受程度如何。

各地开展个人破产试点后，舆论对个人破产的态度从不理解、惧怕个人破产是逃债工具，到学习和理解个人破产制度、接纳和支持诚实而不幸的债务人申请个人破产，社会对个人破产的接受程度已经提升到较高层次。特别是《深圳经济特区个人破产条例》出台后，深圳中院审理了多起个人破产案件，并做了大量宣传报道。业内专家普遍认为，个人破产制度的建立体现了国家对市场主体退出问题的重视，有利于补齐市场经济体制的短板问题。普通民众在了解了这些案件的事实和审理情况后，也对个人破产有了较具象的认识，对个人破产的恐惧心理、对个人逃废债的担忧也在逐渐下降。我国通过央视新闻频道和法制频道、《光明日报》、《南方都市报》、《南方日报》、《羊城晚报》等媒体宣传个人破产制度，增加公众对个人破产的了解和接受度，取得了突出效果。舆论普遍认为个人破产制度是解决诚实而不幸的债务人困境的制度、是个人自负其责的制度、是打击逃废债的制度、是防范系统性金融风险的制度。

3. 当前经济下行压力加大，受疫情冲击经营困难的小微企业及个体工商户明显增加，个人破产立法在纾困解难的同时，是否会加快风险暴露，增大防范化解重大风险的难度。

当前经济下行压力加大，受疫情冲击而面临困境的个人越来越多，正是运用个人破产制度解决其困境的良好时机。而个人破产立法并不会加快风险暴露，更不会增大防范化解重大风险的难度。

首先，金融风险并不是由破产法和个人破产制度导致的，即使没有个人破产制度，风险依然存在。如面临贷款风险的银行仍面临风险，无法还贷的个人依然无法还贷。个人破产制度的适用并不会增加风险防控难度。

其次，个人破产制度是防范化解重大风险的制度。个人破产制度对债务人提供的免责激励使债务人愿意更多披露其财产信息，减少债权人寻找、追回债务人财产的成本，增加债权人的受偿。个人破产不仅包括清算程序，还包括重整和和解程序。在个人重整与和解程序中，债权人和债务人之间可能达成未来清偿方案，获得“喘息之机”的债务人将重新获得积极性去创造更多的财富，提高清偿率，减少和化解风险。个人破产制度还构建了一个监督机制，债权人可以通过破产机制提供的统一集中的监督，债权人无须自行监督清偿方案的执行。

因此，个人破产法是系统性金融风险的防范法，其并不会增大风险暴露和化解风险的难度，反之，还有利于重大风险的防范。

（五）个人破产制度的入法名称

如果个人破产制度入法，现有法律名称如何调整，如何在准确涵盖调整范围的同时，不产生其他负面效果。

将破产法调整范围扩展到个人，是对法律调整对象和重要制度作出的调整与修改。如果原“企业破产法”名称无法容纳修改后的调整对象范围，需要修改法律名称。有人建议改为“债务人破产法”、“企业拯救与破产法”或“重整与破产法”，这三种名称都不合适。第一，“债务人破产法”包含的范围过窄，破产法除了规范债务人还涉及债权人，而且与《民法典》相关规定不契合；第二，“企业拯救与破产法”这一叫法不妥，因破产法本身就包含企业拯救；第三，“重整与破产法”这一叫法也不妥，因重整是破产法的一个程序之一，不能并列称之。

建议将法律名称修改为“中华人民共和国破产法”。这是国际通例，如英国破产法叫《英国破产法》，德国破产法叫《德国破产法》（或译为《德国支付不能法》），美国破产法叫《美国破产法》，各国均以“某国破产法”命名。如果考虑到中国文化对破产的接受度较低，退其次则可命名为“中华人民共和国企业与个人破产法”，既保持与现法的衔接，又反映了实际修改内容，还可以避免不当联想。在法律修改过程中对法律名称进行修改，使其更好地反映修改后法律的实质内容，在我国立法中已有先例。例如，在2014年《国家安全法》修改中，将其名称修改为《反间谍法》。

二、深圳个人破产制度的试行

（一）深圳试行个人破产制度的示范价值[①]

2021年3月1日，深圳试行个人破产制度。2021年7月19日，全国首宗个人破产案件由深圳市中级人民法院裁定。近日，深圳市破产事务管理署等机构又推出《关于建立破产信息共享与状态公示机制的实施意见》，在国内率先建立个人破产信息共享和公示机制。这对推动个人破产制度的实施，提升优化营商环境，构建市场化、法治化社会信用体系具有重要意义。

个人破产制度是让“诚实而不幸”的债务人获得“东山再起”机会的制度。“诚实而不幸”的定语很重要，并不是所有债务人都有资格申请破产，而只是对诚实守信的债务人，法院才可以裁定豁免其债务。因此，在债务人提出破产申请后，证明申请破产的个人“诚实而不幸”十分关键。

如何证明个人破产的申请人是“诚实而不幸”的呢？一方面，法院要审查个人破产申请人的申请材料，如个人债务状况、欠哪些债权人的钱、家庭现有资产等，还要找债权人等来听证、核实；另一方面，一个不可或缺的要件就是建立个人破产信息共享和公示机制。相关政府部门和法院要按照审慎、必要原则，明确将个人破产状态，相关主体参与破产程序、履行法定义务作出的信用承诺，个人破产相关限制、处罚、失信行为等信息纳入信用信息范围，并将其在适当的范围内公开。同时，通过政务共享平台交换这些信息，实现个人破产信息和债务人信用信息共享，让社会相关利益者参与监督。

个人破产信息共享和公示机制的建立对推进个人破产制度的完善与良性实践具有多重意义。

第一，这一机制可以防范与打击利用个人破产程序来“逃废债”的行为。因为个人破产有豁免债务的优势，在个人破产制度实施时，

---

① 本处内容发表于《光明日报》2021年8月26日，原文标题为“深圳试行个人破产制度具有重要示范价值”。

很有可能存在部分人有钱却不还债，而申请个人破产，甚至恶意滥用破产程序，实施欺诈性破产。“阳光是最好的防腐剂”，个人破产的公示与共享机制，可以确保个人破产的信息是透明公开的，个人破产全流程在阳光下运行。

第二，这一机制可以减少信息提供、收集与处理的成本。债务人与个人破产的信息是很重要、很敏感的个人数据信息，其使用与流动都是有“交易费用”的，甚至有很高的“数据壁垒”。本地的债务人数据信息，外地就不掌握。政府拥有的债务人数据库，金融机构与普通债权人就很难获得。而公示与共享平台可以有效解决债务人数据信息的高成本与信息交流的低效率问题。

第三，这一机制有助于解决个人破产后的信用修复问题。个人破产申请经法院裁定批准后，个人债务人经过法律规定的一段时间，就可以豁免掉全部债务，债权人也不能再要求债务人还债。但债务人得到这个益处是有对价的，即个人债务人在3~5年内作为失信人而受到生活与经营行为的限制，如要被限制高消费行为，不能乘高铁与飞机，新的投资创业与借贷行为被限制等。有了个人破产信息共享和公示机制，失信人是可以得到信用修复与合法权益保障的。个人破产信息有误的、主动更正失信行为并配合个人破产程序的等符合条件的信用信息主体，可以凭生效法律文书，申请修复相关信用信息，成为信用正常的公民。

个人破产在市场经济成熟国家已存在了多年，但在我国还是新事物，深圳也仅是试点。个人破产信息涉及公民个人隐私与个人信息保护问题，具有高度敏感性，实践中易产生信息被不当采集、错误记录、不当披露等问题，也可能会出现信用管控过度等问题。因此，建立破产信息共享与状态公示机制，应注意划定好公示共享制度与公民个人信息保护的边界。主要是做到以下两点：一要遵循个人信息保护法中有关个人信息处理规则的要求，以及“处理生物识别、医疗健康、金融账户、行踪轨迹等敏感个人信息，应取得个人的单独同意”，以解决个人破产信用信息的法律适用规范问题；二要明确个人破产相关主体享有知情权、查询权、异议权、更正权、修复权等信用权益，加快建立个人信用修复制度。

目前，全国人民代表大会已将《企业破产法》的修改提上议事日程，国家立法机构正在考虑是否将个人破产制度纳入其中。社会广泛关注的个人破产立法如何尽快推进，个人破产在我国能否正常落地，深圳的试点具有重要的示范价值。

（二）深圳个人破产第一案①

【案情摘要】

2021年7月19日，深圳市的梁先生收到了来自深圳市中级人民法院的裁定文书，正式成为了我国第一位在法律意义上破产的自然人。梁先生原本在深圳市某企业从事工程技术岗位，2018年，他和同事一起辞职创业，开发蓝牙耳机业务并获得了三项专利，然而梁先生开发的这款具有创新专利的蓝牙耳机并没有打开市场。2020年，梁先生又根据疫情防控的市场需求开发了一款测温枪，也反响平平。由于缺乏一些市场推广的经验和渠道，以及为了产品更新换代，梁先生前后通过贷款的方式欠下了70多万元的债务。疫情期间受到了打击之后，梁先生发现创业活动无法继续了，于是立即找了一份工作开始偿还贷款，但他每个月的工资并不足以还清所借的贷款，其债务越背越多，每日不停地产生滞纳金、违约金以及利息。梁先生整个家庭由此深陷债务之中，在最紧张的时刻，每个月需要偿还7000多元，这对于上有年迈母亲、下有两位正在上学的小孩的梁先生而言是一个不可承受的负担。最终，梁先生决定向深圳市中级人民法院提出个人破产申请。这个案子也被称作全国个人破产第一案。

1.【问】请问什么是个人破产？

【答】一般而言，每一个成年人个体都需要以他的全部资产清偿负债。而个人破产就是在个人没有偿付能力或资不抵债的情况下，根据法律的相关规定，债权人可以采取一些免责的态度，免除他一定的个人债务的制度。

---

① 本文整理自李曙光教授在中央电视台CCTV－12社会与法频道2021年11月6日播出的“法治深壹度”节目：“诚实而不幸：个人破产也有高门槛”。

2.【问】本案中，创业失败而破产是公司企业的行为，创业者为什么要申请个人破产？

【答】创业者（梁先生）在自己要创业的情况下，自己的钱可能不够，所以他需要以个人的信誉来向朋友或是金融机构借点钱，以从事一些经营或是经济行为，并且因此承担个人债务。但是他本人并不是一个公司，因此他个人债务的清偿就不涉及公司破产。

3.【问】《深圳经济特区个人破产条例》正式施行的意义是什么？

【答】《深圳经济特区个人破产条例》作为我国首部个人破产法规，在完善市场主体的退出机制、保护债权人和债务人权益、营造宽容失败的社会氛围等方面具有重大意义。《深圳经济特区个人破产条例》规定，在深圳经济特区居住且参加深圳社会保险连续满 3 年的自然人因生产经营、生活消费导致丧失清偿债务能力，或者资产不足以清偿全部债务的，可以依照本条例进行破产清算、重整或者和解。

个人破产制度在世界上很成熟，是一个存在了上千年的制度，实际上就是给人们一个东山再起的机会，一个人生再来一次的机会。但它仅仅只针对那些诚实而不幸的债务人，而不是那些欠钱不想还、作假的、逃废债的、坑蒙拐骗的人。因此个人破产的一个重要前提是，个人破产的主体一定是那些有诚信的，同时也是值得同情的人。例如因为经营失败、生活消费或者是个人生病等各种情况导致其对于以前的借债没有偿付能力的人。但是这些使人丧失对其债务的偿付能力的原因都是正常发生的，而不是通过欺诈，恶意地、故意地作出。在这个前提下，个人就可以向法院提出个人破产的申请。一旦法院批准他的个人破产的申请，就有可能通过个人破产程序将个人的一部分债务进行免责，以后就不用再偿还。从而个人就获得了东山再起的机会。

但在一次个人破产后，个人也是需要吃点苦头的。因为在无法偿还债务的情况下，个人的一些行为、一些权利都要受到一些限制。例如高消费、交通出行、从事一些职业、对外投资、成为企业新的股东、出境都会受到相应的限制。但这也是在警醒每一个个人债务人，一定要自己承担相应的民事责任，敢于担当。但是如果经过几年确实证明个人无法偿还债务，而且债务人本人是一个好人，没有欺诈行为，那么就可以将其这笔债务全部免除，给他们一个未来生活的希望。

因此，这部法律的出台，对于那些很有意愿还债的个人有着很大的帮助。

4.【问】本案中，梁先生一开始选择了清算程序，后来在法官根据他的偿债能力与意愿提出的建议之下，重新提交了重整程序的申请。那么请问清算程序、重整程序都是个人破产程序吗？个人破产程序包括哪些程序呢？这些程序之间又有什么不同？

【答】破产有三种程序，包括清算程序、重整程序与和解程序。

清算程序，是指除去债务人基本的生活物品与生活费用，将债务人现有的全部财产向债权人等进行一次性分配。经过这个程序之后，债务人将被设定一个“免责考察期”，在该考察期内，债务人个人的消费行为、投资行为、经济行为、借贷行为等都将受到一定的限制。在3～5年的免责考察期结束后，债务人在第一次清偿之后仍不能偿还的债务将被免除。免责期内及期满之后，即使债务人重新赚取财产，也无须向债权人偿还。

而重整程序与之不同，债务人是需要定期偿债的。当然，由于个人破产制度目标之一就是减轻债务人的负担，重整程序并不是给债务人设定一个无休止的偿债期限，在法院组织下的个人破产重整程序，都会设定一定的免责考察期。比如，债务人每月能赚12000元，在法院的组织之下，与债权人协商确定每月需要偿还5000元。考察期结束后，仍不能偿还的债务也会被免除。相对于清算程序一般针对的是偿债可能性较小的个人，重整程序往往针对的是有偿债意愿、有偿债能力的人。法官会考察债务人的具体情况，确定债务人是否符合其申请的程序的要求。

第三种程序是和解程序。和解程序与重整程序较为类似，也是由债务人与债权人签订一个和解协议。然而区别于重整程序的是，债务人与债权人的自愿度更高，往往是在债权人人数较少、且与债务人原本关系较为友好的情况下签订和解协议。重整程序一般针对的是债权人人数较多、且关系复杂的情况下，为了保持债权人受偿的公平性，要通过较为规范的程序将债权人拉到一起进行谈判。

5.【问】我们留意到，债务人通过个人破产程序定期偿债时，往往都会留有部分财产，这主要是基于什么来考量的呢？

【答】其实这是个人破产制度中非常重要的一个规定，即债务人要能够维持基本的生活。到法院申请个人破产程序，法院会要求债务人将其所有的家庭财产，包括现金以及家中有一定价值的财物，向法院进行申报，不得隐瞒。法院会让债务人保留一定的基本的生活物品和生活费用，其中包括对未成年子女的抚养的费用、抚养其他近亲属的费用以及债务人个人的基本生活费用。比如可以保留家庭生活中必备的锅碗瓢盆，又如具有很强的人身纪念意义的结婚戒指是可以保留的，然而除此之外的其他珠宝、以及不符合“基本生活条件”的豪华的房产等财物就不能保留，而要进行偿债。

6.【问】对于个人破产制度，老百姓普遍有一个担忧，担心这个制度成为老赖的保护伞。针对这个说法您怎么看？

【答】实际上这个说法是不对的，因为个人破产的申请是有一套严格的程序的。在债务人申请个人破产之后，法院、破产管理人将通过大量的调查（如听证、询问等程序），以及许多考验的程序，对债务人是否诚实守信作出判断。对于没有通过考验的债务人，个人破产制度暂时没有设定惩罚，未来法律完善后，这类债务人将被定义为欺诈性破产，将会付出更大的代价，甚至有可能面临牢狱之灾。因此，大家针对个人破产程序还是有一定的误解，“老赖”是不能通过个人破产程序严格的考察程序的，也就不能通过这种方式逃债。

7.【问】个人破产过程中，用以偿债的费用是否包含夫妻共同财产？

【答】在个人破产这件事上，更加强调每个人的个人责任。要对夫妻共同财产进行严格切割，个人破产不及于夫妻共同财产。

8.【问】如何应对公民利用个人破产制度来转移资产、逃避债务等问题？

【答】在我国，确实可能存在公民利用个人破产制度制造“假破产”，以转移资产、规避债务的现象。比如某些人可能会在破产申请前将自己的财产赠与妻子、子女、兄嫂等。这就需要通过破产撤销权制度、反欺诈破产制度以及破产犯罪制度等一系列制度予以打击。

9.【问】根据法院的裁定可知，梁先生除债权本金以外的其他债权额如因欠款产生的利息、违约金等调整为0，这意味着个人破产制度中债权人可能也需要承担一定损失，对债权人来说是否不太公平？

【答】对债权人来说还是比较公平的。首先，债权人此前愿意借钱给债务人是基于对其的信任，这种信任从某种程度上来说也是要承担一定风险的，如果债务人信用较高，那么他破产后，债权人的利益还可以通过破产重整程序获得救济；如果债务人信用较差，那么债权人也应当自己承担相应的代价。其次，重整协议是债权人和债务人双方谈判的结果，债权人对于债务人的偿债能力其实是比较清楚的。这一制度在某种程度上是给真正的债权人以保护而非不利，警示债权人应当在出借款项前慎重考虑：债务人一旦破产，有无清偿债务的可能性。最后，司法实务中也存在一些不良债权人试图通过讨债获取不当利益，如一些债权人事先得知债务人家中比较有钱，就希望借讨债为名得到其亲属的财产，个人破产制度也有利于打击此类现象，因为在个人破产制度中，每个人需要自己承担责任，父债不能子偿。

10.【问】目前《个人破产条例》只是在深圳试点，那么是否有必要制定一部全国性的《个人破产法》？

【答】有必要。首先，制定全国性的《个人破产法》更有利于实现公平目标，促进执行难问题的解决；其次，目前的现实国情是发达地区和相对落后地区的生活水平差距较大，加快个人破产的全国性立法有利于提供一个还款的统一标准。所以期待在这一次破产法的修改过程中，个人破产能够入法，让这一制度在我国的市场经济体制建构过程中，在营商环境的提升过程中，在经济高质量发展过程中发挥更大作用。

三、个人破产的配套制度[①]

（一）个人信用体系的优化

如前文所述，我国的个人信用体系还有待在信用评级制度、信贷制度和失信惩戒及信用修复等多方面进一步优化。

首先，应加快推进《社会信用法》立法，完善信用信息记录和共享体系，健全个人信用评价制度。[②] 一是要提高信用信息采集范围和及时性；二是优化评价方法，借鉴美国 FICO 信用分等个人信用评分制度，提供一种更友好的信用评估方式，拓展信用信息的应用范围；三是健全信用服务基础设施，在全国信用信息共享平台中加入个人信用信息服务；四是培植公众的个人信用意识，在商业和金融行为中，形成立足于个人信用评价的良好风气。

其次，完善信贷市场管理规范。改变原先依赖抵押担保、私人关系或非法催债的信贷模式，通过调整不同信用水平个人的信贷额度、信贷条件、监管强度等，规范信贷市场秩序，使之成为实现守信激励和失信约束的重要调控机制。

最后，还需要优化失信惩戒制度，丰富对失信行为的认定标准与惩戒手段。同时，健全失信行为纠正后的信用修复机制，特别在个人破产制度中，一旦个人破产的豁免考察期结束且债务被豁免，应在一段时间后删除债务人的破产信息，[③] 修复相关限制，使债务人得以恢复正常生活。

（二）统一的个人财产登记系统

如前文所述，虽然我国当前主要的个人财产信息，如不动产、动产融资、银行信贷等信息都已有登记，但分散混乱的问题加大了个人破产制度中明确债务人财产的难度。因此，有必要搭建全国统一的个

---

① 本处内容节选自李曙光教授发表于《政法论坛》2023 年第 5 期的论文《中国个人破产立法的制度障碍及其克服》。

② 参见 2023 年 7 月 19 日发布的《中共中央、国务院关于促进民营经济发展壮大的意见》。

③ 如《美国破产法》规定，破产记录将在消费者的信用报告中保留 7 年（在第 13 章的情况下）或 10 年（在第 7 章的情况下）。

人财产登记系统，将原先散乱在各个系统中的信息汇总于一个系统之中，并和全国信用信息共享平台实现互联互通。便于债权人、管理人和法院能够查询债务人的主要财产信息。

在平台系统搭建中，可参考澳大利亚的个人财产登记系统（Personal Property Securities Register，PPSR），该系统是由澳大利亚政府设立和管理的全国性登记系统。该系统提供了一个集中和统一的线上平台，用于登记和公示与个人财产相关的权益。① 在 2012 年设立后，PPSR 取代了此前根据不同的州和财产类型区分的分散财产登记系统。这一系统已经广泛应用于商业和个人借贷、租赁、担保以及其他交易之中。

我国的个人财产登记系统也可以互联网平台为主要载体，在政府部门的监督和管理之下建立和运营。集中、广泛、可靠的财产登记系统，不仅可以成为个人破产制度的基础设施，还可以与个人信用评价制度有效配合，共同构成个人在社会经济活动中的重要评价指标，降低市场中个人间以及企业和个人之间的交易成本，提高市场效率。

（三）明细可追的支付体系

为了防止个人破产制度被"不诚实"的债务人通过转移资产利用，有必要形成明细可追的商业支付体系。

首先，参考欧美国家，加强对于人民币现金使用的管控。2022 年 3 月中国人民银行发布的《关于加强金融机构个人存取款业务管理的通知》规定，对于客户一日一次性从储蓄账户提取现金 5 万元以上的，储蓄机构柜台人员必须要求取款人提供有效身份证件，并经储蓄机构负责人审核后予以支付。可见，我国已经开始在存取款的规则设计中引入大额交易备案制度。对于人民币现金使用的管理，可以从源头上限制个人利用现金破产欺诈的能力。

其次，对发生在互联网支付平台、网上银行内部及之间的转账进

① PPSR 主要根据澳大利亚 2009 年发布的《个人财产证券法》（Personal Property Securities Act 2009（Cth））设立，其涉及的个人财产范围包括商品货物、机动车辆、飞机、船、知识产权、银行存款和应收账款、股份及其他金融财产以及商业牌照。不包括土地、建筑物、用水权以及大多数政府颁发的许可证或权利。

行统一管理。当前，除了一些银行内部规范的要求，只要不使用人民币现金，在银行间和互联网平台间转账几乎不受到任何限制。银行账户间的转账，已经基本处于在我国的反洗钱监控体系之内，但支付宝、微信等互联网支付工具以及互联网银行的部分金融产品却处于监管的灰色地带。未来需要提高对于各类转账的记录和备案，在支付体系上堵住破产欺诈的口子。

（四）夫妻共同财产处置规则的明确

鉴于我国夫妻共同财产制度中对个人和共同的财产和债务划分不清晰，在建构个人破产的处置规则时可以参考，同样采用共同财产制度的国家的经验。

在个人破产中，可以参考美国部分州的经验，[①] 根据《美国破产法》第541（a）（2）款，当夫妻一方申请破产，所有的夫妻共同财产将纳入破产财产范围之中，主张特定财产专属一方享有的当事人需承担相应的举证责任。[②] 可见，所有家庭财产都被推定为共同财产，在个人破产中，夫妻的共同债务如房贷、车贷等多是为家庭共同利益服务，夫妻双方作为共同债务人，一方的清偿责任减免并不导致另一方的债务同比例减免。

关于个人破产中的赡养、抚养和扶养费用，应当参考国际和我国地方试点的经验，把其纳入豁免财产中，以保障家庭成员的合法权益。当然，对于具体的费用应有一定的限制，如抚养的子女不得就读

① 美国采用夫妻共同财产制的州包括：阿拉斯加、亚利桑那、加利福尼亚、爱达荷、路易斯安那、内华达、新墨西哥、得克萨斯、华盛顿以及威斯康星在内的十个州。

② 在加利福尼亚、华盛顿以及内华达州存在例外规定，在这些州夫妻共同财产中的营运公司（business）及相关财产，可被认定为由夫妻一方所独立管理和控制。若没有管理和控制的一方（non－business spouse）申请破产，由另一方控制的公司及相关财产可不纳入破产财团中。不过，依照《美国破产法》第541（a）（2）（B）条规定，如果部分财产对于共同债务的产生或者负担存在一定的责任，则同样需要纳入破产财团中，用于共同债务的清偿。See，e. g.，Wis. Stat.；N. M. Stats. § 40－3－8B；Cal. Fam. Code § 760；Tex. Fam. Code § 5. 02；La. Civ. Code art. 2340；31 L. P. R. A. § 3647；In re 155 B. R. 14（Bankr. D. Idaho 1993）；In re 152 B. R. 141，148（Bankr. S. D. Tex. 1993）；In re Jacobs，48 B. R. 570，573（Bankr. S. D. Cal. 1985）；590 S. W. 2d 218（Tex. Civ. App. 1979）；Kelly v. Kelly，86 Nev. 301，468 P. 2d 359（1970）.

高收费私立学校等。

此外，在个人破产程序可以参考国际经验以及深圳试点的经验，设置以下配套规则：首先，在个人破产辅导中，应建议夫妻双方共同提出破产申请，以便合并处理夫妻共同财产问题。在个人破产程序中，厘清个人与家庭的资产和债务往往非常困难。而夫妻共同提出申请破产，则利于法院甄别和查明夫妻共同财产及其附着的权利义务，节约司法成本。其次，在个人破产申请中，应提交夫妻共同财产清册，申报配偶、前配偶、未成年子女等人的财产和收入。考虑到转移财产的可能，夫妻约定财产制也不能排除财产清册的提交程序。再次，应强制规定配偶及前配偶必须出席个人破产的听证程序，以降低通过配偶或离婚逃债的风险。最后，因为家庭财产的高度混同和破产欺诈的风险，我国在个人破产制度引入初期，应当考虑将配偶清偿顺位后置。

（五）针对债务人的社会保障体系的完善

个人破产制度也是社会保障体系的重要组成部分。因此，在完善社会保障体系的同时，还需要针对个人破产申请后的债务人生活水平做出相关规定。

关于自由财产的保有水平与社会基本保障水平如何平衡的问题，我国的个人破产立法可考虑只做原则性规定。具体细则可通过最高人民法院司法解释的方式制定略高于当地社会保障水平的自由财产保有水平。由最低生活保障、失业保险、工伤保险等组成的社会保障其目标，是给予个人维持生活的最低保障，如果破产中的自由财产保有水平低于社会保障标准，则难以保障债务人的基本生活需要。参考国际经验，域外各国的个人破产制度也往往将各类社会保险纳入豁免财产。[①] 我国在个人破产立法中，可参考《深圳经济特区个人破产条例》，将社会保险金以及最低生活保障金等纳入豁免财产。[②]

---

① 《美国破产法》第522条d（10）规定，以下债务人的社会保障福利、失业补偿或当地公共援助福利、退伍军人福利、残疾、疾病或失业救济金等各类社会保障福利，以及赡养费、抚养费或扶养费，在合理必要的范围内都可以纳入豁免财产范围。

② 参见《深圳经济特区个人破产条例》第36条。

另外，还应针对破产债务人制定特别的就业帮扶和强制参保制度。因为破产中的就业限制以及潜在的就业歧视，相较其他求职者，破产债务人在求职中的处境更为艰难，所以，应由破产行政管理部门向破产债务人提供一定的就业辅助服务，并对其采取强制参保制度。

（六）破产相关刑事罪名的修订

为防范个人破产相关的严重违法行为，特别是破产欺诈和滥用破产程序的行为，除了在个人破产制度内部设置阻碍，还需要配套的刑事惩罚加以威慑。从国际经验来看，个人破产制度的良好运行需要覆盖全面并能有效实施的刑罚手段作为保障。[①] 我国当前关于破产犯罪的规定，集中于《刑法》第 162 条虚假破产罪中，存在主体范围过小、[②] 规制行为限缩过窄、[③] 法定刑过低等问题，狭窄的打击面和微弱的打击力度难以规制个人破产中的欺诈行为。

因此，虚假破产罪的修订，可从以下两方面着手：

第一，类型化破产犯罪。当前虚假破产罪的行为规定较为模糊，可以参考域外经验，将个人破产相关犯罪分为破产欺诈和破坏破产程序两个罪名。

破产欺诈是指债务人在实体上严重的不当交易行为和欺诈行为。主要的犯罪行为包括债务人在申请破产前和申请期间，转移资产、隐匿资产、破产财产、伪造证明文件、低价出售资产等不当行为。

破坏破产程序是指当事人破坏和滥用破产程序。主要针对破产司法和行政管理人员收受贿赂、隐瞒案件重要信息、销毁债务人财务记

---

① 如美国在《犯罪与刑事程序》（《美国法典》第十八编）第九章“破产”中规定：个人隐匿、虚假陈述、转移、欺诈、不当交易、滥用、编造、毁损债务资料都属于刑事犯罪。并且还规定了与破产程序相关的贿赂、挪用财产以及工作人员利益冲突行为等犯罪。《英国破产法》第十章专门规定了八种适用于个人破产的破产犯罪，包括不披露信息、隐匿财产、隐匿或伪造账簿和文件、虚假陈述、对财产的欺诈性处置、破产人潜逃、欺诈性处分赊购财产、获取信用或商业运营。即使相关破产令已被取消，也可以对破产人适用犯罪行为。

② 我国《刑法》规定的破产犯罪的主体只有公司、企业，没有个人。虚假破产罪属于单位犯罪，采取单罚制模式，也有案件将个人列为共犯。

③ 我国《刑法》只规定了涉及破产犯罪的妨害清算罪以及隐匿、故意销毁会计凭证、会计账簿、财务会计报告罪，并不能全部涵盖破产程序中可能实施的犯罪行为。

录材料、转移或挪用财产等职务犯罪，以及当事人拒绝执行法院裁准、恶意催收等违反个人破产程序的行为。约束非法催债行为在我国个人制度初步实行中具有重要价值。由于个人破产制度的缺失以及传统债权债务观念的影响，现实中“良善债务人”经过了破产程序也可能难以获得债务人的谅解，所以需要用刑法强制力约束债权人的不当催债行为。

第二，适度提高破产犯罪法定刑和入罪概率。当前《刑法》第 162 条中三项罪名的刑罚，有期徒刑最高不超过 7 年，罚金最多不超过 20 万元，这样的处罚力度显然难以对实施逃废债者施加足够的威慑。较低的违法成本使得刑法中针对破产犯罪的惩罚大打折扣，给不诚信者以可乘之机。

第十二讲　金融与破产Ⅰ：总体设计

一、金融机构破产的制度设计[①]

党的二十大报告提出“深化金融体制改革，建设现代中央银行制度，加强和完善现代金融监管，强化金融稳定保障体系，依法将各类金融活动全部纳入监管，守住不发生系统性风险底线”。同时，党的二十大报告还特别指出“防范金融风险还须解决许多重大问题”。[②] 中共中央政治局12月6日召开会议分析研究2023年经济工作，也特别强调“要有效防范化解重大经济金融风险，守住不发生系统性风险的底线”。[③] 应当认为，防范化解处置金融风险是我国现阶段一个

---

① 本处内容主要来自《〈国务院金融机构破产实施办法（或条例）〉应该重点解决九大问题》，载 https：//magazine. caixin. com/2006－09－18/100086156. html，最后访问日期：2023年10月29日。

② 参见《高举中国特色社会主义伟大旗帜　为全面建设社会主义现代化国家而团结奋斗——在中国共产党第二十次全国代表大会上的报告》，载中国政府网官网，https：//www. gov. cn/gongbao/content/2022/content_5722378. htm，最后访问日期：2024年7月10日。

③ 参见《中共中央政治局召开会议　分析研究2023年经济工作　研究部署党风廉政建设和反腐败工作》，载中国政府网官网，https：//www. gov. cn/xinwen/2022－12/07/content_5730396. htm，最后访问日期：2024年7月10日。

艰巨复杂且非常重要的任务。[①]

建立有序的金融机构市场退出机制，在法律框架内防范化解处置金融风险，强化市场主体风险意识，培育市场化、法治化营商环境，破产法在其中可以扮演重要角色，而且我国金融机构破产实践也已经积累了相当一部分的经验。自 1998 年海南发展银行被中国人民银行公告关闭起，[②] 我国先后有河北肃宁县的尚村信用社、包商银行、辽阳农商行、辽宁太子河村镇银行四家商业银行破产倒闭。特别是 2021 年 2 月 7 日被北京市一中院裁定宣告破产的包商银行，是我国第一家真正意义上通过《企业破产法》司法程序破产的商业银行；[③] 2006 年 1 月 24 日，大鹏证券公司被深圳市中级人民法院裁定宣告破产，成为中国首例通过司法程序破产的证券公司；[④] 2022 年 8 月 26 日，银行保险监督管理委员会（已不再保留，现权力承继单位为国家金融监督管理总局）原则同意辽阳农商行、辽宁太子河村镇银行进入破产程序等。[⑤] 因此，金融机构需要破产并且可以破产，在我国已是不争的事实。[⑥]

但是《企业破产法》在金融机构破产制度中的设计是不完善的，导致实践中出现了很多问题。《企业破产法》第 134 条虽然在原则上规定了金融机构破产的适用范围、程序、申请主体以及监管和托管程序，同时授权国务院制定金融机构破产实施办法，但至今没有出台相

---

① 参见中国银保监会党委：《持之以恒防范化解重大金融风险》，载《求是》2022 年第 10 期。

② 参见张驰、胡延玲：《银行不良资产处置法律规制研究》，法律出版社 2014 年版，第 197 ~ 198 页。

③ 参见（2020）京 01 破 270 号终结破产程序民事裁定书。

④ 参见（2010）粤高法民二终字第 114 号民事裁定书之内容：“2006 年 1 月 24 日，深圳市中级人民法院裁定宣告大鹏证券公司破产还债，并成立大鹏证券有限责任公司破产清算组（下称大鹏证券公司破产清算组）。”

⑤ 参见银保监复（2022）544 号、555 号文。

⑥ 巫文勇：《金融机构破产程序性规则修正研究》，载《山东社会科学》2012 年第 10 期。

关实施办法，金融机构破产的制度供给严重不足。[①] 特别是在金融机构风险处置的程序与破产司法程序衔接中面临着法律缺位、不清晰等问题，还存在多种争议。根据2022年全国人民代表大会常务委员会立法计划，《企业破产法》的修订工作正在紧锣密鼓地进行。就金融机构破产问题而言，建议设置专章便于顶层设计。总的来说，一共有十个重点问题须认真考量。

（一）金融机构破产的理念与原则

《企业破产法》第1条开宗明义，企业破产程序是为了公平清理债权债务，保护债权人和债务人的合法权益，维护社会主义市场经济秩序。[②] 现代化破产法的理念还应当有所扩充，将破产法作为防范化解处置重大金融风险和系统性风险的重要工具来使用。

金融机构破产所遵循的原则应该是宏观审慎原则与穿透性原则，这是前述理念的一个具象化展现。金融活动外溢强，作用于金融及相关市场，对如股票市场、期货市场、债券市场、保险市场、信托市场、基金市场乃至房地产市场等都有很大的影响，必须摸透金融业务和行为的本质，并谨慎判断是否允许其申请破产。另外，要强调强监管、严监管的日常监管原则。[③]

在金融机构破产制度设计上一定要坚持市场化、法治化的原则。在金融机构破产实践操作中，还存在行政化的趋势，这对金融市场是一个不好的信号。[④] 营商环境法治化程度关涉一国国际形象，特别是要考虑到金融机构破产还具有涉外性，如何安排金融机构破产制度的

---

① 《企业破产法》第134条规定：商业银行、证券公司、保险公司等金融机构有本法第二条规定情形的，国务院金融监督管理机构可以向人民法院提出对该金融机构进行重整或者破产清算的申请。国务院金融监督管理机构依法对出现重大经营风险的金融机构采取接管、托管等措施的，可以向人民法院申请中止以该金融机构为被告或者被执行人的民事诉讼程序或者执行程序。

② 《企业破产法》第1条规定：为规范企业破产程序，公平清理债权债务，保护债权人和债务人的合法权益，维护社会主义市场经济秩序，制定本法。

③ 参见吴京：《跨国银行破产的法律问题及应对》，载《宁夏大学学报（人文社会科学版）》2012年第3期。

④ 参见［英］伊丽莎白·费雪：《风险规制与行政宪政主义》，沈岿译，法律出版社2012年版，第2页。

长臂管辖等涉外适用问题。

金融机构破产专章纳入现行《企业破产法》，至少应该包含以下几个方面：

第一，金融机构破产适用的范围；

第二，金融机构破产的申请主体及管辖；

第三，金融机构破产申请的条件；

第四，金融机构风险处置程序与破产程序的衔接；

第五，金融风险处置资金的处理；

第六，存款保险管理机构与接管组的地位；

第七，金融基础性制度的特别安排等等。

（二）金融机构破产的适用范围

《企业破产法》第134条所规定的适用范围主要是商业银行、证券公司、保险公司等，稍显宽泛和潦草，不能涵盖一些新兴、跨领域的金融机构。[①] 在金融业竞争加剧、金融机构出现风险、经营失败乃至破产日益普遍的现实情况下，需要对金融机构的定义进一步细化。特别是银行业金融机构，按《银行业监督管理法（征求意见稿）》第3条将银行业金融机构的监管范围已扩大到政策性银行、商业银行、农村信用合作社、金融资产管理公司、信托公司、企业集团财务公司、金融租赁公司、消费金融公司、货币经纪公司、理财公司、金融资产投资公司；等等。[②] 按照党的二十大报告精神，金融监管若实现全覆盖，就应将全部金融活动所涉及的金融机构纳入监管范围。因此，诸如金融控股公司、平台金融科技公司等新型金融机构也应纳入

---

① 李曙光：《新企业破产法与金融机构破产的制度设计》，载胡滨、全先银主编：《中国金融法制报告》，社会科学文献出版社2007年版，第180页。

② 《银行业监督管理法（征求意见稿）》第3条规定：“国务院银行业监督管理机构负责对全国银行业金融机构及其业务活动监督管理的工作。本法所称银行业金融机构，是指在中华人民共和国境内设立的政策性银行、商业银行、农村信用合作社、金融资产管理公司、信托公司、企业集团财务公司、金融租赁公司、汽车金融公司、消费金融公司、货币经纪公司、理财公司、金融资产投资公司等经银行业监督管理机构批准设立的金融机构。国务院银行业监督管理机构依照本法有关规定，对经其批准在境外设立的金融机构以及银行业金融机构在境外的业务活动实施监督管理。”

监管范围。当然，在一部法律中直接以列举的做法划定适用范围，难免挂一漏万，法律授权国务院或国务院金融监管机构根据市场发展动态调整金融机构的范围更为妥当。同理，建议金融机构破产的适用范围，也应该由国务院或者是国务院的金融监管机构另行确定。

另外，如果采取列举式的立法例，鉴于村镇银行的特殊性，建议在适用范围中特别明确。村镇银行是在农村地区设立的主要为当地农民、农业和农村经济发展提供金融服务的银行业金融机构，和一般的商业银行无论在存款量、注册资本金还是治理水平都存在明显差异，“暴雷”几率相比其他银行要高地多。

（三）金融机构破产的申请主体及前置程序

《企业破产法》第134条规定，“商业银行、证券公司、保险公司等金融机构有本法第二条规定情形的，国务院金融监督管理机构可以向人民法院提出对该金融机构进行重整或者破产清算的申请”，该条文用词谨慎，令人产生疑问，即国务院金融监管机构可以提出申请，那金融机构自身及金融机构的债权人能否提出破产申请？

该条规定在立法时有两个考虑。第一个考虑是，金融机构有国有和非国有之分，国有金融机构的破产申请肯定是由国务院金融监管部门提出的，而非国有金融机构的破产则不一定由国务院金融监管部门申请破产。第二个考虑是，在《商业银行法》、《保险法》与《证券法》中，分别规定了商业银行、保险公司与证券公司的破产须经国务院监管部门批准这样一个前置程序，而非商业银行、非保险公司、非证券公司的破产申请则不一定必经国务院监管部门的批准。

正因为上述两个考虑，所以目前的条文写成“国务院金融监督管理机构可以向人民法院提出对该金融机构进行重整或者破产清算的申请”。但这一条并不排除金融机构自身在遵守国家有关法律法规的前提下，自愿提出破产申请。未来金融机构破产制度在制定时应明确此条款：哪些金融机构的破产申请必须经国务院金融监管部门批准或者提出，哪些不需批准，或者提出？

包括金融监管部门在内的一些专家学者提出监管机构作为破产申请主体比较合适，该想法在《银行业监督管理法（征求意见稿）》第

68条得到体现。[①] 笔者认为，应当赋予存款保险管理机构和接管组的破产申请义务及国务院金融监管机构的同意权。金融监管机构应当作为批准的主体，而不是申请的主体。监管部门与接管组或者存款保险管理机构要有所区分，他们对于金融风险的监管和处置分工是不同的，而且监管部门与接管组应是市场化的角色。[②] 如果不这样规定，还可能出现监管部门因前期监管宽容而后期为了避免问责，出现"捂盖子"拖延风险处置、延缓破产申请的情况。金融监管机构的同意权既是权力又是义务，必须给予申请人一个公开的明确答复，倒逼其依法审慎批准。

当然，债权人、债务人按照《企业破产法》的规定也可享有申请破产的权利。特别是对于控股股东是民营企业或外资企业的金融机构，剥夺其申请权利会与市场化破产退出机制的目标相悖，但同样均应经国务院金融监管部门同意批准。

此外，关于司法管辖，鉴于金融机构破产审判的难度及特殊性，基层法院或者是非专业性的法院并不胜任，应该由中级法院、破产法庭或者是最高人民法院指定管辖，未来过渡到由专门的破产法院管辖。

在中国目前的一些相关的法律法规中，对于商业银行、证券公司和保险公司破产设置了破产申请的前置程序，即必须经过国务院相关部门的批准。金融机构破产条例可以继续保留对于这类金融机构破产的前置程序的规定，同时可以把这个范围稍微扩展一点，如期货公司的破产申请、大型信托公司的破产申请、大型金融控股公司的破产申请也应该经国务院金融监管部门批准，而其他中小型金融机构的破产则可以把其与公司破产等同对待。强调突出重大金融机构的破产问题，而缩小其他金融机构破产前置程序的适用范围。主要原因是大型

① 《银行业监督管理法（征求意见稿）》第68条规定："国务院银行业监督管理机构可以向人民法院申请银行业金融机构破产。银行业金融机构或者其债权人向人民法院提出破产申请前，应当取得国务院银行业监督管理机构批准。"

② 参见徐孟洲、郑人玮：《论存款保险人在银行破产中的角色》，载《江汉论坛》2014年第4期。

金融机构提出破产申请前，金融监管部门一般会有接管、托管程序，经过接管或托管后，可使主要的大型金融机构破产风险具有可控性，更加便于政府监管部门考虑是否启用破产程序。

现行《企业破产法》破产申请条件主要是资产负债标准和流动性标准。如果统一采取《企业破产法》第2条的破产标准，不能迎合对金融机构严格监管的要求，不能在金融机构的资本充足率虽为正值但严重低于监管标准的情况下，就启动接管或破产程序，在保护金融系统的稳定和安全方面尚不周全。[①]

实际上，商业银行领域的风险监管已经有一套相对成熟的制度经验，[②] 即将落地的《巴塞尔协议Ⅲ：后危机时代监管改革最终版》(International Base III Endgame Rules) 也将丰富金融机构的监管工具箱。因此，建议修订《企业破产法》时明确金融机构破产申请的监管性标准，如严重不符合监管标准，或者是达不到某个资本充足率的标准和最低监管标准的条件就应当允许申请破产。

（四）金融机构破产管理人及存款保险管理机构与接管组的地位

《企业破产法》引入了专业化和市场化较强的破产管理人来接管破产财产和处理破产相关事宜，这是其一大特色。管理人一般由政府有关部门组成的清算组、律师事务所、会计师事务所、破产清算事务所等机构，以及具有相关专业知识和执业资格的人员组成。但是由于金融机构破产的特殊性，一般性市场化的管理人机构与管理人，在接管金融机构财产和处理金融机构破产事宜时，不一定有专业优势，并且缺乏控制与处理金融风险与危机的经验。因此，应考虑由金融监管部门与市场专业化人士合作组成清算组或管理人机构，并由有经验的金融专业人士来承担管理人职责更为恰当。[③] 因此，金融机构破产制度应特别规定金融机构破产管理人的资格、选任、职责与监督事宜。

---

① 参见彭兴庭：《金融法制的变迁与大国的崛起》，法律出版社2014年版，第6页。

② 参见苏洁澈：《银行破产监管责任研究》，中国政法大学出版社2016年版，第142页。

③ 参加邹海林：《破产程序和破产法实体制度比较研究》，法律出版社1995年版，第225页。

存款保险管理机构在破产中扮演两种角色。其一，存款保险管理机构是债权人。当存款保险管理机构使用存款保险基金偿付储户、债权人等权利人之后，其享有追偿权，可以申报债权。[①] 其二，存款保险管理机构与接管组是风险处置人。常态化的金融机构风险防范化解，由存款保险管理机构及时介入，采取早期纠正，并及时准备采取处置措施，如重大金融风险应由接管组接管。当然，存款保险管理机构也可以成为接管组成员。

如前所述，接管组实际上与金融监管机构是分离的，不属于监管机构的一部分，而应该是监管机构授权委托的一个独立主体。金融机构进入破产程序以后，接管组可以被法院指定为管理人，主导清算或者重整程序。当然，理论上存在存款保险管理机构同时作为债权人与管理人身份重叠导致的利益冲突问题，可能对其他债权人造成不公平。[②]

（五）金融机构破产的债权申报

由于现代金融业发展迅速，金融资产和金融产品覆盖面广、品种丰富，金融资产与金融产品的经营形式多样，其债权债务关系也极其复杂。金融债权某种程度上表现为一种特殊债权，即附着于某种特定的金融资产与金融产品上的给付权。[③] 由于在中国目前这种特定的转型期，商业信用交易较为混乱，而各种法律法规时有冲突，法学学术概念混乱地运用于实践当中，有时物权、股权、债权、租赁权等纠缠在一起，不知何为真正的债权。[④]

比如，当商业银行破产时，储户与商业银行之间是债权人与债务人的关系吗？若证券公司挪用客户保证金，当证券公司破产时，被挪

---

① 参见罗传钰：《金融消费者保护——监管优化与国际合作》，法律出版社 2014 年版，第 57 页。

② 参见杨忠孝：《破产法上的利益平衡问题研究》，北京大学出版社 2008 年版，第 45 页。

③ 周道许、程春峰编著：《金融监管原理与实务》，中国言实出版社 2002 年版，第 31 页。

④ 参见皮天雷：《法与金融的中国逻辑与演变》，中国金融出版社 2013 年版，第 140 页。

用者是证券公司的债权人还是取回权人？这些问题在学理上常有争论，有时难以区分。又如，中国人民银行、中国证券监督管理委员会等部门颁布《关于证券公司个人债权及客户证券交易结算资金收购有关问题的通知》后，对于何为“个人债权的收购范围”，不少投资者有不同的理解。对个人储蓄存款、居民个人持有的金融机构发行的各类债权凭证、客户证券交易结算资金被纳入债权范围没有疑义，而对居民个人委托金融机构运营的财产、居民个人持有的存放于金融机构相关账户上的被金融机构挪用的有价证券等是否构成个人债权的一部分，则存有不同意见。[①]

随着中国金融市场与经济发展，新形式的金融债权层出不穷。而金融机构破产程序的启动，首先要界定何为金融债权，并确认这种债权。建议金融机构破产制度除了界定清楚个人债权与机构债权之外，还应给司法机构通过判例法的形式来界定金融债权的种类留下空间。

（六）金融机构破产的重整

由于金融机构破产的社会震动面相对较大，因此，除非不得已，各国破产法都鼓励金融机构的破产更多地走重整程序，以减少因金融机构破产清算而带来的某种品牌价值的流失、员工失业以及社会不稳定等问题。[②] 从各国实践来看，政府鼓励金融机构破产重整的措施有以下几种：

其一，政府注资。对濒临破产困境的金融机构由政府注入一笔资金，或者是代为支付到期贷款，使金融机构度过破产难关，转危为安。

其二，政府接管。即由政府接管濒临困境的金融机构，并采取一定的措施清理债权债务关系，由政府作为债务人代表与债权人进行不进入破产清算程序的谈判，并提供政府信用的担保。[③]

其三，托管。政府指定或委托其他有实力的大型金融机构托管陷

---

① 参见吴林涛、林秀芹：《论我国商业银行破产重整制度的构建》，载《厦门大学学报（哲学社会科学版）》2013 年第 1 期。

② 参见汪丽丽：《非正式金融法律规制研究》，法律出版社 2013 年版，第 63 页。

③ 参见申丽芳：《破产法与信用》，载《经济与法》2006 年第 9 期。

入困境的金融机构，并承诺解决一部分不良债权。

其四，通过中央银行提供再贷款来拯救陷入困境的金融机构，政府与中央银行成为困境金融机构的新债权人。有时这种方法也与接管、托管并用。

当然，陷于困境的金融机构自身也可以采用市场化的重整方式，由提出破产申请的金融机构在市场上自行寻找重整解脱之道。为了让政府积极干预金融机构的破产重整，《企业破产法》第 134 条特别规定，国务院金融监督管理机构依法对出现重大经营风险的金融机构采取接管、托管等措施的，可以向人民法院申请中止以该金融机构为被告或者被执行人的民事诉讼程序或者执行程序。

鉴于金融机构破产重整的特点，建议金融机构破产制度规定金融机构选用以下重整程序：（1）在重整期间不应由债务人自行管理财产，而应由政府采用接管、托管或指定专门的管理人的形式来管理，强化政府在金融机构重整中的主导作用；[①]（2）金融机构重整方案制定的时限应比一般公司破产制定重整方案的时限要长，建议其重整方案的提出时间放宽至最长 360 天；（3）金融机构债权人类别组应不同于破产法中一般的债权人类别组，总体上应将个人债权与金融债权分开，考虑存贷人、证券投资者、期货投资者、保险购买人等不同债权与股权的特点，同时也应适当考虑金融机构雇员债权的保护问题；（4）要特别注意金融机构重整计划通过后的执行监督问题。

（七）金融机构财产的变现

一般而言，债务人财产的变现过程是在市场上正常地出售，但是金融资产的变现有其特殊性。金融机构的固定资产通常以拍卖的方式变现，而证券类资产则是通过交易变现。[②] 以股票为例，交易变现的形式主要包括两种：一种是采取在二级市场上抛售的形式处置变现；

① 许胜峰：《重整中债务人自行管理制度价值及风险的实用性研究》，载《中国政法大学学报》2017 年第 3 期。

② 参见刘仁伍编著：《金融机构破产的法律问题》，社会科学文献出版社 2007 年版，第 248 页。

另一种是场外交易，以协议转让的方式处置变现。[①] 值得注意的是，以前政府部门对问题券商的股票资产的处理，大都采用了二级市场上抛售的方式。由于所处理的问题券商规模都比较小，其所持有的重仓股规模也不足以影响市场，所以，在处理时并没有引起市场的关注。但是，对于高度控盘的重仓股进行抛售，可能出现连续跌停，甚至崩盘的局面。因此，金融机构财产的变现，必须注意在保护债权人利益的同时，保护其他流通股东的利益。[②]

当金融机构破产时，主要有两大类资产的变现：一类是金融机构的有形资产，如其房屋、土地等不动产以及设备资产等；另一类是无形财产，这部分是金融机构的主要资产。金融机构的无形财产主要是特许经营权，即金融牌照及其营销网络、营销团队。商业银行、证券公司、保险公司、期货商都有各自的准入门槛与营销点，要获得这些金融牌照，成本非常高昂，另外这些金融牌照在经营一段时间后，其网络覆盖与品牌传播的效用与价值会大大提升。[③] 因此，当金融机构破产时，金融领域的特许权与牌照的资产评估值都价值不菲。

所以，为更好实现破产金融机构的资产变现，金融机构破产制度应当规定以下内容：其一，对金融机构的无形资产评估，而不仅仅是评估有形资产；其二，金融资产的变现，其特许权与金融牌照的处理应与破产金融机构员工的安置结合起来，并应将其写入变价方案之中；其三，金融机构的资产变现应公开进行，并以形成竞争机制为招标拍卖过程中的原则。[④]

（八）金融机构破产财产的分配方案

由于债权人种类的复杂性，金融机构的破产在分配方案上会有所差异，一般来说，破产金融机构的债权人有两大类，除了一般通常的债权人分类以外，还有一个特别的分类，即个人债权人与机构债权人的区分。按照《商业银行法》第 71 条第 2 款规定的破产清偿原则即

① 吴晓求：《股市危机：结构缺陷与规制改革》，载《财贸经济》2016 年第 1 期。
② 王利明：《破产立法中的若干疑难问题探讨》，载《立法研究》2005 年第 3 期。
③ 参见吴敏：《论法律视角下的银行破产》，法律出版社 2010 年版，第 90 页。
④ 陈秀山：《现代竞争理论与竞争政策》，商务印书馆 1997 年版，第 4 页。

“商业银行破产清算时，在支付清算费用、所欠职工工资和劳动保险费用后，应当优先支付个人储蓄存款的本金和利息”，个人债权人具有优先权。商业银行的这种个人债权优先权是否能够推广到处置其他金融机构的破产问题，是金融机构破产制度应予以考虑的。

西方国家在处理金融机构破产问题时确定了“有限偿付”原则，也称为“债权打折”原则，即在金融机构破产倒闭时，对个人债权设定一个最高限额，限额以下全额赔偿，限额以上的按照一定的比例偿付。[①] 对于最高限额的确定，应当参考本国的经济发展阶段、投资者的投资水平、社会的承受能力等因素，其中人均 GDP 是一个重要的参考指标。[②] 近年来，在处理大鹏证券有限责任公司、南方证券股份有限公司等问题证券公司以及德隆系危机时，中国人民银行等部门采取了个人债权打折收购的规定与办法，力图妥善解决个人债权人支付的优先权问题，而对无担保的机构债权人则作为一般债权处理。[③] 这种原则可以吸收到金融机构破产制度中。

当金融机构进入破产程序以后，监管机构或存款保险机构在前期风险处置过程中维持金融机构继续经营的所投入的资金，该如何处理?[④] 在包商银行的风险处置中，中国人民银行为包商银行提供借款维持具体经营，这笔借款是按照普通债权处理还是优先债权处理，当时就存在不小的争议。[⑤] 笔者认为，诸如中国人民银行的再贷款、市场特别借贷、信托特殊约定等，应给予一定的优先权。而涉及公共的贷款，应该按照公益债务优先清偿。

需要补充的是，风险处置资金应当进一步进行市场化操作，有效利用存款保险制度，发挥存款保险的综合稳定器功能，合理匹配风险

---

① 苏洁澈：《金融监管机构在金融机构破产中的角色》，载《江汉论坛》2019 年第 5 期。

② 参见卢有红、彭迪云、许涵：《中国存款保险制度构建：难点破解的思路和政策准备》，载《深圳大学学报（社会科学版）》2009 年 11 月。

③ 参见常健：《金融危机状态下中国人民银行的核心角色——以最后贷款人制度为中心的展开》，载《华中科技大学学报》2009 年第 3 期。

④ 李永军：《破产法律制度》，中国法制出版社 2000 年版，第 431 页。

⑤ 参见张继红：《银行破产法律制度研究》，上海大学出版社 2009 年版，第 27 页。

处置及付款箱权能。

（九）金融机构投资者保护基金

当金融机构出现破产问题并且可能导致金融体系风险时，政府应考虑采取必要的拯救措施。不仅如此，投资者还可以寻求金融保障体系的帮助。中国应当借鉴资本市场发达国家和地区的成功经验，逐步建立起金融机构破产保护基金。[①] 当金融机构出现破产、关闭或撤销等情况时，投资者因此所遭受的损失可通过基金获得一定程度的补偿，改变过去“政府埋单”的金融机构退出模式。

按照现有的监管框架，金融机构的破产一般应该准备建立三大保护基金，即存款保险基金、证券投资者保护基金与投保者保护基金。2005 年 6 月 30 日，中国证券监督管理委员会、中国人民银行等部门颁布《证券投资者保护基金管理办法》规定，证券投资者保护基金是指按照本办法筹集形成的、在防范和处置证券公司风险中用于保护证券投资者利益的资金。[②] 相信存款保险基金与投保者保护基金的建立基本上也是按照这一路径设计。

但问题是，这三大基金并不涵盖所有破产金融机构的保护问题。因此，在设计金融机构破产制度时，是应将三大基金统一合并为金融机构保护基金，还是分别设计不同的保护基金，值得讨论。[③] 笔者认为，由于各保护基金其筹集的方式不同，来源不同，支付原则与内容也有差异，所以在制定我国的金融机构破产制度时，应对保护基金的设立做灵活处理。可以设立三大基金，也可以设立期货投资者保护基金等更多种类的基金方式，对其资金来源、保护范围、功能、监管等做出明确的规定，并逐步提高各保护基金的储备规模和比例。

（十）金融基础性制度的特别安排

首先，终止净额结算制度应纳入金融机构破产制度。《期货和衍生品法》已确认了中国衍生品交易终止净额结算的法律效力，对在国

---

① 参见李爱君：《商业银行跨境破产法律问题研究》，中国政法大学出版社 2012 年版，第 8 页。

② 参见杨东：《金融消费者保护统合法论》，法律出版社 2013 年版，第 11 页。

③ 参见叶全良：《负债经营论》，湖北人民出版社 2002 年版，第 57 页。

际上参与衍生金融衍生品交易非常重要。终止净额结算制度所包含的提前终止、净额结算、单一协议等一揽子制度，在破产程序中可以起到防止风险扩散的作用，但与破产法理论上特有的管理人挑拣履行权、撤销权、抵销权等制度存在一定的冲突争议，所以必须在破产法中予以明确。

其次，金融基础设施的破产问题。从国际上看，美国、欧盟等对于金融基础设施的破产非常重视，因为它对系统性影响比较大。① 而早在2003年年底至2004年上半年中国证监会开展的证券公司综合治理工作当中，我国就已经认识到登记结算系统的危机问题，建议在破产法修订中应该有专门一条涉及这个问题。

再次，金融风险处置措施的法律效力问题。在市场化、法治化的金融机构破产程序中，破产受理前的金融机构风险处置措施应当接受司法审查。如在金融机构风险处置过程中已完成的资产核实、债权核查的结果、财产处分、股权调整等处置措施，法院经审查后依法承认其效力。《银行业监督管理法（征求意见稿）》强调行政重组的概念，并特别提及行政机构监管组有权强制调整金融机构股权。笔者认为，对于减计股权应该审慎，更应加强司法审查。所谓的“行政重组”实际上是市场操作方式，即便存款保险基金介入，也是公司化主体以市场化方式参与的问题机构重组。国际上不通过司法程序进行风险处置的立法模式，也不完全排斥司法审查。比如美国联邦存款保险公司（FDIC）在处置风险时往往向法院申请诉讼禁令，起到类似三中止效果。② 司法审查基于裁判中立的角色，对于减计股权等操作较有说服力。

又次，股东的责任问题。应当承认，实践中有的金融机构股权结构不清晰，入股资金来源不明确，控股股东、实际控制人操控金融机构的现象频发，“用重典”无可厚非。金融机构的股东、实际控制人及受益所有人应当履行《企业破产法》规定的债务人及其有关人员的

---

① 王桂梅：《国外金融监管组织结构的演变及我国的对策》，载《国际金融研究》2000年第9期。

② 参见韩长印：《破产法教程》，高等教育出版社2020年版，第275页。

义务，并承担相应责任。但特别注意，股东有限责任的刺破应该有所限制，有限责任制度是公司法的一个基石，原则上不应突破。因此，需平衡债务人的义务，特别涉及控股股东、实控人及受益所有人时，应该在一个私法的框架范畴内来解决，妥善处理有限责任与无限责任的关系问题。

最后，网络平台破产问题。随着数字货币的推动，平台的支付系统、清算系统、结算系统的破产问题也会凸显，应该在修法中予以考量。

《企业破产法》的定位是一部退出法，不能指望一部破产法单兵突进从而达到防范化解处置全局性、系统性金融风险，维护金融稳定的目的，也不现实。如涉及金融稳定，应与《金融稳定法》《中国人民银行法》《商业银行法》《银行业监督管理法》《存款保险条例》联动修订，特别是将《存款保险条例》上升至《存款保险法》；如涉及控股股东的破产申请义务等，需要修订《公司法》；如涉及破产犯罪追究刑事责任，应修订《刑法》。总而言之，金融机构破产制度的构建及《企业破产法》的修订，必须多法联动修订。

二、金融机构破产的立法重点[①]

党的十九届四中全会提出要健全具有高度适应性、竞争力、普惠性的现代金融体系，有效防范化解金融风险。2019 年年底，中央经济工作会议提出：我国金融体系总体健康，具备化解各类风险的能力。但必须强化风险意识，牢牢守住不发生系统性风险的底线。金融风险防范与管理离不开市场退出制度的保障，破产法律制度为市场出清、公平竞争、价高者得、挽救企业等提供了保障。2020 年是全国人民代表大会财政经济委员会启动《企业破产法》修订的关键一年，其中，完善金融机构破产制度是本次修法的重要内容。金融机构破产制度关乎金融风险的舒缓与控制，也是深化金融供给侧结构性改革、完善和

---

① 本处内容为《清华金融评论》2020 年 2 月特稿，2020 年 3 月 1 日“学习强国”App 进行了转载，原标题为“推进《企业破产法》修订　健全金融机构破产制度”。

强化“六稳”举措的要义之一。

（一）我国金融机构存在的风险

1. 商业银行风险频发

近年来，随着金融业的迅猛发展，金融风险也在一定地区、一定行业、一定区间累积，一些金融机构步履蹒跚，经营困难。

2019 年 5 月 24 日，中国人民银行和中国银行保险监督管理委员会发布公告称：鉴于包商银行出现严重信用风险，决定对包商银行实行接管，接管期限一年。接管组全面行使包商银行的经营管理权，并委托中国建设银行股份有限公司托管包商银行业务。包商银行接管余波未了，贵州银行在港交所披露信息显示：截至 2019 年 6 月 30 日，贵州银行于包商银行同业存款为 14.50 亿元，存放在包商银行的非保本资产管理产品筹集的资金为 7.322 亿元，贵州银行就其存放同业及其他金融机构款项减值损失做出充足准备。由于同业存款是支付清算和业务合作的资金，不同于保证金、机构借款等资金类型，如何取回、何时取回同业存款都会影响贵州银行自身的资金流动问题，也给其资金管理带来隐患。

2019 年 9 月，辽宁省锦州银行在港交所发布公告称：2019 年上半年其税前损失为 10.51 亿元，净损失为 8.68 亿元。与之相伴的还有流动性危机与资产质量危机，最终该行引进三大战略投资股东：中国工商银行、中国信达资产管理股份有限公司和中国长城资产管理股份有限公司，新行长由中国工商银行自身人士“挂帅”。目前已经进入恢复期，工作平稳运行。

中国人民银行发布的《中国金融稳定报告（2019）》显示，截至 2018 年年末，银行业金融机构不良贷款余额 2.84 万亿元，不良贷款率 1.97%，同比上升 0.11 个百分点；银行业金融机构关注类贷款余额 5.27 万亿元，同比增加 3594 亿元。中国银行保险监督管理委员会披露数据显示，2019 年前三季度共处置不良贷款约 1.4 万亿元，同比多处置 1765 亿元。相比不良贷款总额，对不良贷款的处置率仅在 50% 左右，并不能完全化解不良贷款的风险“堰塞湖”。此外，商业银行抵押贷款中，积累了大量的股票质押、不动产抵押以及企业高管或员工的自然人连带保证责任。

2. 违约债规模增长的隐患

2014年“11超日债”第二期利息未于原定付息日2014年3月7日全额支付，于2014年5月30日起终止上市。截至2019年第三季度末，中国债券市场的余额超过94万亿元。2018年、2019年我国债券违约的暴雷数量急剧增长。从2014年到2020年9月，一共有168家企业的480只债券违约，总金额高达4500亿元。债券违约意味着投资者本息受到损失，不论是公募发行还是私募发行，违约带来的巨额资金损失、信用评级不稳定性、靠政府兜底带来的财政赤字等问题给局部经济带来困扰。[①] 一方面，发行人违约可能触发《企业破产法》第2条规定进入破产程序，其他债权加速到期引发连锁反应，从资金危机蔓延到经营危机，难以在短时期内解决，风险加大；另一方面，现在债券种类日益增加，包括政府债券、金融债券、企业债券，抵押债券、信用债券、次级债券、永续债券等，发行人是否能够破产、是否有破产替代机制来纾困违约债券，都需要在立法中予以指导与引导，防止激发深层次矛盾。[②]

如何让金融机构避免像多米诺骨牌倒塌一样出现系统性风险，是金融机构风险预防与处置面临的重要挑战。

（二）美国及金融稳定委员会的金融机构风险处置经验

2008年9月18日美国雷曼兄弟破产，成为金融危机的导火索；[③] 同年9月25日，美国第六大银行华盛顿互惠银行（Washington Mutual）被美国联邦存款保险公司接管，部分业务出售给了摩根大通，涉案金额高达3070亿美元。2019年11月，美国有三家银行倒闭，分别是新泽西城市国民银行（City National Bank of New Jersey）、

① ［美］布坎南：《自由，市场与国家》，吴良健等译，北京经济学院出版社1989年版。

② 参见［日］竹下守夫：《倒产法的现代课题和日本倒产法》，刘荣军译，载《中外法学》1996年第4期。

③ See Stephen J. Lubben, *Systemic Risk & Chapter 11*, TEMP. L. REV., 82 (2009), p. 433.

俄亥俄州莫米市雷索卢特银行（Resolute）、肯塔基州路易莎社区银行（Louisa Community Bank of Kentucky）。[①]

金融危机后，美国出台《多德—弗兰克法案》，该法规定了解决问题金融机构的两条路径，一是《美国破产法》已有的框架规定（Pre-existing，title Ⅰ），二是有秩序的机构清算（Orderly Liquidation Authority，OLA，title Ⅱ），其适用有着严格的标准。[②] 前者会对金融系统稳定性产生较大影响，后者则为解决机构破产提供支持功能，减轻银行失败的社会影响。美国银行破产退出制度也适用于银行类金融机构，强调事前预防性监管与早期介入，注重金融监管、高效处置与系统稳定性，美国国会赋予联邦存款保险公司处置权，以便有序清算而非动用公共资源，司法救济则处于"兜底"地位。[③] 但是该法案仍然存在以下弊端：一是联邦存款保险公司取代了原有金融机构管理者，负责赔偿等清算事宜，但操作并非透明；二是未阻止未来对"太大而不能倒"金融机构（TBTF）中政府偏爱的债权人提供政府救助。[④]

美国银行监管及其破产程序具有以下特征：首先，程序的特殊性。美国银行破产程序的启动有一定特殊性，主要采取的是流动性标准、资产负债标准与监管性标准，金融监管者具有决定权。[⑤] 其次，美国存款保险公司（FDIC）发挥着救济、监管、规制功能。FDIC 成立于 1933 年，目的是防范银行挤兑，主要适用《机构安全与稳健准则》，主要内容是：内部控制与信息系统有效，能够为风险控制提供有效风险评估；提供及时与准确的财务、运营与管制报告；监督与管理资产的程序；对贷款进行有效评估与风险管理；[⑥] 独立、持续的信

---

① See Grind，Kirsten. *The lost bank*：*The Story of Washington Mutual – the Biggest Bank Failure in American History*，Simon and Schuster，2013.

② 参见《华尔街改革与消费者保护法》（多德—弗兰克法案）第二章。

③ See Federal Deposit Insurance Act，Section 11 （c）.

④ 参见何欢、韩长印：《美国破产重整制度改革调研报告》，中国政法大学出版社 2016 年版，第 362 页。

⑤ 白宏宇、张荔：《百年来的金融监管：理论演化、实践变迁及前景展望》，载《国际金融研究》2000 年第 1 期。

⑥ 参见吴林涛、林秀芹：《论我国商业银行破产重整制度的构建》，载《厦门大学学报（哲学社会科学版）》2013 年第 1 期。

用审查与畅通上下级沟通渠道；识别有问题资产并防范资产不良化，定期识别问题并出具报告。[①] 上述对银行贷款的系统性管理渗透在具体业务中，而非只在银行退出时提供最后救济。

金融风险处置对于全球金融安全与稳定意义深远。2004 年金融稳定委员会（Financial Stability Board，FSB）成立，主要负责全球金融体系监管，2014 年该机构出台《金融机构有效角色方案的关键要素》，其中专章规定了评估机制、回复与救助计划，有针对性地解决银行破产问题。[②] 其中核心规则如下：一是司法有权合理委托接管机构，使之有权参与解决问题机构，包括出售或转让机构部分或全部股份给第三方，以维持系统稳定性；直接或通过过桥机构、公权力机构责令债权人进行资本重组。二是有序披露、减少公司商业活动，赋予清算选择权，以保护存款人、保单持有人与其他零售消费者。三是调整公司内部权力结构。四是法律救济与司法行动，以维护救助的合法性与正当程序。五是开展有效国际合作与信息共享，兼顾地区稳定性、债权人平等对待。[③]

从上述规则与 FSB 出台的《金融机构有效危机处置制度纲要》关于各司法区制定处置法律的具体要求等来看，金融系统性风险管理深度渗透到公司内部治理与外部监管、跨越司法区合作、金融监管权力与司法救济互补和监督中，金融破产法律实施与金融监管是共同作用于金融系统稳定的。

（三）我国金融机构破产立法的现状及问题

1. 金融机构破产立法呈现“碎片化”状态

当前中国金融机构破产立法呈现“碎片化”状态。多部法律和部门规章都对金融机构破产制度做了规定，诸多破产规则散落在一般公

---

① Helleiner, Eric, *What Role for the New Financial Stability Board? The Politics of International Standards After the Crisis*, Global policy 1.3（2010）282 – 290.

② Gadinis, Stavros, *The Financial Stability Board: The new politics of international financial regulation*, Tex. Int'l LJ 48（2012）: 157.

③ 参见苏洁澈：《论存款保险人在银行破产中的角色》，载《江汉论坛》2014 年第 4 期。

司破产规则与特殊破产规则之中。这些规则缺乏统一协调的方式来处置金融机构的破产风险。

《企业破产法》授权国务院在公司破产程序之外建立特殊的金融机构破产制度。《企业破产法》的部分条款也适用于金融机构，如《企业破产法》第 2 条关于公司进入重整和清算程序的规定同样也适用于金融机构。《公司法》中企业自愿解散的相关规定适用于金融机构。我国的金融业奉行分业经营的理念，金融业的经营模式对金融机构的破产制度产生了重要影响，不同金融业部门的法律规定了各自的破产制度。如《商业银行法》在第 71 条中规定了“商业银行不能支付到期债务，经国务院银行业监督管理机构同意，由人民法院依法宣告其破产。商业银行被宣告破产的，由人民法院组织国务院银行业监督管理机构等有关部门和有关人员成立清算组，进行清算。商业银行破产清算时，在支付清算费用、所欠职工工资和劳动保险费用后，应当优先支付个人储蓄存款的本金和利息”；《保险法》在第 90 条规定了“保险公司有《企业破产法》第二条规定情形的，经国务院保险监督管理机构同意，保险公司或者其债权人可以依法向人民法院申请重整、和解或者破产清算；国务院保险监督管理机构也可以依法向人民法院申请对该保险公司进行重整或者破产清算”；《证券法》第 48 条规定，“上市交易的证券，有证券交易所规定的终止上市情形的，由证券交易所按照业务规则终止其上市交易。证券交易所决定终止证券上市交易的，应当及时公告，并报国务院证券监督管理机构备案”，其中终止上市的情形就包括公司破产。

当前，中国银行保险监督管理委员会负责银行与保险公司的风险处置，中国证券监督管理委员会负责证券公司的风险处置，法院则在金融机构破产程序中发挥着一定作用。中国的金融机构破产包括早期干预、接管（行政整顿）和清算等程序，而监管机构则在其中扮演重要的角色。

《企业破产法》第 134 条是对商业银行、证券公司、保险公司等金融机构破产的特殊规定，该条第 1 款规定：“商业银行、证券公司、保险公司等金融机构有本法第二条规定情形的，国务院金融监督管理机构可以向人民法院提出对该金融机构进行重整或者破产清算的申请。国务院金融监督管理机构依法对出现重大经营风险的金融机构采取接管、托管等措施的，可以向人民法院申请中止以该金融机构为被告或者被执行人的民事诉讼程序或者执行程序。”第2款规定：“金融机构实施破产的，国务院可以依据本法和其他有关法律的规定制定实施办法。”

2. 实务界对金融机构破产立法的期待

中国政法大学破产法与企业重组研究中心曾在2019年7月做过一次有关金融机构破产立法的问卷调查，向各省法官与管理人发放了300余份问卷。问卷表明：

一是《企业破产法》将“金融机构”定义为“商业银行、证券公司、保险公司等金融机构”稍显宽泛和潦草，不能涵盖一些新兴、跨领域的金融机构，在金融业竞争加剧，金融机构出现风险、经营失败乃至破产日益普遍的现实情况下，需要对金融机构的定义进一步细化。

二是金融机构本身具有特殊性，统一采取《企业破产法》第2条的破产标准，不能迎合对金融机构严格监管的要求，且《企业破产法》未明确监管性标准，不能在金融机构的资本充足率虽为正值但严重低于监管标准的情况下，就启动接管或破产程序，在保护金融系统的稳定和安全方面尚不周全。

三是对于大型的期货公司、基金公司、信托公司、金融控股公司等类似于系统重要性金融机构的“其他金融机构”，因这些金融公司的体量规模相对较大，其破产已足以能够对金融系统的稳定、市场交易的安全性产生威胁，应当在《企业破产法》中对这些主体也纳入破产程序予以明确。

四是现行《企业破产法》缺少对系统重要性金融机构的资金救助环节，实践中已有一些较为成熟的救助渠道，包括但不限于创立人和参加人捐资、政府财政救助、中央银行最后贷款、设置优先股和实施债转股。对于系统重要性金融机构，应当结合实践操作经验对救助资金的来源进行明确，从而减少在真正拯救过程中遇到一些主体推诿塞责、袖手旁观的概率。

五是现行《企业破产法》并未明确规定金融机构的破产财产范围，金融机构破产财产中无形资产占据了相当大的比例，但法律却对无形资产的评估、变价和拍卖过程未置一词，显属漏洞。

六是相比于普通企业破产而言，金融机构尤其是商业银行破产的特殊性就在于涉及广大储户的利益，进而对居民生活、社会稳定产生影响，这类债务的重要程度不亚于职工薪酬。[①] 此外，在分配破产财产时，还会面临一个特殊的债权人——存款保险基金。以上两类债权人显然不能按照一般债权人地位平等受偿，但如何安排优先受偿权的顺序、如何平衡各方利益，《企业破产法》有待明确和完善。

3. 我国现有的处置经验

1998 年中国人民银行关闭第一家无法清偿到期债务的银行——海南发展银行，2015 年大鹏证券成为首家破产证券公司被中国证券监督管理委员会取消证券业务许可并责令关闭……在 20 多年的金融监管、行政接管、破产立法与破产审判专业化进程中，我国已经积累了商业银行和证券公司的行政接管、破产清算与破产重整的重要经验。此外，2015 年我国出台了《存款保险条例》，2019 年 6 月中国人民银行设立存款保险基金管理有限公司，业务范围覆盖投资、管理存款保险基金有关资产及其处置、经营、业务办理与资产评估等，为银行存款人提供兜底保护具有了立法与实施主体的基础。此外，中央政府层面与北京、广州、温州等城市先后出台优化营商环境条例等，为国家与地方优化营商环境、建立市场化退出机制奠定基础。为了有效解决僵尸企业退出、救助困境企业、提高破产重整效率，南通、重庆、绍兴等城市先后建立府院联动机制、政府纾困基金，为企业退出提供公共服务。

但是，上述基础条件并没有直接体现在立法中，各地法律实施水平有一定差异，强调立法统一性与完善顶层设计将为健全企业破产制

① 参见［美］卡尔约翰·林得格林等：《金融部门危机与重组——亚洲的经验教训》，康以同、仲雨虹译，中国金融出版社 2000 年版，第 51 页。

度提供有效支持。

（四）我国金融机构破产立法的完善

自2006年《企业破产法》出台以来，走过了十多年的实施历程。最高人民法院、各地高级人民法院出台了大量的司法解释、规范性文件、破产案件审理操作指引等配合《企业破产法》的实施；2017年8月4日发布并实施的最高人民法院《关于进一步加强金融审判工作的若干意见》第13条规定“积极预防破产案件引发金融风险，维护社会稳定……进一步完善上市公司、金融机构等特定主体的破产制度设计，预防个案引发系统性金融风险”；《2020年世界营商环境报告》显示我国排名相比上年上升15位，名列第31位。2020年我国将启动《企业破产法》修订，有着“十（多）年磨一剑”的积累与修改魄力。金融机构破产相比一般企业破产外部影响更加广泛，其处理原则可以专门体现在金融机构破产章节中。限于本书篇幅，笔者仅就金融机构破产制度的完善提出如下建议：

1. 金融机构破产的立法设计

破产法作为市场经济的宪法，应当对金融机构有着相对准确的界定，即除了由中国人民银行以及中国银行保险监督管理委员会、中国证券监督管理委员会两家金融监管部门监管的机构外，还应涵盖货币市场、外汇市场、证券市场、债券市场、期货市场、保险市场、信托市场，甚至金融信用市场等市场中的金融机构以及新兴的、综合性的金融控股公司等金融机构，以及境外金融机构在中国设立的金融主体。

建议在《企业破产法》第134条的基础上，① 设立专章，规定金融机构破产原则及相关制度。

首先，金融机构破产立法目的应具有包容性。金融机构破产涉及

---

① 《企业破产法》第134条第1款规定：“商业银行、证券公司、保险公司等金融机构有本法第二条规定情形的，国务院金融监督管理机构可以向人民法院提出对该金融机构进行重整或者破产清算的申请。国务院金融监督管理机构依法对出现重大经营风险的金融机构采取接管、托管等措施的，可以向人民法院申请中止以该金融机构为被告或者被执行人的民事诉讼程序或者执行程序。”

金融系统稳定性，需要与商业银行法、证券法立法目的保持兼容，比如规范企业破产程序、维护金融秩序、保护投资者合法权益、维护社会经济秩序和社会公共利益、促进社会主义市场经济发展等，将上述宏观金融稳定目标与微观破产程序公正、公平统一于金融机构破产章节中。①

其次，明确金融机构破产申请条件与申请主体。这个问题涉及几个核心制度：哪些主体可以申请金融机构破产；金融监管机构、司法机关、政府部门的工作联动机制如何建立。

其一，申请主体。按目前的规定，只有中国人民银行或中国证券监督管理委员会才有权接管并向法院提出破产申请，这排除了债务人、债权人申请破产的权利，限缩了《企业破产法》第7条规定的申请主体范围。对于金融机构的控股股东是民营企业或外资企业的，如果剥夺其申请权利，这与市场化破产退出机制的目标相悖。

其二，申请条件。《商业银行法》第71条第1款规定，"商业银行不能支付到期债务，经国务院银行业监督管理机构同意，由人民法院依法宣告其破产"。该条是我国商业银行破产的主要法律依据。由此可见，商业银行破产的前提条件是双重的，一个是与其他企业法人相同的标准适用《企业破产法》第2条，② 另一个是商业银行不能支付到期债务并且银行业监督管理机构同意。应将《商业银行法》与《企业破产法》有关申请条件予以统一。

其三，建议增设有关金融监管机构、司法机关、相关政府部门在破产处置中的工作联动机制规则。对金融机构行政接管与破产处置，增加信息披露条款、外部监督机制与相关责任条款。

其四，完善金融机构破产分配规则。金融机构破产分配规则不同于普通企业，商业银行、证券公司、违约债等面临不同债权债务法律关系，应统一制定分配规则。

---

① 参见李永军：《破产法律制度》，中国法制出版社2000年版，第415页。

② 《企业破产法》第2条规定："企业法人不能清偿到期债务，并且资产不足以清偿全部债务或者明显缺乏清偿能力的，依照本法规定清理债务。企业法人有前款规定情形，或者有明显丧失清偿能力可能的，可以依照本法规定进行重整。"

其五，金融机构破产重整方面需要坚持五点：一是在破产法“重整”一章中增加重整前程序，即庭外重组和预重整的相关规则，允许债务人以自愿重组为目的进行庭外谈判；二是在重整期间不应由债务人自行管理财产，而应由政府采用接管、托管或指定专门的管理人的形式来进行；三是金融机构重整方案制定的时限应比一般公司破产要长，建议允许其重整方案的提出时间可以为 360 天，以保证重整效率；四是金融机构债权人类别组应不同于破产法中一般的债权人类别组，总体上应将个人债权与金融债权分开，考虑存贷人、证券投资者、期货投资者、保险购买人等不同债权与股权的特点，并适当考虑金融机构雇员债权的保护问题；五是要明确金融机构重整计划通过后的执行监督问题。

另外，金融机构破产的顶层设计还应考虑以下问题：

第一，商业银行破产特殊问题。我国《存款保险条例》第 19 条规定，“存款人有权要求存款保险基金管理机构在本条例规定的限额内，使用存款保险基金偿付存款人的被保险存款”。该条与《企业破产法》第 113 条破产财产清偿顺序难以衔接。

第二，机构债权与个人债权的公平保护。2004 年 11 月，中国人民银行、财政部、中国银行业监督管理委员会、中国证券监督管理委员会联合制定并发布了《个人债权及客户证券交易结算资金收购意见》，对个人债权进行了相应的保护，然而对于机构债权却没有做出规定。应建构完善债权人委员会集体行动制度。

第三，债券处理规则。主要涉及破产程序内信息披露问题、破产程序中债券交易问题、次级债券和永续债券的分组表决和清偿顺序问题、债券持有人会议与重整中债权人大会的关系问题、债券受托管理人能否担任破产管理人问题、场外衍生品终止净额结算问题等，应推动将“NAFMII（中国银行间市场交易商协会）主协议”的制度安排写入我国破产法之中。[①]

---

① 参见何畅：《现代商业银行破产法律制度存在的缺陷及其完善对策》，载《金融论坛》2003 年第 12 期。

2. 金融机构实体法与程序法的衔接

将金融机构破产规则纳入《企业破产法》中，并不意味着所有规则都要放在《企业破产法》中，将部分规则放到与之配套的司法解释、操作指引中，能够弥补统一立法的局限性并方便金融监管机构结合宏观经济形势进行调整，以避免频繁修法带来的不稳定性、不确定性，实现金融机构破产立法目标。

具体而言，可以在破产法中搭建基本的程序性规则，金融机构破产的具体规则分别适用《商业银行法》、《证券法》及其配套规定，形成系统的金融机构破产制度。

3. 加快建构与金融机构破产相关的个人破产制度

个人破产法单独或与《企业破产法》合并立法的问题。全国人民代表大会应加快制定个人破产法，给那些“诚实而不幸”的债务人豁免债务的机会，通过破产法实施、完善个人征信系统、民事执行程序、刑事法律等手段，打击逃废债务、欺诈破产、偏颇性清偿的行为，校正投机性债权人贷款和过度刺激金融消费者消费的不良动机，进而改变激励机制，从源头上防范金融机构风险。①

中国人民银行在制定个人破产制度、保护金融消费者权益方面扮演重要的角色，从2006年破产法起草之时即着手研究个人破产问题与消费者债务清理制度，并于2013年出台《中国人民银行金融消费权益保护工作管理办法（试行)》，界定金融机构与金融消费者概念，金融消费者保护从理念日益走向制度保护。② 在未来个人破产法或统一破产法出台实施之后，中国人民银行在指导建立金融消费者信用评级制度、建构国内跨境个人债务跟踪数据支持制度与帮助个人破产家庭债务重组方面，其作用无可替代。③ 金融监管机构的职能

---

① ［法］让·梯若尔：《公司金融理论》（上），王永钦等译，中国人民大学出版社2015年版，第21页。

② 参见罗传钰：《金融消费者保护——监管优化与国际合作》，法律出版社2014年版，第29页。

③ 参见朱淑娣、万玲：《全球化与金融消费者权益行政法保护》，时政出版社2013年版，第1页。

完善对于预防金融机构破产、化解信用债危机、增加收入等具有重要意义。

4. 金融机构破产制度配套机制

第一，关于证券公司破产的特别程序问题。目前我国证券公司破产主要是行政接管，《证券法》规定的退出制度有责令关闭、撤销证券业务许可、停业整顿和托管等，虽然《企业破产法》也初步规定了金融机构退出条文，但其规则如何对接《证券法》、如何避免行政机关随意滥用权力，都需要做细化规定。[①]

第二，关于建立破产隔离机制问题。涉及金融机构中间业务，比如证券公司托管业务中是否需要设立破产隔离机制、债权人是否依法享有取回权，这些都是实践中存在但是没有统一规则来指导解决的问题。

第三，关于进一步明确新增债务融资共益债务属性的建议。当前，许多进入破产程序的债券违约企业依然具有持续经营的可能，进入破产的原因主要是短期流动性困难。此种情况下，维持企业持续运营，恢复造血能力，是重整成功的关键。较之处置变现债务人经营性资产，在破产程序中通过新增债务融资的方式为企业输血，具有更好的可行性和重整效果。结合《企业破产法》第 42 条[②]、第 43 条[③]，最高人民法院《关于适用〈中华人民共和国企业破产法〉若干问题的

---

① 参见戚建刚：《中国行政应急法律制度研究》，北京大学出版社 2010 年版，第 19～23 页。

② 《企业破产法》第 42 条规定：“人民法院受理破产申请后发生的下列债务，为共益债务：（一）因管理人或者债务人请求对方当事人履行双方均未履行完毕的合同所产生的债务；（二）债务人财产受无因管理所产生的债务；（三）因债务人不当得利所产生的债务；（四）为债务人继续营业而应支付的劳动报酬和社会保险费用以及由此产生的其他债务；（五）管理人或者相关人员执行职务致人损害所产生的债务；（六）债务人财产致人损害所产生的债务。”

③ 《企业破产法》第 43 条规定：“破产费用和共益债务由债务人财产随时清偿。债务人财产不足以清偿所有破产费用和共益债务的，先行清偿破产费用。债务人财产不足以清偿所有破产费用或者共益债务的，按照比例清偿。债务人财产不足以清偿破产费用的，管理人应当提请人民法院终结破产程序。人民法院应当自收到请求之日起十五日内裁定终结破产程序，并予以公告。”

规定（三）》（以下简称《破产法司法解释（三）》）第2条[①]的规定，建议进一步明确：对于破产申请受理后，为债务人继续营业而获得的新增债务融资，属于共益债务；对于进入破产程序前，在债券违约处置期间新增融资形成的债务，经人民法院认可，参照共益债务处理。具体理由为进一步明确新增债务融资的共益债务属性可以更好地与《企业破产法》现有制度衔接，充分发挥《全国法院破产审判工作会议纪要》的指导功能。《企业破产法》第42条、第43条规定了共益债务的种类和优先性清偿顺位，《破产法司法解释（三）》第2条进一步提出为管理人或者自行管理的债务人为继续营业而进行的借款属于共益债务，具有优先性。[②] 对于债券违约处置期间以相同目的形成的债务融资，在破产程序中参照共益债务处理，有利于庭外重组与破产重整的有效衔接，提高破产法的实施效果。

第四，建立金融投资者保护基金。按照现有的监管框架，金融机构破产一般应该准备建立三大保护基金，即存款保险基金、证券投资者保护基金与投保者保护基金。目前已有证券投资者保护基金和存款保险基金，投保者保护基金也应尽快建立。可在今后条件成熟时，将三大保护基金予以合并，形成统一的金融投资者保护基金。

第五，关于金融机构财产的变现，需要政府支持以提高保全金融资产价值并配合处置、提供税收优惠政策，做好变现的基础准备。同时，笔者也建议对金融机构的无形资产进行评估，而不仅仅是评估有形资产，采取更加科学的评估方式。金融资产的变现，其特许权与金融牌照的处理应与破产金融机构员工的安置结合起来，并应写入变现

---

① 最高人民法院《关于适用〈中华人民共和国企业破产法〉若干问题的规定（三）》第2条规定："破产申请受理后，经债权人会议决议通过，或者第一次债权人会议召开前经人民法院许可，管理人或者自行管理的债务人可以为债务人继续营业而借款。提供借款的债权人主张参照企业破产法第四十二条第四项的规定优先于普通破产债权清偿的，人民法院应予支持，但其主张优先于此前已就债务人特定财产享有担保的债权清偿的，人民法院不予支持。管理人或者自行管理的债务人可以为前述借款设定抵押担保，抵押物在破产申请受理前已为其他债权人设定抵押的，债权人主张按照物权法第一百九十九条规定的顺序清偿，人民法院应予支持。"

② 参见高思敏：《我国重整中债务人自行管理制度的完善》，载《中国政法大学学报》2017年第3期。

方案之中。

总之，应利用破产法修法的立法机遇，完善我国金融机构破产制度，为防范系统性风险，特别是系统性金融风险处置、处置问题金融机构与困境金融机构，深化金融供给侧结构性改革，提供有力的制度支撑。

三、存款保险的制度完善[①]

存款保险制度，是我国加快改革开放步伐、迈向现代金融发展背景下，产生的一项重要法律制度。存款保险制度具有三种功能：维护金融市场稳定、推进商业银行市场化、保护存保人合法权益。[②]

2015年《存款保险条例》出台以来，这项制度在防范化解重大金融风险等方面发挥了关键作用。为适应新的金融发展形势，修改与完善此制度是必要和可行的。

应建立权威高效的重大金融风险应急处置机制，完善存款保险制度，在股东、债权人等依法合规承担损失的前提下，发挥好存款保险基金的处置平台作用，中国人民银行应依法履行好最后贷款人职责。[③]

近年来，为推进科学立法与民主立法，全国人民代表大会常务委员会开始对法律进行"打包"修改的实践，增加规定，对多部法律中涉及同类事项的个别条款进行修改，一并提出法律案的，经委员长会议决定，可以合并表决，也可逐项表决。

对存款保险制度这一涉及整个金融系统稳定的制度，应该考虑中国国情及借鉴国际经验，系统性考虑其修改完善问题，即"打包"修改。建议五法联动修改：

《中国人民银行法》要明确存款保险机构的定位；

---

① 本篇内容为李曙光教授在中国人民银行召开的一次金融立法工作会议上的发言提纲。

② 参见卢有红、彭迪云、许涵：《中国存款保险制度构建：难点破解的思路和政策准备》，载《深圳大学学报（社会科学版）》2009年11月。

③ 参见常健：《金融危机状态下中国人民银行的核心角色——以最后贷款人制度为中心的展开》，载《华中科技大学学报》2009年第3期。

《银行业监督管理法》明确存款类金融机构参加强制保险，明确处置机构、人员及其职责、处置措施、处置程序及过桥银行；

《商业银行法》应建立预警纠正机制，明确代位求偿优先权；

《企业破产法》应明确存款保险机构的地位，对其债权优先权予以确认；

《存款保险条例》要明确存款保险机构的功能定位，实现存款保险机构早发现早接管的触发早期接管的功能。

1. 关于存款保险机构的定位。《中国人民银行法（修订草案征求意见稿）》（2020 年 10 月）第 5 条规定："中国人民银行履行下列职责：……（四）牵头负责系统性金融风险防范和处置，组织实施存款保险制度，根据授权管理存款保险基金……"

中国人民银行负责制定和执行货币政策、宏观审慎政策，防范和化解金融风险，维护金融稳定的最后贷款人角色。建议《中国人民银行法》修订中增设存款保险制度内容，增加建立存款保险制度、存款保险基金管理有限责任公司定位、存款保险基金管理有限责任公司重要核心职能等内容的表述。

国家企业信用信息公示系统显示，存款保险基金管理有限责任公司成立于 2019 年 5 月 24 日。存款保险基金管理有限责任公司是具有独立法人地位的有限责任公司，在中国人民银行的授权与监督下，依法管理存款保险基金资产；进行股权、债权、基金等投资；负责金融风险处置，保护存款人合法权益。

《金融稳定法》应对存保机构有一个明确定位，笔者称之为风险的"综合稳定器"。2008 年全球金融危机的经验表明，存款保险机构的付款箱模式是失败的。由于其仅限于事后"埋单"，难以有效应对监管宽容和道德风险，在风险处置过程中基本处于消极被动地位，容易增加处置成本。存保机构要扮演在重大金融风险和系统性风险处置过程当中主要的角色，赋予早期的风险识别、预警、纠正及风险处置的操作职能，这些在《金融稳定法》《存款保险条例》等多部法律中应得到更多体现。国际上风险识别的经验，如美国纽约大学爱德华·阿特曼（Edward Altman）教授所构建的破产预测 Z 值模型（Z -

score）值得我国足够重视。[①] 2008 年金融危机爆发后，阿特曼教授曾以专家证人身份出席美国国会，以 Z 值模型来论证是否应对通用汽车进行救助。该模型是通过对健康企业和失败企业样本数据的分析而构建的，Z 指标比率可用于分析企业财务的健康程度，并依据其结果对企业的健康状况作出基本判断。

《金融稳定法》主要是防范化解处置大型金融机构的风险，特别是商业银行的风险问题。据中国人民银行官网数据，2022 年年末，金融业总资产是 419.64 万亿元，其中银行业资产约占 88%。[②] 某种程度上，金融稳不稳要看银行业，而银行稳不稳在中国要看 24 家大银行。因此，商业银行在金融机构中具有较强的代表性，银行的风险处置是金融机构风险处置的核心。当然不能忽视券商、保险公司、信托机构等金融机构的重要性，但是与商业银行的风险比起来还是较弱一些。

2. 关于存款保险机构的功能，应该建立存款保险早期预警纠正制度与接管触发机制。存款保险基金管理有限责任公司应加强风险的识别和预警，存款保险具有内在的动力追求处置成本最小化，及时识别和校正风险。同时，早期纠正能有效强化对商业银行的约束，防范道德风险，将高风险银行逼入整改、重组轨道。

建议《商业银行法（修改建议稿）》规定有关强化存款保险早期预警与纠正职能的条款（第 90 条）。

为了能对问题金融机构及时采取行动、降低处置成本、减少存款保险基金亏空与免受长期损失，建议修改《存款保险条例》时写入存款保险机构的接管及其触发机制，规定当一家金融机构的资本充足率不足时，存款保险机构必须在 90 日内接管，可以采用注资、收购、委托收购等重组措施进行后续处置。

3. 关于存款类金融机构强制保险制度，建议《银行业监督管理法》修改为：存款类金融机构应强制缴纳保险费。《银行业监督管理法》第 38 条规定，银行业金融机构已经或者可能发生信用危机，严

---

① 参见［美］爱德华·阿特曼、［美］伊迪丝·霍奇基斯著：《公司财务危困和不良债务投资》（第 3 版），邱继成、陈剑波等译，中信出版集团 2019 年版，第 13 页。

② 参见朱大旗主编：《金融法》，中国人民大学出版社 2000 年版，第 76 页。

重影响存款人和其他客户合法权益的，国务院银行业监督管理机构可以依法对该银行业金融机构实行接管或者促成机构重组，接管和机构重组依照有关法律和国务院的规定执行。在第38条中应增加明确处置机构和人员及其职责处置措施和处置程序，增加过桥银行的相关规定，使其职责具体化。[1]

在我国境内依法设立的具有法人资格的商业银行（含外资法人银行）、农村合作银行、农村信用社等，符合条件的所有存款类金融机构都应当参加存款保险。

4. 关于存款保险基金在金融机构破产时的清偿顺位问题，建议《企业破产法》修改时，赋予存款保险机构作为清算人发生的管理费优先权以及存款负债的次级索偿权，即代位受偿优先权，如《商业银行法》和《企业破产法》同时规定更为合适。代位受偿优先权源于美国1993年《综合预算协调法》中的“国民存款人优先条款”。[2] 该条款规定：一家已倒闭机构的存款人（包括联邦保险存款公司。它在支付受保存款持有人后取得代位权）相对于普通债权人有优先获偿权。[3] 存款保险机构基于法律规定在赔付了受保险人存款人的损失后，其取得的代位求偿权相对于普通债权人所具有的优先受偿的权利。优先权有如下顺序：（1）存款保险公司作为清算人发生的管理费；（2）存款负债，包括联邦存款保险公司的次级索偿权（代位求偿权）；现规定储蓄存款优先于普通债权，但未明确对公存款优先地位。

5. 关于存款保险机构在破产程序中的地位。建议《企业破产法》修改时，明确存款保险机构在特定条件下（绝对控股债权人时）的破产管理人地位。

在本次《商业银行法》修订中赋予存款保险机构接管决定权。可考虑在明确监管部门有接管决定权的同时，赋予存款保险机构接管决定权。

---

① 参见胡传颐编著：《比较破产法》，商务印书馆2013年版，第127页。

② Lubben，“OLA After Single Point of Entry”，supra note 1145，at 1.

③ Federal Deposit Insurance Corporation，The Resolution of Systemically Important Financial Institutions：The Single Point of Entry Strategy，78 Fed. Reg. 76614（Dec. 18，2013）.

一是在《银行业监督管理法》修订中推动明确存款保险基金管理有限责任公司的信息知情权、接管权等；

二是推动《企业破产法》在金融机构破产专章中明确存款保险基金管理有限责任公司担任被撤销银行机构的清算人、被申请破产银行机构的破产管理人，明确个人储蓄存款和对公存款优先于普通债权受偿、增加风险处置条件下的概括转移机制。

6. 建议制定《存款保险法》。《存款保险条例》的法律位阶与其金融安全网三大支柱地位不相符合。立法法规定，金融法律制度应由法律形式予以规定。存款保险作为重要基础性金融制度，自不待言。笔者始终认为金融稳定方面的法律是一个体系，《金融稳定法》是一个基本法，或者说在目前的金融风险防范、化解和处置过程当中扮演的角色是金融稳定的顶层设计。它涉及的是《中国人民银行法》《企业破产法》《商业银行法》《银行业监督管理法》等金融诸法的联动，不仅是联动修改，而且有规则的衔接。2015 年的存款保险条例是单兵突进，没有考虑到法律之间相互的关系。所以造成目前实践中监管机构和存保机构对于风险防范、化解和处置的职责认识模糊的问题。伴随着本轮金融体制改革，应当一并调整。当然，国家金融监管总局的设立对于存保机构也会有很大的影响。

7. 存款保险额度应有精密的测算。存款保险可以较大程度地避免银行挤兑蔓延，保护公众信心和降低传染性，维护金融稳定。我国应对商业银行出现破产时，《存款保险条例》规定赔付储户保险额度最高是 50 万元人民币。在硅谷银行的风险处置中，按照美国法律的规定，每位储户最高保险额度是 25 万美元，但是美国财政部为迅速平息硅谷银行破产可能带来的连锁反应采取了雷霆手段，将所有的存款人存款全额赔付，这种不得以的极端措施超出了美国法律规定的保险额度。那么从该起事件来看，我国未来对最高保险额度是否有调整必要，下一步修改存款保险制度时应加以考虑。此外，存款保险参与风险的处置既要讲究公平，也要讲究效率。如何平衡风险最小化和成本最小化，这是一个比较复杂的成本和风险权衡的问题，《存款保险条例》未来的修改一定要满足这两方面的需求。既要能够使得金融风险最小化，又要能够让银行保持竞争力，保持创新、保持发展。

四、证券公司破产：以闽发证券破产案为例

（一）基本案情[①]

闽发证券成立于1988年5月，注册资本1000万元，是中国人民银行福建分行直属的独资企业，经历多次股权变更和增资扩股，逐渐由一家国有金融机构控股的公司，转变为民营金融机构。

自2005年大鹏证券成为我国首家申请破产的证券公司以来，已经有约20家券商向法院申请破产并进入破产程序。闽发证券破产案自2008年7月18日福州市中级人民法院受理始，至2011年12月9日第三次债权人大会召开止，前后经历了3年多时间，衍生诉讼案件达1500多件，共涉及6家破产企业与45家关联公司的清算，100多位审判人员参与审理此案。可以说，闽发证券破产案是《企业破产法》实施以来持续时间最长、衍生诉讼最多、审判难度最大、案情最为复杂的券商破产清算案件。因此，此案的审结在券商破产史上具有标志性意义。

（二）案件点评

此案的审理有许多经验值得总结，由于行业的特殊性，证券公司的破产有别于普通企业。证券公司一旦破产，由于其债权人数量众多、破产财产标的巨大、破产法律关系尤其是衍生诉讼错综复杂、案件的社会关注度高且影响巨大，给法院审理带来较大困难。[②] 福州市中级人民法院在审理该案的过程中，积极主动地采取一些特别的审判举措，取得了较好的审判效果。例如，强调职权主义的审判方式，主动加大对诉讼当事人诉讼行为的监督力度，并倾向性地强化对破产企业一方的救济。由审理破产案件的专案合议庭同时审理衍生诉讼案

---

① 参见“闽发证券有限责任公司与北京辰达科技投资有限公司、上海元盛投资管理有限公司、上海全盛投资发展有限公司、深圳市天纪和源实业发展有限公司合并破产清算案”，载最高人民法院公报官网，http：//gongbao. court. gov. cn。最后访问日期：2024年7月14日。

② 参见颜迟：《金融衍生工具卖方义务研究》，法律出版社2014年版，第345页。

件，并且统筹协调基层人民法院参与有关审判，减少了不同审判组织分别审理的成本，利于审理破产案件的法官更加全面地了解破产企业整体情况。针对行政清算前置程序，合议庭从实质正义出发，灵活适用法律规定，将撤销权除斥期起算点、有关债权诉讼时效期间起算点确定为行政清算开始日。这给法院处理证券公司等金融机构破产案件提供了一种新思路。

闽发证券破产案的复杂性与该案的审理过程却也暴露出目前《企业破产法》的实施及其环境仍然存在许多问题。这些问题主要表现为：

第一，我国市场经济的体制与信用环境仍不够成熟。我国要素市场，尤其是信息要素市场仍然不够完善，政府监管不够到位。破产企业的财务信息、当事人资料的缺失使债权人、管理人无法有效知晓破产企业的信息，从而无法充分实现债权人利益的保护。建议成立专门的国家破产管理机构，解决市场经济信用管理与破产案件信息不对称问题。

第二，法院法官在破产案件审理过程中的角色定位仍需探讨。法院在证据采信、诉讼权利监督审查、举证责任分配等方面的主动介入，反映了在破产案件审理实践中法院、管理人、债权人各自的权力（权利）边界并不清楚。在破产案件的受理、审判过程中，法院是否应当依职权主义积极干预破产过程？管理人、债权人会议应当发挥什么样的功能？管理人模式如何运行，与利益相关方特别是债权人是何种法律关系？券商破产案的审理如何更好地考虑商业与市场的因素？闽发证券破产案件的审理提供了一种探索方向。

第三，破产司法体系结构与运行仍不成熟。由于案件类型不同，标的物所在地不同，破产案件和衍生诉讼案件可能由不同地域的法院管辖。尤其是破产案的衍生诉讼案件很多需要异地执行，这决定了依靠现有法院体系解决破产及其衍生案件将会造成案件审理效率低下、管辖权冲突、协调成本高昂。[①] 福州市中级人民法院由审理破产案件

---

① ［美］理查德·A. 波斯纳：《法律的经济分析》（下），蒋兆康译，中国大百科全书出版社 1997 年版，第 515 页。

的专案合议庭同时审理衍生诉讼案件以提高效率，但长远来看，需建立起国家层面的专门的破产法院体系，以打破地方司法保护的壁垒与制度障碍，节约审判成本，提高审判效率。[①]

第四，闽发证券案所反映出来的一些问题，例如破产案的衍生诉讼、证券公司等金融机构的特殊破产程序、管理人职权的运行模式、法院管辖权的确定都是破产法未明确或未涉及的问题。[②] 这些问题需要通过司法解释或修改《企业破产法》来进一步完善解决。

闽发证券破产案的审理已经尘埃落定，但该案带给我们的思考远不会由于案件的终结而停止。相信本案会推动我国破产案件审判实务向公平公正、科学高效的目标不断接近。

---

① 参见刘洪芳等：《完善企业破产制度 促进市场经济健康发展——江西省高院关于破产申请情况的调研报告》，载《人民法院报》2013 年 11 月 7 日。

② 参见刘敏、梁闽海：《企业破产清算案件中的审判实务问题——以闽发证券有限公司破产清算案为视角》，载《法律适用》2013 年第 7 期。

第十三讲　金融与破产Ⅱ：违约债与终止净额结算

一、破产与违约债

（一）我国债券市场法律体系①

近年来，我国债券市场实现了跨越式的发展。目前从存量规模上看，由银行间债券市场、交易所债券市场和少量柜台市场三个部分构成的我国债券市场，已成为全球第二大债券市场。②

债券的本质是“证券化”后的债务契约，其法律性质兼具“债”和“证券”的双重属性。③在我国现行法律体系中，就“债”的属性而言，债券市场法律体系应包括《民法典》《公司法》《企业破产法》等民商事基本法律；就“证券”的属性而言，债券市场法律体系则涉及《证券法》《中国人民银行法》《商业银行法》等金融监管和交易法律。由于债券发行主体还包括中央政府和地方政府，债券市场法律体系还涉

---

① 本文为李曙光教授与扈芳琼博士合著，发表于《金融市场研究》2022 年第 1 期，原文标题为“中国债券市场法律体系改革研究”。

② 参见《我国已成为全球第二大债券市场》，载央视网官网，https：//tv. cctv. com/2023/11/30/VIDEjFu1nJP4DiEmJBdCO1AR231130. shtml，最后访问日期：2024 年 7 月 13 日。

③ 参见刘俊海：《现代证券法》，法律出版社 2011 年版，第 6 页。

及《预算法》等宏观调控法律。按照法律渊源的层次划分，大致形成了“法律—行政法规—规章—规范性文件”的体系。根据债券品种区分，还可将我国债券市场法律体系划分为政府债券法律体系、金融债券法律体系和公司信用类债券法律体系三大部分。

综观我国的债券市场立法，债券市场的特点尚未在法律制度设计中充分体现。相对于我国快速发展的债券市场存量和交易规模，债券市场相关的法律体系不完善问题愈发突出，这在一定程度上影响了债券市场的发展，债券市场法律制度亟待变革。

1. 中国债券市场法律体系顶层设计中存在的问题

近十年来债券市场的迅猛发展是立法者始料未及的，因此法律体系顶层设计中的法律空白、法律滞后及法律体系割裂性等问题凸显。债券市场发展存在的问题与债券规则自身的不足及其对债券市场的定位偏差而造成的种种障碍密切相关。[①] 新修订的《证券法》未对债券市场作出全面安排，忽略了银行间债券市场，体系性问题仍未得到解决。

（1）债券市场立法存在空白

《民法典》作为我国民商事领域的基本法，内容涉及债券募集说明书的法律性质、债券法律关系的基本结构，以及债券发行人与持有人的基本权利义务等，但仅有《民法典》的基础性规定远不能满足债券市场发展的现实需求。要适应债券市场的发展，保护债券产品创新和交易活跃，还需要商法和金融监管法律的支持和配合。

从国外成熟市场如美国、日本等国家的立法实践来看，《证券法》是资本市场的基本法，覆盖各个证券子市场，并根据市场发展实践不断调整各类证券产品在发行、交易、信息披露等各个环节的制度规则。[②] 我国资本市场的改革和发展是分阶段推进的。在改革开放的进

---

① 参见洪艳蓉：《〈证券法〉债券规则的批判与重构》，载《中国政法大学学报》2015 年第 3 期。

② 参见［美］路易斯 · 罗思、［美］乔尔 · 塞里格曼：《美国证券监管法基础》，张路等译，法律出版社 2008 年版，第 1 页。

程中，股票市场、债券市场、信托市场、基金市场、期货衍生品市场等资本市场都是分阶段而不是作为一个整体同时产生、发展的。在这样的背景下，《证券法》诞生之初的定位就是以解决上市公司股权融资为主的部门法，而非资本市场基本法，未对股票之外的资本市场作出充分安排，特别是未对债券市场作出全面的安排。其突出问题是未将银行间债券纳入证券法范畴，形成重大立法空白，为债券市场的发展留下了法律漏洞。①

（2）债券法律体系的滞后性

从法律制度体系来看，我国与债券市场相关的法律体系表现出明显的滞后性，与世界第二大债券市场的发展程度不相匹配。例如，涉及国债的主要法律法规是《国库券条例》，只有 14 个条文，却统领着 20 万亿元的国债市场，而该条例对于国债的监管职权也只进行了原则性的规定；涉及金融债券的法律依据是《中国人民银行法》，其中仅有 2 条授权人民银行管理银行间债券市场，并不涉及金融债券的实体规范；涉及公司信用类债券的主要法律法规是《公司法》《证券法》《企业破产法》《企业债券管理条例》，但这几部法律法规的重大修订都集中于 2005 年和 2006 年，当时我国公司信用类债券的存量不足 5000 亿元，立法者显然无法预见十几年间公司信用类债券的迅猛发展，因而无法在法律层面对债券市场做出全面且充足的安排。法律的滞后性和供给不足导致监管机构只能依靠部门规章、规范性文件补位，但当出现债券违约、欺诈发行、虚假陈述、企业盲目扩张过度举债、非法资金拆借等问题，需要调整市场主体实体权利义务关系时，行政规范性文件法律效力不足的问题就会凸显。

（3）债券法律体系的割裂性

受历史原因影响，我国债券市场形成了多个政府部门分头管理的格局。其中政府债券主要由财政部和中国人民银行管理，金融债券由中国人民银行和中国银行保险监督管理委员会管理，企业债券由发展和改革委员会管理，交易所公司债券由证券监督管理委员会管理，非

① 参见洪艳蓉：《新〈证券法〉债券规则评析》，载《银行家》2020 年第 3 期。

金融企业债务融资工具由中国人民银行及其下属的中国银行间市场交易商协会管理。考虑到我国立法工作受部门主义影响的现实因素，管理部门通常选择在不同的部门法中规定各自的管理依据和制度规范。“各监管部门和交易场所对信息披露的形式、内容、场所以及时效性的要求各异，导致同一发行人针对自身发行的不同品种债券需要进行差异化的信息披露。目前市场上存在‘应披未披、应披迟批’，甚至部分债券信息完全不披露的问题……损害了债券持有人的利益，不利于信用风险的防范。”[①] 目前整个债券市场的法律体系处于割裂状态，法律冲突、法律空白、法律模糊等问题突出，给法律适用和法律执行都造成极大的困难。[②]

（4）银行间债券市场的法律地位、证券属性与发行制度模糊

《证券法》第2条规定，公司债券的发行适用本法，本法未规定的，适用《公司法》和其他法律、行政法规的规定。而《证券法》对“公司债券”的实质内涵未做进一步阐释。国务院办公厅于2020年2月发布了《关于贯彻实施修订后的证券法有关工作的通知》（以下简称《通知》），仅把证券法中的“公司债券”理解为证券监督管理委员会监管的“公司债券”和发展和改革委员会监管的“企业债券”，把“国家发展改革委”界定为《证券法》中第9条和第16条所说的“国务院授权的部门”，对银行间债券市场未作出安排，亦未明确“金融债券”“非金融企业债务融资工具”与《证券法》中“公司债券”的关系。银行间市场的现券成交额占比近年来达到96%～99%，远远超过交易所市场，综合考虑现券和回购交易，银行间市场的占比在2020年为81.1%。由于商业银行的大量参与，银行间债券市场是中国债券市场的主体，其债券存量达到中国债券市场的90%以上。[③]

---

① 李扬、王芳主编：《中国债券市场2020》，社会科学文献出版社2020年版，第196～197页。

② 参见廖大颖：《证券交易法导论》（修订6版），台北，三民书局2013年版，第93页。

③ 参见李扬、王芳主编：《中国债券市场2020》，社会科学文献出版社2020年版，第206～211页。

《通知》发布后，因未对银行间债券市场作出安排，引起市场对于银行间债券市场合法地位的担忧。

如果将《证券法》适用于银行间债券的发行，会得到极不协调的结果：《证券法》第 9 条明确了公开发行证券，必须依法报经国务院证券监督管理机构或者国务院授权的部门注册。金融债券和债务融资工具的发行都可能构成《证券法》第 9 条规定的“公开发行”。但《通知》却将“国家发展和改革委员会”界定为了《证券法》中第 9 条和第 16 条的“国务院授权的部门”，并未包括中国人民银行和中国银行间市场交易商协会。

“债务融资工具”与“公司债券”在发行机制上虽都名为注册制，但其法律性质却存在差异。中国银行间市场交易商协会实行的注册制是自律注册，实质是由中国银行间市场交易商协会会员代表组成的审核委员会对利益相关人之间的相互审批，相较于监管性质，其行业自律性质更突出。而公司债券的“注册”是由国务院证券监督管理机构，即证监会对依据《证券法》办理注册，是行政许可。二者无论是从监管主体的法律地位、法律依据还是具体的注册程序和法律责任均存在极大的不同。

（5）债券市场管理体制不健全

首先，债券监管体制缺乏统一性。“我国债券市场监管体制具有‘多头监管、垂直管理、相互分割、自成体系’的特点，基本原则是规模控制，集中管理，谁审批、谁监管”。[①] 以公司信用类债券为例，公司债券由证监会监管，企业债券由国家发展改革委监管，非金融企业债务融资工具由人民银行委托银行间市场交易商协会管理，形成了涵盖“三套规则”，跨越“两个市场”的监管局面。交易市场和监管规则的不统一降低了债券交易效率，不利于债券市场功能的发挥。另外，由于不同市场的发行、监管标准不同，融资者会在两个市场之间首鼠两端，选择进入发行条件较低、监管相对宽松的市场，产生套取

① 吴晓求等：《中国资本市场研究报告（2018）——中国债券市场：功能转型与结构改革》，中国人民大学出版社 2018 年版，第 19 页。

差额利益的行为。

其次，自律组织法律地位有待进一步明确。当前，“中国证券业协会”是《证券法》明确规定的唯一的自律监管组织，《证券法》第164条第2款中明确要求“证券公司应当加入证券业协会”，该强制性规范将证券业协会的权能从“自律管理”推向了“自律监管”。中国人民银行依据《中国人民银行法》授权银行间市场交易商协会践行市场化规则，实施自律管理和自主创新。然而，银行间债券市场的自律监管缺乏基本法律制度支持，只能依靠自愿加入实现对会员单位的管理。债券市场中的自律组织作为最贴近市场的监管主体，需被赋予日常监管权能，以提高自律监管组织的监管效能。

（6）债券法律责任不明确

最高人民法院发布的《全国法院审理债券纠纷案件座谈会纪要》极大解决了我国债券市场纠纷处理的重点难点问题，但在上位法缺位时，统一法律适用仍存在一定困难，特别是债券欺诈发行和虚假陈述类债券纠纷尤为复杂。

随着2018年五洋债首单公募债券欺诈发行的曝出，公司债券市场的欺诈发行和虚假陈述案件受到市场关注。在五洋债案中，监管规则和行业自律规则成为法院认定债券承销机构及服务机构是否承担连带责任的主要依据，从法律依据上来看无疑存在不足。而且本案中法院根据《证券法》认定评级机构与律师事务所承担连带责任，依其过错大小与对投资者决策的影响等因素，将责任比例限定在5%～10%，这事实上突破了“连带责任”的一般理解。以“比例连带责任”的方式分配责任，开创了法官对债券市场侵权责任认定的新方式，可能对未来类似侵权案件中“连带责任”概念的严谨性造成一定影响。债券侵权责任的认定还需建立更加科学的标准和责任分担方式，以保障债券市场的健康发展。

（7）债券投资者保护制度缺失

新《证券法》新增第92条，对公开发行公司债券情形下的债券持有人会议与债券受托管理人机制作出了原则性规定。[①] 交易所市场与银行间债券市场也已经在自律规则层面建立起债券持有人会议与债券受托管理人制度，以完善债券持有人保护机制。但《公司法》作为调整公司债券的基础性法律，对债券持有人会议、债券受托管理人未作出任何规定。这一空白应当在未来的修法过程中进行扩充性弥补。

2. 关于中国债券市场几个重大法律问题的分析

针对中国债券市场法律体系中存在的几项重大问题，并结合其他成熟债权市场的立法经验，应分别从以下角度剖析其完善方法：

（1）关于银行间债券品种的证券属性

无论在契约视角下，还是在监管视角下，银行间债券品种都具备证券属性，应当明确其证券法律性质。重点在于解决《证券法》第2条证券定义相对狭窄问题。一种方法是将银行间债券品种明确为国务院认定的证券，可在修订《企业债券管理条例》修订中实现；另一种方法是将银行间债券品种解释为公司债券或企业债券，将银行间债券的主管部门中国人民银行解释为《证券法》中的国务院授权部门，在《公司法》《证券法》框架下明确银行间债券品种的证券属性。

（2）关于多层次债券发行制度

政府债券发行规模事关国家宏观经济稳定、金融债券发行事关金融系统稳定，在发行方式上应采取总量规模控制，实施额度管理，由国家权力机关或行政部门事先许可，而在具体发行过程中的信息披露、投资者适当性管理、中介机构管理等工作可以不进行二次许可，交由证券交易场所等自律组织管理。

对于公司信用类债券，发行管制并不是监管目标，重点是降低企

---

① 《证券法》第92条规定："公开发行公司债券的，应当设立债券持有人会议，并应当在募集说明书中说明债券持有人会议的召集程序、会议规则和其他重要事项。公开发行公司债券的，发行人应当为债券持有人聘请债券受托管理人，并订立债券受托管理协议。受托管理人应当由本次发行的承销机构或者其他经国务院证券监督管理机构认可的机构担任，债券持有人会议可以决议变更债券受托管理人。债券受托管理人应当勤勉尽责，公正履行受托管理职责，不得损害债券持有人利益。债券发行人未能按期兑付债券本息的，债券受托管理人可以接受全部或者部分债券持有人的委托，以自己名义代表债券持有人提起、参加民事诉讼或者清算程序。"

业债券融资成本和公平秩序维护上。应建立符合机构间市场特征的“面向特定对象发行债券制度”。关于“特定对象”的认定标准建议由监管部门依据《证券法》认定。另外，应参考国际成熟市场的“注册豁免”机制，豁免向特定对象发行债券的行政注册。美国《1933年证券法》第3条第a款以及《1934年证券法》第3条第a款第12项规定了一系列可豁免的证券，通常来讲，豁免证券不受证券法的注册和披露要求约束，但可能会受到普通的反欺诈和民事责任条款的约束。[①] 建立“注册豁免”制度具体有两种方法，一种是参考我国向特定对象发行股票制度，在现行法框架下通过行政法规明确向特定对象发行债券后，持有人累计超过200人的，应当经国务院授权部门注册；不超过200人的，国务院授权部门豁免注册，由行业自律组织实施自律管理。此种安排在执法层面解释了《证券法》第9条中“累计超过二百人”的计算方式是按实际持有情况计算。另一种是修改现行法，规定面向特定对象发行证券不受200人人数限制，均属于非公开发行。

（3）关于债券市场管理体制

应在现行法和现行管理体制的基础上，结合债券市场实践，对债券市场管理体制进行优化和明确，确立“宏观管理—微观监管—自律管理”的多层次管理体系。管理和监管是不同的，管理的层次和内涵都更加丰富。其中“宏观管理”是指由中央银行负责对债券市场整体发展情况开展宏观审慎管理，在不同债券品种、不同交易场所间开展审慎管理，防范系统性风险。这一点可以在《中国人民银行法》修订中实现。“微观监管”主要是指证券监管部门依据《证券法》对债券市场的合法合规性进行监管，并对违法行为进行查处，从而维护债券市场秩序，加强投资者保护。重点是将现行的债券市场统一执法机制在法律或行政法规层面予以确认，使债券市场统一执法成为符合行政法要求的行政授权机制，解决执法部门的法律风险。[②] “自律管理”

---

① See Thomas Lee Hazen, Securities Regulation: Cases and Materials. West, 2009, p. 96; 15 U. S. C. §77c, 78c.

② 曲振涛、杨恺钧：《规制经济学》，复旦大学出版社2006年版，第157页。

是指行业自律组织行使一线管理权，目标是维护市场效率和市场秩序的平衡，一方面可以节约行政资源，另一方面可以践行简政放权，优化营商环境。建议在法律或行政法规中明确中国银行间市场交易商协会对银行间债券市场的自律管理职责。

（4）关于债券市场法律责任分配的科学性与合理性

虚假陈述、内幕交易和操纵市场是三大证券违法行为，由于发行方式、定价机制、交易制度等方面的差异，债券市场违法行为在表现形式、损害后果、责任认定等方面与股票市场都有很大区别，认定标准和责任分配也应有所区别。[①]《证券法》不应简单套用股票市场规则和执法逻辑，建议对债券违法行为设计更具针对性的认定标准和责任分担方式，可以主要围绕直接交易主体、监管主体及中介类主体，赋予适应不同主体定位的相应法律责任，从而让市场充分发挥在资源配置中的决定性作用。还应强化外在监督下的市场约束，尤其是债券市场的“看门人”即中介机构，应被培育为风险防范的外部第一防线。[②] 这些都需要在未来的司法实践中不断总结、反思，最终反映到法律修订中。

（5）关于债券投资人保护制度

债券持有人数量众多、分散多元、集体行动困难突出，特别是现阶段债券市场化改革进入深水区，投资者不再能指望刚性兑付，债券违约事件增多，“卖者尽责，买者自负”的市场规律开始占据主导地位，亟须在法律层面完善债券投资人保护制度。基于债券投资者既分散又聚合的特点，对其保护不能简单适用民法中债权人保护的手段，亦不能照搬股票投资者的保护机制，其核心是建立分散的债券投资者内部间以及投资者与债券发行人之间的有效沟通机制，这是便利投资者尽早发现公司经营问题及债券风险、避免错失维权良机的必要措施，也是便利债券发行人在陷入困境时及时有效地与投资者沟通，取得宽限条件并度过危机的良好保障。尽管《证券法》已经提及债券持

① 冯果：《债券市场风险防范的法治逻辑》，法律出版社 2016 年版，第 128 页。

② 参见吴敏：《论法律视角下的银行破产》，法律出版社 2010 年版，第 6 页。

有人会议和受托管理人制度，但对持有人会议决议的法律效力、可决议事项范围、法定程序、决议约束力、受托管理人的职责、任职资格、利益冲突防范机制等具体问题并未作出安排。建议在《公司法》中全面建立持有人会议制度和受托管理人制度，对上述问题予以明确，夯实债券市场投资者保护基础。

3. 完善中国债券市场法律体系的改革方案建议

针对前述中国债券市场法律体系现存的问题，要达到几个重大领域的改革发展目标，完善债券市场法制，可采取三种不同的改革方案。这三种方案各有利弊，可分别适用于我国债券市场法律体系改革的不同阶段。

方案一：系统修改相关法律法规

这一方案不改变现有的部门法架构，力求在现有的法律体系框架内解决债券市场面临的问题，无须对债券法律体系做太大的调整，相对简便易行，能较好地适应我国现有的债券市场发展状况和债券法律制度基础。2018 年以来债券的跨市场发行与交易正变得十分普遍，各市场的互联互通趋势正在形成。[①] 通过对各部门法有针对性的修改，弥补各部门法对债券规定的明显缺漏，解决证券市场法律体系存在的问题，力求达到相同或相似种类的债券，其发行和交易规则与同类市场下的监管规则趋向一致，跨市场间债券交易实现良好互联互通。由于《证券法》刚刚修改，短期内再次修改可能性不大，因此补充立法方案主要集中于修改可能性较大的《公司法》《企业破产法》《中国人民银行法》三部法律。另外，应将“财政法”作为解决政府债券问题的基本法，而《银行业监督管理法》《商业银行法》《信托法》的修订用以解决金融监管过程中涉及债券市场的问题。为解决法律之间的体系协调问题，建议由国务院依据现行法修改《企业债券管理条例》，统一非政府债券的法律规则。

---

① 参见李扬、王芳主编：《中国债券市场 2020》，社会科学文献出版社 2020 年版，第 193 页。

（1）系统修改《企业债券管理条例》的要点

应系统修改《企业债券管理条例》（以下简称《条例》），使之成为统领除政府债券之外的私人部门发行债券的综合性、基础性行政法规。其修订应关注以下要点：

一是上位法依据问题。修订《条例》必须在现行基础法律的框架下进行，内容应具有法律层面的依据。其主要上位法依据包括《民法典》《公司法》《证券法》《中国人民银行法》。《条例》应在四部法律的既有规定下明确债券发行、监管的具体事项，不能违反上位法。

二是适用范围问题。政府债券不宜纳入《条例》调整的范围，应将金融债券和外资债券纳入《条例》。“金融债券”和“外资债券”与其他企业债券的区别不在于法律属性，而在于管理需求。可在《条例》中以专章对“金融债券”和“外资债券”加以规定。

三是建立分层次统一的债券市场问题。可以参考国际成熟资本市场发展经验，建立纵向的多层次债券市场。多层次债券市场的划分标准不应是监管部门，而应是市场结构，准确来说是发行人结构和投资者结构。此外，根据投资者结构，参考美国经验，债券市场也可以区分公众投资者、合格投资者、合格机构投资者等标准划分不同层次，并分层次统一监管标准，实现功能监管。

四是发行制度改革问题。《条例》应当确立符合债券市场“机构间市场”特征的发行制度——向特定对象发行债券制度。由于《证券法》第9条已经授权国务院规定证券发行注册制的具体范围、实施步骤，并允许行政法规界定发行行为，在《条例》中确立向特定对象发行债券制度是符合《证券法》的。

（2）《公司法》的完善要点

《公司法》是规范现代企业治理结构、保护债权人的基础性法律，其债券规则具有普适性，覆盖“公司”类法律主体发行的各债券品种。《公司法》修订，应重点完善以下内容：

一是明确债券规则的适用范围，将金融债券、企业债券、非金融企业债务融资工具等各类公司制法人发行的债券纳入《公司法》。此外，实务中出现的可转换债、可交换债、商业银行次级债、二级资本债等品种应纳入《公司法》所称公司债券。

二是为公司债券多层次发行制度提供法律支持。《公司法》作为基本法，应涵盖各类公司债券的发行，为构建多层次债券市场提供法律支持，并衔接《证券法》等金融监管法具体规制公开发行市场。

三是建立债券投资人保护制度，包括债券持有人会议制度和受托管理人制度。该制度用以解决公司债券持有人集体行动困难问题，降低债券持有人之间代理成本。

四是顺应债券无纸化现状，应规定公司可以发行通过电子化证券登记簿记系统进行无纸化管理的公司债券，并肯定电子化证券登记簿记系统记录结果的有效性。

（3）《企业破产法》的完善要点

破产法本身是解决困境企业债务清偿问题的，各类债务处置的原理、手段和最终实现效果都可以在破产法的框架下进行评估、判断，因此破产法被认为是涉及债务问题的“基本法”。[①] 在《企业破产法》中，需进一步完善破产程序内信息披露问题、破产程序中债券交易问题、次级债券和永续债券的分组表决和清偿顺序问题、债券持有人会议与重整中债权人会议的关系问题、债券受托管理人能否担任破产管理人问题、场外衍生品终止净额结算问题等。关于场外衍生品终止净额结算，很多国家的破产法直接将《国际掉期与衍生工具协会（ISDA）主协议》的制度安排采纳为破产法规则。[②] 也可考虑将《中国银行间市场金融衍生产品交易主协议》（NAFMII 主协议）的制度安排写入破产法，增强法律保障。另外，应明确债券受托管理人和债券持有人会议在破产重整程序中的地位与参与权。在公司破产情况下，为防止债券风险无限扩张，对于不存在恶意串通损害债权人利益

① 参见［日］松岗义正口述，熊元楷、熊仕昌编：《破产法》，李彤点校，上海人民出版社 2013 年版，第 3 页。

② 参见何欢、韩长印：《美国破产重整制度改革调研报告》，中国政法大学出版社 2016 年版，第 365 页。

情况的，应明确债券兑付不属于破产法规定的可撤销的个别清偿行为。

（4）《中国人民银行法》的完善要点

《中国人民银行法》应当从人民银行执行货币政策、执行宏观审慎政策、维护金融稳定三方面职责出发，坚持其对银行间债券市场的管理权，解决分业监管机制在应对机构间金融市场风险方面存在的空白和不足。[①] 针对银行间债券市场的问题，建议《中国人民银行法》重点解决两方面内容：一是明确中国人民银行自身对于债券市场宏观审慎管理和监管协调职责；二是在法律层面确认并完善银行间债券市场自律管理机制，明确中国银行间市场交易商协会的法律地位及具体职责，并规定银行间市场成员应当加入中国银行间市场交易商协会，由中国银行间市场交易商协会实施自律管理，同时明确中国人民银行对中国银行间市场交易商协会的监管权。

（5）《商业银行法》的完善要点

根据《证券法》第120条的规定，除证券公司外，任何单位和个人不得从事证券承销业务。这与我国债券市场主要由商业银行承销的现实情况并不相符。由于《企业债券管理条例》作为行政法规，不得突破上位法《证券法》的限制。因此，这一问题只能在《商业银行法》的修订中加以解决。

现行《商业银行法》第3条规定，商业银行可以“承销政府债券”。2020年10月《商业银行法（修改建议稿）》修改为“承销政府债券及其他债券，证券交易所发行的证券除外”。《商业银行法》作为规范商业银行行为的基本法，可以对商业银行的合法业务进行确认，其与《证券法》效力位阶相同，按照“新法优先于旧法”的法律适用原则，可以解决商业银行承销债券的法律依据问题。

方案二：修改《证券法》的关键性条款

《证券法》本应是资本市场的基础性法律，如果未来《证券法》

---

① 参见刘仁伍编著：《金融机构破产的法律问题》，社会科学文献出版社2007年版，第68页。

修订能够作出根本调整，扩大适用范围，将能够系统解决债券市场的法律问题。具体包括：

（1）修改《证券法》第 2 条证券的定义，扩大《证券法》的适用范围。将各类债券统一纳入证券法监管框架，明确银行间债券市场的适用性，统一基础法律的适用标准，同时建立证券豁免制度，将不需要证券法保护的证券类型加以豁免。

（2）修改《证券法》第 9 条证券发行制度，系统建立证券非公开发行制度。随着我国资本市场的发展，专业的机构投资者将成为资本市场的主要投资人，设立非公开发行制度有利于提高资本市场的融资效率。还应建立完整的面向特定对象发行证券豁免制度，删除向特定对象发行证券累计超过 200 人为公开发行的规定，将向特定对象发行证券不作为公开发行处理。

（3）增强债券信息披露制度的科学性。证券法应当建立契合债券属性和债券市场结构的信息披露制度，而不是简单适用股票规则。可将增信举措的重大变化以及公司债券管理受托人的重大情况变化列入信息披露事项。

（4）明确债券市场违法行为的认定标准和责任承担方式。特别是针对虚假陈述、内幕交易和操纵市场的三大证券违法行为，不应简单套用股票市场规则和执法逻辑，而应对债券违法行为设计更具针对性的认定标准和责任分担方式。

方案三：单独制定《债券法》

《证券法》诞生之初的定位就是以解决上市公司股权融资为主的法律，而非资本市场基本法。而针对信托、基金、期货衍生品等同样带有“证券”属性的市场，我国都采取了专门立法模式，分别制定了《信托法》《证券投资基金法》《期货和衍生品法》加以规范。由于这些市场的发展程度各不相同，法律需求和监管需求处于不同阶段，若都纳入《证券法》调整，会增加立法难度和复杂性。而修订后的《证券法》也并未真正改变其重点规范股票市场的部门法现实定位。因此，可考虑单独制定一部统一的《债券法》夯实法律基础，促进制度间协调统一，保障中国债券市场长期健康稳定发展。

单独制定《债券法》可以摆脱“重股轻债”观念的影响，立法目的明确，内容界限清晰，规则的针对性强，免受股票规则掣肘，有利于债券法律制度的完善。不同品种债券的基本结构和法律特征基本相同，“其所记载的权利义务关系均未脱离发行人与投资者之间的债权债务关系这一基础性的法律关系，并不会因债券品种的不同而存在债券权利义务关系的差异”①。因此，制定一部《债券法》对债券市场各项制度进行统一规范具有科学合理性。另外，对于境内外投资者来说，各类债券都是固定收益类产品，投资者保护制度应该一致。为债券市场制定统一的基础性法律，使不同债券品种的投资者能够得到一致的保护，将有利于提升中国债券市场的长期竞争力。

可以将《债券法》作为债券市场的基本法，定位为《证券法》的特别法，统领各类债券品种，《债券法》有规定的优先适用该法，没有规定的适用《证券法》等其他法律。关于《债券法》的适用范围，应抓住债券“到期还本付息”和“有价证券”这两项基础法律性质，根据发行主体的特征将其具体划分为政府债券、金融债券、公司信用类债券三个基本类型。同类债券的法律要求相同，以协调各类债券品种、各交易市场发展，统一法律责任、监管理念和监管规则。《债券法》应当重点解决以下问题：一是将各类债券品种纳入《债券法》的规则体系中，明晰各类债券的界定，并明确《债券法》在债券市场中的基础性法律地位；二是建立具有债券特殊性的多层次发行制度、统一的信息披露制度和投资者保护制度、科学的民事责任和行政责任制度等；三是构建完备的债券市场管理制度，使各监管部门或自律组织等机构以《债券法》为基础，优化市场管理机制。

---

① 冯果：《债券的证券本质与债券市场法制化——〈证券法〉修订背景下的债券法律体系重构与完善》，载黄红元、徐明主编：《证券法苑》（第17卷），法律出版社2016年版，第9页。

（二）《全国法院审理债券纠纷案件座谈会纪要》的意义与突破[①]

1.《全国法院审理债券纠纷案件座谈会纪要》制定背景

关于《全国法院审理债券纠纷案件座谈会纪要》的制定背景，《证券法》中有关于债券市场的规定，但债券市场的范围远不止《证券法》中规定的债券市场，它是非常庞大的市场。2010年左右，债券市场规模仅有约5000亿元，目前债券市场规模已有100多万亿元，我国也已成为世界第二大债券市场，已形成了一个多层次的市场。债券市场的注册制实施比股票的注册制更早。债券市场实际上包括政府债券、金融债券、企业债券和公司信用类债券，还有资产支持债券和债券衍生品等多种债券种类，包含面非常广泛。

此前，对于债券市场在整个中国经济发展当中扮演的角色和市场规模数量，连经济金融界的人都不甚了解，更不要说法律界，大家对债券市场是比较忽视的。但目前债券市场规模十分庞大，发展十分迅速，已经从5000亿元的规模发展到目前上百万亿元的规模。如何评价债券市场的作用？经济越发达，债券市场就越发达，经济越不好，整个市场对债券市场的依赖性越高。[②] 而中国经济发展目前正好处于一个需要发挥债券市场作用的时期。

债券市场在中国下一步的经济供给侧结构性改革、经济高质量发展以及中国经济的内循环和外循环的双循环过程中，其发挥的作用和功能会越来越大。

随着债券市场的发展，也出现了诸多问题。归纳一下，主要有三方面的问题。

一是债券纠纷持续增多。债券市场法律关系模糊，债券持有人的合法权益得不到有力保护；债券托管人的地位不明，中介机构责任不清；对于债券纠纷案件的法律适用不统一，法院不愿意也不敢受理债

---

① 2020年7月15日，最高人民法院发布了《全国法院审理债券纠纷案件座谈会纪要》，为深入学习理解和准确适用该纪要，在2020年7月18日（周六）19时召开“全国法院审理债券纠纷案件座谈会纪要高端研讨会”，本文为李曙光教授关于该纪要的意义与突破的发言整理。

② 参见阎维杰：《金融机构市场退出研究》，中国金融出版社2006年版，第12页。

券纠纷类的案件；另外，即便法院受理了债权纠纷的案件，部分法院在审理债权纠纷案件中也缺乏专业性。

二是市场中存在债券发行人因经营不善、盲目扩张、违规担保等原因，出现所谓“不能刚性兑付”的问题，即到期不能还本付息的问题，甚至有相当一部分发行人存在欺诈发行、虚假陈述、内幕交易的问题，严重损害了债券持有人和债券投资者的权益。

三是债券市场违约事件、违约案例的高发，这也是《全国法院审理债券纠纷案件座谈会纪要》出台最重要的一个背景。自从2014年我国第一个债券市场实质违约事件——“11超日债”违约以来，目前债券市场违约金额已高达3000多亿元，这一数据未来可能会进一步增加。债券违约往往跟发行人的破产紧密相连，这使债券所涉及的法律关系更加复杂，也给整个金融市场带来了极大的风险。

上述问题是研究《全国法院审理债券纠纷案件座谈会纪要》的原因。债券的基础法律关系实际上是债权债务关系，但经过证券化后，它又具有快速转让、杠杆交易、风险转移等一系列的特征。[①] 由于债券市场没有统一的技术性法律，现行的法律体系严重滞后于债券市场的发展，而且不同债券品种之间的制度差距又十分巨大，投资者只能依靠传统的合同法、破产法、公司法、侵权法等来主张权利救济。同时，法院在处理复杂的债权人纠纷案件时往往也缺乏法律依据。所以从这一角度来说，最高人民法院出台《全国法院审理债券纠纷案件座谈会纪要》意义十分重大，十分及时，对于整个市场会产生很大的影响。

2. 《全国法院审理债券纠纷案件座谈会纪要》的特点

最高人民法院和相关的政府部门、监管部门、包括国家发展和改革委员会、中国人民银行、中国证券监督管理委员会等都参与到《全国法院审理债券纠纷案件座谈会纪要》的制定中。笔者认为《全国法院审理债券纠纷案件座谈会纪要》有三个比较突出的特点。

---

① 参见周战超：《当代西方风险社会理论研究引论》，载薛晓源、周战超：《全球化与风险社会》，社会科学文献出版社2005年版，第3～4页。

第一，《全国法院审理债券纠纷案件座谈会纪要》具有制度设计的整体性。其出台不仅仅是专注于债券市场的部分案件纠纷，还基于更重要的考虑。特别是近年来证券、债券市场飞速发展带来了巨大的金融风险，近年来发生的债券违约案件很多都是震动整个金融市场的高风险案件，比如东北特钢，康得新、中民投、北大方正、东旭集团等。如果个案处理不好，风险化解不了，就会影响整个国家宏观经济的大局面，影响金融市场的监管以及整个社会的稳定。所以，《全国法院审理债券纠纷案件座谈会纪要》虽然是最高人民法院从司法服务于国家防范化解金融风险的振兴大局来制定的，但实际上它体现了监管、执法、司法等多部门的整体思路。

《全国法院审理债券纠纷案件座谈会纪要》提出了"四坚持"思路，即坚持保障国家金融安全原则，坚持依法公正原则，坚持卖者尽责、买者自负原则，坚持纠纷多元化解原则。这四个"坚持"实际上是《全国法院审理债券纠纷案件座谈会纪要》起草的总体思路，也是更好地规范债券市场，防范化解金融风险，维护金融稳定和安全的重大利益考量。

第二，《全国法院审理债券纠纷案件座谈会纪要》具有重要的司法指引功能。这是最高人民法院审理债券纠纷案件的第一个纪要性文件，是十分重要的司法成果，也反映出近几年最高人民法院工作的一个突出特点，即强化纪要性文件的指引功能。由于民商事制度中的民法较为发达，相应的成文法也较多，但商法特别是金融领域规则相对较少，如何解决经济快速转型过程中，发展迅速、规模庞大的金融市场和严重滞后的法律依据之间的关系，因司法解释出台较为烦琐，因此最高人民法院目前并未通过司法解释的方式，而更多的是通过纪要的方式来予以解决。

从司法实务角度来看，近年来法院的债券违约案件和纠纷数量基本上与债券市场规模呈正相关的关系，债券持有人通过诉讼途径解决争议的比例也逐渐提高。法院审理的债券纠纷、违约纠纷的案由主要集中在债券交易纠纷、证券发行纠纷、抵押合同纠纷，保证合同纠纷和回购合同纠纷等。由于债券纠纷的案件数量较多，属地分散、案件处置的法律依据不足，加之债券纠纷的专业性很强，所以很多地方法院不愿也不敢受理债券纠纷案件，受理债券纠纷案件的各级法院裁判思路也存在不一致，判罚尺度不统一，执行时还可能存在偏差，实际上形成了各自为政的局面。所以《全国法院审理债券纠纷案件座谈会纪要》的出台，强化了对规则的统一适用，具有很强的司法指引性和解释性功能。

第三，《全国法院审理债券纠纷案件座谈会纪要》具有很强的问题意识，具有很强的针对性，作出了很多突破。其强调债券市场的纠纷风险化解、处置模式的市场化、法治化，特别强调司法实务当中的突出问题。在业界争论较大，在实践中的疑难问题，多少年来啃不下的硬骨头，本次的《全国法院审理债券纠纷案件座谈会纪要》都一一予以解决。

3.《全国法院审理债券纠纷案件座谈会纪要》的重点和突破

在法律规则方面，《全国法院审理债券纠纷案件座谈会纪要》主要有五方面的突破。

第一个突破，在统一法律适用上的突破。在债券纠纷的法律适用上，由于目前债券违约案件较多，债券持有人分布较广，各级法院的判罚尺度各异，部分法院不愿受理此类案件等，都极大提高了金融主体的维权成本，也降低了司法效率和司法的权威性。《全国法院审理债券纠纷案件座谈会纪要》在统一法律适用上有比较大的突破。体现在三点：

一是在诉讼资格认定上，强调对于债券违约合同纠纷案件，应当以受托管理人或持有人会议推选代表人集中起诉，这将债券持有人的个别起诉放在一个辅助的位置。

二是统一债券纠纷案件的受理案件方式，因为债券纠纷涉及的案由比较多，涉及的领域也比较多，既涉及证券，又涉及欺诈发行、虚假陈述，还涉及破产，所以这一次《全国法院审理债券纠纷案件座谈会纪要》予以统一，其最重大的突破是取消了行政前置程序。在讨论《全国法院审理债券纠纷案件座谈会纪要》时，很多法院都表示反对，提出行政机关应该先行处理，但最后将这个事情直接交给法院，取消了行政前置程序。这跟证券市场不同，针对证券市场的虚假陈述、内幕交易操纵市场，还存在一个行政前置程序，这个很不一样。同时，《全国法院审理债券纠纷案件座谈会纪要》也解决了目前法律界讨论得非常热烈的刑民交叉的问题，把刑事判决作为前置程序取消了。一直以来在很多案件当中解决不了刑民交叉的问题，总是先刑后民，所以这是一个非常重大的突破。

三是《全国法院审理债券纠纷案件座谈会纪要》也同时明确了债券违约案件、债券欺诈发行和虚假陈述的案件以及相应的破产案件的级别管辖、地域管辖问题。这个问题是一个特别大的问题，涉及案件审理是否有专业性，是否有权威性，是否能够依法作出公正的判决。基层法院处理债券违约显然并不合适，所以《全国法院审理债券纠纷案件座谈会纪要》规定的案件审级都提高了，大家可以关注一下，这一块规则出台实际也有很激烈的讨论和争论的。

《全国法院审理债券纠纷案件座谈会纪要》特别强调，对于欺诈发行、虚假陈述案件，由省、自治区、直辖市人民政府所在的市、计划单列市和经济特区中级人民法院管辖，一般的法院不能管辖。这里涉及破产案件由发起人住所地人民法院管辖。总体来看，管辖规定得非常全面，而且也解决了债券纠纷案件的审理的专业性问题、权威性问题，也解决了司法裁判的适用问题，同时解决了司法的权威性问题。

第二个突破，债券持有人合法权益保护方面的突破。首先，《全国法院审理债券纠纷案件座谈会纪要》明确了债券持有人会议的效力，债券持有人会议原来可决议事项的范围，重大事项的决定权、表决和回避，会议决议的效力等方面都是不规范的。其次，会议作出的决议在实践中也不受尊重。在破产案件中，债券持有人的定位一般就是普通债权人，与担保债权人，职工债权人，劳动债权人和税务债权人间存在差距。所以强调对债券持有人合法权益如何保护的问题。首先是明确债权对象，其次对于发行人和相关责任人的民事责任坐实，发行人是首要责任人，发行人不能欺诈发行、虚假陈述、内幕交易。目前债券市场最大的问题，是债券发行的发行人的控股股东、实际控制人、董事、监事、高级管理人员，还有一些内部人的问题，所以此次明确了发行人和相关人员的民事责任，包括权责利益关系，这是一个比较好的突破。

第三个突破，在受托管理人职责定位上有很大的突破。因为受托管理人原来是不清不楚的，受托管理人的职责、权责到底是什么？《全国法院审理债券纠纷案件座谈会纪要》赋予了受托管理人多种权利，受托管理人既可以作为债券持有人会议决议授权委托的代表，又可以单独提起或参加民事诉讼，随后可申请发行人破产清算、破产重整。所以说目前受托管理人的职责很大，实际上受托管理人有可能将来担任破产管理人。所以其职业定位上有比较大的突破。但是受托管理人有上述权利的同时也要有相应的责任，所以《全国法院审理债券纠纷案件座谈会纪要》规定受托管理人负有赔偿责任，当受托管理人未能勤勉尽责，公正履行职责，损害债权人利益的，应依法承担赔偿责任。

第四个突破，在债券中介机构责任方面有比较大的突破。以前可以说我国的每一个债券发行出事的事件后面都有中介的影子，有的中介机构收了钱，企业要什么样的审计报告，中介机构就出什么样的审计报告。债券纠纷的起点就是从发行代理开始的，中介机构在虚假陈述、欺诈发行等问题里扮演了帮凶角色。如果说这些债券后面出现实质违约，违约金额往往是上亿元、几十亿元甚至上百亿元，这些问题都与中介机构相关。以前对中介机构相应的处罚都十分轻微，这无法压实中介机构看门人的职责。《全国法院审理债券纠纷案件座谈会纪要》从债券承销机构、服务机构，包括律师、会计师等都规定了过错认定、法律责任等。同时，《全国法院审理债券纠纷案件座谈会纪要》也给了中介机构抗辩权，避免中介机构被诬陷，承担责任。

第五个突破，在破产程序中相关规则的突破。债券纠纷、债券违约跟破产制度有着紧密的关系。在这个过程中如何去保护债券持有人的利益？《全国法院审理债券纠纷案件座谈会纪要》突破很多，以下围绕几个重点展开。一是关于发行人破产管理人的责任问题，对发行人的破产管理人的责任提出四个并重，这是以前没有过的，包括企业拯救、市场出清，社会稳定等，明确破产管理人的信息披露义务和暂时的确认义务，这是十分重要的。[①] 二是破产程序中受托管理人和代表人的债权人委员会成员资格也予以明确。另外还有发行人逃废债的问题，关于共益费用的分担的问题，关于登记在受托管理人的名下的担保物权行使的问题，受托管理人所获利益归属于债券持有人的问题，这均是对债券持有人的保护，实际上《全国法院审理债券纠纷案件座谈会纪要》有一半涉及破产。

另外，《全国法院审理债券纠纷案件座谈会纪要》出来后还需要解决以下几个问题。

一是债券市场法律体系的完善。《全国法院审理债券纠纷案件座谈会纪要》能解决暂时比较着急的问题，也是现在比较突出的问题，但不能解决基础性的、长远的法律问题。所以从长远角度来看，还是要完善债券市场的法律体系，特别是要起草一部统一的债券法。

二是在《全国法院审理债券纠纷案件座谈会纪要》出台后，部分相关的部门，包括中国证券监督管理委员会，中国人民银行，还有中国银行间市场交易商协会等可能要制定部分执行细则，特别是把执法、司法联动起来。《全国法院审理债券纠纷案件座谈会纪要》给予司法很大的权力，也同样是很大的压力，但执法部门也有更多的工作要做，监管机构有更多的方法，把执法做得更好。

实际上债券市场还有问题是《全国法院审理债券纠纷案件座谈会纪要》没有解决、没有涉及的重大问题。这些问题笔者是希望学术界、政策制定部门、立法部门，还有实务界共同努力，把一些《全国法院审理债券纠纷案件座谈会纪要》目前没有根本解决的问题挖掘出来，让债券市场能够健康地发展。

（三）债券类破产案件的特殊问题

随着债券违约事件的增多，债券违约处置机制也在同步完善，其中破产程序发挥着越来越重要的作用。根据公开信息统计，自 2014 年“超日债”首次违约至今，已有 47 家债券违约企业进入或正在进

---

① 参见施天涛：《公司法论》（第 3 版），法律出版社 2014 年版，第 343 页。

入破产程序，占全部违约企业的1/3。在破产程序选择上，以重整程序居多，但也有3家企业进行了破产清算，1家企业进行了破产和解；此外，还有1家企业在进入破产重整前先进行了预重整。可以说，债券类破产案件目前已经有了相对充分的实践经验，但过程中也遇到一些特殊问题需要加以关注。总的来看，债券的基础法律关系仍是普通债权债务关系，在破产程序中并未表现出实体权利上的特殊性；但债券经过“证券化”后，具有了快速转让、杠杆交易、风险转移等特征，这就需要特别的程序性安排以保障破产案件审理的公正、高效、有序。①

第一，关于管辖与受理的问题

债券类破产案件通常是重大复杂案件，但在《全国法院审理债券纠纷案件座谈会纪要》出台之前，并没有对此类案件的管辖法院作出特别安排，只能适用破产法的一般规定。所以出现了在“五洋债”破产案件中，债券虚假陈述类案件由杭州中院管辖，而破产案件却由绍兴基层法院审理。《全国法院审理债券纠纷案件座谈会纪要》出台后，对债券类破产案件的管辖明确为由发行人住所地的中级法院管辖，基本解决了级别管辖过低的问题。但债券欺诈发行和虚假陈述类案件由省会城市中院管辖，当破产案件中也涉及此类问题时，还是会出现不同法院管辖的问题。

第二，关于债权人参与的问题

债券持有人具有明显的涉众性和分散性。发行人通常发行多期债券，每期债券由有几十个持有人，即便都是机构投资者，那也可能涉及全国各地的各类型金融机构；如果还有证监会管理的“大公募”债券，可能还会有数以千计的自然人。如何解决债券持有人的集体行动困难，使他们能够高效、有序地参与破产程序是我们面临的问题。《全国法院审理债券纠纷案件座谈会纪要》明确了债券持有人会议和受托管理人制度，其中持有人会议可以运用“多数决”机制让一期债

① 参见周战超：《当代西方风险社会理论研究引论》，载薛晓源、周战超：《全球化与风险社会》，社会科学文献出版社2005年版，第3～4页。

券的持有人形成统一意见；受托管理人则可以代表一期债券的持有人参与破产程序的各个环节，由此提高了债券类债权人参与破产程序的效率。

我国《证券法》允许受托管理人在诉讼程序中以自己的名义主张权利，这一机理应当适用于银行间交易市场发行的非金融企业债务融资工具等债券种类。[①] 除了证券类诉讼之外，《民事诉讼法》还规定了代表人诉讼制度，在不能产生受托管理人的情况下，当事人可推选代表人参与破产程序，这也是一项基本的民事权利。[②] 基于上述两个方面的考虑，《全国法院审理债券纠纷案件座谈会纪要》第 5 条、第 6 条明确规定，债券受托管理人、债券持有人推选的代表人向人民法院申请发行人破产重整、破产清算的，人民法院依法应当受理。除了主动申请重整和清算之外，《全国法院审理债券纠纷案件座谈会纪要》还要求在债务人申请和解的案件中，要保障受托管理人和诉讼代表人能够履行债券持有人会议赋予的职责。

为进一步便利受托管理人或代表人履行职责，《全国法院审理债券纠纷案件座谈会纪要》第 19 条、第 20 条对受托管理人和诉讼代表人的行为效果归属做了进一步的明确。第 19 条规定了受托管理人所获利益归属于债券持有人。受托管理人提起诉讼或参与破产程序的，生效裁判文书的既判力及于其所代表的债券持有人。在执行程序、破产程序中所得款项由受托管理人受领后在 10 个工作日内分配给各债券持有人。第 20 条规定了共益费用的分担方式。债券持有人会议授权的受托管理人或推选的代表人在诉讼中垫付的合理律师费等维护全体债券持有人利益所必要的共益费用，可以直接从执行程序、破产程

---

① 参见《证券法》第 92 条第 3 款规定："债券发行人未能按期兑付债券本息的，债券受托管理人可以接受全部或者部分债券持有人的委托，以自己名义代表债券持有人提起、参加民事诉讼或者清算程序。"

② 在《民事诉讼法》中，虽然并未直接以"代表诉讼"为标题的法条，但可以从共同诉讼、诉讼代表人等相关规定中找到代表诉讼的法律依据。参见《民事诉讼法》第 55 条规定："当事人一方或者双方为二人以上，其诉讼标的是共同的，或者诉讼标的是同一种类、人民法院认为可以合并审理并经当事人同意的，为共同诉讼。这实际上为代表诉讼提供了基础，即众多当事人可以基于共同的诉讼标的或同一种类的诉讼标的进行共同诉讼。"

序中受领的款项中扣除，将剩余款项按比例支付给债券持有人。

第三，关于赋予受托管理人或代表人以债委会成员资格

此外《全国法院审理债券纠纷案件座谈会纪要》还创造性地提出，法院在确定债权人委员会成员时，应当将受托管理人作为债权人代表的人选。这体现了法院对于债券类债权人特殊的程序性保护，畅通其诉求表达渠道，也有利于在破产案件审理过程中法官通过受托管理人的意见评估，了解案件对债券市场乃至金融市场的影响。在以往的破产清算实践中，债委会成员大多由传统借贷关系的债权人、经营债权人等组成，债权人会议主席大多由发行人的主贷款银行担任。债券持有人因其单独持有的债权金额较小，话语权不大。但从总体规模上看，未偿付债券余额在破产企业的债务总额中的占有一定的比例。为提高话语权重，切实保护债券持有人的合法权益，《全国法院审理债券纠纷案件座谈会纪要》第17条规定了破产程序中受托管理人和代表人的债委会成员资格。债券持有人会议授权的受托管理人或推选的代表人参与破产重整、清算、和解程序的，人民法院在确定债权人委员会的成员时，应当将其作为债权人代表人选。

债券持有人自行主张权利的，人民法院在破产重整、清算、和解程序中确定债权人委员会的成员时，可以责成自行主张权利的债券持有人通过自行召集债券持有人会议等方式推选出代表人，并吸收该代表人进入债权人委员会，以体现和代表多数债券持有人的意志和利益。

第四，关于信息披露问题

《企业破产法》对债权人知情权的保障旨在保证其参与破产程序所需的必要信息，这显然无法满足证券市场的需求。[①] 由于《企业破产法》和《证券法》缺乏有效衔接，证券法框架下信息披露制度难以在破产程序内有效展开。2012年《关于审理上市公司破产重整案件工作座谈会纪要》解决了上市公司破产重整中的信息披露问题；而本次《全国法院审理债券纠纷案件座谈会纪要》则解决了债券类破产案

① 参见纪红勇：《浅谈破产重整程序中的债权人的知情权》，载《法律适用》2012年第11期。

件的信息披露问题。[1]《全国法院审理债券纠纷案件座谈会纪要》明确进入破产程序后，发行人的信息披露义务由破产管理人承担，但发行人自行管理的除外。这就可以很好的衔接到证券法中已有的信息披露制度中。

第五，关于破产管理人的赔偿责任

针对实践中利用破产衍生诉讼拖延破产程序，损害债权人利益的情况，《全国法院审理债券纠纷案件座谈会纪要》第34条做了努力，规定：债券发行人进入破产程序后，受托管理人根据债券募集文件或者债券持有人会议决议的授权，依照债券登记机关出具的债券持仓登记文件代表全体债券持有人所申报的破产债权，破产管理人应当依法及时予以确认。因破产管理人无正当理由不予确认而导致的诉讼费用、律师费用、差旅费用等合理支出以及由此导致债权迟延清偿期间的利息损失，受托管理人另行向破产管理人主张赔偿责任的，人民法院应当予以支持。

（四）地方债务化解与破产法的作用

地方债务，准确地说是地方政府的债务问题，是我国目前面临的重要问题。开展破产领域的研究工作，地方债务是我国必须要关注的焦点，地方债务处置是当前国内的热点问题。实际上，长期以来地方债务问题始终存在，只不过随着中国经济增长，这个问题也在不断地变化发展。

1. 地方债务的类型

地方债务实际上包括四个部分。一是中央政府代替地方政府发行的债券，可以称之为“地方政府债”。二是现在探讨较多的“城投债”，即地方政府借助政府债务平台发行的债券。三是“特殊资产债”，即地方政府在地方性国企、甚至是部分重要民企破产时要承担的责任。如当前地方政府为房地产公司或大型国企的破产而投入的支出，某种程度上都转化为地方债务。四是“隐性债务”，主要是地方政府为应对各种地方公共支出，有的甚至是非常不合理的支出而承担

---

① 参见齐斌：《证券市场信息披露法律监管》，法律出版社2000年版，第94页。

的债务。实际上特殊资产债也是一种隐性债务，但为更好地分析地方债务，可以将特殊资产债单列出来。

关于现阶段我国地方债务的总规模，根据国家统计局给出的数据，当前中央政府代替地方政府发行的专项债券的规模大约为 35.1 万亿元，城投债的规模大约为 12.5 万亿元。两者相加便是官方数据显示的地方债务规模，在 50 万亿元左右。而特殊资产债和隐性债务的规模则尚不明确。

2. 地方债务的化解路径

从地方政府所承担的责任来看，当前地方政府承担了过重的责任。除了老百姓普遍关心的教育、医疗、养老、就业外，还负担有 GDP 上“出业绩”的责任。地方政府既要承担民生责任，还要承担经济增长的责任，导致地方财政支出不可预料。而地方财政支出不可预测又会增加地方政府官员的道德风险。因此，中央政府和地方政府之间的事权划分，将决定地方财政的支出与地方债务问题的化解路径。

“地方增长锦标赛”模式与我国的财税体制，中央政府和地方政府的事权划分，乃至央地关系结构都密切关联。笔者基于法律人的视角，从宏观的层面提出三点建议：第一，回归财政分配制，即要明确“地方收入”和“地方支出”的概念。20 世纪 90 年代尝试过财政分配制，但后来中央政府又将财政权力回收，地方政府财权因事权的调整而减少。现阶段中央政府和地方政府在事权配置上存在“转移性的委托授权”，即中央政府将其事权大量委托给地方政府，导致地方政府事权膨胀，但其收入并没有随之增加。所以，要回到财政分配制，以保障事权和财权相匹配。第二，地方政府必须拿出专项资产来化解 50 万亿元的显性债务和难以确定的隐性债务。专项资产是指地方政府根据其财政收入划定特别的资金，专门用于还债。当前地方政府在财政领域的重要任务就是“资产负债表修复”。扣除提供基本的公共服务的部分后，地方政府应当从财政收入中划出 30% 甚至 50%，专门用于解决债务问题。第三，对于地方政府债务平台的处置，不能停留于“关停并转”，而是应当让其进入破产程序。

3. 破产法在地方债务化解中的作用

首先，破产法可以为地方债务问题提供市场化、法治化的司法介入机制。市场化、法治化是破产法的特征，而司法介入能够提升法律关系的确定性。只有保障法律关系的确定性，才能解开复杂债务链条、有效解决当前“多角债”等问题。地方债务问题涉及中央政府与地方政府之间、地方政府之间、政府与国企甚至与民企之间多重复杂的债务关系。破产程序能够在确定的时点解决多重复杂的债务关系，相较于行政手段具有一定优势。

其次，应当合理选择破产程序，运用好破产法化解地方债务问题。一方面，对于地方政府债务平台，有价值的可以予以保留，没有价值的一定要破产清算，而不能“关停并转”。另一方面，在微观层面具体的破产重整案件中，应坚持“一企一策”或“一城一策”。一要准确评估企业的重整价值；二要有针对性地提出重整方案，比如重整战略投资人来源可以多样化，甚至可以考虑引进民企。目前普遍采用银行兜底、债务置换等化解手段，方式较为单一。破产法可以提供协商谈判等多元化解方式。在利用破产法化解地方债务问题时一定要采取市场化的方式，而不能沿用行政干预的方式。土地出让金收入仍然是地方政府重要的偿债资金来源，不应轻易放弃。

最后，应当设置相对独立且权威的破产法庭。最好把涉及地方债务化解的破产案件交由异地破产法庭处理，这样才能够保持破产法庭的权威性和相对独立性，保证处理结果的客观性与中立性。总而言之，破产法对于解决地方债务风险具有重大价值，应当充分发挥破产制度在化解地方债务问题中的功能。

二、破产与终止净额结算[①]

总部设在美国纽约的雷曼兄弟公司是一家具有 158 年悠久历史的多元化投资银行。由于受美国次贷危机的持续影响，2008 年 9 月 15

---

① 本文发表于李曙光、郑志斌主编：《公司重整法律评论》（第 2 卷），法律出版社 2012 年版。

日，在美国政府拒绝提供财政担保，英国巴克莱银行和美国美洲银行相继放弃收购谈判之后，这家曾位列美国第四的投资银行，向位于美国纽约曼哈顿的纽约南区联邦破产法庭，提交了《美国破产法》第十一章重整（俗称破产保护）的申请。截至破产重整申请时，雷曼的债务总额达6130亿美元，债权人超过10万人。众多的债权人中，中国工商银行、建设银行和中国银行等至少7家中资银行持有雷曼兄弟公司相关资产的总额在数亿美元以上，而日本青空银行更是以持有雷曼兄弟公司4.63亿美元的金融资产贷款而跻身最大单个债权人之列。雷曼兄弟公司的破产导致债权人利益的巨大损失。

然而由于诸银行债权人使用不同的风险管理手段，各债权人损失不一。雷曼兄弟公司在2008年9月15日上午10时向法院申请破产保护，消息转瞬间通过电视、广播和网络传遍地球的各个角落。匪夷所思的是，在如此明朗的情况下，如德国国家发展银行（KfW）于10：10，居然按照外汇掉期协议的交易，通过计算机自动付款系统，向雷曼兄弟公司即将冻结的银行账户转入了3亿欧元（约合4.35亿美元）。德国销量最大的《图片报》在2008年9月18日头版标题中，称KfW是"德国最愚蠢的银行"。而日本青空银行则由于"积极的风险管理"，其因雷曼兄弟公司破产申请所可能产生的净损失要远小于4.63亿美元，具体损失测算在0.25亿美元左右。"积极的风险管理手段"为青空银行减少了近94%的损失风险。究竟何种"积极的风险管理手段"有如此能耐，让债权人损失差距如此之大？国际互换与衍生工具协会（International Swaps and Derivatives Association，ISDA）于雷曼兄弟公司正式提交破产申请的前一天（2008年9月14日）所发表的声明为该"积极的风险管理手段"提供了注解。该声明称，ISDA将于纽约时间的2008年9月14日的下午2：00～6：00为相关的场外金融衍生交易提供交易终止净额计算时段安排，以减少因雷曼兄弟公司破产而带来的风险。青空银行所谓的"积极的风险管理手段"主要是指交易终止净额计算机制。

国际清算银行于2009年5月公布的一组数据显示：截至2008年12月31日，全世界范围内，待履行的场外金融衍生交易的名义金额为592万亿美元，其实际总市值为33.9万亿美元（占名义金额的5.7%），适用净额计算后，其风险总敞口为5万亿美元，仅为名义金额的0.8%。换言之，因为净额计算方式的适用，至少减少了场外金融产品衍生金融交易92%的信用风险。而美国货币监理署于2009年第一季度公布的数据也显示：截至2009年3月31日，净额计算的应用已经为美国的银行减少了来其交易对手89%的信用风险。由是观之，在金融衍生交易中，净额计算对消解信用风险和系统性风险起着非常重要的作用。

（一）净额计算制度定义及作用

1. 净额计算的定义及分类

净额计算（netting），又称轧差，是现代金融市场上普遍应用的一种基本清算方式。在合同正常履行的情况下，净额计算条款通常依据合同法的当事人意思自治原则而具有法律效力；而交易终止净额计算是指在合同不能正常履行，尤其是一方交易当事人出现破产情形时的净额安排。净额计算有多种分类法，如国际清算银行就认为金融交易中的净额是指交易当事人对他们之间产生的头寸和义务进行的合意冲抵。而来自10国集团中央银行的支付体系专家组在1989年发布的《净额制度报告》中将净额计算的法律形态分为：支付型净额计算（position netting）、更新型净额计算（netting by novation）、终止净额计算（netting by close-out）和法定抵销（legal rights of set-off）四种。在ADB——人行衍生品研究课题（国际比较分析报告部分）则认为净额计算包括三种形式：交易终止净额计算（close-out netting）、结算轧差（settlement netting）和抵销（set off）。本报告主要在国际比较分析报告分类法的基础上进行分析。

交易终止净额计算，又称终止净额计算或交易提前终止性净额计算，是指交易当事人出现违约、不可抗力尤其是出现破产情形等风险事件时，提前终止全部交易，并按照约定的计算方式计算该被提前终止交易的现值，在冲抵交易各方互负支付义务的基础上，最终得出一个单向应付金额的结算方式。结算轧差（settlement netting、payment netting）通常也译作支付型净额计算，是指交易当事人就他们之间多项已经到期的货币款项通过相互冲抵计算出一个单向支付的净额，从而方便结算的方式。抵销是指交易当事人二人互付债务时，各以其债权充当债务的清偿，而使其债务与对方的债务在对等额内相互消灭。抵销理论上具有上述两种净额计算方式的便利效果，但不同国家的抵销制度的法律规定不一，尤其在出现交易一方当事人进入或即将进入破产程序时更是如此。因此，在场外金融衍生品交易跨国境进行时，寻求抵销制度来达致便利的结算效果就具有诸多法律上的不确定因素。

2. 净额计算的作用

就金融衍生产品交易而言，净额计算有降低交易信用风险、降低交易成本、提高资金使用效率等诸多好处。具体来说，包括以下几个方面：

（1）降低交易当事人之间的信用风险

信用风险是指因交易对手未能履行合同义务而造成经济损失的风险。假定交易当事人 A 和 B 之间，存在两个交割日为同一天的交易合同，根据合同一的约定，A 负有向 B 支付 400 万美元的义务，而根据合同二，B 负有向 A 支付 500 万美元的义务。如果交易双方之间没有净额计算协议安排，那么，从合同生效日到交割日这段时间内，交易双方当事人所面临的交易对手的信用风险敞口均是合同一、合同二所各自约定的原始支付义务，也即，A 面临 B 因违约而不能支付的信用风险敞口是 500 万美元，而 B 面临 A 违约而不能支付之信用风险敞口则是 400 万美元。但如果交易双方之间存在净额计算协议安排，则交易双方之间为结清合同一和合同二项下的各自所负的合同义务，实际只需由 B 向 A 作一次金额为 100 万美元的单向支付即可。这样，A 面临的实际风险敞口就降低到了 100 万美元，而 B 面临的实际风险敞口为零。也就是说，通过净额计算协议安排，A 和 B 各自在等额范围内消灭了交易对方的 400 万美元的信用风险。由此可见，净额计算是削减风险敞口，降低信用风险的有效手段。

（2）降低交易当事人之间的流动性风险，提高资金的使用效率

流动性风险是指交易方因缺乏足够的变现能力，从而无法按时足

额进行支付的风险。尽管某一金融机构的总资产可能大于总负债，但如果其不能及时将资产兑换为现金或转换成为其他偿还能力的话，就可能导致流动性问题。在上述案例中，假定 A 和 B 双方之间存在净额计算协议安排，则 B 为保持其支付能力，满足必要的流动性要求所需保留的现金头寸就仅为 100 万美元，而不是 500 万美元，而 A 则不存在因本次交易而引发的流动性问题。反言之，如果没有净额计算协议安排，A 和 B 为保持流动性要求就必须需分别持有 400 万美元和 500 万美元的现金头寸不得挪作他用。这样，一方面，随着防范交易流动性要求的增加，A、B 双方可能出现流动性风险的概率也在增大；另一方面，因防范流动性风险所占用的总额达 1100 万美元的资金也无法作其他经营性使用，从而影响资金的使用效率。

（3）降低金融衍生产品交易市场的系统性风险

由于存在杠杆效应，场外金融衍生交易各方通常都面临来自交易对手的巨额信用风险敞口。一旦交易一方出现流动性风险或信用风险而无力履行合同项下的支付义务，将可能导致交易相对人的支付能力下降，从而引发市场的连锁反应，导致金融市场的系统性风险。在交易金额巨大的情况下，交易一方遭遇破产清算还可能会带来使其交易对方及其下家的连续性破产风险。在这种情况下，如果交易各方之间存在净额计算协议安排，则交易各方均在等额内消灭相当部分的甚至全部的信用风险敞口，从而有助于降低甚至避免单个交易主体之交易风险在整体金融市场内的蔓延。

（4）降低金融机构的资本充足要求，提高资金运用效率

资本充足要求是巴塞尔委员会用以衡量金融机构特别是商业银行用于抵御市场风险和信用风险的能力的一种金融监管标准。它通常要求被监管的金融机构其自有资本与加权风险资产总额的比例应当大于或等于 8%，新巴塞尔协议甚至要求金融机构单独计提市场风险准备金。这一监管要求意味着，金融机构（主要是商业银行）所持有的高风险的场外金融衍生产品名义金额越高，则监管机构对其应当保有的自有资本的数量要求就越高。然而，在场外金融衍生交易过程中，如果允许采用净额计算方式，则参与交易的金融机构所持有的名义高风

险金融衍生产品的名义金额经过轧差之后得到的净额便会大大降低，金融机构仅需为该净额（而非名义金额）所代表的风险资产计提资本，满足有关资本充足的监管要求；由此节约下来的资本就可用于支持其他有利可图的金融交易，从而大大提高金融机构资金运用的效率。从巴塞尔协议和新巴塞尔协议的相关规定来看，其是有条件承认净额计算条款的，其中一个很重要的条件就是确定在相关地区内该净额条款的有效性与可执行性。换言之，相关地区对净额条款的有效性和可执行性的认可程度越高，则巴塞尔协议对该地区金融机构在金融衍生产品交易方面的资本充足要求就相应越低。基于上述原因，在国际金融衍生产品交易中，一国国内的法律和司法如果缺乏交易终止净额计算制度的话，该国所属的金融机构将会在满足资本充足要求方面处于极度不利的境地。

（二）交易终止净额计算制度安排

1. 交易终止净额计算制度缘起

金融衍生产品是自 20 世纪 70 年代以来的一种重要的金融创新。因其交易的方式和风险控制的方式不同，金融衍生产品的交易通常可以分为场内交易和场外交易。与场内交易所采用的标准合同和保证金等制度化手段进行风险控制所不同的是，场外交易常以一对一方式达成，其合同条款也多按照交易双方的具体要求拟定，属于具有高度灵活性和个性化的金融衍生交易合同。这也使得场外交易的缔约成本及交易风险的管理成本极高，大大制约了场外金融衍生产品的交易效率。尤其是当交易一方发生预期违约、到期违约、破产、接管、解散及不可抗力等而可能导致支付不能情形时，巨额的信用风险可能因此在相关金融交易机构之间蔓延，从而极易诱发系统性风险。在这种情况下，从 20 世纪 80 年代开始，一些国际性行业组织开始了标准化场外金融衍生交易合约的努力，并试图通过交易制度创新来控制、消解场外金融衍生交易过程中可能产生的各种风险。其中，最具权威和代表性的是成立于 1985 年的国际互换与衍生工具协会（International Swaps and Derivatives Association，ISDA）。ISDA 创造性地推出了建立在单一协议基础之上的以交易终止净额计算和履约保障安排为核心的标准化交易合同文本，此举大大降低了场外金融衍生交易各方的缔约成本。在风险控制方面，如前文所述，其创设的交易终止净额计算协议安排为交易各方管理风险，尤其对消解因交易对手破产而产生的信用风险更是发挥了极为重要的作用。在 ISDA 的主持之下，该套标准化的交易合同法律文本历经修订，并形成了 1987 年版、1992 年版和 2002 年版三种版本的主协议及相关交易法律文本。截至目前，ISDA 共吸纳了来自 58 个国家的 830 名会员机构，其发布的场外金融衍生交易主协议及相关交易法律文本也因此得到了普遍使用，其创设的基于单一协议基础上的交易终止净额计算协议安排更是对世界上许多国家的立法产生了重要的影响。据 ISDA 的不完全统计，包括美国、日本、澳大利亚等在内的至少 30 个国家和地区通过修改破产法等相关法律甚至是制定专门的交易终止净额计算立法的方式来确立这一特殊结算法律制度。

在我国，随着金融体制改革的日益深入，场外金融衍生交易发展迅猛，交易合约亟待规范。2007 年，国家外汇管理局和中国外汇交易中心、中国银行间市场交易商协会分别发布了《全国银行间外汇市场人民币外汇衍生产品主协议（2007 年版）》和《中国银行间市场金融衍生产品交易主协议（2007 年版）》，改变了我国场外金融衍生交易发展初期的“一个产品，一个主协议”的低效率做法。场外金融衍生交易合约标准化开始步入正轨。2009 年 3 月，在充分发挥上述两个主协议的优势并借鉴了经历本次全球金融危机考验的相关金融衍生产品主协议制度经验的基础上，中国银行间市场交易商协会推出了统一的《中国银行间市场金融衍生产品交易主协议（2009 年版）》（以下简称《NAFMII 主协议（2009 版）》）。该协议结合中国国情，在两份 2007 年版主协议的基础上充分体现了交易终止净额制度安排，从而确立了我国场外金融衍生交易主协议的“中国标准”。但是，由于立法相对滞后，有关交易终止净额计算的相关立法至今在我国尚付阙如。

2. 交易终止净额计算协议安排的内容框架——以我国《NAFMII 主协议（2009 版）》为例

交易终止净额计算是指在场外金融衍生交易过程中，因出现了违约事件、终止事件（例如不可抗力或法律变更）或交易双方约定的其他风险事由的情况下，提前终止金融衍生产品主协议项下届时存续的所有交易或受影响交易的履行，并依据双方约定的终止净额计算方式计算提前终止应付额，从而以该新的单向提前终止应付法律关系取代原各笔交易项下的支付法律关系的结算方式。ISDA 主协议 2002 年版的第 6 条和我国《NAFMII 主协议（2009 版）》第 6 条到第 11 条都约定了交易终止净额计算协议安排的相关内容。《NAFMII 主协议（2009 版）》第 9 条第 1 款第 3 项的约定，是对终止净额协议安排的集中概括。该项约定："在提前终止日被有效指定或发生后，交易双方在本协议下的所有被终止交易适用终止净额，即交易双方均无须按照主协议第四条的约定进行被终止交易项下的支付或交付，而须按照本条第（二）款和第（三）款的约定在轧差计算被终止交易的公允市场价值的基础上计算并支付提前终止应付额。"

概言之，交易终止净额计算协议安排在单一协议制度基础上，由提前终止交易、计算每笔交易的市场公允价值、净额计算三部分组成。

（1）提前终止交易

与 ISDA 主协议安排一样，《NAFMII 主协议（2009 版）》也将提前终止事由分成违约事件和终止事件两大类，并将预期违约、届期违约、拒绝履行或不实际履行担保义务、交叉违约、解散、破产、整体转让、接管等九项事由约定为违约事由，而将法律变更、不可抗力、合并后信用实力下降三项事由约定为终止事由。当上述条件成就时，《NAFMII 主协议（2009 版）》项下各项交易或自动提前终止，或有该协议项下的各交易当事方根据该协议的约定分别行使单方提前终止、交易各方协商提前终止交易的权利。

（2）计算每笔交易的市场公允价值

《NAFMII 主协议（2009 版）》为交易当事方提供了两种可供选择的计算一项或一组提前终止交易市场公允价值的方法，包括替代交易。在交易当事方没有作出选择的情况下，协议将推定适用替代交易法。应提及的是，NAFMII 主协议的替代交易法与 ISDA 2002 年版主协议终止净额方法（Close-out Amount）的计算方法基本一致，NAFMII 主协议的市场报价法则与 ISDA 主协议 1992 年版中的市场报价法基本一致。

替代交易法中一项或一组提前终止交易的市场公允价值由以下各项因素确定：①第三方就该被终止交易的替代交易提供的报价，该方在提供上述报价时可考虑终止净额计算方的信用状况；②由第三方提供的与被终止交易相关的金融市场数据，包括利率、汇率、价格、收益率曲线、价差等；③若终止净额计算方有合理的理由相信无法获得①或②所述的信息或数据，或适用该等信息或数据可能产生商业上不合理的结果，则可使用终止净额计算方内部在计算类似交易的价值时通常采用的上述信息。

市场报价法中一项或一组提前终止交易的公允市场价值由终止净额计算方依据该被终止交易的市场报价（不论正数或负数）确定。若无法就该被终止交易确定市场报价或终止净额计算方基于诚实信用原则确信依据有关市场报价不会产生合理的商业结果，则应采用本项第①部分所述的替代交易法。

（3）净额计算

在计算出被提前终止的一项或一组交易的公允市场价值的基础上，按照《NAFMII 主协议（2009 版）》提供的计算公式确定提前终止应付金额和支付方。其计算方式为：提前终止应付额 = 所有被终止交易的公允市场价值总和的终止货币等值额 + 计算方应收到的未付款项终止货币等值额 − 相对方应收到的未付款项终止货币等值额。若该数额为正数，应由相对方向计算方支付；若该数额为负数，应由计算方向相对方支付。

综上，终止净额计算协议安排的基本步骤为三个部分，即提前终止交易、计算每笔交易的市场公允价值、净额计算。

3. 交易终止净额计算协议的作用

基于交易终止净额计算协议的上述文本框架的分析，不难看出，这一制度的设计目的主要是：当场外金融衍生交易出现风险事件时，通过事前的协议约定，使交易双方能有效控制并消解各自所面临的来自交易对手的信用风险敞口，并以此减少引发金融交易系统性风险的概率。

交易终止净额计算协议的这一功能主要是通过提前终止条款来实现的。当场外金融衍生交易遭遇可能导致一方当事人支付不能的违约事件或终止事件的时候，对方当事人即享有立即终止交易的权利（或约定此种情形下交易自动提前终止）并可进行提前结算，从而固定双方交易的信用风险敞口，避免交易盈亏头寸处于持续波动甚至是加剧波动的不稳定状态。

这样的协议安排对金融交易尤其是场外金融衍生产品的交易者而言至关重要。由于大多数场外金融衍生产品的交易往往建立在信用及市场信心基础上，其交易价格往往瞬息万变，除了受到基础资产市场价格波动影响外，各种风险事件也是影响场外金融衍生交易价格的重要因素。当风险事件出现时，提前终止履行的协议安排有利于交易双方及时终止合同履行，从而把风险损失降低到最小。尤其是当一方当事人陷入破产境地时，提前终止履行安排因具有解除合同的法律性质而有助于排除该当事人之破产管理人的挑拣履行权，从而避免继续暴露在市场风险或潜在的市场风险当中。

（三）交易终止净额计算协议在我国适用的法律分析

作为一种针对风险事件而设计的控制信用风险和市场系统风险的协议安排，交易终止净额计算机制在我国的法律适用因风险事件性质的不同而有不同的后果。

在交易一方当事人遭遇一般性质的风险事件而适用交易终止净额计算条款时，基于合同自愿原则和诚实信用原则，只要这种协议安排不存在《合同法》第52条[①]规定的合同无效的情形，则其效力通常可以确定并且具有法律约束力。

当交易终止净额计算条款是因为交易一方当事人遭遇破产或清算性质的风险事件时，由于2007年实施的《企业破产法》有些条文不够清晰，对金融衍生品交易又无特别关注，因此交易终止净额计算条款可能与《企业破产法》有需要协调之处。具言之，在我国现行法律

---

① 《民法典》实施后，有关可撤销合同和无效合同的内容分别规定在第144～154条。

框架之下，交易终止净额计算协议的适用可能产生以下几个问题：

1. 单一协议条款的效力问题

如前所述，单一协议条款是终止净额计算协议得以顺利推行的前提条件和基础。这一条款是 ISDA 最初基于以下考虑而设计的：由于场外金融衍生交易是一种在交易方之间可能经常重复、双向发生的多个衍生产品交易形式，如果将每次交易都视为一种独立的交易合同关系的话，那么，一旦交易一方陷入破产，其破产管理人可能通过行使挑拣履行权要求非破产一方继续履行有利于破产交易方的协议而终止于其不利的协议，从而可能加倍放大非破产交易一方可能遭受的信用风险敞口。在双方场外金融衍生交易数额巨大且交易品种和次数繁多的情况下，这甚至可能将破产风险传递给非破产一方及其交易相对人，从而引发金融系统性风险。而如果将发生在交易双方之间的多个衍生产品的交易关系归入单一交易合同之下的话，那么，每一次衍生产品交易在法律上都只不过是该单一合同项下的部分履行而已。即便是交易对手陷入破产，其破产管理人也无法对同一合同关系项下的每次交易行为行使挑拣履行权，其结果是，该破产管理人只能要么整体要求该单一合同继续履行，要么要求整体终止该单一合同项下届时存续的所有金融衍生交易。如是，非破产交易一方的信用风险可能因之后的净额计算而变得很小，系统性金融风险发生的概率也因此可以降低。

此外，单一协议条款还可以基于同样的理由，而不受各国破产抵销权制度的限制。由于交易方之间的所有场外金融衍生交易均可归入单一协议之中，因此不同交易之间的净额过程，只是该单一协议内部结算的一种技术处理方式而已，即使这种净额处理发生在交易一方进入破产程序之后，也不应当受到来自破产法中抵销制度的约束。

正是考虑到单一协议条款的上述好处，《NAFMII 主协议（2009 版)》借鉴吸收了 ISDA 主协议当中单一协议条款安排。然而，由于缺乏法律对该单一协议条款约定的合法性和有效性的确认，在《企业破产法》侧重保护整体债权人利益的大背景之下，当交易一方进入破产程序后，非破产一方基于单一协议条款基础上的净额行为就有可能被视为是与破产法相关法律制度有冲突的行为。如在交易一方破产情形下，因为所有相关交易都被视为是一个合同下的交易，导致破产管理人必须决定解除或继续履行所有交易，而无法就单个交易的解除或继续进行选择，这种约定与《企业破产法》第 18 条产生一定的冲突。《企业破产法》第 18 条规定：“（破产）管理人对破产申请受理前成立而债务人和对方当事人均未履行完毕的合同有权决定解除或者继续履行……”这条规定建构了破产管理人“挑拣履行”（cherry-picking）制度，其实质是让管理人通过合同的挑拣履行以使破产财产的资金池最大化，从而提高整体债权人的清偿率。

在没有法律明文支持的情况下，单一协议条款的约定还有可能被认定为《合同法》第 52 条规定的“以合法的形式掩盖非法的目的和恶意串通损害国家、集体或者第三人利益的行为”，从而被认为无效。

2. 提前终止条款的有效性问题

如前所述，提前终止问题其实质是合同法上的合同解除问题。《企业破产法》第 18 条对进入破产程序后的合同解除问题作了这样的规定：“人民法院受理破产申请后，管理人对破产申请受理前成立而债务人和对方当事人均未履行完毕的合同有权决定解除或者继续履行，并通知对方当事人。管理人自破产申请受理之日起二个月内未通知对方当事人，或者自收到对方当事人催告之日起三十日内未答复的，视为解除合同。管理人决定继续履行合同的，对方当事人应当履行；但是，对方当事人有权要求管理人提供担保。管理人不提供担保的，视为解除合同。”显然，在《企业破产法》法律框架之下提前终止合同的决定权在于破产管理人，而债权人仅仅只有合同解除催告权。作为合同约定产物的提前终止条款因与破产法的破产管理人挑拣履行权的规定相冲突，其可执行性具有不确定性。

3. 净额计算条款的有效性问题

如果前述单一协议条款无法得到法律或司法的认可，那么，终止净额计算协议当中另一项核心机制——净额计算条款，也因可能与《企业破产法》第 40 条规定的破产抵销权制度相冲突而失去消解信用风险敞口的作用。

依据《NAFMII 主协议（2009 版）》第 9 条和第 10 条规定而创设的提前终止条款，实际上是赋予交易双方在所约定的风险事件发生之时提前终止合同并以净额方式提前清结债权债务的权利。在缺乏单一协议条款为基础的多次、双向场外金融衍生交易的场合，每一次交易行为都将被视为一个独立的合同关系。在这种情况下，净额计算制度将被破产抵销制度所取代。根据《企业破产法》第 40 条规定："债权人在破产申请受理前对债务人负有债务的，可以向管理人主张抵销。但是有下列情形的不得抵销……"

在一方破产情形下，对债权人债务人互负债务，按破产法应采用破产抵销方式而不是立即的净额计算。理论上说，若能迅速依法行使破产抵销权，将产生与采用交易终止净额计算方式相同的后果，即该债权人在实质上可以就所抵销的债权得到优先受偿。

但破产抵销权的行使要等待繁琐而时间漫长的可抵销债权的甄别确认程序结束，而且债权人也须向管理人来主张。这种时限与不确定性将无法及时切断因破产事件导致的对场外金融衍生品价格的敏感性影响，这与净额计算机制的可迅速自助实现以及完全排除破产法上个别清偿法律障碍的特性有所区别。因此，除非该净额计算条款得到破产法抵销制度的清晰表达或例外安排，否则，其在我国破产法律制度框架之下的可执行性仍然是不确定的。

（四）交易终止净额计算协议的国际借鉴

1. 美国法中净额计算制度的规定

美国是最早以立法形式确认场外衍生交易终止净额计算协议法律效力的国家。美国关于交易终止净额计算法律制度主要由 1978 年《美国破产法》及其 1990 年修正案、《联邦存款保险法》（the Federal Deposit Insurance Act，FDIA）、1991 年《联邦存款保险公司推进法》（the Federal Deposit Insurance Corporation Improvement Act，FDICIA）和 2005 年《破产滥用防止和消费者保护法》（The Bankruptcy Abuse Prevention and Consumer protection Act of 2005，BAPCPA）构成，《纽约银行法》（New York Banking Law，NYBL）对此也有规定。《美国

破产法》1990 年修正案与《联邦存款保险法》均对场外金融衍生交易当中的交易终止净额计算协议的基本法律框架进行了规定。其中，《美国破产法》1990 年修正案主要针对美国的工业、商业、贸易类企业和没有受到联邦存款险公司保险的金融机构，包括投资银行、经纪商交易商和银行控股公司适用。而《联邦存款保险法》（FDIA）则主要针对受到联邦存款险公司保险的金融机构适用。

在《美国破产法》1990 年修正案中，其交易终止净额计算法律制度主要在“互换协议（Swap）”的交易场合下展开，其主要有以下几项内容：（1）明确了衍生交易中非破产一方可以将其在“互换协议”项下或与破产一方相关的互负债务进行抵销，并可以将其持有的担保品用以抵偿破产一方所欠其债务。（2）赋予“互换协议”的交易方行使合同约定的清算、终止或加速到期“互换协议”的权利，并对“互换协议”项下的终止金额和支付金额进行冲抵或净额处理。（3）取消了“互换协议”在破产程序开始前 90 天（在财产转让给内部人的情况下，该期限为一年）内的转让或支付无效的限制，除非该财产转移有欺诈或隐瞒债权人的真实意图。

而与《美国破产法》1990 年修正案的规定有所不同的是，FDIA 在将交易终止净额计算的适用场合由“互换协议”扩大到了“合格金融合同”，其包括证券合同、商品合同、远期合同、回购协议和互换协议。其同时规定，在被保险机构破产时，美国联邦存款保险公司（Federal Deposit Insurance Company，FDIC）就成为破产机构的破产接管人（receivers）或者破产监督人（conservator），并对 FDIC 挑拣履行权增加了重要的限制。这主要表现在：（1）FDIA 将用作合格金融合同交易文本的 ISDA 主协议及其附件认定为单一协议，其中也包括“互换协议”，这极大约束了 FDIC 对 ISDA 主协议项下的每次具体衍生交易挑拣选择权的行使。（2）FDIA 明确了被保险机构破产时，合格金融合同非破产方所享有的提前终止合同的权利，并且赋予其对一个或多个合格金融合同项下的合同终止价值、支付款项或者其他支付义务行使抵销权或者进行净额计算的权利。（3）FDIA 还明确规定，除非受让人有确定的隐匿、延迟或欺诈破产机构的故意，否则 FDIC

不得限制被保险机构在破产前所作的支付、所提供的担保品，以及在该机构资产上设立的合法的或经登记的担保权益的转让。

FDIA 中的上述规定实际较为完整地规定了金融机构破产场合之下的交易终止净额计算协议，这就使场外金融产品衍生交易中的非破产一方，得以在发生交易对手破产事件时提前终止合同，并在净额的基础上消解因交易对方破产而面临的信用风险敞口。

这之后的 FDICIA 在对合格的金融机构进行了界定的基础上，进一步强化了 ISDA 主协议中交易终止净额计算条款的可强制执行效力。FDICIA 第 402（g）条对合格的金融机构的范围界定为：（1）在美国注册或经许可的经纪商、交易商；（2）存款机构（包括全国性或州银行）、信贷机构、外国银行在美国的分行或办事处；（3）在美国注册或许可的期货佣金商；（4）由美国联邦储备委员会认定的其他机构。这样的界定使更多的从事场外衍生交易的机构成为 FDICIA 保护的对象，从而使这些交易主体之间的交易终止净额计算条款具备法律上的可执行效力。

同时，FDICIA 还规定，两个金融机构之间的净额计算安排具有可强制执行力，不受“法院、行政机构或其他机构发布的停止令（stay）、禁令（injunction）、废止令（avoidance）、延缓令（moratorium）或类似程序（similar proceeding）”的约束。

从美国上述三个法律文件可以看出，其在明确界定合格的金融合同和合格的金融机构的基础上构建交易终止净额计算协议的做法，对完善我国交易终止净额计算协议有着很好的借鉴作用。

2. 英国法中净额计算制度的规定

英国法上并没有专门针对场外衍生金融产品交易终止净额计算协议的立法，交易终止净额计算主要是通过合同法的提前约定终止权理论、瑕疵资产理论，以及英国《1986 年破产规则》（the Insolvency Rules of 1986）和《2005 年破产规则》上的强制破产抵销制度来实现的。

英国《1986 年破产规则》第 4.90 条明确规定如下：“（1）本规定适用于如下情况：公司进入清算程序之前，在公司与其债权人之间存在着相互的债权、债务或者其他的相互交易，而该债权人在清算程序中需承担债务或者被要求承担债务。(2) 双方当事人就相互交易所发生/到期的款项应当记入一个账户，并且一方对欠另一方的款项应当与其从另一方应得的款项相抵销。(3) 如果一方在有关款项的发生/到期时，获知了对方当事人的债权人会议按照1986年《企业破产法》第98节的规定被召集，或者被提出了结业申请等事项的通知，则该款项不得被记入上一款所规定的账户。(4) 仅该账户的余额（如果有的话）可以在清算程序中被证明。作为选择，该款项应当被作为资产的一部分支付给破产管理人。"

由此，破产程序开始前存在的相互负债应相互抵销的，只有抵销后的余额才构成破产程序中可证明的债项。破产抵销不但是自动的，也是强制性的，合同当事人不得单方或合意将该法第4.90条的适用加以排除。

基于破产抵销的自动性和强制性，衍生交易主协议因出现破产违约事件而被提前终止时，各交易项下的终止价值（无论表现为非破产一方的盈利或亏损）将自动而强制地被相互抵销，其结果就是得出一个单一的终止金额，其效果就等同于前文所述的交易终止净额计算。当然，为了防止该强制破产抵销制度的滥用，英国《1986年破产规则》对可供抵销的债务设置了两项限制条件：一是抵销的债务应产生于相互交易当中；二是抵销的债务必须到期（due）。英国《2005年破产规则》则对债务到期（due）作了进一步的扩大化解释，该规则规定，"凡因破产日之前的义务引起的债权债务都可以抵销"，"可抵销的债务并不一定要在破产之日前就已到期应付，只要该债务依据其所产生的合同条款或法律规定是可以用金钱来计算的，并且当某些未来事件发生时将成为应付债务"。其结果是，尽管英国法上没有直接关于交易终止净额计算协议的规定，但在该破产强制抵销制度的法律框架之下，场外金融衍生交易的当事人同样可以达致提前终止合同和相当于净额计算的交易终止净额计算协议的效果。

英国法上的强制破产抵销制度为实现交易终止净额计算目的提供了另一条可资借鉴的立法思路。

3. 日本法中净额计算制度的规定

日本对衍生交易的终止净额计算协议主要通过以下两类法律来得以体现：一类是日本的破产法律体系，包括《日本破产法》（the Bankruptcy Law of Japan，JBL）、《日本公司重组法》（the Corporate Reorganization Law of Japan，CRL）、《民事再生法》（the Civil Rehabilitation Law，CIRL）、《金融机构重组特别法》（the Law concerning the Special Provisions for the Reorganization，etc. of Financial Institutions）；另一类是专门针对特定金融交易终止净额计算的法律，即1998年的《金融机构之间的特定金融交易终止净额计算法》（the Law concerning Close-out Netting of Specified Financial Transactions to be Entered into by Financial Institutions，简称《终止净额计算法》）。

（1）破产法律体系中的交易终止净额计算协议

作为对破产管理人挑拣履行权制度的例外，《日本破产法》第58条直接规定了交易终止净额计算协议。该法规定，当金融合同在特定时间行使才能实现合同目的，且该时间将于破产程序开始后届至时，那么该合同应被视为已经终止。损害赔偿可依据同时、同地的相同交易品种的价格或其他存在标准市场报价的履行地同种性质合同交易的市场报价和合同中约定的交易价格的差价来确定，且损害赔偿也可以被纳入主协议项下交易净额计算的范畴之内。这就和前文所述的终止净额计算协议当中的自动提前终止规定大致相当了。

（2）日本《终止净额计算法》

日本的《终止净额计算法》于1998年12月1日开始生效。该法进一步强化了特定金融交易中的终止净额计算协议。其明确规定，在符合该法规定的合格金融机构出现破产法律规定的各类破产事件时，终止净额计算协议始终是有效、可强制执行的。

首先，该法对特定金融交易当中的终止净额计算协议进行了直接界定。该法第2条第6款规定："在本法中，终止净额计算是指当特定金融交易主协议一方发生终止事件时，不管双方的意愿如何，主协议项下每一特定金融交易在终止事件发生当时的价值应依照《内阁官房－首相办公室法令》进行计算，其合计净额应构成双方之间的单一债权或债务。”这样的定义使日本破产法上的终止净额计算协议几乎等同于本文前述的终止净额计算协议中的自动提前终止制度。

其次，该法引入了合格金融交易和合格金融机构的概念。该法规定的合格金融交易的范围非常广，包括场外证券衍生交易及其担保交易、《日本银行法》规定的金融类衍生交易及其担保交易、证券回购交易及其担保交易、证券借贷交易及其担保交易、特定的债券买卖交易及其担保交易、远期外汇买卖交易及其担保交易。而其界定的合格金融机构则包括日本的银行、证券公司和保险公司、外国银行、证券公司和保险公司在日本的分支机构以及几类专门的日本金融机构。

最后，该法将启动终止净额计算的终止事件规定为交易一方提出启动破产、重组程序的申请。这意味着日本的终止净额计算是从提出破产申请时开始的。

日本在破产法当中直接对金融机构终止净额计算协议进行规定并制定专门性的《终止净额计算法》的做法，是值得我国借鉴的。

（五）完善我国交易终止净额计算法律制度的建议

1. 完善我国交易终止净额计算法律制度的必要性

无数的事实证明，场外金融衍生产品是一把“双刃剑”，其在为市场交易主体带来诸如套期保值和投机获利等诸多好处的同时，也为市场带来了巨大的风险，一套完善而标准化的市场交易程序及系统化的法律保障机制，是规范场外金融衍生交易的重要制度基础。

近年来，随着我国金融市场的不断发展、金融衍生交易品种的不断创新、人民币利率逐渐市场化以及汇率形成机制的完善，我国场外金融衍生交易发展迅猛，交易合同标准化的工作也取得了长足的进展，但与此相适应的法律保障机制却显得捉襟见肘。如前所述，中国银行间市场交易商协会于2009年3月推出了统一的《NAFMII主协议(2009版)》，尽管该主协议文本创设的基于单一协议基础之上的交易终止净额计算协议具有消解交易对手信用风险敞口、促进交易和增加市场流动性等重要价值，但从法律性质角度看，该主协议及架构之下的交易终止净额计算机制仅仅属于一种协议安排。即使被交易各方所完全采纳，其亦并不因此具有当然的对抗合同之外第三人的强制效力。在我国相关法律法规对这一重要制度吸纳或承认之前，交易终止净额计算协议对合同之外第三人的法律效力具有不确定性。

交易终止净额计算协议对外法律效力的不确定性不仅使我国场外金融衍生交易者在从事国内相关交易时顾虑重重，也使他们在参与国际金融衍生产品交易过程中处于极度不利的境地。这可以理解为，因为缺乏有法律保障的终止净额计算机制，国外交易者在对我国交易者进行信用风险评价时往往采取计算双方全部衍生交易的总风险敞口而不是净风险敞口的保守做法，其结果是在与相同的国外交易对手进行交易时，中方交易者的资本充足要求以及交易保障要求远远高于外方，这给中方交易者带来的交易壁垒和交易成本的增加都是无法想象的。鉴于此，笔者认为，在我国相关法律制度中引入交易终止净额计算制度势在必行。

2. 完善建议

（1）完善我国交易终止净额计算法律制度立法路径的选择

完善交易终止净额计算协议有着多种立法路径，总体来说，主要有修订《企业破产法》、制定专门的《净额计算法》、制定相关司法解释或单行条例等方式。世界多数国家主要侧重前两类立法路径。毋庸置疑，从长远看，无论是从法律的强制效力，还是从法律的稳定性、系统性角度出发，通过修改现有相关法律或制定相关专门性法律当然是创设或完善交易终止净额计算法律制度的最优也是最终路径。但是，结合我国的具体国情，从立法（包括修订法律）成本方面考量，在现在立即修改《企业破产法》来确立交易终止净额计算法律制度还不到时机。

第一，《企业破产法》于 2006 年 8 月 27 日第十届全国人民代表大会常务委员会第二十三次会议通过，并于 2007 年 6 月 1 日才开始正式实施，短时间之内修改《企业破产法》并不现实。

第二，我国金融衍生产品交易起步不久，虽然发展势头迅猛，但对金融衍生品交易的许多基本法律问题的认识尚在进一步的探索过程中，其基本法律框架尚未形成，而于场外金融衍生交易而言，基本法律制度缺位情况尤甚。在这种情形之下，先就场外金融衍生交易的终止净额计算问题予以专门立法，也有个时机选择问题。

第三，我国金融衍生产品交易机制及相关的法制化程度较一些西方发达国家落后，虽然这也确实给了我们可以直接借鉴相关国际经验、从而免走弯路的后发优势，但法律制度移植和制度本土化本身是存在成本的。[①] 以本文所讨论的交易终止净额计算制度而言，由于这对我国场外金融衍生交易法律体系乃至破产法体系而言是一项全新的法律制度，这项曾“征服”许多国家破产法律体系的全新制度，能否为我国国情和本土法制环境所接受尚不得而知，在这种情况下，如果能在一些效力位阶较低的法（如法规、规章或司法解释）当中先行移植，其移植成本、起草成本和试错成本显然要较之移植于效力位阶较高的法（主要指法律）来得低。更何况，在条例制定路径方面，《企业破产法》第134条第2款原本就为“金融机构破产法律升级”预留了极为有价值的“扩展通道”。

综上，从立法路径的选择方面看，本书认为，对于交易终止净额计算法律制度的立法路径应当分两个步骤进行：

第一步，在结合本国国情和基本法律制度的框架的基础上，通过对国际先进立法经验的积极借鉴，首先通过单行条例或司法解释的方式对交易终止净额计算制度以及该制度的基础——单一协议机制予以确认，以尽快确定《NAFMII主协议（2009版）》框架下的交易终止净额计算协议的法律效力，从而消解在国际场外金融衍生交易场合因交易终止净额计算制度的缺失而给交易者带来的不利交易地位。

第二步，在我国金融衍生品交易的基础法律框架基本形成，交易终止净额计算制度经过与该单行条例或司法解释的多次磨合、试错、修订而趋于成熟的时候，适时通过修订《企业破产法》相关条款、甚至制定专门的《交易终止净额计算法》，对交易终止净额计算制度进行全面而有效的法律确认。

---

① ［美］R. H. 科斯：《社会成本问题》，载《财产权利与制度变迁》，上海三联书店1991年版，第20页。

（2）完善我国交易终止净额计算法律制度的立法安排

途径一：通过制定《银行业金融机构破产实施办法》，完善交易终止净额计算制度。

从前文的分析可以看出，交易终止净额计算制度可能与我国现行法律发生的冲突，通常是在金融机构参与场外金融衍生交易，且一方存在破产或可能导致破产的情形之下产生的。国外关于交易终止净额计算制度的立法经验也显示，该制度的适用条件主要有三：其一，须存在合格的金融交易关系；其二，至少有一方交易主体是合格的金融机构；其三，须交易一方存在或可能存在破产风险。概言之，国外关于交易终止净额计算制度主要是用于消解金融机构在参与特定的场外金融衍生交易时因交易一方破产而可能遭遇的信用风险，并阻断因此而可能产生的金融系统性风险，因此，交易终止净额计算制度一般可以归入金融机构破产法的范畴。

《企业破产法》第 134 条第 2 款为通过制定金融机构破产法单行条例的方式来完善交易终止净额计算制度提供了依据。根据该规定，金融机构实施破产的，国务院可以依据本法和其他有关法律的规定制定实施办法。这样，国务院在制定金融机构破产实施办法之际，可以就金融机构交易终止净额计算问题进行专门的规定，从而解决交易终止净额计算协议效力不能确定的难题。

从内容方面看，该交易终止净额计算制度可参照美国和日本的立法模式，主要包括以下几个方面：

①单一协议认定。即对金融机构参与的场外金融衍生交易主协议项下的所有交易的单一合同关系的法律性质进行认定，奠定提前终止合同的理论基础。

②明确合格的金融机构的范围和合格的金融交易的范围。

③提前终止事由，即启动终止净额条款的条件。提前终止交易本属于交易当事方意思自治的范畴，因此，此等终止事由宜通过立法授权交易当事方自行协商确定。

④赋予金融机构以提前终止合同权。在上述各项条件成就时，作为交易一方的金融机构应当有权提前终止合同。具体提前终止的方式

应当授权交易当事方自行协商决定。

⑤终止净额计算。即按照双方事先约定的计算方式在轧差计算被终止交易净额的基础上计算提前终止应付额。净额的计算方式应当授权交易当事方自行协商决定。

⑥计算报告及支付。这个阶段实际是以通知的方式确认交易双方在提前终止合同后以单向净额支付的合同权利义务，并以该计算报告日作为新支付合同项下的提前终止应付额的付款日。

⑦该制度的适用须一方为金融机构方可。

当然，通过制定《银行业金融机构破产条例》方式来建立、完善终止净额计算制度也有其不足之处，如当遭遇终止事由（主要是指破产或可能破产的风险）的交易一方不是金融机构的时候，交易终止净额计算制度的适用可能就有适用范围扩展的问题。但是无论如何，在现有制度框架之下，通过制定《银行业金融机构破产条例》的方式来确认（即使是部分确认）终止净额计算制度不失为一种可行的选择。

建议条文：

第【】条　银行业金融机构尚未履行完毕的合格金融衍生产品交易，即便在该银行业金融机构进入本条例下的一种破产程序或在其交易对手方进入任何一种《企业破产法》下规定的破产程序的情形下，仍应根据管辖该交易的主协议中约定的单一协议原则与终止净额计算原则，在全部此类交易被同时提前终止的基础上，计算该银行业金融机构在全部此类交易下应支付给交易对手方或应从交易对手方收取的一个净额。

第【】条　本条例所称的“合格金融衍生产品交易”，是指至少交易一方为适用本条例的银行业金融机构承做的场外金融衍生产品交易。

第【】条　本条例适用于根据《商业银行法》的规定在中华人民共和国境内注册或成立的商业银行。

（注：尽管“场外金融衍生产品交易”一词在建议条文中没有定义，但其他有关法律、法规或规章已经或将要定义该名词。《银行业

金融机构破产条例》可能不是定义该名词最合适的地方。)

途径二：通过司法解释，认可主协议的单一协议性质，完善交易终止净额计算制度。

笔者认为，如果暂时无法进行直接而全面的交易终止净额计算制度立法，那么，一个可能的替代性选择是：通过最高人民法院颁布相关司法解释或意见批复的方式（主要是通过一般司法解释和个案司法解释的方式），对特定场外金融衍生交易主协议项下的多次交易行为的单一合同法律关系性质予以认定，同时对合格的金融机构对合格的金融交易提前终止交易的行为予以认可，这种认可须与破产法程序平行、补充破产法规定的不足以实现交易终止净额计算制度的适用目标。

如前所述，明确场外金融衍生交易主协议项下的所有交易行为均属于单一协议项下的合同履行行为性质，是适用交易终止净额计算协议的重要理论和实践基础。单一协议性质的认定有助于将交易双方在该主协议项下的所有交易归入单一债权债务法律关系之下，从而能够立足于《企业破产法》第 18 条规定的破产管理人的挑拣履行权和《企业破产法》第 40 条关于破产抵销权的规定适用的范围之外。只要该等安排符合商业合理和诚信原则，也不应该认为和《企业破产法》第 31 条至第 33 条关于提前清偿、个别清偿和恶意转移、隐匿财产的规定有冲突。应认识到，《企业破产法》第 18 条赋予破产管理人的待履行合同解除权利也并非完全无条件，破产管理人如果要求对方继续履行合同，被要求方完全有权利要求为这种合同的继续履行提供担保。在这种情况下，可以考虑通过出台司法解释的方式，明确第 18 条规定的破产管理人的“挑拣履行权”的含义，并对其进行必要的甄别，例如，该条在立法时没有考虑到的金融衍生品合同，因此立法原意并不适用该等合同。而在破产抵销权与提前清偿等层面，虽然交易终止净额计算跳过了事前破产债权申报和确认的程序，但并不代表债权人在事后没有主张异议的权利。对于侵害其他债权人实体利益的行为，其他债权人仍可以通过破产欺诈诉讼来保护自身的合法权益，这也是《企业破产法》第四章立法的基本精神。交易终止净额计算制度并没有剥夺其他债权人实质性的权利，只是在权利实现的时间和便利程度上有所区别。这些都应通过出台司法解释的方式予以明确。

单一协议及建立于此基础上的交易终止净额计算协议是一项十分重要的制度，因此，对单一协议的认定也须进行一定的限制，参照相关国家规定，这种限制主要针对合格的金融交易和合格的金融机构两方面进行。根据国际立法经验，适用交易终止净额计算机制时，只要交易一方为适格金融机构即可，而不一定需要合约双方均是金融机构。进一步说，针对我国的情形，即使交易一方是非银行机构，仍然未超出《企业破产法》第134条的授权范围，其理由是：如果当作为交易对手的普通公司破产，而该金融机构不得不履约，将很可能影响该金融机构的偿债能力。因此，即使交易一方是非银行机构，也应认可其终止净额计算的效力，这对降低金融机构所面临的信用风险和规避系统性风险同样具有巨大作用。

此外，交易双方也不一定限定为国内的金融机构，可以探讨交易终止净额计算条款适用于其中一方是在域外注册设立的机构的跨国或地区的交易的可能性，这会显著提高资本运营的效率和我国金融机构的国际竞争力。如一些国际金融组织经过相关主管机构同意，与境内金融机构签署了NAFMII主协议在境内所做人民币或人民币外币衍生产品交易（如在中国发行的“熊猫债”做利率互换），那么交易终止净额制度也可考虑适用于该类国际金融组织。①

考虑把适用范围扩大到跨国交易具有重要性。如果交易终止净额计算条款适用只是限于中国境内交易，而把跨国交易作为“二等公民”区别对待，可能会产生一些负面的国际影响，交易终止净额计算制度的作用也不可能得到充分的发挥。当然，其中可能涉及一些更加复杂的问题，需要再单独进行详细的研究。

简言之，通过司法解释，在适当界定合格的金融机构和合格的金融交易范围的基础上，认可作为合格金融机构的交易当事方的提前终

---

①　参见王晓琼：《跨境破产中的法律冲突问题研究》，北京大学出版社2008年版，第268页。

止交易的行为，可在很大程度上弥补我国目前交易终止净额法律规定缺位的不足。

另外需要说明的是，途径一和途径二在适用方面并不矛盾，具体操作层面可以并行不悖。

建议条文：

债务人在主协议下尚未履行完毕的场外金融衍生产品交易应根据该主协议中约定的单一协议原则与终止净额计算原则，在提前终止全部此类交易的基础上，计算出债务人在全部此类交易下应支付给交易对手方或应从交易对手方收取的一个净额。该等行为不视为违反《中华人民共和国企业破产法》第十八条、第三十一条、第三十二条、第三十三条及第四十条。

途径三：通过修订《企业破产法》或制定专门的《交易终止净额计算法》完善交易终止净额计算协议。

如前所述，这是完善交易终止净额法律制定的长远目标。尽管笔者认为途径三的选择时日尚未成熟，但仍有必要在这里对这一目标进行框架性描述：

①《企业破产法》的修订

这主要在于对《企业破产法》第 18 条规定的破产管理人的挑拣履行权、第 31 条到第 33 条关于提前清偿、个别清偿和恶意转移、隐匿财产的规定以及第 40 条关于破产抵销权的规定分别进行但书限制，注明在合格的金融机构从事合格的金融交易过程中的破产场合有条件地例外。

②制定专门的《交易终止净额计算法》

在参照美国和日本的立法模式，并参考 ISDA 主协议和我国《NAFMII 主协议（2009 版）》文本相关内容的基础上，我国《交易终止净额计算法》的基本框架应该包括以下部分：

第一，对合格的金融机构和合格的金融交易进行界定，以确定该法适用范围。

第二，单一协议确认条款。如前文所述，此为该法的基础。

第三，提前终止事由，即启动终止净额条款的条件。提前终止交易本属于交易当事方意思自治的范畴，因此，此等终止事由宜通过立法授权交易当事方自行协商确定。

第四，赋予金融机构以提前终止合同权。在上述各项条件成就时，作为交易一方的金融机构应当有权提前终止合同。具体提前终止的方式应当授权交易当事方自行协商决定。

第五，终止净额计算。即按照双方事先约定的计算方式在轧差计算被终止交易净额的基础上计算提前终止应付额。净额的计算方式应当授权交易当事方自行协商决定。

第六，计算报告及支付。确定通知的方式，并在法律意义上“刷新”交易双方在提前终止合同后以单向净额支付的合同权利义务关系。

（六）建议方案的影响

本文的第一部分和第二部分已经全面阐述了交易终止净额法律制度在促进场外金融衍生产品交易与市场的发展、降低交易主体信用风险、减少金融机构从事相关交易所需的资本拨备、防范金融市场系统性风险等方面的重要作用。第三部分通过分析目前我国场外金融衍生产品交易主协议——《NAFMII 主协议（2009 版）》中与终止净额有关的条款，在目前我国法律体系下可能面临的不确定性，以及结合第四部分对美国、英国、日本等国家相关立法经验的总结，在第五部分提出了当前在我国推进终止净额法律制度的两条现实选择路径：一是通过制定《金融机构破产实施办法》，二是通过司法解释，以及通过修订《企业破产法》或制定专门的《交易终止净额计算法》的远景规划。本部分将重点分析引入终止净额法律制度可能对《企业破产法》体系带来的影响，以及如何客观评估与降低该等影响。

应注意到，终止净额法律制度所依赖的单一协议原则与提前终止条款，与《企业破产法》中由破产管理人选择行使合同解除权、债权人行使破产抵销权等基本制度在立法理念和最终要达到的效果方面是一致的。通过在行政法规中引入交易终止净额法律制度，或通过司法解释承认终止净额相关协议安排的效力，本质上是承认《企业破产法》上的一些制度安排并没有考虑到适用于金融衍生产品交易这一类具有其特殊性质的交易，因此需要进一步明确。《企业破产法》第18条的规定并没有考虑到类似于金融衍生产品的金融合同，主要还是考虑了买卖合同、供销合同等，其立法的基本原则主要是保护对企业生产经营重要的合同的持续性，以最大限度地利用和扩大破产财产。金融衍生产品合同显然不属于这一类合同。

当然，应考虑到交易终止净额法律制度的局限性，如由于承认所有的合同当事人都有权通过交易终止净额协议安排自由约定有关合同在一方当事人出现破产情形时提前终止，届时双方之间的债权债务关系经过轧差计算后只需在当事人之间交收净额，那么，在任何交易（如货物买卖、设备租赁、运输等）的合同中都可以设置一条交易终止净额条款，约定在合同一方出现破产时，有关合同被视为在该方破产前即自动提前终止，合同项下双方互负的义务在轧差计算后，仅需向破产方支付净额债务（若合同另一方有义务支付该净额）或仅需向破产方就净额债权申报破产债权（若合同另一方有权收取该净额）。通过巧妙的合约设计，在特定的交易结构下，甚至可能达到破产方无法获得任何支付、其所有对外债权均可通过合同条款被轧差“冲抵”的情形。如果出现这样的后果，其对《企业破产法》基本理念及其实施效果的冲击将是巨大的。

因此，为了充分发挥交易终止净额法律制度的优点，降低其与《企业破产法》的不协调处，减少其不利影响，笔者认为：在现阶段，交易终止净额法律制度的适用必须通过“合格机构”与“合格交易”的概念加以限制，而不应无限制地扩大其适用范围。具言之，交易终止净额法律制度主要应适用于以金融机构为一方当事人所做的各类金融衍生产品交易。

合格的金融机构（“合格机构”）应包括各类银行、证券公司、基金公司、保险公司（包括其资产管理公司）以及信托公司等金融机构。在我国目前的金融衍生产品监管体制下，人民银行主要从产品角度加以监管，银监会、保险监督管理委员会（银行保险监督管理委员会已不再保留，权力承继单位为国家金融监督管理总局）与证监会主要从机构角度加以监管，当交易一方涉及国有企业时，国资委也承担了一定的监管职能。对于各类金融机构而言，商业银行、政策性银行等银行金融机构以及信托公司等非银行金融机构从事金融衍生产品业务需要获得银监会的批准，证券公司与基金公司从事金融衍生产品业务需要获得证监会的批准，保险公司则需要获得保险监督管理委员会的批准。各家机构监管者已经为金融机构进入金融衍生产品市场设立了严格的准入要求，把好了第一道关。因此，在目前“条块结合”的监管体制下，对“合格机构”范围的界定应把握“宜宽不宜窄”的原则，需要为以后交易主体方面的发展预留足够的空间。

在合格金融交易（“合格交易”）方面，则应把握“宜紧不宜松”的原则，方能有效地避免过宽地适用交易终止净额法律制度对现有法律体系（如对《企业破产法》）的影响。在现阶段而言，合格交易应主要指我国有关法律定义的场外金融衍生产品交易。

另外一个无法回避的问题是，为什么需要对金融机构的场外金融衍生产品交易在破产法体系下给予一个例外的待遇，这样做是否可能起到鼓励金融机构降低风险管理力度、加大“投机交易”的反效果？对于这样的疑问，笔者认为：承认交易终止净额法律制度适用于“合格机构”所做的“合格交易”，是对目前场外金融衍生产品市场发展现状的一个事实认可，在适用法律方面体现了现实性精神。尽管金融衍生产品在本次全球金融危机中备受诟病，但还需要认识到，金融衍生产品存在进一步发展的必要性，无论是从国际经验抑或从金融市场发展的本土需求来看，金融衍生品是否能够真正作为一种风险管理工具，关键取决于如何对其予以有效地利用，以及如何在利用的过程中兴利除弊，最终达到控制管理风险的目的。因此，并非金融衍生产品本身的存在导致了本次金融危机，而是由于对某些种类的复杂金融衍生产品的不当使用和销售，使在某一特定产品或特定机构上没有起到分散风险而是出现了集中和放大风险的反效果。对于金融机构而言，加强风险管理是一个综合性的课题，简单地禁止其从事某一类金融业务，并不必然等于其风险管理水平的提高或经营业务所面临风险的降低。如果确实出现了某一金融机构破产的极端情形，也必须采取“壮士断腕”的果断措施，将其破产可能带来的“多米诺效应”控制到最低的程度，而场外金融衍生产品方面的交易终止净额法律制度，恰好通过提前终止全部交易、轧差计算出应收付的净额的方式，避免出现一家金融机构破产，导致其交易对手由于无法进行交易终止净额计算、必须全额支付衍生产品交易下的应付款项而陷入流动性危机、甚至因此被“连带”破产的局面，以控制金融市场的系统风险。[1] 可以说，正是由于金融机构在目前社会经济生活中所处的中心地位、金融机构业务经营具有的高杠杆性，交易终止净额法律制度在防范金融风险扩散方面所起到的“断路器”作用，[2] 决定了在破产法体系下金融机构应获得某些方面的“特殊待遇”，也决定了对“合格机构”所做的“合格交易”承认交易终止净额法律制度的正当性与合理性。

综上所述，笔者认为，鉴于金融衍生产品交易的快速发展与净额计算制度的巨大作用，有必要通过一定的立法与司法安排严格界定“合格机构”与“合格交易”的概念，并应尽快在法律层面对交易终止净额计算制度进行全面而有效的确认。

---

① 参见张世君：《中国金融机构破产的理论探索与制度构建》，法律出版社 2017 年版，第 94 页。

② 参见余永定、张宇燕、郑秉文：《西方经济学》（第 3 版），经济科学出版社 1999 年版，第 737 页。

第十四讲　上市公司破产重整

一、上市公司破产重整的特点与价值[①]

破产法中的重整制度，历来是困境企业的皇冠选择，而上市公司重整，则是这顶皇冠上的一颗明珠，稀少而又夺人眼目。

自2007年《企业破产法》破产重整制度实施以来，截至2022年12月31日，共有107家上市公司重整，其计划草案顺利经法院裁定批准并都已完成重整计划的执行。对上市公司而言，破产重整制度相较于破产清算与破产和解制度，更能调和各利害关系人之利益，使得企业在一定程度上摆脱债务束缚的同时，获得重生之机。对国家和社会而言，重整制度不仅能通过拯救困境企业来服务“六稳”“六保”政策，且对国家供给侧结构性改革、去产能、改善营商环境等方面产生重大影响，有益于资源优化配置、国家经济可持续发展及社会稳定。[②]

---

① 本处内容来自李曙光教授为申林平编著《上市公司破产重整：原理与实务》一书所作的序言。

② 参见《国务院办公厅关于服务“六稳”“六保”进一步做好“放管服”改革有关工作的意见》，载中国政府网官网，https：//www. gov. cn/gongbao/content/2021/content_5602009. htm，最后访问日期：2024年7月13日。

《企业破产法》实施以来，上市公司破产重整主要呈现出了三个特点。首先，重整案件逐年增多，其中不乏市场关注度高和社会影响力大的案件，如重庆钢铁股份有限公司①、沈阳机床股份有限公司②、江苏舜天船舶股份有限公司③、厦门厦工机械股份有限公司④等重整案件，备受关注。其次，随着重整制度的创新发展，重整方式逐渐多样化：一是司法与非司法途径相结合，有庭外重组、与庭内重整制度相衔接的预重整和企业破产法中的司法重整；二是在处置经营性资产、遴选投资人及调整债权等具体实施方式上渐趋多样。最后，有关重整的司法政策（包括府院联动）日益健全，如最高人民法院 2019 年 3 月 27 日发布的《破产法司法解释（三）》、最高人民法院与十二部委 2019 年 6 月 22 日联合出台的《加快完善市场主体退出制度改革方案》、最高人民法院 2019 年 11 月 8 日发布的《全国法院民商事审判工作会议纪要》（又称《九民会议纪要》）的破产部分、最高人民法院 2020 年 4 月 15 日发布的《关于推进破产案件依法高效审理的意见》及 2020 年 7 月 15 日发布的《全国法院审理债券纠纷案件座谈会纪要》等，以不断适应破产法实践新发展。

中国资本市场主要由股票市场与债券市场两大部分组成。就股票市场而言，截至 2020 年 8 月 5 日，中国上市公司数量已达 3951 家（包括主板、中小企业板、科创板、创业板），深圳证券交易所和上海证券交易所的股票总市值达到 75 多万亿元。相比之下，债券市场的规模和作用也不容小觑。中国的债券市场托管余额在 2020 年 6 月末已达 100 多万亿元，中国市场成为世界第二大债券市场，并形成多层次市场，债券种类也包含广泛，有政府债券、金融债券、企业债券和公司信用类债券以及资产支持债券和债券衍生品等。可以说债券市场在中国下一步供给侧结构性改革、经济高质量发展以及中国经济以国

① 参见重庆市第一中级人民法院（2017）渝 01 破 3 号之二；重庆市第一中级人民法院（2017）渝 01 破 3 号之四。

② 参见辽宁省沈阳市中级人民法院（2019）辽 01 破 18 号。

③ 参见江苏省南京市中级人民法院（2015）宁商破字第 00026 号。

④ 参见福建省厦门市中级人民法院（2019）闽 02 破 9 号。

内大循环为主体、国内国际双循环相互促进的新发展格局中将愈发显示其重要性。

债券市场作为资本市场的主要组成部分，与上市公司的关系日趋紧密。在上市公司退出领域，债券违约逐渐成为上市公司破产重整的重要原因。2014 年我国首支公募债券“11 超日债”出现实质性违约，打破了“刚性兑付”的隐形规则，自此而始，我国债券市场实质性违约量不断攀升。Wind 数据库显示，2016 年至 2020 年 7 月 30 日，信用债券市场共有 478 支债券违约，涉及违约金额共 4356.84 亿元。2018 年、2019 年和 2020 年债券违约也均维持在较高水平。受债券违约影响，许多上市公司走上了破产重整之途，这种现象主要集中在近三年，共 9 家上市公司因债券违约而进入重整程序，占 2014 年以来受债券违约影响走向破产重整的上市公司的 90%。债券违约往往与债券发行人的破产紧密相连，这使得债券所涉及的法律关系更加复杂，也给整个金融市场带来极大的潜在风险。在此背景下，最高人民法院出台的《全国法院审理债券纠纷案件座谈会纪要》为债券纠纷案件的司法审理提供了指引。针对破产中如何保护债券持有人利益问题，《全国法院审理债券纠纷案件座谈会纪要》对债券持有人在破产程序中的利益保护有多方面突破，不仅明确了发行人破产管理人信息披露与确认债权义务，而且在破产程序中受托管理人与代表人的债委会成员资格、共益费用的分担、登记在受托管理人名下的担保物权行使，以及受托管理人所获利益归属于债券持有人等方面，都有创新的表述，为因上市公司债券违约而进入破产重整程序的利益各方明确主体地位与法律关系起到了积极作用。①

从宏观运行角度来看，上市公司重整与 IPO、上市公司再融资、债券发行、并购重组、强制退市等制度一样，是上市公司成长和运行生态圈的重要组成部分。无论是作为一种制度，还是方法，抑或是一

① 参见许美征：《上市公司重整管理人制度的探讨》，载《法制日报》2009 年 4 月 1 日。

种行为，重整都对该生态圈中的上市公司、机构投资者以及股民个人产生重大影响，好的重整会促进生态圈的良性发展。一般来说，一家非公众公司在所属行业里做大后，多有上市融资的愿望，于是通过IPO成为上市公司。上市后，该公司还会通过再融资来改善资本结构以及获得发展资金，进而通过并购重组做大做强。在快速发展过程中，上市公司有可能因经营不善、盲目扩张、违规担保、投资决策失误、管理失当、行业环境发生重大变化出现资金链断裂、资不抵债、债券违约、净资产为负、明显缺乏清偿能力等情况，陷入“生死”财务困境。而重整是《企业破产法》给予困境企业重生机会的一个重要法律制度设计，换个角度说，重整甚至是困境公司唯一的拯救机会。因而，从上市公司运行生态圈的视角下，重整制度之作用无可比拟。

随着退市的常态化，上市公司破产重整也应该常态化。传统的退市主要是在监管部门的主导下进行，而重整是在司法和监管部门共同协作下进行。对于ST公司，监管部门应该更多地利用破产法工具，推进破产重整制度的运用和实施。第一，与供给侧结构性改革提出的市场化、法治化精神相符合，重整实际上是供给侧结构性改革中提到的“破、立、降”中的“降”的主要途径。第二，在司法参与的框架下，更有法律强制力，市场的预期性更强，对中小投资者的保护更有优势。第三，破产重整法律工具的早期介入，是减少退市的一个良方。[①] 第四，重整给投资者带来更多的机会，也将提高资本市场的效率和活跃度。未来推进上市公司重整过程中，债权交易会越来越多，特别是违约债市场；上市公司重整转退市的以及采用债权股的方式也会越来越多，法院强制裁定会继续减少，预重整将成为将来重整中的主要方式。

---

① 参见丁燕：《上市公司重整中行政权运行的偏离与矫正——以45家破产重组之上市公司为研究样本》，载《法学论坛》2016年第2期。

二、上市公司破产重整的典型案例

（一）舜天船舶破产案：上市公司重整的案例标杆[①]

1. 案情介绍[②]

（1）舜天船舶基本情况

舜天船舶系江苏省最大的国有上市船企，于 2003 年 6 月在江苏省工商行政管理局登记注册成立。2011 年 1 月底，舜天船舶手持支线集装箱船订单量在国内船企中列第二名。2011 年 8 月，舜天船舶股票在深交所挂牌交易，股票简称舜天船舶。截至 2015 年 9 月 30 日，公司的总股本为 37485.00 万股，股东总数为 31482 户。舜天船舶第一大、第二大股东分别为江苏舜天国际集团有限公司、江苏舜天国际集团机械进出口股份有限公司，合计持股占比为 46.15%。前两大股东公司的控股股东均为江苏省国信资产管理集团有限公司（以下简称江苏国信集团），该集团公司为舜天船舶实际控制人。

近年来，因国际航运与船舶市场持续低迷，使舜天船舶所建船舶垫资比例提高，融资成本增加。同时，舜天船舶的合作造船方因资金困难无法完成船舶订单，舜天船舶作为共同卖方面临承担返还船舶预付款责任的压力，境内外承租人普遍存在不同程度拖欠租金的情况。另外，由于受到南通明德重工有限公司破产的影响，舜天船舶在 2014 年度计提了大量的资产减值损失。上述因素导致舜天船舶经营和资金方面均面临严峻的形势，自 2014 年起，舜天船舶财务情况恶化，经营出现巨额亏损。舜天船舶 2014 年年报被会计师事务所出具“无法表示意见”的审计报告。

2015 年 4 月，舜天船舶股票被处以“退市风险警示”特别处理，8 月 6 日停牌。2015 年第三季度年报显示，舜天船舶本部账面资产总额 66.91 亿元，负债总额 75.39 亿元，加上对外担保已经产生的负债，实际负债总额逾 80 亿元。

---

① 本处内容收录于《破产法评论》（第 1 卷），第 518 ~ 524 页，原文标题为“上市公司重整案例中独树一帜的标杆——评舜天船舶破产重整案”。

② 参见江苏省南京市中级人民法院（2015）宁商破字第 00026 号。

2015 年 8 月 14 日，因涉嫌信息披露违法违规，舜天船舶被证监会调查。2016 年 10 月 25 日，证监会对舜天船舶及相关责任人作出包括责令改正、警告、罚款等行政处罚决定。2016 年 4 月 7 日，舜天船舶原法定代表人王某民，原副总经理、董事会秘书曹某华因涉嫌挪用公款、受贿被检察机关提起公诉。为挽救舜天船舶，主管部门调整更换了经营管理层，并试图通过债务重组及资产重组的方式改善企业经营状况、化解债务危机，但终因债务负担过于沉重、偿还金融借款压力巨大、主营业务属过剩产业，施救未果。

（2）重整受理

①重整申请审查

2015 年 12 月 22 日，中行南通崇川支行向南京市中级人民法院（以下简称南京中院）提出对舜天船舶进行重整的申请。在对申请材料进行形式审查后，南京中院指导申请人和舜天船舶按照《关于审理上市公司重整案件工作座谈会纪要》规定，补充申请材料。

2016 年 1 月 13 日，包括重整可行性报告、江苏省政府向证监会的通报情况材料、证监会对舜天船舶进行重整的无异议复函、省政府维稳预案在内的所有申请材料补充完备。

②重整可行性分析

2016 年 1 月 15 日，南京中院组织召开听证会对重整申请进行审查。经审查，舜天船舶不能清偿到期债务，且现有资产不足以清偿全部债务，已发生重整事由。

③重整申请受理和管理人指定

2016 年 2 月 5 日，南京中院经层报最高人民法院批准，依法裁定受理舜天船舶破产重整一案，于 2 月 7 日在全国范围内通过竞争选任方式指定管理人，并公告案件受理和管理人指定情况。

（3）案件审理

①企业接管

2016 年 2 月 15 日，管理人拟定了接管方案并报南京中院许可。

2016 年 2 月 18 日，南京中院组织召开了接管会议，启动接管工作。在南京中院的监督指导下，管理人按照接管方案顺利完成了对公司财产和营业事务的接管，并提交了接管工作报告。

2016 年 2 月 19 日、22 日，经南京中院许可，准许舜天船舶在重整期间继续营业，聘请原经营管理层继续负责公司日常经营。

2016 年 5 月 27 日，管理人完成对舜天船舶被查封、冻结资产保全措施的解除工作。

②债权申报及审核

2016 年 2 月 17 日，南京中院刊登公告，通知债权人向管理人申报债权和召开第一次债权人会议等事项，并安排管理人向 365 名已知债权人发出书面通知，告知上述有关事项。截至 2016 年 11 月 1 日，共有 172 家债权人申报债权，舜天船舶债权人申报债权金额共计 88.47 亿元。经两次债权人会议核查，共裁定确认 168 笔债权，金额总计 72.67 亿元。此外，因诉讼及境外仲裁因素，管理人暂未审查完毕债权总额为 9.20 亿元。

③审计评估

2016 年 3 月，审计、评估机构出具了重组拟注入资产的审计报告和重整所涉及的全部资产评估报告。

④第一次债权人会议

2016 年 3 月 25 日，南京中院主持召开了舜天船舶第一次债权人会议，除核查债权和指定债权人会议主席外，管理人向会议报告了阶段性工作进展情况，会议审议通过了债权人委员会成员、议事规则及债权人会议委托权限的议案和财产管理及变价方案。

⑤资产处置

根据财产管理及变价方案，南京中院先后三次对舜天船舶除货币资金外的全部资产进行公开拍卖，但三次拍卖均因无合格竞买者参与竞买而流拍。经债权人委员会同意，管理人以协议方式，按照第三次拍卖的保留价将拍卖资产整体转让予舜天船舶实际控制人子公司江苏舜天资产经营有限公司。

⑥重整计划的制订

在重整计划草案制定过程中，在南京中院主持下，经研究论证并与重整参与各方协商后，在江苏国信集团支持下，最终确定在重整过程中同步实施重大资产重组，即剥离原有资产、注入优质资产，部分债权以现金形式清偿，部分债权以公司股票清偿的基本思路。

重整方案的主要内容为：其一将舜天船舶原有除货币资金外的整体资产予以变现处置；其二舜天船舶在重整过程中同步实施重大资产重组，以发行股份购买资产的方式购买江苏国信集团持有的江苏信托81.49%的股权、新海发电89.81%的股权、国信扬电90%的股权、射阳港发电100的股权、扬州二电45%的股权、国信靖电55%的股权、淮阴发电95%的股权、协联燃气51%的股权；其三保护经营性的债权人在重整程序中不受损失；其四通过转增公司股票清偿剩余未能以现金清偿的普通债权。

⑦会商机制启动

2016年7月15日，由于此次重大资产重组涉及证券监管机构行政许可事项，南京中院逐级报请最高人民法院启动与证监会的会商机制。

2016年8月3日，因会商需要时间，管理人向南京中院申请延长重整计划草案提交期限。南京中院裁定重整计划草案提交期限延长至2016年11月4日。2016年9月7日，管理人将重整计划草案提交至南京中院。

⑧第二次债权人会议

2016年9月23日，舜天船舶第二次债权人会议召开，对舜天船舶重整计划草案进行了审议表决，担保债权组、税款债权组、普通债权组均表决通过了重整计划草案。其中获得有财产担保债权组、税款债权组100%同意，普通债权组所持98.43%表决权同意。同日，舜天船舶出资人组会议暨2016年第二次临时股东大会召开，经现场和网络投票表决，同意出资人权益调整方案的股份数占参与表决的出资人所持表决权股份数的99.87%；同意与重大资产重组相关议案的股东所持股份数占参与表决的股东所持表决权股份数的比例均在98.59%以上。

⑨裁定批准重整计划

2016年9月26日，管理人申请裁定批准重整计划草案。2016年10月20日，南京中院收到会商反馈意见。

2016 年 10 月 24 日，南京中院参考证监会并购重组专家咨询委员会出具的专家咨询意见，裁定批准重整计划，终止舜天船舶重整程序，标志着历时近 9 个月的舜天船舶重整案审理顺利终结。

2. 本案审判的特点

（1）上市公司重整中司法程序与行政程序的有效衔接

最高人民法院与中国证监会《关于审理市公司破产重整案件工作座谈会纪要》（以下简称《座谈会纪要》）在 2012 年 10 月已对外公布。其中关于会商机制的规定过于原则，对于提交专家咨询委员会的材料细节及程序机制、专家咨询委员会咨询意见的功能等内容都没有具体规定，直到本案才首次适用会商机制及运行相关程序，南京中院在对申请材料进行形式审查后，指导申请人和舜天船舶按照《座谈会纪要》的规定补充申请材料。江苏省政府及省维稳办按照规定分别补充了有关材料。之后，南京中院也按照《座谈会纪要》组织召开听证会对重整申请进行审查。此外，本案在重整计划草案的制定、出资人组表决、重整计划草案的会商机制等环节都充分按照《座谈会纪要》的具体要求稳步推进。从这个角度说，本案对于上市公司重整中司法程序与行政程序衔接的实践操作，具有重要的参考意义和价值。

而严格来说，最高人民法院与证监会达成的《座谈会纪要》是当下中国资本市场与破产市场都有缺陷下的产物，其中关于公司重新上市，司法必须等待证监会及交易所意见才能裁判的“衔接”“会商”，实属无奈之举，遗留下许多问题。实践中应防止证券监管机构及交易所以稳定市场、保护股东权益为名，对法院待批准、已批准的重整方案拒不受理或不作为，但更重要的是要加快明确我国上市公司重整的制度框架。美国是由破产法庭主导整个上市公司的重整，证监会只对上市公司重整中信息披露、证券欺诈等进行监控。英国是以管理人为中心的上市公司重整模式，法院是辅助性机构。① 我国应该加快形成上市公司重整的制度框架，实现司法权与行政权的有效对接。

---

① 参见王卫国：《论重整企业的营业授权制度》，载《比较法研究》1998 年第 1 期。

（2）上市公司重整与重大资产重组的高效结合

市场倒逼机制让我们认识到上市公司重整仅仅进行债务重组是不够的，不能解决企业运营的根本问题，上市公司重整应该是包括债务重组、资产重组、相关股东权益调整、经营业务改善等在内的全方位重整。上市公司重整与重大资产重组的同步进行有利于债权人和债务人利益的最大化，同时释放维稳压力。上市公司的全方位重整要求既要符合破产法的规定，还要符合证券法的规定，自然在时间和运转方式上对管理人提出更高的要求。

（3）该案采用管理人和原企业经营管理层各司其职，重整与重组两条线协调并行方式

考虑到重整与重组的法律专业性，舜天船舶重整案采取了重整期间经营管理人负责协调、处理、解决债权审核、资产调查、衍生诉讼推进、信息披露、重整计划草案制定等法律事务问题，同时聘请原企业经营管理层继续负责公司日常经营，保持企业正常运转，授权董事会对重大资产重组有关事项作出决议。南京中院在重整每一环节都充分听取各方意见，严格依照法定程序有条不紊进行，尤其是针对职工权益，特别制订了职工安置方案，并经职工代表大会表决通过；对涉及大量中小经营性债权人的偿债方案，稳妥安排，重整方案得到各方认可。

3. 本案引发的思考

这起重整案作为适用最高人民法院和证监会之间会商机制的首个司法案例，也是上市公司重整同步完成重大资产重组的首个案例，对市场意义重大。但同时，本案中还有两个问题需要引起重视。

（1）债转股问题

2016 年 10 月 10 日，国务院正式下发《关于积极稳妥降低企业杠杆率的意见》及《关于市场化银行债权转股权的指导意见》，明确指出“有序开展市场化银行债权转股权”。

债转股的实施要遵循以下六个原则。

第一，重视偿债能力原则。如果企业本身的产业前景和治理结构不存在被优化的可能，反而使“僵尸企业”久拖而没有了断，阻碍资

源的流动和优化配置，是对市场信用的极大破坏。

第二，多数决原则。一个企业能否实施债转股是一商业判断须通过对企业现有经营状况、财务数据及市场情况等复杂因素综合判断。按照“谁决策，谁担责”的市场规律，无论是地方政府还是地方法院都没有替当事人作出商业判断的法律特权，更不具备用公权为应破产清算的失败企业寻求市场救助兜底的法律授权。

第三，适格主体操作原则。债转股应当由适格的专业机构操作控制风险，这些机构更有能力参与到企业处理不良资产具体操作中。①

第四，合理估值合法定价原则。债转股应当有合理的估值定价方式，合理估值合法定价方式还体现为实施机构在企业成功脱困后的退出程序上，特别是在涉及国有企业未公开的股权交易中，要严格按照国有资产的转让要求和估价方式确定受让人与转让价格，防止国有资产流失。

第五，股东权益事先明确原则。债权人和债务人企业双方在实施债转股之前，应当就股权权益行使的具体内容达成一致，避免债转股协议草率达成和实施后，公司因新旧股东博弈而无法正常运转。

第六，外资有条件进入原则。有关部门应当尽快修改相关规定，允许那些能真正帮助企业摆脱困境与帮助银行债权人优化债权的外资进入我国的不良资产处置市场，逐步放开对外资参与债转股的限制，提高债转股的实效。

（2）应警惕利益方以*ST公司的司法重整为踏板，绕过市场监管谋求上市

2016年9月，证监会发布《关于修改〈上市公司重大资产重组管理办法〉的决定》。从实际控制人认定、交易资产标准、股份限售期限以及权责追溯机制等多方面对重组上市行为（借壳）提出了更为严格的监管要求。司法机关与行政机关的衔接过程中应当注意不能单纯为了重整效率，允许司法重整压过监管红线。无视行业上市条件，

① 钱洪涛：《资产管理公司处置银行不良资产中的若干法律问题及建议》，载《中国金融》2002年第7期。

那么司法重整将会反过来破坏市场重整机制。司法程序不能也不应当改变重整企业商业运行的规律和本质。

无论是上市重整与重组同步的高难度操作，还是重整中司法机关与行政机关的密切配合，或者是市场化债转股手段的充分运用，都使得舜天船舶破产重整一案在上市公司重整案例中呈现出独树一帜的标杆意义。

（二）二重集团破产案：重整审判的案例标本①

1. 案情介绍②

（1）二重基本情况介绍

中国第二重型机械集团公司（以下简称二重集团）成立于1958年，为中央直接管理的国有重要骨干一级央企。2013年与中国机械工业集团有限公司（以下简称国机集团）联合重组，重组后成为国机集团全资子公司。

二重集团（德阳）重型装备股份有限公司（以下简称二重重装），原为上海证券交易所主板上市公司，2014年因3年连续亏损暂停上市，2015年通过股东大会决议方式主动退市，目前为股份在全国中小企业股份转让系统挂牌交易的非上市公众公司。

自2011年起，受宏观经济形势、重型装备制造业行业周期以及自身管理问题等多重因素影响，二重集团、二重重装多年连续亏损，且逐渐无法偿还到期负债。截至2014年年底，对金融负债全面违约，二重集团、二重重装金融负债总规模已经超过200亿元，二重重装已经严重资不抵债。

（2）庭外债务重组谈判

因主营业务长期亏损，二重集团、二重重装已经无力支付因计息金融负债产生的每年高达8亿~9亿元的高额财务费用，2014年年底

---

① 本处内容发表于《破产法评论》（第1卷），原文标题为“重整审判的市场化案例标本——评二重破产重整案”。

② 参见《中国第二重型机械集团公司与二重集团（德阳）重型装备股份有限公司申请破产重整案》，载中国司法案例网官网：https：//anli. court. gov. cn/static/web/index. html#/alk/detail/FC6F5BF89BFF94734A65CF39B52C5EAA，最后访问日期：2024年7月14日。

开始对到期负债本息全面违约，形成了 126 亿元数额巨大的不良贷款，引起了省内金融机构的震动。

其后，在国资委、银监会（已不再保留，现权力承继单位为国家金融监督管理总局）的指导与支持下，以农业银行、中国银行、光大银行为主席行，组织涉及二重集团、二重重装的近 30 家金融债权人成立了“中国二重金融债权人委员会”，与国机集团、二重集团、二重重装展开了长约 9 个月的庭外重组谈判。该谈判的核心目标为，在不影响二重正常生产经营的前提下，通过债务重组妥善解决其巨额债务，同时化解各金融机构的不良贷款问题。

2015 年 9 月 11 日，经过艰苦谈判，各方在银监会的组织下达成了框架下的重组方案，其核心内容为在短期内（2015 年内）以“现金 + 留债 + 股票”清偿全部计息金融负债。

（3）重整受理

2015 年 9 月 11 日，债权人机械工业第一设计研究院、德阳立达化工有限公司分别向四川省德阳市中级人民法院（以下简称德阳中院）提起了针对二重集团、二重重装的重整申请。

2015 年 9 月 21 日，德阳中院裁定受理。由于是两个公司同时重整，程序衔接等疑难问题较多，且债权人、股东人数众多，资产负债体量大，德阳中院通过公开竞争程序选任具有丰富大型重整项目经验的北京市金杜律师事务所和北京大成律师事务所为管理人。

该案受到国务院国资委，中国银监会，四川省委、省政府、省高院，德阳市委、市政府的高度重视，在全院调配业务娴熟、经验丰富的骨干力量组成合议庭审理本案。

（4）案件审理

①时间要求

二重重装虽然已经退市，但是根据证监会和交易所的相关规定，在符合一定条件下，还可以重新上市。证监会、国务院国资委请求法院在 2015 年年底前完成重整，为早一年重新上市做准备。债务人与主要金融债权人达成框架性的重组方案的时间为 9 月中旬，但其完成重组（司法重整）的时间要求则是 2015 年年底，留给整个司法程序及其执行期的时间总计约为 3 个月。

②法院工作

重整期间，德阳中院严格依照《企业破产法》的规定，及时在人民法院报刊登了关于受理重整案件及债权申报、审查的相关公告。与此同时，根据债务人提供的债务清册，在管理人的协助下，该院在重整程序伊始通过中国邮政政务专递的方式向已知债权人发出了共计超过 2000 份书面债权申报通知，全面、充分地保障了债权人的合法权利。

同时，德阳中院要求管理人组建优秀的工作团队、监督管理人履行职责，对重要事项予以指导和监督，法院与管理人、公司负责人每周一召开例会，听取工作汇报，并研究专项问题。

德阳中院还通过批准二重集团与二重重装在重整期间继续营业，批准继续履行两公司生产经营需要的合同共计 2667 份，批准借款用于支付职工薪酬和部分运营资金等措施，保证整个重整期间生产经营一切如常，7000 余名职工全部在岗就业。

③管理人工作

管理人在德阳中院的指导监督下，全面接管中国二重，具体措施为接管财产、印章、账簿和文书等资料、建章立制、规范内部管理、刻制印章、开立账户。同时，管理人为方便债权人的债权申报工作，同时减小重整程序对公司正常生产经营的影响，管理人专门设置了债权申报点，并设立了 14 间专门的接待办公室。

管理人规范开展债权审查工作，截至 2015 年 11 月 15 日债权申报期届满，共有 76 家债权人向二重集团管理人申报了合计 5547226117. 50 元债权。经二重集团管理人依法审查，确认 5479430182. 41 元、不予确认 12028056. 92 元、暂未确认 55767878. 17 元。共有 1493 家债权人向二重重装管理人申报了合计 18108119556. 04 元债权。经二重重装管理人依法审查，确认 16178800043. 12 元、不予确认 166650284. 31 元，暂未确认 1762669228. 61 元，以上审查确认情况，由二重集团、二重重装管理人编制《债权表》，在第一次债务人会议上进行核查并提交德阳中院裁定确认。

管理人聘请在业内享有较高声誉与丰富重整工作经验的信永中和

会计师事务所（特殊通合伙）成都分所（以下简称审计机构）负责中国二重重整审计工作，聘请北京中企华资产评估有限责任公司（以下简称评估机构）进行资产评估和偿债能力分析工作。机构出具了二重集团、二重重装截至2015年9月21日的审计报告、评估报告以及偿债能力分析报告。二重集团经审计账面资产总额76.12亿元，经评估总值26.83亿元，针对普通债权的偿债能力为13.19%。二重重装经审计资产总额119.23亿元、经评估总值66.71亿元，针对普通债权的偿债能力为17.38%。

管理人还请求解除资产的查封、冻结措施，积极开展资产清查、追收等工作，与债权人积极沟通制订债权清偿方案，积极听取股东意见，保障股东利益。

同时管理人在与德阳中院积极沟通并取得德阳中院认可的基础上，根据《企业破产法》相关规定，本着最大限度维护债权人等多方利益的原则，经与各方债权人、股东充分沟通，根据两家公司不同的情况，确定了重整计划草案。草案对公司资产负债情况、偿债能力、经营方案、债权清偿方案、出资人权益调整方案、重整计划都进行了详细阐述。在制订两家公司重整计划的过程中，遵循了重整制度利益平衡的基本理念，公平保护了各类债权人、股东等利益相关方的合法权益。

④重整计划

2015年11月27日，二重集团、二重重装司法重整债权人和出资人会议成功通过了《重整计划》。纳入本次二重集团、二重重装重整程序处置的负债总额为145亿余元，其中涉及金融债权120亿余元，非金融债权25亿余元。按照《重整计划》，对于120亿元金融债权，在德阳中院批准《重整计划》后1月内均按照13.08%的现金受偿率获得一次性现金清偿，其余86.82%，以“债转股”方式，按照5.29元/股的价格，用二重重装股份清偿。本次重整计划通过股份让渡和资本公积金转增股本两种方式对出资人权益进行调整，作为“债转股”股本来源。按照《重整计划》，对于25亿元非金融债权，在德阳中院批准《重整计划》后1月内，向近2000家债权人分别支付25万元，其余 2 ~5 年付清。

⑤裁定批准重整计划

2015 年 11 月 30 日，德阳中院裁定批准了二重集团和二重重装的重整计划，并公告终结，标志着资产总额为 210 亿元、负债 230 亿元、有出资人 50000 余位的二重集团和二重重装司法重整成功，历时 70 天的司法重整程序有序、有效、平稳结束。

2. 本案审判的特点

（1）国内最早的“预重整”探索

“预重整”是美国破产法发展出来的制度，它是指使受影响的债权人在程序启动之前的自愿重组谈判中商定的计划发生效力而启动的程序，也可以说是一种简易的重整程序。[①] 它的特点在于把法庭外重组程序与法庭内重整程序结合起来。在破产程序前制定合同式的重整解决方案是一种高效的办法，以免一旦将重整的需要公之于众，债权人就尚存企业财产的出路争论不休，预重整为正式重整披上了规范化的程序外衣。这样，在司法重整期间，管理人就有可能按照之前达成的重整方案，将重整方案的制定、采纳方案的决定纳入重整法的框架进行。

预重整有三个核心的特征。第一，在申请司法程序之前，债务人已经与债权人进行了商谈，并拟定债务人企业复苏及偿还债务的计划；第二，债务人恳请债权人对该计划进行表决，且获得多数债权人的表决通过；第三，要使之前达成的重组计划约束持反对意见的少数债权人，必须经过法院的确认。在各国重整实践中，以英国“伦敦模式”和《美国破产法》第 1125 条模式最为成功。中国二重的预重整，具有中国特色，它由二重集团、德阳二重与主要债权人金融机构进行庭外重组谈判，并达成框架性金融债务重组方案。进入重整后，德阳中院在司法框架范围内，尽力推动维持了重整方案确定的原则，并依法纳入重整计划，得到了金融债权人的认可。二重集团和德阳二重的重整成功，为这两家资产总额达 210 亿元的国有企业卸下了沉重的债

---

① 参见陈唤忠：《预重整制度的实践与思考》，载《人民司法·应用》2019 年第 22 期。

务负担，优化了金融债务结构。

（2）“债委会”在重整中发挥了关键作用，并使金融债权人得到全额清偿

在本案中，中国二重之所以能够高效推进重整计划，其重要前提是在濒临破产之际和重整程序进行中，企业集团始终保持着控制力，但这种控制力与“债委会”的作用密切相关。在国务院国资委、中国银监会（已不再保留，现权力承继单位为国家金融监督管理总局）的指导与支持下，以中国农业银行、中国银行、光大银行为主席行，组织涉及中国二重的近 30 家金融债权人成立了“中国二重金融债权人委员会”。正是这一委员会领导了整个庭外重组的谈判工作并最终达成了重组方案。

（3）二重重整的有效性在于集团稳定与多方协作，并采用债转股等多种金融工具

中国二重重整实际上是控股公司与子公司的同时重整，是企业集团的重整。从重整制度的角度出发，促使企业集团重整成功的一个最重要因素是在重整期间，保持企业集团内部的管理稳定。否则，破产程序开始后企业集团便会在内部开始形成利益的分歧。在此案中，法院和破产管理人、债权人与债务人在破产程序中进行了有效的协调合作。该案一个非常核心的探索在于，在法定的普通债权组内，充分考虑其商业性质，针对不同性质的债权采取不同的清偿方案。具体而言，普通债权组被划分为金融普通债权，非金融普通债权以及国机集团普通债权三大类。三类债权分别制定了不同的清偿方案，清偿方式有所区别：金融债权采取现金清偿与债转股相结合的方式；国机集团债权采取留债处理的方式；非金融普通债权采取全部现金分期清偿方式，25 万元以下债权一次性清偿，25 万元以上债权清偿期越长则清偿率越高，分 2 年、3 年、5 年分别清偿比例为 55%、75%、100% 三种方式让债权人选择，承担风险越大得到清偿比例越高。

3. 本案引发的思考

中国二重的成功重整，给上市企业重整提供了很好的案例。此案还启发我们，重整中应注意以下三个问题：

（1）“预重整”应是重整过程中企业的自选动作而非必选动作

重整可能以两种方式进行，或者由债务人和债权人在法庭外根据意思自治原则达成重整协议，或者在法院启动正式的重整程序。[①] 法庭外的程序是依照各方意愿及市场化的运作方式进行，能否操作取决于多方面因素。如果是直接通过法院启动正式的重整程序，则法院不应要求企业在进入重整程序前须先有重整方案，甚至作为立案门槛，这是对法庭内外程序的混淆。法庭外的企业自主重整与司法程序相互结合，应当是在庭外达成重整协议后，及时进入司法程序予以确认。“预重整”的成功很大程度上依赖债权人的合作。这种依赖性就为每个债权人提供了“敲诈勒索”的可能，因为债权人可以不合作为要挟，谋求相对于其他债权人的特别利益，这种趋势只有在规范化的重整程序中才可以被扼制，因此，“预重整”的运用一定是有前提条件的。

（2）股东权益在重整程序中的削弱应有合理依据

中国二重重整各方于 2015 年 9 月 11 日达成了司法框架下的重组方案。其核心内容为在短期内（2015 年内）以“现金 + 留债 + 股票”清偿全部计息金融负债。采取的重整措施之一，即“债转股”。按照现有破产法框架，公司重整期间，列入经人民法院批准的重整计划的债权可以转为公司股权。从经济学与法学原理来看，因为企业已经失去了由原股东投入的资本，所以股东股份也不再具有价值，股份的经济价值也就不会被债权人作出的债转股的决议损害。但原则上还应在重整程序中为原股东提供维持股票价值的程序法上的保障，对于原股东的股东权益应由第三方评估。明确原股东的权益也有利于确定新股东的份额。

（3）“债委会”的功能应区分在不同程序中的运用，同时注意其与其他主体间的关系

近两年，银监会（已不再保留，现权力承继单位为国家金融监督

---

① 参见［美］查尔斯·J. 泰步：《美国破产法新论》，韩长印等译，中国政法大学出版社 2017 年版，第 1131 页。

管理总局）一直在不良资产处置中推动金融机构债权人委员会（以下简称“债委会”）模式，2016 年 7 月还专门下发《关于做好银行业金融机构债权人委员会有关工作的通知》。法庭外的债务处置程序并无具体的法律可以适用，主要是尊重市场主体意愿。法庭内的程序主要依照破产法的规定，按照法院要求开展工作。破产程序中的清算程序，重整程序与和解程序的目标不尽相同，对于“债委会”规则程序、职权划分也应做细化区分。《企业破产法》第 68 条所规定的 4 项职权和第 69 条所规定的对管理人的监督事项语焉不详，且未按程序不同作出区分，如召集人、成员组成等“债委会”自身的工作机制需要因为目标不同而设置不同。在债务处置过程中，还有债权人会议、“债委会”主席团、中小债权人和管理人等其他主体同时在发挥作用。债权人会议是全体债权人的意思表示机关，“债委会”只是其代表机关，“债委会”的职权范围应当获得债权人会议的充分授权，并保护少数持反对意见的小债权人利益，才能使其作出的决议具有效力。

中国二重重整计划的顺利通过，既有企业自主性重组在破产程序中充分发挥作用，又有市场化手段在破产程序中的适当运用，更重要的是法治化原则在破产程序中的有效落实。其所采取的“预重整”模式、“债委会”模式、债转股操作等，都具有非常重要的市场参考价值和典型案例标本意义。

（三）北大方正集团重整：打造企业集团重整的新模式[①]

北大方正集团的破产重整，引发业界、社会与市场的强烈关注。这不仅是因为方正集团的“北大”品牌效应，其市值与负债数千亿元，还因为方正集团债务结构复杂，下属企业众多、业务多元且分布广泛，作为迄今北京市第一中级人民法院受理的最大、最复杂、最重要破产重整案，其重整难度很高。在经历一年多新冠疫情的痛苦洗礼后，经过各方努力，北大方正集团重整方案终于出台，这也标志着一个企业集团破产重整新模式的诞生。[②]

① 本处内容发表于《21 世纪经济报道》2021 年 5 月 12 日，原文标题为“金融百家丨北大方正集团重整打造企业集团重整新模式”。

② 参见北京市第一中级人民法院（2020）京 01 破申 530 号。

在全国有影响力的破产重整案件近年来已有多例，北大方正集团的重整模式有何新意呢？除了持续热议、颇多亮点的债权清偿方案，100 多页的重整方案中还透出如下重要信息：

第一，坚持通过市场化、法治化方式化解金融风险。

鉴于方正集团重整的重要性及影响力，方正集团管理人由人民银行牵头成立的清算组担任，肩负着化解金融风险的使命，这有利于重整工作获得外部环境支持，使重整秩序平稳，程序顺利推进。然而，方正集团重整毕竟不是金融机构风险处置项目，无法获得国家再贷款和行业保障基金的投入，也缺乏特殊的风险处置配套机制。方正集团也不同于地方国有企业，难以获得地方政府的继续投入和深度支持。因此，方正集团重整的市场化、法治化程度更深，依法确定合并重整范围，市场化公开招募投资人，历时一年竞争性遴选，优中选优，在对债权人市场调研的基础上制定符合多种诉求的清偿方案，通过“出售式重整”隔离历史风险等都充分证明这一点。

第二，精准制定重整手术方案，全力维持经营稳定和营运价值。

过往完成的大型集团重整，如渤海钢铁集团有限公司①、沈机集团昆明机床股份有限公司②、通化钢铁集团有限责任公司③、吉林昊融集团股份有限公司④、云南煤化工集团有限公司⑤等，都属于同一业务板块企业集团的重整，而方正集团的业务横跨医疗、信产、金融、教育、地产等多个板块，下属公司超过 400 家，包括境内外 6 家上市公司，是我国首例真正意义上的“多主业企业集团”重整，相较于以往的项目更为复杂。管理人依法审慎确定了仅对方正集团“1 + 4”控股平台进行合并重整的“手术方案”。为保障企业整体运营价值、为引入投资人创造有利的条件，方正集团重整中引入共益债融资并用于下属非重整主体，同时采取多种举措维持经营，避免资产的贬

① 参见天津市高级人民法院（2018）津破 1 – 13 号。
② 参见云南省昆明市中级人民法院（2021）云 01 破 3 号。
③ 参见吉林省通化市中级人民法院（2019）吉 05 破 15 号。
④ 参见吉林省吉林市中级人民法院（2018）吉 02 破 3 号。
⑤ 参见云南省昆明市中级人民法院（2016）云 01 民破 7 号。

损。从实际效果来看，这个手术方案无疑是成功的，重整期间下属公司经营稳定、人员稳定，方正集团整体价值得以最大限度维护，多家意向投资人竞争激烈。

面对大型集团特别是多主业集团重整，不应简单地把所有涉及金融负债的企业都纳入重整范围，更不宜把不同板块的企业强行实质合并，而是要分析集团主要风险的分布情况，认真评估大部分下属公司自身经营情况和偿付能力，有针对性地确定手术范围和手术方案，避免对下属经营正常的公司造成直接冲击，保存企业价值才能真正保护债权人利益。

第三，充分市场竞争，确定战略与业务高度契合的重整投资人。

之前大型重整项目，往往进入重整前已经有明确的意向重组方或者控股股东已形成重组思路，重整中即使发布投资人招募公告，也很难形成竞争态势。方正集团完全市场化方式招募、确定战略投资人，竞争激烈程度堪称国内重整项目之最。方正集团自发布投资人招募公告到确定投资人历经 10 个月，经过多轮竞争与评选，最后确定的投资人珠海平安联合体，既能提供最优的清偿方案，又能充分挖掘方正集团与其自身产业规划、战略布局高度契合的战略资源，最大化发挥方正集团的价值。方正集团重整告诉我们，只有在重整中形成充分的市场化竞争，才能选出最适合的投资人，只有一直保持竞争态势，才能促使投资方案不断优化，广大债权人真正受益。

第四，高度重视经营方案，债权人利益获得切实保障。

很多重整案件的重整计划只关注债权清偿方案，忽视经营方案，根本谈不上《企业破产法》要求的切实可行。然而，重整计划是一揽子安排，每个具体方案之间高度关联、互相影响。[①] 大型企业集团重整中最普遍的清偿安排是债转股和留债，这两种情况下债权人的利益能否真正得到保障，关键在于企业后续经营能力和盈利能力能否彻底改善，经营方案是重要支撑。

---

① 参见张艳丽：《破产重整制度有效运行的问题与出路》，载《法学杂志》2016 年第 6 期。

方正集团重整计划对经营方案非常重视。重整计划显示，新方正集团坚持服务国家发展战略，充分利用粤港澳大湾区广袤平台及投资人丰富产业布局与资金优势，逐步聚焦核心业务发展，实现业务升级、经营提效和资产增值。新方正集团不断推动深化与北京大学的合作，推动扩展新的合作领域，加强在医疗、信产等多领域的产学研深度融合。从经营方案不难看出，投资人对新方正集团医疗健康、信息技术、教育、金融等各板块业务都进行了深入调研分析，制定了有针对性、切实可行的发展规划，既有利于方正集团摆脱历史包袱，回归可持续发展，又使投资人可以获得稳健的投资收益和社会效益，实现投资人、方正集团、债权人、职工等多方共赢的局面。这样的经营方案，表明投资人已成竹在胸，也使债权人切实预见到新方正集团的发展前景及未来价值，更容易接受债转股和留债的安排。有债权人感慨"有选择比没选择还难!"这无疑是对方案的直接肯定，现金与债转股难以取舍，可见对未来充满信心。

第五，提前明确执行操作具体问题，增强重整计划的可执行性。

重整计划确定了实施目标，但债权人利益最终能否获得保障则依赖于重整计划全面、顺利执行。①多数重整项目重整计划满足于清偿方案的原则性制定，忽略可行性论证和操作步骤推演，重整程序终止后才开始研究如何落地，甚至将一些难题推给金融机构债权人委员会讨论决策，不仅拖延执行时间，还增大执行不确定性，实践中就出现了一些执行期间烂尾的项目。方正集团重整计划内容翔实，增加了一些在其他重整计划中未涉及的内容，如将债转股债权人需签署的合伙协议作为附件，直接明确待处置资产设立的信托计划的职责、决策和收费机制等，重整计划一旦获得裁定批准，马上可以全面启动执行，无须再就相关事项进行审议。方正集团管理人提前研究解决问题的做法，既减轻债权人多轮决策压力，也提高了执行效率和执行确定性。

第六，注重系统思维，与营商环境优化进行联动。

---

① 参见［美］查尔斯·J. 泰步:《美国破产法新论》，韩长印等译，中国政法大学出版社 2017 年版，第 1201 页。

方正集团总部坐落于首都北京，其重整实施的一举一动都受到全国关注。现在正值我国在优化营商环境的关键节点，北京市是世界银行营商环境排名报告的打分城市，“办理破产”指标是评估体系中的十个指标之一，因此，方正集团的破产重整实际上是一个系统工程，对北京市营商环境的改善具有指标意义。国家13部委联合印发《关于推动和保障管理人在破产程序中依法履职进一步优化营商环境的意见》，北京市高级人民法院等部门制定《关于建立企业破产工作府院联动统一协调机制的实施意见》，为在重整程序中发挥政府各职能部门和法院的职能作用，协调解决重点难点问题提供了有力保障。方正集团重整涉及多项创新，关于充分维护债权人利益、鼓励债务人继续营业、促进债务人资产价值最大化、保障员工从事原有工作、保护供应商及客户网等方面的措施和方案均符合世界银行关于“办理破产”指标的理念，具有良好的示范效应，有助于北京市营商环境相关指标评分的提高。

方正集团重整坚持市场化、法治化，充分发挥重整程序功能，帮助企业重获新生，保障职工就业和债权人合法权益，依法服务深化供给侧结构性改革，贯彻落实加大营商环境改革力度的要求，是《企业破产法》实施以来最符合重整制度立法初衷的案例之一。方正集团重整的多项创新与突破充分彰显了企业集团重整模式的价值与魅力，树立了重整案件的新标杆。

（四）康美药业案：市场化、法治化、专业化审理复杂重整案件①

1. 基本案情

康美药业股份有限公司成立于1997年，2001年3月19日在上海证券交易所主板上市，证券代码600518，证券简称曾为“康美药业”“ST康美”，现简称“*ST康美”。公司强调在国家振兴中医药事业战略指引下，率先布局中医药全产业链，以中药饮片为核心，以智慧药房为抓手，全面打造“大健康+大平台+大数据+大服务”体系，成为中医药全产业链精准服务型“智慧+”大健康产业上市企业。曾

① 本处内容发表于《法律适用》2022年第2期，原文标题为“康美药业案综论”。

经的 A 股上市医药名企之一，曾为“千亿市值”的白马股。

（1）康美药业证券虚假陈述集体诉讼案[①]

2017 年 4 月至 2018 年 8 月，康美药业先后披露多份（半）年度报告。2018 年 10 月 15 日晚，互联网上出现自媒体文章，质疑康美药业披露的上述报告存在财务造假。该文章被多家影响范围较大的媒体广泛转载，引起强烈反响。康美药业股票 10 月 16 日盘中一度触及跌停，收盘跌幅 5.97%，此后连续 3 日以跌停价收盘，而同期（2018 年 10 月 16～19 日）上证指数跌幅为 0.69%，医药生物（申万）指数跌幅为 4.01%。同时，以“康美药业”为关键词的百度搜索指数、百度资讯指数、各类媒体转载指数在 2018 年 10 月 16 日之后均呈现爆炸性增长。

2020 年 5 月，中国证监会认定康美药业《2016 年年度报告》《2017 年年度报告》《2018 年半年度报告》存在虚假记载和重大遗漏，财务造假性质、类型与前述自媒体文章基本相同。康美药业、负责康美药业财务审计的广东正中珠江会计师事务所及相关责任人均受到行政处罚。[②]

2020 年 12 月，顾某骏等 11 名投资者起诉康美药业、马某田等证券虚假陈述责任纠纷一案在广东省广州市中级人民法院（以下简称广州中院）立案。2021 年 4 月，中证中小投资者服务中心有限责任公司接受 56 名投资者的特别授权，向广州中院申请作为代表人参加诉讼，代表 5 万余名投资者请求判令康美药业、马某田等赔偿投资损失，康美药业与公司董事、监事、高管及正中珠江会计所及其合伙人等承担连带赔偿责任。经最高人民法院指定管辖，广州中院适用特别代表人诉讼程序审理本案，启动康美药业证券集体诉讼。

（2）康美药业系列刑事犯罪案

2015 年至 2018 年，上市公司康美药业董事长马某田伙同他人共

---

① 参见广东省广州市中级人民法院（2020）粤 01 民初 2171 号。

② 参见《证监会对康美药业作出处罚及禁入决定》，载中国证券监督管理委员会网，http：//www.csrc.gov.cn/csrc/c100028/c1000782/content.shtml，最后访问日期：2020 年 5 月 14 日。

同控制 55 个证券账户交易康美药业股票，通过集中资金优势和持股优势并利用信息优势连续买卖，自买自卖，部分时段进行盘中拉抬和尾盘拉抬等手段影响康美药业股票交易价格和交易量，意图拉抬或维持康美药业股价。涉案证券账户组持有康美药业股票流通股份数占实际流通股份总量的比例均超过 30%，连续 20 个交易日内累计成交量达到同期该证券总成交量 30% 以上。

2016 年至 2018 年，马某田为达到虚增公司业绩的目的，组织、策划、指挥公司财务部门进行财务造假。经审计，康美药业 2016 年年度、2017 年年度、2018 年半年度报告均存在虚假记载，虚增营业收入 275. 15 亿元、利息收入 5. 1 亿元、营业利润 39. 36 亿元，货币资金 886. 81 亿元。①

（3）康美药业破产重整案

2021 年 4 月 22 日，债权人广东揭东农村商业银行股份有限公司（以下简称揭东农商银行）以康美药业不能清偿到期债务，且已资不抵债，但仍具有重整价值为由，向广东省揭阳市中级人民法院（以下简称揭阳中院）申请对康美药业进行重整。

2021 年 6 月 4 日，揭阳中院裁定受理重整申请，指定管理人，发布债权申报公告，同意中证中小投资者服务中心有限责任公司作为 55326 名中小投资者代表申报债权、参与债委会投票表决。揭阳中院对康美药业破产重整相关民事诉讼进行集中管辖。8 月，揭阳中院集中审理 122 宗普通民事纠纷案件，以先行判决的方式，对普通民事纠纷中涉及康美药业责任部分予以确认，加快了康美药业债务的确定。同时，审结康美药业关联公司为被告的相关案件，厘清关联公司债务情况。

2021 年 8 月 10 日，揭阳中院组织召开了第一次债权人会议，主要听取了财产状况调查报告、核查债权表，表决同意设立债权人委员

---

① 参见《康美药业原董事长马兴田等人操纵证券市场案一审宣判》，载佛山法院网，https：//www. fszjfy. gov. cn/index. php？ v = show&cid = 310&id = 71853，最后访问日期：2021 年 11 月 17 日。

会等。[①] 11 月 15 日，管理人组织召开了第二次债权人会议，表决通过了康美药业制定的重整计划草案。[②] 根据重整计划，康美药业确认债权共计 397.18 亿元，其中担保债权 4.2 亿元，职工债权和税款债权 5500 万元，普通债权总金额为 392.43 亿元（包括证券集体诉讼赔偿 24.59 亿元）。重整计划中，对职工债权、税款债权和全部债权人 50 万元以下的债权部分 100% 现金清偿，其中，证券中小投资者 50 万元以下的债权，用 24.59 亿元一次性现金清偿；其他债权采取以股抵债、信托收益等方式予以清偿。康美药业如能成功实施重整，全体债权人的债权将得到 100% 清偿。[③]

2. 康美药业案的意义与价值

康美药业案是一个将法律职业共同体和整个市场以及社会公众连接起来的典型案例，至少有以下三个方面的重大意义与价值。

（1）一个教科书级的案例

康美药业案折射出我国市场经济与法治发展到今天遇到的诸多问题。一家在中医药行业领域具有全国影响力的头部企业，由于在证券市场上造假的行为，引发广州、佛山、揭阳三个中级人民法院在广东高院协调领导下，共同审理一家企业带来的多个不同诉讼，审慎处置其带来的诸多复杂法律关系与市场风险。该案的出现及审理展现出我国当前整体的立法水平、执法水平、司法水平、法律服务水平和法学学术水平，在某种程度上，该案的审理也是我国治理水平与治理能力水平的一种反映。建设中国特色社会主义法治体系、建设社会主义法治国家是坚持和发展中国特色社会主义的内在要求，以此切实保障社

---

① 参见《康美药业破产重整案召开第一次债权人会议》，载揭阳市中级人民法院网，https：//www. gdjyfy. gov. cn/jyzycourt/web/content？gid = 391600&lmdm = 1031，最后访问日期：2021 年 8 月 10 日。

② 参见《康美药业第二次债权人会议启动表决重整方案》，载揭阳市中级人民法院网，https：//www. gdjyfy. gov. cn/jyzycourt/web/content？gid = 391817&lmdm = 1031，最后访问日期：2021 年 11 月 15 日。

③ 参见《依法诚信经营是企业的立身之本——康美药业股份有限公司破产重整案》，载揭阳市中级人民法院网，https：//www. gdjyfy. gov. cn/jyzycourt/web/content？gid = 391939&lmdm = 1050，最后访问日期：2022 年 2 月 8 日。

会公平正义和人民权利，也是我国制度和国家治理体系的显著优势。[①] 该案集中反映了我国社会主义法治体系和法治国家建设的进步。该案展现出的综合性、交叉性、系统性及处置复杂性都是国内以前从未出现过的。可以说，康美药业案是一个教科书级的、具开创性意义的标杆案例，将在我国司法史上留下浓墨重彩的一笔。

（2）“刑行民金破”的多重交叉性挑战

之所以说康美药业案是一个教科书级案例，是因为康美药业案涉及的诉讼类型是以前国内未曾有过的。我们常说民刑交叉案件较复杂、较难处理，民刑交叉关系如何处置在学术界一直是热议的前沿痛点问题。但此案开启了一个更多元的罕见案件交叉类型，即“刑行民金破”六类型多重交叉。刑民交叉本是我国司法系统与理论上争议较多的一个重大问题，刑先民后的传统近年来一直被学界挑战。而康美药业案不仅包含刑事责任和民事责任的认定，还包含行政处罚的深度介入，民事诉讼制度中特别代表人诉讼制度的实践突破，更重要的是，该案涉及复杂的金融领域，开启了我国重要的金融市场——证券市场中一家上市公司因做假赔偿而不得不破产重整的先河。

不同案件诉讼多重交叉性的难题在于其根源性思维差异。金融法、破产法思维与刑法、民法、行政法思维之间存在价值上的较大分歧。例如，从金融法、破产法的角度来说，民法更强调公平价值，而金融法、破产法则更强调效率价值，金融破产案件的审理更考虑激励机制与效率、效益。康美药业案就涉及这一问题。该案从证券虚假陈述侵权始，经行政处罚而民事赔偿诉讼，特别代表人诉讼，到刑事诉讼，最后涉案企业走向破产重整，又将上述的一系列交叉问题带入到了破产法司法中。此案需要处理的法律关系以及需要援引的法律异常繁多。仅以破产环节而论，本案就涉及中小投资者与控股股东的关系、股东债务人与债权人的关系、债权人会议与债权人委员会的关系、债券持有人与债委会的关系等。法律关系门类错综复杂，给相关

① 参见中共中央《关于坚持和完善中国特色社会主义制度推进国家治理体系和治理能力现代化若干重大问题的决定》。

部门的立法技术和司法技术带来巨大的挑战。

（3）康美药业案创造的多个第一

康美药业案不仅开创了案例类型的六重交叉，而且创造了我国司法史上的多个第一。

康美药业案涉及财务造假数额第一，根据证监会信息，康美药业在2016年至2018年财务报告中，总计虚增货币资金达到887.1亿元，刷新中国A股上市公司财务造假记录[①]。该案原告人数第一，赔偿金额最高。广州审判网的公开文书显示，康美药业证券虚假陈述案是迄今为止法院审理的原告人数最多、赔偿金额最高的上市公司证券虚假陈述责任纠纷案件。案件原告涉及55326名投资者，康美药业原董事长、总经理马某田被判处有期徒刑12年，并处罚金人民币120万元；相关被告被判承担投资者损失总金额达24.59亿元；康美药业原董事长马某田及其他责任人员因参与相关证券犯罪数罪并罚，罪名之多第一。该案还有许多第一次：第一次特别代表人诉讼落地；第一次唤醒看门人，重罚会计师事务所等中介机构；第一次重罚上市公司独立董事；第一次上市公司因财务造假赔偿而进入破产程序；第一次因为案件影响大而推动了最高人民法院《关于审理证券市场虚假陈述侵权民事赔偿案件的若干规定》[②] 的出台；等等。

3. 证券虚假陈述侵权赔偿上的重大突破

（1）证券市场虚假陈述等欺诈行为的认定

2003年，最高人民法院曾就证券市场虚假陈述引发的民事赔偿案件审理发布过司法解释[③]，但现在中国证券市场已发生翻天覆地的变化，基础性法律《证券法》在2019年也进行了实质性修改。近年来，康美药业案等案的出现，使证券市场虚假陈述侵权民事赔偿案件表现

---

① 参见康美药业股份有限公司：《关于收到中国证券监督管理委员会〈行政处罚及市场禁入事先告知书〉的公告》，载 http://www.kangmei.com.cn/index.php?m=content&c=index&a=show&catid=58&id=3506，最后访问日期：2019年8月28日。

② 参见2022年1月21日最高人民法院发布的《关于审理证券市场虚假陈述侵权民事赔偿案件的若干规定》。

③ 参见2003年1月9日最高人民法院发布的《关于审理证券市场因虚假陈述引发的民事赔偿案件的若干规定》。

出一些新的特征，面临一些新问题，带来新的挑战。康美药业等新类型案件给我们带来了新的思考：

第一，虚假陈述等证券欺诈行为的民事纠纷审理要不要行政前置程序，是否只有行政处罚后中小股民才能起诉？康美药业案启示我们，废除证券虚假陈述等民事诉讼的行政前置程序是证券市场发展的现实需求和司法改革的方向。最高人民法院 2022 年《关于审理证券市场虚假陈述侵权民事赔偿案件的若干规定》的出台在这点上迈出了坚实的一步，使证券市场的中小投资者，面对虚假陈述侵权行为可以直接诉到法院。换句话说，原告提起证券虚假陈述侵权民事赔偿诉讼，只要符合《民事诉讼法》第 122 条规定并提交相应证据，法院就应当予以受理。这也给证券市场内幕交易、操纵市场等类似案件的受理、审理提供了参照。但如何让弱势的投资者自己举证到位，则是实践中建立相应配套机制的难题。

第二，虚假陈述构成的认定需要增加“预测性信息安全港”制度。首先，谁是信息披露义务人？《证券法》之外信息披露义务人的规定在其他法律也有，康美药业案涉及的破产程序中的管理人就是信息披露义务人。从康美药业案中可以看到，在信息披露义务人的界定上，传统部门法的视阈显得狭小了。其次，在确定虚假陈述行为的构成要件时，一般都是规定违反法律、法规和部门规章的行为，但是否需要把违反监管部门一般规范性文件都拉进来考虑，则需要考虑，其相应规制范围越大，则控制施加给商业经营者的法律风险越高。最后，投资者对信息披露义务人的前瞻性信息了解很重要。当证券市场缺乏信息时，投资者不敢投资，市场就会萎缩。但是当要求披露的信息太多且披露成本又太高时，企业就会减少证券融资，市场再次枯竭。为避免这些情况，《美国联邦证券法》在强制信息披露中规定了“重要性原则”，发行人仅对合理投资人在作出相关决定时有很大可能认为重要的信息有披露义务，也是为了平衡信息披露需要与发行人的披露成本。[①] 为鼓励并规范发行人自愿披露盈利预测和发展规划等前

① See Alan R. Palmiter, *Securities Regulation*, 7th ed, Wolters Kluwer, 2017, p. 81 – 83.

瞻性信息，最高人民法院2022年《关于审理证券市场虚假陈述侵权民事赔偿案件的若干规定》提出建立预测性信息安全港制度，强调“预先警示原则”和“及时更新预测信息义务”等，是有道理的。

第三，几个重要的日期的界定需要进一步探讨。证券虚假陈述行为实施日、揭露日和更正日需要整体连贯性考虑。对于实施日，应区分积极的虚假陈述和消极的虚假陈述。2003年《关于审理证券市场因虚假陈述引发的民事赔偿案件的若干规定》规定，确定虚假陈述行为实施日要以证券监管部门指定的全国性影响力媒体发布为准，但在司法实践中会有遗漏，比如在最高人民法院的破产重整信息网上发布信息是否可以用于确定实施日？

揭露日的确立则应更为市场化。康美药业案中，是行业自媒体对康美药业财务造假行为进行曝光。2018年10月16日公众号“市值相对论”发布标题为《千亿康美药业闪崩！大存大贷大现金大质押哪个是坑?》的文章，该文指出康美药业存在存贷双高、大股东股票质押比例高和中药材贸易毛利率高等问题，质疑康美药业存在财务造假。2018年10月16日康美药业股票大跌，盘中一度触及跌停。以后此日被司法机关确立为揭露日，这开了个很好的先例。在开放的市场特别是证券市场，信息的公开透明是非常必要的。但这些自媒体的权威性怎么界定？2022年最高人民法院《关于审理证券市场虚假陈述侵权民事赔偿案件的若干规定》第8条规定，虚假陈述揭露日，是指虚假陈述在具有全国性影响的报刊、电台、电视台或监管部门网站、交易场所网站、主要门户网站、行业知名的自媒体等媒体上，首次被公开揭露并为证券市场知悉之日。该条规定吸收了康美药业案的相关经验，重点明确以市场知悉作为判断基准，但对行业知名自媒体的定义仍需得到实践检验。

第四，虚假陈述行为的责任类型究竟是严格责任还是过错责任也是需要考虑的。康美药业承担的责任是否需要考虑主观要件呢？看上去司法审理更强调严格责任。例如该案的处理中，考虑了不能证实自己没有过错的董监高如何承责，结论是按照责任类型承担不同份额的连带责任。对于实际控制人和侵害行为直接参与人承担全部连带责任，其余的董监高未尽勤勉尽职义务，应承担较低份额的连带责任。此案司法实践中，依据过错责任做出了严格责任的裁定，形成了该案审理的一种特有的混合责任模式。

2022 年最高人民法院《关于审理证券市场虚假陈述侵权民事赔偿案件的若干规定》第 20 条显示了司法在严格责任与过错责任之间的徘徊。第 20 条强调明确“追首恶”原则，根据该条第 1 款规定，原告起诉请求直接判令相关控股股东、实际控制人依照本规定赔偿损失的，法院应当予以支持，免却嗣后追偿诉讼的诉累。

另外，值得注意的是，对共同侵权责任的分配问题，则可考虑共同侵权连带责任份额的承担，以份额承担为原则，以平均承担为例外。

（2）唤醒看门人

显然，在康美药业案中存在“装睡的看门人”。证券市场中介服务机构被誉为健康证券市场的“看门人”，但由于制度与机制缺陷，这个“看门人”往往会“走神”或在“装睡”，明明知道自己服务的上市公司有财务造假问题，但中介机构只拿报酬费用而无视投资者面临的巨大风险，这就是当下证券市场存在的道德风险。康美药业案中“装睡的看门人”被揭穿了，刺痛了。因在康美药业审计业务中涉嫌违反相关法律法规，未实施基本的审计程序，2021 年 2 月 20 日，证监会发布了对康美药业的审计机构广东正中珠江会计师事务所的行政处罚决定书。处罚决定书中显示，对 4 名责任人员给予警告并处以罚款。[①] 2021 年 11 月 12 日，广州中级人民法院做出判决，正中珠江所因导致康美药业严重财务造假未被审计发现，被判决承担 100% 的连带赔偿责任。[②] 如何唤醒装睡的看门人？从康美药业案民事赔偿诉讼判决来看，司法判决的走向是希望中介服务机构归位尽责，盯紧“看

---

① 参见证监会：《中国证监会行政处罚决定书（广东正中珠江会计师事务所、杨文蔚、张静璃、刘清、苏创升）》，载 http://www.csrc.gov.cn/csrc/c101928/c9a654df415374f6aa6a1a5e46e4e8221/content.shtml，最后访问日期：2022 年 2 月 13 日。

② 参见《康美药业证券虚假陈述集体诉讼案判决》，载 http://www.gzcourt.gov.cn/other/yshj/sfdt/dxal/2022/01/17094641139.html，最后访问日期：2022 年 2 月 13 日。

门人”，用醍醐一击，用重重的赔偿责任来唤醒。

（3）独立董事制度及责任问题

本案给我们一个重要契机来重新思考独立董事制度的意义、独立董事的定位与功能、独立董事在上市公司治理中的作用以及独立董事的权利、义务、责任之间的关系。目前实践中，许多公司的独立董事依然在扮演“花瓶”角色，不能代表上市公司与中小股东的利益，而更多代表控股股东、大股东与公司高管利益。因此，在许多情形与场合下，不发表独立专业意见，甚至于完全“躺平”，把自己当摆设。独立董事并没有阻止公司过度承担风险，甚至有时都不理解他们需要掌控的公司业务，并且在解决结构性问题方面相当消极被动。对此，监管机构往往继续制定更加严格和全面的独立性标准。在此案中，司法审判的选择是对负有过错责任的独立董事采取了雷霆手段。但康美药业案司法对独立董事的重拳处罚，也许并没有来得及清晰甄别相关独立董事是否有“过错”及对“过错”程度进行正确评价，这可能导致我国根基不稳的独立董事制度出现“寒蝉效应”。康美药业案之后的独立董事辞职热潮现象在警示我们，应考虑如何使独立董事更科学、有效地勤勉尽责，如何建构一个更扎实、更能落地发挥独立董事制度功效的平衡制度，即独立董事要承担更明确的公司信义义务和有更清晰的合法免责抗辩可能。

因此，最高人民法院《关于审理证券市场虚假陈述侵权民事赔偿案件的若干规定》第16条强调独立董事能够证明人民法院应当认定其没有过错的情形，“（一）在签署相关信息披露文件之前，对不属于自身专业领域的相关具体问题，借助会计、法律等专门职业的帮助仍然未能发现问题的”以及兜底条款“（五）能够证明勤勉尽责的其他情形”，是在让独立董事抗辩免责理由更为宽松，允许独立董事合法减责、免责。实践中，另一种争议是独立董事能否用公司的资金聘请审计服务机构独立审计，并据此判断从而构成免责事由，仍然是实践中的难点问题。这种独立董事面临高风险后保护自己的方式意味着巨大的公司经营成本。笔者认为公司治理与司法审判实践中，可以审慎赋予独立董事这种权利，但对其使用条件要予以限制。

（4）损失的计算问题

上市公司欺诈行为给投资者带来损失的界定是个难题。金融工具的价格计量受到众多变量的影响，有些是内生性变量，而有些则可能是场外的外生性变量，例如政策环境的变化。因此，很有可能一位股民的损失并不是或不全是虚假陈述侵权造成的。因此，损失计算模型的选择就极为重要，这里包含着重要价值取向问题，需要学界和实务界进行深入的跨学科探讨。投资者损失一般指的是投资成本的差额补偿、佣金和印花税，计算模型有先进先出法、实际成本法等，还有比较重要的同步指数对比法。康美药业案投资者损失用的是行业指数对比法和个人比例对比法。选择不同的模型涉及如何思考及科学地计算与分配证券市场的投资风险，还要考虑除权问题，还应考虑对诱多型虚假陈述和诱空型虚假陈述在损失的计算上应该有所区分。康美药业案涉及投资者早期的损失是诱多型的，这与诱空型虚假陈述侵权有较大区别。2022 年最高人民法院《关于审理证券市场虚假陈述侵权民事赔偿案件的若干规定》增加诱空型虚假陈述相关内容。诱空型虚假陈述主要是指虚假陈述者发布虚假的消极利空消息，或者隐瞒实质性的利好消息不予公布或不及时公布等，使投资者在股价向下运行或相对低位时卖出股票，在虚假陈述被揭露或者被更正后股价上涨而使投资者遭受损失。

4. 中国特色的集体诉讼制度落地

（1）康美药业集体诉讼的“特别”之处

特别代表人诉讼，是 2019 年修订的《证券法》设专章规定的一项重要的投资者保护制度。这是一个极具中国特色，又参考了美国集体诉讼制度的证券民事诉讼制度。根据《证券法》规定，投资者保护机构可以作为诉讼诉代表人，按照“明示退出”“默示加入”的诉讼原则[①]，依法为受害投资者提起民事损害赔偿诉讼。投资者保护机构是指中证中小投资者服务中心有限责任公司和中国证券投资者保护基

① 参见《证券法》第 95 条第 3 款规定：“投资者保护机构受五十名以上投资者委托，可以作为代表人参加诉讼，并为经证券登记结算机构确认的权利人依照前款规定向人民法院登记，但投资者明确表示不愿意参加该诉讼的除外。”

金有限责任公司。

2019 年《证券法》第 95 条第 3 款规定："投资者保护机构受五十名以上投资者委托，可以作为代表人参加诉讼，并为经证券登记结算机构确认的权利人依照前款规定向人民法院登记，但投资者明确表示不愿意参加该诉讼的除外。"康美药业案是 2019 年《证券法》确立中国特色证券特别代表人诉讼制度后的首单案件，是迄今为止法院审理的原告人数最多、赔偿金额最高的上市公司虚假陈述民事赔偿案件。本案让投资者保护机构走向前台，是实现证券集体诉讼的第一个案例。

（2）普通代表人诉讼权利的转换

有意思的是，康美药业案特别代表人集体诉讼案是由普通代表人诉讼转换而成。这种转换过程反映了程序法执行过程中对投资者实体权利的确立与界定。

2020 年 12 月 31 日，广州中院依法受理案件（普通代表人诉讼）。法院受理了原告顾某骏、刘某君等 11 名投资者共同起诉被告马某田、许某瑾、邱某伟等 21 名被告以及康美药业股份有限公司证券虚假陈述责任纠纷一案。经该案原告共同推选，顾某骏、刘某君拟为诉讼代表人，同时请求诉讼请求相同并申请加入本案诉讼的其他投资者，一并提起普通代表人诉讼。2021 年 3 月 26 日，广州中院发布《普通代表人诉讼权利登记公告》。2021 年 3 月 26 日，投服中心公开接受投资者委托，针对广州中院发出的《普通代表人诉讼权利登记公告》发布了《投服中心接受康美药业虚假陈述民事赔偿案投资者委托的说明》，公开接受投资者委托，并在法定时限内接受 50 名投资者委托，向广州中院申请参加普通代表人诉讼并转换为特别代表人诉讼。

2021 年 4 月 8 日，投服中心申请转换为特别代表人诉讼。4 月 16 日，转换申请成功，法院发布特别代表人诉讼权利登记公告，明确本案权利人范围为自 2017 年 4 月 20 日（含）起至 2018 年 10 月 15 日（含）止以公开竞价方式买入、并于 2018 年 10 月 15 日闭市后仍持有康美药业股票且与本案具有相同种类诉讼请求的投资者，但具有 2003 年最高人民法院《关于审理证券市场因虚假陈述引发的民事赔偿案件的若干规定》第 19 条规定的虚假陈述与损害结果之间不存在因果关系情形的除外。2021 年 5 月 31 日，退出期限届满，确定原告名单。2021 年 6 月 12 日，发布原告资格查询公告。广州中院委托专业损失核定机构测算本案全体适格原告损失数额。依据损失核定机构测算结果，投服中心代表的债权人范围为有损失的全体适格原告，申报金额为全体适格投资者损失数额（包含投资差额损失、佣金、印花税、资金利息，未扣除证券侵权行为以外其他风险因素导致的损失）。

康美药业特别代表人诉讼案件于 2021 年 7 月 27 日开庭审理，本次申报的债权属诉讼未决债权，具体金额根据法院审理及案件进展情况予以调整。

（3）中国特别代表人诉讼的优势特色及问题

2021 年 12 月 21 日，投服中心首单特别代表人诉讼开始执行，52037 名投资者将以现金、债转股、信托收益权等方式获偿约 24.59 亿元。债权金额 50 万元以下的投资者共 51730 人，占比约 99.41%。广大投资者以“默示加入”的方式实实在在拿到了赔偿款，首单特别代表人诉讼在短时间内案结事了，反映了我国证券领域投资者保护已日趋成熟，同时，这对资本市场严重财务造假违法行为形成了有力震慑。①

代表人诉讼制度是共同诉讼制度与诉讼代理制度相融合的产物，既有共同诉讼制度和诉讼代理人制度的某些属性，又不同于共同诉讼制度和诉讼代理制度。而康美药业案中特别代表人诉讼制度则为中国特色的集体诉讼制度提供了鲜活而成功的案例，特别代表人诉讼有利于受损的中小投资者得到公平、高效的赔偿。中国证券市场以中小投资者散户为主，当其受到证券违法行为侵害时，由于非常分散、单个投资者索赔金额较小等原因，许多中小投资者往往会放弃权利救济，不想诉、不愿诉、不能诉现象突出。由投资者保护机构参与的证券纠

---

① 中证中小投资者服务中心：《投服中心首单特别代表人诉讼开始执行》，载 http://www.isc.com.cn/html/zxxw/20211222/4286.html，最后访问日期：2022 年 12 月 8 日。

纷代表人诉讼，通过代表人机制、专业力量的支持以及诉讼费用减免等制度，能够大幅降低投资者的维权成本和诉讼风险，有利于解决受害者众多分散情况下的起诉难、维权贵的问题。当然，特别代表人诉讼理论上也有许多有争议问题，如有关公益诉讼的性质与效率与机构代表资格问题，投资者"默示加入、明示退出"的诉讼参加方式问题，有关特别代表人诉讼的代位清偿权问题都值得深入探讨。

5. 刑事责任法律效果与社会效果合一论

（1）康美药业案涉及多项刑事犯罪事实

2021 年 11 月 17 日，广东省佛山市中级人民法院对康美药业原董事长、总经理马某田等 12 人操纵证券市场案公开宣判。马某田因操纵证券市场罪、违规披露、不披露重要信息罪以及单位行贿罪数罪并罚，被判处有期徒刑 12 年，并处罚金人民币 120 万元；康美药业原副董事长、常务副总经理许某瑾及其他责任人员 11 人，因参与相关证券犯罪被分别判处有期徒刑并处罚金。①

可以说，因证券虚假陈述侵权而牵出公司与相关责任人这么多刑事责任罪名，这在以往的证券虚假陈述侵权案中是少见的。

（2）如何认识操纵证券市场罪与单位行贿罪

早在 1997 年，《刑法》第 182 条就规定了"操纵证券交易价格罪"这一罪名，开始对操纵证券市场的行为予以刑法规制。根据现行《刑法》第 182 条的规定，操纵证券、期货市场罪，是指以获取不正当利益或者转嫁风险为目的，集中资金优势、持股或者持仓优势或者利用信息优势联合或者连续买卖，与他人串通相互进行证券、期货交易，自买自卖期货合约，操纵证券、期货市场交易量、交易价格，制造证券、期货市场假象，诱导或者致使投资者在不了解事实真相的情况下作出证券投资决定，扰乱证券、期货市场秩序的行为。《证券法》第 71 条与第 184 条也规定，禁止任何人以操纵证券市场手段获取不正当利益或者转嫁风险。构成犯罪的，依法追究刑事责任。可见，从

---

① 参见《康美药业原董事长马某田等人操纵证券市场案一审宣判》，载 https：//www. fszjfy. gov. cn/index. php？ v = show&cid = 310&id = 71853，最后访问日期：2022 年 2 月 13 日。

犯罪构成看，操纵证券市场罪的主体为一般主体，凡具有刑事责任能力的自然人、单位均能成为本罪主体。其犯罪客体则是国家证券市场管理制度和广大投资者的合法权益。其主观方面则由故意构成，且以获取不正当利益或者转嫁风险为目的。

康美药业是怎么构成操纵证券市场犯罪的？二审法院在裁定书中指出，经审理查明：2015 年至 2018 年，马某田伙同他人，违规筹集大量资金，利用实际控制的股票交易账户自买自卖、连续交易，操纵康美药业股票价格和交易量，致使共计 20 次连续 10 个交易日累计成交量达到同期该证券总成交量 30% 以上，共计 7 次连续 10 个交易日累计成交量达到同期该证券总成交量 50% 以上。可以说，康美药业控制人其行为完全符合此罪的构成要件。

根据《刑法》第 393 条的规定，单位行贿罪是指单位为谋取不正当利益而行贿，或者违反国家规定，给予国家工作人员以回扣、手续费，情节严重的，对单位判处罚金，并对其直接负责的主管人员和其他直接责任人员，处五年以下有期徒刑或者拘役，并处罚金。康美药业案刑事一审过程中，专业人士曾对康美药业的相关行贿行为是否构成单位行贿罪有过争议，由于单位行贿罪与行贿罪的法定刑相差较大，需要细致合理区分单位行贿罪与行贿罪的区别。《刑法》第 393 条规定的犯罪构成要件是判断单位行贿与个人行贿的关键。在形式上是单位行贿的情况下，如果因行贿取得的违法所得归个人所有的，应以行贿罪论处，而不认定为单位行贿罪。这里的“归个人所有”，是指归个别人、少数人（不限于单位成员）所有。倘若归本单位全体个人所有（如集体私分）的，仍应认定为单位行贿罪。可以说，《刑法》是根据因行贿取得的利益归属区分单位行贿罪与行贿罪的。康美药业案二审法院认为，2005 年至 2012 年，马某田为康美药业谋取不正当利益，向多名国家工作人员行贿共计 790 万港元，人民币 60 万元，康美药业及马某田均构成了单位行贿罪。可以说，案件审理法院对其单位行贿犯罪性质的判断是准确的。

此外，二审法院还认定，马某田还组织、策划、指挥公司相关人员进行财务造假，向公司股东和公众披露虚假经营信息；故意隐瞒控股股东及关联方非经营性占用资金116亿余元不予披露。因此，康美药业原董事长马某田等人违规披露、不披露重要信息的罪名也成立。

（3）法律效果与社会效果的统一

过去，证券市场一些刑事判罚都较轻，原因一是囿于金融发展的状况，金融立法制度设计上有缺陷，许多金融类犯罪罪名缺乏；二是对金融市场的刑事犯罪性质认识不透彻，不知如何将金融犯罪行为类型化；三是投鼠忌器，担心类案不同判；四是“先刑后民”的司法潜规则使得受理法院“重民轻刑”，即重视民事赔偿，轻视刑事判罚。因此，对证券市场的欺诈造假犯罪者肆意割韭菜行为刑事处罚都是“毛毛雨”，甚至只有民事赔偿而无刑事追责，如对蓝田股份、银广夏、大庆联谊等证券犯罪者的刑事判决结果都感觉偏轻，证券市场投资者对此现象颇有微词。康美药业案则不然。2022年1月10日，广东省高级人民法院二审对康美药业原董事长马某田操纵证券市场案依法作出终审裁定认为，一审判决认定事实清楚，证据确实、充分，定罪准确，量刑适当，审判程序合法，遂作出驳回上诉，维持原判的裁定。

值得一提的是，有悖于传统的“先刑后民”的案件受理思路和办案习惯，康美药业的证券虚假陈述民事赔偿案与刑事案件的审理几乎是同时进行的，如果算上刑事二审程序的话，此案也算开启了“先民后刑”的先例，但这并没有影响到此案公平、公正、公开的受理以及办案受到社会好评的效果，可以说，康美药业案刑事一审和二审判决做到了法律效果与社会效果的统一。

6. 康美药业案的破产法启示

重整是2006年我国破产法立法重大的制度突破。在新时代的经济转型期，重整价值之重大毋庸置疑。近年来，中国出现不少头部企业的破产现象。这些巨型头部企业债务规模甚至高达数千上万亿元，原来都是这些产业行业中的领袖企业，许多企业实控人是各省各区域的民营首富，其举手投足对整个产业、行业甚至区域经济都有地震式影响。因而，为了稳定市场预期与信心、减少社会震动，对这一类偿付能力出问题的企业，其进入破产程序之后，一般都选择重整程序去拯救。

康美药业所涉重整是上市公司的重整，债权债务关系很复杂，其所涉及的重整法上需要探讨的问题包括：

第一，受理上市公司破产要不要行政前置。许多地方法院希望有行政前置程序才能受理上市公司重整。但这是非市场化、非法治化、非专业化的重整，即便没有监管部门的出手，法院也应该受理。证监会和最高人民法院的协调工作是比较复杂的，下一步更加市场化、法治化的破产，应该是现代国际破产法发展的趋势。

第二，如何满足不同要素市场的信息披露要求。上市公司重整一般需要一个双披露制度。第一层披露是指涉及投资人的重大事项应向利益相关人和整个市场进行披露。第二层披露是指管理人就破产中的重大事件向债权人和参与人进行披露。这两类披露的要求都是不一样的。《美国破产法》中，“在涉及公共债务或股权案件中，证券交易委员会可能会对重整计划及披露声明进行严格的审查，并在法院的披露声明听审中提出任何其认为正当的反对意见。一般情况下，法院都会十分重视证交会提出的意见，也经常会将披露声明发回给起草人，并指示其对证券交易委员会的意见作出回应”①。上市公司重整的信息披露是双轨制的披露，涉及不同利益主体的保护。证券法更强调保护广大投资者利益，破产法更多保护债权人利益，这也许是不同法律一个重大的结构性冲突。

第三，如何衡量股东权益在重整中的保护程度。在英美法系中，破产企业股东投票对重整仅仅是参考，在国内，对股东在重整中的投票权过于保护。康美药业的很多股东既是股东也是债权人，实践中会派生大量公司证券衍生诉讼。康美药业案反映了许多西方金融市场上出现的问题，在中国证券市场进行了一种中国化方式的演绎。一般来说，公司破产时，其控制权应转移到债权人手上，但在我国，这种控制权的转移并未被实践完全认同，在重整谈判中要削减股东权益时阻

① ［美］查尔斯·J. 泰步：《美国破产法新论》（第3版）（下册），韩长印、何欢、王之洲译，中国政法大学出版社2017年版，第1169页。

力巨大。当然康美药业的资产相对优质，并且本案的司法审判协调工作对重整价值的保护是非常成功的，因而在本案中妥善地解决了股东权益保护的问题。

总之，康美药业破产重整案成功的经验可总结如下：

（1）康美药业的重整是市场化、法治化重整，公开、透明而不是滥用行政手段。

（2）康美药业的重整是专业化的重整。该案涉及很多专业性较强问题，例如投服中心的代位权问题、有争议的预重整制度的运用等。这些经验给予破产法修法一些警示与借鉴，例如预重整程序要不要任命管理人、是否允许适用法律效力极高的“三中止”制度等。

（3）有利于系统性风险防范。康美药业公司暴雷是很容易引发区域性、行业性重大风险的，本案的处理有效控制了连锁反应的引发。

（4）检验了府院协调和高度复杂案件并行审理的能力。刑行民金破多重交叉的案件，一家法院是难以完成司法审理的。最高人民法院与广东高院通过整体协调、顶层设计和有智慧的引领，有效地解决了这个难题。

希望有关司法部门进一步总结办理此案的宝贵经验，使其成为一个可复制推广的经典案例。

第十五讲　合并破产与“执转破”

一、企业集团破产的关键问题[①]

企业集团破产问题是破产法学界讨论较多、争议较大的问题，也是一个令众多破产法官、司法机构与管理人头疼的司法实务问题。企业集团破产问题在中国语境中，被转化为关联企业破产或集团企业破产问题，这一问题本身就较为复杂，近年来在中国随着案例的增多，更得到了高度关注。

第一，中国企业集团的特征。为什么在中国会出现这么多关联企业合并破产现象？首先，中国出现这么多的关联企业破产，与我国的企业家构成和营商环境有很大关系。在中国，受到传统商业文化的影响，“企业群”现象十分突出，企业股权结构一般也比较集中。其次，中国东西南北差距比较大，我们企业很大程度上偏向于采用关联企业这样一种形式，这跟我国企业家自身的素质很有关系。笔者最近走了一些地方考察企业状况，看到一些企业做到一定地步以后，就开始在国内东西南北投资，而且往往他在本地的投资很少，大量的投资都投到外地。而且中国企业家往

① 本处内容整理自李曙光教授为贺丹所著《企业集团破产：问题、规则与选择》一书所作的序言。

往有一种规模扩张的冲动，但是做大到一定规模后又控制不了他那些关联企业群。姑且从善意的角度来理解这些企业家，如果不是要滥用公司的独立法人人格，就从企业家自身的素质、自身的规模扩张冲动、自身对于企业做大做强的雄心壮志这个角度来考虑。但是实际上当企业进入了一定规模，我们企业家没有能力去有效控制。当然这里面除了与企业家自身的素质、道德水准以及经营能力有关以外，还跟中国的经营环境，特别是跟地方政府对企业的信任度都有关。最后，也不排除确实存在部分企业家想借用关联企业的形式来转移资产、逃避税收，甚至在母子公司之间开展不当的关联交易。事实上，这种借用有限公司外壳去谋不当利益的情况在中国也不少。那么问题是，怎么去判断是否出现了前述的不当情形？这确实在司法实务当中成为一个很头疼的问题。这是第一点，即为什么有这么多企业在企业破产的时候资产是“空”的，原因在于很多企业在跟它的关联企业进行交易时，会出现转移、“掏空”企业资产这样的现象。

第二，如何认识破产中的法人人格否认制度？这个制度在企业集团破产当中具有特殊性。企业集团实质合并是破产法的制度创新。公司法学者一般都认为，如果从英美法系的角度来看，法人人格否认制度是在有限责任公司的“墙”上钻一个“孔”，通过这个“孔”去看到控股股东的一些行为，是否在导致债权人利益受损事实方面存在关联性，是否有滥用有限责任这样一些特征。所以到法院的诉讼都是针对这些某种特定行为加以判断，在“被钻之孔”的目的之外，有限责任公司这堵“墙”是依然矗立的，这是公司法学者比较多的一个形容词。但是我国研究破产法的学者认为，到我国破产当中，这堵“墙”倒了。这与《公司法》是很不一样的，这个实际上和《企业破产法》当中为什么要研究关联企业实质合并破产的重要性有关。因为有限责任公司整个“墙”倒了，不是“钻孔”的问题。所以无论是法官、管理人，还是债权人，他们在面临一个“坍塌的公司建筑”情况下，需要来判断控股股东是否有滥用公司法人人格这样一种情况。因此笔者认为这跟《公司法》里面的判断就非常不一样，《企业破产法》是一个将企业所有的交易整个“摊开”来清理的处理思路，所以这就增加了在破产程序当中判断公司是否属于应当进行实质合并的关联企业的复杂性。

第三，笔者主张实质合并破产有制度价值，但应该坚持审慎原则，同时又要注意到“反向刺破”的现象。学界一般强调审慎原则，但实质合并破产的适用原则应该有三：一是审慎的原则，即是否适用实质合并是以单独判断、单独程序、适用单独的破产程序为主，适用实质合并为辅；二是限制的原则，要限制使用实质合并破产，即未满足一些条件的情况下不能适用实质合并，限制的条件方面应当是具有复合性的；三是例外的原则，即实质合并的情形是少量的，这是一般性的判断。最高人民法院在2018年发布的《全国法院破产审判工作会议纪要》中也是做这么一个判断，[①] 但是中国的复杂性在于，中国的企业大多数都应当适用这个例外，或者中国的企业家、企业控股股东，大多数在适用这个例外。另外，某种程度上我国企业，是被那个“墙倒企业”的股东自己提出应该进行实体合并，也就是说中国的实体合并、关联企业实质合并更多的情形是“反向刺破面纱”，这里需要区分“内部人反向刺破”与“外部人反向刺破”。对于这些问题到底应当如何来进行司法确认，都需要法院在实践中进行极为审慎的处理。

第四，关于实质合并的判断标准。《公司法》第20条和《全国法院破产审判工作会议纪要》里面提到的实质合并判断标准，更多是简易标准，具体包括如下的一些审查因素，比如一个公司是否有逃避债务的行为，是否有严重损害债权人的利益行为，滥用行为和损害之间的因果关系，关联企业之间的业务关系、财务关系以及对外宣传等方面。在这个判断标准上，各国的司法实例不一样，对《公司法》的解读思路上存在两派观点，一派是大陆法系派，另一派是英美法系派。大陆法系派强调是一个“直属理论”，或者更加强调法规定的适用说，也就是说公司法人人格否认是按照法律规定的条文来加以判断的，如德国法就强调法规定适用说、滥用说以及分离说。但英美法系则更加

① 参见最高人民法院《关于印发〈全国法院破产审判工作会议纪要〉的通知》（法〔2018〕53号）第32条。

强调代理说、工具说、另一自我说（alter ego），强调去刺破实体行为，更加强调刺破面纱时要判断行为要件的符合性。有几种要件是英美法系更加重视的：第一个就是适用于母子公司之间；第二个是适用于税收领域；第三个是反向适用，特定股东主动要求来适用刺破；第四个是欺诈，欺诈的情形比较多，特别是在中国这种有意无意的欺诈是比较多的；第五个是一些形式要件，包括像公司档案、公司本身的信息披露存在的那些错误缺失、股东的抽逃出资，本身公司信息的虚报和隐瞒，就是根据形式要件也能去判断是否要实质合并。所以，中国在破产实务当中，更多要学习借鉴判例法的一些传统，也就是在实体合并判断标准上，要件认定方面要更精细一点，并且更需要强调行为表现与证据。这一点笔者认为司法机构要构建相关机制，其中最重要的就是要把这些要件的认定因素和破产程序规则相适应，包括前文提到的通过听证的这样一些方式来帮助法院更好地进行判断，把这些规则理念融入个案审理当中。要言之，法官对实质合并的判断标准的准确以及精细把握都是非常重要的。

第五，法院的管辖和冲突的解决。目前很多案例之所以会存在破产企业到底要不要进行实质合并，或者关联企业要不要实质合并的处理难题，很大程度上是因为法院自身的因素，即有些法院因为不自信而不敢做这样的一种实质合并破产的裁定。深究背后的原因，除了有些案件是法院不懂该制度的运作逻辑以及法理基础以外，还有些案件是法官不敢作裁定的问题，这可能不一定是基于司法审慎原则，而是更多从法院的层级和法院的职权地位着想，还有就是法院对于破产企业，特别大型的破产案件的管辖权，受理法院根本“够不着”“管不了”。最高人民法院《全国法院破产审判工作会议纪要》中对合并破产的管辖规定有两条，一般是采取核心控制企业的住所地的法院来受理，没有核心控制企业住所地的就是主要财产所在地法院管辖。实际上在中国目前的四级法院体系下，地方政府的利益在管辖权确定与行使中起着非常重要的作用。不管什么法院管辖，不能干涉核心控制企业在外地的资产，即在其他外省、市投资经营的资产。某法院虽然对一个破产案件有司法管辖权，或者有一个财产诉讼的协调力，但是如果没有地方政府支持，那个法院根本不可能去管辖这个案件，这涉及地方稳定与地方债务人利益。所以我们往往看到一些重大的案件需要中央政府协调，或者某一个省政府出来协调，法院才愿意做实体合并的判断，所以这一点是非常具有中国特色的。最高人民法院引用了“核心控制企业住所地”这个概念，这是从《联合国国际贸易法委员会跨境破产示范法》中借用过来的一个概念，这对合并破产案件受理是有参考价值的，但是在中国不仅要有“核心控制企业财产所在地”的概念，更重要的还要有对于破产企业在外地的财产有控制力的破产法院，否则实体合并是很难进行的。因此，独立性和权威性强的破产法院对实质合并破产是很重要的。

第六，债权人的异议处理。最高人民法院认为在涉及案件管辖权冲突时，可向上一级法院申请复议，上一级法院可对法院管辖进行协调，但笔者认为这是不够的，因为合并破产当中存在大量的附随诉讼，这些诉讼往往是由债权人提出异议的，双方或多方债权人都可以提出异议，并且涉及其他关联企业的各种利益。所以在实质合并破产程序中，维护程序上的正当性和给企业债权人等提供更多的救济渠道是非常重要的。

二、关联企业实质合并破产的重点问题[①]

中国现在会出现这么多的关联企业的破产情况，和我国的企业家构成和营商环境有很大关系。很多企业家在做到一定地步以后，就开始向各地扩张投资，而在本地的投资很少。这也导致企业大量的资本投资在外地，但实际上仍然在对这些外地企业行使控制权，由此形成了众多关联企业。当然这也不排除一些企业家投资人是有转移资产、逃避税收等不正当目的。如何判断关联企业能否实质合并破产的实际情况，是当前司法实务中一个非常重要且复杂的问题。

关联企业实质合并破产问题，是近些年备受破产法学界关注和争

---

①　本部分整理自李曙光教授在2019年5月19日召开的第11期“蓟门破产重组对话”中对主讲人冯果教授题为“关联企业合并破产中的利益平衡与问题面向”讲话的点评。

议的问题。在优化营商环境、破产法实施颇受重视的大背景下，各地涌现大量关联企业破产案件，而关联企业之间的复杂法律与商业联系对破产法提出了挑战。源于美国判例法实践的实质合并破产制度是解决关联企业破产分配问题的一个重要创新，被破产审判实务所借鉴。随着实质合并破产规则的广泛运用，该制度得到了国内学界实务界的高度关注。在近年中国政法大学破产法与企业重组研究中心主办的“蓟门破产重组对话”中，曾经先后邀请两位专家就相关话题进行主题演讲，并组织国内外专家深入研讨，其中左北平会计师曾经主讲《关联企业实质合并破产的相关问题》，冯果教授主讲《关联企业合并破产中的利益平衡与问题面向》。此外，中国政法大学破产法与企业重组研究中心研究员贺丹副教授曾经出版专著《企业集团破产：问题、规则与选择》，[①] 这些均广泛涉及该主题。以下几个方面比较有探讨的价值：

第一，实质合并破产的产生逻辑。从整体来看，现行《企业破产法》主要以企业法人人格独立原则，通过破产撤销权制度、破产无效行为制度等措施规制滥用法人人格的行为。但是，当关联企业财产、业务、人员混同达到难以区分，人格具有实质统一性的时候，以独立法人人格为基础的破产规制规则明显存在不足。实质合并是美国破产制度下破产法官根据衡平法权力创设的破产规则，反映了关联企业破产的特殊诉求。

公司法的法人人格否认制度，从英美法系的角度来讲，实际上是在有限责任这堵“墙”上钻一个“洞”，通过这个“洞”去看控股股东的个别行为是否有滥用有限责任的情况，在这些行为目的之外，有限责任这堵“墙”依然矗立着，是处于一个继续存在的状态。然而关联企业实质合并破产，不是钻一个“洞”的问题，而是有限责任这堵“墙”拆掉了，法官、管理人、债权人是在面临一个所谓“坍塌的建筑”的情况下，来判断是否存在滥用公司法人人格的行为。因此可以说，这和公司法里的判断方式是截然不同的，即破产法中是将关联企

① 参见贺丹：《企业集团破产：问题、规则与选择》，法制出版社 2019 年版。

业所有的交易“摊开”来判断，这也增加了运用实质合并原则来处理关联企业破产的复杂性。

第二，实质合并破产具有自己的制度价值，但应当特别审慎地适用。关联企业的设置是市场上的一种常见现象，有其独特的经济价值。而实质合并是应对关联企业滥用法人人格、不规范经营的一种事后规制手段，可以解决关联企业财产难以区分和债权公平清偿问题。但是，不适当适用实质合并破产不但可能带来新的清偿公平问题，甚至可能影响企业集团化发展。一般而言，实质合并破产的适用原则有三：审慎的原则、限制的原则和例外的原则。然而，中国当前这一问题的复杂性在于大多数企业家、控股股东都在利用这个例外，我国的实体合并破产更多的是运用反向刺破面纱制度。对此，最高人民法院印发的《全国法院破产审判工作会议纪要》曾明确提出，要审慎适用关联企业实质合并破产。[①] 人民法院在审理企业破产案件时，应当尊重企业法人人格的独立性，以对关联企业成员的破产原因进行单独判断并适用单个破产程序为基本原则。如何在司法裁判中坚持审慎适用原则，需要法官自由裁量，同时也需要在立法中明确相关规则，防止滥用现象出现。

第三，如何构建合理、高效的实质合并破产启动规则？关联企业成员具有独立的法人人格，本应独立地完成破产程序。但是，如果启动实质合并破产，则涉及合并的时间、申请主体、管辖法院等复杂的程序问题，需要在今后的立法中进一步明确。正如书中提及：“如何在多个独立破产程序的基础上进行实质合并，这既关系到司法效率的问题，更关乎相关利益主体的公平问题。此外，实质合并破产如何与现有破产程序规则相衔接，这也是一个现实问题。”

第四，从实体和程序两个方面构建实质合并破产的判断规则，提升裁判的合理性和正当性。实质合并破产的判断问题是整个制度的核心问题。对此，《全国法院破产审判工作会议纪要》曾经提及标准的

---

① 参见最高人民法院《关于印发〈全国法院破产审判工作会议纪要〉的通知》（法〔2018〕53号）第32条。

问题，“当关联企业成员之间存在法人人格高度混同、区分各关联企业成员财产的成本过高、严重损害债权人公平清偿利益时，可例外适用关联企业实质合并破产方式进行审理。”① 本书指出，要从实体和程序两方面设计实质合并破产的判断规则，一方面不应局限于单一的人格混同标准，而应以人格混同标准为核心，结合信赖利益标准、债权人收益标准、重整需要标准等内容的标准体系进行裁判；另一方面需要在程序上设置债权人利益反馈程序、合理的举证责任分配机制，以平衡相关主体的利益。这种观点一定程度上反映了当下司法实践的探索方向，需要破产法学界进一步深入研究。

第五，判断标准。《公司法》第 20 条和最高人民法院发布的《全国法院破产审判工作会议纪要》第 32 条中提到更多采用的是简易标准，即一个公司是否有逃避债务的行为以及严重损害债权人利益行为，滥用行为和损害实质合并之间的因果关系，关联企业之间的业务关系和财务关系等。但各国司法实践中这种判断标准是不一样的，中国在这一方面应当学习和借鉴判例法系国家的一些内容，在实体标准特别是要件认定方面要更加精细一点；另一方面还需要构建一套完备的机制，其中包括要件和程序规则，并通过听证等方式帮助法院去判断是否适用实质合并。

第六，法院的管辖与冲突的解决。实践中关联企业要不要实体合并，很大程度上是因为法院的因素，有些法院不自信，另外有些法院部分法官不敢轻易运用，这不一定都是司法审慎原则的考量，而更多是从法院的层级和法院的地位考虑。中国目前的四级法院体系，复杂之处在于掺杂了地方政府的利益因素，为此有时还需要地方政府的协调，否则无论哪一家法院管辖，如果不能对核心控制企业的在外资产行使司法管辖权或者没有财产诉讼的协调能力，法院仍然是无法完成实体合并破产诉讼的。因此，如果没有一个权威的、独立性很强的法院，并确保其能够保证其对企业位于外省财产具有控制力，这样的实

---

① 参见最高人民法院《关于印发〈全国法院破产审判工作会议纪要〉的通知》（法〔2018〕53 号）第 32 条。

体合并破产程序是很难进行。

第七，保护异议债权人的利益。实质合并破产是将难以区分的资产合并处理，保证债权人公平清偿。这种处理方式无疑触及了债权人的清偿基础，直接表现为关联企业债权清偿率的改变，容易招致相关债权人的反对。为了防止法院滥用裁判权，寻求债权人之间的利益平衡，本书认为需在裁定实质合并之时赋予异议债权人必要的救济渠道和合理的损失补偿。这种处理方式可以尽可能保护异议债权人的利益，减少实质合并破产的质疑和阻力。

最高人民法院所发布的《全国法院破产审判工作会议纪要》第34条中指出，相关利害关系人可向上一级法院申请复议，但这样的规定是远远不够的。[①] 因为当前实体合并破产中存在大量的案件，这些异议往往是由债权人提出的，而且涉及其他关联企业的利益，所以正当的程序和更多的救济渠道是非常重要的。

三、“执转破”的难点与破解路径[②]

继2017年年底召开全国破产审判工作会议后，2018年4月26日，最高人民法院在深圳召开全国法院“执转破”工作推进会。未达半年时间，两次召开针对破产审判工作的全国性会议，这不仅是破产审判工作中所罕见的，在其他审判领域中也是少有的。“执转破”真正要解决什么问题？“执转破”工作究竟难在什么地方？如何破解“执转破”中存在的障碍？

（一）“执转破”的推进障碍

对于“执转破”的破题，应当从大处着眼，小处着手。首先应当理解何为“执转破”。严格来说，“执转破”不是严谨的法律用语，只是在实践形成的简称，理解上的偏颇对“执转破”的推进带来了困扰。“执转破”不是简单的执行转破产，而应当是“执行不能”转破产。“执行不能”一般有两种情况，一是有可执行财产，但却无法执

① 参见最高人民法院《关于印发〈全国法院破产审判工作会议纪要〉的通知》（法〔2018〕53号）第34条。

② 本处内容发表于《中国审判》2018年第13期。

行到位，这种情况目前主要通过加大对失信债务人逃废债的打击解决；二是无产可执。无产可执的企业法人主体往往成为“僵尸企业”。我国现有法律未对“僵尸企业”的清理做规定，并未明确赋予哪个组织或部门可将这类市场主体作强制清理。若完全按照市场经济法律规则运行，则应当由相关的债权人或者债务人自愿进行清理，但目前的制度中恰恰缺少这种动力机制，使“僵尸企业”成为市场信用中的“钉子户”。

从实践中来看，“执转破”的推进至少存在以下三个方面的障碍：

第一，“执转破”的法律依据不足。《企业破产法》《民事诉讼法》中对于“执行不能”的案件该如何处置尚付阙如。将“执行不能”的案件移送破产审查是司法实践中形成的工作方式，通过逐步试点形成工作经验，通过司法解释、会议纪要和指导意见等方式逐渐推广。因而，其具体的转换衔接程序，例如管理人如何接管，债权人会议如何召开等等技术操作都没有可依照的规定，只能是由具体的法院自行依破产法的精神、原理探索，这无疑给“执转破”的推进增加了难度。

第二，“执转破”内部协调机制不完善。“执转破”具体在法院内部怎么流转，这涉及法院内部工作协调机制的问题。具体是执行和破产审判两个系统在案件费用收取、考核方式差异和网络系统不对接、不兼容等方面所造成的衔接上的不畅通。两个系统有各自利益领地和激励机制，由此形成的利益藩篱带来了信息不对称以及“执转破”不能顺畅运转的问题。此外，还有法院管辖带来的地方利益考量。某地法院执行部门好不容易找到的可执行财产在本地债权人中尚难以满足，怎会轻易将之推向破产程序，引来更大范围的利益相关者分享所剩不多的财产。在现有的工作机制下，法院执行系统并没有太大动力去推动“执转破”。

第三，“执转破”社会配套制度不健全。“执转破”具体执行过程中的社会环境障碍，例如企业的注销具体谁来负责，企业在破产程序结束后如何从市场监管、税务部门异常名录中撤销等问题。对于因“执行不能”造成的“僵尸企业”，目前并无主体有职权可对其采取强制清算措施，将之强制出清。

“执行难”问题具有中国国情特点，通过破产渠道进行疏解可以解决其中一些问题。但目前这一渠道还不完全畅通，在解决法院内部机制和社会配套机制的同时，应当更多地通过发挥市场机制解决。除了上述提到的几点措施，从长期来看，还有其他深层次的问题需要解决。法院管辖如何打破行政束缚，使法院能够摆脱地方利益考量就是下一步司法综合配套改革的重点。这对于解决当前的“执行难”，尤其是“执转破难”意义重大。此外，还有政府在利用破产程序处置“僵尸企业”的角色问题，需要有一个部门来统一协调这些配套工作，使破产机制充分发挥作用，从国际经验来看，建立破产管理局是一必要举措。更重要的还有破产法的修改问题。《企业破产法》已难以适应实践发展的需要，类似“执转破”这样有利于市场出清的制度，长期实践发展总结出的制度，由于缺少足够的法律依据，还无法全面推广，这无疑给破产机制的运用打了折扣，阻碍了进一步完善市场营商环境。

破产机制在市场经济下对于市场出清和改善营商环境具有重要作用，而“执转破”是在中国语境下让破产机制发挥效用的重要制度安排。相信在最高人民法院和各方共同努力推动下，“执转破”不仅可以作为解决“执行难”的重要抓手，也不仅可以助推破产法的有效实施，更能够成为解决“执行难”的一条有效途径。

（二）“执转破”的实践原则

在配合供给侧结构性改革的背景下，推进破产审判被法院作为解决“执行难”的重要突破口，具体表现为各级法院现在纷纷推动“执转破”工作，即债务人企业可执行财产难以执行生效判决的案件径行由执行程序转入破产程序，但在现实中也遇到不少障碍。“执转破”中应遵循何种原则？“执转破”中法院到底应该扮演什么角色？如何推动“执转破”？这些问题实践需要我们迅速回答。

首先，“执转破”的启动应严格把握“执转破”条件，遵循当事人意思自治原则。“执破衔接”的启动条件规定于最高人民法院《关于适用〈中华人民共和国民事诉讼法〉的解释》第511条。

该条规定不仅明确被执行人应是企业法人，已达破产界限，还规定执行法院须“经申请执行人之一或者被执行人同意”。因此，启动“执转破”一定是市场化当事人的自愿选择，而不是法院“动员”或“主动推进”所致。法院在“执转破”中可做的是积极披露相关信息，完善“执转破”细则，依法依规“执转破”。

其次，“执转破”的启动应恪守法院中立保守原则。在目前的“执转破”工作中，有种观点认为，法院可依职权启动破产程序，这种观点不仅有悖于我国破产法的立法精神，在实践中也是有害的。法院强行依职权启动“执转破”，这可能导致法院一叶障目地追求结案率，法院也没有能力承担这种启动错误的后果。在破产制度等相关制度并未完善的现实情况下，法院单方面启动“执转破”亦是对市场经济信用功能的不信任，放弃了法院社会公正中立裁判者的角色。当市场经济发展到较成熟信用时，破产制度自然就会发挥清扫市场信用垃圾的作用，当破产制度的功效为公众所广为认可时，当事人选择启动破产程序解决无产可执的问题便是水到渠成。因此，在缺乏制度和现实支撑的情境下，法院应恪守中立保守原则，不应主动采用依职权的“执转破”干预措施。

最后，解决“执转破”难的制度基础在顶层设计与市场经济水平。现实中“执转破”难以启动的原因盖因当事人缺乏主观客观动因。一方面，被执行企业不主动申请破产在于其未能充分了解破产机制作为市场经济下主体信用恢复机制的重要功能，加之个人破产制度与债务豁免机制尚未建立起来，被执行个人为生存生活所计，不得已消极执行甚至逃避执行。另一方面，债权人作为申请执行人不愿意启动破产程序的原因在于各债权人之间就债务人偿债能力与实际执行的信息不对称，即彼此产生“囚徒困境”。参与分配制度与破产制度的冲突也是导致债权人不愿意启动“执转破”的重要原因。参与分配制度下的清偿顺序和时效更有利于抢先清偿债权人的制度安排，这对少数债权人更有吸引力。解决上述问题，根源在于要让当事人充分感受到破产制度对于保护债务人免受债权人侵扰的制度优越性与依法保障债权人公平受偿制度的重要性，“执转破”问题的根本解决应着眼于破产制度的完善，特别是个人破产制度的推出。现实情况下，对于僵尸企业的处置，可以考虑由工商行政管理部门作为政府具体执行机构，向法院提出强制清算的申请。另外，法院可以通过建立未执行案件信息平台等信息披露机制解决债权人之间信息不对称问题。

从长远考虑，循序渐进完善市场信用机制是从根本上解决“执行难”的有效途径。法院破解执行难的出路，应着眼于“执行难”本身，而不是寄希望于主动适用“执转破”程序。执行时限晚、权威性不够是导致法院在真正开始执行时发现无产可执的重要原因。此外，法院之间缺乏协调也造成跨区域执行难以实现。因此，制度设计的严谨和执行操作的细化应成为解决“执行难”的不二法门。另外应当明确公司董事高管人员通过公司决策实施隐匿财产等欺诈性交易，从而造成无产可执破坏市场交易秩序的刑事责任，营造配合执行的社会环境。最后应通过破产理念的塑造与破产文化的培育，确保市场主体逐步相信破产制度能够切实保障其合法权益而主动适用。

法院在“执转破”中保持中立，既是对权力分配的遵守，也是对市场作用的尊重。其他权力机关的齐抓共管，特别是立法者的顶层设计才是破解执行难题的一剂良方。

（三）“执转破”的实施问题与制度完善

2017 年 1 月 20 日，最高人民法院印发《关于执行案件移送破产审查若干问题的指导意见》,[①] 其出台背景一方面是人民法院存在大量“无产可执”的执行积案，另一方面是贯彻供给侧结构性改革要求，处置“僵尸企业”，实现市场出清的目标。目前来看，原本被寄予厚望的“执转破”工作，实施效果并未达到预期设想。

具体看来，“执转破”实施中还存在以下问题：

一是信息系统不联通。执行工作与破产审理工作在法院系统中分属不同业务庭，有各自的信息管理系统，相互之间并未联通。破产案件审理中由于无法进入执行查控系统，难以及时全面对债务人财产采

① 参见最高人民法院《印发〈关于执行案件移送破产审查若干问题的指导意见〉的通知》（法发〔2017〕2 号）。

取保全措施。由于两个信息系统之间的隔离，执行案件无法及时通过网上移送方式及时转交破产审判庭，影响“执转破”工作效果。

二是执行案件移送动力不足。在目前的执行系统中并未设置“执转破”的相关考核，加之“执转破”衔接程序中关于案件材料的移送与接收标准不统一，程序未细化，包括保全措施的解除或移送，执行标的争议处理等实践细节问题都未形成具体明确的工作安排，极大影响了执行部门移送案件的积极性。

三是“执转破”案件管辖问题。实践中存在执行案件管辖法院与破产案件管辖法院不同的问题，使“执转破”不仅成为不同部门之间的利益之争，更成为不同法院、不同地方之间的利益之争。“执转破”案件管辖不明确，同样影响“执转破”实施效果。

四是破产财产的拍卖问题。目前执行系统通过网络拍卖执行标的已形成较为成熟的工作程序，但通过网络司法拍卖的方式处置债务人财产的具体案例仍较少，既有债权人的认识不足的问题，也有网络司法拍卖需要执行部门配合的问题。

五是执行中的信用记录处理问题。目前形成的失信联合惩戒机制在一定程度上起到了惩戒和震慑作用，但也存在工作方式较简单，信用修复机制不完善，记录处理不及时的问题，影响“执转破”的社会效果，使被执行人无法充分认识到“执转破”所带来的正面作用。

对于上述“执转破”工作中的难点，主要症结在于法院系统内部的衔接协调、互联沟通问题，破解“执转破”工作存在的这些问题，应当继续在最高人民法院层面加快协调和顶层设计。推动“执转破”工作，应当做到以下几点：

第一，坚持“执转破”衔接的基本原则。《关于执行案件移送破产审查若干问题的指导意见》中明确，“执转破”应以达到破产条件的企业法人自愿为前提条件，是“执转破”工作必须坚持的基本原则。[①]“执转破”工作应为法院积极的“顺势而为”。

---

① 参见最高人民法院《印发〈关于执行案件移送破产审查若干问题的指导意见〉的通知》（法发〔2017〕2号）第2条。

第二，打破部门间的藩篱。法院系统内部在人员、基础设施上的分割不应该成为影响维护司法权威共同目标的障碍。“执转破”的实施不仅有利于解决执行积案，也符合推进供给侧结构性改革的要求。法院内各部门间通力协作、完善“执转破”衔接机制，有利于维护司法权威，体现司法价值。

第三，创新“执转破”衔接机制。对于“执转破”衔接中存在的具体移交、法院管辖问题，各地可以创新工作机制。比如有的地方通过建立执破联合合议庭，直接联合立案、破产、执行三个部门的力量并进行有效对接，加快处置“执转破”案件就是很好的经验。有些地方还将简单的“执转破”案件作为破产简易程序处理，加快了工作效率。各地可以结合实际，完善“执转破”衔接机制。

第四，加快破产处置市场化。债务人财产通过网络司法拍卖的方式符合破产处置市场化的要求，也符合债权人的利益。破产审判人员在案件审理过程中可以适当引导债权人采用市场化方式处置，执行部门也要积极配合。

第五，完善信用修复机制。为了保障“执转破”机制的落地，法院部门还应当认识到税务、工商、征信等部门在信用修复中的作用，积极对接协调，解决债务人的后顾之忧。通过“执转破”典型案例，使更多人认识到“执转破”的积极作用，主动适用“执转破”机制。

克服“执转破”的难点仅有框架式的指导意见远远不够，需要在最高人民法院层面完善“执转破”衔接细节，各地创新“执转破”衔接工作方式，共同推动各方“执转破”的积极性，加快“执转破”的顺利实施。

四、大型集团企业实质合并重整：以海航破产重整案为例[①]

（一）案情简介

海航集团有限公司（以下简称海航集团）曾是以航空运输、机场

① 本部分节选自最高人民法院民事审判第二庭评选颁布的《2021 年度全国法院十大商事案件》，为李曙光教授对海航破产重整案的点评。

运营、酒店管理、金融服务为主要业务的大型跨国企业集团，曾入选世界五百强，拥有境内外企业2000余家。因经营失当、管理失范、投资失序，加之市场下行，海航集团于2017年年底爆发流动性危机，并转为严重资不抵债的债务危机。海南省高级人民法院于2021年2月裁定受理海航集团等7家公司及海航集团下属3家上市公司及子公司重整，[①] 并在3月裁定对海航集团等321家公司实施实质合并重整，形成三家上市公司内部协同重整、非上市公司实质合并重整、上市公司与非上市公司共计378家公司同步重整、联动推进的模式。其中321家公司实质合并重整案涉及债务规模最大，审理难度较高，为社会各方重点关注。2021年10月，海南省高级人民法院顺利审结案件，裁定批准重整计划。[②] 通过重整，海航集团既化解了债务问题，又解决了上市公司合规问题，实现对业务、管理、资产、负债、股权的全方位重组，实现了法律效果、社会效果、经济效果的统一，为大型集团企业风险化解、境内重整程序的境外承认与执行、关联企业实质合并重整、上市公司合规问题解决以及海南自贸港破产立法及司法提供了鲜活丰富的样本与素材。

（二）点评

海航集团作为曾经的世界五百强企业，曾是中国民营经济的一张名片。因管理失范、经营失当、投资失序等多重因素，海航集团最终进入破产重整。该案是目前亚洲地区债务规模最大、债权人数量最多、债权人类型最多元、重整企业数量最多、法律关系最复杂、程序联动最复杂的破产重整案件，也是少有的由高级人民法院直接审理的重整案件。《企业破产法》发布时间比较早，囿于当时经济发展的客观阶段，缺少大型企业破产重整的需求及相关法律规定。海航集团作为全国第二大民营企业，其破产重整带来了巨大的司法挑战。法院在案件审理时准确适用最高人民法院2018年《全国法院破产审判工作会议纪要》中有关实质合并重整的规定，谨慎确定了实质合并企业的

---

① 参见海南省高级人民法院（2021）琼破44号公告。

② 参见海南省高级人民法院（2021）琼破44号之六号民事裁定书。

范围、标准及破产原因，适时启动实质合并程序。在案件审理过程中，法院严格适用“各关联企业成员之间的债权债务归于消灭，各成员的财产作为合并后统一的破产财产”的规定，[①] 厘清了企业内外债务，确定了各方债权，为重整计划的制订创造了良好的条件。在重整过程中，为有效防范金融风险，法院充分听取总行级金融机构债委会的意见，发挥金融机构债委会的协调功能，对有效防范金融风险、统一广大债权人的共识及推进重整工作起到了非常重要的作用。金融机构债委会虽有别于破产法层面的债委会，但在大型企业破产案件中，其功能是不可忽视的。在今后破产法的修改中，是否赋予金融机构债委会在大型企业破产过程中的法律地位，是一个值得思考的问题。超大型企业破产重整的最大困难在于如何妥善管理、维护、运营或处置复杂财产，尽可能保护债权人的整体清偿利益。《重整计划》提出设立信托计划的方案，充分利用信托计划的财产管理、运营功能，确保企业持续经营及分期偿还债务，该计划得到了法院的批准，该做法对后续企业集团的破产重整具有一定的指引意义。该案的顺利审结，为后续出现风险的大型集团企业通过破产重整方式，在法治化、市场化原则下化解风险提供了成功样本与经验，也在实质合并重整、协同重整、境外承认与执行等方面为未来破产法修订提供了素材与参考。

---

① 参见最高人民法院《关于印发〈全国法院破产审判工作会议纪要〉的通知》（法〔2018〕53 号）第 36 条。

第十六讲　跨境破产

一、跨境破产的基本理论[①]

（一）跨境破产的一般原则

在中国执行的跨境破产程序一般应遵循若干一般性原则。根据《宪法》第 18 条和第 32 条，外国企业、经济组织和个人应当遵守中国法律，其合法权益受中国法律保护和管辖。

中国法律承认国际公约和双边或多边条约。中国可在互惠的基础上向已参加公约和条约的国家提供协助或（直接）提供司法协助与合作。

在加入世界贸易组织时，中国允诺其会遵守国际条约，履行义务和责任，通过修改现行法律或制定新的法律法规执行实施《世贸组织协定》，并对行政行为将建立符合《世贸组织协定》的司法审查程序。在未来，中国将会对国际合作采取更加开放的态度，而这将影响跨境破产的法律和实践。

中国对承认和执行外国法院判决的总体态度是：

---

① 本文为李曙光教授为国际破产协会（INSOL International）《跨境破产：破产程序效力的认可与执行指引》（Cross-Border Insolvency: A Guide to Recognition and Enforcement）一书中国部分的撰稿，该书的英文版已于 2003 年由国际破产协会出版。

1. 我国法院可以根据加入的国际条约和双边协议，或者在互惠的基础上，在不损害主权和安全，也不损害社会公共利益的前提下，承认和执行外国法院的判决。

2. 对中国法院有管辖权的案件，中国法院不承认也不执行外国法院的判决、裁定。

3. 外国法院的判决、裁定经中国法院承认或执行后，与中国法院的判决具有同等效力。

上述原则是在中国执行的跨境破产程序的一般原则。

（二）跨境破产的司法协助立法

中国的破产法律体系比较复杂。该体系由《企业破产法（试行）》（1986年，适用于全民所有制企业）、非国有企业破产程序、中央制定的破产政策和一系列地方破产法规组成。该法律体系对国际破产没有任何具体规定，跨境破产案件一般可适用《民事诉讼法》及我国加入的国际条约和双边司法协助协定的规定。

《民事诉讼法》及相关双边司法协助协议对外国法院裁决的承认和执行程序作了如下规定：

> A. 请求承认或者执行外国法院判决，可以向有管辖权的人民法院（以下简称“中国法院”）提出。
>
> 企业破产案件由债务人住所地人民法院管辖。债务人住所地，是指债务人的主要经营机构或办事处所在地。债务人无营业机构、无办公场所的，可由债务人登记地人民法院管辖。
>
> B. 承认或执行外国法院作出的生效判决的请求，可由当事人或外国法院提出。
>
> 外国法院可以根据该国与中国共同缔结或者参加的国际条约、司法协助协定或者互惠关系，请求中国法院承认或者执行其判决。该国与中国没有共同缔结或参加的国际条约，也不存在互惠关系的，外国法院可通过外交途径提出承认或执行其判决的请求。
>
> 当事人也可以向有管辖权的中级人民法院提出承认或执行外国法院判决的请求。如果外国法院所在国和中国没有共同缔结或

参加任何国际条约，两国也没有任何互惠关系，当事人可以向有管辖权的人民法院提起诉讼要求执行判决。

C. 中国法院收到请求后，将根据中国同外国缔结或参加的国际条约、协定或者在互惠原则的基础上对请求进行审查。审查的范围仅限于外国法院的判决是否符合中国法律规定，或者是否符合司法协助协议中确认的承认和执行外国判决的条件。不得审查有关事实认定和法律适用的事项。

外国法院的判决，符合下列条件的，中国法院可以承认并执行：

- 根据中国法律，作出判决的法院对案件有管辖权；
- 根据判决作出国法律，判决已经生效；
- 当事人的合法权益已经得到并且得到应有的保护；
- 中国法院已经对相同诉讼当事人之间的相同诉讼标的作出生效判决；或者该案件正在由中国法院审理；或者中国法院承认第三国法院对本案作出的生效判决；以及
- 该判决符合中国法律原则，不损害中国主权和安全，不损害中国社会公共利益。

D. 经人民法院审查，可以决定承认外国法院的判决，并作出执行裁定；人民法院也可以拒绝承认外国法院的判决。

二、我国跨境破产的发展①

中国2006年《企业破产法》在立法时在第5条规定了跨境破产的内容，当时的立法背景主要是考虑这几方面：经济全球化与大量跨境公司和跨境投资的涌现，《联合国国际贸易法委员会跨境破产示范法》与国际上跨境破产立法的潮流，《美国破产法》第15章的立法。

自2006年《企业破产法》颁布以来，新问题不断涌现，例如不

① 本处内容系李曙光教授发表在国际破产协会季刊 INSOL WORLD 2020 年第二季度刊物上的文章。原文题目为 New Developments on the Restructuring of Distressed Companies and Cross - border Bankruptcy in China。

良贷款的增加和商业银行的风险。面对这些挑战，中国最近发布了一些政策和司法意见，特别是在 2020 年 5 月制定了有关新冠疫情的破产政策。经过十几年的破产法实施，中国出现了一批与跨境破产相关的案例。以下四个案例是典型案例：

1. 新加坡中华环保科技集团有限公司与大拇指环保科技集团（福建）有限公司股东出资纠纷案。2014 年 6 月，中国最高人民法院的裁定明确了外国公司的司法管理人（administrator）及清盘人（liquidator）在中国境内民事权利能力和行为能力的认定规则，承认了间接接管的灰色领域，并确立不具有自动中止的效力。①

2. 中国光伏企业浙江尖山光电有限公司（Zhejiang Topoint Photovoltaic Co.）在美国法院申请破产案。此举旨在保护该公司位于新泽西州一个仓库中的太阳能电池板。2014 年 8 月 12 日，美国联邦破产法院新泽西州地区首席法官 Gloria M. Burns 作出裁定，支持正在中国进行破产重整程序的浙江尖山光电股份有限公司（以下简称尖山光电）在美国的代表向美国法院提交的申请，承认尖山光电中国破产重整程序获得在美国的域外破产效力，并立即给予相应的破产救济。该裁定的作出，是中国法院的破产重整程序首次在美国法院获得承认与执行，从某种程度上给予中概股公司境外债权人在中国获得破产重组救济的途径，降低了债权人持有中概股公司股票的风险。

3. 2012 年武汉市中级人民法院审理的 Sascha Rudolf Seehaus 申请承认德国法院裁定案。在该案中，武汉中院认为，鉴于德国柏林高等法院在之前已经判决承认无锡高新技术产业开发区人民法院民事裁定，可按互惠原则承认德国 Montabaur 地方法院破产裁定的效力。该案是我国法院首个基于互惠原则承认外国法院破产判决的案例。②

4. 上海市第二中级人民法院 2013 年裁决的 Eunice Lynn Schoenmann 与 George Quinn Chen 申请承认与执行美国法院判决案件。该案的破产管理人 Eunice Lynn Schoenmann 以互惠原则要求上海

---

① 参见最高人民法院（2014）民四终字第 20 号民事裁定书。

② 参见湖北省武汉市中级人民法院（2012）鄂武汉中民商外初字第 00016 号民事裁定书。

法院承认美国北加州地区法院的破产裁定，执行当事人 George Quinn Chen 位于上海的财产。这是上海法院受理的首起跨境破产承认与执行申请案件，最后双方于 2015 年 6 月达成和解。[①]

最高人民法院正在起草《关于跨境破产司法协助若干问题的指导意见》。

根据 2018 年 7 月 1 日施行的最高人民法院《关于设立国际商事法庭若干问题的规定》，最高人民法院设立国际商事法庭，专门审理涉外商事案件。[②]

关于我国香港特别行政区与内地法院相互认可和执行法院判决，除现行有效的两地安排外，2019 年 1 月 18 日，最高人民法院与香港特别行政区政府签订《关于内地与香港特别行政区法院相互认可和执行民商事案件判决的安排》，进一步扩大两地相互认可和执行民商事案件判决的范围，将非金钱判项以及部分知识产权案件的判决也纳入相互认可和执行的范围，据此可明显看出未来两地司法制度进一步融合发展的新方向。

三、境外破产管理人[③]

由于跨境破产的发展，对于境外破产管理人资格的承认、进入本国破产程序开展工作以及其权利、义务与责任的界定问题被提出来。可以预料，这将是今后跨境破产中的一个焦点与热点问题。鉴于境外破产管理人制度的复杂性，《联合国国际贸易法委员会跨境破产示范法》与欧盟、美国破产法对此都有一些初步的规定。

《联合国国际贸易法委员会跨境破产示范法》第 9 条规定，外国破产管理人有权直接向本国法院提出申请。这就使外国破产管理人无须办理诸如许可证或领事行动等正式手续，而直接进入破产法颁布国

---

① 参见上海市第二中级人民法院（2013）沪二中民认（外）字第 11 号裁定书。

② 参见最高人民法院《关于设立国际商事法庭若干问题的规定》（法释〔2018〕11 号）。

③ 本文来自李曙光教授 2008 年发表于《法制日报》的文章，原标题为“李曙光谈破产法境外的破产管理人”。

法院。但是，外国法院不得仅仅基于外国破产管理人提出申请的事实，致使外国破产管理人或债务人的外国资产和事务为申请以外的任何目的接受本国法院的管辖。① 这旨在确保破产法颁布国的法院不仅仅以外国破产管理人提出了承认外国程序的申请为由而对债务人的所有资产行使管辖权。同时还表明，仅是申请并非破产法颁布国的法院对外国破产管理人与破产无关的事项主张行使管辖权的充分理由。这就回答了外国破产管理人和债权人对因依示范法申请而引发行使无所不包的管辖权的担心。在启动破产程序的其他条件也具备的情形下，外国破产管理人有权依据规定申请启动某项程序。在某一外国程序得到承认时，外国破产管理人即有权参与依据破产法颁布国与破产有关的法律对债务人进行的某项程序。②

美国2005年颁发的新《美国破产法》第15章第1512条规定，外国代理人根据本法参与案件。对外国破产程序一经承认，在该破产程序中，外国代理人依据本法，有权作为一方利益相关当事人参与与债务人有关的案件。本条遵循《联合国国际贸易法委员会跨境破产示范法》第12条的规定，仅根据美国诉讼程序术语做了细微变动。第1524条规定了外国代理人参与的诉讼。外国破产程序一经认可，在债务人为一方当事人的美国州或联邦法院的任一破产程序中，该外国代理人有权参与诉讼。此条除了更清晰化的一些词语外，该条措辞与示范法相同：本国法院与外国法院或外国代理人间的合作与直接联络。第1525条（a）与第1501条的规定一致，一国法院应当与外国法院或外国代理人（直接或通过受托人）最大限度地进行合作。③

第1525条（b）由于有利害关系的一方当事人有权获得通知与参与，一国法院有权与外国法院或外国代理人直接联络，或直接要求提供信息或协助。第1526条规定：受托人与外国法院或外国代理人之间的合作与直接联络。（a）与第1501条的规定一致，法院授权的受

---

① 参见《联合国国际贸易法委员会跨境破产示范法》第10条。

② 参见《联合国国际贸易法委员会跨境破产示范法》第12条。

③ H. Report No. 109 – 31 to accompany S. 256（第109次美国国会2005年第一次会议通过），第116页。转引自2005年《美国州议会法与行政新闻》第88期，第179页。

托人或其他人，包括审查员，在法院的监督下，应当最大程度地与外国法院或外国代理人合作。（b）法院授权的受托人或其他人，包括审查员，有权在法院的监督下直接与外国法院或外国代理人联络。

中国《企业破产法》规定了不能担任破产管理人的情形，即第24条规定，有下列情形之一的，不得担任管理人：（1）因故意犯罪受过刑事处罚；（2）曾被吊销相关专业执业证书；（3）与本案有利害关系；（4）人民法院认为不宜担任管理人的其他情形。其中，“人民法院认为不宜担任管理人的其他情形”是一个笼统的规定，赋予法院很大的裁量权，但并未涉及是否承认境外破产管理人资格问题。虽然破产法对境外破产管理人没有直接的规定，但通过《注册会计师法》《律师法》等专门法及部门规章等规定，实际上我国对境外破产管理人的资格认定与其在中国执业的能力是有所限制的。在实践中，鉴于一些在香港破产的商人逃往内地作“避风港”，而香港债权人代表来内地要求接管破产商人在内地资产的诉讼常常被内地法院驳回，因此，香港注册会计师公会及一些破产管理人已在境内提出了承认其执业资格的问题。我国立法部门与政府有关机构对境外破产管理人在中国从事跨境破产业务，目前还没有一个清晰的立法政策，这是一个亟须加以审视的问题。

四、跨境破产示范法[①]

1. 立法背景与修法必要

自20世纪90年代以来，美国与外国司法管辖区之间的跨境界破产诉讼数量有了显著增长，特别是最近几年。

跨境重组需要多个司法管辖区之间的合作与协调。

在多个司法管辖区拥有资产和业务的破产债务人可能需要在一个或多个司法管辖区启动破产程序。

每个司法管辖区的完整诉讼程序可能既昂贵又耗时。

1997年之前，对外国诉讼的承认基于普通法的司法礼让原则和传

① 本处内容为李曙光教授在2018年11月浙江大学“全球治理论坛”上的发言要点。

统的法律冲突规则。

《联合国国际贸易法委员会跨国界破产示范法》（以下简称《示范法》）[①] 于1997年首次通过，以应对跨境破产数量的增长。《示范法》旨在促使债务人的外国破产程序尽可能简单、快速和低成本地得到承认。

在规定适当尊重国家实体法的同时，《示范法》实现了四个程序目标：

促进法官在跨境案件中的国际合作；

为债务人（或其代理人）和债权人提供迅速和直接地进入法院的途径；

创建承认外国诉讼程序的框架；

允许在国内启动同时进行的破产程序。

自1997年通过以来，《示范法》已在全世界45个司法管辖区（可能有193个联合国成员国）通过。[②]

2. 关于“外国判决或裁定案件的受理”，建议我国受理法院应为高级人民法院，以防止受理法院可能出现的专业性不强与地方保护主义问题。

3. 关于“互惠条件的适用”一条，建议推定原则更具体，将“对在破产领域尚未与我国存在互惠先例的国家或地区，如果该国家或地区法律中存在互惠条款，且该国家或地区有承认其他国家或地区法院破产或裁定的判例，可以推定该国与我国存在互惠关系”。

4. 关于“不损害我国债权人合法利益的判断标准”。

跨境破产案件中，对本国债权人利益保护是核心问题。跨境破产难，难在如何平衡本国债权人与境外债权人之间的利益冲突。建议将

---

① 参见《联合国国际贸易法委员会跨国界破产示范法（UNCITRAL Model Law on Cross-border Insolvency）》，载 https://uncitral.un.org/zh/texts/insolvency/modellaw/cross-border_insolvency。

② 贸委会官网显示：60个国家共在63个法域通过了以《示范法》为基础或在其影响下形成的立法，载 https://uncitral.un.org/zh/texts/insolvency/modellaw/cross-border_insolvency/status。

标准确定为两个：实体标准和程序标准。实体标准为不歧视标准，程序标准为不违反正当程序原则标准。该条文字可简化。

关于“将我国财产纳入境外破产管理的条件”，这条第一款最后一句可以调整为“人民法院作出决定时，应注意保护《企业破产法》所规定的享有优先受偿权利的权利人的利益”。

5. 在目前全球金融衍生品交易蓬勃发展的情况下，跨境破产不可避免地涉及终止净额结算的破产法适用问题。建议在本指导意见中认可 ISDA 协议中交易终止净额结算规则。规定“在破产程序涉及金融衍生品交易终止净额结算规则时，可以豁免适用《中华人民共和国企业破产法》第十八条的规定”。

6. 在历史上缺乏统一的国际规章的情况下，各种制度被开发出来以解决跨境破产问题。全球化的贸易和投资需要一个有凝聚力的系统来解决跨境问题。示范法旨在促使债务人的外国破产程序尽可能简单、快速和廉价地得到承认。承认债务人的外国破产程序不是解决跨国重组问题的唯一途径，也不能为每一个跨境问题提供解决方案。但在许多情况下，不同法院和不同司法管辖区的专业人员之间的认可和协调是解决复杂的跨境问题的关键。

五、跨境投资的破产法思维

2017 年 3 月 17 日，联合国安理会通过决议形式，支持“一带一路”倡议。①　截至 3 月 6 日，我国对“一带一路”沿线国家已累计投资超过 500 亿美元，②“一带一路”正逐步落实为我国对外开放的新载体，人民币国际化的助推器，成为化解过剩产能的重要抓手。

在沿线国家大多为发展中国家，文化传统与所属法系各异的现实情况下，企业在投资“一带一路”沿线国家中也伴随着各种未知因

---

① 参见联合国安全理事会第 2344（2017）号决议（安全理事会 2017 年 3 月 17 日第 7902 次会议通过）。

② 参见时任国家发展改革委主任何立峰 2017 年 3 月 6 日在十二届全国人大五次会议记者会上公布的数据：“近 3 年来，中国对‘一带一路’沿线国家投资已经超过 500 亿美元。”

素。企业在参与当地商业活动中，不仅要考虑如何进的问题，更要未雨绸缪地考虑退出的问题。

从破产法的角度看，企业参与“一带一路”可能会面临以下风险问题：

第一，参与投资时的信用风险。“一带一路”沿线有很多国家与我国贸易交易量不大，企业彼此较为陌生，这无疑增加了企业投资时的成本。信用基础不牢固，投资缺乏稳定的预期，这都严重影响了企业投资规模的进一步扩大。中电投在缅甸的密松项目反映出中资企业缺乏信用树立意识，未能及时取得民意支持导致项目流产。

第二，参与不良资产处置的法律风险。在世界经济增长乏力的压力下，沿线国家的不少项目面临暂时性资金困难。其中一些濒临破产边缘的企业不乏优质项目，这为中国企业提供了良好的投资机会。但这些机遇背后也伴随着不少法律风险，比如资金投入时的法律门槛，债务重组过程中的法律限制，部分国家还通过安全审查等方式限制中国资本进入，这均需要引起参与企业的充分重视。

第三，市场退出时的法律风险。根据世界银行《营商环境指南》，“一带一路”沿线国家的破产处置效率都相对较低，成本较高。若企业在参与“一带一路”时经营失败，该如何在投资失败后及时止损，顺利退出，或者在遇到暂时性资金链困难时纾困，避免损失的进一步扩大，进而影响国内的相关主体。都是企业需要费心思量的问题。

企业必须要有破产法思维，方能妥善应对诸多风险，最大程度保护自身的合法权益。

首先，要善于借助金融工具化解信用风险，建立良好预期。在交往初始阶段，互信基础不足的情况下，要善于运用保险等金融工具转移、化解风险，建立良好的预期，扩大贸易规模。截至 2017 年 1 月，中国出口信用保险公司承保“一带一路”沿线国家出口和投资 4231 亿元，支付赔款超 16 亿元。①

其次，要深入了解东道国的法律制度，充分利用规则。破产法思

① 参见中国出口信用保险公司《国家风险分析报告（2017）》。

维是法治的思维。在境外投资过程中当合法权益受到侵害时，应当首先寻求在法律的框架下得以解决。这就要求企业在参与“一带一路”的过程中要加强对法律深入研究，运用法律维护好自身的合法权益。

最后，要充分考虑市场退出的各种风险，确立底线思维。破产法思维最重要的是要确立底线思维。参与境外投资的企业在进行投资时应当考虑到市场退出的可能性。企业应当事先做好自身项目失败或者出现短暂困难时的应对、合作伙伴破产或者资金链断裂时的解决以及资金退出东道国时的法律、金融和政治等风险的处置。

司法部门也要发挥破产法在“一带一路”在交往中的重要作用。最高人民法院应当加强跨境破产的司法合作，明确跨境破产的规则和指引，为推进“一带一路”做好法律护航。

破产法思维是有预期的思维，是法治的思维，是底线思维。企业在参与“一带一路”的过程中应带着这些思维去拓展，留有后路的“走出去”，才能化解参与过程的风险，维护好自身的合法权益，成为“一带一路”发展中的真实受益者。

六、境外债务重组协议申请程序的影响①

近期有媒体报道称，恒大集团、融创集团在美元债重组过程中，相继在美国申请“破产保护”，有观点质疑，此举可能泄露我国经济数据或境外投资人将优先于境内投资人得到赔偿。

恒大集团等企业向纽约法院提起认可其在我国香港特别行政区、开曼法院进行的重组协议安排程序的申请，其实质是寻求美国法院对美元债务重组协议安排程序的认可和效力上的保护，确保其在美国境外进行债务重组时，不会在美国被债权人起诉或被申请执行在美资产。申请认可程序有利于确保前期已达成的重组安排顺利推进，保障企业正常生产经营，而非引向破产清算。同时，申请认可程序不涉及区别对待境内外债权人，申请认可程序中向境外提供数据范围有限，

---

① 本处内容为发表于《中国证券报》2023 年 10 月 7 日，原标题为“关于房企在美申请‘破产保护’，权威人士回应!”。

申请认可程序对境内债务处置和保交楼工作影响也较为有限。

据不完全统计，此前包括佳兆业、当代置业、荣盛发展等多家企业，均在美元债重组过程中在美国申请“破产保护”。这些企业大多在开曼群岛或维尔京群岛注册，在我国香港特别行政区发行美元债券，按照美元债发行惯例在债券募集说明书中约定发生纠纷时适用美国法律或英国法律。随着债务风险逐步暴露，这些企业在境外启动债务重组程序，通常在我国香港特别行政区、开曼、英属维尔京群岛法院完成债务重组协议安排程序后，需要向纽约法院申请认可。纽约法院裁定依据是《美国破产法》第 15 章。《美国破产法》规定了债务问题处理的多种路径，包括但不限于债务重组、破产清算等，第 15 章规定了对境外司法辖区的债务重组的认可程序，并规范了跨境问题的处理方式。陷入财务困境的非美国公司通过申请第 15 章的认可程序，避免境外美元债券持有人在美国法下提起诉讼或执行债务人在美资产。美国法院对企业境外债务重组程序的认可与协助，属于在其他司法辖区进行的债务重组程序的附属程序。

根据《民法典》及有关司法解释规定，房企偿债顺序为“消费型购房者 > 建筑工程价款 > 担保债权 > 普通债权 > 股权”。在主流美元债发行方式下，境内房企只有在偿还全部债务且仍有盈余情况下，才能以“剩余股权”形式归还境外控制人债务。由于法律受偿的“劣后”性质，出险的国内房企美元债有明显的高收益、高风险特征，甚至具有国外“垃圾债”性质，相关投资者对此应有清晰预期。

申请认可程序不涉及区别对待境内外债权人。申请认可程序的目的是保证债务人不被债权人在美国提起诉讼，从而确保重组方案的可执行性。境外债务重组方案仅将清盘情形下依法归属于境外债权人的资产纳入偿债资源范围，不涉及区别对待境内外债权人的问题。纽约法院仅对重组协议安排是否可在美国获得认可进行审理，并不对重组方案内容进行评述，也不存在区别对待境内外债权人权益的问题。

申请认可程序与破产清算申请存在实质区别。恒大集团等企业向纽约法院提起认可其在我国香港特别行政区、开曼法院进行的重组协议安排程序的申请，是推进境外债务重组的既定安排，属于境外债务重组惯例，其实质是寻求美国法院对美元债务重组协议安排程序的认可和效力上的保护，确保其在美国境外进行债务重组时，不会在美国被债权人起诉或被申请执行在美资产。申请认可程序的目的在于争取美国法院认可重组协议在美国的可执行性，防范个别债权人利用纽约法规避重组协议所约定的义务，通过在美国提起个别诉讼，以牺牲全体债权人利益为代价寻求个体利益。该程序有利于确保前期已达成的重组安排顺利推进，保障企业正常生产经营，而非引向破产清算。

此外，申请认可程序对境内债务处置和保交楼工作影响也有限。境外债务重组相关主体多数注册在境外，本身不是境内债券发行人，与境内经营主体之间存在多层股权间隔，相关重组安排不会影响境内人民法院对境内经营主体所涉案件的管辖权。即使美国法院最终未认可债务重组程序，境外债权人申请执行境外重组主体直接持有的我国境内资产，也须人民法院承认美国法院相关判决后才能执行。另外，从司法实践情况看，美国法院在运用公共政策拒绝承认与协助外国程序方面相对谨慎，一般会对相关重组安排予以承认。因此，申请认可程序预计不会对境内债务处置和保交楼工作造成大的不利影响。

七、跨境破产中的数据问题①

（一）跨境破产中个人信息保护问题

跨境破产案件中破产债务人、债权人与破产财产分散于不同国家或地区。在具有较多数据资产的破产债务人处置境内外破产财产以实现对各国债权人的清偿的过程中，常常会出现数据的跨境流动，这对保护公民的个人数据与个人信息提出了很高的要求。从破产效率的角度，破产财产价值最大化是贯穿破产法的基本原则，② 应为企业跨境破产中数据资产的处置提供合理的制度支持；从个人数据及个人信息保护的角度，数据跨境流动与数据安全及数据主体的人格利益紧密相

① 内容整理自李曙光教授主持课题《破产的数字化研究》。

② 参见张玲：《我国跨境破产法立法的完善：目标、框架与规则》，载《中央民族大学学报》2021 年第 1 期。

关，应遵循安全自由流动原则，[①] 重视企业跨境破产中对个人信息安全的保障。

1. 跨境破产数据的共享性与个人信息的人格性相冲突

在数字经济背景下，互联网企业的竞争愈加激烈。互联网行业具有技术迭代速度快、交叉网络外部性强等特点，部分互联网企业的破产将不可避免。互联网企业普遍具有较大规模的用户接入，以数据的自由流动作为获取盈利的重要途径，在提供网络平台跨境服务或者其他主要服务的过程中掌握了海量的境内外用户数据及个人信息，数据资产价值较高，破产情形下的破产信息公开与企业数据资产转让将直接关系到个人数据主体与全体破产债权人之间的利益协调。互联网企业在破产情形下处置包含个人信息在内的数据资产时，有可能引起个人信息人格属性与破产法立法目的实现之间的冲突，造成自然人民事权益保护与数据企业的数据活动自由之间的矛盾，[②] 故应妥善处理跨境破产中数据资产转让与个人信息保护的关系，在用户个人信息的人格利益不被侵犯的条件下，实现破产债权人利益最大化。

①跨境破产中个人数据流通的国家标准

跨境破产中个人数据的流通是否具有明确的规范预期和严格的体系监管，决定了数据资产处置中的个人数据及个人信息保护的充分性。国际范围内较为先进的个人数据跨境流动机制主要包括欧盟《通用数据保护条例》（General Data Protection Regulation）机制，亚太经合组织设立的跨境隐私规则（The APEC Cross – Border Privacy Rules System）机制，以及欧盟与美国在安全港协议归于无效后重新协商建立的《欧美隐私盾协议》（The EU – U. S. Privacy Shield）机制。其中美国强调数据流通自由，而欧盟则更注重隐私保护。[③] 应充分了解各类机制在个人数据保护方面的优势，取各家之长，建立健全我国对个

---

① 参见许可：《自由与安全：数据跨境流动的中国方案》，载《环球法律评论》2021 年第 1 期。

② 参见程啸：《论大数据时代的个人数据权利》，载《中国社会科学》2018 年第 3 期。

③ 参见冯洁菡、周濛：《跨境数据流动规制：核心议题、国际方案及中国因应》，载《深圳大学学报》2021 年第 4 期。

人数据跨境流动的体系性保护机制，并探索其在跨境破产领域的特别应用，确保跨境破产中个人数据流通的合规。

针对跨境破产中的数据资产处置，可从国家标准与企业规范两个维度建构个人信息保护规则。在国家维度，应对数据流入国建立个人数据保护的充分标准，限制企业在跨境破产中将数据资产转让至个人数据保护水平不达标的国家。

以欧盟的数据流动规则为例，其个人数据保护的立法逻辑是：个人数据是人的延伸，而人应当独立自治，因而个人数据亦应当由数据主体掌控，体现个人的意志。[①] 其明确规定，如果欧盟范围以外的其他国家能够对欧盟公民的个人隐私和数据提供非常充分的保护，满足欧盟以及欧盟成员国的法律法规，那么就允许欧盟公民的个人隐私和数据从欧盟境内转移到欧盟境外的其他国家。可借鉴其思路，在完善本国跨境数据流通法律法规的基础上，对数据跨境流动中接收数据的国家或地区提出个人数据保护充分性的要求，对其数据保护水平开展“充分性”调查，提升本国对个人数据的跨境控制能力。针对跨境破产领域，企业在跨境处置数据资产之前，应首先接受相关合规审查，确保数据资产受让主体所在国家或地区达到了个人数据保护的充分标准，否则应限制对该破产资产的转让或采取其他补充保护措施。数据流入国缺乏相关法律制度或执法体系以保证对数据资产所涉国家公民的个人隐私和信息提供充分保护，那么应限制个人数据及信息流入该国家或地区，或者要求该个人数据及信息由境内到境外的转移首先征得数据所在国家或地区的公民个人的同意，并通过签订合同等补充手段要求数据接收方承诺保护个人信息及隐私权利。

②跨境破产中个人数据流通的企业规范

在企业维度，应首先明确拥有或受让公民个人数据的企业在法律层面所享有的权利，并制定相关企业给个人数据主体带来损害之后的具体救济机制，[②] 分别对跨境破产企业和数据资产受让企业设置不同

---

① 参见范思博：《数据跨境流动中的个人数据保护》，载《电子知识产权》2020 年第 6 期。

② 参见郑远民：《网络时代跨境个人数据保护救济机制探究——以〈欧美隐私盾〉为例》，载《广西大学学报》2018 年第 2 期。

的个人信息保护责任，建立起跨境破产数据资产处置的数据保护审核制度，在数据资产保值增值与个人信息主体的人格利益保护之间实现平衡。

对跨境破产企业而言，其应在破产申请受理后制定出一套保护个人数据及个人信息安全的内部措施及规定，以确保破产期间的数据安全，并在数据资产处置前提出个人数据保护审核申请，证明破产企业的数据资产处置不会侵犯相关用户的个人数据、个人信息及个人隐私。对数据资产受让企业而言，其作为数据接收方，亦应根据个人数据保护的基本原则和所在地数据保护规定，制定出本企业受让并后续使用相关数据的内部规则，建立个人信息保护系统。以欧盟《通用数据保护条例》机制对企业的规定为例，该条例要求企业提高数据保护标准，通过多种途径和方式妥善保存、使用个人数据，并接受相关监管机构的监督与管理；该条例同时规定了数据泄露事故的预防及补救措施，要求企业与监管机构彼此合作，降低损失。应当指出，跨境破产中数据资产受让企业的行为对个人数据保护的力度与连贯性具有重要影响，政府不仅要关注跨境破产企业在处置数据资产时的表现，亦要对数据受让方对个人数据的保护水平予以关注。

在我国企业层面建立个人信息保护规则时，还可参考跨境隐私规则机制中设立的问责代理机构，[①] 针对跨境破产设立个人数据监管机构。尽管企业跨境破产的程序是公开的，甚至与数据资产相关的部分破产信息也要公开，以便于债权人了解破产企业的资产状况并作出最优决策，但是数据资产中个人信息的私密性与人格性不容侵犯，个人数据监管机构应对跨境破产企业的数据资产处置进行事前、事中、事后全流程监管。在破产企业的破产申请被受理后、数据资产被处置前，个人数据监管机构首先将对破产企业与数据受让企业关于个人数据和个人信息保护的企业内部规定进行审查，就其是否符合本国法律对个人数据保护的充分性要求、是否具有可操作性、责任归属是否明

① 参见黄现清：《跨境数据流动规制中个人隐私数据的保护研究》，载《征信》2020年第10期。

确等问题进行评估，其次将针对双方企业达成的数据资产处置计划中关于个人数据与个人信息保护的办法、路径及救济方案等内容进行深度审核，就该计划能否被批准给出审核意见。若一方企业的内部规定不达标或该数据资产处置计划未实现对个人数据与个人信息的充分保护，个人数据监管机构将不予批准该数据资产处置计划并提出进一步的修改意见。在数据资产处置过程中，个人数据监管机构将对数据资产的转让、个人数据的跨境传输进行全过程的监督，确保个人数据及个人信息在转让过程中不被泄露、窃取或违规应用。在数据资产处置完成后，个人数据监管机构将在一定时期内对数据受让企业的数据应用行为进行监督，并随时受理公民因个人数据或包含于其中的个人信息被侵犯而提出的投诉，并负责对违规企业作出惩罚决定。

数据跨境流动已成为数字经济全球化之命脉，① 我国愈发重视对公民个人数据与个人信息的保护，更加强调数据资产转让过程中个人数据与个人信息跨境流通的合法合规。政府应从国家和企业两个维度深入完善相关法律法规，约束破产互联网企业遵守法律规定，合理使用、处置用户个人数据，建立个人数据与个人信息保护系统，② 针对数据泄露和侵犯隐私等问题设立救济机制，明确破产企业及数据资产受让企业等相关主体的责任承担。

2. 跨境破产网络设施的开放性与个人信息的安全性相矛盾

①数据公共视角下公民个人信息保护的正当性

从历史角度看，新型数字基础设施至少包括支付、物流、认证、金融、纠纷解决、信用等系统性权力，并形成了制度规范。不同于传统基础设施，它们更多地由私人数字平台逐渐进行开发，并帮助形成规模和网络效应。数字经济时代下，平台是一种重要的数据网络基础设施。③

---

① 参见金晶：《个人数据跨境传输的欧盟标准——规则建构、司法推动与范式扩张》，载《欧洲研究》2021 年第 4 期。

② 参见苏彦、王炳智：《跨境数据流动时代个人信息安全的立法保护》，载《网络空间安全》2019 年第 5 期。

③ 参见胡凌：《从开放资源到基础服务：平台监管的新视角》，载《学术月刊》2019 年第 2 期。

作为数据网络设施的平台是指由企业运营的、由若干基础服务支撑的交易空间和生态系统。平台企业是基础服务的集合，其基础服务支撑了生产的社会化，使其有别于传统的企业和市场。平台向普通企业/个人提供的服务不单纯是简单的 IT 化，而是重塑生产和需求，提供深层次技术服务和信息服务。平台促成了数据从更具人身性质的隐私/个人信息向非人身性质的数据商品的转变。平台企业集聚的海量数据形成了集体性的数据池（data pool）。

数字市场和社会的形成进一步推动了流动性和集合性价值的生成，但需要在具体治理过程中确保该市场能够平稳运行。数字基础设施的逐渐形成有助于更好地理解数字经济想要什么，以及如何通过法律推动实现个人信息的有效利用，服务于公共利益。从数据公共视角看，某种个人信息既可能是私人的，也可能是公共的。国家之所以需要对诸如身份认证信息加强保护，恰好是因为此类息主要是为了国家治理目的而创设出来，要确保该种信息的广泛使用能够更好地实现数字基础设施功能和公共利益，而不是因为它仅仅是个人信息（例如身份证、电话号码或人脸信息）。此外，从成本收益的角度看，个人信息之所以能够转化为具有基础设施功能的公共资源，原因在于其日常生产的成本很低而公共性收益较高，因此，在能够确保大量个人信息稳定生产的前提下，需要进一步考虑的是个人信息转化为公共信息的具体方式和实现手段。

②数据网络设施的开放性对个人信息的安全性的冲击

认证信息的滥用。身份认证信息是一种十分特殊的个人信息，具有普遍性、唯一性和稳定性的特点，这种类型的信息起源于现代国家对主权范围内各类治理要素进行精确管理的需求，是由主权权力创设出来的，不完全归属于个人。对国家而言，身份认证不仅有助于国家的日常管理，也有助于帮助平等主体间相互确认和展示真实身份，甚至有助于基于安全问题进行身份和行为追踪。身份认证信息在功能上就变得十分关键，在传统的交易与社会合作过程中，往往是默认的熟人网络帮助验证参与者的真实身份和背景从而确保安全，但在一个高度流动性的社会中，随着社会主体不断和其他陌生人主体进行交易合作，就需要不断确认对方身份以增强可信程度，这一过程往往将国家创设的标识符加以使用，并随着技术的变化而不断发生变化。在跨境破产甚至是一般的境内破产中，认证信息也显得十分重要。比如债务人的个人身份证号码、地址、出生日期等一旦公开将会面临被滥用或者盗用的风险。各国应当采取相应的技术措施保护破产登记系统内个人数据的安全，应当根据相应适格机构的请求或根据合法利益验证。[①]

声誉信息的移转贬值。能够转换为基础设施功能的第三类个人信息是声誉信息，也就是特定主体在社会网络中因特定行为而形成的声誉与口碑。声誉信息无疑降低了要素流动和交易的成本，与认证信息、连接信息共同成为坚实的数字基础设施。声誉信息和连接信息一样，都强烈地依赖于特定交往、合作与交易场景，并产生于连接网络。[②] 对于债务人来说，因进入破产程序而产生的信誉贬值，无异会降低主体之间的连接合作。在跨境破产中，破产信息的公布、债务人的删除权和更新权、访问期限的设定、个人信息的储存地等影响信息保护程度。

（二）跨境破产中的数据财产处置问题

1. 破产承认的烦琐性影响数据资产价值

跨境破产承认的特殊性和各国法律对于跨境破产的规定不同导致跨境破产承认的烦琐性，这一过程会极大地降低跨境破产的效率，而破产财产中的数据财产价值具有易变性，跨境破产的效率低下可能会导致数据资产的价值流失。

①跨境破产承认的特殊性

破产法的域外效力是跨境破产领域的最基础问题，包括本国法院启动的破产程序及于债务人位于境外财产的效力和承认外国法院启动的破产程序及于债务人位于本国境内财产的效力两方面。无论何种情

---

① 参见陈夏红：《欧盟新跨境破产体系的守成与创新》，载《中国政法大学学报》2016 年第 4 期。

② 参加孙登科、汪玮：《个人数据跨境保护的法律冲突及解决机制探析》，载《江苏海洋大学学报（人文社会科学版）》2021 年第 4 期。

形，破产法域外效力的实现均需债务人财产所在地法院的承认和协助[①]。一般来说，一国法院在承认外国判决之后不应再受理基于同一争议诉讼，但是在跨境破产判决的承认上即使一国承认了外国判决的效力，当地法院依旧保有开启对同一债务人的破产程序的权力[②]，例如《美国破产法》第 15 章专门规定了对外国破产判决的承认与执行，但是并不影响美国法院开启针对同一一债务人的破产程序，同样在《欧盟理事会破产程序条例》（Council Regulation（EC）No. 1346/2000，以下简称《欧盟破产条例》）中也规定了成员国在承认主破产程序之后依然可以开启附属破产程序。其原因表面是各国破产法差异较大本国法院往往出于保护本国权人的考虑倾向于在本国开启破产程序（在本国有债务人资产的前提下），更深层次的原因则是一国法院对于破产判决是否具有域外效力的态度[③]。

跨境破产问题的法律关系复杂，一项破产程序的进行往往牵扯到债务人与债权人、员工、国家等各方当事人的利益，将会从根本上重构他们之间的法律关系，破产程序需要处理繁多的法律关系，并且需要顾及对整个社会的影响和国家利益的保护。不同国家对于这些利益的取舍和平衡往往反映出不同的社会政策和立法目的，其往往带有自我利益保护的“趋向化”，趋向于保护本国债权人利益。当一项破产程序加入涉外因素后，由于不同国家间经济基础、法律文化以及社会制度的不同，各国在破产制度上规则的冲突是极为明显的，因此跨境破产的承认与执行也变得尤为复杂和困难。另外与一般民商事关系相比，破产问题属于专业性较强的问题。针对民商事判决承认与执行的国际条约一般都将破产判决的承认与执行从其适用的范围排除，一般国际民商事问题的条约无法直接适用于跨境破产判决。各国对民商事判决的承认与执行规则的不统一也是导致跨境破产判决承认与执行难

① 参见石静遐：《论破产程序的域外效力》，载《法学研究》1996 年第 3 期。

② 参见石静霞：《中国的跨界破产法：现状、问题及发展》，载《中国法学》2002 年第 1 期。

③ 参见张朋敏、丁燕：《我国跨境破产承认与协助制度研究》，载《齐齐哈尔大学学报》2021 年第 4 期。

的另一重要因素[①]。

②跨境破产承认的烦琐性

跨境破产承认的烦琐性与各国的法律规定不统一有关。联合国贸法会先后制定了《贸易法委员会跨国界破产示范法》和《贸易法委员会关于承认和执行与破产有关判决的示范法附颁布指南》，但这些条例只能作为建议性文件[②]，各个国家对于外国破产程序的承认与协助问题仍具有很大的分歧，美国采纳《示范法》后在顾及既往经验的基础上，着重移植《示范法》的最新成果，其所建立的不包含互惠要求的更加全面地解决跨国破产案件的机制具有鲜明特点。日本也采纳了《示范法》，于2001年颁布承认与协助外国破产判决法案。与美国相比，该法对《示范法》进行了较大修改。据此，日本法院作出的承认命令仅系协助外国破产程序的前提和基础，并不自动产生相关的中止效应[③]。德国属于欧盟成员国，不采纳《示范法》，其跨国界破产相关问题受《德国破产法》管辖。《德国破产法》第11部分规定原则上德国法院承认外国法院判决，但开启破产程序的外国法院对破产案件不具有管辖权和承认该外国破产程序将明显违反德国法律的实质性原则的不予承认。新加坡也并未采纳《示范法》，且新加坡也未同其他国家缔结跨境破产领域的双边条约，处理跨界破产问题的成文法依据为新加坡破产法案。该法案规定新加坡高等法院应当对马来西亚及其他特定国家法院作出的破产判决给予协助。然而迄今尚未有其他国家满足该条中关于特定国家的要求[④]。

目前国际上不存在针对跨境破产承认与执行的有影响力的国际公

---

① 参见壮晓阳、周小晖：《跨境破产制度国家自主性与国际统一性之关系——以“一带一路”沿线国家开展跨境破产区际合作为指引》，载《最高人民法院·法院改革与民商事审判问题研究——全国法院第29届学术讨论会获奖论文集》2018年第15期。

② See Order Filed on September 6, 2016 by Clerk U. S. Bankruptcy Court District of New Jersey.

③ See Junichi Tobimatsu: Foreign Insolvency Proceedings in Japan, from Firm Profile Mori Hamada & Matsumoto.

④ See Interim Recognition of Hanjing Shipping's Rehabilitation Proceedings in Singapore, from HELLENIC SHIPPING NEWS.

约，《示范法》也仅仅是为各国改善跨境破产规则的建议性文件。《欧盟破产条例》也只是在其成员国之间实现了跨境破产合作的统一，其成员国与其他国家的跨境破产合作则主要依靠国内法的规定。目前我国关于跨境破产的法律规定和司法实践尚处于早期发展阶段。2006 年《企业破产法》第 5 条仅就跨境破产作了非常原则性的规定，因其缺乏操作性等诸多原因，我国法院至今仍未有根据第 5 条承认和协助境外破产程序的案件①。目前我国对跨境破产的承认要件为我国缔结或者参加的国际条约和互惠原则。采取实质互惠为承认要件使得我国很少基于互惠原则主动对外施惠，虽然体现了我国重视国家利益和国民财产利益，但过于保守的做法使得我国呈现出对跨境破产的承认与协助的消极态度，极大地延缓了跨境破产的效率。着眼于国际，实质互惠的存在都容易造成国家之间相互推诿、扯皮，严重违背了国际合作精神和人类命运共同体理念。仅凭原则理念支撑的法律框架不足以应对跨国破产的复杂问题，我国破产法改革仍需尽快弥补与国际贸易投资及跨国破产实践重大发展的落差，逐步建立完善逻辑严密及系统完整的跨国破产法律制度。

③跨境破产承认中的数字财产问题

作出待判决的法院是否具有管辖权是承认一项外国破产程序时的前置条件。而判断外国法院对一项破产程序是否具有管辖权，关键在于要明确债务人与破产重整地或是与启动重整的法院之间所具有的联系程度。实践中，很多国家都会将外国法院是否具有管辖权作为判定是否承认一项外国破产程序时的前置条件②。《示范法》中以外国主要程序与非主要程序划分了承认外国破产程序的两种状态，而外国主要程序要求债务人与重整地之间联系更为紧密，即要求债务人是在“主要利益中心”（Center of Main Interest，COMI）所在地实施破

---

① 参见郭玉军、付鹏远：《我国跨国破产承认与协助制度：理论、实践与规则完善》，载《武大国际法评论》2018 年第 4 期。

② See Order Approving Stipulation to Dismiss Adversary Proceeding with Prejudice, Kasolas v. Lowe（Inre Hashfast Techs LLC）（2016）.

产程序[1]。"主要利益中心"的概念对于承认外国破产程序有着重要意义，《欧盟破产条例》等有关跨境破产立法与司法实践中也应用了这一概念。许多国家依赖物之所在地法来确立对资产的管辖权，换言之，资产的实际所在地决定了谁对该资产拥有管辖权。这就引发了数字资产的定位问题。

对于数字资产的所在地有三种说法：数字的资产所在地是数字钱包所在地，数字钱包以在线形式、储存于本地机器或备份存储系统中，加密资产所在地是区块链本身所在地，加密资产所在地是有关人员进行交易的地点。如果破产程序涉及已在某一特定地点注册的交易平台，则管辖法律和管辖权很可能由该交易平台的注册国决定[2]。因为区块链技术具有分散性，其位置需要类似于司法管辖区的循环确定，区块链没有单一的固定位置。但是我国必须注意到数据资产的价值取决于区块链中反映有关资产存在/所有权的分类账目。数字货币的实体位置是我国考虑的起点，也就是包含数字货币的本地机器或在线数据所在地。但是，数字货币的任何备份都可能存在于其他地方，而任何备份中都可以确立司法管辖权。然而钱包本身，只是部分区块链所有权的数字证明。可以认为钱包只是访问实际资产的关键，区块链并不是资产本身。房子的钥匙不构成资产，其本身也不能确立对房子的管辖权。

目前来看对于数字货币和加密货币的特性，任何国家似乎都没有明确的法律指导来规定，在管辖法律方面，现代各国都对纠纷解决提供了立法指导[3]。如果在一个国家适用法律的结果与在另一个国家不同，则很可能在跨境破产的承认中产生障碍，导致程序拖延。一旦法院认定作出判决的法院不具有数字财产的管辖权，被认定为无管辖权法院作出的判决就将被拒绝承认和执行[4]，日本东京的比特币交易商

---

① 参见张玲：《欧盟跨界破产管辖权制度的创新与发展——"主要利益中心"标准在欧盟适用的判例研究》，载《政法论坛》2009 年第 27 期。

② See Pl' s Mot for Partial Summ J，at 2.

③ 参见罗勇：《论数字货币的私法性质——以日本 Bitcoin. Cafe 数字货币交易所破产案为中心》，载《重庆大学学报》2020 年第 26 期。

④ 参见梅夏英：《数据的法律属性及其民法定位》，载《中国社会科学》2016 年第 9 期。

“门头沟”（Mt. gox）交易平台破产案中的复杂程序证明，破产执业人士面临的最大问题是，他们的任职不一定会得到世界各地其他司法管辖区的承认。即使破产执业人士能够克服管辖权相关问题，应由何种法律管辖破产程序的问题仍将存在。

④数字财产的价值易变性

数据在生产经营活动中产生，处于动态发展变化，难以满足会计准则对资产、无形资产的定义，数据的成本与价值难以计量。数据资产的价值随着时间推移会产生巨大的变化，区块链资产中的数据通常呈现出动态变化的特点，资产的价值往往与资产的使用效益呈正相关。对于特殊资产，例如数字货币而言，在没有得到各国政府普遍承认时，其价值还会受到国家政策和市场参与者的剧烈影响。以作为数字货币的代表比特币为例，其内在价值完全取决于市场参与者的价格感知与预期，金融消费者购买并持有比特币将面临巨大的市场风险，此外，还面临操作失误、黑客盗取等非系统性风险①。跨境破产承认程序的拖延可能造成数字财产价值的剧烈波动，而数字资产的财产价值直接影响到破产债权人的偿付情况，甚至可能导致破产问题不复存在。

申请破产的前提是企业不能清偿到期债务且资不抵债或者明显缺乏偿债能力，然而数字资产的价值易变性导致资产升值，导致出现破产程序开启后破产企业恢复偿债能力的尴尬局面。以世界上最大的加密货币交易平台门头沟为例，门头沟 2014 年在日本东京进入破产程序，此后公司申请美国法院承认日本判决，并以此为由中止了在加拿大对该交易平台提起的诉讼。2016 年 5 月 25 日，管理人对该公司资产和客户、债权人的债权完成了审查，确认了 24750 项债权，总额为 4. 32 亿美元。依据日本的破产法规定，这些债权必须按照 2014 年 4 月的比特币市场价格进行估值。管理人按照 2014 年的市价进行了估值，当时的价格是每比特币 483 美元。按照启动破产程序时的价格对

---

① 参见张钦昱、付中华：《区块链时代破产法的机遇与挑战》，载《财经理论与实践》2020 年第 6 期。

比特币进行估值的做法产生了争议，因为比特币的价格自2014年以来大幅增加。进入破产程序的公司因其资产价值增值而变得具有偿付能力是非常罕见的情况，但这却恰恰是门头沟交易平台案的情形①。

数字资产价值易变性的引申问题是使用数字货币还是兑换成法定货币来进行支付分配②。如果与债权人的担保协议规定了属于债务减免的数字货币的具体数额，分配不会产生问题。但如果没有事前安排，分配过程会变得困难。由于数字资产的重要性，债权人可能希望将其有权获得的数字货币部分兑换为法定货币，因此出现了兑换中的问题。数字货币与其他客体一样，其价值在于其他参与者愿意接受或购买它们作为支付手段。因此破产执业人士需要认识到大量处置加密货币将对资产价值产生影响。如果不能使用可靠的策略处理加密货币，破产执业人士的行动可能使加密资产贬值，导致其违反职责，毕竟他们的义务是保障债权人的整体利益。为了避免债权人对破产执业人士的行为提出质疑，最好由具有管辖权的法院发布命令，确认对数字货币的任何处置或持有决定是有效的。

2. 各国政策目标的差异性牵制数据价值实现

各个国家对于破产存在不同的政治目标，有的国家侧重“债权人利益最大化”，有的国家侧重“企业的再生重整”，同时数据跨境流动会面临各国家不同的限制措施，这些政策差异会阻碍跨境破产重点数据价值实现。

①各国的破产政策差异

就政策目标而言，有的国家侧重“债权人利益最大化”，有的国家侧重“企业重整再生”，美国破产模式是典型的债务人利益保护模式，现代美国破产法面对的是激烈的竞争以及由此而导致的剧烈的社会与经济冲突，作为工业社会的一种减震措施而存在的。它的理论基

① 参见王陈慧子、杨东：《从比特币定性看数字货币的价值维度》，载《学习与探索》2021年第6期。

② 参见许金叶、许玉琴：《区块链“数字货币”的价值之谜——基于劳动价值论的价值分析》，载《会计之友》2019年第3期。

础是20世纪的社会法学和美国的现实主义法学，基于此，破产法致力于最大限度地兼顾破产程序中债权人和债务人的双方利益，致力于对社会整体利益的保护，在破产法的实际贯彻中，则主张“破产损失分担主义”。破产法的这一原则深刻反映着由美国商业实践锻造出的公正观所带来的对破产制度的理解与设计。正是以社会利益优先为出发点，《美国破产法》通过相应制度设计在最大程度上确保债务人企业可以重获新生。司法重整在美国更是被危机企业视为凤凰涅槃的策略性工具，甚至已然成为企业运营的一种方式或策略。

德国则是典型的债权人利益保护模式。在20世纪80年代的德国，该国破产法改革委员会曾在破产法改革文本中将破产重整程序的规定置于破产清算程序规定之前，并以此体现破产重整的优先性。① 但1994年德国破产法改革并未采用这一体例，其理由在于：“破产清算、出售式重整及存续性重整应等同视之，由此通过所有变价方式的竞争来发现最佳的破产财产变价方式，从而实现债权人利益最大化的价值目标。”② 显而易见，德国立法者放弃了将债务人存续作为首要价值目标，而使债权人利益居于中心地位，并优先于债务人的利益。换言之，债权人利益最大化才是德国破产法应然之使命，即便是维系企业经营、工作岗位保留等经济政治考量在破产法的框架下仍无法撬动债权人利益最大化的价值目标。③

英国在20世纪80年代修改了破产法，英国破产法目标的设定基本上兼顾了债权人及可能受到破产影响的所有主体的利益。以肯尼斯·科克为主席的破产法实施评价委员会经过长时期的工作，于1982年提交了该委员会的最后报告，报告阐述了一部现代社会文明的破产法所应具有的——系列目标。根据1982年科克委员会报告中的建议，英国政府于1984年做出了对破产法的系列修改意见，最终形成1986年破产法。该法对英国破产制度作了较大范围的修改，概括

---

① See K. Schmidt, Wege zum Insolvenzrecht der Unternehmen, S. 141, 143, 157 f.

② See Begr. zum RegE InsO, BT - Drucks. 12/2443, S. 78, 94.

③ See Müller, Der Verband in der Insolvenz, S. 304.

起来有四大方面：其一采用接管命令程序以使困难的公司通过债务的延期得到益处；其二采用自愿的债务安排程序使公司能够通过简便的方式与债权人达成新的债务合约；其三对困难公司董事的义务设定得到了实质性的强化，并拓展了法院对违法董事的失格决定权；其四通过采用破产从业人员的适格制度使破产行为置于规范化的管理之下。[①]可以看出，这些目标的设定基本上是兼顾了债权人及可能受到破产影响的所有主体的利益。

大数据时代，随着数据采集、存储、分析技术的成熟，数据的来源被极大地拓宽，越来越多的市场主体开始收集数据、利用数据。在这样的时代，数据背后蕴含着巨大的经济价值。海量数据的汇集从量变转化为质变，通过对数据的挖掘、重组、分析便可形成企业制定经营策略、决定发展方向的参考或依据。政策目标的差异会导致不同国家对破产中的数据财产态度不同。有些国家为了快速实现债权人利益，可能会把数据变卖，德国就认为数据是信息的技术形态。无论数据权利被归入何种类型，数据本身始终都应被视为《德国民法典》第93条意义上的、具有独立财产价值的权利客体。无论破产管理人接管的是破产债务人的存储介质、电子设备（如某服务器所有权），由于其都是数据具体的外部固态表现，存储的数据都自然应由破产管理人同时接管，进入破产财产当中；有的国家为了企业的重整，可能不会出卖数据，如美国就会认为数据资产进入破产财产涉及数据流转的问题，可能对用户人格权产生威胁[②]，同时出于企业复兴的需求，法院会限制数据财产的流失。

各国破产法都不是抽象地构建起来的，其破产立法对债权人集体利益最大化的遵从或者背离程度都与其在破产制度之外的社会和经济政策连在一起，因此，在跨境破产中，各国破产法之间的价值取向差异会影响数据财产的处理，给跨境破产带来复杂的沟通成本。

---

① 韩长印：《企业破产立法目标的争论及其评价》，载《中国法学》2004年第5期。

② 参见张嘉彦：《大数据时代数据资产进入破产财产的思考——可能性、利益衡量与制度构想》，载《上海法学研究》2021年第9期。

②各国的数据跨境限制

数据跨境流动给经济发展带来机遇的同时，也带来了突出的传播风险，使个人信息安全和国家安全面临新的挑战。鉴于新出现的监管挑战和复杂性，政府一直在更新与数据相关的政策，使之适应数字时代。[①] 因此，数据主权、网络数据安全、数据隐私保护、法律适用与管辖、数据本地化存储、国际贸易规则等逐渐成为数据跨境流动领域各国关注的焦点问题。2018 年 3 月 23 日，美国颁布《澄清境外数据合法使用法案》（Clarifying Lawful Overseas Use of Data Act，CLOUD Act）；欧盟《通用数据保护条例》（General Data Protection Regulation，GDPR）于 2018 年 5 月 5 日生效；中国在数据跨境传输上也不甘落后，已经出台了《网络安全法》《数据安全法》《个人信息保护法》等法律。不同国家出于政治、经济立场等因素的考量，对于数据跨境传输的监管力度往往不同，但是对于跨境破产企业来说，不同国家的监管要求会给他们带来实践中的困难，甚至因为冲突的法律规定陷入两难境地，以至于数据财产无法顺利进行评估与交易，阻碍跨境破产顺利进行。[②]

各国的数据跨境限制主要分为四大类，第一类是外商投资国家安全审查，美国《外国投资风险审查现代化法》将对于国家安全造成威胁的高风险敏感数据界定为“敏感个人数据”，并明确将敏感个人数据列为外国投资安全审查时评估国家安全风险的要素之一。第二类是技术数据出口管制，2018 年 8 月美国总统特朗普通过《出口管制改革法案》（Export Control Reform Act of 2018，ECRA），将出口管控的范围扩大至“新兴技术和基础技术的出口、再出口（转出口）或转让[③]。第三类是数据本地化的要求，在我国，根据《网络安全法》第

① 参见周汉华：《探索激励相容的个人数据治理之道——中国个人信息保护法的立法方向》，载《法学研究》2018 年第 2 期。

② 参见邓志松、戴健民：《限制数据跨境传输的国际冲突与协调》，载《汕头大学学报（人文社会科学版）》2017 年第 7 期。

③ 参见池志培、张晓洁：《美国出口管制改革与实施》，载《和平与发展》2020 年第 3 期。

37 条规定，要求关键信息基础设施的运营者在我国境内运营中收集和产生的个人信息和重要数据应当在境内存储。因业务需要，确需向境外提供的，应当按照国家网信部门会同国务院有关部门制定的办法进行安全评估。第四类是数据出境保障措施，欧盟 GDPR 规定企业必须获得数据提供者关于某明确合法用途的授权，并可出示数据获取方法的证明。用户可随时查看、修改、移动、删除数据，并要求企业开具数据备份及数据使用方式。[①]

我国的数据跨境传输监管体系已经有了初步的雏形，从《网络安全法》《数据安全法》相关行业和领域的法规，再到《数据出境安全评估办法》，对于重要数据的跨境传输要求层层加码、趋于严格，对象也从关键信息基础设施运营者（Critical Information Infrastructure Operator，CIIO）收集和产生的重要数据，逐步扩展到所有重要数据。[②]《网络安全法》第 37 条明确规定，关键信息基础设施运营者在中华人民共和国境内运营中收集和产生的个人信息和重要数据应当在境内存储；因业务需要确需向境外提供的，应当按照国家网信部门会同国务院有关部门制定的办法进行安全评估。《数据安全法》则进一步明确，对于非 CIIO 的其他数据处理者，其重要数据的出境安全管理办法，由国家网信部门会同国务院有关部门制定。而数据出境安全评估办法要求出境数据中包含重要数据的，就需要向国家网信部门申报数据出境安全评估。根据该条规定可以推断，此后无论重要数据的处理者是否为 CIIO，重要数据出境需通过国家网信部门安全评估将成为一项强制性要求。传输数据需要同时满足以下要求：存在包括中国有关法律，或者中国缔结或者参加的国际条约、协定，或者按照平等互惠原则等受理依据；外国司法或者执法机构主动提起提供数据的请求；中国主管机关批准。[③]

---

① 参见王雪乔：《论欧盟 GDPR 中个人数据保护与“同意”细分》，载《政法论丛》2019 年第 4 期。

② 参见范思博：《数据跨境流动中的个人数据保护》，载《电子知识产权》2020 年第 6 期。

③ 参见《个人信息保护法》第 40 条。

跨境破产中很可能存在数据跨境流动问题，数据财产能否作为破产财产进行拍卖和分配是一个重要的问题。但全球跨境数据流动的统一规则尚未形成，数据跨境制度冲突问题日渐浮出水面，具体可体现为“长臂管辖”与行为人所在国的“属地管辖”或“属人管辖”发生冲突，[①] 一家公司同时受两国或多国法律规制，各国不同的数据跨境传输管理规定可能会造成多国管辖权的重叠。跨国企业在我国境内根据我国法律设立且注册于境内的企业，亦可能落入上述 GDPR 及 CLOUD Act 的管辖范畴。很可能由此面临重叠管辖的问题，既需满足中国数据相关法律的要求，又要满足 GDPR 及 CLOUD Act 的相关规定。GDPR 在面对其他国家对该条例的承认程度、应对措施和可能发生的冲突情况都缺少明确的解决途径。CLOUD Act 虽提出了复议及礼让原则等作为解决冲突的路径，但符合礼让原则而免于提供数据有两个严苛的要求：一来须同时满足数据权利人不是美国公民或不居住于美国，且数据披露行为会导致服务提供商面临违反适格外国政府法律的实质性风险；二来须美国法院作出撤销和变更处罚内容的裁决，而法官需要充分衡量该个案的全部情况，包括美国和要求数据调取的政府实体的利益、外国政府利益、服务提供商如为满足要求可能受到的处罚的可能性、性质以及严重程度、用户或客户与美国关系的性质与程度、服务提供商与美国的关系与程度等多方面因素。[②] 无法协调的数据管辖权问题会直接影响跨境破产中的数据评估与变卖，延缓跨境破产进度。

八、跨境破产典型案例

（一）跨境破产实务及前景

对于已具有法律效力的域外破产宣告，如果域外管理人在中国与其国没有签订相关的司法协助协议，也没有外国法院委托的情况下，请求执行位于中国境内的破产财产的，我国法院通常的做法是：如果

---

① 参见刘天骄：《数据主权与长臂管辖的理论分野与实践冲突》，载《环球法律评论》2013 年第 2 期。

② 参见美国《澄清境外合法使用数据法案》第 3 条。

域外管理人与破产人同意接受中国法院管辖，管理人可以直接向我国法院提起诉讼，在对案件事实进行全面审查后，中国法院将作出判决。如果是域外债权人请求接管中国境内财产的，经协商调解后，可以通过股权转让的方式让债务人丧失在中国境内的财产权利。

在承认域外破产程序方面，我国法院在某些案件中，经域外破产管理人与当地政府协商后，承认域外破产程序有效［南洋纺织贸易有限公司破产案（1983 年）］。而在其他案件中，我国法院采取了不同的做法：法院不认可域外接管人的身份，且在办理案件时表现出强烈的保护中国债权人的倾向［广州荔湾建设有限公司诉欧美中国房地产有限公司及国际商业信贷银行深圳分行破产案（1992 年）］。[①]

近年来，我国部分地区法院开始承认域外破产程序的法律效力。例如，广东省佛山市中级人民法院曾于 2001 年 11 月对 E. N. Group 破产案作出民事裁定，承认意大利米兰法院作出的破产判决的法律效力。[②]

1999 年 1 月 10 日，广东省国际信托投资公司及其子公司国信深圳、广东国际租赁公司、广信企业发展公司向法院申请破产。这是中国第一例涉及大量域外债务人的破产案件。494 家境内外债权人请求索赔共计 467 亿元人民币，其中 80% 以上系域外债权人。债权人来自美国、日本、瑞士、德国、法国、西班牙等多个国家和我国香港特别行政区。

本案在诉讼程序中强调了保护域外债权人，这体现在：

一是成立债权人委员会。委员会由境内外债权人组成，轮流主持债权人会议，不定期召开会议。

二是域外债权人对清算委员会确认权利的结果有异议的，法院可以根据其异议重新作出终局裁决。

在有关的案件中，香港高等法院承认了破产程序的法律效力。[③]

---

① 对于相关案件案情的具体分析，参见石静遐：《中国的跨界破产法：现状、问题及发展》，载《中国法学》2002 年第 1 期。

② 参见广东省佛山市中级人民法院（2000）佛中法经初字第 633 号民事判决书。

③ 参见香港高等法院 1999 年第 15651 号案判决书。

该判决基于破产程序对所有债权人给予了公平待遇。

在广东省高级人民法院、广州市中级人民法院、深圳市中级人民法院审理后，作出如下裁决：广信及其下属3家子公司，债权清偿率分别为12.52%、28%、11.5%和19.48%，均超越了中国之前8%的债权清偿率纪录。

2002年全国人民代表大会起草的《企业破产法》（草案）首次对跨境破产条款作出规定。该草案尚未得到中国立法机构的批准。

草案第八条规定：

人民法院依照本法启动的清算、调解、重整程序，对债务人中国境内外的财产具有法律效力。

在中华人民共和国境外启动的清算、调解和重整程序，对债务人位于中华人民共和国境内的财产具有法律效力。当事人请求在中国境内执行该程序的，需经人民法院批准。

有下列情形之一的，人民法院不予批准：

- 中国与他国之间既没有国际协议，也没有互惠协议；
- 外国程序的行为有悖于中国的社会公共利益；
- 关于破产法的实质性条款，外国相关法律和本法存在实质性差异，可能损害中国债权人的利益；
- 其他人民法院认为应当考虑的因素。

（二）无锡尚德破产案①

2013年3月18日，一个重要的新闻引发市场的关注，由8家中国的银行组成的债权人委员会向无锡市中级人民法院（以下简称无锡中院）提交了对无锡尚德进行破产重整的申请。②

2013年3月20日，无锡中院民二庭裁定对无锡尚德实施破产重整。

无锡尚德破产重整的发生，对政府、企业来说都有深刻的原因、

① 本处内容发表于《经济参考报》2013年5月7日，原标题为“李曙光：无锡尚德破产重整不能胡来”。

② 参见江苏法院2011~2015年破产审判十大案例六：无锡尚德太阳能电力有限公司破产重整案，载全国企业破产重整案件信息网。

教训。同时，在处理破产重整的过程中，政府、银行、法院也要恪守社会角色，遵守法律的精神原则和具体规则，遵循市场经济的本质规律。做到了这些，尚德陨落没有关系，新的富有创新与生命力的企业才能不断诞生。

1. 无锡尚德破产重整：新能源产能过剩的一个缩影

无锡尚德进入破产重整具有深刻的社会经济背景。近年来，国际金融危机反反复复，国内经济发展也处于大的结构调整过程之中，这使得产能过剩尤其是新能源产业产能过剩成为一个突出问题，无锡尚德的破产重整不过是这一现象的一个缩影。

2009 年，为了克服国际经济的不利影响，国家出台了 4 万亿元经济刺激计划。从 2010 年开始，经济刺激计划的不良影响逐渐显现，最为突出也最为严重的就是 27 个产业部门有 21 个出现了产能过剩的现象。国内光伏产能达到 30 吉瓦，需求不到 18 吉瓦，产能利用率低于 60%。被冠以“新能源”名号的这些企业存在着一些共同的特点：资金投入盲目，缺乏自主科研创新，生产规模效应不大。一番激烈的市场竞争往往会促使几家大型企业的形成，并使其逐渐占据较大的市场份额，无锡尚德、江西赛维 LDK 等都是其中脱颖而出的佼佼者。江西赛维 LDK 曾经是亚洲最大的太阳能多晶硅片生产企业，但如今已经连续七个季度亏损，仅仅在政府的对赌性救助下勉力维持。无锡尚德的起落，更是一个充满戏剧色彩的故事。

2001 年，在无锡市政府主导下，施正荣联合多家国企成立了尚德太阳能电力有限公司。2005 年，施正荣在英属维尔京群岛注册成立 100% 控股无锡尚德的“尚德电力公司”，回购国有股份，吸引高盛、英联等多家海外机构入股。同年 12 月，尚德电力成为在纽交所上市的第一家大陆民营企业。无锡尚德筹资总额为 4 亿美元，发行市值达到 21.75 亿美元。凭借这些，施正荣身家达到了 23.13 亿美元，成为 2005 年的中国首富。2012 年，尚德电力公司也成为世界上最大的太阳能光伏技术公司。

无锡尚德太阳能电力有限公司是尚德电力公司旗下资产规模最大的生产基地，集中了尚德电力公司 95% 以上的产能。除此之外，尚德电力还拥有尚德电力（塞浦路斯）公司（Suntech Power [Cyprus] Co. Ltd.）、尚德电力投资 PTE（Suntech Power Investment PTE. Ltd.）等资产。

2008 年 6 月 17 日，尚德电力通过其在开曼群岛的子公司发行价值 5.41 亿美元可转债，到期日为 2013 年 3 月 15 日。票面价值为 1000 美元，票息为 3%。转换比率为 24.3153，转换价格为 41.1264，而股票执行价格为 1.86 美元/股。2013 年 3 月 14 日美股收盘后，尚德电力发表声明称公司没有完成将于 3 月 15 日到期 5.41 亿美元债券本金的偿付计划。尚德的市值在 2012 年蒸发了 60%，在 2012 年 3 月之前的 4 个季度共损失了 6.46 亿美元。尚德电力股价从 2007 年的 85 美元高点跌至 0.6 美元以下。截至 2013 年 3 月 15 日，包括工行、农行、中行等在内的 9 家债权银行对无锡尚德的本外币授信余额折合人民币已达到 71 亿元。无锡尚德将有近 10 亿元人民币的银行到期债务。其中有 2.5 亿元的流动资金贷款，及 1.2 亿美元的出口押汇。除自身债务外，无锡尚德对外担保的金额也将近 20 亿元。

在这种情况下，经反复权衡，2013 年 3 月 18 日，由 8 家中国的银行组成的债权人委员会不得不向无锡市中院提交了对无锡尚德进行破产重整的申请。

无锡尚德破产重整案的受理，时值《企业破产法》实施的第 6 个年头，该案的诸多特点使得其备受瞩目。

第一，它可能成为第一个涉及跨境破产事宜的案例，也可能是第一例国外母公司（尚德电力）和国内子公司（无锡尚德）同时陷入破产的案例。

尚德电力的开曼子公司面对国际投资人发行的公司债券违约，使得在纽交所上市的尚德电力面临很尴尬的情形。一方面，尚德电力的股权价值在 2012 年之后已经所剩无几，其自有的现金流、财产也不足以清偿高达 5.41 亿美元的债务，随时有可能被债权人申请破产；另一方面，尚德电力的主要子公司自身背负严重债务，不仅无法帮助母公司还债，而且已在国内被申请破产重整实际上是一种破产保护。

2013 年 3 月，尚德电力与可转债持有人协商债务的延期重组，有

60%的债券持有人同意债务延期协议。假设国际债权人不接受尚德电力的债务重组方案，并向美国法院提出尚德电力的破产重整，那么尚德电力上市公司将会移交给美国的托管人。而已经被申请进入重整的无锡尚德的重整计划草案将会面临调整，国内债权人利益和国际债权人利益将会面临权衡。即使国际债权人并没有申请尚德电力破产，但是在无锡尚德重整的过程中，作为出资人股东（100%股份）的尚德电力势必面临股东权益的调整。调整过后，尚德电力所享有的股东权益进一步减少，其负债可能面临更难以偿还的情形，其纽交所上市公司的地位也将岌岌可危。

第二，无锡尚德可能成为第一家因关联公司利益输送进而合并破产重整的公司。

无锡尚德与其关联公司的“烂账”集中在两个板块，一个是亚洲硅业，另一个是“荣德系”公司。前者是施正荣家族控制的企业。施正荣利用无锡尚德给其家族企业进行了大量关联交易。后者包括镇江仁德能源科技有限公司、镇江荣德新能源科技有限公司和扬州荣德新能源科技有限公司。这三家公司的法定代表人均为施正荣，也是施正荣的家族企业，其董事会成员与无锡尚德高度重合。短短两年内，无锡尚德向这三家公司输入了25亿元资金。

基于无锡尚德与其关联公司非常复杂的关联交易和持股结构问题，无锡尚德被裁定进入破产重整程序后，其大量的关联公司的债权债务也应当进行梳理。如果相互之间的资金业务往来系不正当关联交易，其关联公司可能会与无锡尚德一起合并重整。

第三，政府力量影响了无锡尚德的兴衰，现在破产重整也由政府主导。

2001年，当时的无锡尚德是无锡政府的行政命令主导，由无锡小天鹅集团、山禾制药、无锡高新技术风险投资有限公司等8家企业共同融资600万美元成立的。而在无锡尚德成立之后，园区选址、品牌宣传、融资扩张中无不由政府出面，一路绿灯。有不少人将无锡尚德的成功认为是“海归科学家、开明地方政府和海外资本”三者结合的绝佳典范。在这其中，开明地方政府坐拥天时地利，起到了非常大的影响作用。虽然国有资本在 2005 年退出尚德公司后，尚德公司一直是一家民营企业，政府官员基于政绩的考虑，却始终关注并参与尚德的发展过程之中。

在政府的大力扶持下，无锡尚德逐渐发展壮大，也成长为无锡市的一张城市名片。每次尚德出现危机时，政府总会挺身而出。在 2012 年无锡尚德出现债务危机时，政府决定的方案是让具有国资背景的国联集团和无锡市产业集团各出 1 亿元为无锡尚德向银行贷款进行担保。而在无锡尚德破产重整之前，在江苏省政府和无锡市政府的授意下，来自国联集团的周卫平出任无锡尚德公司董事兼总裁。在无锡尚德进入破产重整后，法院指定了 10 人的清算组担任无锡尚德的重整管理人，组长杨二观是国有控股的无锡星洲工业园区开发股份有限公司的法定代表人。

2. 处理无锡尚德的破产重整政府、银行、法院应找准定位、各就各位

见微知著。无锡尚德的破产重整给我们许多启示。

第一，政府应找准自己在市场经济中的角色定位。

这几年在 4 万亿元投资计划的推动下，许多省市都把光伏产业列为优先扶持的新兴产业。全国 600 个城市中有 300 个在发展光伏太阳能产业，100 多个建设了光伏产业基地。地方政府片面的政绩追求和市场规则意识的缺失，使地方政府具有极大的动力介入甚至包办具体的行业投资和企业经营。

现在，在无锡尚德重整案的处理中，无锡市政府应当严格按照破产法的规定，找准自己的位置，不要一味地提供“公共救助”。无锡尚德属于当地规模大、可能对当地经济社会产生重大影响的企业，在其陷入困境时，政府以公共资金为其解困，介入程序，这是可以理解的，但这样做对市场经济环境破坏的后果也许更严重。无锡尚德案应尽量以市场自身的力量来完成重整，政府应克服自身的干预冲动，避免成为“政府公司”。

第二，银行应还原其金融市场主体的角色。

银行扎堆向国有企业、与政府有关系的企业授信，这种现象在过

去几年时间里愈演愈烈，银行向市场输送“金融血液”的功能客观上被阻断了。银行一窝蜂似地授信给少数“优质”的企业，一方面导致那些更加需要资金的中小企业融资困难；另一方面那些容易得到授信的企业由于没有借贷难的顾虑，不顾成本收益，盲目发展，最终市场竞争失败的风险仍由银行债权人来承担。银行的授信应当根据企业的现实情况，分析其信用以及偿债能力。对类似于无锡尚德这样的大型企业，银行缺乏对其业务发展前景、市场前景的认识，加之政府又给尚德提供了有形或者无形的担保，银行的这种扎堆式的授信方式看似资金流向了收益高的方向，但是实际上是一种非理性的、盲目的贷款行为，使多家银行的风险敞口巨大。

第三，法院应秉持法治精神与公正专业操作理念。

在破产案件中，政府主导企业破产重整的情形为数不少，法院反而扮演次要角色。法院指定的清算组成员往往不具备对该企业进行重整所需要的专业知识，破产法官也不具备一定的专业素养，更多的情形是法院按照政府的意见做政府的听话工具在处理案件。一个破产重整的案件要能够成功，应依靠良法即好的破产法，更依靠“人”，得益于一群拥有丰富经验的法律专家、财务专家、管理专家的参与，也得益于一群具有较高专业素养的破产法官。破产法官应当恪尽职守，公正独立、勤勉尽责，坚持专业化操作，指定有经验、有资质的专业人员担任管理人，恰当适时地进行裁定，遵守破产法的原则和规则，让专业人士参与商业判断。

第四，为《企业破产法》的实施总结经验。

《企业破产法》运行在一个快速变化、新情形层出不穷的社会环境中，迄今已逾六年，可是我国的破产案件数量始终没有明显增多，无锡尚德这类明星企业进入重整程序无疑给《企业破产法》的实施提供了一个绝佳的蓝本，提供了一个标尺。

尚德重整案带给《企业破产法》很多需要解决的新问题，例如：如何处理国外的母公司和国内子公司同时存在破产可能的情形？如何对国内债权人和国际债权人进行保护？如何处理利益输送严重的重整企业？如何完善破产法有关重整程序的诸多细节规定；等等。某种程度上来说，破产法要经受一次较大的考验，无锡尚德的破产重整应当遵守破产重整法律的精神原则和具体规则，《企业破产法》的实施本身要超越地方利益和债权人利益，对于市场经济发展过程中新出现的问题，《企业破产法》也要有所回应。

市场竞争失败的企业理应被市场淘汰，最终留下来的一定是好的富有创新与生命力的企业，这是市场经济的本质规律。为了让所有的主体都能在公平的市场环境中公平地竞争，我们所要做的就是厘清政府与市场的边界，提供健康的“造血功能”，公正专业的司法系统，法律的良好运行。如果做到了这些，尚德陨落没有关系，因为它还可以再次升起。

（三）韩进破产案

2016年9月1日，韩国首尔中央法院正式裁定韩国最大航运企业韩进海运开始进入破产重整程序。韩进海运是世界排名前十的海运企业，在中国设有多家办事处，其破产重整涉及众多中国债权人，因此，其破产案引发市场与业内人士的广泛关注。[①] 可以说，韩进破产案是中国政府与司法机构高度重视破产法在去产能处置僵尸企业中作用的今天遇到的一起较大的跨境破产案件。

《企业破产法》有关跨境破产的制度设计规定在第5条，立法过程中，我们最终采取了综合普及主义和属地主义的折衷原则，粗线条地确立了我国破产法的跨境破产内容。从司法实践观察，第5条有一定的开放性，为我国破产法与其他国家和地区破产规则的接轨已经做好了原则性的前提准备。但是，其过于粗糙和简单化的条文，使得其在制度与程序的操作层面已经远远落后于跨境破产实践的发展形势。

韩进破产案首先提醒我们，在跨境破产的司法合作方面应有一明确的主管司法机构。目前主管破产案件和海商事案件的法院内设机构是不同的，具体到最高人民法院层面，破产案件是民二庭的业务指导

---

① 成立于中国上海的韩进海运（中国）有限公司是韩进海运全球四大地区总部之一。在韩进海运（中国）有限公司旗下，设有十个分公司，分别位于重庆、大连、香港、南京、宁波、青岛、上海、深圳、天津和厦门。此外，韩进海运在中国境内还设有九个办事处，分别位于连云港、北京、广州、苏州、武汉、烟台、张家港、郑州和中山。

范围，而海商事案件是民四庭的业务指导范围。像韩进破产案这种跨境破产案涉及债权人当事人合法权益的究竟应归属何司法机构来统一协调？一般来说，虽然韩进破产案是一涉海商事的破产案件，但考虑到破产制度与程序的特殊性，如能以专事破产的审判机构来协调保护债权人的各种诉讼似乎更为合理而专业。因此，最高人民法院应该在内部分工上就此尽快协调一致，同时按照国际公认的破产程序、制度、原则要求，加强和其他相关国家和地区法院就该案的跨境破产事宜的协调，将保护中国债权人的合法利益与推进跨境破产的国际合作结合起来。

随着全球贸易自由化进程，以及"一带一路"倡议驱动，更多行业企业将面临跨国债权债务的处理问题。推动中国法院破产裁定的国外承认，以及国外法院破产裁定的中国因素考量和中国债权人合法权益保护，将是我国建构中国跨境破产制度时所面临的一个巨大挑战。这需要我国的司法机构，在破产法的框架下，加快细化跨境破产的制度与程序规则，对跨境破产案件的管辖与受理、管理人承认、各种破产裁定的效力、财产的执行以及司法合作各环节作出司法解释或个案推动，条件成熟时应尽快采用立法或条例形式，推进跨境破产的国际司法合作。①

（四）年富公司破产管理人获准在香港全面履职案②

——粤港澳大湾区内地与香港法院开始认可对方的破产程序效力

1. 案情简介

深圳市年富供应链有限公司（以下简称年富公司）于 2008 年 7 月 21 日在深圳市市场监督管理局福田局登记成立，法定代表人李文国，注册资本 38800 万元。年富公司曾经入选中国民营企业 500 强，主要从事进出口业务和提供物流服务。但近年来，年富公司经营不顺，深陷诉讼泥潭，公司被数家法院列为失信被执行人，公司法定代表人也被限制高消费。

---

① 石静霞、黄圆圆：《跨界破产中的承认与救济制度——基于"韩进破产案"的观察与分析》，载《中国人民大学学报》2017 年第 2 期。

② 内容整理自李曙光教授主持课题《广东省破产审判与破产管理经验》。

2018年12月19日，广东省深圳市中级人民法院宣告其破产，深圳中院依法受理债权人惠州埃富拓科技有限公司对年富公司的破产申请。2018年12月26日，深圳市正源清算事务有限公司被深圳市中级人民法院指定为年富公司的破产管理人，破产管理人在香港被称为“破产清算人”。

经管理人调查发现，年富公司在香港设有两家重要子公司，是其整个供应链业务的重要环节，只有将这两家子公司纳入调查范围，才能掌握年富公司资产状况和经营情况。然而，该两家子公司的董事因涉嫌犯罪被公安机关逮捕，无法实际履职，公司财产账目无人管理，香港银行账户中约有1250万元人民币款项被冻结。同时两家子公司还有高达41亿元人民币的对外贸易应收款项，也处于无人管理和催收的状态。由于深圳破产管理人无法直接跨境履职，破产程序推进困难，公司资产存在贬值风险。为维护债权人、债务人合法权益，管理人请求深圳中院协调香港高等法院认可年富公司在深圳的破产清算程序并在香港承认其破产管理人地位，赋予其管理人职权。

2020年4月3日，深圳法院向香港法院作出协助执行请求，申请破产清算人破产程序的承认与执行。[①] 在承认破产程序之外，香港法院同时被请求赋予破产清算人多种职权，以处理年富公司跨境破产程序中必需进行的各种事务。深圳中院向香港高等法院发出协助函，对年富公司破产清算一案的办理情况和审理需求进行释明，并商请香港高等法院认可年富公司管理人地位。5月19日，年富公司管理人正式向香港高等法院提交在港履职的申请。

2. 裁判结果

2020年5月26日，香港高等法院法官夏利士作出裁决，认可深圳中院开展的破产程序及指定的破产管理人，同时对管理人履职签发了授权令。[②] 香港高等法院作出裁决，认可深圳法院开展的年富公司的破产清算程序及指定的破产管理人，同时对管理人履职签发了授权

① 参见广东省深圳市中级人民法院请求司法承认及协助函（2018）粤09破390号。

② 参见香港特别行政区高等法院第HCMP708/2020号授权令。

令。6 月 4 日，香港高等法院公布了判决全文和授权令。

在向香港高等法院提交申请时，两家子公司均已无实际管理人，香港账户中 1250 万元人民币资产已被冻结，两家公司合计持有约 41 亿元人民币对外商业应收账款，应收账款无人主张清收。基于上述理由，法院认为，赋予破产清算人对年富公司的子公司在香港的实际控制权是必要的。

根据授权令的内容，管理人有权在香港行使这些职权：

第一，向第三方索取并接管有关公司及其市场推广、成立、业务往来、账目、资产、负债或其他事务（包括破产原因）的文件和资料；

第二，在香港高等法院管辖范围内，寻找、保护、保全、占有和控制所有公司实际权利或表面上有权获得的财产和资产；

第三，寻找、保护、保全、占有以及控制账簿、文件和公司记录，包括香港的会计和法定记录，并调查公司资产以及导致破产的事务；

第四，采取一切必要措施以防止处理公司资产的行为，特别是在香港以公司名义或在公司控制下的任何银行账户上取得任何余款；

第五，以公司的名义代表公司经营、开立或关闭任何银行账户，以收集资产并支付联合清算人的费用和开支；

第六，代表公司全权管理、行使其对子公司、联营企业、关联公司以及其他实体的权利，无论是直接还是间接权益；

第七，聘用大律师、事务律师、其他律师、联合清算人认为合适的其他代理人和专业人士，以建议或援助他们行使本命令下的职权；

第八，当有必要补充和执行本命令所述的职权时，可以其本人名义或者是代表公司利益使用公司名义向本法院申请要求披露、提供文件、审查第三方的法庭令以及冻结令、搜查令、检获令等其他附属济助。

3. 案件点评

年富公司破产案标志着粤港澳大湾区内地与香港法院之间认可对方的破产程序效力并提供司法协助的开始，也是全国首例破产管理人获准代表母公司对香港子公司全面行使权利的案件。对在粤港澳大湾区内共同建立协调一致的市场主体退出机制、建立完善的债务危机拯救机制具有重大意义，也为内地人民法院与香港法院开展跨境破产司法提供可借鉴的模板。

随着近年来我国外贸发展的日益发达，跨国、跨境企业日益增多，在司法实践中也必将遇到更多的跨境破产难题。而本案则为全国首例破产管理人获准代表母公司对境外子公司全面行使权利的司法裁判，有着独特的实践意义。

而作为首个破产管理人获准代表母公司对香港子公司全面行使权利的案件，除了直接的代表性，在审理中还存在诸多尝试与探索，如还有以下几个亮点。

第一，对于当地个别债权人的执行行为与破产程序的矛盾，本案香港法院的判决中指出，实施于深圳的破产程序旨在就全部破产财产对所有债权人（包括境外债权人）进行平等分配，这与香港破产法规则具有实质统一性，且香港法院在处理破产案件时同样会考虑基于对债权人平等保护而对外国的破产判决及裁定予以承认和执行。所以，香港法院没有理由允许债权人的个别执行行为而去干扰实施于深圳的破产程序的正常进行，应遵循国际礼让原则，采取相应措施支持外国破产程序的进行。而国际礼让原则的适用并非无任何条件，香港法院在年富公司案的授权命令中规定，“授权协助的法院命令必须符合协助实施地的实体法律和公共政策”，即香港法院的司法协助不违反香港法律中关于破产清算人的职责和公共政策。

第二，对于跨境破产程序是否是“集体性程序”，香港法院认为，《企业破产法》第 30 条破产财产的规定可以体现破产程序的集体性。《企业破产法》第 30 条规定，破产申请受理时属于债务人的全部财产，以及破产申请受理后至破产程序终结前债务人取得的财产，为债务人财产。此处的“全部财产”包括在债务人注册或成立地之外的所有财产，并不限于公司注册地或成立地所在国的财产。此处的集体性体现为破产财产的集体性。

第三，对于跨境破产程序是否在破产清算人注册地启动。在本案中，年富公司在深圳市注册，深圳市正源清算事务有限公司被深圳中院指定为破产管理人，上述破产程序在“主要利益中心”进行，香港法院将其作为“境外主要程序”进行认可。在破产清算人注册地启动的境外程序被认可为“境外主要程序”，具有申请被承认和执行的基础。《示范法》第16条将债务人的注册办事处或个人的经常居住地推定为“主要利益中心”，第2条将在债务人主要利益中心所在地实施的某项境外程序定义为“境外主要程序”。

未来，我国本土与境外的商贸往来必将更加繁忙，涉及的企业、行业、业务类型都将更加复杂，在司法实践中也必将遇到更多的跨境破产难题。目前，我国各地法院也正在积极研究和推进与多国跨境破产的合作方向及具体方式。本案对于探究跨境破产可能遇到的问题有较大的借鉴意义，并为申请承认与执行境外法院破产判决、裁定的主体以及请求境外法院承认并协助执行我国法院破产程序的主体了解相关实务等提供参考。

（五）森信洋纸跨境破产协助首案①

1. 基本案情②

2021年8月30日，香港管理人黎嘉恩、何国樑向深圳中院申请认可和协助森信洋纸有限公司（Samson Paper Company Limited，以下简称森信公司）香港破产程序。黎嘉恩、何国樑申请称，2020年8月14日，森信公司A类股股东通过书面决议，自动将公司清盘并委任黎嘉恩、何国樑共同及个别担任公司的清盘人，相关委任清盘人通知书和股东会决议亦提交至香港公司注册处备案。清盘人已在香港报纸上刊登公告，告知公司已委任清盘人。2020年8月25日，公司第一次债权人会议表决确认黎嘉恩、何国樑作为清盘人的委任。森信公司在内地的主要财产包括股权投资、物业资产和应收账款。香港高等法院已发出《根据认可和协助香港特别行政区破产程序试点方案发出的司法协助请求函》，商请深圳中院认可森信公司清盘程序及清盘人身

① 内容整理自李曙光教授主持课题《广东省破产审判与破产管理经验》。

② 参见香港特别行政区高等法院 Samson Paper Company Limited［2021］HKCFI 2151案。

份，为清盘人在内地履职提供协助。

2. 裁判结果

深圳中院经审查认为，森信公司的主要利益中心所在地位于香港，其资产不足以清偿全部债务。森信公司A类股股东自愿将森信公司清盘并委任黎嘉恩、何国樑为清盘人，森信公司债权人确认清盘人的委任，根据香港《公司条例》《公司（清盘及杂项条文）条例》授权清盘人负责清盘事宜。

森信公司清盘人黎嘉恩、何国樑申请允许其在内地履行职责，具体履职事项已获得债权人会议授权，符合香港法律有关规定，亦符合《企业破产法》和《最高人民法院关于开展认可和协助香港特别行政区破产程序试点工作的意见》有关规定。

黎嘉恩、何国樑申请认可森信公司清盘程序及其作为森信公司清盘人的身份，并允许其在申请事项范围内履行职责，符合有关法律规定，亦未发现违反内地法律的基本原则或者违背公序良俗的情形。

2021年12月15日，深圳中院作出裁定，认可森信公司香港破产程序及其清盘人身份，并明确允许森信公司清盘人在内地的履职范围。认可森信公司在香港的债权人自动清盘程序及黎嘉恩、何国樑作为清盘人的身份，允许森信公司清盘人黎嘉恩、何国樑在申请事项范围内履行职责。

3. 案件点评

本案是《最高人民法院与香港特别行政区政府关于内地与香港特别行政区法院相互认可和协助破产程序的会谈纪要》签署和《最高人民法院关于开展认可和协助香港特别行政区破产程序试点工作的意见》（以下简称《试点意见》）发布后，内地法院首例认可和协助香港破产程序案件。深圳中院严格适用《试点意见》有关规定受理案件，并开展审查工作。

首先，审查连接因素。深圳市为两地法院相互认可和协助破产程序的试点地区，森信公司的全资子公司——森信纸业（深圳）有限公司的经营地址位于深圳市，该公司股权为森信公司在内地的主要财产，根据《试点意见》有关规定，深圳中院可以受理森信公司清盘人的申请。

其次，审查认可程序。一是结合森信公司资产负债状况报告等材料，可以认定森信公司不能清偿到期债务且资产不足以清偿全部债务，具备《企业破产法》规定的破产原因；二是森信公司在香港启动的公司债权人自动清盘程序，是依据香港《公司条例》《公司（清盘及杂项条文）条例》进行的集体清偿程序；三是森信公司的注册地在香港，主要办事机构所在地、主要营业地、主要财产所在地也在香港，且在香港连续存在6个月以上，综合考虑以上因素，可以认定香港系森信公司主要利益中心所在地。

最后，审查协助事项。内地法院依申请允许香港管理人在内地履职，履职范围限于两地法律规定的交集部分。森信公司清盘人申请允许其在内地履行职责的事项，均在《试点意见》规定的范围内，森信公司债权人会议亦已确认清盘人的委任，并根据香港《公司条例》《公司（清盘及杂项条文）条例》授权清盘人负责清盘事宜。

经审查，香港管理人黎嘉恩、何国樑申请认可森信公司清盘程序及其作为森信公司清盘人的身份，并允许其在内地履行职责的事项，符合有关法律规定，亦未发现违反内地法律的基本原则或者违背公序良俗的情形，予以准许。黎嘉恩、何国樑在履行上述职责时，如涉及放弃财产权益、设定财产担保、借款、将财产转出内地以及实施其他对债权人利益有重大影响的财产处分行为，需经人民法院另行批准。

内地与香港特别行政区法院相互认可和协助破产程序机制，是两地司法协助新模式。深圳中院审理香港管理人申请认可和协助森信公司香港破产程序案，标志着两地相互认可和协助破产程序机制从制度设计走向司法实践。鉴于内地与香港“一国两法域”的制度特征，两地破产法律规定和司法实践存在差异，审理申请认可和协助香港破产程序案件，需熟悉两地破产法律规定，了解两地司法实践，准确适用《试点意见》等规定，实现两地规则机制妥善对接。深圳中院将积极推动两地跨境破产协助工作，深入探索，总结经验，努力打造内地与香港间规则衔接、机制对接的跨境破产协助实践样本。

（六）佛山中院承认和执行意大利破产判决①

1. 案情简介

申请人：B&T Ceramic Group s. r. l 有限公司，住所地 Via Calzavecchio n. 23，Casalecchio d/R（Bologna），Italy。

2000 年 12 月 18 日，B&T Ceramic Group s. r. l 有限公司向中国广东省佛山市中级人民法院提出申请，要求承认和执行以下判决、判处令及相关事项：（1）意大利米兰法院于 1997 年 10 月 24 日作出的第 62673 号破产判决；该判决宣告 E. N. Group s. p. a 股份集团公司破产；（2）意大利米兰民事、刑事法庭于 1999 年 9 月 30 日作出的《被没收财产转让判处令》，该判处令的主要内容是破产的 E. N. Group s. p. a 股份集团公司于 1999 年 5 月 5 日被申请人 B&T Ceramic Group s. r. l 有限公司购买，责令破产监护人将 E. N. Group s. p. a 股份集团公司的破产财产完全交付于购买人 B&T Ceramic Group s. r. l 有限公司；（3）破产的 E. N. Group s. p. a 股份集团公司的所有财产，包括对南海娜塞提先锋陶瓷机械有限公司持有的 98% 股权，应完全交付申请人由申请人自由支配；（4）确认申请人对南海娜塞提先锋陶瓷机械有限公司持有 98% 股权，并恢复申请人在南海娜塞提先锋陶瓷机械有限公司的合法地位。

佛山市中级人民法院经审理查明：南海娜塞提先锋模具有限公司是由南海市吉利陶瓷实业公司和意大利 Nassetti Ettore s. p. a 公司于 1993 年 3 月 4 日共同投资成立的中外合资企业。至 1995 年 12 月 28 日，南海娜塞提先锋模具有限公司的投资总额为 610 万美元，注册资本为 550 万美元，其中中方出资 11 万美元，外方意大利 Nassetti Ettore s. p. a 公司出资 539 万美元。1997 年 5 月 9 日，Nassetti Ettore s. p. a 公司变更名称为 E. N. Group s. p. a 股份集团公司。1997 年 10 月 24 日，E. N. Group s. p. a 股份集团公司被意大利米兰法院第 62673 号判决宣告破产。1999 年 4 月 14 日，米兰法院破产法庭作出了《关于 E. N. Group s. p. a 股份集团公司的破产不以拍卖形式出售分公司的法

① 内容整理自李曙光教授主持课题《广东省破产审判与破产管理经验》。

令》，判令将包括破产 E. N. Group s. p. a 股份集团公司持有股份的海外公司、设备和机械、商标、专利、生意纲等无一例外，作为不可分割的整体进行出售。申请人 B&T Ceramic Group s. r. l 有限公司即向米兰法院报价购买。1999 年 9 月 30 日，米兰市民事、刑事法庭颁布《被没收财产转让判处令》，责令破产监护人将上述公司的财产完全交付于购买人 B&T Ceramic Group s. r. l 有限公司，供其自由支配。但是，在意大利米兰法院对 E. N. Group s. p. a 股份集团公司的资产进行清理的过程中，Nassetti Ettore s. p. a 公司（实际上早已变更名称为 E. N. Group s. p. a 股份集团公司）于 1999 年 5 月 2 日与隆轩国际有限公司签订股权转让书，将其在南海娜塞提先锋陶瓷机械有限公司 98% 的股权转让给了隆轩国际有限公司。为了取得根据意大利米兰法院的有关裁决所购买的南海娜塞提先锋陶瓷机械有限公司的股份，申请人 B&T Ceramic Group s. r. l 有限公司遂提出申请，请求承认和执行上述判决、判处令及相关事项。

2. 裁判结果

佛山市中级人民法院经审理认为：意大利米兰法院于 1997 年 10 月 24 日作出的第 62673 号破产判决及意大利米兰市民事、刑事法庭于 1999 年 9 月 30 日作出的《被没收财产转让判处令》，符合中国法律及《中华人民共和国和意大利共和国关于民事司法协助的条约》规定的承认外国法院裁决效力的条件，故对其法律效力依法予以承认。对申请人要求将破产的 E. N. Group s. p. a 股份集团公司持有的南海娜塞提先锋陶瓷机械有限公司 98% 股权完全交付申请人由申请人自由支配以及申请人要求确认对南海娜塞提先锋陶瓷机械有限公司持有 98% 股权的请求，由于该 98% 的股份已经被转让给了第三人隆轩国际有限公司，无法发出执行令直接予以执行，故本案不作处理，申请人可以持本民事裁定书另行通过诉讼程序主张权利。

2001 年 11 月 13 日，佛山市中级人民法院依照《民事诉讼法》第 267 条、第 268 条和《中华人民共和国和意大利共和国关于民事司法协助的条约》第 20 条第 1 款、第 21 条、第 26 条的规定，作出了如下裁定：（1）对意大利米兰法院于1997年10月24日作出的第62673号破产判决的法律效力予以承认；（2）对意大利米兰市民事、刑事法庭于1999年9月30日作出的《被没收财产转让判处令》的法律效力予以承认。

3. 案件点评

本案系外国公司向中国法院申请承认和执行意大利法院作出的破产判决、破产财产转让判处令及相关财产、权益，关于本案的处理主要有以下两个亮点：

（1）关于人民法院进行国际司法协助的依据

本案涉及的首要问题就是国际司法协助。承认和执行外国法院裁决是国际司法协助的主要内容，而且属于特殊的司法协助。任何国家法院的裁决都是一国司法机关代表国家对法律争议而作出的，体现了一国的司法主权，故法院的裁决原则上只能在作出裁决的国家的领域内有效，并不当然具有域外效力。①

由于世界经济的交流与发展，国际交往日益频繁，各国之间在经济上的相互依赖越来越重，世界日益成为一个不可分割的整体。在这种情况下，各国司法机关处理的涉外案件大量增加，迫切需要各国在司法领域进行国际合作，以维持国际交往的正常运行，促进各国的发展，维护当事人的利益。这样，各国通过国内立法、签订双边条约和多边条约等方式在一定条件下相互承认和执行外国法院的裁决。各国的法律规定、参加的国际条约以及国家之间的互惠关系成为承认和执行外国法院裁决的依据。

从本案来看，中国民事诉讼法的有关规定和中国与意大利之间的双边司法协助条约就成为是否承认和执行意大利米兰法院的裁决的依据。根据《民事诉讼法》第268条的规定，人民法院对申请或者请求承认和执行的外国法院作出的裁决，依照中国缔结或者参加的国际条约，或者按照互惠原则进行审查后，认为不违反中国法律的基本原则

---

①　参见王慧：《论我国承认与执行外国法院判决的法律依据》，载《北大国际法与比较法评论》2005年第6期。

或者国家主权、安全、社会公共利益的裁定承认其效力，需要执行的，发出执行令。

经中国和意大利于1991年5月20日就签署了双边的民事司法协助条约——《中华人民共和国和意大利共和国关于民事司法协助的条约》，该条约于1995年1月1日正式生效，其中规定了有关相互承认对方法院裁决的内容。该条约的第20条规定，缔约一方法院在本条约生效后作出的民事裁决，应根据本章规定的条件在缔约另一方境内予以承认与执行。同时，该条约第21条还规定拒绝承认和执行缔约方法院裁决的情形，除这些情形外，裁决应予承认并被宣告可予执行。第21条规定的排除情形主要是：作出裁决的法院无管辖权；根据作出裁决的缔约一方的法律，该裁决尚未生效；根据作出裁决的缔约一方的法律，在缺席判决的情况下，败诉一方当事人未经合法传唤，或在没有诉讼行为能力时没有得到合法代理；被请求的缔约一方法院对于相同当事人之间就同一标的的案件已经作出了生效裁决，或已承认了在第三国对该案作出的生效裁决；被请求的缔约一方法院对于相同当事人之间就同一标的的案件正在进行审理，且这一审理是在向已作出需承认的裁决的法院提起诉讼之前开始的；裁决中包括有损于被请求的缔约一方的主权、安全或公共秩序的内容。法院在进行审查时，需要审查是否存在上述拒绝承认和执行的情形。若有，则拒绝承认；若无，则承认之，需要执行者，则发出执行令执行。

本案被宣告破产的E. N. Group s. p. a股份集团公司的住所地位于意大利米兰市，根据上述条约第22条关于被告在缔约一方境内有住所，缔约一方即被视为对案件有管辖权的规定，意大利米兰法院有权受理该破产案。[①] 同时，意大利米兰法院作出破产判决和被没收财产转让判处令均为已生效之裁决，不存在条约第21条规定的拒绝承认和执行的情形，且并无违反中国法律的基本原则或者国家主权、安全、社会公共利益，因此，中国广东省佛山市中级人民法院最终作出

---

① 参见刘建红：《申请承认和执行意大利法院破产裁决案》，载《中国法律》2003年第3期。

裁定，承认意大利米兰法院的破产判决和意大利米兰市民事、刑事庭作出的被没收财产判处令的效力。此外，申请人还要求将破产的E. N. Group s. p. a股份集团公司持有的南海娜塞提先锋陶瓷机械有限公司98%股权完全交付申请人由申请人自由支配以及确认对南海娜塞提先锋陶瓷机械有限公司持有98%股权，由于该股份已被转让给了第三人，涉及第三人利益，能否直接予以执行尚不能确定，需等待另行的诉讼方能确认，故法院对此请求没有直接发出执行令予以执行，而是告知申请人可以持承认意大利米兰法院裁决的裁定另行通过诉讼程序或其他方式主张权利。

（2）关于本案作为承认和执行外国法院破产裁决案的特殊性

本案主要是依据我国和意大利签订的民事司法协助条约的规定作出了承认意大利法院裁决效力的裁定。但值得关注的是，本案申请承认和执行的不是一般的民商事裁决，而是破产裁决。虽然在《中华人民共和国和意大利共和国关于民事司法协助条约》中并没有区分一般的民事裁决和破产裁决，而是无论一般的民事裁决，还是破产裁决，都适用统一的标准进行审查，但这是非常少见的。世界上有许多关于承认和执行外国法院判决的双边条约或者多边条约，但是大部分关于承认和执行外国法院判决的条约都排除了破产裁决的承认和执行。目前世界各国关于民事司法协助就此问题的研究并无定论，究其原因，是由于一个跨国企业的破产，往往涉及各国经济利益以及复杂的法律问题，特别是涉及跨国破产的域外效力。因此，虽然说本案的最终解决依据是司法协助条约，但是从较深的层次来看，本案所涉及的问题中，更为重要的是跨国破产的域外效力。

跨国破产的域外效力，主要是指对债务人在某个国家的破产宣告，其效力是否扩及该债务人在他国的财产。这是跨国破产的核心问题。跨国破产的域外效力实际上涉及了两个方面，一是指在本国宣告的破产，其效力是否可及于在外国的有关财产关系，这称为内国破产的域外效力；二是外国宣告的破产的效力是否及于债务人在本国的财产。综观世界各国，关于跨国破产的域外效力主要有两种立法上的选择：一是属地主义原则，二是普及主义原则。[①] 属地主义原则，是指一国法院所作的破产宣告，其效力仅及于该国领域内。也就是说，本国法院所作的破产宣告的效力只及于本国领域内，而不对债务人在外国的财产产生效力；相对应地，外国的破产宣告也仅在该外国，而不对债务人在其他国家的财产产生效力。如日本破产法规定，在日本宣告的破产，其效力仅可及于破产人的在日财产。采取此立法原则的理由主要是破产关系一国的安宁秩序和公共利益，属地性较强，不宜给予国外。

普及主义原则，是指一国法院对债务人所作的破产宣告，其效力能够及于该债务人在其他任何国家的财产。如《美国破产法》第 70 条的修正案关于“接管人对破产企业之全部财产，无论其位于何处均享有权利”的规定，就是采取普及主义原则。普及主义原则理论基础主要在于破产是以债务人的总财产分配于诸债权人为目的，因而债务人在国外的财产也应归入破产财产进行分配。

对比两种立法主义原则，可以说各有其利弊。属地主义原则是过去许多国家采取的方式，是一种保守型的、传统的立法模式。属地主义使得破产程序简单化，保证破产的有效与稳定。但是属地主义的缺陷也是显而易见的。属地主义产生于经济尚不发达的时代，是一种自我封闭型的立法模式，不利于国际资本的流动。普及主义原则是一种较新的立法模式，因其允许财产的全球分配和管理，有助于实现债权人的平等待遇，有助于防止对位于破产宣告国外的财产的个别扣押。从债务人的角度来看，也使得债务人通过统一的破产程序就能够得到彻底解放，真正实现了“破产之上再无破产”和“一人一破产”[②] 的理想。

因此，普及主义原则是一种理想化的立法原则，但由于其要求财产所在国放弃对当地财产的控制权，而这是许多国家不愿意的。所以，许多实行普及主义原则的国家实际上对该原则作出了一些限制，

① 参见刘琨：《跨境破产协助中的管辖权问题》，载《法律适用》2021 年第 12 期。

② 彭阳：《船舶优先权在跨境破产中的行使》，载《国际经济法学刊》2020 年第 2 期。

称为有限度的普及主义。有限度的普及主义主要包括两方面内容：一是对内国破产的域外效力采取普及主义原则，规定依内国法律所作之破产宣告及于破产人所有的财产，而无论财产位于何处。二是对于外国的破产宣告，通过破产法或其他法律规定一些特殊的条件，如要求该破产宣告对内国的债权人不存在不公平待遇，该外国破产法本身规定了破产域外效力等条件，经过内国法院审查，如果该外国破产宣告没有违反这些条件，则承认该破产宣告在内国的效力。纯粹的普及主义原则在目前还只是一个理想，有限度的普及主义原则在现阶段是比较现实的做法，大部分国家都采取有限度的普及主义原则。在经济全球化的时代，国际资本流动非常频繁，跨国公司不断增多，采取绝对的属地主义只能拒外资于国门之外，也使得国内的资本徘徊于国门之内。从现在世界的发展潮流来看，越来越多的国家放弃了原来采取的属地主义原则的做法，改采用普及主义原则或有限度的普及主义原则的做法。如前述所说的采取属地主义原则立法的日本，随着其经济的发展，日本企业在外国投资越来越多，日本司法界为更好地保护日本企业在外国的投资，在司法实践中已经逐渐转向了普及主义。国际破产学界多年来也一直致力于跨国破产域外效力的研究，希望能通过一部统一的关于跨国破产的法律。但这一切都是建立在各国都愿意采取普及主义或有限度的普及主义原则的基础之上的。1997 年 5 月联合国贸易法委员会第 30 届会议通过的《示范法》是国际各界多年努力的结晶，就充分体现了普及主义的思想。

中国现行的有关破产方面的法律对于跨国破产的域外效力都没有作出规定。学者们普遍认为，中国现在实行的是属地主义。在中国主张属地主义的理由主要是，中国是发展中国家，跨国经营的企业很少，企业破产涉及位于国外财产的相当有限，破产管理人请求支配在外财产并没有多大的实际效益，而且拒绝承认外国破产的域外效力，更可保护中国债权人的利益，使中国债权人能从外国破产企业的在华财产中优先获得清偿。但是随着中国改革进程的推进，中国企业对外投资的加强，国内企业的破产也会涉及该企业在其他国家的投资的保护问题。因此，中国破产法学者和司法实践者已经越来越意识到实行属地主义的局限性。中国的破产法正在制定当中，许多学者提出对中国域外破产效力的立法实行普及主义或有限度的普及主义原则。但是，应该看到的是，就算中国立法采纳了普及主义原则或有限度的普及主义原则，要真正达到“破产之上再无破产”的境界尚有赖于各国相互承认对方破产的域外效力。而在这主权林立的国际社会，要求各国普遍相互承认其他国家的破产裁决或制定一部统一的破产法是非常困难的，但我国也不能因此而放弃“一人一破产”，促进国际资本流通的愿望。

本案的处理十分具有代表性，在以后的司法实践中可以通过各种形式加强各国在跨国破产方面的合作，比如通过司法协助的形式相互承认对方的破产裁决的效力，以期实现在世界范围内能逐步达到只有一个破产宣告以及为债权人提供平等的受偿机制的法律环境。

（七）广州中院承认法国破产判决[①]

1. 案情简介[②]

申请人安托瓦纳·蒙杰尔（MONTIER Antoine），男，1944 年 10 月 6 日出生，法兰西共和国籍人，居住地：法兰西共和国普瓦提艾市解放大道 146 号（146，AVENUE DE LA LIBERATION 86000 POITIERS）。

委托代理人庞阳生，男，1967 年 5 月 5 日出生，汉族，居住地：中国广东省广州市白云大道北春庭花园 BD706 房。

2005 年 4 月 1 日，申请人安托瓦纳·蒙杰尔向广州市中级人民法院提出申请，要求承认法国普瓦提艾商业法院[③]对法国百高洋行（PELLIS CORIUM“P. E. L. C. O. R.”）破产案于 1998 年 10 月 2 日作出的判决。该判决结果是：宣布法国百高洋行立案进行破产清算；允许其继续营业两个月；宣布德拉塞先生继续担任正式审判长，莫涅先生为代理审判长；任命安托瓦纳·蒙杰尔（MONTIER Antoine）为破产清算人；宣布法律代理人的作业结束；将费用纳入优先诉讼费，

① 内容整理自李曙光教授主持课题《广东省破产审判与破产管理经验》。

② 参见广州市中级人民法院（2005）穗中法民三初字第 146 号民事裁定书。

③ 法国普瓦提艾商业法院 Tribunal de commerce de Poitiers。

如该笔费用不够，由国库预支。

2. 裁判结果

广州市中级人民法院经审查认为，法国普瓦提艾商业法院对法国百高洋行破产案于 1998 年 10 月 2 日作出的判决，符合我国法律规定的承认外国法院判决效力的条件。依照我国《中华人民共和国民事诉讼法》第 268 条的规定，裁定如下：

对法国普瓦提艾商业法院于 1998 年 10 月 2 日对法国百高洋行破产案作出的判决的法律效力予以承认。

3. 案件点评

本案是 1994 ~2019 年我国仅有三个认可外国破产程序效力案件的其中之一，广州市中级人民法院在 2005 年对此域外判决承认与执行。对域外判决的承认与执行是国际司法协助的重要组成部分，涉及国家主权和本国的经济利益，各国对此均持慎重的态度。域外判决的承认与执行主要涉及域外判决承认与执行的前提条件、申请期限、启动程序和审查条件等法律问题。

首先，域外判决承认与执行的前提条件。我国目前尚未缔结或参加承认和执行涉外商事判决的专门公约，但在我国缔结或参加的其他公约中，有些公约涉及我国判决的承认与执行问题，如 1969 年《国际油污损害民事责任公约》。在我国与其他国家签订的司法协助协定中，绝大部分协定都有承认和执行外国商事判决的内容（与泰国、新加坡、比利时等少数国家签订的司法协助协定中无承认与执行商事判决的内容）。本案作出判决的法院所在国是法国，该国与我国签订的司法协助协定中，包括相互承认和执行商事判决的内容。《中华人民共和国和法兰西共和国关于民事、商事司法协助的协定》第 2 条“司法协助的范围”规定本案的申请人有权向我国申请承认与执行该商事判决。

其次，申请承认和执行域外判决的期限。除我国缔结或参加的条约有特别规定的外，当事人向我国法院申请承认和执行域外判决的期限，适用《民事诉讼法》第 219 条的规定。本案中，申请承认的判决虽然在 1998 年 10 月 2 日作出，申请人于 2005 年 4 月 1 日向本院提出申请，本已超过上述规定期限。但鉴于该判决并不包含执行内容，其仅提出承认该判决的效力，并非申请执行该判决，应不受该条规定的期限限制，故可认定安托瓦纳·蒙杰尔在 2005 年才提出申请并未超过我国法律规定的申请期限。

再次，域外判决承认程序的启动。根据我国《民事诉讼法》第 267 条规定我国承认外国法院的判决有两种启动方法。第一，可以由当事人直接向我国有管辖权的中级人民法院申请。根据最高人民法院《关于涉外民商事案件诉讼管辖若干问题的规定》的有关规定，此处的有管辖权的中级人民法院应是具有涉外民商事案件管辖权的中级人民法院。第二，依照该国与我国缔结或参加的国际条约的规定，或按照互惠原则，请求人民法院承认和执行。本案中，申请人选择了第一种启动方法，符合我国法律规定，因此广州中院承认此外国判决应予准许。

最后，关于启动承认程序的主体，一般是由案件当事人（原告或被告）提出。本案的情况比较特殊，该案本身是宣告公司破产的诉讼，当事人只有被宣告破产的公司一方。该公司于 1998 年 10 月 2 日已经被宣告破产，而对破产公司的财产清算问题，法国实行破产清算人制度，即破产公司的清算事务由公司的破产清算人全权负责，此时，破产清算人的职能相当于我国的破产清算组，有权代表破产公司提起诉讼，实现债权、追讨债务等，因此，其在本案中有权代表破产公司向我国申请承认该判决。

本案作为 1994～2019 年我国仅有三个认可外国破产程序效力案件的其中之一，为广东省跨境破产司法实践总结了经验，让我国在跨境破产这一领域更进一步。跨境破产机制建设对于依法妥善化解国际投资过程中产生的债权债务，在坚持同类债权平等保护的原则下，协调好外国债权人利益与我国债权人利益的平衡。本案程序完整、办理周期短、执行方式灵活的特点，为域外判决承认与执行提供了经验样本。

第十七讲　破产法的修改*

一、《企业破产法》修改的必要性、理论基础与原则①

党的二十大报告指出，必须加快构建新发展格局，着力推动高质量发展。《企业破产法》的更新和完善有利于回应十余年间实践中涌现的新问题，对市场经济的高质量发展具有十分重大的现实意义和长远价值。此次破产法的修改需要首先明确修法的理论基础，以及建立在这一基础上的破产法修改的理念与原则。唯有此，破产法方能成为新发展格局下服务结构性改革、优化市场资源配置、维护高效透明市场化秩序的基础法律。

（一）《企业破产法》修改的"市场五论"基础

破产法有其深厚的理论基础，一是源于法律自身所具有的权利理论，二是根植于市场经济理论。

破产法是以界定、确认、调整与保护权利和权益

---

* 本部分主要整理自李曙光教授发表于《中国法律评论》2021年第6期的论文《论我国〈企业破产法〉修法的理念、原则与修改重点》。

① 本文发表于《中国法律评论》2021年第6期。在此特别致谢中国政法大学破产法与企业重组研究中心《企业破产法》修法研究组贺丹、陈夏红、张钦昱、刘颖、赵天书等教师。本文的写作，部分参考了他们的研究成果。

为中心的法律，破产法规则起源于对债权人权利的保护以及对债务人的惩罚。德沃金（Ronald M. Dworkin）在《认真对待权利》一书中，以一套资源平等的自由主义式的政治道德观作为法律的基石，它优于传统资源平等观，给予“集体责任”和“个人责任”同等的重视。①这种理论与破产法既要考虑个体效率，又要考虑社会成本的理论很相近。权利基础在破产中体现为：破产法的游戏规则重点是清理债权债务关系，要解决权利的界定、平衡和保护问题。随着社会文明的发展，破产法更加强调对于债权人、债务人的尊重和保护，更加强调对债权债务关系在法律上的界定确认与调整，其权利保护在高度与强度上均较此前有较大提升。破产法通过协商、沟通、调解等更加细密的制度如债权人会议、债权人委员会、管理人制度等，提升对权利保护的高度；通过对破产逃废债的打击、反对破产欺诈的制度设计，提升对权利保护的强度。更加文明、先进的破产法就是更尊重债权人债务人权益的破产法，对其权益保护更好的破产法，更加强调权利意识与权利运用的破产法，更加动用国家强制力保护破产中各方权益的破产法。现代破产法的权利保护更加细分、更加精细化。破产法不仅保护债权人、债务人各自权利，而且对债权人之间的权利作出差异化保护，实现不同债权人之间利益的平衡，对于与破产程序相关的参与方的利益也有保护。同时，破产法之所以演化为破产清算与重整程序并重，也在于现代破产法更加强调给予陷入困境但诚信而具有激励可能的债务人更大的尊重，使其有东山再起的机会。破产法对于自然人、企业和其他的市场主体的债务人，基于其不同的人格的特性，使其获得相适应的市场地位和尊重，并对侵害、减损这些权利的行为的遏制、打击更加精细化。总之，现代破产法对权利的界定、平衡，对权利保护的公开度透明度是以往所不及的，是破产法对于法律权利理论的一种升华与贡献。

破产法的立法宗旨、立法精神、制度与机制安排都应反映市场经

---

① 参见［美］罗纳德·德沃金：《认真对待权利》，信春鹰、吴玉章译，上海三联书店2008年版，第221～238页。

济体制、市场机制的重要原理。一个好的破产法律框架应是对市场经济体制与机制的最好诠释。作为市场经济中具有“宪法”功能法律[①]的破产法，其理论基础由“市场五论”构成——市场决定论、市场主体论、市场出清论、市场失灵论、市场秩序论。破产法的立法建构在这“市场五论”基础之上，破产法的修改也应建构在这种理论基础之上。

市场决定论是指完善的破产法是让市场在资源配置中起决定性作用的基础。市场经济需要市场的统一和统一的市场。权利的初始界定是权利转让和重新组合的市场交易的前提。[②] 破产法具有统一市场、界定权利与权力、降低交易费用[③]的功能。从市场经济与市场交易来说，市场参与的各方都能接受的一个底线制度，就是破产法。破产法是明晰债权人债务人权益边界，给所有市场参与者公平保护的底层制度，没有破产制度，没有市场经济的优胜劣汰机制，没有公平竞争，所谓让市场在资源配置中起决定性作用就是一句空话，只有确定市场参与者在市场经济最坏情况下的预期，才能发挥市场在资源配置中的决定性作用。因此，让市场在资源配置中起决定性作用，就要让破产制度也在资源配置中发挥决定性作用，所以说，破产法是市场经济的基本法。

市场主体论则强调破产法对市场主体的公平保护。完善的破产法使作为市场主体的债权人与债务人可以获得充分保护，为市场主体建立稳定的预期。企业是合同的联结，破产法要解决特定情形下的合同束问题。[④] 破产法在债权人和债务人之间、债权人与债权人之间以及

---

① 相关论述可参见李曙光：《破产法的宪法性及市场经济价值》，载《北京大学学报（哲学社会科学版）》2019 年第 1 期。

② ［美］罗纳德 · H. 科斯：《企业、市场与法律》，盛洪、陈郁译校，格致出版社、上海三联书店、上海人民出版社 2014 年版，第 85 页。

③ ［美］罗纳德 · H. 科斯：《企业的性质（1937）》，载［美］奥利弗 · E. 威廉姆森、西德尼 · G. 温特编：《企业的性质：起源、演变与发展》，姚海鑫、邢源源译，商务印书馆 2020 年版，第 29 页。

④ Frank H. Easterbrook & Daniel R. Fischel, *The Corporate Contract*, Columbia Law Review, Vol. 89 (No. 7), p. 1416 – 1448 (1989).

债权人、债务人与其他利益方之间寻求一种公平和有效率的商业安排，同时还要确保公平和效率之间的平衡关系。破产法要求市场主体的平等保护、债权人利益的公平保护，以及公平、公正清偿债务的司法程序。在现代复杂的商业环境下，破产法的公平与效率，必须随着个案的不同和市场的变化，在两者之间找到一个平衡点。

市场出清论指的是在市场经济中，商品价格具有充分的灵活性，使需求和供给迅速达到均衡，在市场之手的作用下，市场会自然而然地淘汰那些剩余的、不需要的、闲置的资源，市场表现为没有超额供给，也没有超额需求。[①] 要达到市场出清状态，在不完备市场约束条件下，要求法律能够公平清理债权债务，发挥清算、和解与重整等破产制度的功能。市场出清理论，要求建构一套完善的市场退出制度，首先为市场主体提供清算的制度安排。破产清算是以效率价值为主导的，在债权人利益已经无法完全得到保障时作出最大限度保护的安排。随着社会经济的不断发展变化，以及破产制度实践的发展，破产法不再只考虑保护债权人利益，也给诚信债务人重生的希望，即破产法演化出重整制度。目前大型企业适用重整程序的比较多，因为大型企业有很多无形资产和难以估值的财产、隐藏的营运价值和较大社会公益性。清算和重整两大现代最为重要的市场退出制度，也是破产法律制度的主要组成部分，共同揭示了市场经济公平竞争、价高者得、优胜劣汰的基本价值和理念。

市场失灵论反映出破产法在调整自由市场所导致的失灵问题方面的作用。与传统市场失灵不同，随着全球贸易与市场交易的联通性加强，市场失灵具有集聚性、突发性、传染性，各个市场之间风险具有传导性。目前最重要、风险最高的市场失灵表现为金融市场的失灵，破产法作为防范化解金融风险的制度工具的作用进一步体现出来。从防范化解处置重大金融风险的角度，金融风险本质上是偿付不能的风险。破产法可以为金融风险处置提供一个规则范式。在金融机构风险

① 参见［英］亚当·斯密:《国富论》(珍藏本)，商务印书馆 2019 年版，第 51～52 页。

处置方面，破产法通过金融机构有序处置机制实现正常时期高风险机构的常态化有序处置以及特殊时期对系统重要性机构的特别处置，以实现保护存款人与公众利益、维护金融稳定、防范道德风险、促进市场出清及最小化处置成本的目标。

市场秩序论强调的是破产法维护社会主义市场经济秩序的作用。规范的破产司法程序是实现健康市场秩序的保障。破产法是在法院主导下通过司法框架对市场产权秩序、交易秩序甚至创新秩序的维护。破产法是市场中债权人债务人之间的一种游戏规则。当市场经济中出现不能清偿到期债务的结果时，破产法则对债权人、债务人追求自身利益最大化的冲动提供了一种预防、禁止和限制性的规定，同时也提供了一种程序化拯救和公平清偿的制度化安排。破产法对于破产程序中的不诚信、欺诈破产等行为的打击都是对交易秩序的维护。破产法通过严谨的、法定的程序，包括管辖、债权人自治、时限等规则要求来维护市场秩序。通过规范的司法程序，债权人与债务人利益的公平保护与效率要求才得以实现。

（二）《企业破产法》修改的理念

破产法修改的理念的确定，要立足法治化基础，关注中国破产法面临的最紧迫问题；要面对国际化的大势，总结 2006 年破产法立法的经验，同时要有利于推进破产法的现代化。

2006 年《企业破产法》起草时，囿于当时的社会经济发展环境，对破产法的认知能力以及市场经济发展水平，在立法理念上还是有所保留的。首先，对破产法作为市场经济基本法的理念认知不足，强调破产法程序法的一面，其第 1 条立法宗旨的第一句即是“为规范企业破产程序”，而没有揭示破产法作为市场经济退出基本法与保护债权人债务人合法权益实体法的意义与功能。其次，《企业破产法》仅是“半部破产法”，其第 1 条立法宗旨限定了适用范围为“企业”，这与现代破产法适用所有市场主体的广泛性与基础性存有差异。而且，“企业”一词主要沿用计划体制时代的“国有企业”的习惯而来，在《企业破产法》具体规定中，也确实有许多条文涉及国有企业，这与现代市场经济条件下针对平等主体的破产法理念是相悖的。最后，

《企业破产法》起草时，无论是国际国内对现代金融风险危害的认知是肤浅的，更未认识到破产法在处置重大金融风险时的重要制度工具的功能。

破产法修改要有市场化理念。市场经济及其债权债务关系变化、法律体系发展，需要破产法作出修订以有效回应。目前，我国面临重大市场风险，包括债券市场违约、房地产市场资金链断裂导致烂尾、大型国有企业与大型民营企业破产等，上述问题不仅是法律问题，也是经济问题和社会问题。厘清破产法的价值能够为法律修订提供价值指引，破产法在市场经济中具有“宪法性价值”，能够给予市场参与者稳定预期、平等保护。[①] 另外，在我们社会文化中，对破产的污名化现象依旧存在，很多地方政府、企业觉得破产是件“不吉利”的事情，没有把它视作市场经济的重要组成部分。

破产法修改要认识到国际上破产法发展的新趋势。2006 年《企业破产法》参考了国外破产法的理念，特别是关于困境企业挽救的理念，建立了重整制度。同时，在破产原因、自动中止、管理人制度、撤销权、债权清偿顺序、跨境破产等制度方面也有较多借鉴。但在今天看来，当年的学习与借鉴本身就有许多保留与局限性。虽然这些国际上的先进制度与经验现在并未过时，但随着破产法制度的发展，上述制度与经验也有许多改进与技术上的进展。今天，我们有必要重新审视并更精细更广泛地学习借鉴国外这些优秀的破产制度文明与经验。

面对疫情、金融危机、重大违约风险、破产专业法庭的设立等新情况、新问题，破产法宪法性价值更加凸显，并应体现在立法、司法与执法各个环节。具体要体现在三点：第一，鼓励创新，为创新和创业者提供稳定预期。《民法典》将其适用主体界定为自然人、法人、非法人组织，破产法应有所回应以鼓励市场主体的广泛创新、有价值的创新。第二，破产制度是最好的信用制度。不良资产有五个市

① 参见李曙光：《破产法的宪法性及市场经济价值》，载《北京大学学报（哲学社会科学版）》2019 年第 1 期。

场——一般债权市场、不良贷款市场、房地产市场、违约债市场、拍卖市场，已经具有一定规模的市场需要配套市场退出制度来修复市场信用、清理信用不佳的市场主体，这是我国建立信用市场经济的基石。第三，破产法律实施在金融危机、公共卫生危机、企业危机、个人危机中发挥“稳定器”功能，是止损、守卫市场主体生命与再生的制度，其兼具程序性与实体性法律价值，相比其他部门法更具有基础性法律地位及其普遍价值。

破产法修改应面对实践中的新问题。当前破产审判实践中很多案件的类型是我们以前没有碰到过的，如关联企业的破产问题、房地产企业的破产问题等。破产审理的技术性、专业性、程序性更强、更复杂。很多破产案件中出现一些新型的公司治理结构、股权结构，如VIE结构、资产证券化等，还涉及复杂的重组、重整、预重整，庭外与庭内重组、执转破等。随着数字经济的发展，未来也可能出现平台企业的破产。这些都涉及复杂的法律技术，需要很好的立法技术设计予以回应。

（三）《企业破产法》修改应遵循的基本原则

《企业破产法》在修改过程中应当遵循和把握如下基本原则：

一是坚持市场化原则、法治化原则。应当坚持全面贯彻习近平法治思想，深入贯彻中国特色社会主义法治理论，坚持科学立法、民主立法、依法立法。以当前的经济形势作为修法导向，注重回应市场经济发展中的迫切需求，不断激发市场主体活力，充分发挥破产法作为市场经济法律框架中基础性法律制度的作用和功能。

二是以优化营商环境为导向。应当深入贯彻中央关于优化营商环境的重要指示，坚持以提高和改善营商环境为导向，完善现行破产法中不利于营商环境优化的理念和机制，将创造稳定、公平的市场环境作为《企业破产法》修改的一大目标。

三是以深化供给侧结构性改革为指导。破产法作为市场经济的重要法律制度，对促进我国经济转型升级有着重大意义。应当将深化供给侧结构性改革作为《企业破产法》修改的重要指导原则，注重提高供给体系水平，提升经济发展质量。

四是防范化解重大风险原则。防范化解风险挑战，直接关乎我国实现更高质量、更有效率、更加公平、更可持续、更为安全的发展。应当将防范化解重大风险作为《企业破产法》修改的重要导向，注重维护市场稳定、防范系统性风险特别是重大金融风险，注重将风险处置程序与破产程序进行有序衔接。

五是国内实践与国外经验相结合的原则。在以国内大循环为主体、国内国际双循环相互促进的新发展格局下，《企业破产法》的修改应当同时兼顾本土经验与国外理论。《企业破产法》在完善过程中，既要注重总结和运用新时代中国特色社会主义法治建设中的鲜活实践，又要注重扩展立法视角，理性吸收世界各国破产制度的立法经验。

（四）《企业破产法》与其他法律的协调

如何协调破产法与其他法律的关系问题一直是个有意思的话题。

在国家立法领域，破产法被视为社会经济生活中一部与其他法律不很相关但又不可或缺的法；在法学教育领域，破产法被视为法律体系中的部门法，许多法学院把它当作一门选修课在上；在法学学科领域，破产法被视为民商法中商法的一部分，跟担保法、票据法地位一样；在司法领域，破产法被视为程序法，破产法庭或法官往往在意债务人进入重整、和解与破产清算何种程序；而在法律实践领域，管理人、债权人、债务人等利益相关人又把破产法当作一个可以综合解决产权、合同、债务清偿、实体更生或死亡的特别法。

毫无疑问，在国家法律系统中，特别是市场经济法律体系中，破产法是一部基本法，也可以说是市场经济的宪法。首先，破产法与市场经济运行相关。与市场经济运行相关的法律规则群可以分为三类，即市场主体进入的法律，如公司法、合伙企业法等；市场交易方面的法律，如合同法、证券交易法等；市场退出方面的法律，如破产法、企业注销法等。破产法是市场经济运行的底线法、出口法。其次，破产法与市场经济产权法律体系相关。产权的界定与保护是市场经济交易的前提与基石，没有产权的界定与保护，人们就不会有创业冒险与创新的热情和激励，反过来说，没有公平竞争与优胜劣汰，没有破产机制，产权界定与确认就失去了意义，产权交易流动的基础就不顺畅也不牢靠。最后，破产法与市场经济监管法律相关。市场监管主要监管各要素市场，如金融市场、科技市场、房地产市场、劳动力市场、产品食品市场、医疗医药市场，这些要素市场的监管，目的是防止与打击这些市场可能出现的假冒伪劣、坑蒙拐骗等行为，保证市场交易的信用。但没有市场退出机制，没有破产法，市场的信用垃圾就不能得到及时有效的扫除，就不会实现市场出清。

1. 破产法与担保法的关系

一套设计科学且可操作性强的担保制度，对于破产中担保债权的实现很具现实价值。破产法中探讨担保问题的前提是明晰担保的内涵，这在《民法典》和《担保法》中均未有显性规定，比如在《民法典》第 411 条，宣告破产是浮动抵押财产确定的事由之一。在此情况下，管理人是否还能就确定的担保物，依据《企业破产法》第 18 条挑拣履行相关合同？又或者同一担保物上设立了固定抵押担保，两者受偿的先后顺序如何确立？[①] 再比如融资租赁，是否能视为一种动产担保合同，在允许管理人就该合同行使挑拣履行权的同时，当管理人选择保留该特定物时，相对人是否能够就此物获得优先受偿？当《企业破产法》与《担保法》在现阶段均相对滞后，难以完全回应实践的情况下，需要在修法安排中加强考量，厘清破产法中担保债权的内涵与外延，确保有担保债权人得到应有的保护。因此，细化破产法中的优先权划分就很重要。破产法中还涉及诸如船舶优先权、建筑工程款优先权类型，这些优先权种类并未为《企业破产法》纳入，导致与担保债权在破产清偿顺序上存在可争议性。同时，现行破产法也未明晰担保债权与共益债权和破产费用的优先地位，这可能会影响到担保债权的优先性。细化优先权类别有利于加强担保债权实现的操作性，避免因法律的模糊与冲突导致债权人权利难以得到充分的保护。对只能满足担保债权而后无产可破的债务企业的清

---

① 参见郁琳，吴光荣：《与破产法有关的几个担保问题》，载《法律适用》2021 年第 9 期。

算，特别是职工债权的清偿，有学者主张从担保债权人利益中切出一块，司法中这样处理就要很谨慎，最好是由政府建立破产公益基金的方式来解决。

2. 破产法与刑法的关系

《刑法》中关于破产犯罪的规定集中在第162条，列举有三项罪名①："妨害清算罪""隐匿、故意销毁会计凭证、会计帐簿、财务会计报告罪""虚假破产罪"。无论是从对破产犯罪行为的认定，还是从破产行为的处罚上看，《刑法》中现有的关于破产犯罪的规定，都不足以发挥对于破产犯罪行为人的震慑作用。具体而言，《刑法》现有规定有以下四点不足：

第一，对妨碍破产实施的行为规制有疏漏。《刑法》第162条中所规定的针对会计账簿等妨害行为主要发生在破产前，"虚假破产罪"所规定的行为也主要指债务人在破产前就已实施的"隐匿财产、承担虚构的债务或者以其他方法转移、处分财产"行为，这使得对破产中实施的妨碍行为缺乏规制。"妨碍清算罪"所规定的情形发生于破产程序进行中，但其也仅适用于清算环节，而非重整、和解等其他环节。现有规定还缺乏对其他主体正确履行程序或者行使权利时，除现有"妨害清算罪"外其他妨碍行为，比如消极行为的规定，使得故意阻碍破产程序进行的债务人得以逍遥法外。此外，除债务人以外的其

① 《刑法》

第一百六十二条【妨害清算罪】公司、企业进行清算时，隐匿财产，对资产负债表或者财产清单作虚伪记载或者在未清偿债务前分配公司、企业财产，严重损害债权人或者其他人利益的，对其直接负责的主管人员和其他直接责任人员，处五年以下有期徒刑或者拘役，并处或者单处二万元以上二十万元以下罚金。

第一百六十二条之一【隐匿、故意销毁会计凭证、会计帐簿、财务会计报告罪】隐匿或者故意销毁依法应当保存的会计凭证、会计帐簿、财务会计报告，情节严重的，处五年以下有期徒刑或者拘役，并处或者单处二万元以上二十万元以下罚金。

单位犯前款罪的，对单位判处罚金，并对其直接负责的主管人员和其他直接责任人员，依照前款的规定处罚。

第一百六十二条之二【虚假破产罪】公司、企业通过隐匿财产、承担虚构的债务或者以其他方法转移、处分财产，实施虚假破产，严重损害债权人或者其他人利益的，对其直接负责的主管人员和其他直接责任人员，处五年以下有期徒刑或者拘役，并处或者单处二万元以上二十万元以下罚金。

他主体，例如管理人、债权人等，也可能成为妨碍破产程序顺利进行的行为人，理应同样受到刑法的规制。

第二，对债权人的非法催债行为设有约束。由于个人破产制度的缺失以及受传统债权债务观念的影响，现实中即使是诚实债务人也可能难以获得他人的谅解和豁免，债务人有时反而处于弱势地位。债权人以超过一定限度、甚至以私人暴力手段催债的行为是对债务人合法权益的侵犯，是对破产制度的践踏，是对法律公信力的存疑，应受到刑法强制力的约束。

第三，对破产企业高管的责任规定不明确。企业，特别是上市公司的破产，高管人员是否需要承担责任？什么情况需要承担刑事责任？这些问题都需要在刑法中予以明确。如果不对高管人员的严重失职、贪污、甚至是滥用职权致使企业破产的情形加以威慑惩罚，将使得高管人员不当行权，损害债权人，乃至中小股东的利益，更将动摇破产制度赖以实施的信用根基。

第四，对破产犯罪行为的处罚规定不到位。《刑法》第 162 条中三项罪名的刑罚，有期徒刑最高不超过 5 年，罚金最多不超过 20 万元，这样的刑罚程度显然难以对实施逃废债者施加足够的威慑力，不适应社会的发展变化。较低的违法成本使得刑法中针对破产犯罪的惩罚大打折扣，给不诚信者以可乘之机。

破产法的实施离不开社会的信用土壤，以公法之强制力有效惩治蓄意破坏信用基础的债务人，有助于惩戒逃废债行为，推动破产法的有效实施。完善破产犯罪规制体系，应当从以下四个方面着手：

其一，区分虚假破产和破产欺诈，强化破产过程妨碍行为规制。虚假破产应以是否达到破产原因作为界分依据，破产欺诈则应以是否构成民法和破产法上的欺诈行为作为判断标准。应对现行《刑法》中虚假破产罪的适用主体、行为规范和法定刑等作出调整。无论真假破产，都可能存在破产欺诈行为。区分虚假破产与破产欺诈行为，并在此基础上，就虚假破产和破产欺诈社会危害程度的不同做出不同力度的处罚，有利于推动正确认识破产制度，打击逃废债行为。

其二，明确破产程序中不同主体刑事责任范围，确立底线思维。

《企业破产法》第 125 条规定，“企业董事、监事或者高级管理人员违反忠实义务、勤勉义务，致使所在企业破产的，依法承担民事责任”。第 131 条进一步指出，“违反本法规定，构成犯罪的，依法追究刑事责任”。刑法对《企业破产法》的转致适用却语焉不详。同时，须对破产犯罪适用的“高级管理人员”范围加以明确，像失职罪、滥用职权罪的主体，多为“国有公司、企业、事业单位人员”。其他性质企业的高管人员同样有可能实施破产犯罪行为，实践中，上市公司高管人员的行为往往更具社会影响力，更应受到规制。破产程序中的其他主体，如债权人、破产管理人等也可能做出超过法律限度范围的行为，其在破产犯罪中的刑事法律责任需要明确。

其三，应加强对破产管理人等相关主体刑事责任的完善。针对滥用破产程序以及妨碍破产程序的行为应予以刑法制裁，完善妨害清算罪、徇私舞弊造成破产亏损罪、隐匿、故意销毁会计凭证、会计账簿、财务会计报告罪与破产法的衔接。

其四，运用法经济学思维分析破产犯罪行为，适度提高破产犯罪刑罚力度。适当的刑罚制度，才能正确地发挥刑法的社会作用。对于破产犯罪行为，一方面可以通过提高自由刑的年期，进一步震慑意欲实施逃废债者；另一方面应综合运用成本收益分析等经济学手段，确定合理的罚金比例，既要达到惩治犯罪作用，又要确保后续破产程序的正常进行。

建立完整的破产犯罪刑法规制体系，实现对破产全过程和破产程序各主体的覆盖，对于推进破产法的有效实施具有重大意义，破产法的实施现状要求其应当与刑法合力惩治破产犯罪，才能充分发挥破产机制在市场经济中的作用。

3. 破产法与知识产权法的关系

破产程序中尽量做大破产企业的资产池，是对债权人最好的保护。破产企业的专利、商标、版权、专有技术及商业秘密等智慧财产属于知识产权，是破产企业的重要资产。实践中，作为破产企业的无形资产，知识产权因其难以确权、不易准确估值、转让机制尚不成熟，使得在破产企业处置中较易忽视这块重要资产。

正确处理破产企业的知识产权，应区分知识产权在清算程序和重整程序中不同的处置方式。

清算程序中，考虑到知识产权的潜在性、不确定性和流动性，对其处理应把握以下三个原则：

第一，不遗漏原则。由于具有潜在性和流动性，知识产权易在清算程序中为管理人所疏忽遗漏。管理人在清算过程中，除了已申请保护的著作权、专利权、商标权等财产权利和与知识产权有关的合同，还要注意清理出尚未取得保护的、具有竞争价值的技术财产和无形资产。

第二，可转让原则。破产清算以财产的变现分配为最终目标。有些知识产权因其与原所有人之间较强的附着性而难以为其他主体所继受，因而也就不具有转让价值。知识产权能否顺利转让，还应当考虑一些知识产权的特性。有些国有企业所具有的知识产权由于具有战略安全性，其转让须有特殊严格限制。

第三，合理估值原则。知识产权由于其不确定性和流动性，估值成为一个难题，甚至由于估值不合理而损害债权人的利益。在破产程序中对知识产权的估值也应参照有形资产估值的方式，遵循一定的程序，采用适当的估值方式，为最终财产的定价清偿奠定基础。

重整程序中，知识产权处理的最大不同在于，应当使仅能为该重整企业所有、且不可转让的知识产权在企业重整的过程中发挥作用，帮助企业走出困境。进入重整程序后，管理人应在最大化债权人利益的基础上继续发挥知识产权的经济价值，具体应关注以下三个问题：

其一，最大程度维护好原有的品牌价值。与破产清算相比，选择重整程序应充分考虑到企业品牌的长期积累所取得的市场信任，是否足以支撑该品牌经过重整程序的调整。例如美联航之所以选择重整程序即因其安全性、准点率等为市场充分认可，消费者对于该品牌仍有期待。而像三鹿、雷曼兄弟等企业无法重整就是因为其欺骗行为严重损害消费者信心，企业既有行为已对企业的商誉造成实质伤害。既然企业具有重整价值，重整方应充分维护好重整企业的商誉形象，以积累消费者好感和市场口碑，做到东山再起。

其二，最大程度发挥好原有的经营技术。虽然不可估值、难以转让，企业的经营团队和管理技术是企业无形资产中极为重要的部分，是企业的核心竞争力。资困型企业只是一时的资金困难，应在重整中最大限度地继续发挥原有管理团队的作用，确保其原有的管理团队、销售网络保持完整，使企业顺利走出困境。

其三，最大程度运用好原有的经营资格。作为企业知识产权的组成部分，特许经营资格是对企业生产或者服务能力水平的综合认定，是对企业雇员能力的综合评定，也是对企业整体技术水平的认定结果。特许经营资格往往是该企业技术、人员有机结合的结果，转让给其他不符合资质的企业是对特许经营制度的破坏，因此特许经营资格不应在市场中转让。此外，特许经营资格是判断企业是否具有重整价值的重要因素之一。若该经营资格具有稀缺性，则应引入有实力的重整方，确保该企业的特许经营资格充分发挥出其社会作用和经济作用。

法官、管理人应认识到知识产权在不同程序中的不同意义，在清算时使资产池最大化，在重整中为重整方案的实施提供有力支持。无论是选择清算还是重整，都不应忽略知识产权作为企业的无形资产，其对于破产企业仍具有重要价值。

二、《企业破产法》重点问题的完善建议[①]

此次《企业破产法》的修改，正处于我国市场经济改革与发展的关键时期，其制度完善需要从重点问题的完善建议、亟待建立细化法律规则的其他制度的完善建议以及配套制度建议三个方面入手。

（一）《企业破产法》的立法宗旨

破产法是市场经济的基本法，破产法的立法宗旨应反映破产法作为市场机制中的基础制度，实现市场主体的公平保护，通过清算、重

---

① 本文整理自李曙光教授于 2021 年 12 月 9 日在珞珈民商法讲坛第 29 期上的发言内容。

整与和解等程序实现市场出清，避免因市场失灵导致的重大风险，有效维护市场秩序等方面的作用与功能。

因此，对于《企业破产法》第1条立法宗旨应作出修改，应强调破产法市场经济基本法性质，同时调整第1条表述顺位，把规范破产程序表述调到后面，并增加“防范化解重大金融风险”的表述。即将第1条修改为：破产法是市场经济的基础性法律。为公平清理债权债务，保护债权人和债务人的合法权益，防范化解重大金融风险，维护社会主义市场经济秩序，规范企业破产程序，制定本法。

（二）《企业破产法》的适用范围

根据《企业破产法》实施以来的具体情况以及新出台的《民法典》等法律的新发展，破产法的适用对象应扩大其范围。根据《民法典》的规定，法人可以分为营利法人、非营利法人和特别法人，其中非营利法人包括事业单位、社会团体、基金会、社会服务机构等，特别法人包括机关法人、农村集体经济组织法人、城镇农村的合作经济组织法人、基层群众性自治组织法人。对于非营利法人与特别法人的破产问题也需要破产法作出原则规定。这样，当上述法人出现破产情形时，可以通过破产法的重整制度或者和解制度解决债务危机。

地方政府债务问题是我国经济发展中的一个重点难点问题。截至2020年12月末，全国地方政府债务余额256615亿元，其中一般债务127395亿元，专项债务129220亿元；政府债券254864亿元，非政府债券形式存量政府债务1751亿元。[①] 这一问题因与地方经济风险、金融风险、财政风险以及社会经济稳定之间存在紧密的牵连关系，因而十分复杂。2016年国务院办公厅下发《关于印发地方政府性债务风险应急处置预案的通知》，[②] 财政部印发《地方政府性债务风险分类

---

① 《2020年12月地方政府债券发行和债务余额情况》，载中华人民共和国中央人民政府网，http://www.gov.cn/xinwen/2021－01/26/content_5582612.htm，最后访问日期：2021年9月14日。

② 参见《国务院办公厅关于印发地方政府性债务风险应急处置预案的通知》（国办函〔2016〕88号）。

处置指南》,[①] 已经构建起地方政府债务风险处置的制度框架。地方政府债务处理可以适用破产法进行风险处置，在国际上已有先例。《美国破产法》第9章是专为市政主体不能清偿到期债务设计的债务调整拯救程序。[②] 在此次破产法修改中，可以考虑破产法对地方政府债务处理问题作出原则规定，具体内容由国务院另行规定的做法。

（三）个人破产制度

我国已经具备建立个人破产制度的社会经济基础和法律实践基础，深圳等多地也进行了试点。我国个人破产制度构建有“大改”“中改”“小改”三种模式。其中“大改”是制定一部独立的个人破产法；“中改”是在现行企业破产法中加入适用于自然人破产的专章；“小改”是将企业破产法适用范围扩展到为企业债务提供保证或者承担连带责任的自然人，破产法中增加“免责”一章，同时破产法相关条文作出修改。“大改”的单独立法模式考虑到个人破产与企业破产的不同之处。企业破产往往只考虑经济维度问题，而个人破产还需要考虑个人在破产后较长时间内在社会中继续生存所产生的社会、心理等其他维度问题。“中改”与“小改”是在合并立法的模式下构建个人破产制度，即通过修改《企业破产法》，扩大其适用范围的方式建立我国个人破产制度。[③]“中改”的方式是不区分消费者与商自然人，将个人纳入破产法适用范围，在破产法中增加一章，规定个人破产的前期辅导、启动条件、管理人履职、信息公开、债权人决议机制、豁免财产以及免责复权等个人破产的特殊问题。“小改”方案是在此次法律修改中仅解决企业破产产生的自然人连带债务担保问题，个人破产仍然适用现有的企业破产重整、和解与清算程序，在法律中增加规定“免责”一章，仅适用于自然人。

---

① 参见《关于印发〈地方政府性债务风险分类处理指南〉的通知》（财预（2016）152号）。

② 参见《美国破产法》第9章市政当局债务的调整（ADJUSTMENT OF DEBTS OF A MUNICIPALITY）。

③ Didier Davydoff & E. Dessart, et al., *Towards A Common Operational European Definition of Over-Indebtedness*, European Commission, 2008, p. 37.

（四）破产管理人制度

鉴于破产法实施以来管理人制度的巨大发展以及其在破产法实施过程中作用的增强，管理人制度应进一步完善。在管理人模式中，有三类管理人需要考虑。第一类是法律和商业团队，需要包括财务顾问。第二类是涉及公共利益的，需要引入公司管理人，尤其是在涉及重大公共利益的情况下。第三类是关于重大特别上市公司的重整，是否能够引入财务控股公司或投行类机构作为管理人，这是需要重点考虑的问题。

第一，完善管理人选任和更换过程中债权人会议的作用。在管理人选任方面，可以增加债务人和主要债权人向法院推荐管理人候选人的权利。在管理人类型方面，可以考虑删除现有的清算事务所，资产管理机构等其他类型的机构在满足执业能力要求、不存在利益冲突的情况下，可以成为管理人。为适应小规模破产案件、个人破产案件需求，应改变现有的以机构管理人为主的管理人构成模式，发展个人管理人。第二，推进管理人行业自治。设立管理人协会作为破产从业人员行业服务与管理的自律性组织。第三，建议增加临时管理人制度与公职管理人制度。人民法院收到破产申请后，可以指定临时管理人，负责对债务人财产的监督管理。临时管理人的具体职责由法院确定。同时，应当建立公职管理人制度，作为市场化管理人制度的补充。例如，在无产可破企业、个人破产、中小企业重整，市场化管理人不愿接任中小企业重整管理人的情况下，法院可以任命公职管理人。

（五）重整及预重整制度

重整制度将成为下一阶段破产法的主流趋势，因而重整制度的完善改革、重整制度的精细化、重整程序的整体优化非常重要，这也是破产法修改中业界普遍关注的问题。如要让重整制度在中国经济结构调整与困境企业脱困中发挥更大作用，以下几个方面的问题需要在破产法修改中重点研究解决。

第一，法律是否需要对重整企业的识别、审查和判断标准机制提供一个判断标准。第二，在重整中应该设定一个期限。这个问题在破产法修改过程中引起了争议。一些人认为破产程序的时间太短，提出了将重整方案的期限延长的建议。然而，国际经验表明，重整程序既是一个挽救企业的工具，又是一个注重效率的程序。如果没有时间上的要求，重整可能会无限延长，影响资源的高效配置。因此，在法律上对重整期限进行明确的规定是有必要的。第三，法律应促进重整制度的市场化和法治化。目前，行政化处理困境企业的方式较多，这一状况是不正常的。地方政府应逐渐从最大战略投资人的角色中退场，让拥有市场资源的战略投资人更多进入困境企业重整中，让战投与债权人充分博弈，让市场在重整过程中发挥更大的作用。同时，要促进债务人自行管理并规定债务人自行管理的相关条件，包括内部治理机制正常运转、有利于债务人继续经营、债务人不存在转移隐匿资产与严重损害债权人利益的行为等。第四，对有担保的债权人需要给予特别保护。在《企业破产法》第 75 条中规定担保债权在重整期间可以暂停。然而，是否需要在法律中进一步明确对有担保的债权人提供特别保护是一个讨论的问题。此问题也涉及对破产保证的处理，以及如何在法律中平衡各方的权益。第五，为促进重整计划方案扎实落地，应解决共益债定性问题，激励战略投资人进入不良资产市场。第六，表决机制改革问题，目前我国重整方案的表决机制采取的是双表决制，要求债权人人数过半并且其所代表的债权额占该组债权总额的 2/3 以上，在实践中会遇到一些难题。第七，强制裁定（强裁）问题，这也是一个存在较大争议的议题。在修改法律时，有人希望法院，特别是地方法院，能够对一些难以推动的案件进行强制裁定。在考虑强裁时，有三个概念需要在下一步修法中加以考虑。其一，强裁必须有条件，不能是没有条件的。例如，至少要有一组债权人通过了重整计划。其二，要考虑《企业破产法》第 87 条第 3 款中提到的普通债权实现价值高于清算价值的概念。这要求债权人的实现利益在通过重整程序后要高于清算价值。其三，需要明确债权人的优先级、估值的依据和最高人民法院的审批。这三个概念对于规范强裁程序和确保其公正有效都具有重要意义。

另外，在重整方案被批准之后，还需要解决对重整方案执行的监督、重整交易中的税收、重整企业的信用修复、新股东进入之后的股权登记等问题。以上这些问题都应当在这次破产法的修改中予以重点考虑，使重整制度成为中国经济高质量发展的另一个发动机。

此外，建议法律对于预重整作出规范。预重整是近年崛起的新制度，是在庭外重整前债务人与债权人通过谈判的方式达成债务调整与企业拯救。预重整可以分为三种：第一种是法院介入的预重整，第二种是管理人介入的预重整，第三种是没有第三方介入的预重整。预重整是一种压力机制，是债务人给债权人的一种压力机制，有一种文化的模糊性。这种文化的模糊性以及避免进入破产程序的可能受到实务的喜欢。在我国的制度安排中，预重整可以没有法院或管理人的介入，也不需要作为破产法中的一个正式程序。预重整应该是真正的债权人债务人之间的协议。但由于大多数预重整都是部分债权人、往往是大的有控制权的债权人之间达成，存在与小部分债权人形成利益冲突的可能。因此，此时的协议效力在进入重整后可以采用听证的方式来审查。审查的重点包括是否存在违法侵害债权人利益的行为，从而保护小债权人的利益。①

重整和预重整制度在中国当前的破产实践和未来破产法修改过程中都扮演着重要的角色。它们对于中国经济的高质量发展、供给侧结构性调整和营商环境提升方面都具有重要意义。因此，在下一步的破产法修改中，需要对这两项制度进行顶层设计、制度优化和改革，以更好地适应中国的破产实践和法律体系。

---

① 《美国破产法》第 1102 条、第 1121 条以及第 1126 条对庭外重组和第 11 章重整之间的衔接作出了保障。第 1102 条第（b）款第（1）项允许申请破产前成立的债权人和/或股权人委员会继续担任提起破产程序之后的债权人和/或股权人委员会。第 1121 条允许债务人在提起重整程序的同时提交重整计划。第 1126 条第（b）款规定：与本条第（c）款、第（d）款的规定一致，权益持有人在提起破产申请之前根据本法接受或反对计划，如果满足下列条件，则该接受或反对在提起破产申请后仍然有效：（1）接受计划或者反对进行征集投票的程序符合任何破产法之外的调整与这种征集投票有关的信息披露的法律、法规、或规定；或者（2）如果不存在任何这种法律、法规或规定，寻求权益持有人接受计划或者反对进行征集投票之前必须对这些权益持有人进行充分的信息披露，信息披露的充分性符合本法第 1125 条第（a）款的规定。

（六）小微企业破产制度

小微企业在整个商业经济活动中占据较大份额，对经济增长和社会就业贡献巨大。根据世界银行的统计数据，中小微企业雇用了世界1/3的劳动力，高收入国家51%的生产总值由中小微企业创造，在中低收入国家中小微企业对生产总值的贡献占56%，亚洲的中小微企业中绝大多数为小微企业。但小微企业又具有天然的脆弱性，企业生命周期较短，经营过程中各方面均面临较高的营业风险，在外部宏观因素的冲击下更易陷入困境。为此，很多国家都在探索制定小微企业破产的特殊规则。例如，2019年美国制定了《小企业重整法》，[①] 作为《美国破产法》第11章的第5分章；澳大利亚公布了《2020年公司法修正案（公司破产改革）》，旨在通过降低破产程序的复杂性和成本来满足小企业破产的需求，帮助陷入困境的小企业渡过难关，被称为近年来澳大利亚破产法的最大改革。在国际破产规则层面，联合国国际贸易法委员会第五工作组（破产法）编写并由贸易法委员会于2021年第五十四届会议审议通过了《贸易法委员会小微企业破产立法建议》，[②] 该立法建议被纳入《贸易法委员会破产法立法指南》[③] 的第五部分，也作为贸易法委员会关于中小微企业的系列文本的一部分。世界银行最新制定的宜商环境评价指标建立了小微企业专门程序指标。与初版不同，在2022年12月最新版中世界银行将“中小微企业的专门程序（Specialized Proceedings for MSMEs）”指标名称改为“小微企业的专门程序（Specialized Proceedings for MSEs）”，对小微企业专门破产程序的考察要求作出了较大程度的调整。

在中国的破产实践中，相当数量的案例涉及小微企业的破产。小微企业所面临的问题与中大型企业存在显著差异。小微企业的破产程

① 2019美国小企业重整法 Small Business Reorganization Act of 2019，载美国国会官网：https：//www. congress. gov/bill/116th – congress/house – bill/3311/text。

② 《贸易法委员会小微企业破产立法建议》（2021年）（UNCITRAL Legislative Guide on Insolvency Law for Micro – and Small Enterprises）。

③ 《贸易法委员会破产法立法指南》（UNCITRAL Legislative Guide on Insolvency Law）。

序往往涉及较长的时间周期，审判效率相对较低，而且繁简案件混为一体，从而导致破产程序的成本居高不下。尤其对于那些债权债务关系相对简单、债权人较少、企业规模和债务规模较小的企业而言，目前破产法规定的程序所形成的破产成本过于高昂。鉴于此，考虑到小微企业破产的独特需求，在《企业破产法》的修订中有必要设立专门的规定。

第一，对于小微企业的概念需明确其界定问题。在不同司法辖区，小微企业的定义存在差异，通常以企业的营业额、员工数量和资产规模等因素为依据。以 2019 年美国《小企业重整法》为例，其适用范围涵盖从事商业或经营活动、总债务不超过 2725625 美元的小企业。然而，该法例对债务人的经营业务和债务总额做了例外安排，明确排除了拥有或经营单一资产不动产的小企业，并排除了债务人对关联方或内部人的债务。此外，要求总债务的 50% 必须来自债务人的商业活动。在我国，《中小企业促进法》第 2 条规定小企业为依法设立、有利于满足社会需求、增加就业、符合国家产业政策、生产经营规模属于中小型的各种所有制和各种形式的企业。中小企业的划分标准由国务院负责企业工作的部门根据企业职工人数、销售额、资产总额等指标结合行业特点制定，并报国务院批准。值得注意的是，我国的法律层面和政府政策并未将中小企业限定在具有法人资格的企业内，而是包括合伙企业、个人独资企业、个体工商户以及部分有限公司。2011 年工业和信息化部、国家统计局、国家发展和改革委员会、财政部联合印发了《关于中小企业划型标准规定的通知》，主要根据员工人数和营业收入两项标准制定了不同行业的中小企业认定标准。但是，对于具备重整原因的企业而言，营业收入已无法正常反馈企业规模，因此，破产法需要寻求其他标准来界定中小企业。

第二，有必要主动发挥行政介入在小微企业破产程序中的积极作用。为此，可参考美国小企业管理局的经验。美国小企业管理局作为专门为美国小企业提供服务的联邦政府机构，其运营目标在于通过直接援助、提供咨询、协助和保护等手段，尽可能全方位地为小企业提供服务。该机构的主要职责包括协助小企业获取生产和发展所需的资金、促进美国小企业的创新创业、为其提供与政府机构合作的机会、拓展小企业的出口份额，并代表美国小企业群体的利益。在小微企业申请破产后，小企业管理局将积极介入，参与各方谈判、支持重整中的融资活动、制订重整计划，并直接协助破产中的小微企业。这种行政介入不仅有助于协调各方利益关系，还能提供专业的咨询和支持，为小微企业实现有效的破产重整提供全方位的协助。借鉴这一模式，我国在小微企业破产领域也可考虑建立类似的行政支持体系，以促进更加有序、高效的破产程序，有力推动小微企业的健康发展。

中小微企业所面临的特殊挑战难以通过一般破产程序加以解决，为中小微企业创设专门的破产制度不无必要。一般破产程序在立法之初往往以大型企业作为预想的规制对象。加之，小微企业本身更易于遭受宏观经济因素的冲击，因此在财务上体现出较为明显的脆弱性。就此而言，为小微企业定制特殊的规则，也成为包括美国、加拿大、新加坡、日本以及澳大利亚等主流国家在内的立法改革趋势。①

参酌域外有益经验，未来在中小企业重整的法律实践中，我们应当努力做到以下几个方面：

其一，程序及时启动的有效激励。目前对于我国而言，不少案件都缺少足够的资产，甚至是“无产破产”的案件，而导致这一情况出现往往在于破产临近期欺诈性的支付行为。事实上这也凸显出，旨在激励小微企业及时申请进入破产程序的若干法律安排设置的必要性，重要的是，对于中小微企业而言，程序的拖延将尤其导致债务人本就所剩不多的资产快速耗尽或者被挥霍殆尽，进而导致债务人难以通过成功的重整方式实现企业的重生。

其二，鼓励法庭外债务重组（out – of – court restructuring），以及简化程序方式，降低小微企业破产程序开展的成本。一方面，其中包括综合运用调解等替代纠纷解决机制，来处理债务纠纷，如此将可减

---

① IMF 的指引，载 https：//www. imf. org/ – /media/Files/Publications/SDN/2021/English/SDNEA2021002. ashx；新加坡、澳大利亚、美国等国家，都出台了专门的规定。

少管理人或者第三方中介的参与，以便于尽可能降低成本。[①] 另一方面，还应通过简化程序方式，降低第三方当事人参与程序的成本、时间以及参与度，其中包括对于小微企业重整程序设定严格的时间限制，并且在程序启动方面，设置较低的形式要求。

其三，无资产案件（No－asset case）的资金支持。事实上，资金的缺乏通常也是导致中小微企业重整或者清算程序难以有效开展的一个关键因素，这些企业往往易于面临短期内的流动性紧缺问题，并且尤其易于遭受到宏观经济冲击的负面影响。未来，应当由政府部门设立专门的基金，以保障无资产的企业能够实现快速清算。

其四，小微企业主连带担保责任免除问题。对于以个人独资企业形式成立的公司，或者企业主为企业债务承担个人连带保证责任情形的小微企业破产案件而言，往往需要在企业破产以及个人破产两个层面去进行协调。否则，诚实但不幸的独资企业主，以及为小微企业承担连带保证责任的股东，可能认为小微企业破产程序缺乏足够的活力，进而导致其申请进入此类程序的意愿低下。从事前的角度来看，这无疑也会降低投资活力，以及导致企业主不愿及时申请破产程序，甚至故意拖延申请导致更多“无产可破”局面出现，并带来无效率的结果。[②]

其五，中小微型企业重整中出资人权益保留以及未来收入偿还计划。比较法上，《美国破产法》在 2019 年改革时专门在第 11 章程序中的新增章节规定，针对小型企业债务人不适用绝对优先权规则，依照该规则股东不得在顺位更高且反对重整计划草案的异议债权人组别（如无担保债权人组）获得足额清偿之前，从重整计划中获得债务人财产的分配或者保留其股权利益，尽管新价值例外（new value exception）可构成一项针对绝对优先权的法定例外。但依照美国判例法的主流观点来看，股东为保存其于债务人企业中的股份而新投入之价值能够以金钱方式进行衡量，这意味着，单纯投入未来的工作服

① 参见 https：//www. ec. europa. eu/docsroom/documents/10451/attachments/1/translations/en/renditions/native，最后访问日期：2023 年 12 月 3 日。

② Guide on the Treatment of Insolvent Micro and Small Enterprises in Asia.

务、管理，或者专门技能本身，都难以构成支持其保留股权利益（retention of equity ownership）的新价值。[1] 新的章节程序，则废除了前述的限制性规定，这意味着，在新法生效以后，即便是在部分组别债权人反对的情况下，只要出资人愿意以未来 3 ~5 年的收入用作清偿债务人的来源，出资人股东仍然得以继续保存其在债务人企业中的股份。[2] 美国学者认为，此举有助于激励并且确保更多的小型企业重整程序得以顺利开展。[3]

（七）破产简易程序

为了提高破产法实施的效率，节约破产当事人的司法程序成本，建议专章规定简易程序。对简易程序的适用范围、启动条件、审判制度、公告送达程序等流程，以及简易程序与普通程序的转换等问题作出明确规定。第一，简易程序仅适用于破产清算案件。和解案件和重整案件可以根据个案的具体情况，参照简易程序相关条款提高审判效率，降低审判成本。第二，案件适用普通程序还是简易程序，由法院依职权根据案件情况予以确定。第三，在审判组织方面，为法院根据案件情况交由审判员一人独任审理简单破产案件留有余地。第四，简易程序的公告和送达可以采用电子、网络等灵活方式进行。第五，相关期限的缩短，主要包括申报债权的期限、第一次债权人会议召开期限、债权确认期限、财产分配期限、裁定终结破产程序期限、办理注销登记期限等。第六，人民法院适用简易程序审理破产案件，应当在裁定受理破产申请之日起 6 个月内审结。第七，关于简易程序与普通程序衔接的问题。当破产案件从简易程序转为普通程序审理时，已按照简易程序进行的程序只是在相关事项的时限上有所缩短、环节上有所简化，但相关事项本身并不存在效力瑕疵，因此，其在此后按照普通程序进行的程序中继续有效。

---

① See Norwest Bank Worthington v. Ahlers，485 U. S. 197，202（1988）.

② 参见《美国破产法》第 1191 条。

③ William L. Norton Ⅱ & James B. Bailey，*The Pros and Cons of the Small Business Reorganization Act of 2019*，36 EMORY BANKR. DEV. J. 383（2020）.

（八）债权人保护

针对破产法实施以来实践中出现的债权人保护的重大难题，《企业破产法》修改应当完善债权人保护体系。具体包括：第一，新进债权人的优先权。这涉及破产程序启动后新进债权人的激励机制问题，即参照“共益债务”的优先地位，给予其权利保护，从而解决实践中许多投资者及秃鹫基金不敢贸然出手去挽救垂死企业的问题。第二，债权人的知情权。目前，在我国破产实践中存在大量的信息不对称，尤其是单个债权人是信息弱者，债权人对于整个破产程序，特别是涉及债权人权利的事项和决策过程并不了解，或者想了解但没有合适的渠道。法律要解决信息披露度与知情权保护的问题。第三，债权人的表决权。应规定债权人可以采用非现场表决方式，特别强调对于权益未受重整计划调整或影响的债权人，不再参与表决。法律应当重点保护权益受破产程序影响的债权人的权利。第四，债权人的处分权。法律应对重大财产处分时如何报告、如何参与、如何决定、如何救济的问题予以明确。第五，破产程序中如何保障债权人的异议权。涉及异议债权人的权利通过何种方式与程序保护的问题。第六，债权人的选择权，即债权人选择管理人的权利。完善债权人会议的职能，赋予债权人会议更换管理人的职权。

同时，还要重视对担保债权人权益的保护。建议完善担保债权人权利行使的保障程序，增设担保债权人的权利保障条款。如担保物的变价不会对破产企业必要的持续性运营造成明显妨碍的，或者中止执行会造成担保物有损坏或者价值明显减少的可能，足以危害担保债权人权利的，债权人可以要求管理人及时对担保物进行变价。债权人和管理人对担保物的变价有异议的，可以向受理破产申请的人民法院申请裁定。

（九）法律责任制度

市场经济离开信用难以为继。破产法本质上就是一部规制信用经济的法，是规范商业信用的基础性法律。诚信是破产制度的核心价值观之一。破产法要通过法律责任设定，防止隐匿、转移、变卖财产、偏颇清偿等破产欺诈情形，最大限度避免“假破产、真逃债”的情形，也要防止对诚信债务人和债权人的不公平对待。同时，破产法也要求破产程序中的其他主体如破产管理人、债权人等恪守诚信要求。在法律责任上，增加管理人聘任的机构和个人的责任，明确自行管理的债务人勤勉尽责、忠实履行职务的义务及违反义务的法律责任。增加债权人委员会成员违反忠实义务的责任。

三、《企业破产法》其他制度的完善建议①

《企业破产法》实施以来，一些相关条文也存在规定不清晰、不符合实践需要的问题，须进一步改进。经梳理破产法的相关制度和机制，提出如下完善建议。

（一）关联企业合并破产制度

这一问题是我国目前企业破产实践中遇到的重大问题，很多采用集团方式经营的大型企业在破产时均会遇到这一问题，但我国现行的破产法未对关联企业破产问题作出规定。实务中为解决企业集团破产的特殊问题，进行了制度探索，也引发了许多争议。关联企业破产问题应当在破产法修改中予以涉及，此次修改可在破产的申请与受理部分增加关联企业破产管辖条款，以实现关联企业破产的集中管辖。同时实质合并申请可以在申请关联企业破产时一并提出，也可以在法院受理关联企业案件后提出。另外，将实质合并申请的申请人扩展至“关联企业成员、各关联企业的债权人和已进入破产程序的关联企业成员的管理人”。

（二）扩大债务人财产范围

为了更加全面、更加有效地保障债权人的合法权益，建议扩大债务人财产的范围，将债务人财产范围扩展至债务人在破产申请受理时属于享有的全部财产及权益，以及破产申请受理后至破产程序终结前债务人取得的财产及权益。同时，细化并拓展撤销权的范围，明确偏颇性清偿的例外情形，新增不得行使破产抵销权的情形。

① 本文整理自李曙光：《论我国〈企业破产法〉修法的理念、原则与修改重点》，载《中国法律评论》2021 年第 6 期。

（三）废除破产宣告程序

建议废除破产宣告程序。目前破产案件的受理环节采用“二阶化”模式，人民法院需要先后作出受理裁定和相应类型破产程序的裁定。司法实践中，法院裁定受理破产申请后，再宣告债务人破产，一方面，造成了破产案件受理环节的拖沓，影响了破产审理效率。另一方面，破产宣告制度带有强烈的惩戒主义色彩，在引入个人破产制度后，如果保留破产宣告制度，则法院对个人债务人作出破产宣告的裁定后，还要予以公告，这反而有可能加剧个人债务人的“社会性死亡”，与个人破产的制度目的背道而驰。故应废除破产宣告前的破产程序终结制度，新增破产财产清偿中的劣后债权。

（四）关于破产费用与共益债务

为更加合理地处置破产法实践中破产费用与共益债务存在的问题，建议厘清破产费用与共益债务的范围和类型，增加优先偿还破产费用和共益债务的法定情形，完善破产债权的清偿顺序。建议将破产费用范围扩展至执转破中尚未向法院交纳的执行费用以及公告费、公证费、财产保全费、鉴定费、调查费用等破产案件本身产生的其他诉讼费用。在破产费用中增加债权人委员会费用。债权人委员会参加破产程序、履行职责产生的费用是为全体债权人共同利益而支出，应被纳入破产费用。在共益债务方面，应考虑两个方面的问题：一是破产受理前已履行部分产生债务是否作为共益债务。管理人选择继续履行合同后，债务人未履行的义务以共益债务进行清偿，具有一定的合理性。二是增加管理人或自行管理的债务人为继续营业进行的融资作为共益债务。基于“债务人财产受益”判断标准，为拯救债务人企业，提高融资成功率，有必要明确新融资共益债务性质，降低融资人的资金风险，起到融资激励作用，解决债务人融资难的问题。

（五）关于金融机构破产制度

金融机构破产制度关乎金融风险的舒缓与控制，也是深化金融供给侧结构性改革，完善和强化“六稳”举措的要义之一。鉴于金融机构在市场经济中的特殊地位和重大影响，建议完善破产法中关于金融机构的特别规定，重视金融机构的风险处置，强调金融机构在破产程序中的特殊性，以解决金融机构的特殊风险问题。关于这一问题，有两种修订方式。第一种修订方式是设立专章规定，专章主要内容可以包括：其一，金融机构破产立法目标。金融机构破产涉及金融系统稳定性，需要与商业银行法、证券法立法目的保持兼容。其二，扩展申请主体。目前只有金融监督管理机构可以提出破产申请，需要考虑增加债务人、债权人申请破产的权利，以及存款保险基金管理机构申请破产的权利。其三，明确金融机构破产原因。除一般破产原因外，需要考虑金融监管标准和监管判断。其四，建议增设有关金融监管机构、司法机关、相关政府部门在破产处置中的工作联动机制规则。对金融机构行政接管与破产处置，增加信息披露条款、外部监督机制与相关责任条款。在困境金融机构救助中，应充分发挥存款保险机构作用。[①] 其五，完善金融机构破产分配规则。金融机构破产清偿顺序不同于普通企业，商业银行、证券公司、违约债等面临着不同债权债务法律关系，应统一制定分配规则。其六，金融机构特别是商业银行，一般不宜采用重整，极少数的重整也应该缩短时间。商业银行以信誉为基础，而且前期经过拯救进入破产程序后，已经不具备重整价值。极少数进入重整程序的商业银行，在管理人任命、重整时长、重整表决机制方面，也应该异于一般企业破产程序。第二种修订方式是在现行《企业破产法》第 134 条的基础上增加部分与金融风险处置密切相关的规定，以解决金融机构风险处置的特别问题，具体的风险处置手段与方式由特别法另行规定。

（六）关于跨境破产法律制度

中国现在已经是全世界第二大经济体，“一带一路”倡议和“走出去”战略实施过程中出现不少破产案件，但我国跨境破产的合作机

---

① 中国人民银行行长易纲在 2019 年 3 月 24 日中国发展高层论坛 2019 年年会上提道：健全问题金融机构的处置机制。探索以存款保险为平台，建立市场化法治化的金融机构退出机制。《央行行长易纲：完善与金融业开放相适应的风险防控体系》，载和讯网，https：//news. hexun. com/2019 - 03 - 25/196606333. html，最后访问日期：2021 年 10 月 30 日。

制、跨境破产的司法和制度的衔接等还不能满足要求。为了更好地协调国内和国际两个市场的衔接，适应改革开放不断深化的趋势，建议细化跨境破产的制度，跨境破产制度应在破产法中作出专章规定。具体包括以下内容：其一，我国破产程序对域外财产的效力问题。我国破产程序对债务人在中华人民共和国领域外的财产发生效力。在我国破产程序中指定的管理人，有权根据破产法与相关国家、地区的法律规定，在境外履行职务。经审查确认境外法律法规不存在歧视性规定，外国债权人、债务人在我国破产程序中，可享受同等权利，承担同等义务。其二，确认条约、协议或安排在跨境破产方面的效力。跨境破产适用中华人民共和国缔结或参加的国际条约的规定，但声明保留的条款除外。涉及与香港特别行政区、澳门特别行政区法院和我国台湾地区的跨境破产事宜，由最高人民法院与上述地区的对应机构协商。在签署相关安排之前，或者相关安排未作规定的事宜，可以参照适用破产法规定。其三，对于境外破产程序的承认与执行问题作出规定。我国法院审查确认境外判决、裁定管辖权合法且已发生法律效力，其内容不违反中华人民共和国法律的基本原则，不损害国家主权、安全和社会公共利益，不损害我国债权人的合法权益的，不存在欺诈的，裁定承认和执行。我国法院在审查并裁定承认境外破产程序之后，可以根据外国破产程序授权的代表的请求，针对债务人在我国境内的财产采取必要的措施。其四，在承认与执行境外判决裁定时，可适用推定互惠原则。对在破产领域尚未与我国签署国际条约或存在互惠先例的国家和地区，经审查确认，依据该国法律我国法院破产判决、裁定能够获得承认和执行，或者我国其他判决、裁定已经得到承认和执行，可以推定存在互惠关系。其五，规定平行程序。债务人在我国拥有财产且涉及我国债权人权益的，在承认境外主要破产程序后，我国法院仍可依据当事人申请，启动我国破产程序。在破产程序平行进行时，债权人在境外破产程序中获得清偿后，在我国破产程序中，只有在与其处于同一顺位的债权人获得同等比例的清偿后，该债权人才能在我国破产程序中继续获得清偿。

（七）关于破产企业职工权益保护问题

企业破产中的职工权益保护问题具有重要性。破产法在修订时应考虑以下内容：首先，第 113 条关于劳动债权的定义应进一步明确。同时，劳动债权与共益债务中的战略投资者退出的清偿顺位问题值得探讨。其次，应强化保障破产企业职工的知情权、参与权与表决权。再次，建立破产企业职工债权的预分配机制与欠薪基金。最后，应该尽快修改《公司法》，这是初次分配公平的关键。要加快完善社会保障体系建设，将《企业破产法》的修改与《劳动合同法》《社会保险法》的完善联动配套起来，研究建立及时解决破产企业拖欠职工工资和社会保险费问题的长效机制。

四、其他配套制度的修改建议①

为厘清破产法与其他法律制度的关系，对《企业破产法》的完善提出下列配套建议。

（一）设立破产法院与破产行政管理机构

我国破产法庭的设立具有政策性特征，破产法庭如何平稳向市场化、法治化的破产法院过渡，需要明确破产法院地位以及最高人民法院、上级法院与破产法院之间的关系。在破产法修改中应写入设立专门的破产法院，为破产法院提供法律依据。要成立相对独立、权威性强的破产法院，让破产审判体系纳入国家审判体系。破产法院的设立应注意以下问题：（1）破产法院定位上应确立破产审判权是国家事权，应有较统一的破产法院体系，破产法院的层级应设立在地市级。（2）强化破产法院的权威性以及府院联动能力，理顺破产法院与其他法院的关系。（3）加大破产法院的编制、财政和基础设施投入，破产法院应有足够的人员编制、单独的办公场所和绩效考核标准。（4）破产法院审理的案件范围要适度扩展，包括预重整、简易破产、个人破产案件以及与破产相关的公司股东诉讼、董事义务诉讼等。（5）破产

① 本文整理自李曙光：《论我国〈企业破产法〉修法的理念、原则与修改重点》，载《中国法律评论》2021 年第 6 期。

法官应具有专业性、稳定性，且要防止破产法官的利益冲突。破产法官要有更多的专业培训。(6) 加强破产法院内部制度建设、流程建设和网络化办案建设。(7) 建立全国破产法院破产审判业务的交流机制及相互间的协作机制。(8) 加强破产审判的国际合作，建立跨境破产的相关合作机制。

为推进破产法的实施应尽快设立破产管理局，作为国务院直属的一个政府部门，负责推动破产法的实施，管理破产方面的行政事务。其职责可包括以下方面：(1) 追踪破产法实施，整理法律实施数据，为制定和实施决策提供依据。(2) 负责破产法实施中操作规程的制定以及为立法的修改提供建议，不断提升立法水平。(3) 追踪董事、监事和高管落实公司法规定的诚信义务情况。(4) 任命公职管理人管理部分破产案件。许多破产案件，尤其是个人破产案件，其破产事务的管理因为没有盈利，私人职业者没有动力参与。政府作为市场经济的信用提供者和公共产品提供者，有义务以法律援助的形式，为私人破产提供管理服务。(5) 管理破产管理人。我国目前的破产管理人由各级法院管理。但是，法院作为裁判机构，并不应该行使管理职能，因为这种体制极易滋生腐败，也缺乏效率。当然，这种管理不是干预，而是监督，相当于破产案件中的“守夜人”。

（二）梳理破产法与民法等配套法律的关系

为了协调与梳理破产法与其他相关法律制度之间的关系，建议加强与民法典概念用语以及财产制度的衔接，协调两者之间的关系；完善破产程序中保全的解除与执行的终止以及民事诉讼或仲裁的中止和承担。

（三）另行规定债务人的信用修复问题

鉴于信用修复对于企业债务人与个人债务人获得新生的重要意义，又考虑到信用修复问题的复杂性，建议授权国务院另行规定信用修复制度。首先，需要在信用修复制度中明确定义债务人的权利和义务，以建立明确的法律框架。这不仅有助于保护债务人的权益，还能够为各方提供清晰的法规依据。其次，建立一套科技支持的信用评估体系，以更精准地了解债务人的还款能力和信用历史。此外，值得考虑的是，设立专门的培训和咨询机构，为债务人提供必要的培训和指导，帮助他们更好地理解信用修复制度，并采取积极的财务行为。这样的支持机构可以在整个信用修复过程中充当重要的支持者，提高债务人的成功修复率。

（四）完善刑法相关罪名

为了梳理破产法与刑法之间的关系，保障各主体在破产程序中的合法权益，建议对现行《刑法》中虚假破产罪的适用主体、行为规范和法定刑等作出调整，使其更加适应破产法修改所带来的变化。加强对破产管理人等相关主体刑事责任的完善。建议针对滥用破产程序以及妨碍破产程序的行为予以刑法制裁，完善妨害清算罪、徇私舞弊造成破产亏损罪以及隐匿、故意销毁会计凭证、会计账簿、财务会计报告罪等与破产法的衔接。

第十八讲　破产法与营商环境

一、世界银行的营商环境报告的破产指标

近些年来，我国越发重视营商环境排名的提升，世界银行发布的《全球营商环境报告》及其评估的指标体系，为推动我国的营商环境优化改革作出了很大贡献。2023 年 5 月，世界银行发布了新的营商环境项目概念文件，即“营商环境供给”（Business Ready，B－READY）项目，并对营商环境指标体系进行了大范围的调整。本次调整所确定的新指标体系对于下一步的改革具有重要影响，能够为我国未来的营商环境优化工作指明着力点。本次更新中，“商事破产”指标的变化尤为重要，并已得到了我国从中央到地方，特别是各地破产法庭的高度关注。本文主要从营商环境的重要性与营商环境评估的中国排名、新的营商环境供给项目与“商事破产”指标、指标的三大支柱以及其与我国破产法修改的关系等四个方面进行讨论。

（一）营商环境重要性及世界银行评估排名[①]

当前，营商环境建设是我国推动社会主义市场经

---

① 本部分内容为李曙光教授于 2020 年 4 月 13 日在最高人民法院主办的“营商环境大讲堂”中的演讲及 2023 年 7 月 6 日《人民法院报》第 8 版文章《世界银行营商环境新指标的法治内涵及其价值》整理而成。

济体系建设、实现中国式现代化的重要抓手之一，其重要性不言而喻。首先，从宏观维度看，世界经济整体发展已进入结构性调整阶段，当前我国经济发展的结构性调整也已进入关键时期。针对我国当前的经济发展处境，可供选择的调整方式主要包括两个方面：一方面是采取积极的经济政策，另一方面则是优化我国的营商环境。其次，营商环境与我国自 2015 年起推动的供给侧结构性改革密切相关，更是党的十九大、二十大所提出的“经济高质量发展”的题中之义。因此，激发经济发展的新动力来源、实现中国式现代化，必须要通过综合优化营商环境。

2001 年，由世界银行成立的专家组开始负责评估各国的营商环境。2003 年起，世界银行将营商环境评估情况形成评估报告后向各国定向发送，该报告深受国际各界高度重视。我国自 2015 年提出供给侧结构性改革后，党中央逐渐意识到营商环境评估与供给侧结构性改革之间的相关性，并从 2016 年起重点关注评估结果。2016 年我国营商环境评估的全球排名为第 84 名，2017 年为第 78 名。[①] 作为世界第二大经济体，我国营商环境评估排名并不尽如人意。随着中国特色社会主义市场经济体制构建的不断完善和供给侧结构性改革的推进，我国开始结合营商环境评估指标推进有针对性的营商环境强化工作，到了 2020 年，我国营商环境评估排名升至全球第 31 名。

为何营商环境排名如此重要？因为全世界各个国家都很看重这个排名，中国进入前 40 名非常不错。当前，我国所面临的很重要的任务就是如何进一步改善优化营商环境。具体来看，世界银行评估打分项目有两项指标与司法体系密切相关：合同执行与办理破产。合同执行指标的得分情况中国还不错，并且在全球执行合同的排名为第五；相比之下，办理破产排名相对靠后，亦即仅位于第 51 名，但由于我

---

① 参见 2016 年世界银行《营商环境报告：衡量监管质量和有效性》，载世行官网，https：//archive. doingbusiness. org/en/reports/global - reports/doing - business - 2016，最后访问日期：2024 年 7 月 10 日；2017 年世界银行《营商环境报告：人人机会平等》，载世行官网，https：//archive. doingbusiness. org/en/reports/global - reports/doing - business - 2017，最后访问日期：2024 年 7 月 10 日。

国2019年的破产排名是第61位，相比去年增长了10位，这一排名相对合适。①

总体来看，我国在全球190个经济体中排名第31位没什么值得骄傲，中国一定程度上是世界第二大经济体，然而排名和我国经济实力、经济发展水平还不能匹配，破产指标可能排在平均水平之后。从我国整个经济发展水平、我国破产法实施与推进等诸多方面来看，第51位的排名还是较低，特别低于我国总体第31位的水平。

综上，营商环境以及营商环境破产指标非常重要，破产法作为市场经济、营商环境的基本法、基础法，因此也同样极为重要。

（二）世界银行营商报告的破产指标及评估重点

在世界银行营商环境评估的十个指标中，“办理破产”始终是一项深受各国高度关注、评分占比较高的指标，而我国在该项指标下得分则相对较低。2021年9月16日，世界银行宣布暂停营商环境评估，同时宣布废止原《营商环境报告》项目，并表示会对原营商环境评估指标体系做进一步的改革和调整。2023年5月，世界银行宣布出台新的营商环境评估项目，即“B – READY”项目。新评估项目将于2023年下半年启动并分三批次在全球范围内进行试点和展开调研活动。

世界银行具体如何看待一个经济体的营商环境呢？破产法作为市场经济的一个基本法，可以说是营商环境当中最注重公平和优胜劣汰的一部法律。世界银行认为“良好的破产制度”应当具备以下特征：②

---

① 参见2018年世界银行《营商环境报告：改革以创造就业》，载世行官网，https：//archive. doingbusiness. org/en/reports/global – reports/doing – business – 2018，最后访问日期：2024年7月10日；2019年世界银行《营商环境报告》，载世行官网，https：//archive. doingbusiness. org/en/reports/global – reports/doing – business – 2019，最后访问日期：2024年7月10日；2020年世界银行《营商环境报告》，载世行官网，https：//archive. doingbusiness. org/en/reports/global – reports/doing – business – 2020，最后访问日期：2024年7月10日。

② See World Bank Group, *Why Does A Good Insolvency Regime Matter*?, https：//subnational. doingbusiness. org/en/data/exploretopics/resolving – insolvency/why – matters, last visited on Jul. 10, 2024.

其一，帮助债权人实现资产价值最大化，破产法是保护债权人的法律；其二，允许有救助可能或者有挽救希望的企业可以重整，与此同时，该清算的企业则应当清算，并关闭失败企业；其三，好的破产制度可以提高市场的确定性，由于市场经济存在较多不确定性因素，好的破产制度有利于提供稳定预期，促进经济的稳定与增长；其四，良好的破产制度鼓励民众借贷，愿意借钱、喜欢借钱、不怕借钱，提供适度高风险贷款，鼓励债权人提供房贷；其五，好的破产制度能保障企业员工得以继续在原来的企业工作，保障更多员工有岗可上，不会随意失业；其六，好的破产制度有助于保护供应商、供应链及客户的资源和利益，好的破产制度可以挽救企业，维系企业营销网络、产业链各个环节和客户群。

因此，世界银行认为好的破产制度，就是基于这样六个理念打分。其中，好的破产制度具体主要从如下两个方面进行打分：①

其一，回收率。回收率如何计算呢？不妨假设你的破产资产有1000万元。首先，这1000万元的资产破产处置和清偿程序要花费多少费用？这属于成本费用问题的计算。其次，你的这个破产程序开展要花费多长时间？是半年还是一年？是两年还是三年或是更多？此外，债权人在整个破产程序当中能够回收的债权也很重要的，而回收率衡量指标占到总分的50%。

其二，破产法的力度和框架。破产法制定和实施得怎么样，这是第2个指标，占总分的50%。按照破产法的力度和框架以及实施程度来衡量经济体并进行打分，分值在0分到16分，具体占总分的50%。

新营商环境评估项目——B-READY，相较此前世行的《营商环境评估》项目的改进主要包括四个方面：

第一，指标内容体系及打分方式更新。营商环境供给项目重点突出三大支柱性指标，且在打分方式方面也进行了一定的更新，尤其强调对三大支柱下各个指标细项进行综合打分。一方面，在具体指标的

---

① See Simeon Djankov, Oliver Hart, Caralee McLiesh, Andrei Shleifer: *Debt Enforcement Around the World*, 116 (6) Journal of Political Economy 1105-1149 (2008).

设置上，相较原十大指标，除“雇佣员工”前后没有明显变化外，新指标体系将“开办企业”变更为“市场准入”，“办理建设许可”变更为“获得经营场所”，“获得电力供应”变更为“市政基础设施”，“获得金融信贷”变更为“获得金融服务”，“跨境贸易”变更为“国际贸易”（但本质无太大差异），从企业角度出发的“缴纳税款”变更为包括政府、税收政策和服务等多角度在内的“纳税”，“执行合同”变更为“商业纠纷的解决”，“保护少数投资者”变更为“促进市场竞争”，“办理破产”变更为“商事破产”。至此，更新后的指标体系不再是单纯针对商业环境中某一个领域进行打分，而是将与营商环境评价相关的领域都纳入了考察范围。另一方面，在指标得分的呈现方式上，新指标体主要采用了综合得分呈现方法，而非单纯的排名方式。世界银行认为这样一种综合得分的呈现方式，对于缓释民众对各经济体之间开展“恶性竞争（unhealthy competition）”的担忧，同样也是非常重要的。除此之外，B－READY 项目报告将强调一个经济体自身随着时间的推移，以及该经济体相对于世界上拥有“最佳表现经济体（best performance）”的一种进步情况。总之，新营商环境指标项目不会专注于经济体的排名，而是以分数为基础进行报道，描述其跨主题的变化，分析其在不同经济体分组中的差异，并评估其在一段时间内的总体趋势。[①]

第二，区分法律和事实的数据，目的是希望反映相关法律的实际实施情况。营商环境供给项目将通过专家咨询和企业调查手段来获取数据，相比于以往，在受访专家对象的选择上也更具有科学性。事实上，对具备全国代表性的私营企业的调查研究，可考察并收集到宝贵的一手信息，即企业自身在面对商业监管环境时的切实体会或应对经验。[②] 对此世界银行小组认为，“后者属于新评估项目的一项重大创

---

① 正如世行评估小组所言，新营商环境指标项目报告，将通过避免过度炒作经济体的排名方式来解决这些顾虑或者问题。新营商环境指标项目将探索不同的数据汇总信息的呈现方式，以最大限度地提高公众对新项目的兴趣，并激励各经济体开展营商环境改革活动。参见《BEE 概念文件》，第 14 页。

② 参见《B－READY 方法论手册》，总论部分。

新，并代表着世界贸易集团团队、开发团队从业者，以及世界各地的研究人员，可获得的数据样本数量将大幅增加”。①

第三，数据收集方式的创新。在数据收集方面，相较以往更突出采集过程的科学性和专业性，并对此采用切实的指标标准进行评价。一方面，各经济体的营商环境表现主要依据可计量指标来加以评估，并通过综合得分的方式予以呈现。首先，可计量分数的获取。将营商环境条件或者情况，转化为相应的可计量的指标，对新指标项目基准测试工作开展而言无疑至关重要。新指标评估项目将把得分情况汇总成专题分数，并加总成最后的综合得分。所有从专家或企业处收集的数据，都将以原始形式储存，随后进一步转换为可与其他分数相加总的分数。② 其次，同质化调研方法的采纳。新指标体系注重数据的整体性和横向可比性，对处于不同发展阶段的经济体，从长期发展情况的法治数据进行对比，这就要求对位于不同地理区位、不同收入水平，以及发展状况的经济体，采用同质化的调研方法。

第四，特别强调了数字技术的应用，尤其是对数字经济和人工智能技术的引入。举例而言，B－READY 项目中有关数字化手段应用的指标，将具体评估电子司法系统（e－justice system）赖以运转良好情况下，所必须具备的关键环节或因素。其中包括电子化手段申请启动程序、电子通知手段、以电子支付方式缴纳法院费用、内部案件的电子化管理等。以及，能够在线实时跟踪案件进展（tracking the case online）的电子化机制，以及电子化拍卖（electronic auctions）手段的引入，后者被认为将有助于提升参与竞标人的数量，从而有可能提高破产财产价值的变现率和债权的回收率。纵观各国的经验来看，司法程序的数字化以及人工智能技术手段的运用亦属于大势所趋，实践中新信息技术的引入从根本上改变了破产从业人员的工作方式以及沟通方式，同时，能够在如下两方面起到强化司法程序公平性的作用：一方面，促使法院运转更具备效率性；另一方面，也更有助于观测既定

① 参见《BEE 概念文件》，前言部分。

② 参见《BEE 概念文件》，第 13 页。

政策目标的落实程度。

对于我国而言，疫情三年，整个世界在数字经济、人工智能方面有了突飞猛进的发展，而本次世界银行报告也注意到了数字技术对破产的影响。人工智能的相关内容在未来也会成为试点工作中的重点应用之一。这是因为，人工智能技术引入的潜在价值体现在更能够迎合民众对于司法系统的效率性、有效性，以及法院救济可及性、透明度，并强化民众对于司法系统的信心、强化司法系统合法性。这些因素本身除有助于提升法院司法系统之总体表现外，还有助于克服程序的不效率性以及拖沓问题以外，也是为了更好地回应民众对于更快捷、高效以及资源节约型司法程序的需求。

（三）世界银行“商事破产”指标的三大支柱及细项指标

如前所述，世界银行的营商环境评估的指标体系相较此前发生了较大变化。改革后的十个指标相较此前更加科学、涉及面更为广泛，对营商环境的提升更具有指向性，更加贴近营商环境中的商业本质，但新指标也较此前对整体考察提出了更高门槛和要求。其中破产指标方面，明确提出了具体的三大支柱共 45 项细项指标。[①]

第一个支柱是制度框架，即破产程序规则质量的评估标准，其中包括 29 项指标。该 29 项细项指标又具体分为三部分：

第一部分是法律和程序标准（13 项指标），与我国当前的立法模式不同，世界银行对破产制度在程序方面的指标只限于重整程序和清算程序（因为重整程序与和解程序有高度的重叠性），这也和目前美国、德国等国家改革后的破产法立法趋势一致。

其中包括：（1）启动前程序及启动后的正式破产程序（5 项指标），分别涉及债务人企业管理层在破产前阶段所负有的义务（pre - insolvency）、法庭外债务重组机制（out - of - court restructuring）、正式破产重整程序的启动（commencement）、正式破产清算程序的启动、启动正式破产程序的（法律）依据（basis）；（2）清算和重整程序（5 项指标），分别涉及告知债权人与债权申报及受理相关要求的

① 参见《方法论手册》第 11 章商事破产部分。

信息、重整计划的表决方式（how）、在重整计划表决时债权人可能采用的具体手段（means）、对重整计划持异议债权人的保护、重整程序转为清算程序；（3）破产管理人的专业技能（3 项指标），分别涉及（管理人）执业资格要求、吊销（管理人）执业资格所需要满足的前提条件、管理人选任和罢免的法律机制。

第二部分是破产财产和利害参与人（11 项指标），即如何实现破产财产价值最大化和保护债权人利益。

其中包括：（1）债务人破产财产的管理（6 项指标），分别涉及自动中止规定（automatic stay）、自动中止的例外情形以及救济手段（relief）、待履行合同的继续履行、拒绝履行权利负担过重的待履行合同或者拒绝受让权利负担过重的资产、撤销偏颇性清偿行为以及不公允低价交易、破产程序启动后的新融资可得性，以及新融资的优先清偿顺位；（2）债权人参与（5 项指标），分别涉及债权人代表（representation）、债权人的信息索取（request of information）、担保债权人的清偿顺位、职工以及环境债权人的清偿顺位、处理职工债权（labor claim）的特殊机制。

第三部分是特别破产程序（5 项指标），即关注小微企业发展和贸易全球化背景下跨境破产问题。其中小微企业破产以及企业主个人连带债务问题的解决，实际上是通过破产程序来完成债务豁免以实现社会财富的再分配，因此这也是我国实现共同富裕的底层逻辑。而跨境破产问题，则是加入全球贸易体系后的必然结果，不过当前的跨境破产问题仅有跨境破产指南这样的非国际公约进行了规定，未来的发展仍需要各国之间通过双边条约、协定、司法合作等方式逐层逐级地实现。

其中包括：（1）小微企业（3 项指标），分别涉及（特别程序的）可得性（availability）以及适格性（eligibility）（重整转清算的）程序转换安排（conversion）、债务免除（discharge）；（2）跨境破产程序（2 项指标），分别涉及建立了跨境破产的法律框架，并能够认可域外破产程序、与域外法院和代表人展开合作的法律框架。

第二个支柱是破产制度的刚性与基础设施，即破产制度运行的稳定性（支持）和破产制度法律法规落实的保障体系。这里共 12 项指标，包括两个部分：

第一部分是数字化服务（10 项指标），即数字化、信息化时代，立法、司法和执法当局落实破产制度供给的便捷程度。

其中具体包括（1）电子法庭（6 项指标），分别涉及程序的电子化申请（e－Filing）、法院费用的电子支付（e－Payment）、法官和律师的电子化案件管理（e－Case Management）、破产管理人的电子化案件管理、电子化拍卖机制（e－Auction）、网络在线听证（Virtual Hearings）；（2）破产程序开展的服务交互性以及信息公开化程序（4 项指标），分别涉及与外部系统的交互联动（interoperability）、破产案件判决的信息公开、破产程序的信息公开、破产从业人员注册信息公开。

第二部分是司法官员和破产管理人的专业性。前者是指公权力对破产制度的支持，尤其是有无专门的破产法院；后者是指市场化的专业组织和专业队伍，这是破产制度实施的基础设施，是法律法规实施的保障体系。

具体包括破产法庭的有无和破产法官专业性，以及破产管理人专业技能与执业资格在内的 2 项指标。

第三个支柱是破产制度在实践中的效率，即破产法的实践表现。以时间和成本两大维度分别评估正式清算程序和正式重整程序的实施情况，共 4 项指标。

二、破产法对营商环境的影响[①]

《企业破产法》对投资环境与相关行业的影响主要有以下八个方面。

第一，《企业破产法》能够统一中国目前混乱的破产制度和规则，帮助中国建立良好的市场经济环境、公平竞争的市场经济秩序，使所有企业组织采取市场的方法而不是行政干预的办法解决债权、债务

① 本处内容整理自李曙光教授于 2023 年 6 月 15 日在上海破产法庭的专题演讲。

关系。

第二，《企业破产法》对于欧美国家承认中国的市场经济地位有促进作用。

第三，《企业破产法》将对所有的企业采取同等公平的标准和程序，无论是国有企业，还是私有企业或是外资企业。

第四，《企业破产法》将对中国上市公司和金融机构的破产清算与重组产生推动作用。

第五，《企业破产法》的实施有助于中国破产业界的发展，可以预测，中国将会产生一支高水平的包括法官、会计师、律师和政府官员在内的破产从业人员队伍。

第六，《企业破产法》实施后将会有大量的跨境破产案件发生。

第七，《企业破产法》的实施有助于境外的破产从业人员到中国境内从事破产业务。

第八，《企业破产法》的实施有助于中国破产业界开展国际合作与交流，并建立相关组织。

三、破产法庭的设立与优化营商环境①

营商环境是一个国家、一个地区、一个社会吸引投资、吸引商业、吸引投资者的软环境，也是一个市场主体，特别是企业主体经营的软环境，同时，也是一家企业、一个企业群经营商业的条件和境况。因此，它对一个国家、一个地区、一座城市的经济发展非常重要。那么如何提升、优化一个地区、一座城市的营商环境？2020 年 1 月 1 日，国务院发布的《优化营商环境条例》正式生效，该条例第 4 条规定，优化营商环境应当坚持市场化、法治化、国际化原则，应以市场主体需求为导向，以深刻转变政府职能为核心，创新体制机制、强化协同联动、完善立法保障，对标国际先进水平，为各类市场主体投资兴业营造稳定、公平、透明、可预期的良好环境。从这个角度讲，破产法庭的设立有五个方面的意义：

① 本处内容整理自李曙光教授于 2023 年 6 月 15 日在上海破产法庭的专题演讲。

1. 破产法庭建设有助于传播正面的破产理念，即市场理念。笔者一直强调让市场在资源配置中起决定性作用，某种程度上就是要让破产在资源配置中起到决定性作用。但在现实生活中，对“破产”的污名化现象仍然存在，很多地方政府、企业认为破产是“不吉利”的事情，没有把破产视为经济活动的一部分。但是破产是市场经济中的常态现象，破产法是市场经济的基本法，也是营商环境的基本法。因此，破产法庭的设立、运行有助于传播正向的破产观念、破产理念。

2. 破产法庭建设有助于服务国家经济社会重大战略。最近中央提出“六保”与“六稳”方针，[①]“六保”首先要保的是市场主体，保市场主体生存。这是一个新提法，特别是因新冠疫情，很多中小企业以及大型企业都经营不善，难以为继，在这种情况下，中央提出“六保”首保市场主体，“六保”中的其他“保”，如保就业、保民生等，都与保市场主体息息相关。城市营商环境涉及企业的全生命周期，从出生到退出等指标，若营商环境好，就有利于吸引人流、物流、资金流，就能够吸引外来资本。破产法庭的建设有助于营商环境指标中企业开办、合同履行、保护中小投资者、破产办理等指标的完善，而不仅仅是办理破产这一项指标，也助益于营商环境其他指标的完善。因此，破产法庭的建设意义重大，专业的破产审判可以平衡企业债务人、债权人的利益，对企业采用更多的拯救举措。

3. 破产法庭建设有助于降低破产成本。在世界银行对于破产指标的评估中，世界银行主要研究了办理破产的时间、支出、破产程序的成本、司法清算与重整适用的法律框架。我国办理破产的成本占债务人财产总价值的22%左右，这个数据几乎是韩国的7倍。我国办理破产的时间成本是1年7个月，是全球办理破产案件指标最好国家爱尔兰的4倍。破产案件办理后资产回收率是36.9元（100元中只能回收

---

① 参见《中共中央政治局召开会议》，载中国法院网，https://www.chinacourt.org/article/detail/2018/07/id/3438623.shtml，最后访问日期2024年7月10日；《中共中央政治局召开会议》，载中华人民共和国商务部官网，http://m.mofcom.gov.cn/article/yqfkscbg/zybs/202004/20200402956564.shtml，最后访问日期2024年7月10日。

36.9元），是世界上指标前三名国家中日本的1/3。① 破产法庭的设立和运行可以通过专业且有效率的破产审判，大大降低当事人的破产支出、破产程序的成本及时间成本。

4. 破产法庭建设有助于破产审判实践经验的总结并上升到立法层面，完善破产法的框架。破产法实施中的许多问题可以通过破产法庭及时发现，总结提炼成立法问题，在修法时加以改进。特别是我国现在还是半部破产法，即只是企业破产法，没有个人破产法。破产法庭设立后可以考虑个人破产方面的试点。

5. 破产法庭的建设有助于破产司法的国际合作，优化国际化的营商环境。最近中国政法大学破产法与企业重组研究中心正接受海南省人大与政府的委托，在做两个自贸港条例的课题：一个是海南省的企业注销条例；一个是海南自贸港的破产条例，该破产条例是包括企业和个人的全面的破产条例。委托方希望我国在做制度设计时，思想更解放一点，胆子更大一点，要完全对标世界上最先进的国际自贸港制度。

四、营商环境与破产市场发展②

近年来，特别是最近五年来，整个破产市场发生了翻天覆地的变化。以前，破产案件比较少，律所不太重视破产案件业务，这方面的咨询服务收入也少。但是现在相当一批律所把破产案件作为主要业务，甚至在有的律所，破产案件带来的收入已经占到总收入的相当大

① 参见《营商环境报告：中国经济概况》，载世行官网，https：//archive.doingbusiness.org/content/dam/doingBusiness/country/c/china/CHN.pdf，最后访问日期：2024年7月10日；《营商环境报告：韩国经济概况》，载世行官网，https：//archive.doingbusiness.org/content/dam/doingBusiness/country/k/korea/KOR.pdf，最后访问日期：2024年7月10日；《营商环境报告：爱尔兰经济概况》，载世行官网，https：//archive.doingbusiness.org/content/dam/doingBusiness/country/i/ireland/IRL.pdf，最后访问日期：2024年7月10日；《营商环境报告：日本经济概况》，载世行官网，https：//archive.doingbusiness.org/content/dam/doingBusiness/country/j/japan/JPN.pdf，最后访问日期：2024年7月10日。

② 本部分内容整理自李曙光教授于2020年11月9日在“广东融关律师事务所二十周年庆典”暨“民法典下的个人财产保护”论坛上的讲话。

的一部分，甚至一个破产案件收费高达上亿元，这在此前是完全没有的。许多以前做房地产和资本市场的律师也纷纷转向破产业务。前些年，破产还是一个方向，现在破产业务已蔚为大观了。

为什么会形成这个局面？笔者认为，律所破产业务发展迅速，实际上因为存在三个破产市场。

第一个破产市场为新政策性的破产市场。它不是原来的政策破产，而是基于政策变化产生的破产市场，因此称为“新政策性破产”。这些新政策有以下几类：

一是供给侧结构性改革政策。供给侧结构性改革是党中央在2015年提出的重要政策，包括“三去一降一补”和治理僵尸企业。在治理僵尸企业的过程中，相当大的一批企业产能过剩，需要去产能，比如钢铁行业。钢铁行业有许多企业破产，包括著名的东北特钢、重庆钢铁、渤海钢铁以及最近的通化钢铁等。供给侧结构性改革政策使一大批企业进入破产程序，尤其是在需要去产能的制造业，包括钢铁、煤炭、轻工、冶金和房地产行业。

二是营商环境政策。世界银行每年的《营商环境报告》对世界192个经济体的营商环境排名打分。在供给侧结构性改革提出后，中央对营商环境重视起来，关注营商环境指标，把优化营商环境提到了前所未有的重视高度。营商环境打分指标有10个，其中一个非常重要的指标就是办理破产指标。在2020年的排名中，我国综合排名位于第31位，其中破产指标位于第51位，虽然比2019年上升了10位，但是低于我国的综合排名。① 因此，如何提升破产指标是中央、地方上下都重视的问题。原来许多地方政府不关注这个排名，许多法院不受理破产案件，而现在全国各地已经建立了上百个破产审判庭和十四五个专门的破产法庭，并通过司法解释、府院协调机制、最高人民法

① 参见《营商环境报告：中国经济概况》，载世行官网，https：//archive.doingbusiness.org/content/dam/doingBusiness/country/c/china/CHN.pdf，最后访问日期：2024年7月10日；2019年世界银行《营商环境报告》，载世行官网，https：//archive.doingbusiness.org/en/reports/global-reports/doing-business-2019，最后访问日期：2024年7月10日。

院专题纪要以及一些特别的司法批复通知文件，共同推动破产案件审理。

三是疫情防控政策。在肆虐的疫情之下，许多企业陷入了困境。GDP 增长率下降一个百分点就意味着上千万人失业，这些失业人口的原就业企业面临倒闭。根据最高人民法院已经公布的数据和各地的法院公报，我国估算出 2019 年破产的企业数量在 27000 家左右，而 2020 年可能会超过这个数目。所以，在疫情防控政策下，可能会出现一大批新的破产企业，但是这跟 20 世纪 90 年代讲的政策性破产完全不一样。

第二个破产市场是市场化破产的市场，这是经济快速发展带来的市场。

一是违约债券市场。所谓违约债券，即到期后不能还本付息的债券。我国债券市场在 2010 年只有 5.1 万亿元的规模,[①] 大家不关注；而目前已经发展为 110 万亿元的规模,[②] 我国也成为全球第二大债券市场。[③] 在 2014 年，当时债券市场规模不大，我国出现了第一只违约债券，打破了我国债券刚性兑付的神话。在债券市场规模巨大的今天，债券违约率也不断提高。从 2014 年到 2020 年 9 月，一共有 168 家企业的 480 只债券违约，总金额高达 4500 亿元。而 2020 年上半年已经有总金额超过 1000 亿元的债券违约。而债券违约越多，破产企

---

① 参见《2010 年金融市场运行情况》，载中国人民银行官网，http：//www. pbc. gov. cn/eportal/fileDir/image _ public/UserFiles/goutongjiaoliu/upload/File/2010% E5%B9% B4% E9% 87% 91% E8% 9E% 8D% E5% B8% 82% E5% 9C% BA% E8% BF% 90% E8% A1% 8C% E6% 83% 85% E5% 86% B5. pdf，最后访问日期：2024 年 7 月 10 日。

② 参见《2023 年金融市场运行情况》，载中国人民银行官网，http：//www. pbc. gov. cn/jinrongshichangsi/147160/147171/147173/5221498/index. html，最后访问日期：2024 年 7 月 10 日。

PS：数据更新《2023 年金融市场运行情况》：截至 2023 年末，债券市场托管余额 157. 9 万亿元。

③ 参见《债券市场规模突破百万亿元　国际投资者踊跃配置中国资产》，载中国政府网，https：//www. gov. cn/xinwen/2020 - 10/11/content _ 5550395. htm，最后访问日期：2024 年 7 月 10 日。

业数量就越多。2020 年我国发行了 7 万多亿元债券，[①] 其中 1 万多亿元是为了支持中小企业。所以律师密切关注违约债券市场。

二是房地产破产市场。它是属于市场化比较充分的市场，也是深圳这座房地产业发达城市比较关注的市场。2019 年全国有 460 多家房地产商破产，相比于全国 8 万多家房地产商的规模，虽然比例不大，但是造成的影响却非常大。因为房地产商破产涉及面非常广泛，包括购房者、农民工、建筑承包商、金融债权人等主体，装修业和家具业等行业，并且涉及地方稳定问题等。2020 年申请破产的房地产商已经有 300 家，如中弘股份、五洲国际、新光集团等。现在相当一批房地产商面临资金断裂的风险，包括一些大型的房地产商。

三是潜在的破产市场。而潜在的破产市场分为三大块。

一是市场主体正常的市场退出。根据官方的说法，目前我国有 1.7 亿户市场主体，包括企业、个体工商户和农村专业户等。[②] 2019 年新增注册的企业法人约有 739.1 万家，[③] 而 2019 年注销的企业约有 315 万家。2020 年上半年已经有 230 万家企业退出市场，但是相当一批的企业本应通过破产清算注销，却没有走合法程序，而是进入市场监管部门制作的企业经营异常名录。这些企业未来有可能要走破产程序。因此，潜在的破产市场非常大。

二是不良资产市场。不良资产“次级”“可疑”“损失”三类归为银行的不良资产。其中，金融机构的不良资产 2000 多亿元，非金融机构的不良资产接近 16 万亿元，这些不良资产主要是应收账款。换言之，我国有约 16 万亿元的应收账款不能到期支付。

---

① 参见《2020 年金融市场运行情况》，载中国人民银行官网，http：//www.pbc.gov.cn/goutongjiaoliu/113456/113469/4169040/2021012714175422623.pdf，最后访问日期：2024 年 7 月 10 日。

② 参见《我国市场主体达 1.7 亿户 其中个体工商户 1.14 亿户约占总量三分之二》，载新华社网，https：//baijiahao.baidu.com/s？id = 1757793521703333129&wfr = spider&for = pc，最后访问日期：2024 年 7 月 10 日。

③ 参见《2019 年全国市场主体发展基本情况》，载国家市场监督管理总局官网，https：//www.samr.gov.cn/zhghs/tjsj/art/2023/art_8ed35bc1b54b42c6917cc337104955c7.html，最后访问日期：2024 年 7 月 10 日。

三是个人破产。从世界范围来看，个人破产案件数量远高于企业破产。以美国为例，在美国破产案件数量最多的 2010 年，有 160 万宗破产案件，其中个人破产案件有 150 万宗。[①] 2019 年美国的个人破产案件也接近 73. 3 万宗，[②] 数量还是近年来相对较少的。面对这么高的个人破产比例，市场经济机制成熟的美国不以为然，把它当作一个正常现象。"破产"在美国也不是一个贬义词，而是一个中性词汇。

五、优化营商环境背景下的破产法改革[③]

2023 年世界银行有关 B – READY 的新报告推出后，对我国的破产法修改是有极大的推动的，其中提到的许多指标都是我国当前法律修改过程中高度关注的。在《企业破产法》修改方面，具体涉及以下几个方面：

第一，关于破产法的立法宗旨。随着国际破产法潮流的变化，破产法的修改理念也在发生变化。《企业破产法》作为重要的金融稳定工具，在防范、化解、处置重大金融风险，特别是防范系统性金融风险方面扮演着关键角色。因此在破产法修改中要及时增加有关防控金融风险等新理念。另外，世界银行发布的报告中也指出，要把提升债权人的回收率放在比较核心的位置，这也是在我国破产法修改中需要考虑的方面。

第二，关于破产法的适用范围。个人破产对市场经济的建构十分重要，是否将商自然人甚至是消费者纳入破产法的适用范围，也是破

---

① See American Bankruptcy Institute，*Consumer Bankruptcy Filings Increase 9 Percent in 2010*，https：//www. abi. org/newsroom/press – releases/consumer – bankruptcy – filings – increase – 9 – percent – in – 2010 – 0，last visited on Jul. 10，2024.

② See United States Courts，*BAPCPA Report – 2019*，https：//www. uscourts. gov/statistics – reports/bapcpa – report – 2019#：～：text = During% 20calendar% 20year% 202019% 2C% 20more% 20than% 20733% 2C000% 20bankruptcy，in% 20nature% 20% 28% E2% 80% 9Cconsumer% 20cases% E2% 80% 9D% 29% 2C% 20largely% 20unchanged% 20from% 202018，last visited on Jul. 10，2024.

③ 本部分内容为李曙光教授于 2020 年 4 月 13 日在最高人民法院主办的"营商环境大讲堂"中的演讲整理而成。

产法修改面临的一个较大的挑战。此外，《民法典》中规定的非营利性法人和特别法人等可能面临的破产问题，也需纳入破产法修改的考虑之中。

第三，关于市场出清问题。根据 B - READY 报告中提出的各项指标，要确保应该出清的企业及时进入清算程序，应当拯救的企业及时进行有效的重整，同时要更加强调危机企业的预警机制。此外，要保护债务人和相关当事人在破产程序中的参与权，并尽量实现破产财产价值最大化，这也是 B - READY 项目中核心指标的要求。

未来破产法修改如果参照世界银行商事破产指标的三大支柱，必须围绕其所确定的三大核心内容展开，即与破产制度相关的法规框架质量；与破产制度相关的刚性支持及配套性保障设施；从时间和成本角度考察破产制度实施的效率。另外，还需注意破产法修改与其他部门法的联动性和相关性，如《公司法》《民法典》《刑法》等。

首先，就目前来看，中国政府于 2015 年年底首次启动供给侧结构性改革。我国在《企业破产法》实施方面做出了很大努力，尤其是最高人民法院不遗余力地推动破产法实施。2017 年，最高人民法院专门召开了全国破产审判工作会议，最高人民法院院长在会上作了长篇的讲话；2018 年，出台《全国法院破产审判工作会议纪要》；2019 年进程较多，先后出台最高人民法院《关于适用〈中华人民共和国企业破产法〉若干问题的规定（三）》，其中有很多很重要的内容同世界银行评估指标体系相一致，如对于债务人自行管理经营困境的企业而申请的贷款，解释中将此类贷款归为共益债务，这是一个显著进步；还有其他重要内容，涉及比如债权人权利保护，保证人如何更好履行保证责任，生效的法律文书作为管理人确定债权的合法依据，优化债权人表决方式等方面内容。此外，2019 年出台《全国法院民商事审判工作会议纪要》，破产方面的规定主要有如何认定债务人自行管理的条件、债权人利益的保护、优化管理人履职等。以上司法审判文件的出台对我国整个破产法指标分数的提高或者说破产指标的提升有巨大帮助。

其次，最高人民法院先后在北京、上海、广州、深圳、天津、重庆、杭州、温州等城市设立了专门的破产法庭。全国现在有很多省会城市正在推进建立破产法庭。

最后，破产法官队伍建设、专业管理人队伍建设方面，最高人民法院也在积极推进。管理人在整个破产法的实施当中，特别是在个案中扮演着重要角色，如企业接管者、多方协调者、法律专家等。破产法官队伍的建设，专业的管理人队伍的建设，这两者都非常重要。近年来，中央、地方的政府和各级人民法院均出台相关制度，用于支持上述两种人员的建设。与之配套的制度包括财务顾问、审计、会计、律师法律服务等，上述建设措施与制度，是推进我国破产的排名从2019年第61位提升至2020年的51位的原因。

改革面临的难点与针对性主要有四点：

第一，加强困境企业重组（包括重整、预重整、庭外重组程序）等广义拯救制度与破产重整程序及破产和解程序的综合应用；第二，通过激励机制与措施，引导债务人在陷入经营困境时尽早提出申请，通过强化董事高管义务等手段，去推进破产情形的早期发现；第三，保护债权人合法权益，构建债权人保护体系；第四，加强破产常态文化建设，强化破产与吉兆文化挂钩，突出破产的信号功能，植入以及改进债权人与债务人对于有关破产保护问题的理念。

当然还有很多地方是需要完善的，在破产指标方面仍然存在短板。

第一，破产法的完整性需要提升。目前，我国破产法还不是一个完整的破产法，只有企业破产法，下一步需要把自然人破产制度、金融机构破产制度、债券破产制度等纳入其中，让破产法的功效在改善营商环境方面取得更好成果。

第二，困境企业自救制度有待完善。很多困境企业不知道如何自救。我国目前已经有很好的手段、措施、工具用来拯救危困企业，其中最重要的是破产工具，包括预重整制度、重整制度、和解制度、庭外重整制度等，这些都是很好的制度工具。

第三，提升债权人保护水平。如果不保护债权人，市场就会失去债权人的支持，市场资金的“供血源”就会中断。一个更具确定性的市场，更有预期的交易对于债权人将会有更好的法律保护，特别是破产法方面的保护，这是破产法接下来完善的方向，刚才讲到了在世界银行这一方面，债权人回收率在中国只有 36.9%，36.9% 还是属于非常低的数值，未来要达到 50% 以上。

第四，加强破产文化建设。破产本身应是常态的现象，破产本身是一个市场经济，所有的市场参与主体一个常态的现象，企业有生有死，这是企业的全生命周期。世界银行整个评估报告的排名就十分关注企业全生命周期，企业从成立到融资、开发产品、设计产品、出售经营、公关营销，最后为社会为大众提供各种各样的产品。当然，企业也有可能遇到各种困难，有经济周期的、产品的、企业家个人能力以及各种不可抗力因素等，这就需要看我们用什么样的方法和理念来解决问题。

中国的传统文化就是谈“破”色变，破产这个词不吉利，民众也害怕破产。但实际上破产现象在经济社会发展中属于一种“常态现象”，只要用好《企业破产法》中规定的各种重要的制度、工具，就能够比较好地解决市场经济退出问题，是以一种非常体面的、市场化的、有预期的、稳定性的法治化的方式，来解决市场主体的市场退出问题，或者是市场经济的挽救问题和困境企业的拯救问题。中国的传统文化当中把破产视为不吉利的事物，如何扭转这个观念，这是破产当中的一些难点问题。

接下来需要做的事情就是如何来提高、优化营商环境，特别是如何更好地提高我国营商环境中破产指标的排名，这个排名对于中国整个营商环境来讲应该说是非常关键且重要的。

破产法还有多方面的改革来推进，当然这也涉及一些其他方面的改革。

第一，《企业破产法》本身要修改。《企业破产法》于 2006 年颁布，至今已经 18 年了，这部法应该说在整个中国市场经济发展过程中起了很大作用。当年立法时，未能预料 14 年后，中国的经济会发展得这么好、经济增长率这么高，也未能预料社会环境、网络环境等发生巨大变化。

从企业所处经济环境来看，无论是从破产案件的受理，还是从债权人利益的更好保护，抑或清算、和解、重整制度上，再到跨境破产问题，《企业破产法》本身对于这些方面的规定需要也有必要做修改。

第二，个人破产法的制定。因为我国的破产法只是企业破产法，很重要的一点是，如何来启动？是单独做个人破产法，还是把当事人的破产归在现有的破产法当中，来让它把我国的破产法更加完善？这些问题属于立法机关和学术界，实务界都在热议的问题。

第三，金融机构的问题。市场经济可以让我国整个的经济体系，特别是金融体系，更好地有预见性。有必要对金融机构破产做重点研究，如商业银行，以及券商、基金公司、保险公司、信托公司，这样的一些金融机构对于整个市场经济是非常重要的。应未雨绸缪，要把金融机构的破产制度完善起来，这个工作要进一步推进。

第四，简易破产程序问题。根据世界银行给我国营商环境破产指标的打分情况，我国破产程序的时间成本太高了，平均 1 年 7 个月，有的案件持续时间长达 2 年、3 年、5 年，甚至还有拖得更长的。① 如何减少程序性的成本，特别是时间成本，就成为一个亟待思考的问题。其中有相当一批可以用简易破产程序来处理，所以就涉及如何适用简易程序，还有就是一些跨境破产的合作，其中会牵涉一些关联交易，这个也涉及怎么来合并审理的问题。

最高人民法院的司法解释，也可以进一步地来帮助推进、完善《企业破产法》的规定，近几年已经出台了《最高人民法院关于适用〈中华人民共和国企业破产法〉若干问题的规定（三）》，未来我国还要出台司法解释四和司法解释五，希望对于破产法制度当中没有规定的，在司法适用当中能够得到很好的完善。

此外，如何提高破产这个指标，仅仅依靠破产法制度和框架来实施好是不够的，可能很重要的一点是要依赖于配套的公共政策、社会

---

① 参见《营商环境报告：中国经济概况》，载世行官网，https：//archive.doingbusiness.org/content/dam/doingBusiness/country/c/china/CHN.pdf，最后访问日期：2024 年 7 月 10 日。

政策。比如说对于一个挽救过来的经过重整程序的企业，如何让新的股东，新的债权投资者去变更股东、变更股东登记，企业就要重新登记注册等，这个就要市场监管部门予以支持；破产程序当中如何让债务人的利息成本比较低，税收成本比较低，那么这个涉及税收法律制度的改革；还有像企业信用的收复、员工安置，很多重整案件、清算案件中，员工都失业了，我们希望能够在重整的案件当中，能够更多地保留岗位，更多的员工能够就业、上岗，这就涉及劳动合同关系如何来维系的问题，所以说这涉及很多社会公共政策；此外，还涉及政府，完善我国的府院联动机制问题，特别是地方政府如何来配合法院工作，或者是政府和法院之间和司法机构之间的更好地合作、更好地协调，形成这样的一个好的机制。

在中国目前这样一个市场经济的水平，纯法院或者纯司法机构来做是做不好的。如果要提高我国破产指标的分数，一定要地方政府予以支持，好在我国现在很多地方政府，包括省政府、市政府、县政府很多地方都非常支持我国的司法机构来受理破产案件，要建立一个好的联动协调机制，甚至要成立专门的机构来处理这些问题。

破产法不是单兵突进的，我国还有一些破产法相关的法律。《民法典》规定了一些基本的民商事制度，包括法人制度、市场主体的制度，包括各种权利，比如物权、撤销权、抵销权、担保债权等。《民法典》的制定对《企业破产法》的实施也非常重要，还有《民事诉讼法》怎么更好地去跟《企业破产法》来配合；另外还包括《刑法》，很多破产犯罪，实际上目前是得不到应有的惩罚和打击的，如果要去起草个人破产法的话，那么需要思考的是对个人的逃废债以及企业的逃废债如何利用刑法来加以惩戒？

整个破产指标，不仅包括破产法，严格来说还包括其他的一些制度体系，包括中国《公司法》里面讲的市场退出，它涉及的不仅是我国进入法院的一个步骤，这样一些破产法来规范，另外还涉及《公司法》所规范的公司的解散清算，市场化的退出，还有普通民众频繁提到的很多企业关停、倒闭等现象，以及自然人无法清偿其个人债务。

所以我国市场主体的退出机制都是下一步需要抓紧在制度框架、

政治框架下进一步完善的。我们共同的目标是要促使中国的营商环境能够得到更好的优化，让它在整个中国的经济发展、高质量的发展，乃至整个中国经济繁荣中，扮演越来越重要的角色。

破产指标对于我国营商环境指标是非常重要的，同时可以说是具有决定性的。展望未来，下一步需要继续深化认识营商环境和破产法改革之间的互动关系。

六、破产法促进营商环境的典型案例：从“东北经验”到“东北模式”①

33年前，东北炸响了破产在中国的第一声春雷。1986年8月，沈阳防爆器械厂宣告破产。据当时国外的评价，这是中国改革过程中的“八级地震”。② 沈阳防爆器械厂是新中国第一家破产企业，也是第一次集体所有制——公有制企业破产，这对当时的社会主义中国来说是一场“惊世骇俗”的变化。③ 当时中国尚无《企业破产法》，宣告破产的是沈阳市政府的集体企业办公室。虽然由政府宣告破产是一件有趣的事，但也正是沈阳防爆器械厂的破产才催生了《企业破产法（试行）》，即中国历史上第一部关于国有企业的破产法。20世纪90年代，是东北首创大型国有企业破产先河，即哈尔滨阿城糖厂破产。阿城糖厂是百年老店，行业老大，当时负债达8亿元。1998年的8亿元负债相当于今天的百亿元负债，是个破产大案。笔者因为参与了当时国务院政策性破产一些文件起草工作，所以很关注阿城糖厂的破产，可以说亲历了整个过程。

提到这两个故事是想说明，东北的破产改革一直走在全国的前列，它在中国市场经济体制改革、市场经济体制建立的过程中扮演着一个很特殊的推动角色。

---

① 本处内容为李曙光教授在第三届长白破产法论坛会议上的发言。

② See Nicholas D. Kristof, *Socialism Grabs a Stick: Bankruptcy in China*, Socialism Grabs a Stick: Bankruptcy in China – The New York Times (nytimes.com), last visited on Jul. 10, 2024.

③ 参见《全国最大破产案进入终结阶段》，载光明网，https://www.gmw.cn/01shsb/1998-11/12/GB/796%5ESH10-113.htm，最后访问日期：2024年7月10日。

在2006年新的市场经济破产法框架下，东北地区也有了很好的破产实践，在破产法实施方面已经积累了很多经验，笔者将它们分为四类。

第一类，最高人民法院两次颁布的全国破产典型案例。第二批有一个东北案例入选，即中顺汽车制造股份公司重整案。[①] 这是一个传统汽车制造企业被新型能源汽车企业所替代的案例，也是全国二十个典型案例中的唯一一个东北案例，当然，这与东北原来改革先锋的地位不匹配。

第二类，最高人民法院第二巡回法院推出的六个破产典型案例。东北三省每个省有两家。比如，辽宁的东方船舶重整案、[②] 沈阳特环重整案、[③] 吉林通冶重整转清算案、[④] 吉林长春轻工产品进出口公司破产案、以及黑龙江省阿城继电器公司清算案[⑤]等案例。这几大案例都有很多很好的破产法实施经验。

第三类，上市公司破产重整的案例。2006年《企业破产法》最大的创新之处就是重整制度，自2007年《企业破产法》实施以来，东北一共有10宗上市公司重整案，并且这10家企业基本上都是从传统制造业转向新型产业。其中，辽宁有5家、吉林有3家、黑龙江有2家，比如辽宁丹化股份重整案、[⑥] 金城股份重整案、[⑦] 锌业公司重整案，[⑧] 吉林的兰宝信息[⑨]与石岘纸业重整案[⑩]，黑龙江的光明家具[⑪]与北亚实业重整案。[⑫] 2007年至2018年年底，全国一共有54家上市公司重

---

① 参见辽宁省沈阳市中级人民法院（2017）辽01破1－5号民事裁定书。
② 参见辽宁省大连市中级人民法院（2019）辽02破1－5号民事裁定书。
③ 参见辽宁省沈阳市中级人民法院（2012）沈中民破字第1－9号民事裁定书。
④ 参见吉林省通化市中级人民法院（2013）通中民破字第1－21号民事裁定书。
⑤ 参见黑龙江省哈尔滨市中级人民法院（2019）黑01破3号之二民事裁定书。
⑥ 参见辽宁省丹东市中级人民法院（2009）丹民破字第00001－13－1号决定书。
⑦ 参见辽宁省锦州市中级人民法院（2012）锦民一破字第00015－3民事裁定书。
⑧ 参见辽宁省葫芦岛市中级人民法院（2013）葫民二破字第00002－4号民事裁定书。
⑨ 参见吉林省长春市中级人民法院（2007）长民破字第21－5号民事裁定书。
⑩ 参见吉林省延边朝鲜族自治州中级人民法院（2018）吉24民破3号之三民事裁定书。
⑪ 参见黑龙江省伊春市中级人民法院（2009）伊商破字第1号民事裁定书。
⑫ 参见黑龙江省哈尔滨市中级人民法院（2008）哈破字第3－6号民事裁定书。

整，尚无上市公司破产清算，因此，东北10家上市公司重整案占比还算比较大的。

第四类，在全国有重大影响，但没有被列入最高人民法院全国破产典型案例中的破产案。比如，东北特钢破产案、[①] 西林钢铁破产案、[②] 四平钢铁破产案，[③] 辉山乳业破产案、大连机床破产案[④]与大连航运破产案[⑤]等。这说明东北的破产处置经验很丰富。

分析上述案例，笔者认为东北的破产法实施存在“三多三难”的问题。“三多”是指大型国有企业多、传统制造业多、负债多；“三难”是指破产清算难、投资人进入难、职工安置难。东北曾经引领全国的国企改革与破产改革，这些年破产改革方面有些停滞。因此希望东北地区的破产，不要成为投资人的“洼地”、债权人的“伤心地”和法院的“难受地”。对此，笔者的思考是如何将破产的“东北经验”提升为“东北模式”。要想使“东北经验”发展为“东北模式”，必须解决两大问题。

第一，必须解决新型政商关系的问题，即如何构建新型政商关系来解决破产中的政府角色问题。北京有这样一个说法，“西出阳关无故人、投资不过山海关”，似乎长城从东到西在经济上和投资上把东北和广阔的内地割裂了，这个说法是有问题的，实践情况也不是如此。东北是“共和国的长子”，有大量的大型国有企业，为新中国的成长发展作出了巨大贡献。现在东北经济有些掉队，国有企业处在困境中而无民营企业相助，很重要的一点是民营经济自身发展不好，东北要发展民营经济与民营企业就要建立新型的公平透明的政商关系。现在民营经济普遍遇到“三山”问题、“三门”问题以及“三荒”的问题，还有“两高一低”问题。所谓“三山”是指现在民营企业遇到的是市场的“冰山”、融资的“高山”、转型的“火山”；所谓“三

---

① 参见辽宁省大连市中级人民法院（2016）辽02破02－6号、03－4号、04－4号民事裁定书。

② 参见黑龙江省伊春市中级人民法院（2018）黑07破申1号民事裁定书。

③ 参见吉林省四平市中级人民法院（2016）吉03民破1号民事裁定书。

④ 参见辽宁省大连市中级人民法院（2017）辽02破11－12号民事裁定书。

⑤ 辽宁省大连市中级人民法院（2017）辽02破申15号民事裁定书。

门”是指民营企业表面上有很多政策支持，但却面临“玻璃门”“旋转门”“弹簧门”；所谓“三荒”是指民营企业“用工荒”“用地荒”“用钱荒”；“两高一低”是指民营企业经营成本高、税费高、利润低。这是民营经济发展的大环境，也是破产法实施的大环境，如何解决这些问题？重要的办法就是改革企业、市场与政府的关系，建构亲清新型政商关系与法治化政商关系。目前，在经济下行压力大的背景下，不仅仅是民营企业发展，整个东北国有企业发展也有很大的问题，因此，构建新型政商关系对东北振兴至关重要，对破产法实施也至关重要。有的地方政府提出，构筑新型政商关系要讲“四到”，即不叫不到、随叫随到、服务周到、说到做到。对我们搞破产的人来说，还要再加一个“到”，即破产法实施要政府的支持先到。

第二，必须搞好营商环境，特别是要改善营商环境中重要的破产指标。改善破产指标必须首先解决理念问题，让破产成为东北供给侧改革的一个重心、一个抓手和一个支点，使其成为淘汰过剩产能、处置“僵尸企业”的突破口；必须解决破产污名化的问题。最高人民法院与国家发展和改革委员会等部门出台的市场主体退出改革方案文件，提出要解决破产污名化的问题。不仅是东北，全国各地方政府一提到破产就觉得不是好事，不吉利，要避开走。然而，破产一词，全世界通用，各国都有破产法，世界银行甚至将破产法实施情况作为评估营商环境的重要指标；建立破产全链条理念。实际上，“破产”的理念应该是“法庭内”与“法庭外”相结合的理念，既有“法庭内”的市场主体退出，又有“法庭外”的市场退出。另外，必须转变破产办理方式或改革破产法的实施。2019 年，我国的破产实施在世界银行的指标体系内位列世界第 61 名，总体营商环境位列世界第 46 名，2020 年提高到了 31 名。[①] 然而，这些年我国的破产指标却在下降，

---

① 参见《营商环境报告：中国经济概况》，载世行官网，https：//archive.doingbusiness.org/content/dam/doingBusiness/country/c/china/CHN.pdf，最后访问日期：2024 年 7 月 10 日；2019 年世界银行《营商环境报告》，载世行官网，https：//archive.doingbusiness.org/en/reports/global－reports/doing－business－2019，最后访问日期：2024 年 7 月 10 日。

这是不应该的。在破产办理方面，目前的问题既有法院办不办理破产案的问题，还有怎样办破产的问题以及破产办得怎么样的问题，这涉及司法的态度、政府的支持力度与破产办理的效果问题。因此，打造一个公平、透明、可预期的良好营商环境，应当是破产法实施东北模式的另一重要指标。

最后，有必要探讨从“东北经验”出发，如何创新“东北模式”。东北的破产法实施应有所改革，有所创新。如何创新？东北三省一区的破产改革应当做到“五个先行”。第一个“先行”，即破产法庭先行。东北三省一区的法院不仅要建立破产审判庭，还要先行建立独立的破产法庭，提高破产审判层级与集中管辖案件；第二个“先行”，即破产行政管理机构先行。希望东北三省一区能在这一方面有所突破，建立专门的破产行政管理机构，来解决“府院联动”“信用修复”“税收减免”等一系列行政方面对破产支持的问题；第三个“先行”，即破产基金先行。政府应财政出资、多方筹措建立破产基金，没有钱不好办事，比如职工安置问题与无产可破问题都需要破产基金支撑。第四个“先行”，即管理人自治组织先行建立完善，推动市场化破产。第五个“先行”，即破产新机制和新制度推进的先行。这些新机制主要体现在最高人民法院的两个纪要、司法解释与改革方案之中。第一个纪要是 2018 年发布的《全国破产审判工作会议纪要》，第二个纪要是 2019 年的《全国民商事审判工作会议纪要》，它为破产审判工作提供了 13 条指导性意见。除此之外，2019 年出台的《最高人民法院关于适用〈中华人民共和国企业破产法〉若干问题的规定（三）》以及最高人民法院、国家发展和改革委员会等十三部委的《加快完善市场主体退出制度改革方案》都提出了很多破产新机制、新制度、新程序。期待这些新机制、新制度、新程序能在东北三省先行、先试、先推进。这些创新先行，可以将东北经验提升为东北模式，然后将“东北模式”推介到全国，使东北回到 33 年前中国破产改革龙头的地位。

第十九讲　破产文化与破产法的借鉴

一、破产文化与产权保护

2016年11月27日，新华社对外全文发布了《中共中央、国务院关于完善产权保护制度依法保护产权的意见》，各界纷纷鼓掌点赞。产权的明晰界定和保护是市场经济良法善治的重要内容，需要特别指出的是，产权保护同样对于市场主体的有序退出，对整个社会更好地接受破产文化益处良多。

完善产权保护制度，依法保护产权。产权，既包括股权，也包括债权。完善产权保护制度，既包括完善《公司法》中对股东合法权益的保护，也包括完善破产法对债权人合法权益的保护。依法保护产权，依据的是包括破产法在内的各市场经济基本法，保障的是债权人债务人在内的各种市场主体的合法权益。

《中共中央、国务院关于完善产权保护制度依法保护产权的意见》开宗明义指出“有恒产者有恒心”，明确整个国家和社会应当为市场投资者、参与者提供稳定的商业预期。产权保护是整个市场经济的基础，是最重要的商业预期。这一商业预期自然就包括对企业经营失败的预期。鼓励“大众创业，万众创新”理应同时明晰失败后责任的承担机制。在债务人的责任范围内追偿，是产权保护的重要目的之一。对于责任范围内的追偿手段包括私力救济和公力救济两种方式。私力救济应当注意债权人及其代理人在法律框架下，在债务人的责任范围内合法追索其债务。公力救济则应当注意防范公权力的滥用，对于企业偿付能力暂时出现困难的，相关政府部门不应对其一棍子打死，而应当对其给予适当的生存空间。破产文化不仅是一个允许失败的文化，也是一个允许再来一次的文化和重新给机会的文化。

良好的社会破产文化包括对投资、经营失败者的宽容，仔细甄别失败者权利义务的文化。鼓励更多人加入创业创新的环境中，应当有公平的商业环境的预期。鼓励更多人以冒险的精神参与市场竞争，应当有明确的损失范围的预期。鼓励更多人用部分资产从事投资、经营，应当有对不涉及部分资产不牵连、不连带的预期。对于诚实债务人应承担的责任毫不含糊，对超出其责任范围的，则应当依法豁免其后续的债务负担。容忍失败的商业社会应当有序、规矩地处置失败案件，这既是产权保护的重要内容，也是构建破产文化不可或缺的因素。

良好的社会破产文化自然应有对虚假破产、转移资产逃避债务者的法律惩罚措施。对于失信债务人应当有相应的制度跟进，运用法律的强制手段有效震慑失信行为。容忍失败的商业社会不意味成为失信者的庇护天堂。对于讲信用的、按照规则办事的市场参与者，应当有合法产权受保护的预期。

社会破产文化的构建有赖于产权制度的明晰，但对于债权人的保护也应当有一定限度。对于债务人确有负债且债权债务关系明确的企业，当破则破，但应防止简单的债权纠纷被放大到整个企业，轻易启动破产程序。对于出资不足的股东，在破产程序启动后应当确保债权人的利益，但应防止追加股东承诺出资外的责任。对于经营不善的企业，应当通过市场化方式甄别其是否应该进入破产程序，但应防止应当破产、靠政府救济而未出清的僵尸企业赖在市场，占用社会资源，破坏市场信用。

构建中国破产文化，让市场竞争中的失败者有序的退出市场，发挥优胜劣汰的市场机制需要给市场主体提供稳定的失败预期，产权保护是此中重要的一环。应该借此全社会对产权保护极大关注的契机，积极营造良好的破产环境。

二、破产法与信用文化[①]

信用制度是市场经济现代模式中最核心的一项制度。[②] 良性的市场经济与良好的信用文化和信用制度是一致的，一个具备良好信用传统和信用基础的市场经济必然是成本最低和效率最高的。目前的中国正处于一个经济转型期，转型的目标和方向是市场经济。在这一时期，旧有的信用制度、信用文化以及信用保障系统被新的经济结构和制度结构所动摇，而市场经济所需要的信用制度和信用文化尚处于缓慢的生长过程之中。在这个生长过程中，法律制度正在并必将起到至关重要的作用。市场经济所需要的法律结构由三部分构成，市场准入法、市场运行法和市场退出法。市场准入法通过对市场主体资质的规范保证参与市场竞争的主体的基本信用形式，市场运行法界定市场竞争的行为规则，市场退出法主要就是破产法，解决的是市场主体遭遇竞争失败的时候如何以对整个经济伤害最小的方式退出市场或者实现重生的问题。这三个层次的法律制度构建起一个市场经济的信用平台。就当前的中国而言，破产法律制度是其中的一个薄弱环节，破产法律制度的薄弱使得市场经济的法律天平失衡，同时引发了诸多信用问题。

1. 中国现行破产法律制度所造成的信用缺失与信用危机

法律制度构成市场经济运行的基本结构，也是市场经济最基本和最核心的信用制度和信用文化基础。破产在经济上的本质是债务人对一个或多个（通常是多个）债权人不能清偿的状态（default），是正常的市场信用出现问题的状态，破产法律制度正是通过对这一问题的

---

① 本处内容整理自李曙光教授发表于《法学家》2005 年第 2 期的《新破产法的制定与中国信用文化和信用制度》。

② 汪丁丁：《回顾金融革命》，载《经济研究》1997 年第 12 期。

处理，恢复受到破坏的信用制度，维护经济的有效运行。为达致这一目标，破产制度的统一和完善是必备的因素。

中国现行破产法律制度的显著特点是结构的多层性，这种不统一的法律结构带来的后果就是不同所有制类型的企业具有不同等级的"身份标签"从而进一步导致债权人和债务人无法在进行经济交往之初产生一个稳定的法律和信用预期，造成信用的制度缺失，整个社会的信用意识无法随着市场的发育和市场关系的发展而不断地得到培育，在根本上对市场经济的信用基础构成动摇。

尽管存在多层次的破产法律制度，但这些法律制度的规定往往是原则性的。即便是拥有一部破产法律的国有企业，由于其存在职工安置等多方面的问题，也无法按照这部法律实现破产。于是，国务院发布了大量的政策性文件规范国有企业的破产。中国的国有企业破产正是根据这些政策性文件进行的，因此也被称为"政策性破产"。这种"政策性破产"使国有企业在破产时，将全部资产首先用于安排失业和下岗职工，而不是清偿银行债务。政策性破产由于立足于解决迫在眉睫的现实问题，与企业破产法之间存在一定的冲突。

至于非国有企业的破产，可供适用的破产法律规定更是严重不足。直接规定非国有企业破产的法律条文是《民事诉讼法》第 19 章企业法人破产还债程序，而该章仅有 8 个条文，在最高人民法院发布的《关于适用〈中华人民共和国民事诉讼法〉若干问题的意见》中对于企业法人破产程序的解释也不过 14 条。法律规范的不足使非国有企业的破产在很大程度上参照国有企业破产程序进行操作。法律也认可这种参照。①

中国破产法律制度的现状从三个方面对中国社会的信用基础造成影响：

（1）原先破产程序侵害担保债权人的利益。

"对担保权益的维护，对于稳定金融体系具有重大意义。信贷担

---

① 最高人民法院《关于适用〈中华人民共和国民事诉讼法〉若干问题的意见》第 253 条规定：人民院审理破产还债案件除适用民事诉讼法第十九章的规定外，并可参照《企业破产法（试行）》的有关规定。

保的关键作用在于使银行能对小规模和中等规模借款人扩展信贷，并能以有效的方式为贸易融资。在可能发生破产的情况下，确认担保权益至关重要，特别是它能使债权人愿意帮助困境企业进行重整。”① 中国现行的《企业破产法》也认可了担保权益的优先性，规定有担保的债权可以优先于其他债权受到清偿。然而在破产实践中，担保权益并未得到有效的保护。首先，政策性破产直接否认了破产法中担保权益的优先性。在国家经济贸易委员会（已不再保留，其职能分别整合到新设立的国务院国资委、国家发展和改革委、商务部等部门）。国务院 1996 年的 492 号文件和 1997 年的 10 号文件中规定，破产国有企业的土地使用权即使被抵押，仍可以用于解决职工的下岗安置费。其次，即便是有效成立的担保权益，在实践中由于地方保护主义、担保登记制度和担保权益执行方面存在的缺陷也很难得到执行。在当下的中国，大量的担保债权人是银行，银行的担保权益得不到保护直接引发的后果是银行开始借贷，这使企业特别是中小企业在取得贷款方面变得更为困难。

（2）在现行破产程序中，普通债权人的权利很难得到保护。

严格地说，原先破产法并不是立足于对债务人和债权人关系的调整以及通过这种调整实现整个社会经济利益目标的。对债权人权利的忽视可以追溯到现行《企业破产法》制定的目标上，1986 年《企业破产法（试行）》制定的主要目的是增强国有企业的生机和活力，促使企业改善经营管理，对债权债务关系以及信用关系的调整基本没有放在立法的视野之内。这种立法的指导目标导致了破产法忽视债权人的利益，当职工安置问题产生之后，债权人的利益更是被排在了最后。普通债权人包括国家税收债权人在破产程序中的清偿率都是极低的，以银行为例，银行从国有企业破产中收回的债权很少超过其贷款账面价值的 20%，常见的偿还率是 3% ~10%。债权债务关系是市场经济中的基本关系模式，当债权人的利益得不到保护时，市场经济的

① 参见世界银行报告：《中国国有企业的破产研究——改革破产制度的必要性和途径》，中国财政经济出版社 2001 年版，第 40 页。

信用基础也就岌岌可危了。

（3）在破产程序的运行中，大量存在地方保护主义和欺诈性破产。

地方保护主义的重要表现形式之一就是大量企业的应破不破。在市场经济中，债务的及时清偿或债权的有效实现是经济流转和市场信用的基础，当企业资不抵债时，已经意味着债权人的债权不会足额清偿了，如果此时对该企业破产债权人未能收回的债权尚属于法律分配给债权人承担的正常的商业风险。若不及时破产，让一个净资产为负数的企业继续举债，实际上就是容忍了无本经营的投机做法，因为，企业经营管理的资产虽然法律上仍在其名下，但事实上应属于全体债权人，此时的企业仅是企业资产的物上管理人，其无本经营的道德风险和对债权人的巨大威胁是显而易见的。但在当前的中国，出于地方利益的考虑，地方政府肆意破坏市场规则，干预企业的正常“新陈代谢”的现象非常普遍，这严重损害了市场的信用基础。另外，法院常常受当地政府的影响而对本地的债权人和外地的债权人不同对待，企业利用破产程序逃避债务的情况屡见不鲜，常见的手段有翻壳经营、企业分立、转移财产、放弃债权等。在破产制度产生之初，债务人破产就意味着其以公开的方式承认自己失信于债权人，并以此换得债权人的债务豁免；其破产记录就是失信的不良记录，对其社会地位和经济生活产生重要影响。这种认识在市场经济实行较早的国家已达成共识，并对债务人内心具有约束与警戒作用。这种良性的社会评价体系为西方国家破产法奉行不惩戒主义和免责主义铺平了道路。我国破产法也采取非惩戒主义、完全免责主义，但是由于我们社会目前还没有形成对破产的正确认识，同时相应的破产记录制度没有建立，于是，破产成了债务人恶意逃债的手段，在失信于债权人的路途上越走越远。从经济学的角度分析，不讲信用的博弈是一个零和博弈，不能增进社会的财富。从社会学的角度分析，信用机制缺乏也是“社会资本缺乏的一种表现，即在群体和组织中，人们缺乏为了共同的目的在一起合作的能力，最终将妨碍人们利用本来可以利用的商业机会。

2. 统一破产法的制定与中国市场及社会信用

按照市场经济的一般规则，破产法应适用于所有的企业和公司，国有企业和私营企业都适用同一破产法。与《企业破产法（试行）》相比，《企业破产法》的最大特点就是它能够使中国目前混乱的破产制度和规则得以统一。《企业破产法》第2条规定，本法的适用范围为企业法人。由此，《企业破产法》的出台将结束破产制度针对不同企业适用不同破产制度的状况，将适用范围扩大到所有类型的企业法人。在《企业破产法》出台后，原民事诉讼法的第19章将被废除。国有企业作为企业法人也将纳入《企业破产法》的调整范围实现依法破产，政策性破产将逐步退出历史舞台。这样，在《企业破产法》的制度框架下，内资企业和外资企业，国有企业和非国有企业的"身份"将不再是适用不同破产法律制度的标准，所有的企业都将适用统一的市场化的破产法律制度解决它们的债权债务问题。"进步社会的运动，到此为止，是个从身份到契约的运动。"破产法的实施有助于中国建立一个公平竞争的市场经济秩序，建立一个良好的市场经济环境，推动中国市场经济体制的进步和完善。

在统一中国现行破产法律制度的同时，《企业破产法》的重要特征是它是一部市场经济的破产法，这部法律制度立足于避免和化解市场经济运行中所产生的风险。中国《企业破产法》的立法指导思想以及由此所决定的法律规范设计存在两个角度的价值取向。第一，这部破产法必须满足市场经济发展对破产法律制度的要求。破产法应为破产问题处理提供一个公平和市场化的基础，使现有的和未来的债权人和债务人能够在一套透明的、清晰的法律框架进行商业决策，从而最大限度地避免风险和降低交易成本。同时允许无偿债能力、诚实而不幸的债务人重整复兴，在清算的情况下，使所有资产能够以透明和公正的方式有序、公平地分配给各债权人。第二，这部破产法必须能够面对从计划经济向市场经济过渡过程中的特殊问题，合理安排债务人、债权人、政府、职工以及其他利害关系人在破产程序中的权利和责任，企业和政府之间的关系、职工社会保险基金的来源、商业银行的不良资产都是这一问题的重要方面。无疑，破产法的制度设计以及实践都将会深深影响中国社会的信用制度、信用文化以及中国未来的经济和社会发展进程。

三、破产法与调解文化[①]

当前《企业破产法》修订的背景下，破产与替代性纠纷解决机制的交汇如何契合中国实际的问题很值得思考。过去鲜有学者站在这个角度对破产进行研究，自然也缺少系统地将国际非常热门的 ADR 替代性解决方案与中国特有的调解和解文化借鉴融合的研究成果。某种意义上讲，在中国这是一个非常前沿的课题。

这里有必要提及“破产法的现代化”。因为当前中国所面临的破产法实施问题，也跳脱不开现代化这道关键步骤。现代化实际上是社会经济文化变迁的历史进程，是向人类文明发展最前沿的一种探索。目前，用工业化的概念来理解现代化还不够准确，仅仅是便于区别传统农业社会。18 世纪英国工业革命，将世界拉入具有蒸汽时代烙印的现代化进程，而期间形成的思想理念也触达各个当时正工业改造的城市。人类历史上现代化或者说工业化的过程，某种程度上就是农业社会和工业社会混杂关系分解的过程。而今，我们身处后工业时代，步入数字经济、人工智能时代的快车道，更复杂的社会关系交织在一起，社会发展极具风险挑战。现代化实际扩展到政治、经济、文化、科技等各个领域，远不是工业化概念所能包含。但应当认识到，现代化的核心内涵，或者说人类文明的最前沿，应当是制度文明。全世界都在争先恐后地大搞制度竞争，制度现代化必然是人类社会追求的一个长期趋势。党的二十大报告提出推进“中国式的现代化”，自然掀起了一股“现代化”研究热潮。中国破产法的现代化是中国式现代化的一部分，又是一种制度的现代化，必须站在制度文明的最前沿思考人类在破产制度方面将发展到什么样的地步。

从中国传统文化来讲，破产制度是舶来品，所以破产法引入中

---

① 本文为李曙光教授于 2023 年 3 月 26 日在首届黄河流域城市破产论坛上的演讲稿整理而成。

国，首先考虑的是如何跟中国的传统文化对接。中国传统语境下的破产，与美国人提出的替代性纠纷解决机制并不能很好地联系在一起，其更多涉及的是中国文化的解决方式，如和解与调解。但是从破产法的现代化来讲，我国的破产法恰恰在现代化道路上磕磕碰碰，当遇到很多现有制度解决不了的问题，就需要对接灵活的、具有前沿智慧的机制。目前，替代性纠纷解决机制的影响力已经遍及许多发达国家的司法实务机制，并且在实践中不断丰富了这个机制的内涵。

（一）信用、市场经济与破产法

信用在每个人的日常生活、商业贸易等社会交往中起着关键作用。信用，特别是个人信用，是市场交易的基石，也是破产制度的基础或者前提。说来话长，在这里要先讲三个故事。

第一个故事是关于莎士比亚的戏剧《威尼斯商人》中一个非常重要的细节。这个戏剧有三条主要线索，人物关系很复杂，但整个故事中存在一个简单的线条，这个线条可以帮助研究破产的人清晰地联系起整个故事。因为囊中羞涩的巴萨尼奥看中一个姑娘，所以他的朋友安东尼奥先生就替他去向一个叫夏洛克的商人借了3000块金币。夏洛克虽然和安东尼奥之间曾有过节，但作为一个商人还是借了钱给安东尼奥，只不过附加了苛刻的条件，即“我把钱借给你，但你如到期还不上，就需要割下你身上的一磅肉来偿还”，这个就叫作一磅肉的协议。之后的剧情走向可以预见，安东尼奥还不起债，夏洛克便要从他身上割去这磅肉。在这个戏剧冲突面前，法官严格依法办事。后来出现了一位律师，正如破产管理人，替安东尼奥解决了这个非常复杂又难办的事。律师说：“这磅肉可以割，按照协议一磅肉，多一分少一分都不行，但割的时候不能出血。”最后，夏洛克的清偿要求自然没有实现，还损失了3000块金币。从这个故事可以看到以下几点：第一，世界上最早的破产制度是罗马法规定的，在十二铜表法的第三表中。十二铜表法第一表是传唤，第二表是审理，第三表是执行、拘押、清债。第三表中规定，如果一个人还不了债，债权人处死债务人。如果他有两个债权人的话，则可以来分割他的身体，对债务人进行惩戒。[①] 在今天看来，这是匪夷所思的，借债是借债，怎么可以让别人用身上一磅肉来清偿，签订一磅肉的协议？但某种程度上曾经这些是真实存在的。在《威尼斯商人》的历史背景中，1244 年威尼斯条例、十二铜表法和后面罗马法里面最早的一些制度在威尼斯公国是存在的。十二铜表法于公元前 459 年制定，是 2500 年前制定的一部法律，1244 年威尼斯条例里面仍有十二铜表法中一些制度的影子。所以戏剧中并不是以夏洛克为代表的这般商人群体残暴性格作怪，而是当时的制度使然。莎士比亚在写这部戏剧的时候，显然是有法律依据的。罗马法对于世界，特别是对欧洲的影响极大，是西方很重要的一个传统，债务清偿和个人的惩戒是联系在一起的。其后的盖尤斯的法学阶梯和罗马法大全中，委付制度问世。所谓的委付制度，就是债务人把全部的财产委托给债权人，让债权人一并处理与变卖分配。委付制度相比早期对于债务人的一种残暴的、血腥的惩戒主义进步许多。但注意，欧洲经历了数年，破产制度才从“人的责任”转向到“物的责任”。在十四五世纪，出现了大量的商人破产主义，而商人很多都是自然人，普世主义（或一般破产主义）的兴起，逐渐将非商人也纳入其中。如果从破产法现代化的角度来切入，伴随着农业文明向工业文明、向数字经济文明过渡，可以发现罗马法中已经萌芽了商人的个人破产制度，这个制度是从委付制度开始，个人可以频繁做一些商业交易活动，承担物上的责任。但这个过程当中，商人破产主义和一般破产主义是怎么传导出去的？那就来到了第二个故事。

第二个故事要追溯到市场经济的最早期，英国史上的一个重要事件。1066 年，法兰西王朝的诺曼底公爵威廉推翻了当时的英格兰国王哈罗德，成为拥有“征服者”名号的威廉一世，开启了英国诺曼王朝时代。这位在英国历史上受人景仰的威廉一世，在位 88 年期间文治武功对英国影响颇深。比如在语言改造方面，把许多法语和拉丁语词汇带入英语中。但最值得法律人关注的一件事，莫过于末日审判书

---

① 参见刘招静：《〈十二铜表法〉——罗马法的起点》，载《历史教学问题》2010 年第 3 期。

（原名是《土地赋税调查书》）的编制。末日审判书实际上不是去审某个人，只不过借用了圣经当中的一个概念，真实情况是调查全英格兰土地信息，丈量各家土地面积，以便加强财政管理、收取租税。在此之前英格兰的土地管理特别混乱，而就在这次全国普查之后，所有土地财产信息向国王威廉敞开。末日审判书把全国的土地分成了几大类，一类是贵族的庄园，一类是农民的土地，一类是英国国王所有，类似中国的国有。公共的用地属于公地，还有一些房屋的地。[①] 为什么末日审判书的编制很重要呢？因为在市场经济的语境下，它本身是一个确权的过程。而末日审判书的编制，也为下面一个故事打基础。

第三个故事是英国的“圈地运动”。从 16 世纪末到 18 世纪，正是因为有末日审判书，所以英国农民和贵族在资产上就动足脑筋了，最早的市场经济从这里开始萌芽。伴随着海外殖民扩张，英国拥有了大量的海外领地。当时印度、中国都需要英国的羊毛，英国出口大量的羊毛和羊毛的加工产品，拿着在英国非常廉价的东西到海外去换英国人从未见过的物资，这就是世界贸易的开始。出口羊毛需要养大量的绵羊，养绵羊就需要大量的土地，因此就出现了对土地的需求。一场因争夺圈养绵羊所需领地的运动在英国这片土地上就此诞生，史称“圈地运动”。英国著名的思想家托马斯·莫尔在他的《乌托邦》有这么一段话可以讲是圈地运动具体写照：“绵羊本来是那么驯服，吃一点点就满足，现在据说变成很贪婪很凶蛮，甚至要把人吃掉。”[②] 这种“羊吃人”现象描述的就是圈地运动的残酷剥削。羊毛制作商需要土地的时候，就从农民那里买，很多农民由于信息不对称，根本不知道海外有那么大的需求，也不知道这个一亩三分地用钱去买，所以英国出现了大量失地的农民。当时英国有 150 万人口，伦敦有 20 万人口，其中 5 万是进入城市的失地的农民。这些人大规模进入城市，成为市场经济最早的人口基础。市场经济运转的关键之一要有大量的剩余劳动力，所以圈地运动反倒奠定了英国的工业化革命，极具讽刺意味。大量的失地农民进入城市中，满足了羊毛、尼龙等加工工业出口

---

① 参见《盎格鲁－撒克逊编年史》，寿纪瑜译，商务印书馆 2004 年版。

② 参见［英］托马斯·莫尔：《商务印书馆》，商务印书馆 1982 年版。

的需要。所以产生了最早的纺织机，其后出现了蒸汽机等。这就是工业化的开始，也就是现代化的开始。这个过程当中，一个个失地农民进入城市，成为自负其责的个人。为什么英国第一部破产法诞生于1542年，而到1861年才出现商人破产和普世主义破产，与这个进程是密切相关的。

欧洲的破产法，包括比英国更早的西班牙破产法，以及与英国差不多时期的德国破产法的核心来源，就是个人自负其责。从早期威尼斯商人的那种中世纪的委付制度，到文艺复兴、新教运动发生以后出现的商人和普世主义破产的这个过程，就是市场经济的扩展过程。自英国圈地运动起，工业化就延伸到全世界的国际贸易，然后市场经济兴起，逐渐形成了一些市场经济的铁律。所以，破产法的产生是从个人承担责任中来，经过英国的新教运动和欧洲的文艺复兴后，更加强调每一个人是一个独立的个人，他不是对父母负责，而是对上帝负责，更加强调个体的价值和个人的尊严。所以，在商业上，个人要承担所有对外进行的商业交易和经济往来。中世纪绘画很多都是上帝、耶稣，但在最早期的个人主义的一个浪潮中，特别是文艺复兴中，出现了普通的百姓或者贵族，达·芬奇的蒙娜丽莎等绘画就可以表现出个人主义的崛起。

而反观中国，与西方不同，从汉代开始，董仲舒独尊儒术，儒家伦理就具有最高治国的地位，从中可以看到家族主义。儒家的文化和哲学中，家族主义是最核心、最关键的，它强调三个概念：第一，个人和家庭的关系，家庭居于首位，个人在家庭之下；第二，家庭成员之间的关系，是一种亲疏远近的血缘伦理的关系；第三，个人与社会的关系，是家族本位的一个关系。即便与外面人交往，也有一个家的观念——家族本位。所以从儒家思想进入社会以后，中国就出现了这样一种君君臣臣、父父子子，家国相通，以家族为本位的局面。因此，中国的个人和西方个人具有很大的不同，必须要有一个门面、脸面，必须要有一个外层的包装的关系。所以中国会出现很多与西方或者说欧洲发展截然不同的文化。[①]

---

① 参见瞿同祖：《中国法律与中国社会》，商务印书馆2010年版。

通过讲述这三个故事与中国文化对比，可以说明中国破产制度的产生，实际上并不是建构在中国的传统价值基础上的，也不是建构在这种传统价值基础上形成的习惯法和中国中华法系的一套传统制法，我国破产法的理念和制度基石更多的是源于市场经济。所以越强调市场经济的时候，就越强调破产制度。中国改革开放从 1978 年至今，四十多年的进程，某种程度上就是一个向市场经济迈进的过程，是一个与中国的传统价值观念和传统文化分离的过程，是一个接受现代的制度、文化和理念的过程。现在的市场竞争理念从英国工业革命、末日审判书、圈地运动开始，是关于确权给每一个个人，个人要自己为自己承担责任的理念，所以法律最重要的是保护私有财产。而中国一直到近代以来，是一个关于家族主义的文化，家族主义和国家主义是连通的，这是家国情怀的基础。

市场经济的理念要求每一个人自负其责，实际上是和信用关系连在一起的。自负其责，是一个学术的说法。换一个语境来说，就是一个人要在市场上进行交易，要经受债权人的检验，债权人来看这个人有没有信用。这个检验方法自十二铜表法、与古希腊罗马文明一脉相承，中间经历过很多从习惯法到成文法的变化。有没有信用这个问题很重要——你个人有没有信用？你企业有没有信用？你创立公司有没有信用？你要向我借钱，我钱借不借给你？这是所有的债权人要向市场交易的主体提的第一个问题。信用是一切交易的基石，产权的确定是一切交易的基础——别人看你有没有信用，你有没有财产，你能不能还这个钱，这个很重要。信用的关系是从个人信用开始，由个人信用逐渐扩展到企业信用，再逐渐扩展到商业信用，再逐渐扩展到社会信用，这是一个信用体系。所以没有个人信用，就不可能有企业信用。企业有股东、发起人、创办人、法定代表人、董事、高管，所以个人信用和企业信用支撑商业信用，支撑社会信用，这是一个信用的链条。破产从业者一定要知道这一点，否则就有很多问题想不通。这是西方市场经济发展的一个脉络。

在传统中国是另外一条脉络，具有家族主义的因素，个人信用不那么重要。因为在家族主义的外包下，个人掩附在家族的后面，个人的事由家族出面；兄弟姐妹之间的矛盾由家长出面；村里面一家人跟另外一家人打架由德高望重的长辈出面，这都是家族主义的一个传统。所以它不是市场经济，而是农业社会、农业文明、村庄经济。所以中国过去某种程度上没有商业的传统，家族主义把以个人为主的商业交易阻隔，个人没有积极性，没有激励机制，没有对外交往承担责任的可能。交易行为、经济的往来局限在很小的村落、熟人、关系中，只能在几十里路的范围内接触到，无法像市场经济那样传播上千里、上万里，形成全球贸易。因此，家族主义的传统根深蒂固，后来通过科学与民主的五四运动，削弱了家族主义，但是厚重的传统不是轻易能推翻的，或者说家族主义有黄河流域人群很需要的东西，跟黄河流域人民融洽在一起的一种东西，不是一脚就能踢掉的。到现代中国，可以看到另外一个形式，就是集体主义。集体主义是中国近代的一个复杂进程，它的交融性形成了中国的现代集体主义。集体主义某种程度上也是能够替个人来承担责任，是把个人挡在后面的。集体主义更加强调集体的价值，而不是个人的价值，就像家族一样，集体居于首位和本位。集体之间的关系不是传统的伦理关系，但是有一种非常亲近的关系，所以中国的同学会、老乡会比较多，这都是集体主义的表现，这些组织在社会经济和商业交往中发挥了很大的作用，它有它的连接点。集体主义这个词是斯大林提出来的，被我们接受。集体主义是跟中国传统文化的优势点结合起来的，是有价值的。但是破产制度是从个人主义发展起来的，所以最早期的个人破产是破产制度的先驱，先有个人破产才有商业破产才有企业破产，后来再扩展其他，包括政府破产、国家破产。2006 年的破产制度，某种程度上是以市场经济、个人经济为基础的，但是现实当中又存在着传统文化的家族本位和集体本位的传统。如何将这些进行对接？

1986 年《企业破产法（试行）》作为中国第一个企业破产法并不把个人作为破产主体，所以把清算和解制度纳入其中。当时这部破产法主要是学习借鉴大陆法系，特别是德国和日本的大量参考资料，德国和日本的破产和解制度有 100 年的历史。中国政法大学的王书江教授，编了一本日本商法，里面有一小段日本的破产法，对这个情况有所介绍。[1] 那个时候"破产"两个字是很糟糕、不祥的词汇。谈破色变，破产就是灾，一想到破就想到家破人亡。所以当时不讲破产，只讲债务，这个债务就是家族主义的父债子还，父亲的债儿子来还。这跟愚公移山的故事是一模一样的，债务可以世世代代传承，个人是没有责任的，在家族内部去解决个人矛盾，对外是家族来承担责任。家庭本位是很重要的一个价值观，跟西方是两种不同的文化。因此，1986 年《企业破产法（试行）》是用对中国传统文化的理解去学习跟中国有相似点的一些制度。"和解"这个词是日译词汇，虽然中国历史上也有和解这个词，但更多的是借鉴的日本、德国的和解制度。以为与中国文化很接近，这个法律就肯定好，比较相近的成文法也比较容易移植，再加上 19 世纪世界上有个成文法的浪潮，就像《宪法重大信条十九条》最早是学习西方的宪法。但是可以看到西方真正的传统，从罗马法、英国法及后来者，英美法是一个非常重要的线索，它的市场经济从英国发端传遍全世界，世界上现在百分之七八十的国家在用市场经济的体制。在这个体制上发展起来的法律制度中英美法系成为破产制度发展的主导。1986 年《企业破产法（试行）》显然是针对国有企业，所以 2006 年起草破产法的时候，立马就回到了世界的主流了。

破产法是从英国成长起来，以罗马法为基础的一个破产制度。美国基于第一次世界大战、第二次世界大战，形成的政治优势、经济优势、军事优势、科技优势以及军事霸权、科技霸权，以及从英国继承过来的那一套规则，美国当然有话语权，居高临下且强势。早期中国企业家跟外国人打交道，外国人要跟我们搞个合作、弄个协议，中国人就让他们先写个合同协议蓝本。不是因为中国人谦虚，而是根本写不出来，所以让对方写，话语权就自动交给别人，规则的制定权也顺带转移。这当然也是因为我们才刚刚起步、无计可施，而别人很有经验，别人全球贸易都搞了上千年了，在这方面很是成熟，合同一摆在那里高下立判，他的合同严丝合缝，你的合同到处都是漏洞。与之类

---

① 参见王书江：《日本商法典》，中国法制出版社 2000 年版。

似，我国的法律也是一样，因此，在立法初期只能是拿世界上最好的版本作为范本，毕竟它已经在西方矗立好多年了。所以在市场经济浪潮中，中国很多立法借鉴这些发达国家的法律是非常正常的，这也是某种程度上自然而然的历史发展的逻辑，制度发展的逻辑，中国改革开放的逻辑。但是为什么在 2006 年我们没有选择德国和日本的破产法，而选择了美国和英国的破产法作为更主要的参照呢？很重要的原因就是德国和日本自身也在学习美国的破产法，把它实施了 100 年的和解制度全部删去了。1995 年笔者去德国考察他们的破产法，而德国当时正在修改它们的破产法，那是最重要的一次修改，后来 1999 年正式实施的。德方安排他们三位议员和笔者有一次会面，三名议员说他们刚从美国回来，他们要学美国的重整制度与和解制度，这是一个替代性的制度，或者说是一个相似的制度。

这就是个人信用为什么是破产法的基础，以及为什么是整个社会信用的基础。个人信用、公司信用、商业信用、社会信用，它是一个通过个人信用不断来逐层扩展的社会信用体系。在这样一个信用的基础之上，才会有破产制度的功效，没有这样的信用基础，破产法发挥功能是很困难的。

（二）制度文明与替代性纠纷解决机制

实际上，尽管内涵不相同，但在使用替代纠纷解决机制这套工具方面，中国可能远远走在西方前面。这是中国制度工具箱里的老工具，称为庭外的机制，指的是庭外的和解和调解，这是从传统的家族主义、集体主义顺势而为的。和解与调解几乎是一个意思，就是当事人意识自治，通过双方的、多方的协商，去寻找纠纷矛盾的解决之道，留有集体主义的面纱，不像西方直接就能让对方看到我本人是什么样。中国始终有这个机制，就是要把幕后的这个人挡住，中国讲情面，不拉下脸皮。这种文化在中国一直发展到现在，所以中国在讨论破产和替代性纠纷解决方案的时候，更多的是要去用中国工具箱里面的工具，而不是西方工具箱里面的工具。西方的工具箱也有作用，作为另外一条思路，它可以给我们想象力和借鉴，但它并不能够解决中国文化最深层带来的一些东西。比如在中国两个人谈某件事情，会有很多不言而喻的内容，话里话外点到为止，一说就通，这是中国文化。而对西方人说，这种更抽象和富有隐含内容的表达是难以理解的。这就类似中国的国画和西方的油画的区别，油画是一层、两层、三层，不断上色，而且每一层它是超现实主义，有的甚至精细到每一个人的毛孔；中国的绘画是留下很大的空间，比如齐白石的虾旁边都是空白，让你去想象。不同的文化，是有一种超然的理解，这种理解是建立在中国面子文化、关系文化、熟人文化的一套规则基础上的。

笔者在中国政法大学专门给研究生开设的一门课叫《转型经济与转型法律》，核心观点之一就是我国的制度一定要跟经济的转型和文明的形态对接上。换句话说，到一个阶段，要有适应这个阶段的一套规则，要有解决这一阶段新问题的规则。所以规则体系绝对不能够僵化、一成不变。制度变迁的难点在于跟进经济发展的水平、商业交易的模式以及遇到的各种各样的争议和纠纷。我国原来是在村落之间进行交易，家族之间进行交易。但今天，我们打开了国门，西方的文化、制度和产品可以进来，我们也可以走出去，通过“一带一路”走向世界，构建人类命运共同体。中国已经是一个全开放性的社会，但这个改变的进程对于传承着传统文化的每个人来说确实太快了，原本西方百年的进程在中国几年就完成了。这就出现了只有在中国能看到的现象——落后贫穷的农村和最现代最前沿的城市之间产生一种非常鲜明的对比。农业文明、工业文明、信息文明、数字文明、智能文明全部连在一起，呈现出大约五种文明同时在商业社会中出现的情景。而西方它这个线条是较为明显的，农业文明、工业文明、信息文明、数字文明是有相对清晰的界限。在这种情况下，无论企业还是个人遇到一些现代的纠纷都会有些手足无措。所以现在特别流行一个词叫“顶层设计”，使立法者处于非常重要的地位，考虑究竟应该用什么样的规则制度来处理这样的几种文明同时出现产生的纠纷。最先进的破产法是英美法系，但在中国有它的土壤吗？有它的水分吗？有它的阳光吗？淮南之橘，淮北为枳。因此，破产法的设计需要特别的智慧。

中国五个文明扇面同时打开，中国特色的法律体系也应运而生。大陆法系、英美法系都在中国的立法中存在影响，因此现在很多的法律词汇是非常混乱的。破产法当中的和解、民事诉讼法当中的调解、替代性解决机制里面的和解调解是在不同的法律文化背景下的演进中产生的，但都一股脑地汇集到中国。当说到和解的时候，如果要到西方去找传统的话，是找大陆法系的传统。但中国的和解和大陆法的和解也并不是一个概念。这个工具在中国是从家族主义传统下来的，就是把个人掩附在后面，把某个具体的责任掩附在集体背后的一个传统。所以，可以看到很多集体负责的情况和传统，为什么不个人负责呢？这个时候不能说有法律依据，因为我们的法律依据还存在混乱之处。民法典是我国民商事基本法，但物权编中的物权有宪法依据吗？《企业破产法》也从来没谈到物权，更多利用的是财产权。有时候，法律有这个依据，也有那个依据。和解与调解这个词有庭外庭内的、破产法当中的和解制度、民诉法当中的调解制度。所以，五个方面同时展开带来的问题就是我国庭外的机制和庭内的机制在立法上很混乱。但是，学者可以分得开，究竟是庭外的还是庭内的——庭外的是当事人之间意思自治合意的一个结果；庭内的有合意，但是合议达成以后不能反悔，是有既判力的；庭外的事可以不认账，比如前一天晚上喝酒，说明天早晨给你100万元，到第二天早上酒醒的时候，说哪有钱，要命有一条。但是如果在法院作成了这个调解或者和解，说过的话是可以马上强制执行的，这就是庭内调解。

谈及破产法当中的和解，严格说是2006年《企业破产法》一个立法的妥协。当时有部分专家学习的是落后的德、日破产法版本，没有注意到德、日破产变法的趋势。而且我国自己有一个制度惯性，或者说更重要的是我国有强大的传统在其中作支撑，觉得这样一种立法解释更加符合中国人的心态。实际上，毫不客气地说，这不但不是一个事实，甚至是一种错误的信息，却把它作为主要支撑的立法理由。但某种程度上，中国也需要这个和解制度，这与我国的传统制度工具的使用惯性是有一定关系的。所以，中国破产法有三个程序，和解、清算、重整，同时拥有这三驾马车，是其他国家没有的情况。中国的调解、和解，甚至可以用思想政治工作、协调以及其他好多词汇来描述。所以包括最高人民法院在内的许多法律界人士，都认为其不是一个较为系统的概念，要推动它能够落地、可复制，就需要把这套机制从主体、客体、程序、责任等方面上建构起来，而把这套东西称为多元化纠纷解决机制。

公证和仲裁，是美国、欧洲国家发展出一个非常重要的法庭外的程序。先说公证，通俗地讲，是让有信誉的人来背书。政府往往是最有公信力的机构，但俩人的商业纠纷如果要找政府，政府没有足够的精力管理，所以就出现了公证制。法国的公证员代表政府来做公证，来替当事人担保，所以法国的公证员也自然是公务员。笔者一直认为公证制度就是一个背书制度，这个背书自然是要找最权威、最有信誉的人来背书。在法国，公证人就是公务员。但美国不是这样，美国的公证是私人的，是市场上产生的，是以个人信誉来做担保的，所以世界上也形成了和大陆法系的公证制度完全不一样的英美的公证制度。两种公证制度是截然相反的思路，一个是要国家来背书，一个是市场的、以个人的信誉来背书。美国用个人的信誉来背书，如果这个信誉缺失，就需要后面一整套制度来惩治个人。德国、法国是政府来担保，集体主义负责，政府来负责，所以跟中国的文化很容易结合在一起。那仲裁也是这样，仲裁最早是从地中海发明出来的，找一个权威、有信誉的人来做。所以为什么商事仲裁是伦敦仲裁院、新加坡仲裁院、香港仲裁院做得好呢？这是基于英美长时间的传统。从早期的英国的文化开始到地中海，仲裁都是政府出面。笔者作为北京仲裁委的委员深有感触。过去仲裁员管理，更加强调仲裁的公权力限制。当然，现在才逐步与公权力脱钩，但脱钩好多年还没有完全脱钩。仲裁就是以这个机构的信誉和声誉来做居中仲裁者的，但是机构的信誉从何而来呢？从仲裁员的个人信誉而来。北京最重要大学的最著名的教授都是仲裁员，裁决一个仲裁案子获取报酬，靠的是声誉机制。英美的仲裁，如果仲裁错了，就很难在这个行业立足，它是以个人的声誉，自负其责作为制度支撑的。但中国所有的传统制度往往是把个人隐藏在后面，不让这个人承担太多的责任，有责任大家一起扛。这是两种非常不同的文化，难点就在于我们如何将其嫁接到一起？西方的替代性解决方案很大程度上是从仲裁开始，而两个中国人调解协商，希望能更多地讲协商，协商跟我们的调解是一个意思，两人你说你的意思，我说我的意思，把你的意思去掉一点，把我的意思去掉一点，两个的意思逐渐走到一起，最后达成一个让步的协议。实际上这是一个市场经济当中交易费用的谈判机制，如果用经济学的说法，每个人自己心里面有杆秤，他会来计算他的预期利益。所以当事人之间的这种谈判，是来减少纠纷，减少他们之间的交易成本的。个人和个人、企业和企业互相减少成本，降低交易费用，那么整个社会的交易成本也降低了。

无论是替代性方案也好，多元解决方案也好，中国传统工具箱里面的和解调解也好，都是降低交易费用的工具，有利于降低整个社会交易成本，都应该支持和鼓励。将破产和替代性纠纷解决方案、中国的调解和解文化都搁在一起，目标都是降低社会的总交易成本以及每一个个案的交易费用。当然，如果说这个目标太经济化或太利益化，也不排除中国还有更高尚的文化内涵，比如说一种和睦、不撕破面子的文化，或者说保持了一种非常多赢的一个局面。虽然仍然有脸面机制、掩护机制、隐藏机制等，把那个真正有责任的人隐藏在后面，那是他的儿子、亲戚、血脉，但是只要可以降低交易费用、降低社会成本，这就有值得我国破产法吸收的地方。

（三）庭内机制和庭外机制的结合

破产作为一个正式的制度已经实施 16 年了，实施期间好多问题解决不了，因为立法者不可能那么智慧，这也是法律滞后性、不完备性的一个体现。加之，中国很多的规定是原则性的，太过清晰的细节反倒不利于将来的法律适用。我们是画的是国画，不是西方的油画。但是这些问题怎么解决？我们有工具箱，里面有中国的传统工具，也有西方工具。但值得注意的是，由于正处于五个文明画面同时展开的历史时期，应关注工具与文明的对照关系——你处于哪个文明画面，对待农业文明能用这个现代的这个工具吗？对待最先进的文明，能用农业时代的工具吗？所以选择正确的工具，准确对应农业文明、工业文明、信息文明、数字文明、智能文明。不恰当地说，我们有一种和稀泥的文化传统，它是隐藏责任的文化、掩盖的文化、脸面的文化。不能用和稀泥的方式去解决货真价实、真金白银的金融合同问题，否则哪有市场交易信用，哪有可交易关系？不能用传统的工具去解决我国现代商事纠纷。对待金融合约、金融借贷合同、商事合同、股权协议等现代商事纠纷，一定要用清清楚楚的法律条文来说话，不能用和稀泥的工具箱和解，或者是调解去解决这一类问题。

但是在破产程序中，某一个单项的合同纠纷当中，当事人之间可以选择通过替代性的、多元化的调解或和解来解决，法院调解也能够发挥一定的作用。无非是双方各让一步，最后双方达成利益的一种退让。这个笔者认为都是合理的、科学可行的。但问题是，和解或是调解不能干涉更大的市场交易、更正规的商业交易、更重要的一个市场，否则就增加了交易成本。诸如金融市场、股票市场、债券市场、信托市场、基金市场、银行交易市场等一系列市场的交易秩序不能被破坏，不可令商业交易的信号失灵，形成机会主义和道德风险的危机。替代性纠纷解决有助于减少个体之间的交易费用，进而减少整个社会的交易成本。同时，应有利于促进声誉机制，有利于促进信用机制，有利于促进市场的信号作用。和稀泥也好，调解也好，和解也好，在当事人之间，在某些领域、某一个阶段、某一种文明形态下存在一种有效性，但不能任意扩大适用。所以，当存在诸多债权投资者“互相打架”的情况，可以用一些工具箱里的工具，比如调解和解的手段、庭外的庭内的均可，包括在重整当中也可以使用，但是工具的使用绝不能影响商业交易的效益效率，否则就相当于把数字经济的文明拉回到农业文明，是一种降维打击的处理方式。所以，在农业文明、工业化文明中应对症下药，用农业文明和工业化文明的工具和手段，方得在中国经济和法律转型期，在整个中国建设高质量市场经济和供给侧结构性改革优化营商环境当中，保证中国破产法制度更好地发挥它的作用和功能，而不是把破产法直接拉回到我们过去的传统中去。

四、疫情、破产法与生命的本质[①]

新冠疫情深重时，人的生命的本质逐渐显现：大多数人每天在封闭的社区活动，做着饭菜，叫着外卖，父母推着婴儿车让孩童晒晒太阳，老人们扎小堆聊聊天，生活这么平淡而无味，柴米油盐酱醋茶忙活，房车票妻孩五“子”烦恼。笛卡尔说“我思，故我在”，强调“自我”的观念。他解释道，自我是这样一个实体，“这个实体的全部本质或本性只是思想”。而大多数人的思想，在肆虐的疫情下，想到的就是简简单单的生活。

生命的本质就是生活。但自人类诞生以来，却总是命运多舛，生活也充满了另一面——悲剧。大约公元前500年，悲剧这一文学形式在希腊诞生。“悲剧之父”埃斯库罗斯把戏剧中出现的人物数量由单个增加为两个，允许人物之间冲突的产生，使戏剧充满张力。英国文学巨擘C. S. 路易斯在《痛苦的奥秘》中说：“尝试杜绝痛苦，你会发现你杜绝了生活本身。”[②]

截至北京时间2020年6月30日8:00，全球新冠患者过千万人，死亡超50万人，具体为1031.6万人，死亡50.3万人，死亡率4.9%；疫情最严重的美国，患者连日确诊继续激增，连续30天日增2万例以上，累计已达268.1万人。[③] 中国疫情防控状况虽然处于积极向好的局面，但北京的突发疫情也说明疫情防控形势的严峻性、不确定性与复杂性。

这场疫情让我们的生活戏剧充斥着张力，每一位个人实体的生活都在悄然变化。因为疫情，我们不得不放弃我们的自由，放弃正常的交往与日常生活，调整自己的未来预期。这场疫情也使得人类赖以生

---

① 本处内容来源于李曙光教授为《“破产实务前沿”第3辑——破产债权保障手册》一书所作的序言。

② 参见［英］C. S. 路易斯：《痛苦的奥秘》，林菡译，华东师范大学出版社2007年版。

③ 参见《6月30日全球新冠肺炎（COVID－19）疫情简报，确诊超1039万》，载梅斯医学官网，https：//www. medsci. cn/article/show_article. do？ id = ebc719681234，最后访问日期：2024年7月10日。

存的市场经济活动与商业交易环境受到巨大影响，无数企业经营惨淡，许多公司关门歇业，众多员工黯然下岗，城镇待业人群激增。

为缓解这场疫情给人们生活带来的巨大冲击，为保市场主体继续生存，各国政府相继检索自己的政策工具箱，发现破产法及相关制度仍是处置突发大型公共危机与经济金融危机的不二之选，是非常好的制度工具。可以说，疫情带来最大的经济后果就是经济实体的破产。因此，在这场抗击疫情的战争中，破产法以它独特的制度价值扮演了关键角色。为挽救因疫情处于困境中的企业，许多国家政府纷纷推出一些围绕救助困境企业、困难家庭及个人的政策，立法机关出台对破产法条文的新解读，司法机关通过对涉疫情破产案件审理的一些特别规则与特别处理办法。

英国、澳大利亚与新西兰，发布债务休眠计划，放宽或暂停无力偿债交易法；巴西与瑞士暂停破产中的执行程序或行动；捷克放宽暂停董事破产申请义务；而日本则对困境中小企业贷款偿付制定新的规则。澳大利亚、加拿大法院甚至成立联合审判庭，两国法官共同审理跨境破产案件。

中国政府与司法机构也推出了一系列涉疫情相关的市场主体救助政策与破产司法政策。最高人民法院推出的《关于依法妥善审理涉新冠肺炎疫情民事案件若干问题的指导意见（一）（二）（三）》等司法政策，强调对涉疫情破产案件要快速审理，要通过庭外调解、庭外重组、预重整、重整等多种方法来挽救困境企业，对困境企业可采取分期付款、延长债务履行期限、变更合同价款等方式。在重整计划制定及其执行期限方面，可延期半年。发挥共益债务融资的制度功能，合理运用企业破产法规定的执行中止、保全解除、停息止付等制度，有效保全企业营运价值，为企业再生赢得空间，等等。

这场疫情给破产执业者带来了大量业务，也带来巨大的挑战。疫情重创的是人的生命与生活，也重创了无数富有生命力的企业。企业是最重要的人的生命生活载体，企业一旦消失，则影响无数人的生活甚至生命。

破产实务工作者，特别是破产管理人，不仅面临“首席重组官”

“专业清理师”这种职场的竞争考验，不仅面临做一个破产案特别是重整案件能从债权人债务人那拿到多少代理费用的职业诱惑，更要面对困境企业断炊时的焦虑彷徨，无措手足的困顿情景；更要面对这些鲜活的企业生命在无解肆虐的新冠病毒疫情前瞬间倒地而死的悲凉；更要面对因企业倒闭关门而丧失基本收入来源的下岗员工熄灭未来之火的眼神无光。

换位思考一下，面对突如其来、不期而遇的死神，你说诚实而不幸债务人会说什么？

我想活着，

我有机会，

我还有希望！

在死亡面前挣扎是人的本能，也是困境企业的本能。问题是，我们破产人在我们处置困境企业的不良资产时，我们会考虑生命的本质问题吗？我们破产人在处理这些问题企业麻烦的时候会不会无动于衷？我们的法官、管理人、债委会代表在进行涉及债务企业前程决策之时会不会停顿一下，考虑如何尊重企业的价值、尊重企业家的价值、尊重生命的价值这样的问题？这也是疫情和后疫情时代，带给我们每一位破产实务工作者的思考。

五、中国破产法对美国破产法的借鉴①

美国哈佛大学法学院有两位教授以破产法为志业，一位是马克·罗依（Mark Roe）教授，以研究重整见长；另外一位则非常有名，即伊丽莎白·沃伦（Elizabeth Warren）教授。

说沃伦教授有名，是因为在20年前，她就是在哈佛纯粹教破产法的教授，兼任法学院学术委员会主席。她的专长是个人破产法，尤其关注个人破产中妇女与儿童的权益保护问题。正是这一专长，帮助她成为美国民主党马萨诸塞州参议员，美国政界自由派的重要代表人

① 本处内容来源于李曙光教授为申林平律师译《美国破产法典（中英文对照本）》一书所作的序言。

物之一，并于2019年正式参加美国总统竞选。2000年笔者在哈佛大学法学院任访问学者时，曾旁听过沃伦教授两学期的破产法课，也曾课后几次与沃伦教授相约在她办公室聊破产法。笔者很想请她来中国访问，她也表示了浓厚的兴趣，但囿于当时中美在破产法方面的差距，没有特别好的机会促成此事。2019年，中国人民银行曾就凯恩克劳斯基金会赞助的破产重整研究项目让笔者邀请一些美国破产法专家，也邀请过沃伦教授，但当时她忙于总统竞选，终未能成行。

在哈佛时，笔者就对《美国破产法》的文本有特别的兴趣，有一次曾问过沃伦教授，为什么《美国破产法》的章节编号是第1章、第3章、第5章、第7章、第9章、第11章……而不是连续的呢？沃伦教授当时笑着说，这样我们以后就能在两章之间加入新的章节内容了。转眼20多年过去了，笔者跟沃伦教授交流时所提的问题成为一件早年学习《美国破产法》的趣事。沃伦教授2020年牵头推出了《2020年消费者破产改革议案》（Consumer Bankruptcy Reform Act of 2020）也真的提出要在第九章和第十一章中新设第十章，而《美国破产法》的完整中英文对照译本，也终于在法律出版社的大力支持下得以面世。

《美国破产法》是美国联邦宪法提到的两部法律之一，无论是在美国的法学院还是在美国的商业社会，破产法一直都是美国最重要的法律之一，在美国也有着非常丰富的破产法实践。现行的《美国破产法》于1978年通过，排列于美国联邦法典第11编，通常被称为“破产法典”（bankruptcy code）。1978年《美国破产法》颁布以来历经多次修改，甚至在2005年4月，时任美国总统布什还亲自签署通过了新的《美国破产法》修改草案，但是《美国破产法》的整体框架和基本内容还是比较稳定的。现行的《美国破产法》共计9章：第1章：总则；第3章：案件的管理；第5章：债权人、债务人和破产实体；第7章：清算；第9章：市政机构的债务调整；第11章：重整；第12章：有固定年收入的家庭农场主或渔业主的债务调整；第13章：有固定收入的个人的债务调整；第15章：辅助程序和其他跨境破产案件。

从专业的角度评价，《美国破产法》无疑是当今世界各国破产法中最标准、最先进、最有影响力的破产法典。

《美国破产法》在各国破产法中算是很标准的破产法，是因为《美国破产法》被美国联邦宪法确定为具有宪制性，具有明确的宪法渊源；立法结构合理科学，虽然条文繁多复杂，但从一般条款、结构的定义和规则，到案件管理、债权人债务人与破产实体，再到清算重整诸制度，条分缕析，设计精巧；法律逻辑非常清晰，先定义后结构，先规则再管理，先清算后重整。先国内后境外，内容与程序依次展开；法律语言精练准确，如规定破产时限时，甚至准确到时与分。

说《美国破产法》先进，是因为其在立法内容背景上离不开英国、欧洲破产法的影子，但在立法之初，就抛弃了抄袭复制英欧破产法的想法，而从本国制宪主义实际出发，其立法带有很强的“创造性破坏”，特别是历史上两次革命性创新：

一次是1978年在破产法中增加了第11章“重整”制度；

另一次是2005年在破产法中增加了第15章“跨境破产”。

这两次修法，不是简单的破产章节条文的增减，而是破产理念与文化的革新，使得《美国破产法》始终走在各国破产法的前列，引领着世界破产法发展的潮流。

《美国破产法》的影响力自不待言。世界两大法系在很多法领域都是制度竞争，各有体系，各有特色。但在破产法领域，原大陆法系的破产法体系，在近三十年纷纷改弦易张，学习《美国破产法》的精粹，其中以德国、日本两国破产法最为明显。

中国《企业破产法》是在建构中国特色的市场经济体制过程中通过的一部市场经济破产法。这部在中国法制史上占有重要地位的破产法，在立法时对《美国破产法》中的一些重要制度进行了参照、学习与借鉴。这些借鉴与参考主要表现在以下方面：

（一）破产法的立法理念

《企业破产法》在立法理念上参考了《美国破产法》，借鉴了《美国破产法》关于困境企业挽救的思想，特别是破产法不仅仅是清算法，还包括重整这一拯救法，就主要参考了《美国破产法》第11

章重整制度的设计理念。

（二）自动冻结

“自动冻结程序”（automatic stay）是《美国破产法》中最有强制性的规则。它指的是当债务人申请破产时，破产法院便自动启动了中止程序效力，暂时阻止债权人向债务人追索债务。《美国破产法》第7章（清算）、第11章（重整）和第13章（个人债务调整）均适用“自动冻结程序”。一旦自动冻结程序生效，债权人向债务人追索债务的行为便是无效行为，破产法庭还可对债权人追索债务的行为予以制裁。自动冻结程序有两个目的。其一，它给债务人一个“喘息的空间”（breathing room），让债务人能够在债权人不断追债的压力中安静下来，清理一下债权债务关系脉络并思考下一步的出路；其二，它有助于阻止债权人“涌向法院”（race to the courthouse）、“哄抢”债务人的所剩财产。自动冻结程序生效期间，债务人不得向任何债权人单独还债，各债权人也无权抢先一步去执行债务人的任何财产。当破产程序结束时，自动冻结程序亦随之失效。

《企业破产法》第16条、第19条、第20条被称为“三中止条款”，其规定的破产申请受理后个别清偿无效、对债务人财产保全措施解除与执行程序中止以及诉讼和仲裁的中止，借鉴了《美国破产法》中的“自动冻结”或“自动中止”制度。

《企业破产法》规定的不是完整意义上的自动冻结制度，如《企业破产法》未规定除外情形、解除情形及中止后相关诉讼的管辖权。

（三）管理人制度

按照《美国破产法》的规定，美国的破产托管人（trustee）分为联邦托管人（United States trustee）和私人托管人（trustee in bankruptcy）。联邦托管人由隶属于美国司法部的破产托管人办公室委派公职人员担任，美国在1978年设置了这一机构来履行与破产案件有关的行政性职责；私人托管人则一般由律师担任，《美国破产法》规定，法院经一定程序可以依托管人申请或依职权对私人托管人提供的服务给予合理的报酬，并对必要费用予以报销。联邦托管人总体上负责破产程序的有效运行及其公正性，包括向法庭推荐私人托管人、监督破产各方当事人和私人托管人行为、向法庭报告破产事务进展等职责。私人托管人的职责则依破产程序的不同而有所区别，主要包括清理、变卖、分配破产财产；调查债务人的财务状况；撤销债务人在破产前的欺诈性转让行为等。[①]

《企业破产法》以专章规定了管理人制度，虽然未区分公私管理人，但在管理人在破产程序中的中心作用、法定职责、报酬以及法律责任方面则借鉴了《美国破产法》的许多制度与经验。《企业破产法》中（除债务人自行管理的重整案件外）关于管理人对破产财产接管、管理、处分和代表债务人参与诉讼的职责，都参照了美国的立法模式，并且虽然我国规定律师与会计师都可担任管理人，但在司法实践中，我国与美国相似，也是以律师为主。

（四）重整制度

《企业破产法》中的重整制度深受《美国破产法》影响，立法中主要借鉴了《美国破产法》第 11 章的规定。关于重整的制度，包括 DIP（debtor in possession）制度、重整计划提交期限、双重表决机制、对担保债权人的保护以及重整计划强制批准制度等，都学习参照了《美国破产法》第 11 章的制度，并进行了小部分改造，如管理人清算组管理模式与股东类别组的表决效力问题都是具有中国特色的。

例如，DIP 制度，笔者把它译成经营管理债务人（经管债务人）制度，是《美国破产法》第 11 章重整程序中最重要的制度，也是在《美国破产法》中运用最多的重整制度。我们在起草中国破产法时，可以说是基本上把 DIP 制度借鉴过来。《企业破产法》第 73 条第 1 款规定，在重整期间，经债务人申请，人民法院批准，债务人可以在管理人的监督下自行管理财产和营业事务。第 87 条，是《企业破产法》中最长的条文，这一条也主要是学习参照《美国破产法》第 11 章，规定了重整计划在债权人会议未通过时的强制批准制度。

（五）撤销权制度

《企业破产法》虽然借鉴了大陆法系民法与破产法中有关撤销权

---

① See 28 U. S. C. § 330 - 331, 586, 704, 1104, 1106.

的概念及一些规定，但在立法时更多的是参照美国反欺诈性破产的经验。《企业破产法》立法时聘请了《美国破产法》专家与中国专家一起研究，将破产撤销权分为可撤销行为和无效行为，并将行使破产撤销权的方式规定为诉讼方式。

可撤销行为又分为欺诈交易行为与偏颇性清偿（倾向性清偿）行为。欺诈交易行为是指债务人与第三人之间做出的危害其他债权人的行为，减少了债务人财产的总价值，直接损害了全体债权人利益。而偏颇性清偿行为是指对特定的债权人有利而对其他债权人不利的处分或给付行为。《企业破产法》第33条规定的破产无效行为则是《企业破产法》对欺诈性破产打击的特别条文，它与可撤销行为在性质上均属于欺诈行为，它们的区别在于：不论何时发生，第33条规定的行为均自始当然无效，而且是法定的无效行为。隐匿、转移财产和虚构债务或者承认不真实债务的行为当然自始无效。而对于可撤销行为，在企业正常经营情况下，属于合法有效行为。当企业进入破产程序后，法律将撤销权赋予管理人，以防止债务人对债权人权益的损害。管理人行使撤销权必须通过法院进行。可见，对破产程序前行为的无效规定，体现了《企业破产法》对美国破产欺诈条文的借鉴与对债务人财产保护的重视。

（六）债权清偿顺序

《企业破产法》中债权清偿顺序的规定主要受《美国破产法》影响，不同国家具体规定虽不同，但大都将担保债权、破产费用与共益债务作为优先权，都将破产人所欠本企业职工的工资、社保等放在仅次于破产费用与共益债务后的优先顺位，税收债权次之，中国亦借鉴了此制度。《企业破产法》没有《美国破产法》中有关重整融资超级优先权的规定，对优先权的规定也没有《美国破产法》那么细致丰富。

（七）跨境破产制度

我国的跨境破产规定是《企业破产法》与国际接轨的一个尝试。《企业破产法》的立法在立足中国国情基础上，参照了联合国国际贸易法改革委员会1997年制定的《跨境破产示范法》与美国2005年修改的《美国破产法》第15章的内容。我国立法采取了相对开放积极又有所保留的普及主义态度，参照借鉴境外跨境破产的法律规定，对于域外法院的破产裁决，强调在适当情况下，在互惠、有司法协助或公约的条件下，中国法院也裁定承认和执行。强调接受跨境破产原则必须有一个前提，即不违反中华人民共和国法律的基本原则，不损害国家主权、安全和社会公共利益，不损害中华人民共和国领域内债权人的合法权益。这样的规定，采取的是一种有限的、有弹性、有张力的跨境破产原则，为与世界上各国破产法接轨作了铺垫。我国法院启动的破产程序目前已有6起在境外法院得到承认和协助，其中继2014年“尖山光电案”之后，2019年“洛娃案”是美国破产法院再次承认我国法院开始的重整程序并提供协助的重要例证。①

现在看来，当年我国的学习与借鉴本身就有许多保留与局限性。这是因为国情不同，社会发展阶段不同，市场经济体制的成熟度也有差异。虽然《美国破产法》一些制度与经验现在并未过时，但随着《美国破产法》制度的发展，上述制度与经验也有许多改进与技术上的进展。例如，在个人破产领域，美国国会为回应金融机构对破产法改革的愿望，以及避免消费者对清算制度的滥用，于2005年通过了《破产滥用预防及消费者保护法案》并引入了“收入测试”；现行的《美国破产法》也专门在第11章第V附章加入了2019年新通过的《小企业重整法案》，试图解决小企业重整程序成本高、时间长、效率低的问题。

六、法国归来谈破产②

2019年2月13日至15日，趁着中国春节假期，笔者在种林博士后的安排下，在巴黎密集拜会了一些法国破产界的重要人士，对中国理论界和实务界普遍缺少足够了解的法国破产法，有了一点初步的感

---

① 参见陈龙：《论境外破产程序的域内效力》，载《澎湃新闻网》https：//www.thepaper.cn/newsDetail_forward_16624388，最后访问日期：2024年7月10日。

② 本处内容系李曙光教授为陈夏红、闻芳谊编《破产重整实务指南》（“破产实务前沿”第2辑）撰写的卷首语。

性认知。

在巴黎期间，笔者的行程大致如下：

首先，应邀拜会巴黎第一大学的法国破产法权威学者卢卡斯（Francois）教授，就中法两国破产学术界的合作交流展开实质性探讨。

其次，在巴黎第二大学，受种林博士的好友、候任教授莫让普吉奥（Benjamin Moron-Puech）之邀，临时向该校法学院的研究生们，就“美国破产法对中国的影响”作了分享。

再次，应邀访问巴黎商事法院。院长内特（Paul-Louis Netter）先生和破产保护与重整审判庭庭长马丁（Louis Martin）先生出面接待。他们还邀请两位破产管理人代表，共同与我们展开长达两小时的座谈会。

复次，法国全国破产管理人委员会（CNAJMJ）主席特弗诺（Christophe THEVENOT）先生专门安排宴请。在波尔多白葡萄酒的品味小斟中，畅谈法国破产管理人的制度设计与现行运作情况。

最后，还与欧洲律所联盟 CMS 的法乐菲律所破产团队负责人亚历山大·巴斯托斯（Alexandre Bastos）律师及其同事座谈。就法国律师的破产服务与跨境破产业务，展开深入交流。

法国破产法最早可追溯到 1536 年执政 32 年的骑士国王佛朗索瓦一世的南特敕令（Édit de Nantes）。1673 年，法国科尔波特《商事法令集》（Recueil des Ordonnances de Commerce）专章规定了破产制度，比如：在第 10 章中，规定了商人自愿将全部财产让与债权人的程序；同时，在第 11 章中，规定了破产程序及其效力。

法国破产法史上重要的里程碑，是 1804 年拿破仑的《法国民法典》（Code civil des Français）与 1807 年的《法国商法典》（Code de commerce）。其中直接吸收古罗马的财产委付制度，创立法国近代民法的“全部财产让与”制度。但自 1536 年开始，法国只有商事破产程序，而反对将破产制度适用于非商人主体。

现行法国破产法最基本的文本，是 1985 年 1 月的《困境企业司法重整和清算法》（Loi n° 85 – 98 du 25 janvier 1985 relative au redressement et à la liquidation judiciaires des entreprises）。该法创设了一套以重整为主，清算为辅的新型债务清理制度。根据该法第 2 条的规定，该法适用于所有商人、手工业者、农业生产者以及所有私法法人。雇员不超过 50 人、不含税营业额低于法定限额的自然人和法人，适用该法第二编规定的简易程序。按照该法规定，法国破产法主要有三大程序：企业破产保护程序（观察程序）、重整程序与清算程序。另外，在此三大程序之前有个预防破产和解制度。1994 年 6 月，法国颁布《企业困境防治法》，（Loi n° 94 – 475 du 10 juin 1994 relative au redressement et à la liquidation judiciaires des entreprises en difficulté）主要完善该和解制度，加大早期治理困境企业的力度，加强对债权人的保护。

1985 年《困境企业司法重整和清算法》出台至今，有过数次修订，但较大的一次修订是 2005 年。新法案最大的特点之一，就是缩短了清算时间。这之前，很多企业申请破产后，清算的时间超过 5 年，有的甚至达到 20 多年。法国经济部提供的资料显示，法国中小企业破产清算的司法程序平均长达 2 年半，近 7 成法国民众认为法律没有给企业家们足够的犯错机会。新法案将清算时间缩短到了一年。新法修改的主要内容包括：（1）破产法适用主体由商人、手工业者和私法法人扩大到律师、医生等自由职业者；（2）在破产程序中增加了多听取银行债权人的意见的内容；（3）对重整程序区分了内部重整和外部重整（如企业的出让和兼并）；（4）增加了预防企业破产的具体措施。法国政府希望通过修改破产法案，让更多的企业能够继续生存下去。法国是一个高福利的国家，大量的公司破产致使失业率提高，福利经费赤字累累。2015 年，大量的法国国有企业面临破产危机：先是法国著名企业阿尔斯通遭遇财务危机，被美国通用电气收购；后是阿海珐集团由于芬兰项目出现问题而巨额亏损，不得不由法国电力公司出面收购解除危机；10 月，又发生法国航空公司员工因为裁员围攻公司高管的恶性事件。2018 年年底，法国发生大规模的“黄马甲”街头抗议运动，其深层原因是巨额的税负、低迷的经济、高企的失业率（达到 10%）与大量企业破产。截至 2018 年 9 月底，法国有

53496家企业破产。尽管这一数字低于2009～2016年的水平，但从2017年5月达到的低点（52113家破产）开始，这一数字正在不断上升。①

法国破产法的特色之一是，三大破产程序前的预防破产和解程序。该程序主要是针对停止支付的企业，由债务人与主要债权人协商谈判、达成协议，引进新的投资者，救治困境企业。该协议仅限于双方当事人之间知悉和参与，秘密而不公开。这既能给困境企业一个债务偿还的缓冲期，也能保全债务企业的商业声誉。一般法院会任命一位和解协调人，帮助企业达成协议，但该程序有必须在45天达成协议的时间限制。一旦双方达成协议，并经法院批准，和解协议就有了法律效力，新进的投资人就有绝对优先权。这种破产前的预防和解程序一般都是大型企业才适用。2018年在法国约有1000件，其中，巴黎商事法院受理约200件，这200家企业涉及10.5亿欧元债务，约2万名企业员工。

法国破产案件都由商事法院受理，全国约186个商事法院，其中巴黎大区有6个商事法院。座落在巴黎西岱岛的巴黎商事法院，是受理案件较多的商事法院。该院2018年受理约64000件案件，其中破产案件3440件。在3440件破产案件中，破产保护40件，重整程序350件，清算3050件。该院共有法官175人，但破产法官占1/3，可见破产案件处理任务的繁重。巴黎商事法院下设一个专门的破产保护与重整审判庭，下面有5个破产合议庭，其中3个负责清算，1个负责重整，还有1个负责破产犯罪。

法国的破产管理人制度，是法国破产法中的另外一个颇具特色的制度。按法律与行政规章规定，破产管理人分为重整管理人（又译为司法管理人）与债权人代表（又译为司法代理人）两类。根据职责分类，法国有5种管理人：特别管理人（临时管理人）、和解人、重整

① See Banque de France, Corporate bankruptcies – France · October 2018, https://abc-economie.banque-france.fr/sites/default/files/webstat_pdf/def_ent_2191_en-gb_si_defaillances_201810_en.pdf, last visited on Jul. 10, 2024.

管理人、清算人与债权人代表。[①] 全法有约 432 名管理人，其中 122 人是重整管理人，其他 310 人则是债权人代表。他们也可以担任其他 3 种管理人。

法国全国破产管理人委员会（CNAJMJ）由法国破产从业人员协会（LFPPC）等 3 个组织组成，以维护行业利益为己任，有 12 名理事。该组织成员由来自管理人、债权人代表、律师、会计师、审计师、保险人、银行等行业人员组成，在全法有 11 个地方性组织，近 700 名成员。

根据法兰西银行发布的年度报告数据，2018 年法国破产案件共有 6 万件左右。[②] 在世界银行营商环境排名中，其办理破产指标排名第 26 位，[③] 在世界 192 个经济体中，属于破产法立法先进的国家。在起草 2006 年《企业破产法》时，法国破产法作为大陆法系破产法的代表，曾是我国立法的重要参考；今天，法国破产法以其对企业挽救价值的重视、制度的复杂性与人性化特点，仍有很强的魅力，其许多制度设计与司法经验，值得我国学习借鉴。

通过这几天与法国破产界的接触，笔者感到目前法国破产法的立法与实施也面临一些挑战与问题，主要有以下几点：

第一，法国破产法过于重视保护企业雇员利益，而相对忽视债权人的利益，这从法国破产法立法极其重视破产预防与保护制度可见一斑。这两年，欧盟破产条例鼓励企业重整并加强对债权人权益保护的立法趋势，对法国破产立法改革形成较大压力。

第二，法国的中小企业主破产现象较严重，其 6 万件破产案中

---

① See Code de la Faillite L. 611, 621, 626, 640.

② See INSOL Europe, 2018 Statistics for insolvency proceedings in France, https://www.insol-europe.org/technical-content/national-insolvency-statistics-france, last visited on Jul. 10, 2024.

③ See World Bank, Resolving-Insolvency, https://archive.doingbusiness.org/zh/data/exploretopics/resolving-insolvency, last visited on Jul. 10, 2024.

参见《营商环境报告：法国经济概况》，载世行官网，https://archive.doingbusiness.org/content/dam/doingBusiness/country/f/france/FRA.pdf，最后访问日期：2024 年 7 月 10 日。

90%是中小企业主破产，但这属于商人破产，而非消费者个人破产，这使得如何保护失败的企业主权益成了一个问题。而有些中小企业主又借助破产程序，欺诈性的或恶意逃避税收义务与缴纳社保费用义务。如何平衡好破产实践中存在的这两种现象，是拟议改革中的法国中小企业促进法与破产法修法要考虑的问题。

第三，法国文化中，破产可耻观念根深蒂固。政府与债务人债权人都希望企业避免选择破产程序，又往往将正常的企业商业失败行为与破产犯罪联系起来，认为许多中小企业主的破产嵌入了可耻的欺诈因素，应予重罪惩罚。无论如何，这些认知阻碍了破产法对企业效率提升与经济结构调整功能的发挥。

值得庆幸的是，笔者所接触到的这些法国破产界专家，都认识到这些问题的存在，并希望改进现行的破产法。总体印象是，无论是法国学者，还是法官、管理人，他们还是颇为他们长达五百多年的破产法史自豪，也为现行法国破产法的制度设计而自得其满。因此在这种情况下，要对现行破产法进行改革，实际上很难。

希望法国破产界能把他们的制度理想与现实经济运行更好地联动起来，使破产法实施时“事半功倍”，让更多国家认识法国破产法的魅力。

第二十讲　破产法的前景展望

一、破产法的现代化

（一）破产法现代化的含义

现代化实质上有三层含义。第一层含义，市场管理工业化的水平，即工业化。18 世纪 60 年代英国开始工业革命，而后迅速蔓延到全世界，在这之前均是农业社会。所以现代化在某种程度上是指工业革命以来社会各个方面的深刻变化。第二层含义，社会经济文化的变迁，即从纯经济的现代化转向政治现代化、经济现代化、社会现代化、文化现代化、科技现代化，多方面的现代化，拓展到了多个领域。第三层含义，是指人类文明发展的前沿。换言之，现代化指向的是人类文明究竟能发展到什么地步，会有一个怎样的成果。

破产法的现代化实际上是从人类文明或者说制度文明的这一前沿的角度展开的。进一步而言，破产法本身是一个法律制度，指向制度文明，破产法的现代化实质上研究的是制度文明的前沿应该是什么样的。所以某种程度来讲，破产法的现代化也好，或者其他现代化也好，其实是我们自己设定的一个目标，去追求并且希望实现的这样一个目标，我们所有的工作、努力都围绕这个目标。所以如果再进一步谈及破产法的现代化这一概念时，实质上也有三层含义。第一层含义，破产法的观念。我们有传统的破产法和现代的破产法。传统与现代的破产法之间有个很大的差别是有关于观念的。最早有关破产的内容出现在古罗马十二铜表法，其中关于还债，里面提到是以非常残酷、血腥的一种方式来让债务人偿还，可以来分割债务人的身体，甚至可以对债务人处以死刑。在十二铜表法的第三表里面，就此专门有这样的表述——如果一个债务人欠了一个债权人，当还不起债时，债权人可以随时收拾债务人，而如果是两个债权人、三个债权人，债权人即可分割他的身体。[①] 当然古代早期的破产法是不够文明的，但后面观念逐渐地在变化。首先是罗马法里出现的委付制，债务人把他的全部财产委托给债权人去处理、去分配，这是一个进步。而后从委付制发展到后来的越来越文明的现代破产制度。这实际上是观念上的一个变化，从原来惩戒主义的观念开始转变，即从一个非常不文明的破产制度转变到现代更加文明的破产制度。第二层含义，破产法的现代化是一种制度的变迁，换言之，在破产法起草制定出来后，在之后的实施过程中会有很多变化，这实质上即是一种制度的变迁。制度变迁是美国制度经济学家诺斯提出的一个概念，这个概念有一个很重要的特点——所有制度具有替代性，有用新的制度去取代旧的制度的这一过程。比如，我国的破产制度。起初是 1906 年由沈家本和伍廷芳起草，借鉴德国据国情制定了大清第一部破产令，共 69 条。到 1986 年，制定了国有企业的破产法——《企业破产法（试行）》。而到 2006 年，17 年前第一部市场经济破产法《企业破产法》出台了。这就是制度变迁的过程，但是这个制度变迁仅仅是从一个立法的角度。如果从实施的角度来看，可以看到各个不同层面的司法机构有很多制度上的一些创新，比如各地关于破产的许多规定、各地的司法机构实行的预重整、管理人等破产法律应用以及一些制定的公约等等。这些也是制度变迁的一部分。第三层含义，破产法的现代化实际上指的是制度的突破或者说制

---

① 参见刘招静：《〈十二铜表法〉——罗马法的起点》，载《历史教学问题》2010 年第 3 期。

度的修改，进一步而言，破产法的现代化，某种程度上是一种修改，也是一种制度上比较正式的大的突破。如今，中国的破产法正处于修改中，且列入 2022 年全国人民代表大会的立法规划。但比较遗憾的是，这次全国人民代表大会本来是要上会讨论，但由于破产法过于重要、影响面较大，所以立法机构比较慎重地考虑此次破产法的修改。有可能在 2023 年破产法会有一个比较大的讨论和修订。所以破产法的现代化是非常重要的。无论是从破产法的观念上的变化、从制度变迁的角度，还是从破产法的突破、修改和创新的角度来看，破产法的现代化是一个我们不得不关注的命题。

（二）破产法改革的实现路径

中国破产法如何实现现代化，应从三个维度展开。第一个维度，价值理念。以世界的角度来看，从现代破产法发展到当代破产法，有非常大的变化。这是因为破产法是与经济社会的变化紧密相连的一部法律，所以当全球的政治、经济、社会各方面情况在发生很大的变化时，相应地它也会发生巨变。其中有一个重大的变化即是有关于破产法的价值理念。可以看到《企业破产法》的第 1 条，“为规范企业破产程序，公平清理债权债务，保护债权人和债务人的合法权益，维护社会主义市场经济秩序，制定本法”，破产法的宗旨大抵是如此。但在近 20 年发展过程中，破产法在防范、化解、处置系统性风险（一个社会、一个国家的系统性风险，特别是重大金融风险）这个过程当中，是一个不可或缺的制度工具。所以于中国的破产法而言，如果要有一个现代化的目标的话，则这一理念一定要纳入破产法的修改当中，即防范化解和处置重大金融风险。实际上这一次全国人民代表大会的金融稳定法，包括银行业监督法都已经把这样的理念写进去了，所以说破产法也必须写进去。我们可以看到，无论是 2008 年的金融危机，还是近几年出现较多的违约债，以及包商银行破产、房地产业的破产，这都是有系统性的风险，我们需加以注意。我们还可以看到全世界因为战争、因为公共卫生危机特别是这次疫情，经济发生了危机，甚至还有一些金融风险。这些危机和风险都带有涉众性、带有公共性、带有很大的传播性以及带有很大的穿透性，即便是金融市场。

所以破产法的现代化，很重要的一点就是理念的变化。除此之外，破产法还有很多新的理念，比如说破产法应是关注人性的法律，不应是一部冷冰冰的法律。通过这次疫情，可以看到在破产的规制下，很多国家对于欠债的债务人给予一定帮助——给他们减债、延债，用各种政策手段如司法政策、行政政策、财政政策和货币政策等施以援手。所以破产法应是一部关注人性的法律，但现在破产法还未实现。而在经过这一次公共卫生危机即疫情，全球的破产法学者都在考虑如何让破产法变得更加人性化这一问题。现在的破产法应该更加地强调拯救的文化。这在破产法学上讲的比较多，与传统破产法主要保护债权人这一理念不一样，而现代破产法更加强调拯救的价值。与此同时，破产法还应强调其数字性，即数字经济带来的一些影响。这里面包括数据资产的问题、破产审判现代化的问题、数字化运用的问题以及智能技术的运用问题等，这里面有很多课题。如今我们正在做这一方面的课题——破产数字化的课题，也准备开一个专门的会议。这一块也是破产法的现代化一个很重要的指标。还有就是现在的破产法要有一个全球的概念，换言之，破产法的理念是一个开放的理念，我们要有更多的国际合作，即在破产当中要有更多的国际合作，所以跨境破产是非常重要的。而如今的《企业破产法》只有一个第 5 条涉及这方面内容，太少了。总而言之，破产法的现代化首先是破产法的理念的现代化。

第二个维度是营商环境，现在叫宜商环境。世界银行 2021 年 9 月推出来宜商环境的新指标，把营商改为宜商——更加适宜去经商（宜商的环境）。2022 年 2 月，世界银行又推出了关于宜商环境的十个指标体系，实际上是十二个指标，因为增加的两个指标，主要是关于数字经济和经济发展可持续的指标，但是主要指标仍是前十个指标。在十个指标里面，办理破产依然保留，是非常重要的一个指标。关于宜商环境，2023 年要启动对此的指标评估，这对中国影响很大，对各地各个政府各个司法机构影响都很大。在办理破产这个指标里面，实际上包括三个一级指标，[①] 这三个一级指标在某种程度上即是

① 参见《方法论手册》第 11 章商事破产部分。

破产法制度变迁的需求或者说是变迁的目标。第一个是破产程序规则的框架，具体而言，破产法是怎样的——破产法的质量怎样——破产规制质量怎样。也有人把它翻译成破产监管（regulation）。实际上这是指破产规则的框架，正如实现从程序到实体的这样一个游戏规则，它的质量怎样是第一个一级指标。第二个一级指标是破产的公共服务，关于它的体制和机制的运作。这个角度以前很少挖掘。破产它不是单兵突进的，换言之，破产不能仅仅是一个法院在管，或者是一个单独的破产程序，其涉及的面很广。故所谓的破产公共服务会涉及破产的司法机构、破产法院。在笔者看来，专门的、相对独立的且权威的破产法院是非常重要的。另外破产公共行政管理机构、破产事务的专门管理机构或者说专门的行政管理机构，这个是非常重要的。在此次破产法的修改中提出来了，而且有的地方已经建立起来了，运作得很好。此外，破产的公职管理人，这属于公共服务的范畴。像个人破产若是没有公职管理人则无法开展。换言之，如果市场上的管理人没钱可赚，他就进入不了。进一步而言，个人破产是要为市场经济打扫信用垃圾的，特别是一些重大的案件，而超大型的案件是需要公职管理人的介入（公职管理人或者公共管理人）。与此同时，破产还涉及府院联动机制（许多破产事项需要政府配合）、信用修复机制等。如果破产程序结束以后没有信用的修复，无论是从企业主体、从个人主体，还是从其他的市场主体来看，这难以实现破产的目标。所以破产的公共服务是这一次世界银行宜商环境的一个非常重要的指标。接下来第三个一级指标——破产的效率，即前两个指标，破产的规则和破产的公共服务，结合起来以后能够达到怎样的破产效率。破产效率有不同的表述，有的表述为司法的便利度，即处理一个破产案件花的时间成本、精力成本，还有很重要的一个考虑因素是债权人的回收率。中国之前最高才 36.9%，100 块钱借出去，回来不到 37 块钱。这个就是破产法要修改的一个很重要的目标，从宜商环境的角度来说，我们要从这三个角度去帮助的一级指标的打分。从最基本的规则、重整、和解、清算到各项制度，再到破产的司法便捷度，最后是公共服务这一块，这些对于实现破产法的现代化很重要，但这些 2006 年的

《企业破产法》是没有的，所以破产法现代化的第二个维度非常重要。

第三个维度是中国式现代化，中国式的现代化这个目标在党的二十大报告提出来以后，某种程度上，学者的角度可以看到了破产法下一步如何实现现代化逻辑上的一些重点。中国式现代化讲了五个特点。

第一个特点，中国式现代化是人口规模巨大的现代化。那这跟破产有什么关系？人口规模巨大有什么意义？是一个什么概念？即是中国要养活很多人，要有饭吃，要让他们有发展的机会。所以中小企业和民营企业是关键的关键，所以破产法一定要把这个制度的目标对准中小企业、民营企业。在这一次破产法修改当中，就专门有一章涉及中小企业、小微企业的破产清算、重整的问题。所以这是中国式现代化给我们的第一个启示——破产法修改的重心和下一步突破的重点工作在中小企业、民营企业上。

第二个特点，共同富裕。中国式现代化的一个特征是共同富裕，是共同富裕的现代化。而关乎于共同富裕的一个最底层的制度，最重要的一个市场的底层制度就是个人破产。某种程度上，中国实际上有上千万人是完全资不抵债、完全不能清偿债务。因为现在最高人民法院终本库就有633万，更别说其他还不起债的各种情况。所以说中国的低收入阶层，在经济生活过程当中，没有偿付能力的债务人群体是非常庞大的。如何解决这些人的共同富裕问题，个人破产制度是非常重要，甚至是最重要的一个底层的制度，这是我国要推动个人破产入法的一个重要的原因，这是讲中国式现代化的第二个特点。

第三个特点，中国式现代化是物质文明和精神文明相协调的现代化。物质文明和精神文明要想相互协调，就需在处理破产的过程当中两手抓，顾全大局、尊重弱势群体的利益、尊重职工的利益以及维护社会稳定。这些必不可少，这次几个法律的修改也同样如此，都特别强调职工的权利，包括在公司法修改里面也特别提到。如果要讲两个文明的话，即破产的整个的司法的过程应是符合这两个文明的，并且破产最后达成的结果应是能够推进文明的进一步发展的，即物质文明精神文明相结合、相互协调，这是我讲的第三个特点。

第四个特点，中国式现代化是人与自然和谐共生的现代化。实际上全世界现在都把环境问题放到非常突出的位置（去年在欧洲开全球气候大会），中国就更不用说，碳综合、碳排放、碳达峰等，近来一直在推动这一方面。因此在破产当中，环境债权成为一个特别突出的问题，但环境债权能不能把它推到优先权，可以推到什么样的优先顺位，这个就值得破产界高度关注。这就是中国式现代化给破产法提的一个很直接的命题。

第五个特点，中国式现代化是走和平发展道路的现代化。我们希望国际上和平发展，因此破产法也要有全球的眼光，所以跨境破产以及跨境破产的司法合作非常的重要。如果不是这样，我们无法说我们更加开放，甚至比以前更加的开放。换言之，如果破产没有这样一个全球的眼光的话，破产法现代化的实现是不太可能的。

二、破产法与数智时代

从学术发展的角度来看，破产法已经进入了一个新时代。众所周知，《企业破产法》自2007年实施以来，一直沿用着传统理念，并在不断修改中逐步完善。然而，在当前的数字智能时代，数字和智能已经深入人们生活的各个角落，科学技术的发展速度远远超乎了我们的想象。

（一）破产法与高技术发展

2021年9月26日，联合国副秘书长刘振民在世界互联网大会乌镇峰会演讲中指出，全球还有约36亿人，将近世界人口的一半依然无法接入互联网。[①] 南非裔的美国科学家埃隆·马斯克，在2002年投资1亿美元创办了美国太空探索技术公司（SPACE X），近期提出一个“太空星链计划”，计划用1.2万颗卫星组成的网链为整个地球人类提供互联网服务，[②] 2018年2月22日，马斯克与他的太空探索公司

① 参见《数字鸿沟成全球不平等新现象 联合国副秘书长刘振民：弥合数字鸿沟是当务之急》，载中国青年报，https：//baijiahao. baidu. com/s? id = 1711940140085543511&wfr = spider&for = pc，最后访问日期：2024年7月10日。

② See STARLINK, SATELLITE TECHNOLOGY, https：//www. starlink. com/technology, last visited on Jul. 10, 2024.

成功地发射了一枚“猎鹰 9 号”火箭，将其两颗互联网实验卫星 Microsat 2a 和 2b 送入轨道，开始搭建由约 1.2 万颗卫星组成的太空“星链”。[①] 如果这个计划成功了，就意味着将消除36 亿人连不上互联网的不平等性，让地球上的所有人都享受到互联网带来的便利。当然，这个计划也会引发很多问题，比如是否能够获得足够的融资，比如目前地球外面在轨运行的卫星不到 1800 颗，这 12000 颗卫星在轨道上如何分配而不碰撞，这些卫星上天后太空垃圾如何处置，卫星坠毁等处置问题。马斯克是特斯拉汽车的创始者，在清洁能源、太空技术等方面做了很多具有开创性的工作。那么，为什么在现代社会，会出现马斯克这样的天才怪人，希望做一些普通人难以企及的事情呢?

其中最重要的原因是人类创造的法律制度，让这些科学怪人有机会来做这些事情，来进行科学创造。这里面包括有限责任公司制度、鼓励创新的法律制度、鼓励科技投资的制度，特别是市场退出的制度等。破产是一种重要的市场退出机制，退出实际包括两种：有效的退出和经营失败的退出。正是因为有这样一种市场退出机制，世界上就有这样的一些科学怪人，乐于作出冒险的创新性的发明，同时也同样有一些风险投资家，甘冒风险为人类想象极限的创造提供支持。

在这些法律制度中，破产制度使高科技的进步有了更大的发展可能。

因为有破产制度，投资人更愿意去冒险，创新，即便破产了，责任是有限的。投资者能够控制自己的风险，愿意投入进去。因为有高科技，债权人也不担心了，更愿意放贷。因为企业即便倒闭了，高技术资产还在，这是值钱的，有知识产权在，有专利技术在，可以依靠这些资产保障自己的贷款实现。因为有高科技，公司重整更容易了，因为有高技术，还可以放到重整方案中，使公司估值更高。

正是因为有很好的退出制度和退出机制，使得科学家能够实现大脑中的有创意的想法。

---

① See William Harwood, SpaceX Falcon 9 sends satellites into space in spectacular predawn launch, https://www.cbsnews.com/news/spacex－falcon－9－launches－satellites－into－space－california/, last visited on Jul. 10, 2024.

除了破产以外，另一个关键词是“高技术”，为什么叫高技术，与新兴技术、尖端技术不同，高技术并不是指技术本身，而是对产业和产品中技术的含量及水平的评价。某些产业或产品，其中技术所占的比例超过一定标准时，就称为高技术产业或高技术产品。目前得到各国公认并将列入21世纪重点研究开发的高技术领域有：信息技术、生命技术、新能源与可再生能源技术、新材料技术、空间技术、海洋技术等。高技术是指新兴的技术、复杂的技术和能够有实现可能的技术，人类每天都在发展新的技术。在新兴行业中充满了高技术，在传统行业中也充满了高技术。人类经过上千年的发展，已经经过农业、工业、服务业、信息业四大产业的发展，已经进入一个新的发展时代。目前全球高技术迅速发展，全球的经济结构面临新的大规模调整，人类技术在更新换代。在这个过程中，出现了一些破产的现象毫不奇怪。没有技术含量、没有竞争力的企业必然失败，那些有新的创造、有想象力的企业不断出现，它们有更强的竞争力。

目前，全球的经济结构和技术结构的调整带来了大量的破产，给搞市场退出的破产人带来了大量机会，也提出了很多新的挑战。

（二）高技术企业破产的特殊性

高技术企业本身的破产同样值得关注。这类高技术企业的破产具有一定的特殊性：

1. 估值的特殊性

高技术企业通常依赖于独特的专利、专有技术或知识产权，这使得破产清算和债权人权益保护方面变得复杂。这些专利和技术通常代表了企业在特定市场领域的竞争优势，因此在破产时如何处理它们对债权人利益的最大化具有重大影响。在处理这类企业的破产时，需要考虑如何最大化专利和技术资产的价值。这可能包括出售、授权或合作，以确保债权人的权益得到最大程度的保护。

因为虚拟货币和NFT价格大跌，大型加密货币交易平台三箭资本（3AC）、摄氏度（Celsius Network）、Voyager纷纷进入破产程序，破产中大量的客户成为破产债权人、高盛、FTX和Wave等资本在参与收购的谈判因为虚拟货币和数字资产的估值问题而被迫不断拉长战线。当前这些高技术企业在收购和破产中的数据资产估值困难，以及存在数据处置的安全性问题，有必要由政府推动设立第三方机构，负责在破产中对虚拟资产和数据进行估值和确认。

2. 资源整合的特殊性

高技术企业往往拥有一些特殊资源，包括专门的员工团队和核心技术骨干。在破产时，保留这些关键资源以继续业务运营可能是至关重要的。这要求在重整过程中寻找合适的合作伙伴或投资者，以继续支持企业的技术创新和发展。

（1）专业人才的关键性

高技术企业的成功往往依赖于高度专业化的员工团队，这些员工通常拥有特定领域的专业知识。在破产时，如何留住并吸引这些专业人才至关重要。管理层需要制定战略，以确保关键员工愿意留下来，或者找到途径吸引其他领域的专家，以继续推动企业的研发和创新。

（2）核心技术的保护和发展

高技术企业的核心竞争力通常根植于独特的技术和知识。在破产清算过程中，需要确定如何保护和发展这些核心技术，以确保企业能够继续提供具有竞争力的产品或服务。这可能需要投资于研发项目，确保技术的更新和改进。

（3）投资人选择与文化传承

破产重整需要搜寻合适的战略投资者，以共同开发和利用资源。这可能包括寻找投资者、企业合作伙伴或科技孵化，以帮助企业继续推动技术创新。合作伙伴关系的建立需要精心策划和谨慎选择，以确保双方的利益得到充分考虑。此外，高技术企业通常拥有独特的文化和价值观，这些方面对员工忠诚度和企业成功至关重要。在破产后的资源整合过程中，需要努力保持这些文化和价值观的传承，以维持员工士气和公司凝聚力。

3. 重整方案的特殊性

高技术企业在破产重整过程中需要特别关注制定独特的重整方案。这些企业通常在创新、知识产权、治理结构和融资方面具有独特的需求，因此需要制定适合其特点的战略性方案。

（1）创新和技术导向

高技术企业通常以创新为生存和成功的关键。在重整方案中，必须考虑如何继续支持研发和创新活动，包括保护现有的研发项目、投资于新的技术领域，或者与研究机构建立合作关系，以确保企业能够继续保持其技术的领先。

（2）股权结构与治理结构

高技术企业的治理结构和股权结构通常需要更多的灵活性和专业知识。重整方案需要考虑如何设计一个适合企业需求的治理结构，以便有效管理技术和创新方向。此外，可能需要调整股权结构，吸引新的股东或投资者，以支持企业的发展计划。

（3）融资的灵活性

高技术企业通常依赖于资本来支持其研发、市场推广和扩张。在重整过程中，需要确保融资方式具有足够的灵活性，以适应企业特殊的资金需求。这可能包括吸引风险投资、债务融资或政府支持，以维持企业运营和增长所需的资金。

（4）知识产权管理

重整方案还需要考虑如何有效地管理企业的知识产权。这包括保护现有专利、商标和版权，同时寻求新的知识产权保护。这有助于确保竞争力，并防止知识产权侵权，同时还为企业的市场地位提供保护。

（三）破产中对高技术资产的处置

另一个重要的问题是一般企业破产时如何处置其现有的高技术资产，从而使债务人的资产池利益最大化。高技术企业的重整也是一个值得探讨的问题，高技术企业在重整方案、资产处置方面都会有特殊性。高技术指的是其技术的含量，如果含量很高，给重整带来很多资源重新整合的空间。

1. 高技术资产的估值

高技术资产不同于企业的传统资产，其价值常常更加复杂和难以确定。对于专利、商标、专有技术、商业秘密和技术秘密等高技术资产的估值需要专业知识，以考虑其未来潜在价值、市场需求、技术竞争力等因素。专业的高技术资产价值分析和估值方法是至关重要的，以确保这些资产的潜在价值能够得到充分实现。

2. 资产处置和市场化

企业的高技术资产处置需要精心规划和市场化。这可能包括制定出售计划、许可协议、合作伙伴关系或技术转让协议。确保高技术资产的市场化是成功重整的一部分，因为这有助于最大限度地实现这些资产的价值，并为债务人和债权人带来实际回报。

3. 技术人才的管理

高技术资产不仅包括技术资产本身，还涉及拥有相关知识和技能的人才。在资产处置和重整过程中，如何留住关键技术人才，或者确保他们的知识能够传承，是至关重要的。这可能需要制定合适的奖励计划、合同条款或培训方案，以激励员工继续为企业贡献价值。

4. 利益相关者的谈判博弈

高技术资产的处置涉及各方利益相关者，包括债权人、管理层、潜在买家或合作伙伴。谈判和博弈是不可避免的，因为各方可能对高技术资产的未来利用有不同的期望。在这一过程中，专业的谈判团队和合同法律专家可能需要介入，以确保各方的权益得到公平对待，并最大限度地实现高技术资产的市场价值。

（四）企业破产中数据的处置①

1. 破产中数据的产权界定

随着大数据时代的到来，数据经济突飞猛进。企业通过互联网技术收集大量数据，并对其加工以及商业化利用。数据不断发展为新型资产，同时也越来越被市场赋予巨大的商业价值。2020 年 4 月 9 日，《中共中央、国务院关于构建更加完善的要素市场化配置体制机制的意见》② 对外公布，数据成为除土地、劳动力、资本、技术外的重要生产要素。数据经济已成为中国市场经济的重要组成部分，而破产法作为调整市场经济的重要法律，不能对企业破产中的数据处置问题视而不见。数据在破产中如何处理，首先要解决的是数据的产权界定

---

① 内容整理自李曙光教授主持课题《破产的数字化研究》。

② 参见中国政府网：http：//www. gov. cn/zhengce/2020 – 04/09/content _5500622. htm，最后访问日期：2022 年 1 月 27 日。

问题。

依据数据产品的归属关系，可以大致将数据产品分为公共数据、私人数据以及介于二者之间的半私人化半公共化的数据产品。这三类资产在破产程序中可能呈现出不同的处置路径和方向，因此有必要对三类资产进行初步的分类与界定。

（1）公共数据

随着地方数据立法的开展，“公共数据”的定义与界限正在逐渐明晰，例如《上海市公共数据和一网通办管理办法》第3条和《上海市公共数据开放暂行办法》第3条将公共数据定义为，行政机关以及履行公共管理和服务职能的事业单位在依法履职过程中，采集和产生的各类数据资源。其他城市对公共数据的规则也大同小异。从主体要件来看，收集和产生公共数据的机构应当具有公共属性。从行为要件来看，公共数据是前述机构在履行公共管理和服务职能过程中所收集和产生的。① 随着数据资源重要性的不断提升，公共数据不再只是被政府使用的资源，而是一种需要不断加快流动、加快开发利用，从而为社会整体发展提供助力的生产要素，国家机关、公共企事业单位，甚至是社会主体都应成为公共数据的重要收集者和使用者。② 公共数据的形成过程决定了其在本质上已经具有了公共属性，因此即使是在公共数据的商业化过程中，仍需要遵循数据来源合法原则、保障信息质量原则、敏感信息校验原则等原则，以此来保障数据原始主体的合法权益。③ 而当企业进入破产程序时同样需要将公共属性纳入考量因素，对于数据的处置并非没有限制与边界的，仍需要考量对公共数据处置的合法、正当，防范对国家利益和社会利益造成损害。

（2）私人数据

“私人数据”从表达上并非是得到普遍使用和承认的专业术语，以主体为核心来界定数据产品的类型，“私人数据”在通常研究与实践中往往可以具体体现为“个人数据”（或个人信息）和“企业数

---

① 参见衣俊霖：《论公共数据国家所有》，载《法学论坛》2022年第4期。

② 参见郑春燕、唐俊麒：《论公共数据的规范含义》，载《法治研究》2021年第6期。

③ 参见杭州铁路运输法院（2019）浙8601民初1594号民事判决书。

据”。以“个人数据”为例，欧盟2018年颁布的《通用数据保护条例》（General Data Protection Regulation，GDPR）则将个人数据定义为“已识别或可识别的自然人有关的信息”[①] 由于其来源广泛、生产渠道庞杂、权属关系争议较大、合理使用边界模糊的特性，[②] 使个人数据成为一个理论研究和实践处理的难点。但相较于“公共数据”的公共性和开放性，“私人数据”仍在一定程度上强调了私主体对于该数据权利的“所有权”“使用权”“控制权”等具有排他性的利益。但也有学者提出“公共数据是由零散的个人数据聚合而成。”[③] 尤其是，“个人数据”在通过规模化的增加和聚集后，将会形成具有量级的外部效益，对社会公共利益具有重要影响。由于“个人数据”的使用路径和存储方式使得“个人数据”本身可能与“企业数据”也存在千丝万缕的联系，“个人数据通过对个人信息的搜集与数字足迹的汇聚而产生，这些数据通常会被存储于大型数据服务公司的云端服务器内”，[④] 企业对于“个人数据”的收集、处理、使用的同时也可能形成自身企业的数据产品。而此类产品中“个人数据”的部分，企业创造的“企业数据”部分，以及规模效应所带来的公共性造成的影响使得数据的归属和使用权、控制权都尚未明晰，在实践中仍存在诸多挑战，因此也有学者提出，公共数据与个人数据、企业数据等类型的数据产品并非非此即彼的关系，各类数据产品之间具有流动性而无法为其树立绝对的壁垒。[⑤]

（3）半私人化半公共化数据

相较于其他类型的公共数据，半私人化半公共化的数据此类的中

---

① General Data Protection Regulation（GDPR） – Official Legal Text.

② 参见王冠宇：《个人数据流动的不平等透视——基于生产、使用与获益的全过程分析》，载 https：//doi. org/10. 13858/j. cnki. cn32 – 1312/c. 20230207. 010，最后访问日期：2023年12月3日。

③ 曹晟旻：《区块链技术视角下个人数据权保护的模式转向》，载《思想战线》2021年第3期。

④ 王冠宇：《个人数据流动的不平等透视——基于生产、使用与获益的全过程分析》，载 https：//doi. org/10. 13858/j. cnki. cn32 – 1312/c. 20230207. 010，最后访问日期：2023年12月3日。

⑤ 参见郑春燕、唐俊麒：《论公共数据的规范含义》，载《法治研究》2021年第6期。

间产品或成为未来去中心化过程中发展的主流数据产品。此类数据不同于由私人数据具有极强的排他性，也不同于公共数据具有完全的公共性，其“治理主体与数源主体分离、产生数据活动性质的营利性以及主体要素的非直接公共性等特征”① 使得其与前述两种类型的数据又存在一定的差异。例如，平台型企业等私主体生产的数据虽然因规模庞大、关涉利益广泛等也与公共利益紧密相关，但由于其并非生成于准公共产品供给活动，尤其是缺少政府特别授权而不能纳入公共数据范围，但由于其仍具有一定的公共属性，因此也不能将其归入“私人数据”，因此成为数字资产的中间性产品，此类资产在使用、处置过程中既需要考量其可能辐射到的公共利益范围，也需要考虑对部分私人权利的尊重与保护。但不能简单粗暴地将其纳入公共数据的范围，否则可能会损害企业经营的自主性，也会使公共数据与私人数据失去合理界限，不利于数据交易市场和数据交易规则的发展。

美国网络法专家劳伦斯·莱斯格以及尤查·本科勒在十几年前便基于通信理论将通信系统划分为不同的层面，此三个层面即为物理层（包括计算机和网线等）、代码层（主要指因特网协议以及基于此协议运行的软件）以及内容层（在互联网上传输的信息内容）。② 受这三个层面信息控制的启发，也可以将数据系统进行三层划分，分别为物理层（数据载体）、代码层（数据）、内容层（数据信息）。数据系统的三层划分作为一种概念上的区分，其是否具有法学上的意义，值得进行深入的讨论。

首先，数据区别于数据载体的独立价值。在物理层面，数据是由 1 和 0 按照特定顺序组合形成的无体物，而数据载体则是体现为磁盘、光盘、云盘服务器等有体物。③ 数据难以脱离数据载体而单独存在，但数据可以很方便地与数据载体进行分离，分离数据对数据载体原则

---

① 参见沈斌、黎江虹：《论公共数据的类型化规制及其立法落实》，载《武汉大学学报（哲学社会科学版）》2023 年第 1 期。

② 参见［美］劳伦斯·莱斯格：《思想的未来——网络时代公共知识领域的警世喻言》，李旭译，中信出版社 2004 年版，第 23 页。

③ 参见纪海龙：《数据的私法定位与保护》，载《法学研究》2018 年第 6 期。

上不会造成损害，二者之间具有一定的独立性。在规范层面，数据作为一种无形的财产性权益，其具有区别于数据载体的独立价值。数据与其载体之间的关系类似于作品之于纸张，对于纸张的物权保护，难以实现对作品所展现价值的完全保护，于是法律规定了著作权对作品予以区别纸张的单独保护，因此法律也有必要规定数据权对数据予以区别数据载体的单独保护。

其次，数据区别于所载信息的独立价值。在物理层面，数据是便于存储、传输的一种机器语言，而数据所载信息是便于交流、理解的一种人类语言，数据与所载信息的互通需要机器的读取。数据只是信息的一种表现形式，信息仍可以通过口头、书面等其他形式表现，二者之间具有一定的独立性。在规范层面，信息在企业层面可以通过知识产权、商业秘密权予以保护，而上述两项权利均难实现对企业数据利益的有效保护。企业数据信息利益难以归入著作权、专利权、商标权的主张，否定的理由主要有两个方面：其一，企业数据信息缺乏作品、专利和商标所应具备的独创性、创新性、新颖性等法律要件；其二，作品、专利和商标的获取、流通和利用等都以信息公开为前提，这与企业数据信息依赖自我控制以防外泄的理念完全不符。[①] 至于商业秘密，其固然可实现对企业数据信息的保护，但并不对所有的企业数据信息均适用。[②] 并不是所有的企业数据信息均符合“不为公众所知悉并且能为权利人带来经济利益，具有实用性并经权利人采取保密措施的技术信息和经营信息”[③] 的定义。法律有必要规定数据权对数据予以区别所载信息的单独保护。

在承认数据独立的基础上，法学界从财产权角度对企业数据进行确权的尝试，如“数据资产权”说[④]、“数据所有权与用益权”的分

---

① 参见梅夏英：《企业数据权益原论：从财产到控制》，载《中外法学》2021 年第 5 期。

② 参见纪海龙：《数据的私法定位与保护》，载《法学研究》2018 年第 6 期。

③ 《反不正当竞争法》第 9 条第 4 款：本法所称的商业秘密，是指不为公众所知悉、具有商业价值并经权利人采取相应保密措施的技术信息、经营信息等商业信息。

④ 参见龙卫球：《数据新型财产权构建及其体系研究》，载《政法论坛》2017 年第 4 期。

离说[①]、“数据公开传播权”说[②]、“数据块权利”说[③]等。这些理论主张倾向于在数据的来源方、数据控制者之间建立一个数据利益的分配和平衡秩序，并且大部分坚持数据的来源方即用户为最终所有人，数据的控制方即数据从业者为用益人或部分权利享有人。承认用户为数据的所有人，固然可以改变用户在数据市场被忽视的境地，能够帮助用户借助既有的法律应对新时代中的数据纠纷，对于个人数据的保护具有一定的积极作用。[④] 此种主张排斥了数据从业者应有的财产地位和利益诉求，难以契合数据经济的现实情况。

在数据经济的初始阶段，数据从业者对于数据经营的作用和意义尚未得到充分的展示。数据从业者为用户提供的数据服务仅限于存储用户自身的个人信息，如购物记录、访问记录等信息，便于用户自己获知或与他人分享这些自己的个人信息。数据经济体现为一种围绕用户个人信息而展开的简单关系，规定用户享有此种情况下的数据所有权即可完美解决当时的问题。

随着大数据时代的到来，数据技术企业开发储存、分析、服务的各种新技术，持续提升数据收集、储存和分析能力；电商、服务企业等不断拓展大数据在工商业和管理上的应用；一些专门的数据营运商、经纪商也出现了，数据交易平台逐渐涌现。数据从业者通过设置用户协议的方式，获得对用户个人信息的数据化收集、处理、加工、利用乃至交易的权利，最终达成创造和实现数据财产化利益的效果。

数据经营者和用户进入数据交易关系，只是数据经济的初始环节；从其全部环节看，数据从业者合理开展数据经营、实现数据资产化、创造数据财富和应用价值，才是大数据时代数据经济的意义所在，数据从业者成为数据活动的关键所在。[⑤] 用户作为数据经济的初

---

① 参见申卫星：《论数据用益权》，载《中国社会科学》2020 年第 11 期。

② 参见崔国斌：《大数据有限排他权的基础理论》，载《法学研究》2019 年第 5 期。

③ 参见许可：《数据权利：范式统合与规范分殊》，载《政法论坛》2021 年第 4 期。

④ See Lawrence Lessig, Code, Basic Books, 226 (2006).

⑤ See Daniel D. Barnhizer, Propertization Metaphors for Bargaining Power and Control of the Self in the Information Age, 54 Clev. St. L. Rev. 113 (2006).

始数据的供给主体或者生发主体，其自身或者基于网络活动产生初始数据，由此成为初始数据的实际生发者，并可以因为授权原因而成为该初始数据的供给者或输出者。数据从业者，包括专门的数据商以及其他依法从事数据活动（收集、控制或处理数据）的主体，它们以数据活动为业，首先通过初始交易关系或服务平台取得用户的初始数据，成为被授权人或受供给者，继而通过数据集合、利用、加工、交易，成为数据进一步的占用者、数据产品的加工者和持有者，数据资产的经营者和获益者等。

数据经济逐渐体现为一种围绕数据从业者的数据经营和利用活动而展开的复杂关系，即数据经济的本质结构即在于，数据经营者以数据资产化追求为中心，围绕数据收集、利用、开发甚至经营而展开活动，由此而形成复杂而动态的数据活动和利益关系。[①] 原来立足用户角度的数据财产化方案虽然解决了对于用户初始数据的财产利益确认，但并不契合数据从业者处于重心驱动位置的现实特点，不能满足数据从业者作为经济关系重要一方的结构性需求。因此有必要赋予数据从业者对企业数据的特殊产权，为其处置企业数据提供正当的法律基础。

与此同时，在赋予数据从业者特殊产权时，也有人提出“数据是用户的债权”，就其创造的价值应该给用户分成。由于个人数据的使用是针对个人本身的，比如用户可以直接控制向哪些医生和机构提供医疗数据；同样地，假设一些消费者愿意提供数据用于定制化广告投放以获取较低的服务价格。在这种情况下，尽管也可能产生正外部性，信息和交易成本将减少社会福利（如个人向保险公司提供个人健康信息以获得更好的交易，会提高其他消费者的保险成本）。而在破产时，可能需要交易数据以最大化债权人利益，重整可以回避数据交易问题，但在清算时不得不涉及数据安全以及程序问题。哪一类数据可以交易、应当以何种程序进行交易、以及是否应当补偿用户等问题

① See J Kang, Information Privacy in Cyberspace Transactions, 50 Stan. L. R. 1193.(1998).

还有待讨论。

数据经济本身呈现了一种复杂的利益关系，既要满足用户对于其个人信息的保护需要，又要满足经营者对于个人信息数据化利用的需要，即需要通过对个人信息收集和加工来形成某种数据资产。所以，如何从法律上设计或处理好用户和经营者之间的这种利益关系，就成为企业数据处置研究的又一重要问题。

一是数据所有者对个人信息的无权处置。美国司法实践对数据的处置，确认了“知情同意”原则，赞成有必要赋予用户对其个人信息以积极的自决功能，进而能够授权他人去收集和利用。① 换句话说，数据从业者在涉及对个人信息采集、利用、加工、交易时，除非法律有特殊规定可以依据其他条件外，原则上需要取得个人信息权主体同意。在特定情形如基于公共利益或数据共益的考虑，在有数据安全的保障机制前提下，同意的方式可以适度宽松化，比如放宽授权的形式要求、允许默示、甚至特定情形允许自动采集。同时，数据经营过程有关权利行使和其他活动，也不得超出数据经营的目的和个人信息权人的授权范围。② 此外，用户信息的授权，应该限于财产利益本身，有关人格权利益并不因此让渡，应该继续得到保护，所以数据活动中，个人信息的人格权保护必须贯彻于始具有公共秩序的高度属性。

二是数据设备所有人对数据的无权处置。数据与数据载体相互独立，无论数据从业者是否经他人同意使用他人设备制造数据，该数据的所有权均应归属于数据从业者，而非数据设备所有人，数据设备所有人无权主张对该数据的所有权。正如使用他人相机拍摄的摄影作品，其并不是相机产生的一种“孳息”，而是摄影师的一种智慧成果，即使摄影师对该相机是一种无权使用的法律状态，法律也仍旧承认摄影师对该作品享有著作权。数据与数据载体之间的法律关系构建也应

---

① See AnupamChander, How Law Made Silicon Valley, 63 Emory Law Journal, 639 - 694 (2014).

② 参见龙卫球：《数据新型财产权构建及其体系研究》，载《政法论坛》2017 年第 4 期。

如此，即使数据制造者未经同意而使用他人设备制造数据，该数据的归属仍应是数据制造者。当然，数据制造者无权使用该设备，应在设备被损坏或损耗的情形下向设备权利人承担侵权责任，即便设备未被损坏或损耗，其也应承担（侵犯型）不当得利返还义务。

2. 数据破产财产的处置困境

海量的数据产品伴随着云计算、人工智能等大数据产业的兴起，成为市场流通中的商品，数据也逐渐成为重要的市场要素和地区资源，是国家产业化布局中的重大战略举措，通过促进数字经济的增长推动经济向创新型、知识型、技术型驱动发展。[①] 数字经济不仅改变了经济增长结构，而且提升了经济增长质量，对科技创新、全要素生产率的提高具有重要意义。数据要素市场仍处在培育发展的初期，缺乏体系化的交易制度，监管法律法规长期缺位，有效参与主体明显不足，应用场景开放仍不丰富等数据交易中的相关问题成为法律规范和管理的焦点和热点。[②]

数据交易不仅仅存在着“数据属性”“数据确权”等一系列基础的实体性的理念性问题，将企业数据导入破产程序的实践之中同样举步维艰，数据的财产属性和权利属性的争论延续到了其破产财产处置环节。无论是破产清算或者破产重整、和解，对债务人财产的全部或者部分出售都是破产程序中的重要内容。传统企业的价值建立在其实物资产上，而平台企业在破产清算中与传统企业的主要区别是其实物资产占比很少。平台企业主要持有的大量用户数据、行为数据等，这些资产或者是在企业运营过程中积累的，或者是大数据云计算分析所得。企业通过用户授权后，收集、处理、加工用户的个人信息和使用数据，使得原始数据成为价值显著提升的数据产品，[③] 也因此成为此

① 参见庄子银：《大数据如何更好地服务于国家发展战略》，载《人民论坛》2021 年第 Z1 期。

② 参见朱太辉：《以市场化机制激活数据要素潜能》，载《金融与经济》2021 年第 7 期。

③ 参见袁文全、程海玲：《企业数据财产权益规则研究》，载《社会科学》2021 年第 10 期。

类企业最具有价值的资产。但由此所衍生出个人信息保护与企业数据利用的博弈，使得数据处置不得不在个人利益、企业收益之间寻求平衡。而数据的非竞争性和零边际成本等多重属性倾向于让数据通过开放共享实现价值增值，但让破产财产的价值评估路径变得复杂而曲折，在企业破产条件下，数据资产的处置面临法律的限制，导致破产企业资产的严重流失，损害债权人等相关利益方的利益。而缺乏统一数据交易平台和监管规则的数据交易，进一步放大了破产程序中数据财产处置的难度。

（1）个人信息保护与数据利用的偏差

个人信息资料的商品化，使得其区别于传统定义下的个人隐私，企业通过对个人职业信息、健康信息、网络浏览信息等各种类型信息的收集、使用、加工、处理、传播能够创造可观的经济效益。[①] 因此企业数据并非企业单纯的财产利益，而是蕴含着人格价值与财产价值、企业商业经营价值、社会公共利益等多元价值的复杂载体。[②] 尤其是在互联网企业基于用户个人信息和使用记录而收集、加工、处理形成的企业数据，包含着手机号、身份证号码、交易信息等直接或间接具有可识别性的信息，如果数据利用和传输过程出现偏差，可能将极大地损害用户的合法权益，侵害用户的人格尊严，甚至影响社会公共安全。

在破产程序中，个人信息保护与数据利用之间的鸿沟被进一步地扩大。《个人信息保护法》的颁布标志着个人信息保护成为当今社会关注和重视的利益点，现代科技手段使得数据的获取、存储、传播途径变得多样且便捷。数据在广泛意义上，已经由《民法典》第127条奠定了其受到法律保护的基础。而在破产程序并非为了衡量某一标的是否符合“财产”定义，而是为债权债务关系的清理和解决提供有效的程序路径，因此并不存在“具有财产利益”“可变价”以外的实质

---

① 参见王利明：《论个人信息权在人格权法中的地位》，载《苏州大学学报》2012年第6期。

② 参见管洪博：《大数据时代企业数据权的构建》，载《社会科学战线》2019年第12期。

性要件,[1] 而是尽可能多地笼络更多破产财产以终结债权债务关系。如果个人信息保护占据法律政策价值的主导地位，那么“持有个人信息的经营者对于相关数据事实上的管理与控制，在技术构造上可以理解为类似于物权法上的间接占有关系”,[2] 用户在破产程序中，以权利人的身份可以行使取回权，剥离经营者对信息的占有。但是，信息的价值就在于其通过传播和流转后创造出的财产效益，将数据回流至用户，虽然使个人信息处于绝对安全的地位，但使得信息的价值效益跌入谷底，破产企业具有庞大的数据库系统和技术，但没有数据内容支持，使其在破产程序中成为议价的劣势方。因为企业数据的技术特征决定了大量数据是其商业价值的基础，忽视了大规模数据收集、加工的背后是企业承担着高昂的技术成本以提升市场价值。[3]

但是如果将天平倒向企业，个人信息未得到用户授权，却因为破产拍卖程序流入未知的第三方企业，而且由于数据流转的便捷性和隐秘性，很可能滋生出大量违法的数据交易行为。

而数据通过多维度、多层次的比对、关联和有效融合后，能够推断出具有直接人身识别性的信息，甚至挖掘出国家重要地理信息等涉及公共安全信息,[4] 如果在交易过程中未能够对敏感信息进行脱敏化处理，企业的交易就可能损害用户个人信息安全，对用户的财产安全造成威胁，侵犯用户合法的人格权益。

（2）数据财产评估标准的不确定性

具有财产属性的数据自然成为市场主体用于商业活动交易和流通的对象，体现出可商品化的属性。[5] 如果将数据纳入企业的破产财团

---

① 参见［美］查尔斯·J. 泰步：《美国破产法新论》，韩长印等译，中国政法大学出版社 2017 年版，第 437 页。

② 参见余佳楠：《企业破产中的数据取回》，载《法律科学（西北政法大学学报）》2021 年第 5 期。

③ 参见石丹：《企业数据财产权利的法律保护与制度构建》，载《电子知识产权》2019 年第 6 期。

④ 参见杨力：《论数据交易的立法倾斜性》，载《政治与法律》2021 年第 12 期。

⑤ 参见谢宜璋：《可商品化数据的进一步厘清：概念、保护诉求及具体路径》，载《知识产权》2021 年第 8 期。

进行拍卖，那么必然要对破产财产进行定价。数据不同于实物有其较为准确和公正的市场定价和价值衡量体系，在当前的数据交易市场，“数据要素产权不清晰、权利属性不明确，数据要素交易规则缺乏”，[①] 数据要素的流通和开放也因此受到制约，信息不对称，买方市场和卖方市场之间缺少透明度等诸多问题，使得市场目前处于完全自主交易，缺乏监督的局面，数据财产市场价格混乱，问题突出。

一是数据作为无形资产，不同数据企业收集的数据渠道、内容、处理方式千差万别，导致数据库中的数据内容呈现也完全不同，数据质量本身在交易时就参差不齐，而数据的质量与数据的可用性息息相关，数据只有具备基础的质量属性才有可能继续释放价值和创造价值。如果数据质量不能得到有效评估和监管，那么就有可能在交易过程中损害交易相对方的合法权益，甚至可能损害数据来源——用户的权益；同时，传统“无形资产价值评估的重置成本法、收益现值法和市场比较法三种方法又很难准确地量化数据资产的真正价值”。[②] 尤其是数据本身的可复制性和非竞争性，数据的价值因为交易次数而波动，数据内容在交易过程中可能失去时效性，不同买家对于数据产品定价的迥异看法，诸多因素影响都将使得数据的公允定价变得更加困难，而目前对于数据产品的定价方式并没有达成统一的意见。

二是数据交易规则和数据交易平台的不成熟，导致数据财产评估价格的标准也难以确立。数据的分类分级管理是数据财产价值评估的交易基础，2022 年 1 月《要素市场化配置综合改革试点总体方案》中，指出要“建立健全数据流通交易规则”，分类分级，分步有序推动数据交易，但目前数据交易规则仍停留在较为原则性的规定上，即使是作为官方设立的上海数据交易所发布的《数据互联规则》中，对于数据标签化进行详细的标准分类，但是对于数据交易价格的标准化要求仅是列举了几种计费方式，在原则上仍然采取买方与卖方双方自

① 李爱君：《数据要素市场培育法律制度构建》，载《法学杂志》2021 年第 9 期。

② 参见蔡莉、黄振弘、梁宇、朱扬勇：《数据定价研究综述》，载《计算机科学与探索》2021 年第 9 期。

行“价格议定”，《上海市数据条例》也是“自主定价、自主交易”，缺乏在分类分级基础上对数据价格评估标准的进一步对应和深化，数据交易价格评估指标、准则仍然处于“法律空白”，条块分割的监管体制与数据要素市场之间缺少高度协同的联动性，跨地区、跨行业、跨层级数据要素市场尚未成型，[①] 日前数据交易实例较少，上海等先进城市仍处在试点之中，实践与理论经验都陷入贫乏的困境之中。考虑到当前互联网平台企业在收购和破产中的数据资产估值困难，以及数据处置的安全性问题，有必要由政府推动设立第三方机构，负责在破产中对虚拟资产和数据进行估值和确认。

（3）保护商业秘密与财产公开拍卖的矛盾

在企业数据现有保护路径中，商业秘密是最接近企业数据保护目的的手段。[②] 部分企业在运营过程中获取、储存、加工、处理的数据，形成具有市场竞争力的技术信息和经营信息等，如用户的购物偏好、生活轨迹、兴趣爱好等，并依据信息重要程度分别采取保密措施，确定完全可以纳入商业秘密的保护范畴。例如阿里巴巴通过收集、分析平台内部数据后，面向平台内经营者提供的数据作战室、市场行情、竞争情报等数据分析功能模块，向用户销售获取具有针对性的用户行为数据和行业数据的“情报”，帮助其把握市场风向，提升市场竞争力。[③] 但是，以商业秘密为保护外层的企业数据在进入破产拍卖程序后存在诸多挑战。

商业秘密与财产公开拍卖存在着龃龉，前者注重秘密性，后者要求公开性，两者之间存在着本质意义上的排斥。伴随着数据资产进入破产拍卖领域，更是放大了这一矛盾。“数据交易本质上仍然属于商事交易的一种类型，而交易安全是商事活动中法律追求的终

---

① 参见熊伟、张磊、杨琴：《“十四五”时期数字要素市场构建的实施短板与创新路径》，载《新疆社会科学》2022 年第 1 期。

② 参见梅夏英：《企业数据权益原论：从财产到控制》，载《中外法学》2021 年第 5 期。

③ 参见肖潇：《数字时代电子商务数据流通：合规方案、法律模式与规范路径》，载《中国流通经济》2022 年第 2 期。

极价值”。[①] 企业财产依照《企业破产法》进行变价分配，本质上是为了确保债权人在破产程序中得到有效清偿，保障债权人的利益，但企业数据一旦被公开，企业数据的事实排他性即告终结。在拍卖程序中信息披露不适当，例如企业数据来源得以被第三方知晓，第三方即可以通过反向工程自行获得同样具有竞争力的数据，而企业数据因此不能通过竞价获得最优收益，债权人利益可能因此受损。而商业秘密作为一种消极的防御，注重商业秘密持有人对于秘密的保有和使用，并不足以保证数据交易的安全性。[②]

目前数据交易市场并不成熟，交易需求量高，但是针对特定企业数据需求的买方可能仍然有限，尤其是在面对企业数据质量参差不齐，对于企业数据拍卖的成交率有可能将不尽如人意，那么企业前期投入巨额人力物力财力成本所创造的数据信息，可能会陷入多次流拍。再加之企业数据评估标准不确定，使得企业数据的拍卖保留价也难以准确定位，拍卖的保留价在很大程度上影响商品的成交率，如果在评估过程中无法对商业秘密进行准确定价，过高的估价将使得商业秘密多次流拍，而过低的估价又导致商业秘密以不符合其价值的价格被售出。而且在拍卖竞争性小的买方市场情况下，买方甚至更愿意保持观望态度，尽可能地以低价获得商业秘密，虽然这并不违反拍卖交易规则，但并非破产程序中所期望的最优解。而且数据的可复制性和易传播性，如何在数据拍卖中保障商业秘密数据存储、传输的安全，也是财产拍卖程序进一步发展和完善的空间。

3. 数据破产财产处置的路径探究

数据财产已经成为数字时代的“石油”。国家工信安全中心预测，我国数据要素市场规模到 2025 年预计突破 1749 亿元，全面进入高速发展阶段。[③] 在这样的大背景之下，数据资产借助数据要素

① 参见徐玖玖：《数据交易法律规制基本原则的构建：反思与进路》，载《图书馆论坛》2021 年第 2 期。

② 参见祝艳艳：《大数据时代企业数据保护的困境及路径建构》，载《征信》2020 年第 12 期。

③ 参见俞林、赵俊红、霍伟东：《推进数据要素市场化配置促进经济高质量发展》，载《宏观经济管理》2021 年第 10 期。

市场勃兴的东风，将数据资产纳入破产财产范畴中，是将债务人财产价值最大化，是破产法“公平清理债权债务，保护债权人和债务人的合法权益，维护社会主义市场经济秩序”在数字经济时代立法宗旨的体现。

（1）处置前置程序：破产数据脱敏

破产数据处置的制度设计与个人隐私相关的数据保护问题是共生的，审视域外立法经验可以发现，《欧盟跨境破产规章（第2015/848号）》序言第83条就重申了应尊重《欧盟基本权利宪章》中规定的基本权利和原则，与个人数据保护、财产权、有效救济权及公平受审权相关的条款尤其得到重视。[①] 企业在正常经营过程中，如互联网企业对用户注册登记时有关身份信息收集、存储于特定的信息中心，在进入破产财产处置程序前，数据信息的条分缕析是对于个人信息保护敏感性问题的直接回应。因此，破产数据资产化的第一步是进行数据脱敏。

所谓数据脱敏，又称数据漂白、数据去隐私化或数据变形，其要旨在于在保存特定的数据的初始特征的条件之下，通过特定的脱敏规则，对于敏感的数据信息进行技术化处理和变形，以实现敏感数据中的身份可识别程度降低，未经授权的用户无法获取、推导和识别出特定的信息，保护个人隐私，促进数据的分享交易的目的。[②] 个人信息中常见的敏感数据包括姓名、身份证号码、手机号码、家庭住址、经常居住地、银行账户信息、医疗信息、出行信息、工作单位、教育背景、网页账户及密码等，《个人信息保护法》第28条规定，敏感个人信息是一旦泄露或者非法使用，容易导致自然人的人格尊严受到侵害或者人身、财产安全受到危害的个人信息，包括生物识别、宗教信仰、特定身份、医疗健康、金融账户、行踪轨迹等信息，以及不满14

---

① 陈夏红：《欧盟新跨境破产体系的守成与创新》，载《中国政法大学学报》2016年第4期。

② 参见雷璟、郑静、郭煜：《大数据的开发应用和保护》，载《中国电子科学研究院学报》2018年第13期；参见陈天莹、陈剑锋：《大数据环境下的智能数据脱敏系统》，载《通信技术》2016年第49期。

周岁未成年人的个人信息。这一定义将普通的敏感个人信息和不满14周岁的未成年的个人信息区分开来，强调对于不满14周岁未成年个人信息的特殊保护，另外，在数据互联互通系统的蓬勃发展的当下，由于“多组匿名的行踪时空数据也能通过相互结合而识别出个人身份”①，个人数据的敏感数据应作广义理解。数据脱敏的功用在于，通过特定的安全手段如隐藏、散列、替换、偏移、区间浮动、截断、前缀保留、加密、掩码、洗牌、取整、随机，② 实现对于敏感隐私数据的安全保障，使得数据可以在多主体之间进行流转和交易，“在保留数据有效性的同时保持数据的安全性”。

数据脱敏对于保护个人信息安全和保障数据要素流通的重要性毋庸置疑。目前我国法律对于数据脱敏标准化程序阙如，仅仅在《网络安全法》第42条中规定，“网络运营者不得泄露、篡改、毁损其收集的个人信息；未经被收集者同意，不得向他人提供个人信息。但是，经过处理无法识别特定个人且不能复原的除外”。“经过处理无法识别特定个人且不能复原的”这一表述即是数据脱敏作为个人信息数据流通事先统一规则的例外情形条款，但对于数据脱敏的标准为何并没有更为细致的规定。本文认为，基于破产财产数据的多样化和动态性，破产数据中的脱敏规则设计应该至少满足以下几项要求，即匿名化、高效性、及时性。具体说来，匿名化即要求破产数据通过清洗之后，无法直接或与特定的信息结合，在比照之后识别出特定个人身份；高效性要求破产数据清洗需要符合市场需要，如果数据脱敏不符合成本效益原则，无法实现破产财产最大化的目的，进行数据脱敏就失去了根基；由于数据的价值往往随着时间推移而减损，破产数据脱敏的及时性即要求脱敏程序及时开展，有利于破产财产的变现，顺利推进到数据交易后续阶段。

---

① 参见陈璐：《论〈网络安全法〉对个人信息刑法保护的新启示——以两高最新司法解释为视角》，载《法治研究》2017年第4期。

② 参见邢宇恒、张冰、毛一凡：《数据脱敏在海量数据系统中的应用》，载《电信科学》2017年第33期。

（2）破产数据交易：破产数据存储

“数据具有较强的规模效应，且流转便利、隐秘、成本低廉，数据经营者天然地有激励进行数据的交易、流通，这种趋势宜疏不宜堵，”[①] 数据交易是数据要素市场配置的核心手段，《中国数字经济发展白皮书（2020年）》中对我国的数据交易场所进行了系统分类，包括了政府主导建立的大数据交易所和交易中心、企业主导型数据服务商、产业联盟数据交易平台以及大型互联网公司交易平台。由于我国的破产案件往往牵涉主体众多，金额巨大，涉及劳动者保护和中小债权人保护的问题，不宜由后三者主导破产数据的交易撮合。

除了对于数据交易场所进行限制之外，由于“数据资产可被无限分享和复制，且被分享和复制的数据资产一定程度上具有非竞争性”，[②] 破产数据的保密传输和存储也至关重要。依据我国《个人信息保护法》第22条规定，[③] 数据传输和存储主体一般为个人信息处理者，而在破产程序中需要对信息进行转移的，传输和存储义务随之移转给接收方，接收方需要继续履行原个人信息处理者的义务，履行的义务内容有所变更时，还应该取得新的“同意”。数据存储的法律位阶的规范目前尚未出台，《深圳经济特区数据条例》第77条在参考《数据安全法》第21条[④]有关国家数据分类分级保护制度规范的基础上对数据存储规则进行了细化，强调了区分地域和安全等级，“选择安全性能、防护级别与安全等级相匹配的存储载体；对敏感个人数据

① 张嘉彦：《大数据时代数据资产进入破产财产的思考——可能性、利益衡量与制度构想》，载《上海法学研究》（集刊）2021年第9卷。

② 熊巧琴、汤珂：《数据要素的界权、交易和定价研究进展》，载《经济学动态》2021年第2期。

③ 《个人信息保护法》第22条规定，个人信息处理者因合并、分立、解散、被宣告破产等原因需要转移个人信息的，应当向个人告知接收方的名称或者姓名和联系方式。接收方应当继续履行个人信息处理者的义务。接收方变更原先的处理目的、处理方式的，应当依照本法规定重新取得个人同意。

④ 《数据安全法》第21条规定，国家建立数据分类分级保护制度，根据数据在经济社会发展中的重要程度，以及一旦遭到篡改、破坏、泄露或者非法获取、非法利用，对国家安全、公共利益或者个人、组织合法权益造成的危害程度，对数据实行分类分级保护。

和国家规定的重要数据还应当采取加密存储、授权访问或者其他更加严格的安全保护措施”。该规范自然覆盖了破产数据的存储和传输，破产数据财产在交易过程中除了对于交易场所进行限制之外，还应该区分普通数据、敏感个人数据、国家重要数据进行分级保护，配置不同的存储载体，保障数据交易过程中的保密性和完整性，实现个人利益、社会公共利益和国家利益的平衡。

（3）破产纠纷解决：企业与个人数据权利冲突

企业和个人的数据权利冲突并不是破产纠纷独有的，而是在数字经济之下，各个领域的关于个人数据人格属性保护的共象。个人数据兼具财产属性和人格属性，财产属性决定了其可以进行交易和流通，但其人格属性则一定程度上限制了交易的达成。当前我国数据权属界定不明，《民法典》第111条[①]确定了自然人个人信息受法律保护，但没有明确个人信息权属。贵阳大数据交易所出台的《数据确权暂行管理办法》所谓“确权”“名不副实”，但其仅仅指出了可供交易的数据并非底层数据，而是加工数据，回避了关于数据权属的相关问题。[②]《个人信息保护法》第10条为法益平衡提供了指导性规范，任何组织、个人不得非法收集、使用、加工、传输他人个人信息，不得非法买卖、提供或者公开他人个人信息；不得从事危害国家安全、公共利益的个人信息处理活动。就数据权利的归属和取得，有学者主张，“个人信息数据权利归个人数据主体，非个人信息个人数据与非个人数据权利归属于投资主体”，[③] 数据在新时代的价值堪比石油资源，企业为寻求数据垄断地位，通过爬取收集、聚合加工获得数据增值，投入了大量的时间、金钱和人力，将这部分投资增值数据权利归属于投

---

① 《民法典》第111条规定，自然人的个人信息受法律保护。任何组织或者个人需要获取他人个人信息的，应当依法取得并确保信息安全，不得非法收集、使用、加工、传输他人个人信息，不得非法买卖、提供或者公开他人个人信息。

② 肖建华、柴芳墨：《论数据权利与交易规制》，载《中国高校社会科学》2019年第1期。

③ 李爱君：《论数据权利归属与取得》，载《西北工业大学学报（社会科学版）》2020年第1期。

资主体有利于市场主体聚合其数据资源的优势，增强数据处理能力，提高经济社会创新效率。对比《上海市数据条例》第 17 条[①]与《深圳经济特区数据条例》第 4 条[②]可以发现，关于数据处理的行为准则，上海市增加了“尊重社会公德和伦理，遵守商业道德，诚实守信”。与《数据安全法》第 8 条[③]规定一致。在破产法就数据处理缺乏明确的冲突处理规则时，可以通过原则性规范约束企业寻求数据垄断地位造成的对于个人信息权益的侵犯行为。

就企业和个人数据权利发生冲突的责任追究主体而言，《个人信息保护法》第 70 条规定，个人信息处理者违反本法规定处理个人信息，侵害众多个人的权益的，人民检察院、法律规定的消费者组织和由国家网信部门确定的组织可以依法向人民法院提起诉讼。《上海市数据条例》的规定与上位法基本一致。《深圳经济特区数据条例》第 98 条[④]的规定对于检察机关在数据处理保护中的职责规定得更为详尽，检察机关可以提起民事公益诉讼和行政公益诉讼。就民事公益诉讼而言，检察机关的诉讼角色具有支持性和断后性，即在有其他机关提起民事公益诉讼的情况下，检察机关可以支持起诉；而在没有相应机关提起民事公益诉讼的情况下，检察机关具备诉讼主体资格。另外，检察机关还能就数据监督管理部门的乱作为或不作为导致的国家

---

① 《上海市数据条例》第 17 条规定，自然人、法人和非法人组织开展数据处理活动、行使相关数据权益，应当遵守法律、法规，尊重社会公德和伦理，遵守商业道德，诚实守信，不得危害国家安全和公共利益，不得损害他人的合法权益。

② 《深圳经济特区数据条例》第 4 条规定，自然人、法人和非法人组织对其合法处理数据形成的数据产品和服务享有法律、行政法规及本条例规定的财产权益。但是，不得危害国家安全和公共利益，不得损害他人的合法权益。

③ 《数据安全法》第 8 条规定，开展数据处理活动，应当遵守法律、法规，尊重社会公德和伦理，遵守商业道德和职业道德，诚实守信，履行数据安全保护义务，承担社会责任，不得危害国家安全、公共利益，不得损害个人、组织的合法权益。

④ 《深圳经济特区数据条例》第 98 条规定，违反本条例规定处理数据，致使国家利益或者公共利益受到损害的，法律、法规规定的组织可以依法提起民事公益诉讼。法律、法规规定的组织提起民事公益诉讼，人民检察院认为有必要的，可以支持起诉。法律、法规规定的组织未提起民事公益诉讼的，人民检察院可以依法提起民事公益诉讼。人民检察院发现履行数据监督管理职责的部门违法行使职权或者不作为，致使国家利益或者公共利益受到损害的，应当向有关行政机关提出检察建议；行政机关不依法履行职责的，人民检察院可以依法提起行政公益诉讼。

利益和社会公共利益的损害提出检察建议和提起行政公益诉讼。深圳的数据条例规定将数据监督管理部门、检察机关和数据处理者等权利义务进行了合理配置，对于破产各方权益平衡探究仍然需要回归到破产法的性质，破产法不是单纯的商法属性，同时还具备关涉多数人利益的社会实质公平的经济法属性，检察机关作为社会公共利益的代表介入数据纠纷，维护弱势的个人数据所有者群体性利益，具有其合理性和正当性，这一思路在未来就破产数据财产纠纷解决进行制度设计时可供借鉴。

4. 破产重整：数据交易的具体范例

破产程序中，重整与清算和和解的本质不同在于重整具有促进性导向，应当给予利益相关主体足够的宽容和激励，帮助有重整希望的债务人清理债权债务关系，以引导困境企业摆脱困境、重获新生。[①] 在破产重整中，数据如何处置决定着重整各方能否达成一致，掌握着数字企业破产的命脉。例如，美国的制药企业 Proteus Discover 通过研发数字药片，自动化收集患者的治疗信息，为患者提供了可视化的依从数据。[②] 在 Proteus Discover 陷入重整之后，如何处理这部分信息就成了重整过程中的重要问题。为此，有必要梳理和构建破产重整中数据交易的基本制度，以数字交易规则推动破产重整的进程。

（1）交易基础：数据的分类分级管理

分类分级监管有利于结合一般性监管和特殊性监管，促进执法和监管的精细化、针对性，对重点领域实行更高标准的风险防控，保障相关数据权人的基本权利。[③] 破产重整中的数据交易建立在数据分类和分级的基础上。数据分类分级的基本目标是对数据提供类型化的不同程度保护，实现多维的数据安全保护目标，兼顾数据主体的数据权

---

① 参见张世君：《我国破产重整立法的理念调适与核心制度改进》，载《法学杂志》2020 年第 7 期。

② See Leighanne Root, *High – Tech Adherence: Incorporating Smart Pill Technology into Wellness Program*, Quinnipiac Health Law, Vol. 19: 121, p. 140 – 142 (2016).

③ 参见张吉豫：《构建多元共治的算法治理体系》，载《法律科学（西北政法大学学报）》2022 年第 1 期。

利，重视数据失控对重整参与人的权利影响，并在此种考量基础上构建属于破产重整的数据分级分类制度。①

数据管理的过程中，分级分类是基本的规制手段。例如，在政府数据开放的问题上，浙江省发布了《数字化改革公共数据分类分级指南》，规定了数据开放的标准和范围，对开放目录范围以外的数据服务要求，公共管理和服务机构应当依法评估审查，并履行告知义务。②可以说，政府数据开放完全建立在对于不同数据分类分级的基础上，对不同的类型、不同保护级别的数据提供不同程度的公开服务。在个人信息保护和算法治理的问题上，数据的分级分类也普遍存在。例如，《个人信息保护法》建立了信息分级制度，将信息分为一般的个人信息和敏感信息，对敏感信息提供更高程度的保护。《网络安全法》规定了网络安全等级保护制度，《网络安全等级保护定级指南》进一步细化将等级保护的对象分为五级，《网络安全等级保护基本要求》从安全管理制度、安全管理机构、安全管理人员、安全建设管理、安全运维管理五个方面对网络安全等级保护提出了要求。

在破产重整中的数据处置，应当首先对数据作出分类，可以分为纯粹的商业数据和蕴含个人信息的商业数据两类。纯粹的商业数据可以通过管理人的协调，在保护和尊重企业商业秘密基础上，在重整投资人、重整企业、债权人之间自由协商处置。针对蕴含个人信息的商业数据，可以借鉴个人信息保护中对数据保护的基本分级，建立三级数据交易体系。首先，对于匿名性的去标识化数据，可以确定为自由度最高的数据交易等级，提供自由的数据交易和数据处置路径。这部分数据可以视为特殊的财产，在破产拍卖和集体受偿上适用破产财产的基本规定。其次，对于敏感的个人信息，可以确立为自由度最低的数据交易等级，禁止任何方式的交易和处置，并且严格保密。如果企业陷入重整和破产，应当通知原权利人，原权利人可以随时要求企业

① 参见郑曦：《刑事司法数据分类分级问题研究》，载《国家检察官学院学报》2021年第6期。

② 参见宋烁：《政府数据开放是升级版的政府信息公开吗？——基于制度框架的比较》，载《环球法律评论》2021年第5期。

删除这部分数据。最后，对于一般的蕴含个人信息的商业数据，确立为中等自由度的交易等级。这类数据是最为庞大的数据类型，可以通过不同用户对数据保护的合理预期，将数据保护的场景具体化。[①] 在获取权利相关人的授权的前提下，可以作为交易对象，但是在出售式重整等服务提供主体转变的情况中，应当向用户获取二次交易授权后再利用。

（2）交易保障：数据交易的标准化

企业破产开始后，为了避免公共池塘悲剧，个别清偿原则逐渐被集体清偿原则所替代，各债权人受破产程序的限制，不得借助单独执行实现其权利。[②] 为此，有必要构建破产重整中数据交易的标准化平台和规则，以规范破产重整中的数据处置行为。

破产重整可以借助的标准化平台有两类，一是在破产重整和清算中广泛应用的破产拍卖平台，二是数字市场发展中逐渐兴起的大数据平台。大数据平台在数据的交易、存储和传输的便利性和安全性上更胜一筹，可以更好地搭建起数据服务提供者和接收者的桥梁。鉴于数据的非排他性和数据基础设施的重要性，借助现有的大数据平台更符合破产重整中数据交易的基本需求。目前的大数据平台基本上可以分为两类：第一类是第三方数据交易平台，只提供中介服务，充当数据交易双方的居间商，不介入数据供应方和数据需求方的数据交易和传输；第二类是综合数据服务平台，除了中介服务之外，还提供数据采集、处理和存储服务，可以作为数据产品的出让方参与数据交易，法律地位相当于做市商。[③] 这两类平台都能在一定程度上化解破产重整中数据交易难的困境，即使是第三方数据平台也可以提供更广泛的数据交易潜在购买者，当然整个交易的落实和保障仍然需要依赖综合数据服务平台。

---

① 参见于浩：《我国个人数据的法律规制——域外经验及其借鉴》，载《法商研究》2020 年第 6 期。

② 参见许德风：《破产法论：解释与公共功能比较的视角》，北京大学出版社 2015 年版，第 90 ~ 91 页。

③ 参见张敏：《大数据交易的双重监管》，载《法学杂志》2019 年第 2 期。

数据平台交易的规则应当构建标准化的数据交易框架。数据交易以数据的使用权为核心，不天然地具有排他性，数据许可合同和加工承揽合同可以作为数据标准化交易的基本范式。[①] 为了完善双方的权利义务体系，交易平台可以提供相应的标准合同，明确许可合同中让与人与受让人的主要义务，以加工承揽合同为范本明确数据加工处理合同的基本框架。明确合同违约的标准，将预先披露、超出约定范围处理等行为认定为违约；明确数据质量管理规定，提供不符合数据质量规范和交易协议规定的数据将承担相应的责任。

数据交易中应当落实数据平台的监管和控制权滥用责任。无论是作为居间商还是做市商，数据平台都负有监督双方交易的责任，在交易过程中，如果一方违反数据平台的基本规范，数据平台可以通过平台规范对相关方施以惩戒。数据平台应当为数据交易提供基本的保障，包括但不限于基本的传输渠道、数据的加密等服务。

（3）交易监管：数据交易的风险防范

破产重整是世界各国公认的挽救破产企业的利器之一，在化解产能过剩、促进市场出清中发挥着核心作用，使得危困企业起死回生；但部分企业利用破产重整制度逃避债务、转移资产，实施破产欺诈，损害了债权人利益和重整制度的公信力。[②] 在数据处置的问题上，对数据交易自身的风险防范和数据交易增加的破产欺诈的风险问题，应当改进监管方式，促进破产重整中的数据交易。

数据交易的安全性要求数字生产和交易过程中平台承担安全保障义务。平台是数字经济中核心的社会生产组织，合理的平台数据安全保障义务应当合理设置平台对数字产品的质量责任和安全生产义务，平台的数据安全管理制度、个人信息权利保护义务和平台的监管配合义务。[③]

---

① 参见武长海、常铮：《论我国数据权法律制度的构建与完善》，载《河北法学》2018 年第 2 期。

② 参见沈芳君：《现有法律体系下破产重整案件的审判思路和实践——浙江直立汽配破产重整案的实证分析和启示》，载《法律适用》2019 年第 20 期。

③ 参见张凌寒：《数据生产论下的平台数据安全保障义务》，载《法学论坛》2021 年第 2 期。

在破产重整的数据交易中，平台应当采取积极措施保障数据传输的安全性、个人信息权利保护的红线，并贯彻执行交易审核等相关义务，配合数据交易的监管。数据平台的控制权滥用防范也是规避交易风险的重要内容。在平台和用户间的博弈之中，互联网平台借助控制访问入口和垄断优势信息的能力，形成了平台的经济性权力，用户的自力司法救济之路举步维艰。政府可以采用开展日常监管和要求交易平台报告等措施，例如增加交易平台的披露义务，平台不能借助算法黑箱逃避歧视责任；建立算法透明并配套追责机制，算法设计者应当对算法可能造成的不利后果承担责任。①

在破产重整中，法院应当加强对于数据交易的审核。目前数据这种虚拟财产交易规则尚不完善，难以按照统一固定的标准对交易对象定价，容易出现定价虚高、虚假交易等转移财产的问题，为破产欺诈提供了便利。因此，在破产重整案件中，涉及数据交易和数据资产定价的问题，应当尽量采用公开的方式，这样在公开市场中的定价相对更加公允和恰当。另外，数据交易没有实际的标的资产，更容易产生虚假交易，从而侵蚀其他债权人和股东的利益。法院应当慎重审查交易的真实性，要求交易借助公开的数据交易平台，并且规范可查。

（五）区块链对破产法的挑战②

人类社会进入区块链时代，法律制度概莫能外。科技的进步与社会的发展相向而生，区块链技术的发展不仅使人们的日常生活智能化，也使得法律的运行机制获得了新的机遇和挑战。对适用于企业步入生老病死最后一个阶段的破产法，区块链技术对数据资源的创新运用促进了破产法的革故鼎新，但也一改传统观念中破产法在解决集体债务清偿中的独占地位，破产法或被区块链引发的技术革命所颠覆。

科技的发展本身是一把“双刃剑”。区块链所承载的数据资产价值的易波动性与复合性，致使区块链语境下的破产法面临诸多挑战。

---

① 参见肖梦黎：《平台型企业的权力生成与规制选择研究》，载《河北法学》2020年第10期。

② 内容整理自李曙光教授主持课题《破产的数字化研究》。

破产法适用的门槛、破产财产的确定以及财产处置的传统规制路径在区块链时代都变得摇摇欲坠，亟须理论探讨与大胆实践。

1. 破产界限的模糊与厘清：基于区块链资产价值的波动性

破产的实质是债务人丧失债权清偿能力。关于如何认定债务人丧失清偿能力，各国破产立法主要采取了列举主义与概括主义两种立法方式。[①]《企业破产法》第2条采用了复合式的破产原因，属于概括主义立法模式，即法律仅抽象地规定，当债务人不能清偿到期债务与资产不足以清偿全部债务或者与明显缺乏偿债能力这两个选择项中的任何一个组合在一起，才构成一个完整的破产原因。[②] 复合标准的关键在于企业能否有持续稳定的现金流用于清偿债务。考虑到债权人证明债务人已经丧失清偿能力的难度，法律采用了推定的方式，债权人仅需证明债务人停止偿付或者已经明显缺乏偿债能力，接下来由法院对偿付能力作出司法裁量。[③]

区块链资产中的数据通常呈现出动态变化的特点，资产的价值往往与资产的使用效益呈正相关，加之对于特殊资产（例如数字货币）而言，在没有得到各国政府普遍承认时，其价值还会受到国家政策和市场参与者的剧烈影响。以作为数字货币的代表比特币为例，其内在价值完全取决于市场参与者的价格感知与预期，金融消费者购买并持有比特币将面临巨大的市场风险，此外还面临操作失误、黑客盗取等非系统性风险。[④] 如何判断企业不能清偿到期债务且资不抵债或者明显缺乏偿债能力，成为区块链企业面临债务危机而打算申请破产保护时需要面对的重要问题，也成为企业债权人申请该企业破产的重要考

---

① 参见齐明：《我国破产原因制度的反思与完善》，载《当代法学》2015年第6期；王欣新：《破产法》（第3版），中国人民大学出版社2011年版，第34～35页。

② 参见韩长印：《破产原因立法比较研究》，载《现代法学》1998年第3期；李永军等：《破产法》（第2版），中国政法大学出版社2017年版，第19页。

③ 《最高人民法院关于审理企业破产案件若干问题的规定》（法释〔2002〕23号）第31条第2款明确指出，债务人停止清偿到期债务并呈连续状态，如无相反证据，可推定为“不能清偿到期债务”。

④ 参见杨东：《炼金有法：区块链商业实践与法律指南》，北京航空航天大学出版社2017年版，第261页。

虑因素。

区块链资产价值的不确定性，致使法院在裁定破产申请时面临困惑：当企业被申请破产时，其往往会举证抗辩未来企业的资产价值的增值可以保障充分的现金流偿还债务，债务人并非终局地丧失清偿能力，当前财务困境可以理解为暂时的市场波动。依据企业当下会计报表等实时数据判断企业的偿债能力，债务人在当下处境符合破产条件；① 若用动态的视角评估企业的价值，考虑到数据、数字货币等特殊资产的存在，既有破产界限的结论将存在较大不确定性。在司法裁量时，法院可以借助诉讼法中有关证明标准的理论，在企业的区块链资产存在未来显著增值的可能时，债务人认为其不符合破产条件的抗辩应当达到更高的证明标准，必要时或可采用刑事诉讼中排除合理怀疑标准。高门槛的证明标准，有利于使得确无清偿能力的企业及时进入破产程序，使得真正有潜在增长实力的债务人通过成功举证摆脱破产申请对企业正常运营带来的消极影响。

2. 破产财产的排除与识别：基于区块链资产构成的复合性

（1）破产财产的确定与区块链资产保密性的矛盾

区块链的特色在于“链”，数据存储不再是“独树一帜”而是“融会贯通”，通过分布式共享机制将各方数据连接起来。区块链技术的发展得益于数据库技术的支撑，② 数据在区块链的运行中发挥着重要作用，数据资产也成为区块链的重要资产表现形式。与一般的有体物不同，数据本身并非来源于单一个体自己的创造，而是通过记录、调取和加工形成的“行为分析产物”。以一站式区块链医疗服务为例，个体居民凭借其存储在区块链内的有关个人数据，无须再在不同科室重复检查，就医效率有效提高。这些就医数据往往也会同社会保障部门、保险类金融机构共享，以实现社保政策和保险条款的有效执行。

---

① 《最高人民法院关于适用〈中华人民共和国企业破产法〉若干问题的规定（一）》第 3 条。

② 参见管同伟：《区块链在资产证券化风险控制中的应用研究》，载《新金融》2018 年第 1 期；徐闲：《区块链与保险创新：机制、前景与挑战》，载《保险研究》2017 年第 5 期；王晟：《区块链式法定货币体系研究》，载《经济学家》2016 年第 9 期。

这些基于个体行为产生的数据通常具有较强的私密性，承载着个人隐私数据或商业秘密。区块链的加密技术能够有效保护这些数据不外泄，其自身的算法机制能够从运行层面防止数据被不法侵入。通过数据加密的方式，区块链技术得以将特定的数据信息存储于众多网络计算机之上，实现数据信息的共享，消除了单一存储模式下的数据丢失难题。[①] 智能合约最突出的特点是可以自动实施预设的合约内容，当满足代码中的条件时，程序将触发预设的操作。[②] 但是，当这些数据的持有者申请破产保护时，这些数据与智能合约也应当被看作债务人资产而受到自动中止原则的保护。进入破产程序后如何及时中止原有智能合约导致的财产转移，是解决智能合约的自动执行与自动中止原则保护债务人财产之间的冲突之关键。此外，数据资产的价值属性通常可作为债务人对外融资担保的担保物，但是由于数据资产强烈的时间价值属性，如果管理人没有及时更新或者处分持有的数据，其内在价值会显著减低，担保权益人也会就此要求债务人提供更加充分的财产担保。为了确保在保护个体信息数据的同时实现债务人财产价值的最大化利用，促进管理人优化债务人财产结构和财产运营方式，保障债务人企业持续经营获得持续充分的现金流支持，破产程序中数据财产的确定与数据信息的保护成为一对潜在的矛盾。

（2）破产企业区块链资产双重属性的分离

数据资产以代码的形式存储在不同的节点上，数据持有者的范围不仅包含数据原始采集对象，还包括在此基础上加工、处理的信息使用者。由于区块链数据共同识别机制的存在，区块链上的任意智能合约代码和状态必然要求公开，[③] 数据产生者的个人信息和企业基于此创造出的数据财产相互交织。在区块链企业进入破产程序后，其首先面临的问题是企业在区块链中所拥有的哪些数据属于破产财产。如果

---

① 参见张玉洁：《区块链技术的司法适用、体系难题与证据法革新》，载《东方法学》2019 年第 3 期。

② 参见陈吉栋：《智能合约的法律构造》，载《东方法学》2019 年第 3 期。

③ 参见蔡一博：《智能合约与私法体系契合问题研究》，载《东方法学》2019 年第 2 期。

笼统地将债务人持有的全部数据资产纳入破产财产池中，将会显著影响未来财产分配时各类债权人的分配比例和债权人的受偿金额。以网络购物场景为例，消费者是消费记录的创造者，电商企业是消费数据的记录者和加工者，电商企业通过分析消费行为获得有关消费者的消费偏好和消费理念，进而改进和优化其营销模式。如果将消费者看作数据的所有权人，则消费者对该数据资产具有完全的所有者权益，电商企业与消费者之间仅成立信息保管合同法律关系，故电商企业的债权人对该资产不会享有任何的破产利益。然而，如果将该数据定为债务人财产，消费者成为债务人的潜在债权人之一，应当与其他同类债权人按照特定比例对债务人财产享有破产财产分配利益。①

在确定破产企业的区块链资产时，应当首先剥离出企业不享有所有者权益的数据信息，这些数据信息通常因具有强烈的个人私密性而受到了其他网络安全法律和个人信息法律的保护，其处分行为也受到严格限制。② 破产管理人在区分数据资产和数据信息时，可以借鉴知识产权法领域有关作品“独创性”的定义，区分收集形成的数据样本与智能分析形成的数据加工成果，留下具有经济价值的数据加工“作品”。对于难以按照前述识别方法剥离的数据资产，破产管理人应当按照《民法典》《网络安全法》等规定，告知相关权利人可能发生的包含个人信息的数据处分行为，再征得权利人同意后遵循债务人财产处置的一般规则；权利人不同意财产处置的，应当及时将该数据剔除出债务人财产，通过加密处理等方式予以妥善保存。在对企业的数据资产作价评估时，管理人应当结合数据资源合成的难易程度、数据自

---

① See Koji Takahashi, *Implications of the Blockchain Technology for the UNCITRAL Works*, 4 Modernizing International Trade Law to Support Innovation and Sustainable Development 81, 88 (2019).

② 个人信息的使用受到现行法的严格规制，《网络安全法》第44条规定：“任何个人和组织不得窃取或者以其他非法方式获取个人信息，不得非法出售或者非法向他人提供个人信息。”《民法总则》第111条规定：“自然人的个人信息受法律保护。任何组织和个人需要获取他人个人信息的，应当依法取得并确保信息安全，不得非法收集、使用、加工、传输他人个人信息，不得非法买卖、提供或者公开他人个人信息。”可见，个人信息可以视为一般的财产作为交易标的物，因此个人信息具备财产法上财产权保护基础。

身的可获取性与稀缺性以及数据基础的可变动性等因素综合考虑。此外，区块链系统是开放的，除了交易各方的私有信息被加密外，区块链的数据对所有参与者公开，任何参与者都可以通过公开的接口查询区块链数据和开发相关应用。[①] 区块链的开放性使区块链上的信息共享者对于每个节点所拥有的数据资产一目了然，近乎透明的资产分布和数量拥有状况，减小了信息不对称导致的估值偏差，资产评估作价不再是债务人企业的“一言堂”，价值的公允性不再具有强烈的争议。应当区分破产申请后数据资产的增值部分和破产申请前数据资产的累计价值。部分数据资产的长期收益远高于短期收益，有时需要更长的时间投入才能实现更大的收益。管理人在确定数据资产池的价值时，应当充分考量不同类型的数据资产价值的增值模型，对于远期收益显著的数据资产，应当从公平原则的角度出发，运用商业判断规则对评估作价后资产价值适当调整，将远期的资产增值反映在当前资产的现值中，必要时还可以求助司法裁量权对评估结果予以确认和复核，保障评估结果的公正性。

3. 破产财产的定性与处置：基于区块链资产功能的双重性

拥有区块链资产的企业进入破产程序后，需要面对的另一个棘手问题是对数字货币属性的认定。数字货币目前还没有普遍的学术定义，一般认为，数字货币是电子货币形式的替代货币，依靠校验和密码技术来创建、发行和流通的电子货币。[②] 数据资产是基于日常经济行为产生的经济数据，可以作为商品交易的标的物实现其价值。与数据资产不同，数字货币不仅承载着虚拟数据，还可能承担着交易流通的角色，可以直接使用数字货币购买区块链资产。在处置数字货币资产时，面对价值资产和货币流通的双重角色，一个关键的前置问题在于应当将数字货币视为商品还是货币。两种不同的对待方式，将会影响破产财产的价值，导致债权人的预期清偿收益显著不同。若作为商

---

① 参见杨东：《炼金有法：区块链商业实践与法律指南》，北京航空航天大学出版社2017年版，第14页。

② 参见樊云慧、栗耀鑫：《以比特币为例探讨数字货币的法律监管》，载《法学论坛》2014年第7期。

品，按照《民法典》的规定，企业可以在日常经营中以该商品的价值为基础设立担保物权，企业在转让该资产时，该资产之上的担保物权将一并转让。在破产程序中，当债务人存在欺诈性财产转让或通过偏颇性清偿行为使个别债权人获得优位受偿或实质提高其获偿比例时，管理人可以撤销该交易行为，要求该行为的获利一方返还财产或赔偿因财产转让行为给破产财产造成的损失。按照破产法的基本原理，破产财产的价值应当包括截至债务人进入破产程序前的全部价值，因此法院在计算因欺诈行为或者个别清偿行为导致的破产财产的损失时，应当包括转让时的财产价值和转让后该资产的增值两部分。如果将数字货币视为货币，根据货币作为一般等价物的基本属性，货币在流通中的增值不能归属于前任货币持有者的持有收益，而应当视为货币流通的应然结果。因此，管理人此时仅能恢复转让该数字货币时的实时币值。受到数字货币价值波动的影响，财产转让行为无效或撤销给破产财产带来的影响也存在较大不确定性。

当前，各国对数字货币的认定态度不一。2013 年，中国人民银行联合证监会等部委联合发布的有关防范比特币风险的文件中明确指出，比特币“不是由货币当局发行，不具有法偿性与强制性等货币属性，并不是真正意义的货币……应当是一种特定的虚拟商品”。[①] 倘若依据前述定义，将数字货币作为虚拟商品，其性质应当属于《民法总则》第 127 条中的数据资产，在破产程序中可以通过拍卖的方式变价出售。[②] 考虑到一国货币金融体系的稳定和安全，市场经济体系的完善与区块链配套法律、财政制度尚未建立，将数字货币认定为流通中可交易的货币尚需时日。破产法有关财产转让的法律规则也应随着数字货币定位的发展而进一步细化，针对货币资产的处置予以针对性回应。

---

① 详见中国人民银行等机构颁布的《关于防范比特币风险的通知》（银发［2013］289 号）。

② 《民法总则》第 127 条规定，法律对数据、网络虚拟财产的保护有规定的，依照其规定。《企业破产法》第 112 条规定，变价出售破产财产应当通过拍卖进行。但是，债权人会议另有决议的除外。破产企业可以全部或者部分变价出售。企业变价出售时，可以将其中的无形资产和其他财产单独变价出售。

人类迎来区块链时代。对于破产法而言，这是最好的时代，也是最坏的时代；破产法在其面前应有尽有，也在其面前一无所有。区块链时代的破产法，面临如此多的不确定。一方面，破产法能够和区块链共生共荣。作为一种更加优秀的记录系统，区块链的分布式记账特质有效扩充了破产法的信用疆域，强大算力提升了破产程序运转功率，降低债权人之间、债权人与债务人的交易成本。另一方面，套用密码朋克（cypherpunk）运动创始人之一蒂莫西·梅（Timothy May）于 1988 年对人类的警告："幽灵正萦绕着现代世界"[①]，幽灵正萦绕着破产法世界。历经数千年发展宛若磐石的破产法大厦面临倾覆危机，盖因以去中心化为核心特质的区块链动摇了破产法的集体清偿根基，与破产法的"公共池塘"理念背道而驰。

面对区块链带来的重重挑战，坐以待毙不是破产法的风格。历史上，破产法曾面对数次危机，但其都转危为安，成功转型。破产法紧扣社会经济发展脉搏，历久弥新。适应奴隶社会与封建社会的义务本位理念，破产法自诞生起就采取破产惩戒主义，在要求债务人承担财产责任之外，还对其施以人身上的苛责。伴随启蒙运动与天赋人权思潮，破产免责主义大行其道，破产惩戒主义宣告终结。20 世纪中叶，当代表雇员、消费者、社区环境等的社会政策论成为主流学说后，破产法遂萌发出促使企业重生的再建型债权债务解决制度——破产重整制度。破产法由单纯保障债权人利益的一元论立法宗旨及时调整为维护社会公共利益的多元论立法宗旨，破产法从企业肢解法一跃变为企业拯救法，纯粹的事后危机处置不再是破产法的唯一职能，破产预防理念深入人心。面对区块链带来的强力挑战，破产法唯有抱着壮士断腕的决心，精简僵化呆板的程序设计，优化烦琐冗杂的财产管理手段，融入崇尚自治的自由观念，拥抱互联网时代给破产法带来的制度红利，大刀阔斧地对破产法实施改革，以增强破产法的吸引力、影响力、竞争力。历经数千年洗礼的破产法在面对数次时代大潮中一直与

---

① Timothy May, The Crypto Anar - chist Manifesto, https: //activism. net/cypherpunk/crypto - anarchy. html, last visited on Dec. 18, 2019.

时俱进，其在区块链时代仍能迎难而上，实现蜕变。

（六）人工智能的发展与破产法[①]

对于人工智能的界定，我国应当区分传统的人工智能和未来的人工智能。传统的人工智能就是利用单一的模型解决特定的任务，比如只提供聊天的服务器，只提供导航的机器人。而目前大热的ChatGPT则是代表未来的人工智能，是一种通用的人工智能，它不仅能完成特定的任务，甚至一定程度上具备了对人脑的替代性。在一些特定领域已经出现了这类未来人工智能，比如AlphaGo，它已经击败了人类围棋领域最顶尖的选手，在算法和算力层面超过了人脑。同时，这些未来的人工智能在数据、算法程序方面的每一次迭代更新都会产生革命性的突破，比如ChatGPT在更新后已经超越了基础的语义分析，能够实现论文写作，绘画、制作视频等功能，所以它有可能发展成通用性的人工智能，不再局限于某一领域的应用，而是能够通用地适用于任何任务。

但ChatGPT的发展也产生了很多新问题。比如ChatGPT创作的报告、论文、小说等的著作权如何界定，界定著作权的前提是要先判断这些属不属于作品，是否具有原创性和可复制性。如果确证这些创作内容属于作品，那著作权究竟是归属于ChatGPT的开发者、投资者还是数据输入者都是有待探究的问题。当ChatGPT出现违法行为时，由谁来承担法律责任，承担什么样的法律责任也是未来可能产生的问题。在数据处理过程中的数据欺诈、算法歧视由于涉及信息主体的人格权、隐私权、劳动权等权利，还会延伸为宪法性的问题。智能合约、数据财产等概念又会涉及民商法的问题。

人工智能的发展离不开对科技开发者的激励，因为人工智能的研发需要大量的成本投入。深圳出台了第一部人工智能专项立法《深圳经济特区人工智能产业促进条例》，2022年11月1号开始实施。这部条例特别强调企业人工智能的应用场景，基本的机制是每个企业提供一份人工智能应用的场景需求清单，然后由政府实现数据共享，为法

① 内容整理自李曙光教授于2023年4月22日于第四届东南破产法论坛讲座内容。

律促进人工智能发展提供了一个很好的方向。

1. 人工智能的跨越式发展

2022 年 11 月 30 日，美国 OpenAI 公布了由 GPT－3.5 系列大型语言模型微调而成的全新对话式 AI 模型——ChatGPT。在短短两个月的时间内，ChatGPT 的月活用户数量就突破了 1 亿人。

除了破纪录的用户发展速度外，ChatGPT 的出现还有着里程碑式的重大意义。以中国的“老三大件”为例，随着“新三大件”的问世，这些老技术很快就会被取代，而 ChatGPT 的问世则很可能就是那个将要“跨越”此前诸多的科技产品的新台阶。我国通常将人工智能技术分为两类：专用型和通用型，专用型人工智能可用于特定任务和服务，而通用型人工智能则具有可以替代人脑的功能。ChatGPT 将实现专用型和通用型之间的技术跨越，它看似是一个聊天软件大模型，但其数据分析和处理的技术已经达到了可以与人脑相媲美的程度。接下来，我们将看到它的应用范围进一步扩大，从文本、PPT、软件和视频生成到微信 AI，它可以涵盖所有的书写任务。

人工智能正在迅速发展，而相比之下，人类受限于身体仍处于一个幼稚的阶段。随着人工智能技术的发展，即使是最聪明的人类专家也可能会被取代，正如柯洁等世界顶尖棋手被阿尔法狗围棋机器人战胜。其背后的原因正是，人类所能记忆、接受并演算的围棋棋谱数量有限，最多不超过 10 万种，而在大型语言模型技术出现后，AI 的处理速度瞬间从万亿级别提高到百万亿级别，这意味着 AI 可以学习和处理远远超过人脑能力的复杂问题。

GPT－4 已经完成迭代，GPT－5 也即将推出，它们可以在人类有史以来的全部超过 20000 万亿字节的视频中，一瞬间找出所需要的某毫秒片段、某声光信息。从现有资料来看，GPT－5 的技术可以说是超过全人类的所有智慧，它是一个高级的软件模型，运行速度非常迅速。这意味着，人工智能的快速发展可能会导致人类需要重新思考并重新定义市场策略，重新评估和重新设定当前的市场模式。

现在来看，人工智能发展已经进入了白热化阶段，一旦产生了通用性人工智能的技术成果，甚至会显著影响人类的未来。这其中涉及大量经济法的问题，会对整个市场经济、社会伦理形成巨大挑战，所以经济法要未雨绸缪，提早介入人工智能的发展，既要推动促进科技文明的发展，又要控制科技文明可能带来的社会危害。

2. 人工智能对市场经济的颠覆性影响

传统市场经济是基于自由市场经济模式建立的，古典政治经济学家亚当·斯密提出的“看不见的手”理论主导着市场的走向。然而，随着人工智能的出现，市场的定义和边界将发生巨大变化。从资源配置的角度来看，人工智能可能会取代市场在资源配置中的决定性地位，成为影响资源配置的主要因素。因此，人工智能将会在市场经济中掀起一场革命性的风暴。在人工智能时代，市场不再像过去那样有明确的界限，市场的组成要素也会发生变化。人工智能的发展将带来市场经济理念和思维上的革命性、颠覆性和涌现性的变化。

从人类社会文明特别是市场监管发展的角度而言，我们正在经历从农业、工业到信息化再到数字智能时代的转型时期，而人工智能的出现会如何影响市场和社会文明的发展，还是无法预测的。

目前，有部分组织和科学家反对继续深入研究人工智能，担心人类可能被人工智能所控制，一些国家也在采取措施限制其发展，例如意大利政府已经宣布禁用 ChatGPT。2023 年 4 月，国家互联网信息办公室发布了《生成式人工智能服务管理办法（征求意见稿）》，强调人工智能服务生成的内容必须符合法律法规和社会公德公序良俗等规定。人工智能的发展速度让人无法预测其未来发展，对于其带来的思维模式、概念和理念也需要引起高度关注。科学发展在人类文明史上无法阻挡，但如何控制潜在风险仍需重视，同时对其带来的各行业和市场主体变化也要做好准备。

3. 人工智能对破产业与破产法的挑战

人工智能对破产界的直接影响，是让破产的行业数量和企业数量急剧增加。一旦人工智能进入应用场景，会有大量行业和企业破产。高盛的研究报告指出，目前通用型人工智能已经影响到全球 2/3 的行业，而未来可能会是 100%。许多职业可以被取代，翻译、设计员和操作员等职业正面临着巨大的失业风险，并且这股失业狂潮可能很快将蔓延到所有商业服务业，例如的律师和会计师等。因此，人工智能的迅速发展将快速改变整个文明生态、日常生活、经济结构和市场前景，对破产业的影响将会是深刻和巨大的。

对于破产法领域，人工智能也带来了五个方面的挑战。

第一，在人工智能环境中，债务人财产的概念发生了革命性的变化。传统意义下，债务人财产主要指有形资产及部分知识产权。但随着人工智能时代的到来，债务人财产的概念将被彻底颠覆。当前，许多企业的重要资产变成了数据资产以及数据处理技术。以汽车行业为例，设计外观是该行业的关键资产之一，而借助人工智能的支持来设计图纸，甚至可以比世界上最顶尖的汽车厂商的设计更优秀、更先进。人工智能可以瞬间获得全球最好的流线型汽车等设计图纸，并且随意进行选择，而设计图纸是汽车行业的核心竞争力之一，因此新技术给宝马、奔驰、福特、沃尔沃等汽车巨头带来了巨大的挑战。在人工智能这一新理念的推动下，债务人财产的定义将发生翻天覆地的变化。债务人财产中更多的是与数据相关的资产，而不是实物产品，这些资产都涵盖人工智能的智慧内容，使得资产的性质发生了巨大变化。我们需要重新审视债务人财产的定义，以更好地适应人工智能和数字时代的到来。

此外，特别需要注意的是，在人工智能时代许多数据资产都是公共共享的，不一定归企业债务人所有。在破产案例中，我们需要对这些数字资产进行区分与剔除，其中一部分归债务人所有，而另一部分属于公共共享数据。此外，GPT 本身就是生成性内容的一种，其中包含一些涉及个人隐私或个性化数据的信息，但更多的数据属于公共共享类。2022 年 9 月，深圳颁布了《人工智能产业促进条例》，条例强调各企业提供人工智能应用场景，政府提供公共共享数据。这种模式是人工智能时代的一个大变化，导致许多企业资产可能不是完全独有的，而是共享的。因此，当企业破产处理债务人财产时，需要解决甄别和处理这些生成性内容资产的复杂问题。

第二，破产管理人的大量工作也可能被人工智能取代。破产管理人行业本质上是服务性质的，大多是数据的甄别分析处理工作，以及部分协调性工作。在这个过程中，大量的数据申报、核查、检验、比对等工作是可以被人工智能取代的。目前，生成性财报已经出现，很多企业的财务报告和资产负债表都将自动完成，无须再依赖大量的会计师、审计师进行审核和辅助，这个过程将会因为人工智能的应用而变得更加高效。因此，未来管理人将主要聚焦在协调性、创造性的工作上，而不再是执行性、重复性的工作。人工智能技术也将给破产管理人行业带来巨大的挑战，这种挑战需要我们理解和应对。

第三，人工智能的应用将会极大地改变现有的破产审判程序。审判信息化是目前各级法院的重要议题，但是人工智能发展不仅仅是信息化的问题，它的算法和算力将会深刻地改变破产审判程序，从而大大节约时间和成本。如果将人工智能的应用大模型运用到破产审判业务中，那么破产法的某些重要时间节点设置，例如债权申报、法院受理、重整方案制定等将会发生重大变化。这些设置对于破产法的时间成本设计非常重要，因为破产法必须同时保持效率和公平的平衡，但在人工智能和 GPT 的应用下，这些破产法的程序设计和时间成本计算都将会发生深刻的变化，这也将进一步促进破产审判程序发生巨大的变革。此外，跨境破产、合并破产和一些大型危机处理等情况都将发生重大变革，特别是金融机构破产。以上，人工智能和算法算力的革命性突破将会带来颠覆性的变革，从而极大地影响和改变破产审判程序，也将引发破产法中很多条文和设置的改变。

第四，对破产附随诉讼的影响或挑战。破产案件中存在大量的附随性诉讼，例如，债务人可能存在大量待履行、未履行或者履行中存在瑕疵的合同。随着人工智能的发展，许多合同可能会成为自然合约，采用智能性解决方案，并运用具有点对点去中心化特征的区块链技术。这其中可能涉及大量财产转移行为，还可能涉及侵权行为，以及如何解决已生效或未生效的合同抵销或撤销问题等。人工智能应用下的大量交易很可能是现有法律没有关注到或完全无法发现的，因此，人工智能对破产附随诉讼带来的影响可能会非常迅速。

第五，人工智能自身的破产问题。目前出现了许多对标 ChatGPT 的人工智能公司，如百度的文心一言、阿里巴巴的通义千语等；证券交易市场排名前 50 的企业中，有 31 家涉及人工智能。因此，人工智能已经成为众多企业瞄准的投资领域。然而，由于人工智能更新迭代速度极快，这些企业的淘汰率也非常高，人工智能企业本身具有破产问题，如何处置其最主要资产——数据资产，也将成为一大难题。此外，人工智能未来可能会生成超越人类的机器人或其他主体，这也会带来更多的破产问题。因此，我们必须高度关注这些由人工智能自身带来的破产问题。

总之，人工智能的发展给破产业界带来了许多新的观念和思维方式，颠覆性地挑战了我们以往的认知。我们不能忽视这一趋势，而应当积极主动地面对人工智能时代的来临，需要更好的态度、更好的心态、更好的理念，来迎接人工智能带来的挑战，推动破产业界的进一步发展与拓展。

三、破产职业共同体的未来[①]

在当代中国，依法治国，建设法治国家，是中国社会和法律发展的必然，形成法律职业共同体正成为我们法治社会生活的内在要求，有着深刻而重要的现实意义。经过代代“破产人”的奋斗和积累，中国的破产职业共同体也正逐步形成，并将在破产事业中发挥越来越重要的作用。

近期老三板的股票股价波动比较大。什么叫老三板呢？实际上，它包括原来 STAQ 自动报价系统和 NET 系统两网的退市股以及我国证券市场中终止上市的股票这三部分。2014 年沪深两市出台了新的上市规则，规定 2014 年 11 月 16 日之前终止上市的股票，可以在新规则出台以后的 36 个月内重新申请上市。因此现在的一些僵尸企业其实际上是原来的一些退市的上市企业现在又开始活跃起来了。这主要是因为它们申请上市可以依照旧上市规则，而旧上市规则相比新上市规则门槛要宽松得多，只要两千万的净利润就可以了。

笔者在演讲的时候想到苏轼的一首蝶恋花词句——“天涯何处无

---

① 本文为 2017 年 8 月 31 日在《破产法信札》首发式上的演讲。

芳草”，就像虽然我们在搞破产，但是我们自己不知道破产有多少商业机会，而到外面一看，破产中存在的机会特别多，市场里面许多人在做破产也非常关注破产。苏轼这句词后面还有一词句叫“墙里秋千墙外道”，它的意思是，墙里面的人说的话对墙外的人影响很大，墙里人做的事对整个市场影响很大。所以笔者就想到一个问题：中国破产领域现在也慢慢形成了一个“墙里人”，也就是我们的破产职业共同体，这个共同体包括律师、会计师、财务顾问、金融投资方、法官、政府官员、学者，甚至还有在法学院学习破产法的学生。可以说，中国的破产职业共同体现在已经初步形成，虽然我们的破产案件还比较少、特别是执业者稀，破产从业人员在一起磨合的时间不多，但毕竟这个职业共同体有一大概了。

那么，一个好的职业共同体的形成靠什么呢？主要靠两个要件：第一个要件，就是看这个职业共同体有没有共识，这个共识来源于这样一个职业共同体有没有共同的价值观。我们要处理破产案件，要推进破产法立法，要去分析研究破产法的实施，共同价值观是非常重要的，公正处理每一个破产案件，让债权人债务人特别是企业员工各有所护，社会各参与方各有所安。如果没有一个公平公正的共同价值观的话，那这个职业共同体是形成不了的。所以，一个好的职业共同体一定要在这方面有共识，当然这个共识还包括这个职业共同体用的专业语言是大家相通的，专业的概念词汇与知识理论体系，是这个职业共同体大家都耳熟能详的。

第二个要件，就是这个职业共同体最重要的是要有交流。现在的交流方式跟10年前的交流方式完全不一样，10年前我们靠什么交流？主要靠的是纸质媒体、人与人见面，但是谁也没想到10年之后交流模式、形态、手段与以前比发生巨大变化，10年前谁能想到微信、微信群、公众号？现在却成了我们今天的交流常态。破产界公众号也有十几个，虽然有的公众号并不是天天固定发布内容。现在交流频密，信息海量，不缺流，但缺交，缺乏有价值信息的交流，互动式交流，让整个职业共同体可以沟通起来的交流。国际破产协会有一个数据，10年前全世界的破产从业者大概是6万人，现在吃破产这碗饭的，肯定远远超过6万人了，因为现在破产业界发展非常迅速，如中国管理人数量，现虽没有特别精准的统计，现在有几千人是没有问题的。而且从事与破产重组职业相关行业的人也很多。今天的交流方式已经发生了很大变化，但是现在我们是流量大，沟通少，就是信息是海量的，但实际上我们的沟通、我们职业共同体之间的沟通并不是那么流畅，也并不是那么专业和效果良好。中国的破产职业共同体无论是从影响力，特别是对于整个社会、对中国改革开放、对中国经济发展的这样一种影响力，还没有发挥到足够的强度。破产职业共同体沟通不畅的状况依然存在。

那么，一个职业共同体的共识和交流支撑它的是什么呢？实际上是这个职业共同体的情趣，或者叫作志趣。一个职业共同体如何发展、会往哪个方面走、会做什么事情、在一起会干什么？这是由它的情趣来决定的，笔者感到信札这样一种方式是非常古老的方式，现在也不流行了，也很少人用它了，但今天参加这本书的首发式，来了这么多人，表明了破产从业者的情趣，这种情趣是想干事的情趣，这种情趣是要把中国破产法的实施，把中国破产法的研究，把相关的立法能够更多地放到一个更高的价值平台上去讨论的这么一种情趣。一个职业共同体的情趣表明了一个职业共同体的志向、表明了职业共同体的一种情调，也表明了一个职业共同体将来能做什么。所以，从这个角度来说，情趣是一个职业共同体最重要的一种生态特征，这个生态特征会促使我们这个职业共同体向哪方面发展。

现在破产法的职业共同体正在逐步形成，这个形成依靠的是这么一种情趣，笔者希望我国破产法的业界有这样一种志趣的从业者越来越多，我们能够很好地在一起举办这样的沙龙，能够琢磨一些事情，出一些破产法信札这样的书，能够“臭味相投”，共同干一些事情，这个事情能够影响我们的职业共同体，能够影响我们整个破产业界的发展，能够影响我国的经济改革，能够影响我国的经济发展，能够影响整个社会的生态文化。笔者觉得这本书的出版某种程度上代表破产职业共同体情趣的方向，如果是志趣高雅、情趣盎然，我们的破产职业共同体一定会兴旺蓬勃。

后　记

写一本我心目中的破产法讲义，是我20多年前就有的想法。

目前读者翻开的这本《破产法二十讲》，其设计、构思、编排、整理、写作以及最后的定稿，横跨数年、历经数稿。这些年我几番燃起激情整理书稿，又几番感觉不够满意而束之高阁。到最后成型为这种书稿样态，整个过程的故事可谓“一波三折”。

“一波”是指2000年至2001年在哈佛大学访学期间，我就想写一本破产法的书。当时我阅读了不少英美破产法及欧洲破产法的英文资料，与哈佛大学法学院伊丽莎白·沃伦教授、马克·罗伊教授，哥伦比亚大学法学院的柯菲教授、帕帕戴大学的斯卡伯里教授及美国破产学会的许多专家有诸多交流，对英美破产制度和理论有了一些新的理解和感悟。那时就想写一本能体现我自己思想的、与别人不一样的破产法的书。但彼时正忙于《转型法律学》一书的写作，也忙于参加访问学者的圆桌论坛、哈佛课程旁听和课题报告撰写，一年多下来，写一本独特破产法专著的想法根本无法实现，于是这种想法就转成了一挥之不去、总在脑海中徘徊的念想……

一波三折的“第一折”是在2003年后，那时我接连申请获得多项国家、省部级课题，全都是有关破产法的，如国家社科基金项目“破产法律制度研究”、北京市哲学社会科学“十一五”规划项目“破产欺诈法律规制研究”以及司法部国家法治与法学理论研究项目“破产法的法律适用问题研究”等等。在这些针对性较强的课题研究中，我产出了一些破产法的研究成果，并在2005年左右形成了一个破产法教材的初步稿子。但当时总是觉得那个书稿与当时的一些破产法教材类似，自己很不满意，再加上当时参与破产法立法等工作太忙，书稿工作就又停了下来。有部分文稿体现在了一些课题的研究报告里，以及2007年我为《法制日报》写的破产法专栏之中。

“第二折”是在2014年，当时法律出版社法商分社的薛晗社长提出想要出版一本我的破产法专著，建议我把一些论文、讲座授课稿以及部分演讲稿收集整理起来，形成一本书。我觉得这个建议挺好的，经过这一轮的书稿整理，在2016年年底形成了一个破产法教材的书稿，暂定的名称是《破产法新论》。我把初稿给贺丹和钦昱征求意见，感觉书稿内容还是不够完整，整理的稿子文风也不够统一，需要再细致编辑整理一下，这样，出书事宜又暂时搁置下来。

“第三折”是2020年疫情期间，因新冠疫情“锁人在家”，使得我有时间静下心来思考这本书的下一步问题。2020年3月，贺丹看到我在上海交通大学张元济法学讲座后整理的文字稿，建议就我的各类破产法演讲稿进行整理，不一定按教材体例编排，涵盖破产法的核心问题，出一本书。这个想法经过我与贺丹、钦昱、薛晗多次讨论，形成了最初的《破产法十六讲》提纲。2021年4月，完成了《破产法十六讲》的初稿，同年12月，法律出版社将本书纳入2022年出版计划。在此过程中，我对原有大纲作了大幅修改，并补充近年我的写作与演讲所涉及的一些破产法新领域的内容，将“破产法十六讲”扩充到了“破产法二十讲”，字数从原来的40多万字扩充到了60多万字，总算差强人意，暂且交出一部不能再拖、总有完稿节点的书稿吧。

这本书作为我对破产法研究的一个阶段性总结，我感觉有这么几个特色：首先，内容覆盖较广泛。全书通过二十讲的架构，基本涵盖了破产法涉及的大多数问题，可以使读者通过这本书能较全面地学习理解破产法。同时，全书涉及多个破产法理论框架，读者可以从不同角度与层次去把握破产法。其次，本书的内容是按主题群进行编排，不拘泥于破产法基础概念和知识点的讲解，而是多视角探讨破产制度的各个方面，深度挖掘破产制度的底层逻辑。最后，本书与传统的破产法讲义不同，主要根据我认知的破产法的主要理论、重要制度和重大问题来进行探讨，聚焦讨论一个个关键主题及具体案例问题，以给读者提供更多思考与启发的空间。

在本书稿出版之际，我要特别感谢法律出版社法商分社的薛晗社长，没有她的10年关注，反复督促、精心策划与细致编辑。本书的出版是不可能的。特别感谢北京师范大学贺丹教授在本书前期立项策划、编目大纲设计、后期修改建议等全过程的参与及贡献；感谢中国政法大学张钦昱教授在本书整理和修改过程中提出的诸多建设性的意见。

我要感谢扈芳琼博士和马学荣博士在文稿收集、整理和编排中的贡献；感谢张泽斌博士、蔡嘉炜博士后、博士生周陈、于志明、刘奕辰以及硕士生虞子健、李静怡、杨宏兴、胡越、王龄浠、吕顺显等同学，他们在本书成稿过程中负责收集资料、整理和校对等工作。

我还要感谢法律出版社对本书出版提供的帮助和支持，以及责任编辑田浩对本书提供的意见和细致校对。

目前我国的《企业破产法》正在全国人大立法机构紧锣密鼓的修改之中，新的破产法即将产生。与2006年的法律版本相比，这次破产法的改革可谓重大，预计条文内容将出现很多新的变化，其中部分改革内容本书多有讨论。但学术著作要完全跟进立法几乎是不可能的，因为破产法立法与实践发展似市场周期、企业产品，总在不断变化，而破产案例也似春笋出土，层出不穷。不过，无论法律外壳怎么变化，破产法的基本价值和法义精神不会有变。学术思想是要把握理论体系及法律发展的脉络，而无须跟上也没有必要跟上现实中的法律条文。

希望这本书能让读者朋友对破产法的主要理论、制度框架和相关重点问题有更多的了解，并引发对破产法背后问题的深层思考；也希望本书能够展现一点破产法特有的魅力，有更多的读者朋友想去了解破产法，理解破产法，喜欢破产法，研究破产法。

2024 年 2 月 28 日